传世名著典藏丛书

中华传统经典解读

主编◎蔡瑶

精华

荀子

传世典藏

【战国】荀况 著

王建玲 译注

辽宁人民出版社

图书在版编目（CIP）数据

荀子精华 /（战国）荀况著；王建玲译注 . -- 沈阳：辽宁人民出版社，2018.7

（传世名著典藏丛书 / 蔡瑶主编）

ISBN 978-7-205-09275-7

Ⅰ . ①荀… Ⅱ . ①荀… ②王… Ⅲ . ①儒家②《荀子》—译文③《荀子》—注释 Ⅳ . ① B222.6

中国版本图书馆 CIP 数据核字 (2018) 第 064270 号

荀子精华

出版发行：辽宁人民出版社

（地址：沈阳市和平区十一纬路 25 号 邮编：110003）

联系电话：024-23284324/010-88019650

传　　真：010-88019377

E - mail：fushichuanmei@mail.lnpgc.com.cn

印 刷 者：天津宇达印务有限公司

经 销 者：各地新华书店

幅面尺寸：170 mm × 230 mm

字　　数：327 千字　　印　　张：16.5

出版时间：2018 年 7 月第 1 版　　印刷时间：2018 年 7 月第 1 次印刷

责任编辑：尹 岩　　责任校对：鲍鹏紫

装帧设计：格林文化　　责任印制：雷星星

如有质量问题，请速与印务部联系　　联系电话：010-68855113

ISBN 978-7-205-09275-7

定　　价：38.00 元

序　言

上下五千年悠久而灿烂的历史，积淀了中华民族独具魅力且博大精深的文化。中华文化是中华民族无数古圣先贤、风流人物、仁人志士对自然、人生、社会的思索、探求与总结，而且一路下来，薪火相传，因时损益。它不仅是中华民族智慧的凝结，更是我们道德规范、价值取向、行为准则的集中再现。千百年来，中华文化已经融入每一位中华儿女的血液，铸成了我们民族的品格，书写了辉煌灿烂的历史。中华文化与西方世界的文明并峙鼎立，成为人类文明的一个不可或缺的组成部分。凡此，我们称之曰“国学”，其目的在于与非中华文化相区分。中华民族之所以历经磨难而不衰，其重要一点是，源于由国学而产生的民族向心力和人文精神。可以说，中华民族之所以是中华民族，主要原因之一乃是其有异于其他民族的传统文化！

概而言之，国学包括经史子集、十家九流。它以先秦经典及诸子之学为根基，涵盖两汉经学、魏晋玄学、隋唐佛学、宋明理学和同时期的汉赋、六朝骈文、唐宋诗词、元曲与明清小说并历代史学等一套特有而完整的文化、学术体系。观其构成，足见国学之广博与深厚。可以这么说，国学是华夏文明之根，中华儿女之魂。

从大的方面来讲，一个没有自己文化的国家，可能会成为一个大国甚至富国，但绝对不会成为一个强国；也许它会强盛一时，但绝不能永远屹立于世界强国之林！而一个国家若想健康持续发展，则必然有其凝聚民众的国民精神，且这种国民精神也必然是在自身漫长的历史发展中由本国人民创造形成的。中华民族的伟大复兴，中华巨龙的跃起腾飞，离不开国学的滋养。从小处而言，继承与发扬国学对每一个中华儿女来说同样举足轻重，迫在眉睫。国学之用，在于“无用”之“大用”。一个人的成功很大程度上取决于他的思维方式，而一个人思维能力的成熟亦决非先天注定，它是在一定的文化氛围中形成的。国学作为涵盖经、史、子、集的庞大知识思想体系，恰好能为我们提供一种氛围、一个平台。潜心于国学的学习，人们就会发现其蕴含的无法穷尽的智慧，并从中领略到恒久的治世之道与管理之智，也可以体悟到超脱的人生哲学与立身之术。在现今社会，崇尚国学，学习国学，更是提高个人道德水准和建构正确价值观念的重要途径。

近年来，国学热正在我们身边悄然兴起，令人欣慰。更可喜的是，很多家长开始对孩子进行国学启蒙教育，希望孩子奠定扎实的国学根基，以此帮助他们树立正确的道德观和价值观。欣喜之余，我们也对中国现今的文化断层现象充满了担忧。从“国学热”这个词汇本身也能看出，正是因为一定时期国学教育的缺失，才会有国学热潮的再现。我们注意到，现今的青少年对好莱坞大片趋之若鹜时却不知道屈原、司马迁为何许人；新世纪的大学生能考出令人咋舌的托福高分，但却看不懂简单的文言文。这些现象一再折射出一个社会问题：我们社会人群的国学知识十分匮乏。在西方大搞强势文化和学术壁垒的同时，国人却离自己的民族文化越来越远。弘扬经典国学教育，重拾中华传统文化，已迫在眉睫。

本套“传世名著典藏”丛书的问世，正是为弘扬国学传统文化而添砖加瓦并略尽绵薄之力。本人作为一名大学教师，从事中国文化史籍的教学与研究工作多年，对国学文化及国学教育亦可谓体悟深刻。为了完成此丛书，我们从搜集整理到评点注译，历时数载，花费了很多的心血。这套丛书集传统文化于一体，涵盖了读者应知必知的国学经典。更重要的是，丛书尽量把晦涩的传统文化知识予以通俗化、现实化的演绎，并以大量精彩案例解析深刻的文化内核，力图使国学的现实意义更易彰显，使读者阅读起来能轻松愉悦、饶有趣味。虽然整套书尚存瑕疵，但仍可以负责任地说，我们是怀着对祖国传统文化的深厚感情和治学者应有的严谨态度来完成该丛书的。希望读者能感受到我们的良苦用心。

王琪

2017年7月

荀子与《荀子》

荀子其人

荀子(约前 313—前 238),名况,字卿,又称孙卿。战国末期赵国人。关于他的生卒年代,各家意见不一,尚难确定。据《史记·孟子荀卿列传》说:“荀子年五十,始来游学于齐。”齐湣王时,稷下学士风盛,招来天下著名学者来齐国,多至数万人。齐湣王晚年,荀子到稷下游学,正值齐国对外作战失利,士大夫纷离散去,荀子随即南游楚国。齐襄王时,稷下士又盛,荀子又回到齐国,在士大夫中“最为老师“,被尊称为卿。不久荀子遭谗,离开齐国来到楚国,春申君任荀子为兰陵令。荀子又遭谗,离开楚国来到赵国,在赵孝成王前议过兵,后又因没有得到重用而离去,来到秦国。见秦昭王与秦相范雎,未得要领,离开秦国到达赵国,后来又回到楚国为兰陵令。公元前 238 年,春申君被杀,荀子失官,居家著书数万言,死后葬于兰陵。

总起来说,荀子是在赵国出生的,他的早年和中年是在齐国稷下度过的,晚年是在楚国的兰陵度过的。在这中间,他访问过秦国,居留过赵国。他的一生,主要从事教学和著述。他的弟子韩非和李斯都是当时法家有名的政治家和理论家,并且他们都从思想和行动上直接帮助秦始皇统一了中国。

荀子生活的时代,正是中国社会制度发生深刻变化的时代,当时封建制度已经确立,出现了封建主义的大一统趋势。战国以来长期兼并战争的结果,只剩下齐、楚、燕、韩、赵、魏、秦七个大国。当时,随着生产斗争和阶级斗争的发展,地主阶级取得全国统一政权以代替封建称雄割据的条件已经具备。而荀子作为地主阶级的进步的唯物主义思想家,为新兴地主阶级统一全国的历史任务提供了理论根据。荀子作为战国末期儒家最后一位大师,是集诸子百家之大成的学者,是我国古代杰出的唯物主义思想家。他批判地继承了孔丘以来儒家的思想传统,并且吸取了道、墨、名、法诸家的长处,建立起他的唯物主义无神论思想体系。他一生讲学议政的目的,就是要依靠一个强大的国家来实现儒家用王道统一中国的政治理想。

《荀子》其书

《荀子》一书是荀况晚年为总结百家争鸣和自己学术思想而写的。《史记·孟子荀卿列传》中曾写到:“荀卿嫉浊世之政,亡国乱君相属,不遂大道,而营于巫祝,信机祥,鄙儒小拘如庄周等,又滑稽乱俗,于是推儒墨道德之行事兴坏,序列数万言而卒。”此书在汉代抄录流传有322篇,名《孙卿书》。初经刘向整理校定,去其重复290篇,定著32篇,名《孙卿新书》,《汉书·艺文志》著录名《孙卿子》即《荀子》。

此书大部分为荀子自著。其中《儒效》《议兵》《强国》等篇,似出弟子记录;附于书末的《大略》《宥坐》《子道》《法行》《哀公》《尧问》等六篇疑为弟子所记荀子语及杂录传记。

《荀子》一书,仿《论语》体例,始于《劝学》,终于《尧问》,系统性、思想性较强。其中集中阐述自然观的主要有《天论》;阐述认识论、逻辑思想和思想方法的有《解蔽》《正名》;阐述人生论的有《性恶》;阐述教育理论的有《劝学》《修身》;阐述军事理论的有《议兵》;阐述社会政治思想的有《礼论》《王制》《王霸》《富国》等篇。《非十二子》以是否符合封建统一原则为标准,对先秦诸子进行了政治性批判。《成相》以民间文学的形式表达了为君、治国之道。《赋篇》系荀子的文学作品,是一种散文的赋体,在文学史上有一定的地位。

《荀子》一书是先秦学术思想成果总结性的著作,里面涉及荀子的哲学思想、政治立场、治学方法、立身处世之道、学术论述等诸多方面,可以说每一篇都有一定的价值。

《荀子》的主要思想内容

荀子的思想资料主要保存在《荀子》一书中。荀子的思想,综合了战国道家、墨家、名家、法家诸家的思想成分,而对儒学做了创造性的发展,其中特别重要的是他关于人性、礼法、人的地位、名实关系的学说。

荀子思想中最有特色的，是他关于人性的学说。这一学说构成了他的整个思想体系的基础。与孟子主张“人性善”不同，荀子认为，人生来就有好利之心、嫉妒之情、耳目之欲，饥而欲饱，寒而欲暖，劳而欲休，这是人的本性。“今人之性，生而有好利焉，顺是，故争夺生而辞让亡焉；生而有疾恶焉，顺是，故残贼生而忠信亡焉；生而有耳目之欲，有好声色焉，顺是，故淫乱生而礼义文理亡焉”。在他看来，人类这种好欲、逐利的本性与辞让、忠信、礼义等善的价值观从根本上说是对立的，“从人之性，顺人之情，必出于争夺，合于犯分乱理，而归于暴”，如果顺从人的天性，社会就会陷于混乱。所以他认为人性非但不善，而且根本就是恶的（《礼论》）。“人之性恶；其善者伪也”（《荀子·性恶》）。换言之，人性本身是不能产生美和善的，美和善只能产生于后天之“伪”。

“伪”，指的是人在后天的教化和努力，其核心的内容就是礼。“性者，本始材朴也；伪者，文理隆盛也。无性则伪之无所加；无伪则性不能自美”（《礼论》）。所谓礼，即“贵贱有等，长幼有差，贫富轻重皆有称者”，也就是荀子理想中上下、尊卑有序的社会制度。荀子认为，正因为人生而有欲，所以一旦欲望得不到满足，人们就会去追逐，追逐而没有止境，就会产生争夺和混乱。先王为了避免这种混乱而建立了“师法之化、礼义之道”，用此来规范人的行为，矫正人的天性，使人都能够“出于辞让，合于文理”，进而达到社会的治理安定。这就是荀子对于“礼”的缘起的看法。

正因为“礼”具有等级制度、道德规范和礼仪形式等多种内容，所以荀子提出了“隆礼”的观点，对礼在维护社会安定方面的作用给了高度评价。他指出“礼”是治国的根本，是“人道之极”，“天下从之者治，不从者乱；从之者安，不从者危；从之者存，不从者亡”（《礼论》），“人之命在天，国之命在礼”（《强国》），“礼者，法之大分，类之纲纪也”（《劝学》），“人无礼不生，事无礼不成，国家无礼不宁”（《大略》），认为“礼”是人之所以为人的根本，“礼”的存在与否关系到国家的生死存亡。先秦儒家学者，对于“礼”都非常重视，但荀子所言的“礼”，与孔子、孟子又有不同。孔孟也讲“礼”，不过孔子的“礼”更多显示出的是他对西周文明的留恋和向往之情，而孟子的学说则以人性善为出发点，故而将“礼”的实现更多地寄托于人内心的自觉和自我的道德修养。荀子则不同，他的礼论是以人性恶为思想基础的，故而加入了一些“法”的思想，不但“隆礼”，而且“重法”，非常强调法律约束和制裁作用。“明礼义以化之，起法正以治之，重刑罚以禁之”（《性恶》）。在他看来，制定法律的根本目的在“禁暴恶恶，且征（惩）其未也”，人类的天性会使人去作恶，作恶就应该受到应有的惩罚，否则就是赏罚不明，会导致社会的不公，引起混乱。“人或触罪矣，而直轻其刑，然则是杀人者不死伤人者不刑也。罪至重而刑至轻,庸人不知恶矣,乱莫大焉。凡刑人之本,禁暴恶恶,且征其未也。杀人者不死而伤人者不刑,是谓惠暴而宽贼也,非恶恶也”(《正论》)。荀子因为主性恶,倡法制而被后来的儒家学者诟病,认为他是“大醇而小疵”,但也恰恰是在这些方面,才见得出荀子的独到见解以及对儒学的发展。

从荀子的人性学说和礼论中,我们可以看到,荀子对人性的基本认定是并不乐观的,但这并不意味着他对于人类的失望和悲观,相反,他认为人性虽恶,但人与其他动物也有不同,这种不同,就在于人有智慧。凭借这种智慧,人类可以建立礼义文明,从而摆脱天性之恶,进入美和善的状态。正是在这一点上,他对天人之间的关系提出了自己独特的思考。他认为,宇宙中存在着三种力量,即天、地、人。这三种力量,各有自己的责任和职能,但地位同等重要。“列星随旋,日月递熠,四时代御,阴阳变化,风雨博施,万物各得其和以生”(《天论》),这是天、地的职责。而人的职责,则是利用天地提供的东西,以创造自己的文化,即所谓“物畜而制之”、“制天命而用之”。因此,他明确提出“明于天人之分”的观点,认为人应该“不与天争职”、“不慕其在天者”,而要“敬其在己者”,做自己所能做的事,从而做到与天地相参,即在顺应、利用客观规律的基础上,改造自然,利用自然,从而达到为人类谋福利的目的。这就是所谓的“天有其时,地有其财,人有其治”(《天论》)。中国古代哲学中,“天人合一”一直是一个非常重要的命题,荀子天人之分的理论可以说对中国古代天人学说作出了重要贡献,成为其思想中最有价值的一部分。

荀子思想中最著名的还有关于名实之说的理论。名实,即名称与现实或概念与实在,其间的关系,是先秦诸子讨论非常多的一个问题。身处战国动乱之世,荀子深感名实不符的危害,所以对名实问题进行了极其深刻、完整的探讨。他认为“名定而实辨,道行而志通”,谨守名约是国家长治久安的根本,所以“正名”对于社会稳定具有非常重要的意义。每一个新王朝的兴起,“都必将有循于旧名,有作于新名”。他从三个方面对后王作新名的问题进行了论述。指出制定名称的由来,在于“制名以指实,上以明贵贱,下以辨同异”;确定名称同异的标准依靠的则是“天官”和“心”;而以“稽实定数”、“约定俗成”为制名之枢要。需要特别注意的是,荀子对于先秦的名实理论还有许多新的发展。在荀子之前,孔子和孟子对于正名的意义也都极其关注,但其着眼点主要在伦理方面,荀子的正名则在关注伦理意义的同时,也注意到了逻辑思辨问题。《正名》篇中关于“名”的逻辑分类,共名和别名的讨论可以说是中国最早的逻辑学理论,论述都极其精彩。

此外,荀子书中还有一些篇章,对先秦诸子的学说得失进行了评量。这些文章与《庄子·天下》《淮南子·要略》以及司马谈《论六家要旨》等一起，都成为我们了解、研究先秦诸子思想的重要文献，因而也有非常重要的价值。

《荀子》的影响

荀子是我国先秦时期杰出的唯物主义思想家，他兼通诸经，集百家之大成，是先秦非常重要的儒学家、大学者。他的思想学说流传甚广，韩非、李斯都是他的学生，西汉初期许多著名经师也出于他或他弟子的门下，后世的张衡、王充、柳宗元、王夫之、戴震以及近代的资产阶级革命民主派等都不同程度地受到了他的影响。荀子使儒家学说得到了长足发展，开创了秦朝以法治国的先声。汉以后"独尊"的儒学，实质是荀学。他的思想既是法家的代表，又在儒家中独树一帜，对中国的政治历史实践影响深远。

荀子处在战国末期的时代，诸子各派的思想学说均已出现，这使得他不仅能采纳诸子思想，又可以进行批判和比较，因此他所著的《荀子》一书，内容非常丰富，涉及哲学、政治、经济、军事、法律、伦理、教育、科技、历史、文艺等方面，无不思虑精湛，独辟蹊径。其中有关"修身处世"为主题的名篇可以说是中华民族宝贵的精神财富，能帮助今人完善人品操行，提升人生境界，为实现最高价值的人生提供历史的参照物。

另外，《荀子》一书的唯物主义思想体系，对后来封建社会两千多年的唯物主义传统发生了深刻的影响。如荀子的学生、法家集大成者韩非，继承了《荀子》一书的人定胜天思想，提出"梁括之道"，用人类制造工具说明对于自然和人事的态度，不应该听任其自发的和偶然的因素，而应该自觉地积极地活动。唐代唯物主义思想家柳宗元，推崇《荀子》中的性恶论，借以论证国家的起源。与柳宗元同时的唯物主义哲学家刘禹锡，直接借用《荀子》中《天论》的题目，也写了《天论》提出

"天与人变相胜",发展了"制天命而用之"的思想,为他在政治上主张革新提供理论根据。明末唯物主义哲学家王夫之提出的"天理即在人欲中",清初唯物主义者戴震提出的"理存于欲",都吸取了《荀子》一书中的"礼起于欲"的思想、反对先验的道德观念论。

荀子作为先秦儒家思想的集大成者,对我国历史文化的影响非常深远。荀子的哲学思想,以其理论的深度和逻辑力量,把我国古代的朴素唯物主义思想发展到了一个新的高度。《荀子》中关于政治、经济、军事、文化等方面的许多论述,直到今天仍然具有一定的借鉴意义和积极的作用。

正因为《荀子》一书内容广博,它包括了哲学、政治、经济、军事、法律、伦理、教育、科技、历史、文艺等方面,既是研究荀子及其后学的重要史料,又是我们当代人学习借鉴的第一手材料。所以今天我们编著了《荀子精华》一书,书中选录了《荀子》中广泛流传的大部分著名篇章。整书内容分为题解、原文、注释、译文及评析五个部分,结合当时的历史背景,全面深入地解读了荀子的思想。

本书的编写以实事求是、批判继承为指导,以思想性、历史性、文学性、通俗性并重为原则,坚持历史与逻辑的统一、古代思想与当代需要的统一、提高与普及的统一。书中有许多精辟的名言警句,蕴含着丰富的思想内涵,值得我们去学习和借鉴。

目录

目录

劝 学

【题解】

《劝学》是《荀子》一书的首篇，它较为系统地阐述了荀子的教育思想，着重论述了学习的重要意义。旨在劝勉人们勤奋学习。本篇辞藻丰富、比喻繁多，是《荀子》中最美丽的篇章，更为重要的是对后世儒家的教育思想的发展产生了十分重要的影响。

【原文】

君子曰：学不可以已[①]。青[②]，取之于蓝[③]而青于蓝；冰，水为之而寒于水。木直中绳[④]，𫐓[⑤]以为轮，其曲中规，虽有槁暴[⑥]，不复挺者，𫐓使之然也。故木受绳则直，金就砺则利，君子博学而日参[⑦]省乎己，则知明而行无过矣。

【译文】

君子说：学习是不可以停止的。靛青是从蓼蓝中提取出来的，但是它的颜色比蓼蓝还要青；冰，是由水凝结而成的，但比水还要寒冷。木材笔直，合乎墨线，如果用火烤使之弯曲做成车轮，那么木材的弯度就合乎圆的标准了。即使再烘烤暴晒，木材也不会挺直了，这是由于经过火烤使它成为这样的。所以，木材经过墨斗划线加工就变得挺直，金属制品在磨刀石上磨过之后就会变得锋利，君子广泛地学习并且每天检查反省自己，就会明白道理而行为上没有过错了。

【注释】

①已：停止。②青：靛青，一种染料。③蓝：即蓼（liǎo）篮，一年生草本植物，其叶发酵后可提制深蓝色的有机染料靛蓝。④中绳：（木材）合乎拉直的墨线。木工用拉直的墨线来取直。⑤𫐓（róu）：通“煣”，用火熏使木材弯曲以造车轮等物。⑥槁暴（gǎo pù）：槁，古同“藁”，这里通“烤”；暴，通“曝”字，晒。⑦参（cān）：检验。

【原文】

故不登高山，不知天之高也；不临深溪，不知地之厚也；不闻先王之遗言，不知学问之大也。干、越、夷、貉之子，生

【译文】

所以，不登上高山，就不会知道天的高度；不走近深深的山谷，就不知道地的厚度；不聆听前代圣明帝王的遗言，就不知道学问的渊博。干国、越国、夷族、貉族的孩子，生下来时哭声都是相同的，而长

而同声，长而异俗，教使之然也。《诗》曰："嗟尔君子，无恒安息。靖共①尔位，好是正直。神之听之，介②尔景③福。"神莫大于化道，福莫长于无祸。

大后习俗却不同，这是教育使他们成为这样的。《诗经》上说："君子啊，不要老是想着安逸。认真对待你的职位，爱好正直的德性。神听到这些，将会给你大福气。"所以说，精神修养没有比受道的薰陶感染更大的，福分没有比无灾无祸更长远的。

【注释】

①靖(jìng)：恭敬。共：通"供"。②介：给予。③景：大。

【原文】

吾尝终日而思矣，不如须臾之所学也；吾尝跂①而望矣，不如登高之博见也。登高而招，臂非加长也，而见者远；顺风而呼，声非加疾也，而闻者彰②。假③舆马者，非利足也，而致千里；假舟楫者，非能水也，而绝④江河。君子生非异也，善假于物也。

【译文】

我曾经整天思考，却不如学习一会儿学到的知识多；我曾经踮起脚去远望，却不如登到高处看得广阔。登上高处招手，手臂没有加长，但远处的人能看得见；顺着风向呼喊，声音没有加大，但听见的人听得很清楚。乘坐马车的人，并不是脚走得快，却能到达千里之外；乘坐船只的人，并不是会游泳，却能横渡江河。君子的本性跟一般人没有什么不同，只是善于借助别的事物罢了。

【注释】

①跂(qǐ)：踮起脚跟。②彰：清楚。③假：凭借，借助。④绝：横渡，横穿。

【原文】

南方有鸟焉，名曰蒙鸠①，以羽为巢，而编之以发，系之苇苕②，风至苕折，卵破子死。巢非不完也，所系者然也。西方有木焉，名曰射干③，茎长四寸，生于高山之上，而临百仞④之渊，木茎非能长也，所立者然也。蓬⑤生麻中，不扶而直；白沙

【译文】

南方有一种鸟，名字叫蒙鸠，它用羽毛做成窝，然后用毛发编在一起，系到芦苇上。风吹过，芦苇折断了，鸟蛋就会摔破，小蒙鸠也会死亡。并不是窝不完善，是由于所系的地方使它成为这样的。西方有一种草，叫射干，茎长四寸，生长在高山之上，却能俯瞰百仞的深渊。射干的茎并非能长到这么长，是由于它所生长的地方使它成为这样的。蓬草生长在蓖麻之中，不用去扶持就能生长的很直；

在涅[⑥],与之俱黑。兰槐[⑦]之根是为芷,其渐之滫[⑧],君子不近,庶人不服。其质非不美也,所渐者然也。故君子居必择乡,游必就士,所以防邪辟而近中正也。

白色的沙子混在黑土中,就会和黑土一样黑。兰槐的根叫芷,如果将它浸泡在脏水中,君子就不会靠近它,百姓就不会佩戴它。它的本质并不是不美,而是浸泡的脏水使它成为这样的。所以,君子居住一定要选择好的环境,出游一定交往有道德有学问的人,以此来防止自己走上邪路而接近中庸正直。

【注释】

①蒙鸠:鸟名。即鹪鹩。②苇苕(tiáo):芦苇。③射干:多年生草本植物,叶剑形排成两行。夏季开花,花被橘红色,有深红斑点。根可入药。④百仞:八尺为仞。百仞,形容极深或极高。⑤蓬:多年生草本植物,花白色,中心黄色,叶似柳叶,子实有毛(亦称“飞蓬”)。⑥涅:一种矿物,古代用作黑色染料。⑦兰槐:指“兰草”和“兰花”。⑧滫(xiǔ):臭水,脏水。

【原文】

物类之起,必有所始。荣辱之来,必象其德。肉腐出虫,鱼枯生蠹[①]。怠慢忘身,祸灾乃作。强自取柱[②],柔自取束。邪秽在身,怨之所构。施薪[③]若一,火就燥也;平地若一,水就湿也。草木畴生[④],禽兽群焉,物各从其类也。是故质的[⑤]张而弓矢至焉,林木茂而斧斤至焉,树成荫而众鸟息焉,醯[⑥]酸而蜹[⑦]聚焉。故言有招祸也,行有招辱也,君子慎其所立乎!

【译文】

事物的发生,一定有它的原因;荣辱的降临,一定与人的德行相应。肉腐烂了就会生蛆,鱼枯死了就会生虫子。人若是怠慢骄傲而忘乎所以了,灾祸就会发生。刚强的东西容易折断,柔弱的东西容易受约束。邪恶肮脏的东西存在于身上,就会造成人们对你的怨恨。(给火)加柴草好像一样,但火总是向干燥的柴草烧去;平整的土地好像一样,但水总是向潮湿的地方流去。草木按类生长,禽兽合群活动,万物都归附于它们的同类。所以箭靶张开了,箭就向这边射来;森林茂盛了,斧子就跟着来这里砍伐了;树木长大成荫了,鸟类就在这里栖息生活了;醋发酸了,蜹虫就会聚集过来。所以,说话有时会招来祸患,行事有时会招致耻辱,君子应谨慎地立身处世啊!

【注释】

①蠹(dù):虫子。②强自取柱:意思是大刚则折。柱,通“祝”,折断。③施薪:布薪,加柴草。④畴生:即同类相聚的意思。畴,通“俦”,同类,类别。⑤质的:箭靶。的:箭靶的中心。⑥醯(xī):醋。⑦蜹(ruì):蚊子一类的昆虫。

【原文】

积土成山，风雨兴焉；积水成渊，蛟龙生焉；积善成德而神明自得，圣心备焉。故不积跬①步，无以至千里；不积小流，无以成江海。骐骥②一跃，不能十步；驽马十驾③，功在不舍。锲而舍之，朽木不折；锲而不舍，金石可镂。蚓无爪牙之利，筋骨之强，上食埃土，下饮黄泉，用心一也。蟹八跪而二螯，非蛇蟺④之穴无可寄托者，用心躁也。是故无冥冥之志者，无昭昭之明；无惛惛之事者，无赫赫之功。行衢道⑤者不至，事两君者不容。目不能两视而明，耳不能两听而聪。螣蛇⑥无足而飞，鼫鼠⑦五技而穷。《诗》曰："尸鸠在桑，其子七兮。淑人君子，其仪一兮。其仪一兮，心如结兮。"故君子结于一也。

【译文】

土堆积起来成了高山，风雨就会在这里兴起；水聚集起来成了深潭，蛟龙就会在这里生长；积累善行而养成品德，那么就会达到高度的智慧，圣人的精神境界也就具备了。所以，不积累一步半步的路程，就不会到达千里之外；不积累细小的溪流，就不会形成江河湖泊。骏马一跃，不能超过十步；驽马拉车连走十天也可以走千里的路程，成功的原因就在于不放弃。雕刻东西时如果放弃了，就是腐朽的木头也不能刻断；雕刻东西时如果不放弃，就是金属和石头也可以雕刻成功。蚯蚓没有锋利的爪牙，强壮的筋骨，但是它可以向上吃到泥土，向下喝到泉水，这是由于用心专一的缘故。螃蟹有八只脚两只螯，但如果没有蛇和黄鳝的洞穴，它就没有容身之处，这是由于它用心浮躁的缘故。所以没有刻苦钻研的心志，就不会有洞察一切的聪明；没有埋头苦干的做事，就不会有显赫的功绩。在歧路上行走的人是不会到达目的地的，侍奉两个君主的人不能为双方所容忍。眼睛不能同时看两样东西还能看清楚，耳朵不能听两种声音还能听清楚。螣蛇没有脚却能飞，鼫鼠有五种本领却陷于困境。《诗》上说："布谷鸟住在桑树上，有七个幼鸟。善良的君子们，行为要专一不偏邪。行为专一不偏邪，意志才会如磐石般坚定。"所以君子的意志坚定专一。

【注释】

①跬(kuǐ)步：亦作"頍步"。半步，跨一脚。②骐骥：千里马。③十驾：谓马驾车走十天的路程。驾，古代马拉车时，早晨套上车，晚上卸去。④蛇蟺(shàn)：亦作"虵蟮"。蛇和黄鳝。⑤衢(qú)道：歧路，岔路。⑥螣(téng)蛇：也作"腾蛇"。古书上说的能飞的蛇。⑦鼫(shí)鼠：一种危害农作物的老鼠。

【原文】

昔者瓠巴①鼓瑟而沉鱼出听，伯牙鼓琴而六马仰秣②。故声无小而不闻，行无隐而

【译文】

从前，瓠巴在弹琴时，沉在水里的鱼都浮出水面来倾听，伯牙在弹琴时，拉车的马都抬起头来倾听。所以，声音不会因为小而不被听见，行为不会因为隐

不形。玉在山而草木润，渊生珠而崖不枯。为善不积邪，安有不闻者乎？

蔽而不被看见。山中有宝玉，草木就会显得润泽；深渊中有珍珠，岸边的悬崖就不会显得干枯。行善可以积累，哪有积善成德而不被广为传诵的呢？

【注释】

①瓠(hù)巴：亦作“瓠芭”。传说春秋时楚国的著名琴师。②六马仰秣(mò)：六马，古代天子驾车用六匹马。仰秣，被琴声吸引，仰头欣赏。形容乐声美妙，连马都抬起头倾听，不吃饲料。秣，牲口的吃食。

【原文】

学恶[①]乎始？恶乎终？曰：其数则始乎诵经，终乎读礼；其义则始乎为士，终乎为圣人。真积力久则入，学至乎没而后止也。故学数有终，若其义则不可须臾舍也。为之，人也；舍之，禽兽也。故《书》者，政事之纪也；《诗》者，中声[②]之所止也；《礼》者，法之大分[③]，类之纲纪也。故学至乎《礼》而止矣。夫是之谓道德之极。《礼》之敬文[④]也，《乐》之中和也，《诗》、《书》之博也，《春秋》之微也，在天地之间者毕矣。

【译文】

学习从哪里开始？在哪里结束？君子说：学习的顺序，是从诵读《诗》《书》开始，到《礼》终结；学习的意义，是从做一个读书人开始，到成为圣人结束。如果能持久努力不懈就能深入进去，一直学到老死才可以停止。所以学习的过程虽有尽头，但进取之愿望却不可以有片刻的停止。这样去做，就是人；放弃学习，就是禽兽了。所以说《尚书》是记载古代政治事迹的；《诗》是收集了符合乐章标准的诗歌编辑而成的；《礼》是礼法的总纲，是各种条例的纲要。所以学习只有达到《礼记》的要求才可以停止，这就叫做达到了道德的顶点。《礼》敬重礼仪，《乐》讲述中和之声，《诗》，《书》博大广阔，《春秋》微言大义，它们已经将天地间所有的道理都包括进去了。

【注释】

①恶(wū)：何处，哪里。②中声：中和之声。③大分：要领，总纲。④文：文明，礼仪。

【原文】

君子之学也，入乎耳，箸[①]乎心，布乎四体，形乎动静。端而言，蠕而动，一可以为法则。小

【译文】

君子学习，听在耳里，记在心上，融会贯通到整个身心，表现在一举一动之间。所以即使他稍微说一句话，做一个细小的动作，都可以作为

人之学也，入乎耳，出乎口。口耳之间则四寸耳，曷足以美七尺之躯哉！古之学者为己，今之学者为人。君子之学也，以美其身；小人之学也，以为禽犊。故不问而告谓之傲，问一而告二谓之囋②。傲，非也；囋，非也；君子如向③矣。

别人效法的榜样。小人的学习，只是从耳朵听进去，从口中说出来。嘴巴和耳朵之间，只有四寸，怎么能靠它来完美七尺长的身体呢？古代的学者，学习是为了修养自身；现代的学者，学习是为了给别人看。君子的学习，是用来完善身心；小人的学习，只是想用所学的东西向人卖弄。所以，别人没问就去告诉的这是急躁。别人问一却答二的就是啰唆。急躁是不对的，啰唆也是不对的。君子回答别人就应像回声和原声一样。

【注释】

①箸(zhù)：刻，指心中领会得十分深刻。②囋(zá)：声音杂乱；喧闹。③向(xiǎng)：通“响”，回声。

【原文】

学莫便乎近其人。《礼》《乐》法而不说①，《诗》《书》故②而不切，《春秋》约而不速。方③其人之习君子之说，则尊以遍矣，周于世矣。故曰：学莫便乎近其人。

【译文】

学习没有比接近良师益友更便捷的了。《礼》《乐》记载了法度典章，但没有详尽地解说；《诗》《书》记载了古代的故事，但不切合现实；《春秋》文辞简约，不容易让人迅速理解。效仿贤师而学习君子的学说，就能养成崇高的品德并获得广博的知识，还可以通达世事。所以说，学习没有比接近良师益友更便捷的了。

【注释】

①说：解说。②故：过去的典故、事情。③方：通“仿”，效仿。

【原文】

学之经①莫速乎好其人，隆礼次之。上不能好其人，下不能隆礼，安特将学杂识志，顺《诗》《书》而已耳，则末世穷年，不免为陋

【译文】

学习的途径没有比亲近良师益友更迅速的了，其次是尊崇礼法。如果不能亲近良师益友，又不能尊崇礼法，只是学些杂乱的知识，搬弄《诗》《书》中的一些教条而已，那么就算学到老，也不过是一个学识浅陋的书生罢了。如果从古代圣王那里追源溯流，寻找仁义的根本，那

儒而已。将原先王，本仁义，则礼正其经纬蹊径[②]也。若挈裘领，诎五指而顿之，顺者不可胜数也。不道礼、宪，以《诗》《书》为之，譬之，犹以指测河也，以戈舂黍[③]也，以锥餐壶也，不可以得之矣。故隆礼，虽未明，法士也；不隆礼，虽察辩，散儒也。

么遵行礼法正是那四通八达的途径。这就像提起皮衣的领子，然后弯着五只手指去抖动它一样，那数不清的裘毛自然就都理顺了。如果做事不遵守礼法，而只是依照《诗》《书》来立身行事，这就像是用手指去测量河水的深度，用戈去捣掉黍米的皮壳，用锥子代替筷子吃饭一样，是不能达到目的的。所以，尊崇礼法，即使对学问不能透彻明了，也不失为一个崇尚礼法的士人；不尊崇礼法，即使能够明察善辩，也不过是一个身心散漫无真实修养的浅陋儒生而已。

【注释】

①经：通“径”。②蹊(xī)径：路径，办法。③以戈舂黍(chōng shǔ)：用兵器去舂黍米。比喻达不到目的。

【原文】

问楛[①]者，勿告也；告楛者，勿问也；说楛者，勿听也；有争气者，勿与辩也。故必由其道至，然后接之；非其道，则避之。故礼恭而后可与言道之方；辞顺而后可与言道之理；色从而后可与言道之致。故未可与言而言谓之傲；可与言而不言谓之隐；不观气色而言谓之瞽[②]。故君子不傲、不隐、不瞽，谨顺其身。《诗》曰：“匪交匪舒，天子所予。”此之谓也。

【译文】

别人问了不合礼法的事情，就不要告诉他；别人告诉了你不合礼法的事情，就不要去追问；有人说到不合礼法的事情，不要去听；有争强好胜的人，不要和他争辩。所以一定要是合乎礼义之道的，才给予接待；不合乎礼义之道的，就回避他；因此，对于恭敬有礼的人，才可以同他谈论道义的方法；对于言辞和顺的人，才可以和他谈论有关道的具体内容；见他面色流露出谦虚顺从，才可以和他谈论道的最精深的意蕴。不可以和他说却说了，这叫急躁；可以和他说却不说，这叫隐瞒；不看对方的表情而与之谈论，这叫做盲目。所以，君子不急躁、不隐瞒、不盲目，谨慎地对待每位前来请教的人。《诗》上说：“不浮躁、不怠慢的人，就会受到天子的赏赐。”说的就是这个意思。

【注释】

①楛(kǔ)：恶劣，这里指粗野恶劣而不合礼法的事情。②瞽(gǔ)：盲人，瞎子。

【原文】

百发失一，不足谓善射；千里跬步[1]不至，不足谓善御；伦类不通，仁义不一，不足谓善学。学也者，固学一之也。一出焉，一入焉，涂[2]巷之人也；其善者少，不善者多，桀、纣、盗跖[3]也；全之尽之，然后学者也。君子知夫不全不粹之不足以为美也，故诵数以贯之，思索以通之，为其人以处之，除其害者以持养之。使目非是无欲见也，使耳无非是无欲闻也，使口非是无欲言也，使心非是无欲虑也。及至其致好之也，目好之五色，耳好之五声，口好之五味，心利之有天下。是故权利不能倾也，群众不能移也，天下不能荡也。生乎由是，死乎由是，夫是之谓德操[4]。德操然后能定，能定然后能应。能定能应，夫是之谓成人。天见其明，地见其光，君子贵其全也。

【译文】

射一百次箭，其中有一次没有射中，就不能称为善于射箭；驾车行走千里，只差半步不到，就不能叫做善于驾车；对伦理规范不能融会贯通、对仁义之道不能坚守如一，当然也不能算是善于学习。学习，本来就是件需要专心致志的事。一会儿不学，一会儿学，这只是市井中的普通人；学习好的行为少，坏的行为多，就是桀纣盗跖一样的人；只有全面地了解伦理规范和仁义之道，又完全地遵奉它，这样才能成为一个真正的学者。君子懂得，学得不全不精就不算是完美的，所以，诵读群书以求融会贯通，用思考和探索去理解，把良师益友作为自己的榜样，设身处地地去做，除掉有害的东西来保养它。使自己的眼睛不是正确的就不去看，使自己的耳朵不是正确的就不去听，使自己的嘴巴不是正确的就不去说，使自己的脑子不是正确的就不去思考。等到了极其爱好学习的境地，就像眼睛爱看五色，耳朵喜欢听五声，嘴巴喜欢吃五味，心里企图拥有天下一样。因此，这样的人，权势利禄不能够使他倾倒，人多势众不能使他改变，天下的任何事物都不能动摇他。活着是这样，死后也是这样，这就叫做有德行、有操守。有了德行和操守，人才能坚定不移；能够坚定不移后，才能够应付自如。既能坚定不移，又能应付自如，才能称得上是完美的人。天空显现出它的光明，大地显露出它的广阔，君子的可贵则在于他的完美无缺。

【注释】

①跬(kuǐ)步：半步，古代人称一举足为跬。②涂：通“途”，道路。③桀(jié)：名履癸，夏朝末代君主，相传是暴君。纣(zhòu)：一作受，也称帝辛，商代最后的君主，相传是暴君。跖(zhí)：传说中春秋战国时期的人，盗贼首领，被当作贪婪的典型，称其为“盗跖”。④德操：守道不变之情操。

【评析】

《劝学》从论说“学”开篇，用一系列的例子和说理作论据，系统论述了人的后天学习、改造的重要性以及学习的途径和方法，特别强调学习态度的勤学、专一。接着荀子又分别提出了在学习内容上既学《诗》《书》《礼》《法》，更重要的是“学莫便乎近其人”“学之经莫速乎好其人”的作用。从而归纳出自己对君子界定的标准“君子贵其全也”，也就是要成为君子，就应该有全面的道德和学识，“诵数以贯之，思索以通之，为其人以处之，除其害者以持养之。”“生乎由是，死乎由是，夫是之谓德操。”而要有如此修养，就必须不断地学习。亲近贤师益友，防止腐蚀，活到老学到老，永不停止。

综观全篇，荀子所讲的学习的目的是为了自身达到“天见其明，地见其光”的君子的境界，而学习的内容更是一些封建伦理和礼仪，这些对于我们来说，可取之处不多。但他强调学习的作用，提倡虚心求教、学无止境、循序渐进、坚持不懈、专心致志等等，都是学习经验的总结，值得后人借鉴，具有深远的意义。

修　身

【题解】

此篇论述了儒者修身养性之道，即提高自己的品德修养的方法，而其根本的一点就在于遵循礼义，按照礼义办事，从而达到圣人的崇高境界。

【原文】

见善，修然[1]必以自存[2]也；见不善，愀然[3]必以自省也。善在身，介然必以自好也；不善在身，菑[4]然必以自恶也。故非我而当者，吾师也；是我而当者，吾友也；谄谀我者，吾贼也。故君子隆师而亲友，以致恶其贼。好善无厌，受谏而能诫，虽欲无进，得乎哉？小人反是，致乱而恶人之非己也，致不肖而欲人之贤己也，心如虎狼，行如禽兽而又恶人之贼己也。谄谀者亲，谏争者疏，修正为笑，至忠为贼，虽欲无灭亡，得乎哉？《诗》曰："噏噏呰呰[5]，亦孔之哀。谋之其臧，则具是违；谋之不臧，则具是依。"此之谓也。

【译文】

看到善良的品行，一定要认真地省察自己有没有这样的好品行；看到不好的品行，一定要怀着忧惧的心情来反省自己。好的品行在自己身上，一定要坚定不移地加以珍视；不良的品行在自己身上，一定要像厌恶灾祸一样厌恶它。所以，批评我而又批评得恰当的人就是我的老师；赞同我而又赞同得适当的人就是我的朋友；阿谀奉迎我的人就是要陷害我的人。所以，君子敬重自己的老师，亲近自己的朋友，而极端厌恶那些陷害自己的人。爱好善良的品行而永不知足，听到别人的劝告能接受，即使自己不想着要进步，可能吗？小人则与此正好相反，他们自己胡作非为到了极点，却还厌恶别人对自己的批评；自己非常无能，却希望别人认为他是个贤者；心如虎狼一样，行为如禽兽一样，却又恨别人指出其罪恶。亲近阿谀奉迎的人，疏远敢于直言面谏的人，把修整规劝的行为视为讥笑，把对自己忠心耿耿的人当作陷害自己的人，即使不想走向灭亡，又怎么能够呢？《诗》上说："同那些阿谀逢迎的人相互附和，对那些劝谏的人厌恶诋毁，这是多么可悲啊！凡是好的建议都拒绝，凡是不好的意见都听从。"说的就是这种人。

【注释】

①修然:整饬的样子。②存:察,审查。③愀(qiǎo)然:形容神色变得严肃或不愉快。④菑(zāi):通"灾",灾害。⑤噏噏呰呰(xī xī zǐ zǐ):噏噏,形容众口附和。呰呰,通"訾"。诋毁。

【原文】

扁善[1]之度,以治气养生,则后彭祖[2];以修身自名,则配尧、禹。宜于时通,利以处穷,礼信是也。凡用血气、志意、知虑,由礼则治通,不由礼则勃乱[3]提僈[4];食饮、衣服、居处、动静,由礼则和节,不由礼则触陷生疾;容貌、态度、进退、趋行,由礼则雅,不由礼则夷固僻违[5],庸众而野。故人无礼则不生,事无礼则不成,国家无礼则不宁。《诗》曰:"礼仪卒度,笑语卒获。"此之谓也。

【译文】

礼法是无往而不善的,用调气来养生,就能像彭祖那样长寿;用来修身自强,就可使自己的名声和尧、大禹相媲美。既适应于通达之时,也适应于逆境的只有礼法和信义。凡是在运用血气、意志、智慧和思虑去处理问题时,遵循礼法就会和谐畅通;不遵循礼法,就会颠倒错乱、松弛缓慢;凡是在饮食、穿衣、居住、行动时,遵循礼法就会得体合适,不遵循礼法就会毛病百出;凡是在容貌、态度、进退、走路时,遵从礼法就会雍容儒雅,不遵从礼法就会傲慢孤僻、庸俗粗野。所以,做人没有礼法就不能生存,做事没有礼法就办不成;国家没有礼法就不能安宁。《诗》中说:"礼仪如果合乎法度,言谈笑语就会得当。"说的就是这个道理。

【注释】

①扁善:犹言无所往而不善。扁,通"遍",到处,普遍。②彭祖:传说中人物。姓籛名铿,颛顼玄孙。殷王任为大夫,他托病不问政事。自夏代至殷末,活767岁(一说八百余岁),被视为长寿的象征。③勃乱:违背事理,举止错乱。勃,通"悖"。④提僈(màn):松弛缓慢。提,通"偍",舒缓。僈,通"慢"。⑤僻违:乖僻不合。

【原文】

以善先人者谓之教,以善和人者谓之顺;以不善先人者谓之谄,以不善和人者谓之谀。是是、非非谓之知,非是、是非谓之愚。伤良曰谗,害良曰贼。是谓是,非谓非曰直。窃货曰盗,

【译文】

用善来引导别人就叫做教育,用善去附和别人就叫做顺从;用不善去引导别人就叫做谄媚,用不善去附和别人就叫做阿谀。能辨别正确的为正确,错误的为错误,这就是明智;认为正确是错误,错误的为正确,这就是愚蠢。中伤善良的人叫做谗言,陷害善良的人叫做奸贼。正确的就说正确,错

匿行曰诈，易言曰诞。趣[1]舍无定谓之无常，保利弃义谓之至贼。多闻曰博，少闻曰浅；多见曰闲，少见曰陋。难进曰偍[2]，易忘曰漏。少而理曰治，多而乱曰秏[3]。

误的就说错误，这就是正直。偷别人的东西叫做盗贼，隐匿自己的行动叫做欺诈，轻率乱说叫做荒诞。取舍没有一定标准的叫做反复无常，见利忘义叫做大贼。广识多闻叫做渊博，孤陋寡闻叫做浅薄，见识多叫做广博，见识少叫做浅陋，进展艰难叫做迟缓，健忘叫做遗漏。遇事能举其要义而又条理分明叫做善治，头绪繁多而又杂乱无章的叫做昏聩。

【注释】

①趣：同“趋”，趋向，进取。②偍(tí)：行动缓慢。③秏(mào)：通“眊”，昏乱。

【原文】

治气、养心之术：血气刚强，则柔之以调和；知虑渐深，则一之以易良；勇胆猛戾，则辅之以道顺；齐给便利，则节之以动止；狭隘褊小[1]，则廓之以广大；卑湿重迟贪利，则抗之以高志；庸众驽散，则劫之以师友；怠慢僄弃[2]，则炤[3]之以祸灾；愚款[4]端悫[5]，则合之以礼乐，通之以思索。凡治气、养心之术，莫径由礼，莫要得师，莫神一好。夫是之谓治气、养心之术也。

【译文】

调理性情、修养身心的方法是：对于血气方刚的人，就用心平气和来柔化他；对于思虑过于深沉复杂的人，就用坦率善良来同化他；对于勇敢大胆凶猛暴躁的人，要开导他，使其驯服和顺；对于行为轻率的人，就用举止安静来节制他；对于心胸狭隘的人，就用开阔的思想扩大他；对于思想卑下、贪图小利的人，就用高远的志向来提升他；对于庸碌平凡低能的人，就用良师益友来帮助他；对于懒散轻浮、自暴自弃的人，就用将要招致的祸害告诫他；对于单纯朴实，正直诚谨的人，就用礼乐来调和他，用思考探索来开通他。凡是调理性情、修养身心的方法，最直接的途径就是按照礼仪去做，最关键的是得到好的老师，最能发生神妙作用的是专心致志。这就是调理性情、修养身心的方法。

【注释】

①褊(biǎn)小：气量狭窄；窄小。②僄(piào)弃：轻忽抛弃。③炤(zhāo)：通“昭”，明显，显著。④愚款：单纯朴实。⑤端悫(duān què)：正直诚谨。

【原文】

志意[1]修则骄富贵，道义重则轻王公；内省而外物

【译文】

志向高远就会蔑视富贵，道义崇高就能藐视王侯，注重内心反省，就不会为外物所动。古书上说：“君

轻矣。传曰："君子役物，小人役于物。"此之谓矣。身劳而心安，为之；利少而义多，为之；事乱君[2]而通，不如事穷君[3]而顺焉。故良农不为水旱不耕，良贾不为折阅[4]不市，士君子不为贫穷怠乎道。

子支配外界事物，小人则被外界事物所支配。"说的就是这个道理。身体劳苦而内心安定的事就去做；利益少而道义多的事就去做；侍奉暴君而显达，还不如侍奉一个受大国胁迫的小国君主而顺兴道义。所以，一个好的农民不会因为水涝和干旱就不去耕种；一个好的商人不会因为一时的亏损就不去做生意，有学问而品德高尚的人不会因为贫穷而松懈了道义上的修养。

【注释】

①志意：思想；精神。②乱君：指昏庸无道的君主；暴君。③穷君：指受大国胁迫的小国君主。④折阅：谓商品减价销售。折，亏损。

【原文】

体恭敬而心忠信，术礼义而情爱人；横行天下，虽困四夷，人莫不贵；劳苦之事则争先，饶乐[1]之事则能让，端悫诚信，拘守而详[2]，横行天下，虽困四夷，人莫不任。体倨固[3]而心势诈，术顺墨[4]而精杂污；横行天下，虽达四方，人莫不贱。劳苦之事则偷儒[5]转脱[6]，饶乐之事则佞兑[7]而不曲，辟违而不悫，程役[8]而不录，横行天下，虽达四方，人莫不弃。

【译文】

外表恭敬而内心忠信，遵循礼仪而内心仁爱，这样的人走遍天下，即使被困在四方的少数民族地区，人们也没有不尊重他的。有了劳累辛苦的事就争先去做，有了享乐的事就让给别人，正直谨慎，诚实守信而又明察事理，这样的人走遍天下，即使被困在四方的少数民族地区，人们也没有不信任他的。外表傲慢固执，内心狡猾诡诈，表面遵循慎到和墨子的学说而内心杂乱污浊，这样的人走遍天下，即使显赫四方，人们也没有不鄙视他的；有了劳累辛苦的事就偷懒推脱，有了享乐的事就施展快嘴利舌去抢而不退缩，邪僻恶劣而不拘谨，放纵自己的欲望而不检束，这样的人走遍天下，即使显赫四方，人们也没有不厌弃他的。

【注释】

①饶乐：犹逸乐。②拘守而详：谨慎法度、明察事理。③倨固(jù)：傲慢固陋。④顺墨：慎到、墨翟的并称。顺，通"慎"。⑤偷儒：亦作"偷懦"，苟且懒惰。⑥转脱：摆脱。⑦佞兑：谓谄谀取悦。一说谓口才捷利。⑧程役：工程劳役。程，功程；役，劳役。

【原文】

行而供冀①，非渍淖②也；行而俯项，非击戾③也；偶视而先俯，非恐惧也。然夫士欲独修其身，不以得罪于比俗之人也。

【译文】

走路的时候恭敬小心，并不是怕陷入泥中；走路的时候低着头，不是害怕撞上东西；与人对视时先低下头，并不是害怕对方。这是因为士人想要修养自己的身心，不是怕得罪这些世俗的人。

【注释】

①供冀：恭敬谨慎。供，通“恭”。②渍淖(zì nào)：陷于烂泥。③击戾(lì)：抵触；乖忤。

【原文】

夫骥一日而千里，驽马十驾则亦及之矣。将以穷无穷，逐无极与？其折骨、绝筋，终身不可以相及也；将有所止之，则千里虽远，亦或迟、或速、或先、或后，胡为乎其不可以相及也？不识步道①者将以穷无穷，逐无极与？意②亦有所止之与？夫“坚白”“同异”“有厚无厚”③之察，非不察也，然而君子不辩，止之也；倚魁④之行，非不难也，然而君子不行，止之也；故学曰：“迟彼止而待我，我行而就之，则亦或迟、或速、或先、或后，胡为乎其不可以同至也？”故跬步而不休，跛鳖千里；累土而不辍，丘山崇⑤成；厌⑥其源，开其渎⑦，江河可竭；一进一退，一左一右，六骥不致。彼人之才性之相县也，岂若跛鳖之与六骥足哉？然而跛鳖致之，六骥不致，是无

【译文】

千里马一天能跑千里，劣马走十天也可以到达。如果想要走完无穷的路，追逐那无限的终点，那么即使走到骨折筋断，毕生也不能达到。如果有终点，那么千里的路程虽然遥远，也将会或慢、或快、或先、或后地到达，怎么能说不能到达呢？不认识道路的人，是去走那无穷之路，追逐那无限的终点呢？还是也有个止境呢？对“坚白”、“同异”、“有厚无厚” 等学说的考察分析，不是不明察，但君子不跟他们辩解，是因为有所节制啊。怪僻的行为，做起来不是不难，但君子不去做，也是因为有所节制啊。所以学者们说：“我迟缓落后了，在他们停下来等我时，我赶上去接近他们，那也就不过是或慢或快，或先或后，为什么说不能到达同一个地方呢？”所以，只要一步一步走个不停，即使跛脚的甲鱼也可以行走千里；只要不停地堆土，平地最终也能变成山丘；堵塞住源头，开通沟渠，江河也会枯竭。一会儿前进，一会儿后退，一会儿向左，一会儿向右，即使有六匹骏马拉车也不能到达目的地。每个人之间才性的差异，难道会像跛脚的甲鱼和六匹好马的差别那么大吗？但跛脚的甲鱼能够到达的地方，六匹好马却不能到达，这并没有其他的原因，只是因为有的做，有的不做啊！道路虽然很近，但不走就永远不

他故焉，或为之，或不为尔！道虽迩，不行不至；事虽小，不为不成。其为人也多暇日者，其出入不远矣。

能到达；事情虽然很小，但不去做就不会成功。那些游手好闲的人，即使能超过别人，也不会超过很多。

【注释】

①步道：道路。②意：同"抑"，选择连词，还是。③坚白、同异、有厚无厚：坚白、同异，指战国名家惠施、公孙龙的学说，有坚石非石，白马非马，同者异、异者同等命题。有厚无厚，也是惠施的理论，讲空间上的无限性问题。一说这是春秋时期的邓析提出的一个命题。④倚魁：怪僻；独特而不合于俗。⑤崇：通"终"。最终。⑥厌：同"压"，堵塞。⑦渎(dú)：指邑中的沟。

【原文】

好法而行，士也；笃①志而体②，君子也；齐明③而不竭，圣人也。人无法，则伥伥然④；有法而无志其义，则渠渠然⑤，依乎法而又深其类，然后温温然⑥。

【译文】

爱好礼法并能按照礼法行事的，是读书人；意志坚定而又能身体力行的，是君子；思虑敏捷而不枯竭的，是圣人。人没有礼法，将无所适从；有了礼法但不理解它的含义，就会手忙脚乱；依照礼法而又深知其具体准则，就会泰然自若。

【注释】

①笃：坚定。②体：与"行"同义，实行。③齐明：指思虑敏捷。④伥伥然：指无所适从的样子。⑤渠渠然：指局促不安的样子。⑥温温然：指从容不迫的样子。

【原文】

礼者，所以正身也；师者，所以正礼也。无礼，何以正身？无师，吾安知礼之为是也？礼然而然，则是情安①礼也；师云而云，则是知若师也。情安礼，知若师，则是圣人也。故非礼，是无法也；非师，是无师也。不是师法而好自用，譬之是犹以盲辨色，以聋辨声也，舍乱妄②无为也。故学也者，礼法也。夫师以身为正仪③，

【译文】

礼法，是用来修正自身的；老师，是用来正确解释礼法的。没有礼法，拿什么来修正自身？没有老师，我怎么知道礼法是这样的？礼法如何规定就如何去做，这就是性情习惯于礼法；老师说什么就认同什么，这就是智慧同老师一样。性情安于礼法，智慧和老师一样，这就是圣人。违背礼法，那就是没有法度；违背老师，就是无视老师。不遵照老师的教导去做，而喜欢自作主张，这就像是让盲人来辨别颜色，让聋子来辨别声音，除了胡作非为以外

而贵自安者也。《诗》云："不识不知，顺帝之则。"此之谓也。

是不会有什么作为的。所以，学习的宗旨就是学习礼法。老师则是以身作则而又重视使自己遵守礼法的人。《诗》上说："不知不觉，依顺上天的法则。"说的就是这个意思。

【注释】

①安：安于，习惯于。②乱妄：悖乱，狂妄。③正仪：正确的准则，即典范。

【原文】

端悫顺弟[①]，则可谓善少者矣；加好学逊敏焉，则有钧无上，可以为君子者矣。偷儒惮事，无廉耻而嗜乎饮食，则可谓恶少者矣；加惕悍[②]而不顺，险贼而不弟焉，则可谓不详少者矣；虽陷刑戮可也。老老[③]而壮者归焉；不穷穷[④]而通者积焉，行乎冥冥而施乎无报，而贤、不肖一焉。人有此三行，虽有大过，天其不遂乎！

【译文】

正直谨慎顺从兄长，就可以称为好少年了；再加上谦虚好学，那就只有和他同等的人而没有超过他的人了，这种人就可以称为君子了。苟且懒惰，胆小怕事，没有廉耻而又好吃懒做，就可以称为坏少年了；再加上放荡凶狠而桀骜不驯，阴险害人而不尊敬兄长，那就可以称为不祥的少年了；这种人即使遭受刑罚杀戮也是可以的。尊敬老人，那么壮年人就会归附他；不逼迫处于困境中的人，那么有才能的人就会汇聚而来；做了好事不求人知道，对别人施恩也不求回报，那么贤能的人和无能的人都会聚集而来。人有了这三种品行，即使有大的过失，老天恐怕也不会毁灭他吧！

【注释】

①顺弟：顺从兄长的弟弟。②惕悍：放荡凶顽。③老老：以老者之礼敬老。④穷穷：逼迫穷境之人。

【原文】

君子之求利也略，其远害也早，其避辱也惧，其行道理也勇。君子贫穷而志广，富贵而体恭，安燕[①]而血气不惰，劳倦而容貌不枯，怒不过夺，喜不过予。君子贫穷而志广，隆仁也；富贵而体恭，杀势[②]也；安燕而

【译文】

君子对于求取利益是很不在意的，对于祸害早早远离，对于耻辱警惕而回避，对于奉行道义是勇往直前的。君子身处贫穷但志向远大，身处富贵而态度恭敬，安逸的时候精神不懈怠懒散，劳累困倦时容貌也并不显得无神，发怒时不过分惩罚别人，高兴时也不过分赏赐。君子贫穷但而志向远大，是因为他推崇仁爱；身处富贵而态度

血气不衰，柬理也；劳倦而容貌不枯，好交也；怒不过夺，喜不过予，是法胜私也。《书》曰："无有作好，遵王之道；无有作恶，遵王之路。"此言君子之能以公义胜私欲也。

恭敬，是不以权势作威作福；安逸的时候精神不懈怠懒散，是遵循礼法去做；在疲倦的时候容貌不显得无精打采，是注重礼节；在发怒的时候不过分惩罚别人，在高兴的时候也不过分赏赐，这是由于礼法战胜了私欲。《尚书》说："不要凭借个人的喜好来做事，要遵循古代圣王的正道去做；不要凭借个人的憎恶去办事，要遵循古代先王的礼仪去做。"这就是说君子为什么能够用公理正义战胜私欲。

【注释】

①安燕：安逸。②杀势：不以势欺人。杀，减弱。

【评析】

此篇首先指出，修身养性是一件关系个人安危、国家存亡的大事。然后指出，君子有所谓"遍善之度"，即无往而不善之道，用此可治气养心，可修身自强，其功堪称重大。这"遍善之度"就是"礼"。在谈到具体的修养方法时，文章指出修身养心之术，"莫径由礼，莫要得师，莫神一好"，强调了"礼"的正身作用与师的正礼作用，以及坚持不懈、用心不二的重要性。最后指出，具备了道德修养的人，就能够做到骄富贵、重道义、轻王公，走遍天下而受人尊敬，并获得上天的福佑。

在此篇论述的一系列修养身心，即提高自己的品德修养之术中，剔除其中的那些封建残渣之后，有很多东西是值得我们学习和借鉴的。例如，"志意修则骄富贵，道义重则轻王公"，意思是说，志向高远的人就会鄙视财富，以道义为重就会藐视王侯。这是一种大无畏的精神，就像孟子说的："吾养吾浩然之气。"这种"浩然之气"就是对王侯将相的蔑视，对荣华富贵的不屑。为什么君子会有这么高傲的态度呢？荀子解释说：君子"内省而外物轻"，也就是自己的内心有所坚持，有了高尚的信仰，对于外界的一切就毫不在意了。所以，"君子之求利也略，其远害也早，其避辱也惧，其行道理也勇"。

不 苟

【题解】

此篇论述君子立身处世以礼义为道德行为的准则,要至诚专一,不苟且妄为,必须遵循礼义。

【原文】

君子行不贵苟难,说不贵苟察,名不贵苟传,唯其当之为贵。故怀负石而赴河,是行之难为者也,而申徒狄能之;然而君子不贵者,非礼义之中也。山渊平,天地比,齐、秦袭①,入乎耳,出乎口,钩有须②,卵有毛,是说之难持者也,而惠施、邓析能之;然而君子不贵者,非礼义之中也。盗跖吟口,名声若日月,与舜、禹俱传而不息;然而君子不贵者,非礼义之中也。故曰:君子行不贵苟难,说不贵苟察,名不贵苟传,唯其当之为贵。《诗》曰:"物其有矣,惟其时矣。"此之谓也。

【译文】

君子对于行动,不以苟且难能为可贵;对于学说,不以苟且明察为宝贵;对于名声,不以苟且流传为珍贵;只有行动、学说、名声符合了礼义才是宝贵的。所以怀里抱着石头而投河自杀,这是难以做到的行为,但申徒狄却能够这样做,可是君子并不认为这种行为可贵,是因为它不合礼义的中正之道。高山和深渊高低相等,天和地高低一样,齐国和秦国相毗连,语言从耳朵中进去从嘴巴里出来,女人有胡须,蛋上长羽毛,这些都是难以把握的学说,但惠施、邓析却能论证它们,可是君子并不认为这种学说可贵,是因为它们不合礼义的中正之道。盗跖的名字常挂在人们嘴边,名声就像太阳、月亮一样无人不知,与舜、禹一起流传而永不磨灭,可是君子并不认为这种名声可贵,是因为它不合礼义的中正之道。所以说,君子对于行动,不以苟且难能为可贵;对于学说,不以苟且明察为宝贵;对于名声,不以苟且流传为珍贵;只有行动、学说、名声符合了礼义才是宝贵的。《诗》上说:"既要有其物,又要得其时。"说的就是这个道理。

【注释】

①袭:合。②钩有须:妇女生出来的儿子长胡须,说明她体内也有胡须的基因,所以说妇女有胡须。钩,通"姁",妇女。

【原文】

君子易知而难狎①，易惧而难胁，畏患而不避义死，欲利而不为所非，交亲而不比，言辩而不辞。荡荡乎！其有以殊于世也。君子能亦好，不能亦好；小人能亦丑，不能亦丑。君子能则宽容易直以开道②人，不能则恭敬縳绌③以畏事人；小人能则倨傲僻违以骄溢人，不能则妒嫉怨诽以倾覆人。故曰：君子能则人荣学④焉，不能则人乐告之；小人能则人贱学焉，不能则人羞告之。是君子，小人之分也。

【译文】

君子容易结交却不可亵渎，容易恐吓但难以胁迫，害怕祸患但不逃避为正义而死，追求利益但不做自己认为是错误的事，与人接近但不偏私结党，言谈雄辩但不玩弄辞藻。胸怀是多么宽广啊！他和世俗是有所不同的。君子有才能是美好的，没有才能也是美好的；小人有才能是丑陋的，没有才能也是丑陋的。君子有才能，就宽宏大量平易正直地来启发引导别人；没有才能，就恭恭敬敬谦虚退让来小心侍奉别人。小人有才能，就骄傲自大邪僻背理地来欺凌别人；没有才能，就嫉妒怨恨诽谤来倾轧搞垮别人。所以说，君子有才能，那么别人就会把向他学习看作光荣；没有才能，那么别人就会乐意告诉他知识。小人有才能，那么别人就会把向他学习看作为下贱；没有才能，那么别人就不愿意告诉他什么。这就是君子和小人的区别。

【注释】

①狎(xiá)：亲近而态度不庄重。②道：通“导”。③縳绌(zūn chù)：撙节，抑制。縳，通“撙”。绌，减损，贬低，使不足。④荣学：以向他学习为荣。

【原文】

君子宽而不僈，廉而不刿，辩而不争，察而不激，寡立①而不胜，坚强而不暴，柔从而不流，恭敬谨慎而容。夫是之谓至文。《诗》曰：“温温恭人，惟德之基。”此之谓矣。君子崇人之德，扬人之美，非谄谀也；正义直指，举人之过，非毁疵也；言己之光美，拟于舜、禹，参于天地，非夸诞②也；与时屈伸，柔从若蒲苇，非慑怯③也；刚强猛毅，靡所不信，非骄暴

【译文】

君子宽宏大量，但不懈怠马虎；廉正守节，但不伤害人；能言善辩，但不去争论；洞察一切，但不过于激切；卓尔不群，但不盛气凌人；坚定刚强，但不凶暴；宽柔和顺，但不随波逐流；恭敬谨慎，但待人宽容。这可以称为最文雅最合乎礼义的了。《诗》上说：“温柔谦恭的人，是以道德为根本。”说的就是这种人了。君子推崇别人的德行，赞扬别人的优点，并不是阿谀逢迎；公正地议论、直接地指出别人的过错，并不是诋毁挑剔；说自己十分美好，可以和舜、禹相比拟，同天地相并列，并不是虚夸狂妄；随着时势的变化能屈能伸，

也。以义变应，知当曲直故也。《诗》曰："左之左之，君子宜之；右之右之，君子有之。"此言君子能以义屈信变应故也。

柔顺得就像蒲草和芦苇一样，并不是胆小害怕；刚强坚毅，没有什么地方不挺直，并不是骄横暴戾。这些都是根据道义来变通适应，知道什么时间该弯曲，什么时间该平直的缘故。《诗》上说："该在左就在左，君子在左无不可；该在右就在右，君子在右也常有。"这说的是君子能根据道义来屈伸进退，随机应变地应对事情。

【注释】

①寡立：指独立。②夸诞：夸大虚妄，不合实际。③慑怯：胆小害怕。④信：通"伸"，伸展。

【原文】

君子、小人之反也。君子大心则敬天而道，小心则畏义而节；知则明通而类，愚则端悫①而法；见由则恭而止，见闭则敬而齐；喜则和而治，忧则静而理；通则文而明，穷则约而详。小人则不然，大心则慢而暴，小心则淫而倾；知则攫②盗而渐，愚则毒贼而乱；见由则兑③而倨，见闭则怨而险。喜则轻而翾④，忧则挫而慑；通则骄而偏，穷则弃而儑⑤。传曰："君子两进，小人两废。"此之谓也。

【译文】

君子与小人是相反的。君子志向远大的则敬仰上天而遵循自然规律；志向抱负不远大的就敬畏礼义而有所节制；聪明的就会明智通达而触类旁通；愚笨的就会正直诚谨而遵守法度；被任用就会恭敬而不放纵；不被任用就会戒慎而修养自身；高兴时就会平和地去治理；忧愁时就会冷静地去处理；显贵时就会文雅而明智；困窘时就会自我约束而明察事理。但小人就不是这样，他们志向远大的就会傲慢而粗暴，胸无大志的就会邪恶而倾轧别人，聪明的就会巧取豪夺而用尽心机，愚笨的就会狠毒残忍而作乱，被任用时就会高兴而傲慢，不被任用时就会怨恨而险恶，高兴时就会轻浮而急躁，忧愁时就会垂头丧气而心惊胆战，显贵时就会骄横而不公正，困窘时就会自暴自弃而志趣卑下。古书上说："君子在不同的两种情况下都在进步，小人在不同的两种情况下都在堕落。"说的就是这种情况。

【注释】

①端悫（duān què）：正直诚谨。②攫（jué）：强夺。③兑：通"悦"。④翾（xuān）：通"儇"，轻薄。⑤儑（án）：心灰意懒，情绪不高。

【原文】

君子治治，非治乱也。曷谓邪？曰：礼义之谓治，非礼

【译文】

君子治理安定的国家，而不治理混乱的国家。这是什么意思呢？这是说：符合礼义叫做安定，违背礼义

义之谓乱也。故君子者,治礼义者也,非治非礼义者也。然则国乱将弗治与?曰:国乱而治之者,非案[①]乱而治之之谓也。去乱而被之以治。人污而修之者,非案污而修之之谓也,去污而易之以修。故去乱而非治乱也,去污而非修污也。治之为名,犹曰君子为治而不为乱,为修而不为污也。君子洁其身而同焉者合矣,善其言而类焉者应矣。故马鸣而马应之,牛鸣而牛应之,非知也,其势然也。故新浴者振其衣,新沐者弹其冠,人之情也。其谁能以己之潐潐[②]受人之掝掝[③]者哉?

叫做混乱。所以君子治理符合礼义的国家,而不是去治理违背礼义的国家。这样的话,那么国家混乱就不去治理了吗?回答说:国家混乱而去治理它,并不是说在那混乱的基础上去治理它,而是要除去混乱,再给它加上礼义。就像人的品行肮脏了而去整治他一样,并不是说在那肮脏的基础上去整治他,而是要除去肮脏而换上美好的品行。除去混乱并不等于混乱,除去肮脏并不等于整治肮脏。治理作为一个概念,就等于说,君子追求礼义而不是不讲礼义、只追求美好的而不是为了肮脏。君子整洁自己的身心,因而和他志同道合的人就聚拢来了;完善自己的学说,因而和他观点相同的人就来响应了。所以马鸣叫就有马来应和它,牛鸣叫就有牛来应和它,这并不是因为它们懂事,而是那客观情势就是这样的。所以刚洗过澡的人总要抖一下自己的衣服,刚洗过头的人总要弹一下自己的帽子,这是人之常情啊。有谁能让自己的洁白蒙受别人的玷污呢?

【注释】

①案:通"按",依据。②潐潐(jiào jiào):古同"皭皭",洁白,清白。③掝掝(huò huò):昏乱,迷惑的样子。

【原文】

君子养心莫善于诚,致诚则无它事矣,唯仁之为守,唯义之为行。诚心守仁则形[①],形则神[②],神则能化矣。诚心行义则理,理则明,明则能变矣。变化代兴,谓之天德[③]。天不言而人推高焉,地不言而人推厚焉,四时不言而百姓期焉:夫此有常,以至其诚者也。君子至德,嘿[④]然

【译文】

君子修养身心没有比真诚更好的了,做到了真诚,那就没有其他的事情了,只要守住仁德,只要奉行道义就行了。真心实意地坚持仁德,仁德就会在行为上表现出来,仁德在行为上表现出来,就显得超凡脱俗,显得超凡脱俗,就能感化别人了;真心实意地奉行道义,就会变得理智,理智了,就能明察事理,明察事理,就能改造别人了。感化改造轮流起作用,这叫做合乎自然规律的德行。上天不说话而人们都推崇它高远,大地不说话而人们都推崇它深厚,四季不说话而百姓都知道其变换

而喻，未施而亲，不怒而威。夫此顺命，以慎其独者也。善之为道者，不诚则不独，不独则不形，不形则虽作于心，见于色，出于言，民犹若未从也，虽从必疑。天地为大矣，不诚则不能化万物，圣人为知矣，不诚则不能化万民，父子为亲矣，不诚则疏，君上为尊矣，不诚则卑。夫诚者，君子之所守也，而政事之本也，唯所居以其类至。操之则得之，舍之则失之。操而得之则轻，轻则独行，独行而不舍则济矣。济而材尽，长迁而不反其初，则化矣。

的时期。这些都是有了常规因而达到真诚的。君子有了极高的德行，虽沉默不语，人们也都明白；没有施予恩惠，人们却亲近他；不用发怒，就很有威严。这是顺从了天道因而能在独自一人时也谨慎不苟的人。君子改造感化人之道是这样的：不真诚就不能慎独；不能慎独，道义就不能在日常行动中表现出来；道义不能在日常行动中表现出来，那么即使发自内心，表现在脸色上，发表在言论中，人们仍然不会顺从他；即使顺从他，也一定迟疑不决。天地要算大的了，不真诚就不能化育万物；圣人要算明智的了，不真诚就不能感化万民；父子之间要算亲密的了，不真诚就会疏远；君主要算尊贵的了，不真诚就会受到鄙视。真诚，是君子的操守，政治的根本。只要立足于真诚，同类就会聚拢来了；保持真诚，会获得同类；丢掉真诚，会失去同类。保持真诚而获得了同类，那么感化他们就容易了；感化他们容易了，那么慎独的作风就能流行了；慎独的作风流行了再紧抓不放，那么人们的真诚就养成了。人们的真诚养成了，他们的才能就会完全发挥出来，永远地使人们趋向于真诚而不回返到他们邪恶的本性上，那么他们就完全被感化了。

【注释】

①形：表现，是指在言行中表现出仁爱来。②神：是指超凡脱俗的本领。③天德：合乎自然规律的德行。④嘿(mò)然：沉默无言的样子。嘿，同“默”。

【原文】

君子位尊而志恭，心小而道大，所听视者近，而所闻见者远。是何邪？则操术①然也。故千人万人之情，一人之情是也；天地始者，今日是也；百王之道，后王是也。君子审后王之道，而论于百王之前，若端拜②而议。推礼义之统，分是非之分，总天下之

【译文】

君子地位虽尊贵，但内心仍很恭敬；心只有方寸之地，但心怀的理想却很远大；能听到、看到的很近，但听见、看见的却很远。这是为什么呢？是君子掌握了一定的方法才能这样的。所以千万个人的心情，和一个人的心情是一样的；天地开辟时的情况，和今天是一样的；上百代帝王的统治之道，和后代帝王是一样的。君子审察了当代帝王的统治之道，从而再去考查上百代帝王之前的统治之道，就像端正身体拱着手来议论那样恭敬。推究礼义的纲领，分清是非的界限，总揽天下的要领，治理四海之内的百姓，就如同役使一个人一样。所以

要，治海内之众，若使一人。故操弥约而事弥大。五寸之矩，尽天下之方也。故君子不下室堂而海内之情举积此者，则操术然也。

掌握的方法越简约，能办成的事业就越大；就像五寸长的曲尺，能够画尽天下所有的方形一样。所以君子不用走出内室厅堂，就能将天下的情况都汇聚在他这里了，这是因为他掌握了一定的方法才能这样的。

【注释】

①操术：谓所执持的处世主张或工作方法。②端拜：正身拱手。指恭敬有礼，庄重不苟。

【原文】

有通士者，有公士者，有直士者，有悫士者，有小人者。上则能尊君，下则能爱民，物至而应，事起而辨[①]，若是则可谓通士矣。不下比以暗上，不上同以疾下，分争于中，不以私害之，若是则可谓公士矣。身之所长，上虽不知，不以悖[②]君；身之所短，上虽不知，不以取赏；长短不饰，以情自竭，若是则可谓直士矣。庸言必信之，庸行必慎之，畏法流俗，而不敢以其所独甚[③]，若是则可谓悫士矣。言无常信，行无常贞，唯利所在，无所不倾，若是则可谓小人矣。

【译文】

有通达事理的人，有公正无私的人，有耿直爽快的人，有诚实谨慎的人，还有小人。对上能尊敬君主，对下能爱护民众，事情来了能应付，事件发生了能处理，像这样的人就可以称为通达事理的人了。在下不相互勾结去愚弄君主，对上不迎合君主去残害臣民，在一些事情中有了分歧争执，不因为个人的利益去陷害对方，像这样的人就可以称为公正无私的人了。自身的长处，君主虽然不知道，但也不隐瞒；自身的短处，君主虽然不知道，但也不要靠它骗取奖赏；对自己的长处短处都不加掩饰，将真实的情况主动地暴露无遗，像这样的人就可以称为耿直爽快的人了。说一句平常的话也一定诚实可信，做一件平常的事也一定小心谨慎，害怕去效法世俗的习俗，也不敢去干他个人爱好的事，像这样的人就可以称为诚实谨慎的人了。说话经常没有诚信，行为经常不忠贞，只要是有利可图，就没有不使他倾倒的，像这样的人就可以称为小人了。

【注释】

①辨：治理。②悖：掩蔽，引申为隐瞒。③甚：通“湛”“耽”，特别爱好。

【原文】

公生明，偏生暗，端悫生通，诈伪生塞，诚信生神，夸诞

【译文】

公正产生明察，偏私产生愚昧，正直诚谨产生通达，欺诈虚伪产生闭塞；真诚可信产生神明，

生惑。此六生者，君子慎之，而禹、桀所以分也。欲恶取舍之权：见其可欲也，则必前后虑其可恶也者；见其可利也，则必前后虑其可害也者；而兼权之，孰[①]计之，然后定其欲恶取舍，如是则常不失陷矣。凡人之患，偏伤之也。见其可欲也，则不虑其可恶也者；见其可利也，则不虑其可害也者。是以动则必陷，为则必辱，是偏伤之患也。人之所恶者，吾亦恶之。夫富贵者，则类[②]傲之；夫贫贱者则求柔之。是非仁人之情也，是奸人将以盗名于晻世[③]者也，险莫大焉。故曰：盗名不如盗货。田仲、史鳅不如盗也。

夸大虚妄产生糊涂。这六种相生的情况，君子要谨慎对待，这也是禹和桀不同的地方。是追求还是厌恶、是获取还是舍弃，衡量的标准是：见到自己想要追求的，就一定要前前后后考虑它可恶的一面；见到自己可以得利的，就一定要前前后后考虑它可能造成的危害；两方面权衡一下，仔细考虑一下，然后决定是追求还是厌恶、是获取还是舍弃，这样就不会有失误和过错了。大凡人的祸患，往往是片面性害了他们：看见那可以追求的东西，就不考虑它可恶的一面；看到那可以得利的东西，就不去考虑一下它可能造成的危害。因此行动起来就必然会发生失误和过错，干了就必然受辱，这是片面性害了他们而造成的祸患啊。别人所厌恶的，我也厌恶它。对富贵的人一律傲视，对贫贱的人一味迁就，这并不是仁人应有的感情，而是奸邪的人在黑暗的社会里盗取名誉的做法，没有比这更险恶的了。所以说："盗取名誉的人的比偷窃财物的更可恶。"田仲、史鳅还不如盗贼呢。

【注释】

①孰：同"熟"，周密，详细。②类：皆，都。③晻世(ǎn shì)：昏暗无道之世。晻，同"暗"。

【评析】

篇名《不苟》二字与篇首"君子行不贵苟难，说不贵苟察，名不贵苟传，唯其当之为贵"数句用于揭旨，力若千钧，统摄全文。

本文以礼义为标准来检验君子的行为、学说、名声，是荀子为学与修身之论的题中之意。荀子指出，礼义是衡量、统一人的行为道德的最高标准，只有符合生活实际的东西，才符合礼义的要求。荀子强调，具备合乎礼义的行为道德对社会的太平起着决定性的作用。

荣 辱

【题解】

本篇论述了一系列有关光荣与耻辱的问题，全篇以《劝学篇》所说的“荣辱之来，必象其德”为基本观点立论，直论人的荣辱是由其修养品行所致，只有遵循礼法、重视师教、力行仁义道德，才能获得尊贵、荣耀和平安，否则只会始终和卑贱、耻辱、危险相伴随。

【原文】

憍泄[①]者，人之殃也；恭俭者，偋五兵[②]也，虽有戈矛之刺，不如恭俭之利也。故与人善言，暖于布帛[③]；伤人之言，深于矛戟。故薄薄[④]之地，不得履之，非地不安也，危足[⑤]无所履者，凡在言也。巨涂[⑥]则让，小涂则殆，虽欲不谨，若云不使。

【译文】

骄傲轻慢，是人的祸患；恭敬谦逊，可以免除各种兵器的杀身之祸。即使有戈矛的尖刺，也不如恭敬谦逊的锐利。所以和别人说善意的话，比给他穿件衣服还温暖；用恶语伤人，就比矛戟刺得还厉害。所以广大无边的大地，不能踩在它上面，并不是因为地面不安稳；踮着脚没有地方可踩的地方，都在于说话伤了人。大路很拥挤，小路又危险，即使想不谨慎，又怎么可能呢。

【注释】

①憍泄(jiāo xiè)：傲慢。憍，自高自大。古同骄傲的“骄”。泄，通“媟”，轻慢。②偋五兵：指免除杀身之祸。偋，同“屏”，摒除。五兵，指五种兵器，所指不一。③布帛：古代一般以麻、葛之织品为布，丝织品为帛，因以“布帛”统称供裁制衣用品的材料。此指衣服。④薄薄：同“磅礴”，广大无边的样子。⑤危足：踮起脚跟。危，高，使……高。⑥涂：通“途”，道路。

【原文】

快快[①]而亡者，怒也；察察而残者，忮[②]也；博而穷者，訾也；清之而俞浊者，口也；豢之而俞瘠者，交

【译文】

痛快一时却导致死亡的，是由于愤怒；明察一切而遭到残害的，是由于嫉妒；知识渊博而处境困厄的，是由于毁谤；想要澄清而愈来愈混浊，是由于说话不当；供养款待别人而交

也；辩而不说者，争也；直立而不见知者，胜也；廉而不见贵者，刿③也；勇而不见惮者，贪也；信而不见敬者，好剸行也。此小人之所务，而君子之所不为也。

情越来越淡薄，是由于待人接物不当；能言善辩而不被人喜欢，是由于好争执；立身正直而不被人理解，是由于盛气凌人；廉正守节而不受人尊重，是由于尖刻伤人；勇猛无比而不受人敬畏，是由于贪婪；恪守信用而不受人尊敬，是由于喜欢独断专行。这些都是小人所做的，是君子所不做的。

【注释】

①快快：肆意。②忮(zhì)：害，嫉恨。③刿(guì)：刺伤。

【原文】

斗者，忘其身者也，忘其亲者也，忘其君者也。行其少顷之怒，而丧终身之躯，然且为之，是忘其身也；室家立残，亲戚不免乎刑戮①，然且为之，是忘其亲也；君上之所恶也，刑法之所大禁也，然且为之，是忘其君也。忧忘其身，内忘其亲，上忘其君，是刑法之所不舍也，圣王之所不畜也。乳彘②触虎，乳狗不远游，不忘其亲也。人也，忧忘其身，内忘其亲，上忘其君，则是人也，而曾狗彘之不若也。

【译文】

斗殴的人，是忘记了自己身体的人，是忘记了自己亲人的人，是忘记了自己君主的人。发泄他一时的愤怒，却丧失了终身的躯体，然而还是去斗殴，这就是忘记了自己的身体；家庭立刻会遭到摧残，亲戚也不免受刑被杀，然而还是去斗殴，这就是忘记了自己的亲人；斗殴是君主所厌恶的，是刑法所严厉禁止的，然而还是去斗殴，这就是忘记了自己的君主。对下忘记了自己的身体，对内忘记了自己的亲人，对上忘记了自己的君主，这种人是刑法所不能赦免的，也是圣明的帝王所不容的。育仔的母猪不去触犯老虎，育仔的母狗不到远处游逛，这是因为它们没忘记自己的亲骨肉。作为一个人，忘记了自己的身体，对内忘记了自己的亲人，对上忘记了自己的君主，那么这种人就连猪狗也不如。

【注释】

①刑戮(lù)：亦作"刑僇"。受刑罚或被处死。②乳彘(rǔ zhì)：育仔的母猪。彘，猪。

【原文】

凡斗者，必自以为是而以人为非也。己诚是也，人诚非也，则是己君子而人小人也；

【译文】

凡是斗殴的人，一定认为自己是对的而别人是错的。自己确实是对的，别人确实是错的，那么自己就是君子而别人就是小人。以君子的身份去

以君子与小人相贼害也，忧以忘其身，内以忘其亲，上以忘其君，岂不过甚矣哉！是人也，所谓以狐父[①]之戈钃[②]牛矢也。将以为智邪？则愚莫大焉。将以为利邪？则害莫大焉。将以为荣邪？则辱莫大焉。将以为安邪？则危莫大焉。人之有斗，何哉？我欲属之狂惑疾病邪，则不可，圣王又诛之。我欲属之鸟鼠禽兽邪。则不可，其形体又人，而好恶多同。人之有斗，何哉？我甚丑之。

和小人互相残害，对下忘记了自己的身体，对内忘记了自己的亲人，对上忘记了自己的君主，这难道不是错得很厉害吗？这种人，就是平常所说的用狐父出产的利戈来斩牛屎，这能认为是明智的吗？其实没有比这更愚蠢的了；这能认为是有利的吗？其实没有比这更有害的了；这能认为是光荣的吗？其实没有比这更耻辱的了；这能认为是安全的吗？其实没有比这更危险的了。人们有斗殴的行为，到底为了什么呢？我想把这种行为归属于患了疯狂惑乱的疾病吧，但又不可以，因为圣明的帝王是要处罚这种行为的；我想把他们归到鸟鼠禽兽中去吧，但也不可以，因为他们的形体还是人，而且爱憎也大多和别人相同。人们会发生斗殴，究竟是为了什么呢？我认为这种行为是很丑恶的。

【注释】

①狐父：古地名。以产名戈著称。②钃(zhú)：砍。

【原文】

有狗彘之勇者，有贾盗之勇者，有小人之勇者，有士君子之勇者。争饮食，无廉耻，不知是非，不辟[①]死伤，不畏众强，恈恈[②]然唯饮食之见，是狗彘之勇也。为事利，争货财，无辞让，果敢而振，猛贪而戾[③]，恈恈然惟利之见，是贾盗之勇也。轻死而暴，是小人之勇也。义之所在，不倾于权，不顾其利，举国而与之不为改视，重死、持义而不桡[④]，是士君子之勇也。

【译文】

有狗、猪的勇敢，有商人、盗贼的勇敢，有小人的勇敢，有士君子的勇敢。为了争喝抢吃，没有廉耻，不懂是非，不避死伤，不怕众人的强大，贪婪地只看到吃喝，这是狗、猪的勇敢。做事图利，争夺财物，毫不谦让，行动果断大胆而振奋，贪婪而暴戾，贪婪地只看见财利，这是商人和盗贼的勇敢。不在乎死亡而行为暴虐，是小人的勇敢。合乎道义的地方，就不屈服于权势，不顾自己的利益，即使将整个国家都给他，他也不改变观点，虽然看重生命、但坚持正义而不屈不挠，这是士君子的勇敢。

【注释】

①辟:通"避"。②恈恈(móu móu):贪爱。③戾:暴恶。④桡(náo):指屈服。

【原文】

儵𩵦[①]者,浮阳之鱼也;胠[②]于沙而思水,则无逮矣。挂于患而欲谨,则无益矣。自知者不怨人,知命者不怨天;怨人者穷,怨天者无志。失之己,反之人,岂不迂乎哉?

【译文】

白鲦鱼是一种浮在水面上晒太阳的鱼儿;但搁浅在沙滩上再想喝到水,就来不及了。困在灾祸之中再想小心谨慎,就没有用了。有自知之明的人不怪怨别人,懂得命运的人不埋怨老天;怪怨别人的人就会走投无路,埋怨老天的人是没有见识。错误在自己身上,却反而去责怪别人,岂不是太迂腐了吗?

【注释】

①儵𩵦(tiáo pī):即鲦的别名。儵,古同"鲦"。𩵦,即"大鳠"。②胠(qū):阻隔遮拦。

【原文】

荣辱之大分、安危利害之常体:先义而后利者荣,先利而后义者辱;荣者常通,辱者常穷;通者常制人,穷者常制于人:是荣辱之大分也。材悫者常安利,荡悍者常危害;安利者常乐易,危害者常忧险;乐易者常寿长,忧险者常夭折:是安危利害之常体也。

【译文】

光荣和耻辱的主要区别、安危和利害的通常体现是:先考虑道义而后考虑利益的是光荣的,先考虑利益而后考虑道义的是耻辱的;得到光荣的人常常通达,得到耻辱的人常常穷困;通达的人常常统治人,穷困的人常常被人统治:这就是光荣和耻辱的主要区别。有才能而又朴实忠厚的人总是拥有平安顺利,放荡凶悍的人经常面临危难祸害;拥有平安顺利的人总是享受和乐平易,面临危难祸害的人经常忧惧恐慌;享受和乐平易的人往往长寿;忧惧恐慌的人常常夭折:这就是安危和利害的通常体现。

【原文】

夫天生蒸民[①],有所以取之。志意致修,德行致厚,智虑致明,是天子之所以取天下也。

【译文】

上天造就了众人,众人都有取得各自生存条件的缘由。思想极其美好,德行极其宽厚,谋虑极其英明,这是天子取得天下的缘由。政令合于法度,措施合乎时宜,处理政事公正,对上能顺从天子的命令,

政令法，举措时，听断公，上则能顺天子之命，下则能保百姓，是诸侯之所以取国家也。志行修，临官治，上则能顺上，下则能保其职，是士大夫之所以取田邑也。循法则、度量、刑辟、图籍，不知其义，谨守其数，慎不敢损益也，父子相传，以持王公，是故三代虽亡，治法犹存，是官人百吏之所以取禄秩也。孝弟愿悫，軥录②疾力，以敦比③其事业，而不敢怠傲，是庶人之所以取暖衣饱食、长生久视以免于刑戮也。饰邪说，文奸言，为倚事，陶诞④突盗，惕悍憍暴⑤，以偷生反侧于乱世之间，是奸人之所以取危辱死刑也。其虑之不深，其择之不谨，其定取舍楛僈⑥，是其所以危也。

对下能保护百姓，这是诸侯取得国家的缘由。思想行为美好，当官善于治理，对上能顺从国君，对下能恪守自己的职责，这是士大夫取得田地封邑的缘由。按照法律准则、尺度量器、刑法、地图户籍来办事，即使不懂它们的旨意，也严格地遵守具体条文，小心谨慎地不敢删减或增加，父亲将它们传给儿子，用来扶助王公，所以夏、商、周三代虽然都灭亡了，但政策法令仍然保存着，这是各级官吏获取俸禄的缘由。孝顺父母、敬爱兄长，忠厚朴实，勤劳卖力，以此来从事自己的事业，而不敢懈怠轻慢，这是平民百姓取得丰衣足食、健康长寿而免受刑罚杀戮的缘由。粉饰邪恶的学说，美化奸诈的言论，干怪诞的事，招摇撞骗、强取豪夺，放荡凶悍、骄横残暴，靠这些在混乱的社会之中苟且偷生，不安其位，这是奸邪的人自取危险、耻辱、死亡、刑罚的缘由。他们考虑问题不深入，他们选择道路不谨慎，决定事物的取舍粗疏草率，这就是他们危亡的原因。

【注释】

①蒸民：众民，百姓。②軥录(qú lù)：犹劳碌。③敦比：亲身勉力从事。④陶诞：虚妄夸诞。陶，通“谣”。⑤憍暴(jiāo bào)：骄横凶暴。⑥楛(kǔ)僈：粗疏轻慢。楛，粗劣，不坚固，不精致。僈，轻视，怠惰。

【原文】

材性知能，君子、小人一也；好荣恶辱，好利恶害，是君子、小人之所同也；若其所以求之之道则异矣。小人也者，疾为诞而欲人之信己也，疾为诈而欲人之亲己也，禽兽之行而欲人之善己也。虑之难知也，行之难安

【译文】

就资质、本性、智慧、才能而言，君子、小人是一样的。喜欢光荣而厌恶耻辱，爱好利益而憎恶祸害，君子和小人都是一样的。至于他们用来求取光荣、利益和避免耻辱、祸害的方法则是不同的。小人，肆意妄言却还要别人相信自己，竭力欺诈却还要别人亲近自己，禽兽一般的行为却还要别人善待自己。他们考虑问题难以明智，做起事来难以稳妥，坚持的主张难以成立，结果就一定

也，持之难立也，成则必不得其所好，必遇其所恶焉。故君子者，信矣，而亦欲人之信己也；忠矣，而亦欲人之亲己也；修正治辨矣，而亦欲人之善己也。虑之易知也，行之易安也，持之易立也，成则必得其所好，必不遇其所恶焉。是故穷则不隐，通则大明，身死而名弥白。小人莫不延颈举踵而愿曰："知虑材性，固有以贤[①]人矣。"夫不知其与己无以异也。则君子注[②]错之当，而小人注错之过也。故孰察小人之知能，足以知其有余，可以为君子之所为也。譬之越人安越，楚人安楚，君子安雅[③]，是非知能材性然也，是注错习俗之节异也。

不能得到他们所喜好的光荣和利益，而必然会遭受他们所厌恶的耻辱和祸害。所以君子，讲求信用，也希望别人相信自己；对人忠诚，也希望别人亲近自己；遵行正道而处理事务合宜，也希望别人善待自己。他们考虑问题容易明智，做起事来容易稳妥，坚持的主张容易成立，结果就一定能得到他们所喜好的光荣和利益，而不会遭受他们所厌恶的耻辱和祸害；所以他们穷困时名声也不会被隐没，而通达时名声就会十分显赫，死了以后名声会更加辉煌。小人无不伸长了脖子踮起了脚跟羡慕地说："这些人的智慧、思虑、资质、本性，本来就胜过别人啊。"他们不知道君子的智慧、思虑、资质、本性与自己的并没有什么不同，只是君子将它安排得恰当，而小人将它安排错了。所以仔细地考察一下小人的智慧才能，完全可以知道他们有足够的能力做到君子所能做到的一切。这就如同越国人习惯于居住在越国，楚国人习惯于居住在楚国，君子习惯于居住在中原一样，并不是他们的智慧、才能、资质、本性造成的，这是由于对其安排以及习俗的节制之不同所造成的。

【注释】

①贤：胜过。②注错：措置，安排处理。注，投。错，通"措"，置。③雅：通"夏"，华夏，指中原地区。

【原文】

仁义德行，常安之术也，然而未必不危也；污僈[①]突盗，常危之术也，然而未必不安也。故君子道其常，而小人道其怪。凡人有所一同：饥而欲食，寒而欲暖，劳而欲息，好利而恶害，是人之所生而有也，是无待而然者也，是禹、桀之

【译文】

奉行仁义道德，是经常能得到安全的办法，但不一定就不发生危险；污秽卑鄙，强取豪夺，是经常会遭受危险的办法，但是不一定就得不到安全。所以君子遵循那正常的途径，而小人遵循那怪僻的途径。凡是人都有相同的地方：饿了就想吃，冷了就想暖和，累了就想休息，喜欢得利而厌恶受害，这是人生来就具有的本性，它是不需要依靠什么就会这样的，它是禹、桀所相同的；眼睛能辨别白黑美丑，耳

所同也。目辨白黑美恶，耳辨音声清浊，口辨酸咸甘苦，鼻辨芬芳腥臊，骨体肤理[②]辨寒暑疾养[③]，是又人之所常生而有也，是无待而然者也，是禹、桀之所同也。可以为尧、禹，可以为桀、跖，可以为工匠，可以为农贾，在注错习俗之所积耳。为尧、禹则常安荣，为桀、跖则常危辱；为尧、禹则常愉佚[④]，为工匠、农贾则常烦劳。然而人力为此而寡为彼，何也？曰：陋也。尧、禹者，非生而具者也，夫起于变故，成乎修为，待尽而后备者也。

朵能辨别音声的清浊，口舌能辨别酸咸甜苦，鼻子能辨别芳香腥臭，身体皮肤能辨别冷热痛痒，这又是人生下来就有的本性，它是不需要依靠什么就会这样的，它是禹、桀所相同的。人们可以凭借这些本性和资质去做尧、禹那样的贤君，可以凭借它去做桀、跖那样的坏人，可以凭借它去做工匠，可以凭借它去做农夫和商人，这都在于各人对它的安排以及习俗的积累罢了。做尧、禹那样的人，常常安全、光荣；做桀、跖那样的人，常常危险、耻辱；做尧、禹那样的人常常愉悦、安逸；做工匠、农夫、商人常常麻烦、劳累。但人们尽力做这种危辱烦劳的事而很少去做那种光荣悦逸的事，这是为什么呢？回答说：这是由于见识浅陋。尧、禹这种人，并不是生下来就具备了当圣贤的条件，而是从改变他们原有的本性开始，由于整治身心才成功的，而整治身心的所作所为，是等到原有的恶劣本性都除去了而后才具备的。

【注释】

①污僈：污秽，卑污。②理：皮肤上的纹理。③养：通“痒”。④愉佚(yú yì)：亦作“愉逸”。安逸；快乐。

【原文】

人之生固小人，无师、无法，则唯利之见耳。人之生固小人，又以遇乱世，得乱俗，是以小重小也，以乱得乱也。君子非得势以临之，则无由得开内[①]焉。今是人之口腹，安知礼义？安知辞让？安知廉耻、隅积[②]？亦呥呥[③]而嚼[④]，乡乡[⑤]而饱已矣。人无师、无法，则其心正其口腹也。今使人生而未尝睹刍豢[⑥]稻

【译文】

人一生下来本来就是小人，如果没有老师的教导、没有礼法的约束，就只能看见利益而已。人一生下来本来就是小人，又遇上了混乱的世道、接触了昏乱的习俗，这样，就在渺小卑鄙的本性上又加上了渺小卑鄙，使昏乱的资质又染上了昏乱的习俗。君子如果不能得到权势来统治他们，那就没有办法打开他们的内心来向他们灌输好思想。现在这些人的口和腹，哪里会懂得什么是礼节道义？哪里会懂得什么是推辞谦让？哪里会懂得什么是廉洁知耻、大道的局部和整体？也只是知道慢吞吞地嚼东西、香喷喷地吃个饱而已。人没有老师的教

梁也，惟菽藿糟糠之为睹，则以至足为在此也，俄而粲然有秉刍豢稻粱而至者，则瞲然[7]视之曰："此何怪也！"彼臭之而嗛[8]于鼻，尝之而甘于口，食之而安于体，则莫不弃此而取彼矣。今以夫先王之道，仁义之统，以相[10]群居，以相持养，以相藩饰，以相安固耶？以夫桀、跖之道，是其为相县也，几直夫刍稻粱之县糟糠尔哉！然而人力为此而寡为彼，何也？曰：陋也。陋也者，天下之公患也，人之大殃大害也。故曰：仁者好告示人。告之示之、靡之儇[9]之、鈆之重之，则夫塞者俄且通也，陋者俄且僩[10]也，愚者俄且知也。是若不行，则汤、武在上曷益？桀、纣在上曷损？汤、武存，则天下从而治；桀、纣存，则天下从而乱。如是者，岂非人之情固可与如此可与如彼也哉？

导、没有法度的约束，那么他们的心灵也就完全和他们的嘴巴肠胃一样只知吃喝了。如果人生下来就从来没有看见过牛羊猪狗等肉食和稻米谷子等细粮，只看到过豆叶之类的蔬菜和糟糠之类的粗食，那就会认为最满意的食物就是这些东西了；但如果有个拿着肉食和细粮的人来到跟前，他就会瞪着眼惊奇地看着它说："这是什么怪东西呀？"他闻闻它后鼻子里闻出好的味道，尝尝它后嘴巴里甜甜的；吃了它后身体感到很舒服，那就没有不抛弃这豆叶糟糠之类而求取那肉食细粮的了。如今是用那古代帝王的办法和仁义的纲领，来帮助人们结群居住，帮助人们相互得到保养，帮助人们相互服装、仪态的文饰，帮助人们得到相互安定呢？还是用那桀、跖的办法呢？这两种办法是有悬殊的，这难道只是肉食细粮和糟糠的悬殊吗？可是人们却尽力用桀、跖的办法行事，这是为什么呢？回答说：见识浅陋。见识浅陋，实在是天下人的通病，是人们的大灾大害呀。所以说：讲究仁德的人喜欢把道理讲给别人听，做出榜样给别人看。把道理讲给他们听，做出榜样给他们看，使他们顺从，使他们明智，使他们遵循仁义之道，向他们反复重申，那么那些闭塞的人很快就会通达，孤陋寡闻的人很快就会眼界开阔，愚蠢的人很快就会聪明了。这些事情如果不干，那么商汤、周武王这样的贤君处在上位又有什么好处？夏桀、商纣王这样的暴君处在君位又有什么损害？商汤、周武王在位时，天下人跟随他们而得到安定；夏桀、商纣王在位时，天下人跟随他们而遭遇混乱。出现这样的情况，难道不是因为人的性情本来是可以这样，也可以那样的吗？

【注释】

①内：同"纳"。②隅(yú)积：部分和整体。指封建礼法的总体原则和部分道理。③呥呥(rán rán)：慢慢地。④噍(jiào)：吃东西，嚼。⑤乡：通"芗"，谷类的香气。⑥刍豢(huàn)：牛羊犬豕之类的家畜。泛指肉类食品。⑦瞲(xù)然：惊视的样子。⑧嗛(qiàn)：不满足。⑨儇(xuān)：轻浮。⑩僩(xiàn)：古同"闲"。胸襟开阔的样子。

【原文】

人之情，食欲有刍豢，衣欲有文绣，行欲有舆马，又欲夫余财蓄积之富也，然而穷年累世不知足，是人之情也。今人之生也，方知畜鸡狗猪彘，又蓄牛羊，然而食不敢有酒肉；余刀布[①]，有囷窌[②]，然而衣不敢有丝帛；约者有筐箧[③]之藏，然而行不敢有舆马。是何也？非不欲也，几不长虑顾后而恐无以继之故也，于是又节用御欲、收敛蓄藏以继之也，是于己长虑顾后，几不甚善矣哉！今夫偷生浅知之属，曾此而不知也，粮食大侈，不顾其后，俄则屈安穷矣，是其所以不免于冻饿，操瓢囊为沟壑中瘠[④]者也。况夫先王之道，仁义之统，《诗》《书》《礼》《乐》之分乎！彼固为天下之大虑也，将为天下生民之属，长虑顾后而保万世也。其流长矣，其温厚矣，其功盛姚远矣，非顺孰修为之君子，莫之能知也。故曰：短绠[⑤]不可以汲深井之泉，知不几者不可与及圣人之言。夫《诗》《书》《礼》《乐》之分，固非庸人之所知也。故曰：一之而可再也，有之而可久也，广之而可通也，虑之而可安也，反鈆察之而俞

【译文】

人的本性：吃东西时希望有肉类食品，穿衣服时希望有刺绣华美的丝绸衣服，出行时希望有车马，还希望富裕得拥有绰绰有余的财产积蓄。但一年到头，世世代代都不知道满足，这就是人的本性。现在人生来就知道畜养鸡狗猪，还懂得畜养牛羊，但是吃饭时却不敢有酒肉；钱币有余，又有粮仓地窖，但是穿衣服却不敢穿丝绸；节约俭省的人，拥有一箱箱的积蓄，但是出行却不敢用车马。这是为什么呢？并不是不想这么做，而是长远考虑，顾及以后，害怕接济不上的缘故。于是他们又节约费用、抑制欲望、收聚财物、贮藏粮食以便接济以后的生活，这种为了自己从长远考虑、顾及以后的生活，岂不是很好吗？现在那些苟且偷生、见识浅陋的人，竟连这个道理都不懂。他们过分地浪费粮食，不顾以后的生活，不久就消费得精光而陷入困境了。这就是他们不免受冻挨饿，拿着讨饭的瓢儿，背着布袋沿街乞讨，最终死在沟壑中成为弃尸的原因。他们连怎样过日子都不懂，更何况是古代圣王治理天下的原则，仁义的纲领，《诗》《书》《礼》《乐》的道理呢！那些原则、纲领本来就是治理天下的重大规划，是要为天下所有的人民从长考虑、照顾到以后的生计而永保千秋万代平安的。它流传甚长，它内涵丰厚，它功绩极其遥远，如果不是精熟修养品行的君子，是不能知道它的精义的。所以说，短绳不可以用来汲取深井中的泉水，知识不多的人就不能和他论及圣人的言论。那《诗》《书》《礼》《乐》的道理，本来就不是平庸的人所能了解的。所以说，已知其一才能求知其二，已知其二就能长久地钻研，将它们推而广之，就可以触类旁通；经常深思，就可以平安无事；反复遵循它们考察它们，就更喜欢它们。用它们修养情性就会有益，用它们来成就名声就会荣耀，用它们来和众人

可好也，以治情则利，以为名则荣，以群则和，以独则足乐，意者其是邪？

相处就能和睦融洽，用它们来独处就会知足，想来就是这样的吧！

【注释】

①刀布：指古代货币。②囷窌（qūn jiào）：谷仓与地窖。泛指粮仓。③筐箧（kuāng qiè）：用竹枝等编制的狭长形箱子。④胔（zì）：通"胔"，未腐烂的尸体。⑤绠（gěng）：汲水用的绳子。

【原文】

夫贵为天子，富有天下，是人情之所同欲也，然则从人之欲，则势不能容，物不能赡也。故先王案为之制礼义以分之，使有贵贱之等，长幼之差，知愚，能不能之分，皆使人载其事而各得其宜。然后使谷禄多少厚薄之称，是夫群居和一之道也。故仁人在上，则农以力尽田，贾以察尽财，百工以巧尽械器。士大夫以上至于公侯莫不以仁厚知能尽官职。夫是之谓至平。故或禄天下，而不自以为多，或监门、御旅、抱关、击柝[①]而不自以为寡。故曰："斩[②]而齐，枉[③]而顺，不同而一。"夫是之谓人伦。《诗》曰："受小共大共，为下国骏蒙。"此之谓也。

【译文】

高贵得做天子，富裕得拥有天下，这是人心所共同追求的；但如果顺从人们的欲望，那么从客观形势上来说是不能容许的，从物质上来说是不能满足的。因此，古代圣明的帝王制定了礼义来区别对待他们，使人们有高贵与低贱的等级，有年长与年幼的差别，有聪明与愚蠢、贤能与无能的分别，使得每个人都能承担自己的工作而各得其所，然后使俸禄的多少和厚薄与他们的地位和工作相称，这就是使人们群居在一起而能和谐一致的办法。所以仁德之人处在君位上，那么农民就把自己的力量全部用在耕田种地上，商人就会把自己的精明全都用在经营赚钱上，各种工匠就会把自己的技巧全都用在制造器械上，士大夫以上直到公爵、侯爵没有不将自己的仁慈、宽厚、智慧、才能都用在履行公职上，这种情况就叫做天下太平。所以有的人富有天下，却不认为自己拥有的多；有的人看管城门、招待旅客、守卫关卡、巡逻打更，也不认为自己所得的少。所以说："有了差别才能达到整齐，有了礼义的约束才能和顺，有了不同才能统一。"这就叫做人的伦常关系。《诗》上说："接受小法与大法，诸侯国都在庇护之下。"说的就是这个道理。

【注释】

①击柝(tuò):打更。柝,巡夜打更用的梆子。②斩:通“儳”(chán):不整齐,指有等级差别。③枉:曲,委曲,是指人们受到礼义的约束。

【评析】

关于取求荣辱,荀子在此篇做了系统的论述。

荀子的荣辱观首先是以其君子小人之辨为基石。所谓的君子和小人,在荀子的概念中,既有职业的区别,又有道德的区别。荀子不赞成孟子关于大人、小人由先天决定的观点,他肯定人类的自然性,认为凡人都有相同的资质智能、相同的欲望爱恶,都具有成为尧舜或桀纣的基础。所以荀子在后天的习性上找原因,把君子、小人的荣辱归结到举措、风俗习惯和是否修为上,这虽然避免了孟子的先验论,但又陷入了未能从社会历史发展的根源上看问题的经验论,因为没有找到根本的原因。

荀子荣辱观的第二块基石是义利之辩。荀子将义利和荣辱相互联系,认为荣辱的最大分界是怎样摆正义和利的位置。荀子并不否定利,不是取义不取利,而是主张不以利害义,并且要先义后利,即见义忘利,先义后利,即唯义为上。

荀子荣辱观的第三块基石是知己知命。知己不怨人而能通,知命不怨天而有志,通而有志,反求诸己,即能内省,就能达到知荣辱的目的了。这是强调主观努力,强调以自我检束,自我振作的精神来面对祸患,找回智、利、荣、安。荀子对孔子不怨天尤人的思想做了积极的发挥,得出的是乐观主义的结论。但是,荀子讲荣辱是以他所谓的“人伦”为前提的,即维护贵贱尊卑长幼的社会秩序,并说不齐才有齐,不顺才有顺,不同才有统一。推行这样的礼义,那么君子、小人的名分就不可能跨越阶级的界限,工匠、农民就只有永远是小人,安于愚、害、辱、危的境地。所以,荀子的荣辱观在士人阶层推行或许有一定的意义,但如果在全社会推行就行不通了。

非 相

【题解】

本篇的主旨在批判、否定迷信的相面术，认为“相形不如论心，论心不如择术”；此外，还论述了道德修养、“法后王”以及有关辩说的问题。

【原文】

相人，古之人无有也，学者不道也。

【译文】

给人看相，古代的人没有，有学问的人也不谈论这件事。

【原文】

古者有姑布子卿①，今之世，梁有唐举②，相人之形状颜色而知其吉凶妖祥，世俗称之。古之人无有也，学者不道也。故相形不如论心③，论心不如择术。形不胜心，心不胜术。术正而心顺之，则形相虽恶而心术善，无害为君子也。形相虽善而心术恶，无害为小人也。君子之谓吉，小人之谓凶。故长短、小大、善恶形相，非吉凶也。古之人无有也，学者不道也。

【译文】

古代有个叫姑布子卿的人，现在梁国有个叫唐举的人，都能根据人的容貌、面色来推算此人的祸福凶吉，世人都称赞他们的相术。相术在古代是没有的，有学问的人也不去谈论它。所以，观察一个人的相貌不如考察他的思想，考察他的思想不如鉴别他立身处世的方法。相貌不如思想重要，思想不如立身处世方法重要。立身处世方法正确而思想又顺应了它，那么形体相貌即使丑陋而思想和立身处世方法是好的，也不妨碍他成为君子；形体相貌即使很好而思想与立身处世方法不正确，也不能妨碍他成为小人。君子可以说是吉，小人可以说是凶。所以高与矮、魁梧与瘦小、美丽与丑陋等形体相貌，并不能决定吉凶。古代的人没有，有学问的人也不谈论这件事。

【注释】

①姑布子卿：春秋时郑国人，曾为孔丘和赵襄子看过相。②唐举：战国时看相的人，曾为李兑、蔡泽看过相。③论心：研究人的思想。论，考察。

【原文】

盖帝尧长，帝舜短；文王长，周公短；仲尼长，子弓短。昔者卫灵公有臣曰公孙吕，身长七尺，面长三尺，焉[①]广三寸，鼻目耳具，而名动天下。楚之孙叔敖，期思[②]之鄙人[③]也，突秃长左，轩较[④]之下，而以楚霸。叶公子高[⑤]，微小短瘠[⑥]，行若将不胜其衣然。白公之乱也，令尹子西、司马子期皆死焉；叶公子高入据楚，诛白公，定楚国，如反手尔，仁义功名善于后世。故事不揣长，不揳[⑦]大，不权轻重，亦将志乎尔，长短、大小、美恶形相，岂论也哉？

【译文】

尧帝个子高，舜帝个子矮；周文王个子高，周公旦个子矮；孔子个子高；子弓个子矮。从前，卫灵公有个臣子叫公孙吕，身高七尺，脸长三尺，额宽三寸，鼻子、眼睛、耳朵虽然都有，却相去甚远，但他的名声却震动天下。楚国的孙叔敖，是期思地方的乡下人，头秃发少，左手比右手长，身高不及车前的横木，但他却能使楚国称霸于诸侯。叶公子高，弱小矮瘦，走路时好像还撑不住自己的衣服似的，但是白公作乱时，令尹子西、司马子期都死在白公手中，叶公子高却领兵攻入楚国，杀掉了白公，使楚国得以安定，就像把手掌翻过来似的一样容易，他的仁义功名被后人所赞美。所以对于士人，不是去看他个子的高矮、胖瘦，不去称量身体的轻重，而要看他的志向。高与矮、魁梧与瘦小、美丽与丑陋等形体相貌，哪能用来评判人呢？

【注释】

①焉：通“颜”，这里指额。②期思：地名，楚国之邑，在今河南省淮滨县东南。③鄙人：郊野之人。④轩较：指显贵者所乘之车。轩，古代车前直木；较，古代车前横木。⑤叶公子高：指楚大夫沈诸梁。⑥微小短瘠：形容个子矮小瘦弱。瘠，瘦弱。⑦絜(xié)：比较，估量。

【原文】

且徐偃王[①]之状，目可瞻焉；仲尼之状，面如蒙倛[②]；周公之状，身如断菑[③]；皋陶[④]之状，色如削瓜；闳夭[⑤]之状，面无见肤；傅说之状，身如植鳍[⑥]；伊尹之状，面无须麋[⑦]。禹跳，汤偏，尧、舜参牟子。从者将论志意、比类文学邪？直将差长短，辨美恶，而相欺傲邪？

【译文】

再说，徐偃王的眼睛可以向上看到前额；孔子的脸好像蒙上了一个丑恶难看的驱邪鬼面具；周公旦的身体好像一棵立着的枯树；皋陶的脸色就像削去了皮的瓜那样呈青绿色；闳夭的鬓须多得看不见皮肤；傅说的身体好像竖着的柱子；伊尹的脸上没有胡须眉毛。禹瘸着腿走路，汤半身偏枯，舜的眼睛里有两个瞳仁。学者是考察他们的志向、比较他们的学问，还是区别他们的高矮、分辨他们的美丑来互相欺骗、互相傲视呢？

【注释】

①徐偃王：周代徐国君主。传说其目只能仰视，可以看到自己的额头，但却不能俯视。②倛(qī)：古代术士驱鬼时所戴的形状可怕的面具，亦称“倛头”。③菑(zī)：立着的枯树。④皋陶：亦作“皋繇”。亦作“皐陶”。传说虞舜时的司法官。⑤闳(hóng)夭：周文王的臣子。曾传说他满脸胡子，看不到皮肤。⑥植：立。鳍：通“楮”，柱。⑦麋(mí)：通眉。

【原文】

古者，桀、纣长巨姣美，天下之杰[1]也；筋力越劲，百人之敌也。然而身死国亡，为天下大僇[2]，后世言恶，则必稽[3]焉。是非容貌之患也，闻见之不众，论议之卑尔！

【译文】

古时的夏桀、商纣魁梧英俊，是天下相貌超群的人物；他们的体魄敏捷强壮，可以抵挡上百人。但是他们最后被人杀死，国家也灭亡了，还被天下人所耻笑，后代的人说到坏人，就一定会拿他们作例了。这显然不是容貌造成的祸患，而是由于见识浅陋、行为卑下所导致的。

【注释】

①杰：这里指相貌超群出众。②僇(lù)：同“戮”，耻辱。③稽：考证。

【原文】

今世俗之乱君，乡曲之儇子[1]，莫不美丽姚冶，奇衣妇饰，血气态度拟于女子；妇人莫不愿得以为夫，处女莫不愿得以为士，弃其亲家而欲奔之者，比肩并起。然而中君羞以为臣，中父羞以为子，中兄羞以为弟，中人羞以为友，俄则束乎有司而戮乎大市，莫不呼天啼哭，苦伤其今，而后悔其始。是非容貌之患也，闻见之不众，论议之卑尔！然则从者将孰可也？

【译文】

现在世上昏庸无道的君主，乡里轻薄巧慧的男子，没有不长得美丽妖艳的，他们穿着奇装异服，像妇女那样打扮自己，神情态度都也和女人相似。妇女没有谁不想得到这样的人做丈夫，姑娘没有谁不想得到这样的人做未婚夫，抛弃自己的家庭而想与其私奔的女人一个接着一个。但是一般的国君都羞于让这种人作为臣子，一般的父亲都羞于把这种人当作儿子，一般的哥哥都羞于把这种人当作弟弟，一般的人都羞于把这种人当作朋友。不久，这种人就会被官吏绑了去而在大街闹市中杀头，他们无不呼天喊地号啕大哭，痛心自己今天的下场而后悔自己当初的行为。这并不是容貌造成的祸患啊！而是由于见识浅陋，行为卑下所造成的。那么，在以相貌论人与以思想论人两者之间将选择哪一种呢？

【注释】

①儇(xuān)子:轻薄刁巧的男子。

【原文】

人有三不祥:幼而不肯事长,贱而不肯事贵,不肖而不肯事贤,是人之三不祥也。人有三必穷:为上则不能爱下,为下则好非其上,是人之一必穷也;乡[①]则不若[②],偝[③]则谩之,是人之二必穷也;知行浅薄,曲直有以相县矣,然而仁人不能推,知士不能明,是人之三必穷也。人有此三数行者,以为上则必危,为下则必灭。《诗》曰:"雨雪瀌瀌[④],宴然[⑤]聿消[⑥]。莫肯下隧[⑦],式居屡骄。"此之谓也。

【译文】

人有三种不祥的事:年轻的不肯侍奉年长的,卑贱的不肯侍奉尊贵的,没有德才的不肯侍奉贤能的,这是人的三种祸害。人有这三种情况,必然会陷于困厄:做了君主却不能爱护臣民,做了臣民却喜欢非议君主,这是人使自己必然陷于困厄的第一种情况;当面不顺从,背后又毁谤,这是人使自己必然陷于困厄的第二种情况;知识浅陋,德行不厚,辨别是非曲直的能力又与别人相差很远,但对仁爱之人不能推崇,对明智之士不能尊重,这是人使自己必然陷于困厄的第三种情况。人如果有这三种情况所说的种种行为,做君主就一定会危险,做臣民就一定会灭亡。《诗》上说:"大雪纷纷满天飘,太阳一出来就融化了。不肯屈居人下,在位又骄横。"说的就是这种情况。

【注释】

①乡:通"向",面对面。②若:顺。③偝(bèi):指背后,私下。④瀌瀌(biāo biāo):盛大的样子。⑤宴然:天晴日出的样子。⑥聿(yù)消:自消。⑦隧(suì):通"坠"。这里指退位。

【原文】

人之所以为人者,何已也?曰:以其有辨[①]也。饥而欲食,寒而欲暖,劳而欲息,好利而恶害,是人之所生而有也,是无待而然者也,是禹、桀之所同也。然则人之所以为人者,非特以二足而无毛也,以其有辨也。今夫狌

【译文】

人之所以为人,是因为什么呢?回答说:因为人能辨别上下、贵贱、长幼、亲疏等等级秩序。饿了就想吃饭,冷了就想取暖,累了就想休息,喜欢好处而讨厌祸害,这是人生来就具有的,不需要依靠学习就会拥有的,它是大禹与夏桀所相同的方面。但人之所以成为人,并不只是因为人有两只脚而身上没有毛,而是因为人有辨别能力。现在猩猩的形状与人相似,也是两只脚而身上有毛罢了,但是人们

狌[2]形笑[3]，亦二足而毛也，然而君子啜其羹，食其胾[4]。故人之所以为人者，非特以其二足而无毛也，以其有辨也。夫禽兽有父子而无父子之亲，有牝牡[5]而无男女之别。故人道莫不有辨。

却喝它的汤，吃它的肉。所以人之所以成为人，并不只是因为有两只脚而身上没有毛，而是因为他们对各种事物的界限都有所区别。禽兽有父子关系但却没有父子之间的亲情；有雌有雄，但却没有男女之间的界限。所以为人之道就在于对事物有辨别能力。

【注释】

①辨：指上下、贵贱、长幼、亲疏的等级区分。②狌狌(xīng xīng)：即猩猩。③形笑：当为“形状”。④胾(zì)：切成大块的肉。⑤牝牡(pìn mǔ)：鸟兽的雌性和雄性。

【原文】

辨莫大于分[1]，分莫大于礼，礼莫大于圣王。圣王有百，吾孰法焉？故曰：文久而灭，节族[2]久而绝，守法数之有司极礼而褫[3]。故曰：欲观圣王之迹，则于其粲然[4]者矣，后王是也。彼后王者，天下之君也，舍后王而道上古，譬之是犹舍己之君而事人之君也。故曰：欲观千岁则数今日，欲知亿万则审一二，欲知上世则审周道，欲知周道[5]则审其人所贵君子。故曰：以近知远，以一知万，以微知明，此之谓也。

【译文】

分辨等级制度没有比确定名分更重要的了，确定名分没有比遵循礼法更重要的了，遵循礼法没有比效法圣明的帝王更重要的了。可是圣明的帝王有上百个，应该效法哪一个呢？所以说：礼仪制度时间长了就会湮灭，音乐的节奏因为时间长了而失传了，掌管礼法条文的有关官吏也因与制定礼法的年代相距久远而使礼法有所脱节了。所以说：想要考察圣明帝王的事迹，就得观察其中清楚明白的人物，后代的帝王便是。后代的帝王，就是现在统治天下的君王；放弃后代的帝王而去称道上古的帝王，这就好像舍弃了自己的君主而去侍奉别人的君主一样。所以说：要想考察千年之前的往事，那就要仔细审视现在；要想知道成亿上万的事物，那就要从弄清楚一两件事物开始；要想知道上古的社会情况，那就要审察现在周王朝的治国之道；要想知道周王朝的治国之道，那就要审察他们所尊重的君子。所以说：根据近代的可以推知远古的，从一件事物可以了解上万件事物，由隐微的东西可以了解明显的东西。说的就是这个意思。

【注释】

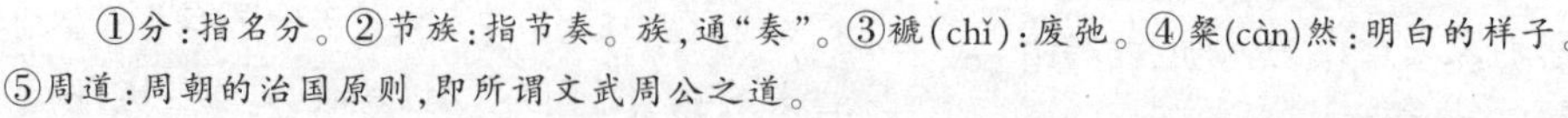

①分：指名分。②节族：指节奏。族，通“奏”。③褫(chǐ)：废弛。④粲(càn)然：明白的样子。⑤周道：周朝的治国原则，即所谓文武周公之道。

【原文】

夫妄人[1]曰："古今异情，其所以治乱者异道。"而众人惑焉。彼众人者，愚而无说，陋而无度者也。其所见焉，犹可欺也，而况于千世之传也。妄人者，门庭之间，犹可诬欺[2]也，而况于千世之上乎！

【译文】

无知妄为的人说："古今情况不同，之所以有的安定，有的混乱，是因为治理的方法不同。"于是众人就糊涂了。那些众人，才性愚昧而说不出道理、见识浅陋而不会判断是非。他们亲眼看见的东西，还可以欺骗他们，更何况是那些几千年前的传闻呢？那些无知妄为的人，就是近在大门与庭院之间的事，还可以欺骗人，更何况是几千年之前的事情呢？

【注释】

①妄人：无知妄为的人。②诬欺：欺罔。

【原文】

圣人何以不可欺？曰：圣人者，以己度者也。故以人度人，以情度情，以类度类，以说度功，以道观尽，古今一也。类不悖，虽久同理，故乡乎邪曲[1]而不迷，观乎杂物而不惑，以此度之。五帝[2]之外无传人，非无贤人也，久故也；五帝之中无传政，非无善政也，久故也；禹、汤有传政而不若周之察也，非无善政也，久故也。传者久则论略，近则论详。略则举大，详则举小。愚者闻其略而不知其详，闻其细而不知其大也。是以文久而灭，节族久而绝。

【译文】

圣人为什么不可能被欺骗呢？回答说：圣人，是根据自己的切身体验来推断事物的人。所以，根据自己的情况去推断他人，根据现代的情况去推断古代的情况，根据某一类事物去推断同类的事物，根据评论的内容去推断他人的功业，根据事物的普遍规律去观察一切事物，这些事情不管是在古代还是现代都是一样的。只要同类事物不相背离，即使时间相隔久远，其中的道理也还是一样的，所以圣人面对邪说歪理也不会迷乱，观察复杂的事物也不会感到困惑，这是因为他们能按照这种道理去推测一切事物的缘故。除了伏羲、神农、黄帝、尧、舜这五位帝王外，没有流传到后世的人和事，并不是那时没有贤人，而是由于时间太久的缘故；五位帝王之中没有流传到后世的施政方法，并不是他们没有好的施政方法，而是由于时间久远的缘故；夏禹、商汤有流传到后世的施政方法，但不如周代的详细，并不是他们没有好的施政方法，而是由于时间久远的缘故。传说离得越远的就越简略，传说离得越近的就越详尽。简略的就只能列举其大概；详尽的就能列举其细节。愚蠢的人听到简略的论述就不再去了解详尽的情况，听到了详尽的细节就不再去了解大概情况。因此时间长了礼仪制度就会湮没，时间长了音乐的节奏也会失传。

【注释】

①邪曲：不正直。②五帝：传说中的五个古代帝王。通常指黄帝、颛顼、帝喾、唐尧、虞舜。

【原文】

凡言不合先王，不顺礼义，谓之奸言，虽辩，君子不听。法先王，顺礼义，党学者，然而不好言，不乐言，则必非诚士也。故君子之于言也，志好之，行安之，乐言之。故君子必辩。凡人莫不好言其所善，而君子为甚。故赠人以言，重于金石、珠玉；观人以言，美于黼黻[①]文章；听人以言，乐于钟鼓琴瑟。故君子之于言无厌。鄙夫反是，好其实不恤其文，是以终身不免埤污[②]、佣[③]俗。故《易》曰："括[④]囊，无咎无誉。"腐儒之谓也。

【译文】

凡是说的话不符合古代圣王的道德原则、不顺乎礼义的，就叫做奸言，即使说得动听有理，君子也不会听。效法古代的圣王，遵循礼义，亲近有学识的人，但是不喜欢谈论，不乐意谈论，那一定不是真诚追求道的学者。所以君子对于正确的学说，一定是心里喜欢它，行动上遵循它，乐意谈论它。所以君子一定是能言善辩的。凡是人没有不喜欢谈论自己崇尚的东西，而君子更是如此。所以赠人以善言，比赠送金石珠玉更贵重；用善言劝勉人，比华丽的衣服色彩更美好；听从善言，比听钟鼓琴瑟还要快乐。所以君子对于善言津津乐道而永不厌倦。鄙陋的小人则与此相反，他们只注重实惠，而不在乎文饰，因此一辈子也免不了卑陋庸俗。所以《周易》说："扎紧口袋，既没有过失，也没有赞誉。"说的就是这种迂腐的儒生。

【注释】

①黼黻(fǔ fú)：泛指礼服上所绣的华美花纹。②埤(pì)污：指操行鄙劣。埤，通"卑"，低下。③佣：通"庸"。④括：扎紧。

【原文】

凡说之难：以至高遇至卑，以至治接至乱。未可直至也，远举则病缪[①]，近世则病佣。善者于是间也，亦必远举而不缪，近世而不佣，与时迁徙，与世偃仰，缓急、嬴绌[②]，府然若渠堰、檃栝[③]之于己也，曲得所谓

【译文】

劝说的难处是：用极其崇高的思想去劝说最卑鄙的人，带着最能将国家治理好的施政措施去接触那些最能把国家搞乱的人，这是不能直截了当达到目的的，列举远古的事容易荒谬不切合实际，列举近代的事容易流于庸俗，善于劝说的人取其中间，一定会做到列举远古的事而不荒谬，列举近代的事又不流于庸俗；随着时代的变迁而变迁，随着世俗的变化而变化；是说得缓慢些还

焉，然而不折伤。

是急切些，是多说一些还是少说一些，都好象是阻拦水流的堤坝，矫正竹木的工具那样由自己控制；婉转地将要说的话说给对方听，但又不挫伤对方。

【注释】

①缪(miào)：通“谬”，荒谬。②赢绌(yíng chù)：有余和不足。引申为进退伸屈。赢：通“赢”，盈余。绌：不足。③櫽栝(yǐn kuò)：矫正木材弯曲的器具。

【原文】

故君子之度己则以绳，接人则用抴[①]。度己以绳，故足以为天下法则矣；接人用抴，故能宽容，因众以成天下之大事矣。故君子贤而能容罢，知而能容愚，博而能容浅，粹而能容杂，夫是之谓兼术。《诗》曰：“徐方[②]既同，天子之功。”此之谓也。

【译文】

所以，君子律己像木工用墨线来取直一样，严格要求；待人就像梢公用舟船来接客一样，用引导的方法。严格要求自己，所以能使自己成为天下人效法的榜样；用引导方法待人，所以能够对他人宽容，也就能团结众人来成就治理天下的大业了。所以，君子贤能而又能容纳无能的人，聪明而又能容纳愚钝的人，知识广博而又能容纳孤陋寡闻的人，道德纯洁而又能容纳品行驳杂的人，这就叫做兼容并蓄。《诗》上说：“徐国的人已经来顺从，这是天子的大功。”说的就是这个意思。

【注释】

①抴(yè)：通“枻”，船桨，接人上船之物，这里指引导。②徐方：指徐国，诸侯国名，在今淮河流域中下游地区。

【原文】

谈说之术：矜庄[①]以莅之，端诚以处之，坚强以持之，譬称以喻之，分别以明之，欣驩[②]、芬芗[③]以送之，宝之，珍之，贵之，神之。如是则说常无不受。虽不说人，人莫不贵。夫是之谓能贵其所贵。传曰：“唯君子为能贵其所贵。”此之谓也。

【译文】

谈话劝说的方法是：用庄重严肃的态度去接近人，用正直真诚的态度去对待人，用坚定的信心去扶持人，用比喻的方法启发人，用条分缕析的方法来使人明晓，和蔼地将自己的思想传达给别人，使自己的话显得宝贵、珍奇、重要、神妙。如果能做到这样，那么你所讲的话就没有不被人接受的。即使不去讨好别人，别人也没有不尊重你的。这就叫能让自己所珍重的学说得到重视。古书上说：“只有君子才能使自己所珍重的东西得到重视。”说的就是这个意思。

【注释】

①矜庄(jīn zhuāng):严肃庄敬。②欣驩(xīn huān):亦作“欣欢”。欣喜欢乐。③芬芗(fēn xiāng):指芬香。

【原文】

君子必辩,凡人莫不好言其所善,而君子为甚焉。是以小人辩言险而君子辩言仁也。言而非仁之中也,则其言不若其默也,其辩不若其呐[1]也。言而仁之中也,则好言者上矣,不好言者下也。故仁言大矣。起于上所以道于下,政令是也;起于下所以忠于上,谏救是也。故君子之行仁也无厌。志好之,行安之,乐言之,故言君子必辩。小辩不如见端,见端不如见本分。小辩[2]而察,见端而明,本分而理。圣人、士君子之分具矣。

【译文】

君子一定是能言善辩的。凡是人没有不喜欢谈论自己认为是好的东西,君子尤其如此。小人能说会道,宣扬的是邪恶;而君子能言善辩,宣扬的是仁义。说起话来如果不符合仁义之道,那么说话还不如沉默,能说会道还不如口齿笨拙;说起话来如果符合仁义之道,那么喜欢谈说的人就是上等的人,而不喜欢谈说的人就是下等的人。所以合乎仁义之道的言论是十分重要的。这种言论产生于君主而用来指导臣民的,就是政策与命令;产生于臣民而用来效忠于君主的,就是建议与劝阻。所以君子奉行仁义之道从不厌倦,心里喜欢它,行动上遵循它,乐意谈论它,所以说君子一定是能言善辩的。辩论细节不如抓住头绪,抓住头绪不如抓住根本。辩论细节能明察秋毫,抓住头绪能够明白全局,抓住根本就能得到辩论的本来意义。这样圣人、士君子的职责作用也就具备了。

【注释】

①呐(nè):古同“讷”,说话迟钝。②小辩:辩说小事。

【原文】

有小人之辩者,有士君子之辩者,有圣人之辩者。不先虑,不早谋,发之而当,成文而类,居错[1]迁徙,应变不穷,是圣人之辩者也;先虑之,早谋之,斯须之言而足听,文而

【译文】

有小人式的辩论,有君子式的辩论,有圣人式的辩论。事先不考虑,不提前作谋划,说出来就很得当,既富有文采,又合乎礼法,措辞和改换话题,都能随机应变而不会穷于应答,这是圣人式的辩论。事先考虑好,提前谋划好,仓促之间的发言也值得一听,说出来的话既有文采又细密实在,既渊博又公正,这是

致实，博而党[②]正，是士君子之辩者也。听其言则辞辩而无统，用其身则多诈而无功，上不足以顺明王，下不足以和齐百姓，然而口舌之均，噡[③]唯则节，足以为奇伟偃却[④]之属：夫是之谓奸人之雄。圣王起，所以先诛也，然后盗贼次之。盗贼得变，此不得变也。

君子式的辩论。听他说话虽然振振有词但却不得要领，任用他做事则诡诈多端而没有功效；上不能顺从英明的帝王，下不能使百姓和谐一致；但是他讲话很有分寸，或夸夸其谈，或唯唯诺诺，调节得宜；这类人足以靠口才而自夸自傲，可称为坏人中的奸雄。圣明的帝王一上台，这种人是首先要杀掉的，盗贼还放在他们的后面进行惩处。因为盗贼还可以改变，而这种人是不会改变的。

【注释】

①居错：通“举措”，举用或废置。②党：通“谠”，正直的话。③噡(zhān)唯：语言或多或少。噡，话多。唯，唯诺，少言。④偃却：指骄傲。

【评析】

本篇为荀子讲述其方法论的重要篇章。论非相讲观人之术，论法后王讲治国之术，论辩说讲辩论之术。观人之术用于选拔人才，法后王用于管理政事，辩论之术用于宣扬礼治，都是治国理政的要项，三者由“择术”贯穿始终，有力地显示出荀子经验的方法论所具有的实践品格。

本文开篇，荀子道了三次“古之人无有也，学者不道也。”旗帜鲜明地反对了当时比较流行的相术。荀子认为“故相形不如论心，论心不如择术；形不胜心，心不胜术”，也就是说，观察一个人的相貌不如考察他的思想，考察他的思想不如鉴别他立身处世的方法。相貌不如思想重要，思想不如立身处世方法重要。还列举了尧、舜、文王、武王、周公、公子吕等人的例子，进一步论说。他们的相貌非常奇特，甚至说难看了，但是，这些人都是人人称道的贤士。还列举了夏桀、商纣的相貌非常优美却身败国亡的反面例子，十分鲜明地证实了相术的不可信。

荀子认为人的长相没有吉凶，人的思想以及由此表现出来的行为会带来吉凶。人有三种不吉祥的事情，“幼而不肯事长，贱而不肯事贵，不肖而不肯事贤”，而不在于一个人的容貌。

非十二子

【题解】

本篇对战国时期的各家学说都进行了分析评论，主要评论了当时在社会上有较大影响的六种学说、十二个代表人物，同时也兼及其他一些学说与人物，表明了作者的观点。本篇全面总结了春秋战国时代各家学说，在中国思想史上具有十分重要的价值。

【原文】

假今之世，饰邪说，文奸言，以枭①乱天下，矞宇②嵬琐③，使天下混然不知是非治乱之所存者有人矣。

【译文】

借着今天这混乱的世道，以粉饰邪恶的说法，美化奸诈的言论来扰乱天下，用那些诡诈、夸大、怪异、委琐的言论，使天下人混混沌沌地不知道是非标准、治乱的根源在哪里，这样的人大有人在。

【注释】

①枭：通“挠”，扰。②矞：同“谲”，欺诈。宇：通“谲”，夸大。③嵬：通“傀”，怪诞，怪异。琐：委琐，鄙陋庸俗。

【原文】

纵情性，安恣睢①，禽兽行，不足以合文通治，然而其持之有故，其言之成理，足以欺惑愚众。是它嚣②、魏牟③也。

【译文】

放纵自己的性情，恣肆放荡而又心安理得，行为像禽兽一样，完全不能达到符合礼义，使国家得到治理的目的；但他们的立论却有根有据，他们解说自己的论点时又有条有理，足以欺骗蒙蔽愚昧的众人。它嚣、魏牟就是这样的人。

【注释】

①恣睢(zì suī)：任意而为。②它嚣：人名，其生平无考。③魏牟：即战国时魏国的公子牟，与庄子同时。

【原文】

忍情性，綦谿[①]利跂[②]，苟以分异人为高，不足以合大众，明大分[③]；然而其持之有故，其言之成理，足以欺惑愚众。是陈仲、史鰌也。

【译文】

抑制自己的性情，用心极其深沉，行为极其孤僻，不循礼法，以与别人不同为高尚，不能与大众打成一片，不能彰明君臣之分的大义；但他们的立论却有根有据，他们解说自己的论点时又有条有理，足以欺骗蒙蔽愚昧的众人。陈仲、史鰌就是这样的人。

【注释】

①綦(qí)谿：犹言极深。②利跂(qí)：谓离世独立，超出凡俗。利，通"离"。③大分：指君臣上下之名分。

【原文】

不知壹天下、建国家之权称[①]，上功用、大俭约，而僈[②]差等，曾不足以容辨异，县君臣；然而其持之有故，其言之成理，足以欺惑愚众。是墨翟、宋钘也。

【译文】

不知道统一天下、建立国家的礼法制度，崇尚功利实用，重视节俭，轻慢等级秩序，甚至不容许人与人之间有差异存在，也不让君臣之间有上下的悬殊；但他们的立论却有根有据，他们解说自己的论点时又有条有理，足以欺骗蒙蔽愚昧的众人。墨翟、宋钘就是这样的人。

【注释】

①权称：法度，准则。②僈：轻慢。

【原文】

尚法而无法，下修而好作，上则取听于上，下则取从于俗，终日言成文典，反紃察[①]之，则倜然无所归宿，不可以经国[②]定分；然而其持之有故，其言之成理，足以欺惑愚众。是慎到、田骈也。

【译文】

崇尚法治而又没有法度，鄙视贤能而好自作主张，上则听从君主，下则依从世俗，整天谈论制定礼义法典，但经过反复考察后，却发现它们脱离实际而没有着落，不能用来治理国家、确定名分；但他们的立论却有根有据，他们解说自己的论点时又有条有理，足以欺骗蒙蔽愚昧的众人。慎到、田骈就是这样的人。

【注释】

①紃察(xún chá)：循省审察。紃，通"循"。②经国：治理国家。

【原文】

不法先王，不是礼义，而好治怪说，玩琦辞①，甚察而不惠，辩而无用，多事而寡功。不可以为治纲纪；然而其持之有故，其言之成理，足以欺惑愚众。是惠施、邓析也。

【译文】

不效法古代圣明的帝王，不遵循礼义，却喜欢钻研奇谈怪论，玩弄奇异的文辞，观察得十分细致却没有什么好处，说得头头是道却没有什么用处，做了很多事却没有功效，不可以作为治国的纲领；但他们的立论却有根有据，他们解说自己的论点时又有条有理，足以欺骗蒙蔽愚昧的众人。惠施、邓析就是这样的人。

【注释】

①琦辞(qí cí)：奇异的言辞。琦，通“奇”。

【原文】

略法先王而不知其统，然而犹材剧志大①，闻见杂博。案往旧造说，谓之五行②，甚僻违③而无类，幽隐④而无说，闭约而无解。案饰其辞，而祗敬⑤之曰：此真先君子之言也。子思唱之，孟轲和之，世俗之沟犹瞀儒⑥，嚾嚾⑦然不知其所非也，遂受而传之，以为仲尼、子弓为兹厚于后世。是则子思、孟轲之罪也。

【译文】

粗略地效法古代的圣明帝王而不知道他们的要领，但却自以为才气横溢、志向远大、见多识广。根据以往旧的学说来创建新的学说，把它称为“五行”，这种学说非常乖僻而没有纲要，隐晦而难以讲说，晦涩难懂而不可解释，他们却还粉饰自己的言论而郑重其事地说：“这真正是先师孔子的言论啊！”于是子思倡导，孟轲附和，社会上那些愚昧无知的儒生吵闹地争先学习，但却不知道它是错误的，便接受了这种学说并传授它，还以为是孔子、子弓立此学说来恩泽于后代。这就是子思、孟轲的罪过了。

【注释】

①材剧志大：指才智多，志向大。材，通“才”。剧，繁多。②五行：即五常，指仁、义、礼、智、信。③僻违：乖僻不合。④幽隐：隐晦，隐蔽。⑤祗(zhī)敬：恭敬。⑥瞀(mào)儒：愚昧无知的儒生。⑦嚾嚾(huàn huàn)然：喧嚣的样子。

【原文】

若夫总方略，齐言行，壹统类，而群天下之英杰，而告

【译文】

至于总括治国的方针策略，统一人们的言行，统一治国的纲纪，进而汇聚天下的英雄豪杰，用上

之以大古，教之以至顺，奥窔[1]之间，簟席[2]之上，敛然[3]圣王之文章具焉，佛然平世[4]之俗起焉，六说者不能入也，十二子者不能亲也，无置锥之地，而王公不能与之争名，在一大夫之位，则一君不能独畜，一国不能独容，成名况乎诸侯，莫不愿以为臣。是圣人之不得势者也。仲尼、子弓是也。

古帝王的业绩来教导他们，拿天下最正确的道理来教化他们；在室堂之内、竹席之上，那圣明帝王的礼义制度集中地具备于此，那太平时代的风俗蓬勃地兴起也在此。上述六种学说是不能进入这讲堂的，那十二个人是不能靠近的。这样的人即使没有立锥之地，王公贵族也是不能与他们争名的；虽然他们只是处在大夫的职位上，但不是一个诸侯国的国君所能单独任用的，不是一个诸侯国所能单独容纳的，他们的盛名超过诸侯，没有一个国君不愿意让他们来做臣子。这就是没有得到权势的圣人，孔子、子弓就是这样的人。

【注释】

①奥窔(ào yào)：室隅深处，亦泛指堂室之内。②簟席(diàn xí)：竹席。③敛然：聚集的样子。④平世：太平之世。与“乱世”相对。

【原文】

一天下，财[1]万物，长养人民，兼利天下，通达之属莫不从服，六说者立息，十二子者迁化，则圣人之得势者，舜、禹是也。

【译文】

统一天下，管理万物，养育人民，使整个天下都得到好处；凡能到达的地方，没有人不服从，上述的六种学说会立刻销声匿迹，那十二个人也会弃邪从正。这就是得到权势的圣人，舜、禹就是这样的人。

【注释】

①财：通“裁”，管理，利用。

【原文】

今夫仁人也，将何务哉？上则法舜、禹之制，下则法仲尼、子弓之义，以务息十二子之说。如是则天下之害除，仁人之事毕，圣王之迹著矣。

【译文】

当今的那些仁人打算怎么做呢？上则效法舜、禹的制度，下则效法仲尼、子弓的道义，以求能消除上述十二个人学说的影响。这样一来，天下的祸害除去了，仁人的任务就完成了，圣明帝王的事迹也就彰明了。

【原文】

信信，信也；疑疑，亦信也。贵贤，仁也；贱不肖，亦仁也。言而当，知也；默而当，亦知也。故知默犹知言也。故多言而类，圣人也；少言而法，君子也；多言无法，而流湎①然，虽辩，小人也。故劳力而不当民务，谓之奸事；劳知而不律先王，谓之奸心；辩说譬谕，齐给便利，而不顺礼义，谓之奸说。此三奸者，圣王之所禁也。知而险，贼而神，为诈而巧，言无用而辩，辩不急而察，治之大殃也。行辟而坚，饰非而好，玩奸而泽，言辩而逆，古之大禁也。知而无法，勇而无惮，察辩而操僻，淫大②而用乏，好奸而与众，利足而迷，负石而坠，是天下之所弃也。

【译文】

相信可信的东西，是诚实；怀疑可疑的东西，也是诚实。尊重贤能的人，是仁爱；鄙视不肖之徒，也是仁爱。说话说得恰当，是智慧；沉默得恰当，也是智慧。所以懂得沉默与懂得说话是一样的。话说得多而又合乎法度，就是圣人；话说得少而又合乎法度，就是君子；话说得多但不合乎法度，却滔滔不绝，即使能言善辩，也是小人。所以用尽力气去做而不合民众的需求，就叫做奸邪的政务；费尽心思而不以古代圣王的法度为准则，就叫做奸邪的心机；辩论比喻起来迅速敏捷而不遵循礼义，就叫做奸邪的辩论。这三种奸邪的东西，是圣明的帝王所禁止的。生性聪明而险恶，手段狠毒而高明，行为诡诈而巧妙，言论不切实际而雄辩动听，辩论毫无用处而明察入微，这些都是治理国家的大祸害。行为邪僻而顽固不化，掩饰过错而十分巧妙，玩弄奸计而十分圆滑，能言善辩而违背常理，这些是古代人要禁止的。聪明而不守法度，勇敢而肆无忌惮，明察善辩而所持论点怪僻不经，荒淫骄奢而刚愎自用，喜欢搞阴谋诡计而同党众多，贪图便利而陷入迷途，背着石头而失足往下掉，这些都是天下人所厌弃的。

【注释】

①流湎：放纵无度。②淫大：奢侈浪费。大，同“太”。

【原文】

兼服天下之心：高上尊贵不以骄人，聪明圣知不以穷人，齐给速通不争先人，刚毅勇敢不以伤人。不知则问，不能则学，虽能必让，然后为德。遇君

【译文】

使天下人心悦诚服的办法是：身居高位、身份尊贵，但不因此而傲视别人；聪明睿智、通达事理，但不因此而使人难堪；才思敏捷、迅速领悟，但不在别人面前抢先逞能；刚强坚毅、勇敢大胆，但不因此而伤害别人。不懂就请教，不会就学习；即使能干也一定谦让，这样才算有道德。看到君主就奉

则修臣下之义，遇乡则修长幼之义，遇长则修子弟之义，遇友则修礼节辞让之义，遇贱而少者则修告导宽容之义。无不爱也，无不敬也，无与人争也，恢然[1]如天地之苞[2]万物。如是则贤者贵之，不肖者亲之。如是而不服者，则可谓訞怪[3]狡猾之人矣，虽则子弟之中，刑及之而宜。《诗》云："匪上帝不时，殷不用旧。虽无老成人，尚有典刑。曾是莫听，大命[4]以倾。"此之谓也。

行做臣子的道义，看到乡亲就讲求长幼之间的道德标准，看到父母兄长就遵行子弟的规矩，看到朋友就讲求礼节和谦让的行为规范，看到地位卑贱而年纪又小的人就实行教导宽容的原则。无所不爱，无所不敬，从不与人争执，心胸宽广得就像天地包容万物那样。像这样的话，那么贤能的人就会尊重你，不贤的人也会亲近你。如果这样还不对你心悦诚服的，那就可以称之为怪异奸猾的人了，即使他在你的亲属子弟之中，刑罚加到他身上也是应该的。《诗》上说："并非上天不善良，是纣王不用旧典章。虽然没有老成之臣，还有法典可依循。竟连这个也不听，王朝因此而断送。"说的就是这个道理。

【注释】

①恢然：广大的样子。②苞：同"包"。③訞怪：妖邪、怪异。④大命：指国家的命运。

【原文】

古之所谓士仕[1]者，厚敦者也，合群者也，乐富贵者也，乐分施者也，远罪过者也，务事理者也，羞独富者也。今之所谓士仕者，污漫[2]者也，贼乱者也，恣睢者也，贪利者也，触抵者也，无礼义而唯权势之嗜者也。古之所谓处士者，德盛者也，能静者也，修正者也，知命者也，箸[3]是者也。今之所谓处士者，无能而云能者也，无知而云知者也，利心无足而佯无欲者也，行伪险秽而强高言谨悫[4]者也，以不俗为俗，离纵[5]而跂訾[6]者也。

【译文】

古代所说的那些当官的人，是老实忠厚的人，是和群众打成一片的人，是注重道德品质高尚的人，是乐意施舍的人，是远离罪过的人，是努力按事理来办事的人，是以独自富裕为羞耻的人。而当今这些做官的人，是污秽卑鄙的人，是破坏捣乱的人，是任意胡为的人，是贪图利益的人，是触犯法令的人，是不在乎礼义而只追求权势的人。古代所说的隐士，是品德高尚的人，是恬淡安分的人，是善良正派的人，是懂得事物生灭变化都由天命决定的道理的人，是宣扬正道的人。而现在所说的隐士，是没有能力而自吹有能力的人，是没有智慧而自吹有智慧的人，是贪得之心永远不能满足而又假装没有欲望的人，是行为阴险肮脏而又硬要吹嘘自己谨慎老实的人，是把不同于世俗的习俗作为自己的习俗、背离世俗而显示自己与众不同的人。

【注释】

①士仕：指做官的人。②污漫：污秽，卑污。③箸：通"著"，显明，显示。④谨悫(jǐn què)：厚重朴实。⑤离纵：谓不同流俗。纵，"継"的讹字。⑥跂訾(qí zī)：违俗自高之貌。

【原文】

士君子之所能不能为：君子能为可贵，而不能使人必贵己；能为可信，而不能使人必信己；能为可用，而不能使人必用己。故君子耻不修，不耻见污；耻不信，不耻不见信；耻不能，不耻不见用。是以不诱于誉，不恐于诽，率道而行，端然正己，不为物倾侧，夫是之谓诚君子。《诗》云："温温恭人，维德之基。"此之谓也。

【译文】

士君子能做和不能做的事有：君子能够做到品德高尚，但不必一定要别人尊重自己；能够做到诚实，但不必一定要别人相信自己；能够做到可以任用，但不必一定要别人任用自己。所以君子以自己的修养不够为耻辱，而不以被人污蔑为耻辱；以自己不诚实为耻辱，而不以不被信任为耻辱；以自己无能为耻辱，而不以不被任用为耻辱。因此，君子不被荣誉所诱惑，也不被诽谤所吓退，遵循道义来做事，严格地要求自己，不被外界事物所动摇，这样的人才称得上是真正的君子。《诗》上说："温和谦恭的人，是以道德为根本的。"说的就是这种人。

【原文】

士君子之容：其冠进，其衣逢，其容良；俨然，壮然，祺然①，蕼然②，恢恢然，广广然，昭昭然，荡荡然，是父兄之容也。其冠进，其衣逢，其容悫；俭然，恀然，辅然，端然，訾然，洞然，缀缀然，瞀瞀③然，是子弟之容也。

【译文】

士君子的仪容应该是这样的：帽子高高竖起，衣服宽大，面容和蔼可亲，庄重、伟岸、安泰、洒脱、宽宏、开阔、明朗、坦荡，这是做父兄的仪容。帽子高高竖起，衣服宽大，面容谨慎诚恳，谦虚、温顺、亲热、端正、勤勉、恭敬，追随左右而不敢正视，这是子弟的仪容。

【注释】

①祺然(qí rán)：安详貌，安泰无忧貌。②蕼(sì)然：宽舒的样子。③瞀瞀(mào mào)：垂目谨视。

【原文】

吾语汝学者之嵬容：其冠絻，其缨禁缓，其容简连①；填

【译文】

我告诉你一些学者的丑态：帽子向前低斜，帽带系得松松垮垮，态度傲慢；满意自得，上蹿下跳；

填然，狄狄然，莫莫然，瞡瞡②然，瞿瞿然，尽尽然，盱盱然，酒食声色之中则瞒瞒然，瞑瞑然；礼节之中则疾疾然，訾訾然；劳苦事业之中则儢儢③然，离离然，偷儒④而罔，无廉耻而忍謑詢⑤。是学者之嵬也。

沉默寡言，见识短浅；遇到事情就惊慌失措，常是一副消沉沮丧的样子，看人的时候直目瞪眼；在吃喝玩乐时，就神情迷乱，沉溺其中；在行礼节的时候，就面有怨色，口出怨言；在劳苦的工作之中，就懒懒散散，躲躲闪闪，苟且偷安而无所顾忌，没有廉耻之心而能忍受污辱谩骂。这就是那些学者的怪样。

【注释】

①简连：傲慢不前的样子。②瞡瞡(guī guī)：见识浅陋的样子。③儢儢(lǚ lǚ)：懈怠，不尽力。④偷儒：亦作“偷懦”。苟且懒惰。⑤謑詢(xǐ gòu)：亦作“謑诟”。辱骂。

【原文】

弟佗①其冠，衶禫②其辞，禹行而舜趋，是子张氏之贱儒也。正其衣冠，齐其颜色，嗛然而终日不言，是子夏氏之贱儒也。偷儒惮事，无廉耻而耆饮食，必曰君子固不用力，是子游氏之贱儒也。彼君子则不然。佚而不惰，劳而不優，宗原应变，曲得其宜，如是然后圣人也。

【译文】

帽子戴得歪歪斜斜，话说得平淡无味，学习大禹的跛行和舜的低头快走，这是子张氏一派卑贱的读书人的所作所为。衣冠整齐，表情严肃，不满足而整日沉默不言，这是子夏一派卑贱的读书人的所作所为。苟且偷懒而又胆小怕事，没有廉耻之心而好吃懒做，还总是说“君子本来就不用干活”，这是子游一派卑贱的读书人的所作所为。而那些真正的君子则不是这样的。他们合理休息而不懒惰，劳苦而不懈怠，坚持原则也懂得随机应变，各方面处理得都很恰当，这样才能成为圣人。

【注释】

①弟佗：颓唐的样子。②衶禫(zhòng dàn)：通“冲淡”。

【评析】

《非十二子》可以看做是一篇考察春秋战国诸子得失的文字，是我们研究先秦诸子学说思想的一篇重要文献。文章对墨家、道家、名家、法家的观点都进行了批判，在他看来，这些人的学说背离了人的本性，背离了道义。荀子甚至认为，当时社会的混乱就在于这些人的学说混淆了人们的耳目，使人们无所适从。所以，在本篇的开头，荀子就讲“假今之世，饰邪说，文奸言，以枭乱天下，矞宇嵬琐，使天下混然不知是非治乱之所存者有人矣”。既然这些人的学说是不正确的，那么，现在的君主应该怎么做呢？

荀子指出要“上则法舜、禹之制，下则法仲尼、子弓之义，以务息十二子之说”。意思是要制止这十二个人的学说，使天下人的思想都归入儒家的系统之中，然后提出实现“一天之下，财万物，长养人民，兼利天下”的政治理想所必须具备的思想素质和行为规范，从而实现荀子心中的理想世界。这就是荀子为后代的君主指出的一条由乱到治的道路。从后来的历史发展来看，秦始皇在荀子的弟子李斯和韩非的辅助下，统一六国，结束了天下纷乱的局面。说明荀子的这种道路确实是可行的。在这一点上，荀子的学说比孔子空谈的“仁政”要实用得多。

仲　尼

【题解】

本篇取文章开头两字为篇名，与所论内容无关。篇中主要论述崇王黜霸的思想，同时也论述了为臣子的固宠保身之术和立身处世的原则。

【原文】

仲尼之门人①，五尺之竖子，言羞称乎五伯。是何也？曰：然！彼诚可羞称也。齐桓，五伯之盛者也，前事则杀兄而争国；内行则姑姊妹之不嫁者七人，闺门之内，般乐奢汰，以齐之分奉之而不足；外事则诈邾②袭莒③，并国三十五；其事行也若是其险污、淫汰也。彼固曷足称乎大君子之门哉！

【译文】

孔子的学生和周围的人，即使是身高五尺的年少弟子，说起话来都以称道五霸为羞耻。这是为什么呢？回答说：是的，五霸的确有不值得人称道的地方。齐桓公是五霸中最负盛名的，从他称霸之前的事情来说，他是杀了自己的哥哥来夺得国家政权的；从他在家庭内部的行为来说，姑姑、姐姐、妹妹中没出嫁的有七个，在宫门之内，他纵情作乐、奢侈放纵，用齐国税收的一半供养他还不够；从对外事务来说，他欺骗邾国、袭击莒国，吞并小国家三十五个。他的所作所为是这样的险恶卑污、放荡奢侈，他怎么能够被孔圣人的门下所称道呢？

【注释】

①门人：指孔子的学生和周围的人。②邾(zhū)：古国名，即“邹”，在今山东邹县。③莒(jǔ)：古国名，在今山东莒县。

【原文】

若是而不亡，乃霸，何也？曰：於乎！夫齐桓公有天下之大节①焉，夫孰能亡之？倓然②见管仲之能足以托国也。是天下之大知也。安忘其怒，出忘其雠，遂立为仲

【译文】

像齐桓公这样的人不但没有灭亡，反而还能称霸，这是为什么呢？回答说：哎！那齐桓公掌握了治理天下的基本法则，谁还能灭亡他呢？他坚信管仲的才能完全可以把国家托付给他，这是天下的大智慧呀。安定后就忘掉了自己危急时的愤怒，逃出险境后就忘掉了自己对管仲的

父，是天下之大决也。立以为仲父，而贵戚莫之敢妒也；与之高、国之位，而本朝③之臣莫之敢恶也；与之书社④三百，而富人莫之敢距也；贵贱长少，秩秩焉，莫不从桓公而贵敬之，是天下之大节也。诸侯有一节如是，则莫之能亡也；桓公兼此数节者而尽有之，夫又何可亡也！其霸也，宜哉！非幸也，数也。

仇恨，最终把管仲尊称为仲父，这是天下最大的决断。把管仲尊称为仲父，而内外亲族没有人敢嫉妒；给他高氏、国氏那样的尊贵地位，而朝廷上的大臣没有谁敢怨恨；给他大量的人口和土地，而富人没有谁敢抗拒的；高贵的、卑贱的、年长的、年少的，都秩序井然，没有谁不顺从桓公去尊敬管仲；这些都是治理天下的重要法则。诸侯只要掌握了像这样的其中一个法则，就没有人能灭亡他；桓公全部掌握了这几个法则，又怎么可能被人灭亡呢？他称霸诸侯，是理所当然的啊！这不是侥幸，而是必然的。

【注释】

①大节：基本的法则；纲纪。②倓(tán)然：安然不疑。③本朝：朝廷。朝廷是立国之本，故称“本朝”。④书社：古代二十五家为一个里，每个里分别立社。把社内人口登录在簿册上，称为书社，因而“书社”指按社登记入册的人口与土地。

【原文】

然而仲尼之门，五尺之竖子，言羞称五伯，是何也？曰：然。彼非本政教也，非致隆高①也，非綦文理②也，非服人之心也。乡方略，审劳佚，畜积、修斗而能颠倒其敌者也。诈心以胜矣。彼以让饰争，依乎仁而蹈利者也，小人之杰也，彼固曷足称乎大君子之门哉！

【译文】

然而仲尼的学生和周围的人，即使是身高五尺的年少弟子，说起话来都以称道五霸为羞耻。这是为什么呢？回答说：是的，因为五霸没有把政治教化作为立国之本，没有把礼推崇到最高的地位，没有完善礼仪制度，没有使人心悦诚服。他们只是注重方法策略，强调劳逸适度，积蓄财物，加强战备，因而能打败自己的敌人。他们是依靠诡诈的心计来取胜的，是以谦让来掩饰争夺，依靠仁爱之名来追求实利的人，是小人中的杰出者，他们怎么能够被孔圣人的门下所称道呢？

【注释】

①隆高：高起；凸起。②文理：区别礼仪的等级制度。

【原文】

彼王者则不然：致贤而能以救不肖，致强而能以宽弱，战必能殆之而羞与之斗，委然成文以示之天下，而暴国安自化矣。有灾缪[①]者然后诛之。故圣王之诛也，綦省矣。文王诛四，武王诛二，周公卒业，至于成王，则安以无诛矣。故道岂不行矣哉！文王载百里地而天下一；桀纣舍之，厚于有天下之势而不得以匹夫老。故善用之，则百里之国足以独立矣；不善用之，则楚六千里而为雠人[②]役。故人主不务得道而广有其势，是其所以危也。

【译文】

那些真正能称王天下的人就不是这样。自己极其贤能，而又能够帮助不贤的人；自己极为强大，而又能够宽待弱者；打起仗来一定能够战胜对方，却耻于和他们发生战斗；周详地制定了礼仪制度并把它们昭示于天下，而暴虐的国家就自然转化了；如果还有祸国殃民、谬误乖戾的，就再去诛灭他。所以圣明帝王行使诛灭是极少的。周文王只讨伐了四个国家，周武王只诛杀了两个人，周公旦完成了称王天下的大业，到了周成王的时候就没有杀伐了。那礼义之道难道就不能实行了吗？文王实行了礼义之道，虽然只占有百里见方的国土却使天下得到了统一；夏桀、商纣王抛弃了礼义之道，虽然实力雄厚得掌握了统治天下的权力，但却不能像平民百姓那样活到老。所以，善于利用礼义之道，那么即使只有百里之地的国家，也完全可以独自存在下去；不善于利用礼义之道，那么即使像楚国那样有了六千里见方的国上，也还是会被仇敌所役使。所以，君主不致力于掌握礼义之道，而只求扩大国土，拥有势力，这就是他危亡的原因。

【注释】

①灾缪：祸患和谬误。缪，通“谬”。②雠人(chóu rén)：亦作“讐人”。敌人；仇人。

【原文】

持宠、处位、终身不厌之术：主尊贵之，则恭敬而僔[①]；主信爱之，则谨慎而嗛；主专任[②]之，则拘守而详；主安近之，则慎[③]比而不邪；主疏远之，则全一[④]而不倍；主损绌之，则恐惧而不怨。贵而不为夸，信而不处谦，任重而不敢专；财利至则言善而不及也，必

【译文】

保持尊宠、守住官位、终身不被人所厌弃的方法是：君主尊敬重视你，你就应恭敬而谦退；君主信任喜爱你，你就应谨慎而谦虚；君主一心信用你，你就应谨守职责而详明法度；君主喜欢亲近你，你就应依顺亲附和而不邪恶；君主疏远你，你就应忠诚不渝而不背叛；君主贬损罢免你，你就应恐惧而不怨恨；地位高贵时，不夸耀；得到信任时，不忘记避嫌疑；担负重任时，不独断专行；财物、利益来临，而自己的善行还够不上得到它，就一定要尽到了推让

将尽辞让之义，然后受；福事至则和而理，祸事至则静而理，富则施广，贫则用节。可贵可贱也，可富可贫也，可杀而不可使为奸也：是持宠、处位、终身不厌之术也。虽在贫穷徒处之势，亦取象于是矣。夫是之谓吉人。《诗》曰："媚兹一人，应侯顺德，永言孝思，昭哉嗣服[⑤]。"此之谓也。

的礼节后再接受；幸福之事来临时，就安和地去对待它，灾祸之事来临时，就冷静地去处理它；自己富裕了，就广为施舍，自己贫穷了，就节约费用；可以尊贵也可以卑贱，可以富裕也可以贫穷，可以杀身成仁却不可以被驱使去做奸邪的事。这些就是保持尊宠、守住官位、终身不被人厌弃的方法。即使处在贫穷孤立的境况下，也能按照这种方法来立身处世，那就可以称为吉祥的人。《诗》上说："爱戴天子这一人，顺应祖先的德行。永远想着要孝敬，继承父业多光明！"说的就是这种人。

【注释】

①僔：同"撙"，抑制。②专任：一心信用。③慎：通"顺"。④全一：忠诚不渝。⑤嗣服：指继承先人的事业。

【原文】

求善处大重[①]、理任大事、擅宠于万乘之国，必无后患之术：莫若好同之，援贤博施[②]，除怨而无妨害人。能耐[③]任之，则慎行此道也；能而不耐任，且恐失宠，则莫若早同之，推贤让能，而安随其后。如是，有宠则必荣，失宠则必无罪。是事君者之宝，而必无后患之术也。故知者之举事也，满则虑嗛，平则虑险，安则虑危，曲重其豫[④]，犹恐及其祸，是以百举而不陷也。孔子曰："巧而好度，必节；勇而好同，必胜；知而好谦，必贤。"此之谓也。愚

【译文】

寻求妥善地保持重要权势、顺利地担任重大事务、在拥有万辆兵车的大国独自拥有君主的恩宠，而一定不会有后患的方法是：没有比和君主同心同德，推举贤人，广泛地施舍，消除对别人的怨恨，也不去妨害别人更好的了。自己的能力能够担负起这重大的职务，那就谨慎地奉行上述这种方法；自己的能力如果不能够胜任这重大的职务，而且怕因此而失去君主对自己的宠爱，那就不如及早和君主同心同德，推举贤人，把职务让给有才能的人，而安心于追随其后。像这样，拥有了君主的恩宠就一定会荣耀，失去了君主的宠爱也一定不会有罪过。这是侍奉君主者的法宝，也就是一定没有后患的方法。所以明智的人办事时，圆满时考虑不足，顺利时考虑困难，安全时考虑危险，周到地从多方面加以预防，仍然怕遭到祸害，所以办了上百件事也不会陷入困境。孔子说："灵巧而又有节制，就一定能做得恰到好处；勇敢而又喜欢和别人同心协力，就一定能胜利；聪明而又喜欢谦虚，就一定会

者反是：处重擅权，则好专事而妒贤能，抑有功而挤有罪，志骄盈而轻旧怨；以吝啬而不行施道乎上，为重招权于下以妨害人；虽欲无危，得乎哉？是以位尊则必危，任重则必废，擅宠则必辱，可立而待也，可炊而傹⑤也。是何也？则堕⑥之者众而持之者寡矣。

很贤良。"说的就是这种道理。愚蠢的人则与此相反。他们身居要职独揽大权时，就喜欢独自处理政事而嫉妒贤能的人，压制有功的人而排挤有罪过的人，内心骄傲自满而轻慢与自己有旧怨的人，因为吝啬而不实行施舍之道，为了抬高自己而在下面独揽权力以致妨害了别人。这种人虽然希望没有危险，但能办得到吗？因此，他们虽然官位高贵却一定会有危险，虽然职务重要却一定会被罢免，虽然独受宠爱却一定会遭受耻辱，这种后果稍立片刻就能等到，烧一顿饭的工夫就可以了。这是为什么呢？这是因为毁害他的人多而扶持他的人少。

【注释】

①重：权。②博施：普施，遍施。③耐：通"能"，能够。④豫：预防。⑤傹(jìng)：古同"竟"，尽；终尽。⑥堕(huī)：同"隳"，毁。

【原文】

天下之行术，以事君则必通，以为仁则必圣。立隆而无贰①也，然后恭敬以先②之，忠信以统之，慎谨以行之，端悫以守之，顿穷则疾力以申重之。君虽不知，无怨疾之心；功虽甚大，无伐德之色；省求多功，爱敬不倦：如是则常无不顺矣。以事君则必通，以为仁则必圣，夫之谓天下之行术。

【译文】

在天下处处能行得通的办法，用它来侍奉君主就一定会通达，用它来做人就一定会圣明。确立崇高的礼义而不三心二意，然后用恭敬的态度来应用它，用忠信诚实来统率它，小心谨慎地实行它，正直诚谨地保护它，困厄的时候更加努力地反复强调它。这样君主即使不了解自己，也没有怨恨之心；功劳虽然很大，也没有夸耀自己功德的神色；少提要求而多立功劳，敬爱君主而永不厌倦。像这样，那就永远不会有不顺利的时候了。用它来侍奉君主就一定会通达，用它来做人就一定会圣明，这就叫做在天下处处行得通的办法。

【注释】

①无贰：指不要有二心。②先：应用。

【原文】

少事长，贱事贵，不肖事贤，是天下之通义也。有人也，势不在人上，而羞为人下，是奸人之心也。志不免乎奸心，行不免乎奸道，而求有君子、圣人之名，辟之是犹伏而咶天[①]，救经而引其足也，说必不行矣，俞务而俞远。故君子时诎则诎，时伸则伸也。

【译文】

年轻的侍奉年长的，卑贱的侍奉高贵的，不贤的侍奉贤能的，这是天下的普遍原则。有的人，地位不在别人之上，却羞于处在人下，这是奸邪的人的想法。思想上没有去除邪念，行动上没有离开邪道，却希望得到君子、圣人的名声，这就如同是趴在地上想去舔天、挽救上吊的人却去拉他的脚，这是一定行不通的，越是用力越是离目标越远。所以君子要随着时势的变迁，当屈就屈，当伸就伸。

【注释】

①伏而咶(shì)天：以舌舔物。伏地以舌舔天。比喻所行与所求不一致，无法达到目的。

【评析】

在王道问题上，荀子所持的基本立场和孔孟是一致的。孔子有“远人不服，则修文德以来之”的主张；孟子说过“春秋无义战”“以力假仁者霸”之类的话。这表明孔孟具有崇王黜霸的价值取向。荀子在文中提到仲尼的门徒以称道五霸为羞耻，并极力崇扬王道、贬抑霸道，说明他继承了儒家的基本立场。但不同的是，荀子对王霸问题所做的系统而深入的理论研究是孔孟等前辈所不能及的。他对孔孟等关于王霸的思想进行了理性的修正。

荀子的王道思想是这样的：他认为像齐桓公任用管仲成就霸业那样的事情，虽然有其合理的地方，但是并没有征服人心，只能算是“小人之杰”，不值得称道。而要想使一个国家强大起来，真正做到统一天下，就必须实行“王者之国”，同时还要遵循礼义道德，施行仁义，这样才能使人们心悦诚服。

此外，荀子还在这一篇中讲述了作为士人如何才能保住自己的官位，使自己免于祸患的方法，最重要的一点就是要无条件地效忠君主。

儒效

【题解】

《儒效》是讲儒者的社会作用。由周公辅佐成王的事例引出大儒的作用,那就是"在本朝则美政,在下位则美俗"。除了论述大儒的作用外,还论述了圣人、君子、劲士、雅儒、小儒、俗儒、俗人、众人、鄙夫几类人的作用和德行,并强调了学习与法度的重要性。

【原文】

大儒之效:武王崩,成王幼,周公屏①成王而及武王以属天下,恶②天下之倍周也。履③天子之籍④,听天下之断,偃然如固有之,而天下不称贪焉;杀管叔,虚殷国,而天下不称戾焉;兼制天下,立七十一国,姬姓独居五十三人,而天下不称偏焉。教诲开导成王,使谕于道,而能揜迹于文、武。周公归周⑤,反籍于成王,而天下不辍事周,然而周公北面而朝之。天子也者,不可以少当也,不可以假摄为也。能则天下归之,不能则天下去之。是以周公屏成王而及武王以属天下,恶天下之离周也。成王冠,成人,周公归周,反籍焉,明不灭主之义也。周公无天下矣。乡有天下,今无天下,非擅

【译文】

伟大的儒者所起的作用是:周武王去世时,成王还年幼,周公拥护成王继承武王之位来统治天下,因为他担心天下人会背叛周王朝。他代行天子之位,治理天下的政事,仿佛本来就拥有王位一样,而天下人却并不说他贪婪;他杀了管叔,使殷国国都变成了废墟,但天下人却并不说他凶暴;他全面统治了天下,设置了七十一个诸侯国,其中姬姓诸侯就占了五十三个,但天下人却并不说他偏私。他教诲、开导成王,使他明白礼义之道,从而能踏着文王、武王的足迹继续前进。周公把周朝的天下和王位归还给成王,而天下人却并没有停止侍奉周王朝,然后周公才面向北朝拜成王,回到臣属的位置上。天子这个位置,不可以让年幼的人来担当,也不可以由别人代理行使。能够担负起这个重任,天下人就会归顺他;不能够担负起这个重任,天下人就会背离他。因此,周公庇护成王继承武王之位来统治天下,是担心天下人背叛周王朝。成王行了冠礼,已经成人,周公便把周朝的天下归还给了成王,以此来表明他不断绝只有嫡长子才是天下之主的道义。于是周公就没有统治天下的权力了。他过去拥有天下,现在没有了天下,这并不是禅让;成王过去

也；成王乡无天下，今有天下，非夺也；变势次序节然也。故以枝代主而非越也，以弟诛兄而非暴也；君臣易位而非不顺也。因天下之和，遂文武之业，明枝主之义，抑亦变化矣，天下厌然犹一也。非圣人莫之能为。夫是之谓大儒之效。

没有天下，现在拥有了天下，这并不是篡夺，这是君权更替的法定次序受礼法节制而成这样的。所以周公以旁支的身份来代替嫡长子执政并不算超越本分，以弟弟的身份诛杀兄长管叔也不算残暴，君与臣变换了位置也不算名不顺。周公凭借天下人安定和谐的局势，完成了文王、武王的事业，彰明了旁支与嫡长子之间的关系准则，虽然有这样的变化，但天下却安安稳稳地始终如一。除了圣人没有人能够做到，这可以说是大儒所起的作用。

【注释】

①屏(bìng)：庇护。②恶：等于说"患"，担心。③履：践行。④籍：通"阼"，帝位。⑤周：指周家的天下，周王朝的统治权。

【原文】

秦昭王问孙卿子①曰："儒无益于人之国？"孙卿子曰："儒者，法先王、隆礼义、谨乎臣子而致贵其上者也。人主用之，则势在本朝而宜；不用，则退编百姓而悫；必为顺下矣。虽穷困、冻餧②，必不以邪道为贪；无置锥之地，而明于持社稷之大义；呜呼而莫之能应，然而通乎财万物、养百姓之经纪。势在人上，则王公之材也；在人下，则社稷之臣、国君之宝也。虽隐于穷阎漏屋，人莫不贵之，道诚存也。仲尼将为司寇③，沈犹氏不敢朝饮其羊，公慎氏出其妻，慎溃氏逾境而徙，鲁之粥牛马者不豫贾，必蚤正以待之也。居于阙党④，阙党

【译文】

秦昭王问荀子说："儒者对于国家没有什么益处吧？"荀子说："儒者效法古代的圣王、崇尚礼义、严守做臣子的本分，并能尊重在上位的君主。君主如果任用他们，那么他们位在朝廷而合宜地处理政事；如果不任用他们，那么他们就会辞退官职，编在百姓的户册之上，谨慎老实地做人；无论如何，他们一定会做一个恭顺的臣民。他们即使贫穷困苦、受冻挨饿，也一定不会用不正当的手段去谋取财利；即使没有立锥之地，也深明维护国家利益的大义；即使大声疾呼而没有人启用他们，但他们精通管理万物、养育人民的纲领。如果他们的地位在别人之上，那就是当王公、诸侯的干才；如果地位在别人之下，那就是国家的能臣，国君的宝贵财富。即使隐居在偏僻的里巷与简陋的房屋之中，人们也没有不尊重他们的，因为治国之道确实掌握在他们手中。孔子将要担任鲁国司寇时，沈犹氏不敢在早晨喂自己的羊喝水了，公慎氏休掉了自己的妻子，慎溃氏越境搬走了，鲁国卖牛马的也不再漫天要价了，这是因为孔子总是预先用正道去对待人们

之子弟罔不必分，有亲者取多，孝弟以化之也。儒者在本朝则美政，在下位则美俗。儒之为人下如是矣。”

的缘故。孔子住在阙党时，阙党的子弟将网获的鱼兽进行分配时，有父母亲的子弟就会多得一些，这是因为孔子用孝顺父母尊敬兄长的道理感化了他们。儒者在朝廷上做官，就能使朝政完美；身处下位时，就能使风俗美化。儒者地位在他人之下时就是这样的。”

【注释】

①孙卿子：指荀子。②冻餧(wèi)：冻馁。餧，同“馁”。③司寇：春秋战国时期国家的最高司法官。④阙党：指阙里。地名，相传是孔子授徒之所，在今山东省曲阜市。

【原文】

王曰：“然则其为人上何如？”孙卿曰：“其为人上也，广大矣。志意定乎内，礼节脩乎朝，法则、度量正乎官，忠、信、爱、利形乎下。行一不义，杀一无罪，而得天下，不为也。此君义信乎人矣，通于四海，则天下应之如讙[①]。是何也？则贵名白而天下治也。故近者歌讴而乐之，远者竭蹶[②]而趋之。四海之内若一家，通达之属，莫不从服。夫是之谓人师。《诗》曰：‘自西自东，自南自北，无思不服。’此之谓也。夫其为人下也如彼，其为人上也如此，何谓其无益于人之国也？”昭王曰：“善！”

【译文】

秦昭王说：“那么儒者地位在他人之上时又怎么样呢？”荀子说：“儒者地位在他人之上时，他们的作用是很广大的。他们内心意志坚定，用礼节美化朝廷，用礼法制度整顿官吏，使忠诚、诚信、仁爱、利人的美德在百姓身上得到体现。做一件不义的事，杀一个无罪的人，而能取得天下，他也不会去做。这种君子的道义取得了人们的信任，传遍了四面八方，那么天下的人就会响应他。这是为什么呢？是因为他尊贵的名声明显卓著而天下得到了治理的缘故。所以近处的人歌颂他而且喜爱他，远处的人竭尽全力拼命奔走来投奔他。四海之内就像一家人似的，凡是交通能到达的地方，没有谁不服从。这就可以称作是人民的表率了。《诗》上说：‘从西到东，从南到北，没有哪个不服从的。’说的就是这种情况。儒者的地位在他人之下时的情形如上所述，地位在他人之上时的情形就是这样，怎么能说他们对国家没有益处呢？”秦昭王说：“讲得好。”

【注释】

①讙(huān)：喧哗。②竭蹶(jié jué)：亦作“竭蹷”。颠仆倾跌，行步匆遽貌。

【原文】

先王之道，仁之隆也，比中而行之。曷谓中？曰：礼义是也。道者，非天之道，非地之道，人之所以道也，君子之所道也。君子之所谓贤者，非能遍能人之所能之谓也；君子之所谓知者，非能遍知人之所知之谓也；君子之所谓辩者，非能遍辩人之所辩之谓也；君子之所谓察者，非能遍察人之所察之谓也：有所止矣。相高下，视墝①肥，序五种②，君子不如农人；通货财，相美恶，辩贵贱，君子不如贾人；设规矩，陈绳墨，便备用，君子不如工人；不恤是非、然不然之情，以相荐撙③，以相耻怍，君子不若惠施、邓析。若夫譎④德而定次，量能而授官，使贤不肖皆得其位，能不能皆得其官，万物得其宜，事变得其应，慎、墨不得进其谈，惠施、邓析不敢窜⑤其察。言必当理，事必当务，是然后君子之所长也。

【译文】

古代圣明帝王的治理之道，是仁德的最高体现，因为他们是顺着中正之道来实行的。什么叫做中正之道呢？回答说：礼义就是中正之道。道，不是指上天的运动规律，也不是指大地的变化规律，而是指人类所要遵行的规律，是君子所遵循的规律。君子的所谓贤能，并不是能够做到别人所能做到的一切；君子的所谓智慧，并不是能够知道别人所知道的一切；君子的所谓善辩，并不是能够辩明别人所辩论的一切；君子的所谓明察，并不是能够观察到别人所观察到的一切，君子的能力也是有一定限度的。比较地势的高低，识别土质的贫瘠与肥沃，安排各种庄稼的种植季节，君子不如农民；使财物流通，鉴别货物的好坏，区别货物的贵贱，君子不如商人；使用圆规和矩尺，弹画墨线，熟练运用各种器具，君子不如工人。不顾是与非、对与不对的实际情况，互相贬抑，互相污辱，君子不如惠施、邓析。如果评估德行来确定等级，衡量才能来授予官职，使贤能与不贤能的人都得到应有的地位，有才能与没有才能的人都得到应有的官职，使各种事物都得到适宜的处置，突发的事变都得到相应的处理，使慎到、墨翟不能推广他们的主张，惠施、邓析不敢宣扬他们的见解，说话一定符合道理，做事一定符合要求，这些才是君子所擅长的。

【注释】

①墝(qiāo)：古同"硗"，土壤坚硬不肥沃。②五种：即"五谷"，指黍、稷、豆、麦、稻，一说指黍、稷、豆、麦、麻，此泛指各种庄稼。③撙(zǔn)：压抑，欺负的意思。④譎(shāng)：古同"商"，商量。⑤窜：使……得到容纳。

【原文】

凡事行，有益于理者立之，无益于理者废之，夫是之谓中事。凡知说，有益于理者为之，无益于理者舍之，夫是之谓中说。事行失中谓之奸事，知说失中谓之奸道。奸事、奸道，治世之所弃，而乱世之所从服也。若夫充虚之相施易也，"坚白"①"同异"②之分隔也，是聪耳之所不能听也，明目之所不能见也，辩士之所不能言也，虽有圣人之知，未能偻指③也。不知，无害为君子；知之，无损为小人。工匠不知，无害为巧；君子不知，无害为治。王公好之则乱法，百姓好之则乱事。而狂惑、戆陋④之人，乃始率其群徒，辩其谈说，明其辟称，老身长子，不知恶也。夫是之谓上愚，曾不如相鸡狗之可以为名也。《诗》曰："为鬼为蜮⑤，则不可得！有靦⑥面目，视人罔极。作此好歌，以极反侧。"此之谓也。

【译文】

凡是事情和行为，有益于国家治理的就去做，无益于国家治理的就不去做，这叫做正确地处理事情。凡是知识和学说，有益于国家治理的就确立，无益于国家治理的就废除，这叫做正确地对待学说。事情和行为不得当，就叫做奸邪的事情；知识和学说不得当，就叫做奸邪的学说。奸邪的事情、奸邪的学说，是有秩序的社会所抛弃的，是混乱的社会所依从的。至于天地间盈虚的相互转化，"坚白"、"同异"的分辨，这是耳朵灵敏的人也不能听懂的，是眼睛明亮的人也不能看清的，是能言善辩的学者也不能说明白的，即使有圣人的智慧，也不能很快地将它们说明白。但是，不知道这些学说，并不妨碍一个人成为君子；懂得这些学说，也不妨碍一个人成为小人。工匠不了解这些，不妨碍他们掌握技巧；君子不了解这些，不妨碍他们治理国家。天子、诸侯爱好这些学说，就会乱了法度；老百姓喜欢这些学说，就会把各项工作搞乱。但是那些狂妄糊涂、愚蠢浅薄的人，却率领着他们的众多门徒，辩护他们的学说，阐明他们的譬喻引证，一直到自己衰老了、儿子长大了，也不知道厌恶那一套。这就叫做极端的愚蠢，还不如鉴别鸡狗的优劣倒可以出名。《诗》上说："你若是鬼是蜮，那就不能发现。露出面目在人前，让人看你没准则。作此好歌唱一唱，用来揭穿你的反复无常。"说的就是这种人。

【注释】

①坚白：公孙龙提出的一种诡辩理论，论点：坚、白不能同时存在于石头之中。②同异：战国时名家惠施提出的名辩论题，认为事物中存在小同异和大同异两种。人们对不同事物的认识有一致的和不一致的，这种认识上的同或异，为小同异；而万物具有完全相同的一面，即都离不开存亡变化，又有完全相异的一面，即各自的变化又不一样，此为大同异。③偻指（lǚ zhǐ）：屈指而数；屈指。④戆（zhuàng）陋：愚昧浅陋。⑤蜮（yù）：短狐，传说中一种在水里暗中害人的怪物。⑥靦（tiǎn）：露面见人貌。

【原文】

我欲贱而贵，愚而智，贫而富，可乎？曰：其唯学乎！彼学者：行之，曰士也；敦慕焉，君子也；知之，圣人也。上为圣人，下为士君子，孰禁我哉！乡也，混然涂之人也，俄而并乎尧、禹，岂不贱而贵矣哉！乡也，效门室之辨，混然曾不能决也，俄而原仁义，分是非，图回天下于掌上而辨白黑，岂不愚而知矣哉！乡也，胥靡①之人，俄而治天下之大器举在此，岂不贫而富矣哉！今有人于此，屑然藏千溢②之宝，虽行貣③而食，人谓之富矣。彼宝也者，衣之，不可衣也；食之，不可食也；卖之，不可偻售也。然而人谓之富，何也？岂不大富之器诚在此也？是杅杅④亦富人已，岂不贫而富矣哉！

【译文】

我想由卑贱变成高贵，由愚昧变成明智，由贫穷变成富裕，可以吗？回答说：那就只有学习了。那些学习的人：能遵行学到的东西，就是士人；能勤奋努力的，就是君子；能精通学到的东西，就是圣人。最高可以成为圣人，至少也可以成为士人、君子，谁还能阻止我上进呢？过去，混混沌沌是个路上的普通人，顷刻间就可以和尧、禹这样的贤君并列在一起，这难道不是由卑贱变为高贵了吗？过去，考查他对门外和室内的礼节有什么分别，他混乱地竟不能区别，顷刻间就能推究仁义的本源，分辨是非，谋划天下事于手掌之中就如同辨别黑白一样容易，这难道不是由愚昧变成明智了吗？过去，是个一无所有的人，顷刻间治理天下的才能全都有了，这难道不是由贫穷变成富裕了吗？现在如果在这儿有这么一个人，他零零碎碎地收藏着价值千金的珍宝，那么即使他靠外出乞讨来糊口，人们也还是说他富有。他的那些珍宝，穿吧，不能穿；吃吧，不能吃；卖吧，又不能很快地出售。但是人们却说他很富有，这是为什么呢？难道不是因为最值钱的宝器的的确确在他这儿吗？这样看来，那知识广博的学者也就是富有的了，这岂不是由贫穷变得富裕了吗？

【注释】

①胥(xū)靡：这里指空无所有。胥，疏，空。②溢：同“镒”，古代重量单位，先秦以黄金二十两或二十四两为一镒。③行貣(xíng tè)：指行乞。④杅杅(yú yú)：广大貌；富足貌。杅，通“于”。

【原文】

故君子无爵而贵，无禄而富，不言而信，不怒而威，穷处而荣，独居而乐！岂不至尊、至富、至重、至严之情举积此哉！故曰：贵名不可以比周争也，不可

【译文】

所以君子没有爵位也尊贵，没有俸禄也富裕，不用言语也能取信于人，不发怒也有威严，处境穷困也能荣耀，独自居住也能快乐，这难道不是因为那最尊贵、最富裕、最庄重、最威严的实质都聚集在学习之中了吗？所以说，尊贵的名

以夸诞有也，不可以势重胁也，必将诚此然后就也。争之则失，让之则至，遵道则积，夸诞则虚。故君子务修其内，而让之于外；务积德于身，而处之以遵道。如是，则贵名起如日月，天下应之如雷霆。故曰：君子隐而显，微而明，辞让而胜。《诗》曰：“鹤鸣于九皋，声闻于天。”此之谓也。鄙夫反是。比周[①]而誉俞少；鄙争[②]而名俞辱；烦劳以求安利，其身俞危。《诗》曰：“民之无良，相怨一方。受爵不让，至于己斯亡。”此之谓也。

声，不可能靠结党营私来争得，不可能靠虚夸不实来拥有，不可能靠权势地位威胁别人来获得，一定要精诚专一地学习，然后才能得到。争夺名誉就会丧失名誉，谦让名誉就会得到名誉；遵循正确的原则就能积累名誉，虚夸不实就会落个一场空。所以君子一定要致力于自己内在的思想修养而在外谦虚辞让，致力于在自身积累德行而遵循正确的原则去处理一切。像这样，那么尊贵的名声就会像太阳月亮一样升起，天下人响应的声音就会像雷霆那样轰轰烈烈。所以说：君子即使隐居也显赫，即使卑微也荣耀，即使退让也会胜过别人。《诗》上说：“鹤在遥远的沼泽地鸣叫，声音却响彻云霄。”说的就是这种情况。鄙陋的人与此相反。他们结党营私而党羽却越来越少，卑鄙地去争夺而名声越来越臭，劳神费力以求取安逸与私利，而自身越来越危险。《诗》上说：“小人总是不善良，互相怨另一方。争取爵位不谦让，直到自己被灭亡。”说的就是这种人。

【注释】

①比周：结党营私。②鄙争：指用不正当的方法争夺。

【原文】

故能小而事大，辟之是犹力之少而任重也，舍粹折[①]无适也。身不肖而诬贤，是犹伛伸[②]而好升高也，指其顶者愈众。故明主谲德而序位，所以为不乱也；忠臣诚能然后敢受职，所以为不穷也。分不乱于上，能不穷于下，治辩之极也。《诗》曰：“平平[③]左右，亦是率从。”是言上下之交不相乱也。

【译文】

所以，能力小而做的事大，就好像是力气小却要挑重担一样，除了压碎骨头折断腰，也就没有别的下场了。自己不贤却妄称贤能，就好像是驼背的人喜欢抬高自己一样，指着他的头顶笑话他的人就会更多。所以英明的君主按照各人的德行来安排官职，是为了不导致混乱；忠诚的臣子确实有能力胜任，然后才敢接受官职，是为了不陷入困境。君主安排臣子的名分等级不混乱，臣子依照才能的大小而受职不陷入困境，这是治理国家的最高境界了。《诗》上说：“左右的臣子很能干，遵从君命而不违反。”这是说君主和臣下的关系不互相错乱。

【注释】

①粹折：破碎折断。粹，通“碎。②伛伸：指驼背。③平平：应作“便便”。长于口才、办事能干的样子。

【原文】

以从俗为善，以货财为宝，以养生为己至道，是民德也。行法至坚，不以私欲乱所闻，如是，则可谓劲士矣。行法至坚，好修正其所闻，以矫饰其情性；其言多当矣，而未谕[①]也；其行多当矣，而未安也；其知虑多当矣，而未周密也；上则能大其所隆，下则能开道不己若者；如是，则可谓笃厚君子矣。修百王之法，若辨白黑；应当时之变，若数一二；行礼要节而安之，若生四枝；要时立功之巧，若诏四时；平正[②]和民之善，亿万之众而抟[③]若一人；如是，则可谓圣人矣。

【译文】

把顺从习俗看作美德，把货物钱财看作宝物，把保养身体作为自己最高的行为准则，这是老百姓的德行。遵行法度极为坚定，不因为个人的欲望而歪曲所听到的东西，像这样，就可以称为正直的士人。遵行法度极为坚定，喜欢根据所听到的东西来矫正自己的性情；他的言论多半是恰当的，但还没有完全说明白；他的行为多半是恰当的，但还没有完全稳妥；他的考虑多半是恰当的，但还不周密；对上能尊崇自己所推崇的人，对下能开导不如自己的人，像这样，就可以称为忠实厚道的君子。学习历代众多帝王的法度，就如同分辨黑白一样清楚；应对当时的变化，就如同数一二一样容易；奉行礼法遵循礼节而习以为常，就如同人平时伸展四肢一样自如；抓住时机来建立功勋的技巧，就如同预告四季的到来一样准确；治理政事、协调百姓，使亿万群众团结得像一个人一样，像这样，就可以称为圣人。

【注释】

①谕：清楚，明白。②平正：即平政，稳定政局。正，通“政”。③抟(tuán)：聚集。

【原文】

井井兮其有理也，严严兮其能敬己也，分分兮其有终始也，猒猒[①]兮其能长久也，乐乐兮其执道不殆也，炤炤[②]兮其用知之明也，修修兮其统类之行也，绥绥兮其有文

【译文】

整整齐齐啊，他做事有条不紊；庄重威严啊，他能使自己受到尊敬；坚定不移啊，他有始有终不变更；沉静有礼啊，他能长久地立足于社会；满腔热忱啊，他坚守道义而不松懈；洞察一切啊，他有用人之明；一丝不苟啊，他实施礼法

章也。熙熙兮其乐人之臧也。隐隐兮其恐人不当也。如是，则可谓圣人矣，此其道出乎一。

严格有序；安泰自若啊，他掌握礼仪制度有根有据；温和快乐啊，他喜欢别人的善言善行；忧心忡忡啊，他怕别人有所失误。像这样，就可以称为圣人。这种圣人的道德品质来自于专一。

【注释】

①猒猒(yàn yàn)：安静的样子。②炤炤(zhāo zhāo)：明察的样子。

【原文】

曷谓一？曰：执神而固。曷谓神？曰：尽善挟治①之谓神，万物莫足以倾之之谓固，神固之谓圣人。圣人也者，道之管②也。天下之道管③是矣，百王之道一是矣；故《诗》《书》《礼》《乐》之道归是矣。《诗》言是，其志也；《书》言是，其事也；《礼》言是，其行也，《乐》言是，其和也；《春秋》言是，其微也。故《风》之所以为不逐者，取是以节之也；《小雅》之所以为小者，取是而文之也；《雅》之所以为大雅者，取是而光之也；《颂》之所以为至者，取是而通之也。天下之道毕是矣。乡是者臧，倍是者亡。乡是如不臧，倍是如不亡者，自古及今，未尝有也。

【译文】

什么叫做专一？回答说：就是能做到神妙而稳固。什么叫做神妙和稳固？回答说：能使天下尽善尽美彻底治理叫做神妙，世间的一切都不能够使他倾斜叫做稳固，做到了神妙与稳固就叫做圣人。圣人，是思想原则的枢纽。天下的思想原则都集中在这里了，历代圣王的思想原则也统一在这里了，所以《诗》《书》《礼》《乐》也都归属到这里了。《诗》所说的是圣人的情志；《书》所说的是圣人政事；《礼》所说的是圣人的行为；《乐》所说的是圣人的和谐心情；《春秋》所说的是圣人的微言大义。因此，《国风》之所以不随波逐流，是因为以此去节制它的缘故；《小雅》之所以为小雅，是因为以此去润饰它的缘故；《大雅》之所以为大雅，是因为以此去发扬光大它的缘故；《颂》之所以成为登峰造极的作品，是因为以此去贯穿它的缘故。天下的思想原则全在这里了。顺从它的就会有好结果，背离它的就会灭亡。顺从它而没有好结果，违背它而不灭亡的，从古到今还不曾有过。

【注释】

①挟治(jiā zhì)：彻底治理。挟，通“浃”。②管：枢纽，关键，事物相互联系的中心环节。③管：用作动词，是集中的意思。

【原文】

客有道曰："孔子曰：周公其盛乎！身贵而愈恭，家富而愈俭，胜敌而愈戒。"应之曰："是殆非周公之行，非孔子之言也。武王崩，成王幼，周公屏成王而及武王，履天子之籍，负扆①而立，诸侯趋走堂下。当是时也，夫又谁为恭矣哉！兼制天下，立七十一国，姬姓独居五十三人焉。周之子孙，苟不狂惑②者，莫不为天下之显诸侯。孰谓周公俭哉！武王之诛纣也，行之日以兵忌③，东面而迎太岁④，至氾⑤而泛，至怀⑥而坏，至共头⑦而山隧⑧。霍叔惧曰：'出三日而五灾至，无乃不可乎？'周公曰：'刳⑨比干而囚箕子，飞廉、恶来知政，夫又恶有不可焉！'遂选马而进，朝食于戚，暮宿于百泉，厌旦于牧之野。鼓之而纣卒易乡，遂乘殷人而诛纣。盖杀者非周人，因殷人也。故无首虏之获，无蹈难之赏，反而定三革，偃五兵，合天下，立声乐，于是《武》《象》起而《韶》《护》废矣。四海之内，莫不变心易虑以化顺之。故外阖不闭，跨天下而无蕲。当是时也，夫又谁为戒矣哉！"

【译文】

有个客人说道："孔子说：'周公可伟大啦。他身份高贵而更加谦逊有礼，家里富有而更加节约俭朴，战胜了敌人而更加戒备警惕。'"荀子回答说："这大概不是周公的行为，也不是孔子的话吧。武王去世时，成王还年幼，周公拥护成王而自己继承武王的事业，代行天子的职权，临朝听政，诸侯朝见往来于堂下。在这个时候，他又对谁谦逊有礼了呢！他统治了天下，设置了七十一个诸侯国，其中姬姓诸侯就独占了五十三个；周王室的子孙，只要不是精神错乱的人，没有不成为天下显贵的诸侯的，谁说周公节俭呢！武王讨伐纣王时，出发的那天恰逢兵家所忌之日，向东进军，冲犯了木星，到达氾水时河水泛滥，到达怀城时城墙倒塌，到达共头山时山岩崩坠。霍叔恐慌地说：'出兵三天已遇到了五次灾害，恐怕不应当出兵吧？'周公说：'纣王将比干剖腹挖心，囚禁了箕子，让飞廉、恶来掌权，又有什么不可以讨伐的呢？'于是精心挑选了良马继续前进，早晨在戚地吃饭，晚上在百泉宿营，第二天黎明时来到牧野。击鼓进攻，纣王的士兵就掉转方向倒戈起义了，于是就凭借商王朝的士兵而诛杀了纣王。其实杀纣王的并不是周朝的人，而是商朝的人，所以周朝的将士没有首级、俘虏的缴获，也没有因为冲锋陷阵而得到的奖赏。周朝的军队回去以后不再动用铠甲、头盔与盾牌三种皮革制品，放下了各种兵器，统一了天下，创作了乐曲，从此《武》《象》兴起而《韶》《护》被废弃了。四海之内，没有谁不转变思想、接受教化而归顺周朝的。所以周朝的国门没有关闭，它跨越天下，疆土无边。在这个时候，他又对谁去戒备警惕呢！"

【注释】

①负扆(fù yǐ)：亦作“负依”。背靠屏风。指皇帝临朝听政。②狂惑：指精神错乱，疯癫。③兵忌：兵家的忌日。古代迷信，出兵要选择吉日，在忌日出师则不利。④太岁：传说中神名。古代迷信，认为太岁之神在地，与天上岁星(木星)相应而行，因此兴建工程等要躲开太岁的方位，否则就不吉利。⑤汜(sì)：汜水，在今河南汜水县西。⑥怀：怀城，地名，在黄河附近。⑦共(gōng)头：山名，在今河南辉县。⑧隧：通“坠”。⑨刳(kū)：剖开挖空。

【原文】

造父[1]者，天下之善御者也，无舆马则无所见其能；羿[2]者，天下之善射者也，无弓矢则无所见其巧；大儒者，善调一天下者也，无百里之地则无所见其功。舆固马选矣，而不能以至远，一日而千里，则非造父也。弓调矢直矣，而不能射远、中微[3]，则非羿也；用百里之地而不能以调一天下、制强暴，则非大儒也。

【译文】

造父，是天下善于驾驭车马的人，但如果没有车马，就不能表现他的才能；后羿，是天下善于射箭的人，但如果没有弓箭，就不能表现他的技巧；大儒，是善于整治协调和统一天下的人，但如果没有百里见方的国土，就没有办法显示他的功绩。如果驾的车子坚固，选的马匹精良，却不能用它来到达远方，日行千里，那就不是造父了；如果弓调好了，箭笔直了，却不能用它来射向远方，命中微小的目标，那就不是后羿了；如果统辖百里见方的国土，却不能靠它来协调并统一天，制服强暴的国家，那就不是大儒了。

【注释】

①造父：周穆王的车夫，传说善于驾驭车马。②羿(yì)：古人名，传说是夏代有穷国的君主，善于射箭。亦称“后羿”“夷羿”。③中微：指射中微小的目标。

【原文】

彼大儒者，虽隐于穷阎漏屋，无置锥之地，而王公不能与之争名；在一大夫之位，则一君不能独畜，一国不能独容，成名况乎诸侯，莫不愿得以为臣；用百里之地，而千里之国莫能与之争胜；笞棰[1]暴国，

【译文】

那些大儒，即使隐居在偏僻的里巷和简陋的房子里，没有立锥之地，但天子、诸侯也没有能力和他争夺名望；即使只是处在一个大夫的位置，但不是一个诸侯国的国君所能单独任用，不是一个诸侯国所能单独容纳的，他的盛名胜于诸侯，各国诸侯没有不愿意让他来当自己的臣子；即使拥有百里见方的国土，而拥有千里见方的国家也没有哪一个能与

齐一天下，而莫能倾也：是大儒之征也。其言有类，其行有礼，其举事无悔，其持险、应变曲当；与时迁徙，与世偃仰[2]，千举万变，其道一也。是大儒之稽也。其穷也，俗儒笑之；其通也，英杰化之，嵬琐[3]逃之，邪说畏之，众人愧之。通则一天下，穷则独立贵名。天不能死，地不能埋，桀、跖之世不能污，非大儒莫之能立，仲尼、子弓是也。

他争胜；他鞭挞强暴的国家，统一天下，没有谁能推翻他：这就是大儒的特征。他说话合乎法度，行动合乎礼义，做事没有后悔的，他扶持危险的局势、应对突发的事变处处都恰当；他顺应时世，因时制宜，即使采取上千种措施，遇到上万次变化，但他奉行的原则是始终如一的：这是大儒的考核标准。他穷困失意时，庸俗的儒者讥笑他；他通达得志时，英雄豪杰都受到他的感化，险诈奸邪的人都逃避他，持异端邪说的人都害怕他，过去非难他的民众都愧对他。他通达得志就统一天下，穷困失意时就独自树立高贵的名声。上天不能使他死亡，大地不能把他埋葬，桀、跖的时代不能污染他，不是大儒就没有谁能这样立身处世，仲尼、子弓就是这样的人。

【注释】

①笞棰(chī chuí)：亦作“笞捶”。以竹木之类的棍条抽打；打击。②偃仰：俯仰。比喻随世俗沉浮或进退。③嵬琐(wéi suǒ)：险诈奸邪。

【原文】

故有俗人者，有俗儒者，有雅儒者，有大儒者：不学问，无正义，以富利为隆，是俗人者也。逢衣浅带[1]，解果[2]其冠，略法先王而足乱世术；缪学杂举，不知法后王而一制度，不知隆礼义，而杀[3]《诗》《书》；其衣冠行伪已同于世俗矣，然而不知恶者；其言议谈说已无以异于墨子矣，然而明不能别；呼先王以欺愚者而求衣食焉，得委积足以掩其口，则扬扬如也；随其长子，事其便辟[4]，举其上客，亿然若终身之虏而不敢有

【译文】

所以，有庸俗的人，有庸俗的儒者，有雅正的儒者，有大儒。不学习请教，不讲求正义，把求取财富和利益当作自己的最高目标，这是庸俗的人。穿着宽大的衣服，束着宽阔的腰带，戴着中间高起的帽子，粗略地效法古代圣王而只够用来扰乱当代的政治措施；荒谬地学一些东西，杂乱地做一些事，不懂得效法后代的帝王，统一制度，不懂得推崇礼义而把《诗》《书》降到次要地位；他的穿戴行为已经与社会上的流俗相同了，但是却不知道厌恶；他的言谈议论已经和墨子没有什么不同了，但是他的智慧却不能加以区别；他称道古代圣王来欺骗愚昧的人而向他们求取衣食，得到别人的一点积蓄够用来糊口，就得意洋洋了；跟随君主的太子，侍奉君主左右的宠信小臣，吹捧君主的贵客，

他志，是俗儒者也。法后王，一制度，隆礼义而杀《诗》《书》；其言行已有大法矣，然而明不能齐法教之所不及，闻见之所未至，则知不能类也；知之曰知之，不知曰不知，内不自以诬，外不自以欺，以是尊贤畏法，而不敢怠傲⑤，是雅儒者也。法后王，统礼义，一制度，以浅持博，以古持今，以一持万，苟仁义之类也，虽在鸟兽之中，若别白黑；倚物怪变，所未尝闻也，所未尝见也，卒然起一方，则举统类而应之，无所儗怍，张法而度之，则晻然⑥若合符节，是大儒者也。故人主用俗人，则万乘之国亡；用俗儒，则万乘之国存；用雅儒，则千乘之国安；用大儒，则百里之地久而后三年，天下为一，诸侯为臣；用万乘之国，则举错而定，一朝而伯⑦。

提心吊胆好像是终身没入官府的奴隶而不敢有其他的志愿，这是庸俗的儒者。效法后代的帝王，统一制度，推崇礼义而把《诗》《书》降到次要地位；他的言论和行为已经符合基本的法规了，但是他的智慧却不能补足法制教令没有涉及的地方和视听没有看见听见的地方，这就是他的智慧还不能触类旁通；知道就说知道，不知道就说不知道，不以虚假来欺骗自己，不以虚假来欺骗别人，根据这种原则来尊重贤人、畏惧法令而不敢懈怠傲慢，这是雅正的儒者。效法古代的圣王，以礼义为纲领，统一制度，用浅近的道理去把握广博的知识，根据古代的情况把握现在的情况，根据一件事物把握上万件事物；如果是合乎仁义的事情，即使存在于鸟兽之中，也能像辨别黑白那样很容易辨认出来；奇特的事物、怪异的变化，虽然从来没有听说过，从来没有看到过，突然在某一地方发生，也能按照礼义纲常应对自如，不会迟疑和不安；用法度去衡量这些事物就如同符节的两半能相合一样，这就是这是大儒。所以，君主如果任用庸俗的人，即使拥有万辆兵车的大国也会灭亡；如果任用庸俗的儒者，那么拥有万辆兵车的大国仅能保存；如果任用雅正的儒者，那么即使拥有千辆兵车的小国也能安定；如果任用了大儒，那么即使仅有百里之地的国家也能长久，再过三年，天下就可以统一，诸侯就会成为臣子；如果拥有万辆兵车的大国任用了大儒，那么一采取措施就能平定天下，一个早晨就能使名声显著。

【注释】

①逢衣浅带：古时儒者所穿的一种服饰。宽袖腰束大带。②解果：狭小的高地。比喻中间高两旁低的帽子。③杀(shài)：减少，降等。不知隆礼义而杀《诗》《书》：指不懂得把奉行礼义放在首位，而把诵读《诗》《书》降到次要的地位。④便辟：指君主左右受宠幸的小臣。⑤怠傲：亦作“怠慠”“怠骜”。怠慢骄傲。⑥晻(ǎn)然：相重，相合的样子。⑦伯：通“白”，指名声显著。

【原文】

不闻不若闻之，闻之不若见之，见之不若知之，知之不若行之。学至于行之而止矣。行之，明也，明之为圣人。圣人也者，本仁义，当是非，齐言行，不失毫厘，无他道焉，已乎行之矣。故闻之而不见，虽博必谬；见之而不知，虽识必妄；知之而不行，虽敦必困。不闻不见，则虽当，非仁也，其道百举而百陷也。

【译文】

没有听到不如听到，听到不如看到，看到不如了解，了解不如实践。学习到了实践也就到了尽头。实践，才能明白事理，明白了事理就是圣人。圣人这种人，以仁义为根本，能恰当地判断是非，能使言行保持一致，不差丝毫，这并没有别的窍门，就在于他能把学到的东西付诸实践罢了。所以听到了而没有看到，即使听到了很多，也必然有谬误；见到了而不了解，即使记住了，也必然虚妄；了解了而不实践，即使知识丰富，也必然会陷入困境。不去聆听教诲，不去观摩考察，即使偶尔做对了，也不算是仁德，这种办法采取一百次就会失败一百次。

【原文】

故人无师无法而知，则必为盗；勇，则必为贼；云[①]能，则必为乱；察，则必为怪；辩，则必为诞。人有师有法而知，则速通[②]，勇，则速威；云能，则速成；察，则速尽；辩，则速论。故有师法者，人之大宝也；无师法者，人之大殃也。

【译文】

所以，人要是没有老师、不懂法度而有智慧，就一定会偷窃；如果勇敢，就一定会抢劫；如果有才能，就一定会作乱；如果明察，就一定会搞奇谈怪论；如果善辩，就一定会大言欺诈。人要是有了老师、懂了法度而有智慧，就会很快通达事理；如果勇敢，就会很快变得威武；如果有才能，就会很快成功；如果明察，就能很快理解一切；如果善辩，就能很快论断是非。所以有老师、懂法度，是人们的一大宝物；没有老师、不懂法度，是人们的一大祸害。

【注释】

①云能：指有才能。②速通：指迅速地通达。

【原文】

人无师法，则隆性矣；有师法，则隆积矣；而师法者，所得乎情[①]，非所受乎性，不足以独立而治[②]。性也者，吾所

【译文】

人要是没有老师、不懂法度，就会推崇发展本性；有了老师、懂了法度，就会注重增加学习的积累；而老师、法度，是从合乎礼义的高尚情操中得来的，并不是禀受于先天的本性，所以也不能够独立地得

不能为也，然而可化也；情也者，非吾所有也，然而可为也。注错习俗，所以化性也；并一而不二，所以成积也。习俗移志[3]，安久移质。并一而不二，则通于神明，参于天地矣。

到完善。本性这种东西，是我们所不能造就的，却可以通过教育来改变；学习的积累，不是我们固有的，却可以去做到。对人的安排措置以及习惯风俗，是用来改变本性的；专心致志地学习而不三心二意，是用来形成知识积累的。风俗习惯能改变人的思想，安守习俗的时间长了就会改变人的本质；学习时专心致志而不三心二意，就能通于神明，与天地相并列了。

【注释】

①情：指合乎礼义的高尚情操。②不足以独立而治：指老师、法度不可能自我完善，也要依靠礼义来完善。③移志：指改变意志，动心。

【原文】

故积土而为山，积水而为海，旦暮积谓之岁，至高谓之天，至下谓之地，宇中六[1]指谓之极，涂之人百姓，积善而全尽谓之圣人。彼求之而后得，为之而后成，积之而后高，尽之而后圣。故圣人也者，人之所积也。人积耨耕[2]而为农夫，积斲削[3]而为工匠，积反[4]货而为商贾，积礼义而为君子。工匠之子莫不继事，而都国之民安习其服。居楚而楚，居越而越，居夏而夏，是非天性也，积靡[5]使然也。

【译文】

所以，堆积泥土就形成山，积聚水流就形成海，一朝一夕积累起来就叫做年，最高的叫做天，最低的叫做地，空间中的东西南北上下六个方向延伸到最后就叫做极，普通老百姓积累善行而达到了尽善尽美就叫做圣人。这些都是努力追求之后才得到的，努力做了之后才成功的，不断积累之后才高超的，尽善尽美之后才圣明的。所以，圣人其实是普通人长期积累善行的结果。人积累了耕种的本领就成为农夫，积累了砍削的技巧就成为工匠，积累了贩卖货物的经验就成为商人，积累了合乎礼义的品行就成为君子。工匠的儿子没有不继承家业的，而国都里的居民都安心习惯于本地的习俗，居住在楚国就像楚国人一样生活，居住在越国就像越国人一样生活，居住在中原的人就像中原的人一样生活，这并不是天生的本性，而是顺应长期积累的习俗使他们这样的。

【注释】

①六：指上、下、东、南、西、北六个方向。②耨耕(nòu gēng)：泛指农活。③斲削(zhuó xuē)：亦作“斵削”。砍削。④反：通“贩”。⑤积靡(mí)：谓顺其积习。

【原文】

故人知谨注错，慎习俗，大积靡，则为君子矣；纵性情而不足问学，则为小人矣。为君子则常安荣矣，为小人则常危辱矣。凡人莫不欲安荣而恶危辱，故唯君子为能得其所好，小人则日激[①]其所恶。《诗》曰："维此良人，弗求弗迪[②]；唯彼忍心，是顾是复。民之贪乱，宁为荼毒[③]。"此之谓也。

【译文】

所以人知道谨慎地安排自己，小心地对待风俗习惯，加强德行的积累和磨炼，就可以成为君子了；如果放纵本性而不重视学习，就会成为小人。成为君子，就会经常得到安宁与荣誉；成为小人，就会经常遇到危险和耻辱。凡是人没有不想得到安宁、荣誉而厌恶危险、耻辱的，但只有君子才能得到他所喜好的，小人却天天招致他所厌恶的。《诗》上说："只有这般贤良人，不求进身去做官。只有那样残忍人，想当官反复耍手段。百姓一心作乱，难道甘心受残害。"说的就是这个意思。

【注释】

①徼(yāo)：求取，招致。②迪：进，指进身为官。③荼毒：毒害，残害。

【原文】

人论，志不免于曲私，而冀人之以己为公也；行不免于污漫，而冀人之以己为修也；甚愚陋沟瞀[①]，而冀人之以己为知也：是众人也。志忍私然后能公，行忍情性然后能修，知而好问然后能才，公、修而才，可谓小儒矣。志安公，行安修，知通统类：如是则可谓大儒矣。大儒者，天子三公[②]也。小儒者，诸侯大夫、士也；众人者，工农商贾也。礼者，人主之所以为群臣寸、尺、寻[③]、丈检式[④]也。人伦尽矣。

【译文】

人的类别：思想上没有去掉偏邪自私，却希望别人认为自己公正无私；行为上没有免除污秽肮脏，却希望别人认为自己有修养；非常愚昧无知，却希望别人认为自己聪明睿智。这就是普通的人。思想上克制了私心，然后才能公正；行动上抑制了本性，然后才能有修养；聪明而又喜欢勤学好问，然后才能有才能。公正、有修养而又有才能，可以称为小儒。思想上习惯于公正无私，行动上习惯于注重修养，智慧能够精通纲纪法度，像这样就可以称为大儒。大儒这种人，能当天子的三公；小儒，可以当诸侯的士大夫；普通人，只能当工匠、农夫、商人。礼制，是君主用来鉴定群臣等级的标准，人的类别用它来鉴定就能明确无遗了。

【注释】

①沟瞀(mào)：愚昧无知。②三公：辅助君主掌握军政大权的最高官员，各个朝代名称不同，周朝的三公为太师、太傅、太保。③寻：古代的长度单位，一寻等于八尺。④检式：法度，准则。

【原文】

君子言有坛宇[①],行有防[②]表,道有一隆[③]。言道德[④]之求,不下于安存;言志意之求,不下于士;言道德之求,不二后王。道过三代谓之荡,法二后王谓之不雅。高之、下之、小之、巨之,不外是矣,是君子之所以骋志意于坛宇、宫廷也。故诸侯问政,不及安存,则不告也;匹夫问学,不及为士,则不教也;百家之说,不及后王,则不听也:夫是之谓君子言有坛宇,行有防表也。

【译文】

君子说话有界限,行动有标准,主张有侧重。说到礼法的要求,不低于使国家安定和生存;说到思想的要求,不低于做一个有德才的学士;说到礼法的要求,是不背离当代的帝王。谈论政治原则时古得超过了夏、商、周三代便叫做放荡荒诞,谈到法度时背离了当代的帝王便叫做不正。使自己的主张无论高、低、小、大,都不超越这个原则范围,这就是君子能使自己的思想活跃奔放而又保持在一定的界限、范围内的原因。所以诸侯询问政治,如果不涉及怎样使国家安定而存在下去,那就不要告诉他;一般人来求学,如果不涉及怎样做一个有德才的学士,就不要教他;各家的学说,如果不涉及当代的帝王,就不要去听。这就叫做君子说话有界限,行动有标准。

【注释】

①坛宇:祭祀的场所。这里引申为界限。②防:堤防,这里引申为限度。③一隆:指粗细、大小、轻重。此指主次。④道德:此指礼法。

【评析】

本篇主要论述了大儒的政治主张以及大儒在社会生活中的作用问题。荀子首先驳斥了秦昭王"儒生对于治理国家没有什么好处"的观点,接着用孔子将要做司寇,国内一些不法分子都望风而逃的事例,说明儒者若是在朝廷之上就能严格执法,使国家得到治理;若是在闾党之中,就能教化百姓,使他们遵从君主的政令。

在这篇文章中,荀子还谈到了认识论的观点。孔子、孟子都认为圣人是生而知之的、无所不知的人,他们制定了礼仪制度,发明了礼乐、文字、弓箭等,并把这些教给了百姓,才使整个文明兴盛起来。在这种观点下,把圣人放在了一个高不可攀的地

位,普通的老百姓只能根据圣人的教导来学习,基本上是不可能达到圣人的境界的。然而,荀子则认为人人都能成为大禹一样的圣人,这是因为"圣人者,人之所积而致",圣人是普通人经过学习的积累而成的,"使涂之人伏术为学,专心致志,思索孰察,加日县久,积善而不息,则通于神明,参于天地",所以,所谓的圣人君子并不是全知全能的,也有所不知的。耕田种地,君子不如一个农民;买卖货物,君子不如一个商人;制造器具,君子不如一个工匠。那么,君子比普通人高明的地方,也就在于根据一个人的才能来授予官职,应付各类事件,"言必当理,事必当务",这才是君子所擅长的。

王　制

【题解】

《王制》是荀子全书中专论政治问题的文章中最佳的一篇。它主要阐述了奉行王道从而成就帝王大业的圣王的制度，同时还论述了王制以外那些导致国家强大称霸、仅能安存、危殆、灭亡等后果的所作所为，希望能让君主们引以为戒。

【原文】

请问为政？曰：贤能不待次而举，罢[①]不能不待须而废，元恶不待教而诛，中庸民不待政而化。分未定也则有昭缪[②]。虽王公士大夫之子孙也，不能属于[③]礼义，则归之庶人。虽庶人之子孙也，积文学，正身行，能属于礼义，则归之卿相士大夫。故奸言、奸说、奸事、奸能、遁逃[④]反侧之民，职而教之，须而待之，勉之以庆赏，惩之以刑罚，安职则畜，不安职则弃。五疾[⑤]，上收而养之，材而事之，官施而衣食之，兼覆无遗。才行反时者死无赦。夫是之谓天德，是王者之政也。

【译文】

请问怎样治理政事？回答说：对于有德才的人，不依级别次序而破格提拔；对于无德无能的人要立刻罢免；对于罪魁祸首，不需教育而马上诛杀；对于普通民众，不靠行政手段而进行教育感化。名分没有确定时，就应该根据宗庙中的辈次排列。即使是帝王公侯士大夫的子孙，如果不能遵循礼义，就把他们归入平民。即使是平民的子孙，如果积累了文化或者经学知识，品行端正，能遵循礼义，就把他们归入卿相士大夫。对于那些散布邪恶言论、鼓吹邪恶学说、做邪恶事、有邪恶才能、逃亡流窜、不守本分的人，就强制劳役进行教育，并给予一定的时间等待其改正；用奖赏的方法去激励他们、用刑罚去惩罚他们；安心工作的就留用，不安心工作的就流放出去。对患有五种残疾的人，君主要收留并养活他们，根据他们的才能来安排工作，由官府供给他们吃穿，全部加以照顾而不遗漏。对那些用才能和行为来反对现行制度的人，坚决处死不赦免。这就称为最高的德行，是用仁义来治理天下的国君所采取的政治措施。

【注释】

①罢(pí):通"疲",指没有德才的人。②昭缪:同"昭穆"。古代宗法制度,宗庙或宗庙中神主的排列次序,始祖居中,以下父子(祖、父)递为昭穆,左为昭,右为穆。缪,通"穆"。③属于:符合于。④遁逃:逃走,逃避。⑤五疾:五种残疾。具体指瘖、聋、跛躄、断者、侏儒。

【原文】

听政之大分:以善至者待之以礼,以不善至者待之以刑。两者分别,则贤不肖不杂,是非不乱。贤不肖不杂则英杰至,是非不乱则国家治。若是,名声日闻,天下愿,令行禁止,王者之事毕矣。凡听,威严猛厉而不好假道人,则下畏恐而不亲,周闭而不竭;若是,则大事殆乎弛,小事殆乎遂。和解调通,好假道人,而无所凝止[①]之,则奸言并至,尝试之说锋[②]起。若是,则听大事烦,是又伤之也。故法而不议,则法之所不至者必废。职而不通,则职之所不及者必队[③]。故法而议,职[④]而通,无隐谋,无遗善,而百事无过,非君子莫能。故公平者,职之衡[⑤]也,中和[⑥]者,听之绳也。其有法者以法行,无法者以类举,听之尽也。偏党而无经,听之辟也。故有良法而乱者,有之矣;有君子而乱者,自

【译文】

处理政事的要领是:对那些带着善意而来的人就以礼相待;对那些不怀好意而来的人就用刑罚对待他。将这两种情况区别开来,那么有德才的人和没有德才的人就不会混杂在一起,是非也就不会混淆不清。有德才的人和没有德才的人不混杂在一起,那么英雄豪杰就会到来;是非不混淆不清,那么国家就能得到治理。这样名声就会一天天传扬出去,天下的人就会仰慕向往,就能做到有令必行、有禁必止,这样圣王的事业也就完成了。凡是在处理政事时,严厉刚烈而不喜欢宽容待人的,那么臣下就会害怕恐惧而不敢去亲近,就会隐瞒真相而不把心里话全部说出来;像这样,大事将会废弛,小事也将落空。如果在处理政事时,随和而容易接近,又喜欢宽容待人而没有限度,那么奸邪的言论就会纷起,试探性的学说就会蜂拥而起;像这样,处理的政事就会繁多,这就又对处理政事有害了。所以,制定了法律而不去公平执法,那么法律没有涉及的地方就会出现差错。规定了各级官吏的职权范围而不彼此沟通,那么职权范围涉及不到的地方就会出现漏洞。所以,制定了法律而又加以讨论研究,规定了各级官吏的职权范围而又彼此沟通,那就不会有隐藏的图谋,不会有遗漏的善行,而各种工作也就没有失误了,不是君子是不能做到这样的。公平,是处理政事的准则;宽严适中,是处理政事的准绳。那些有法律依据的就按照法律来办理,没有法律条文可遵循的就按照类推的办法来办理,这是处理政事的最好措施。偏袒而没有原则,是处理政事的歪道。所以,有了良好的法制而产生动乱是有过这种情况的;有了德才

古及今，未尝闻也。传曰："治生乎君子，乱生乎小人。"此之谓也。

兼备的君子而国家动乱的，从古到今，还不曾听说过。《尚书》中说："国家的安定是由于君子，国家的动乱来自于小人。"说的就是这种情况。

【注释】

①凝止：停止。②锋：通"蜂"。③队：通"坠"，这里是出现漏洞的意思。④职：当是"听"的误写。⑤衡：秤，引申指准则。⑥中和：适中和谐，指处理政事时宽严适中，有适当的分寸。

【原文】

分均则不偏[①]，势齐则不壹，众齐则不使。有天有地而上下有差；明王始立而处国有制。夫两贵之不能相事，两贱之不能相使，是天数也。势位齐，而欲恶同，物不能澹[②]，则必争；争则必乱，乱则穷矣。先王恶其乱也，故制礼义以分之，使有贫、富、贵、贱之等，足以相兼临者，是养天下之本也。《书》曰："维齐非齐。"此之谓也。

【译文】

名分等级相等了就不能有所统属，势权相等了就难以统一行动，众人平等了就不能役使。自从有了天地就有了上和下的差别；英明的帝王一登上王位，治理国家就有了一定的等级制度。两个同样高贵的人不能相互侍奉，两个同样卑贱的人不能相互役使，这是自然的道理。人的权势相等，爱好与厌恶也会相同，如果财物不能满足他们的需要，就一定会发生争夺；一发生争夺就一定会引起混乱，社会混乱就会使国家灭亡。古代的圣王痛恨这种混乱，所以制定了礼义来加以区分，使人们有贫穷、富裕、高贵、卑贱的差别，使自己能够凭借这些差别来统治他们，这是统治天下的根本。《尚书》上说："要整齐，关键在于不整齐。"说的就是这个道理。

【注释】

①偏：部属。这里用作动词，表示上下之间的统属关系。②澹(dàn)：通"赡"，满足。

【原文】

马骇舆，则君子不安舆；庶人骇政，则君子不安位。马骇舆，则莫若静之；庶人骇政[①]，则莫若惠之。选贤良，举笃敬，兴孝弟，收孤寡，补贫穷，如是，则庶人安政矣。庶人

【译文】

马在拉车时受惊了，君子就不能稳坐车中；老百姓在政事上受到了惊骇，君子就不能稳坐其位。马在拉车时受惊了，那就没有比使它安静下来更好的了；老百姓在政事上受到了惊骇，那就没有比给他们恩惠更好的了。选

安政，然后君子安位。传曰："君者，舟也；庶人者，水也；水则载舟，水则覆舟。"此之谓也。故君人者，欲安，则莫若平政爱民矣；欲荣，则莫若隆礼敬士矣；欲立功名，则莫若尚贤使能矣；是君人之大节[②]也。三节者当，则其余莫不当矣。三节者不当，则其余虽曲当，犹将无益也。孔子曰："大节是也，小节是也，上君也。大节是也，小节一出焉，一入焉，中君也。大节非也，小节虽是也，吾无观其余矣。"

用有贤能的人，提拔忠厚恭谨的人，提倡孝顺父母、敬爱兄长，收养孤儿寡妇，救助贫穷的人，这样老百姓就会服从统治了。老百姓服从统治，君主的统治地位才能稳定。古书上说："君主，好比是船；百姓，好比是水。水能把船浮载起来，也可以使船倾翻。"说的就是这个道理。所以，统治人民的君主，要想安定，就没有比使政局安定、爱护人民更好的了；想要得到荣耀，就没有比尊崇礼义、敬重文人更好的了；想要建立功业和名望，就没有比推崇贤人、使用有才能的人更好的了。这些是当君主的关键。这三个关键都做得恰当，那么其余的就没有什么不当了。这三个关键做得不恰当，那么其余的即使处处恰当，还是没有好处的。孔子说："大的方面对，小的方面也对，这是上等的君主。大的方面对，小的方面有些出入，这是中等的君主。大的方面错了，小的方面即使对，我不用再看其他的也知道这是下等的君主了。"

【注释】

①骇政：谓民心不安于政命。②大节：关系存亡安危的大事。

【原文】

成侯[①]、嗣公[②]聚敛计数之君也，未及取民也；子产[③]取民者也，未及为政也；管仲为政者也，未及修礼也。故修礼者王，为政者强，取民者安，聚敛者亡。故王者富民，霸者富士，仅存之国富大夫，亡国富筐箧，实府库。筐箧已富，府库已实，而百姓贫，夫是之谓上溢而下漏；入不可以守，出不可以战，则倾覆灭亡可立而待也。故我

【译文】

卫成侯、卫嗣公，是搜刮民财、精打细算的国君，没能取得民心；子产是取得民心的人，却没能处理好政事；管仲是善于处理政事的人，但没有推行礼义。推行礼义的能成就帝王大业，善于处理政事的能使国家强大，取得民心的能使国家安定，搜刮民财的会使国家灭亡。称王天下的君主使臣民富足，称霸诸侯的君主使士人富足，勉强生存的国家使大夫富足，亡国的君主只是富了自己的箱子、充实了自己的仓库。自己的箱子已装满了，仓库已充实了，而老百姓就会贫困，这叫做上面漫出来而下面漏得精光。这样的国家，内不能防守，外不能出战，那么它的灭亡就指日可待了。所以，自己搜刮民财以致灭亡，敌人得到这些财物反而富强。搜刮民财，实是招致贼寇、养肥敌人、灭亡本

聚之以亡，故得之以强。聚敛者，召寇、肥敌、亡国、危身之道也，故明君不蹈也。

国、危害自身的道路，所以贤明的君主是不走这条路的。

【注释】

①成侯：战国时卫国国君，名遬，公元前361—前333年在位。②嗣公：即卫嗣君(秦贬其号曰"君")，卫国国君，卫成侯之孙，公元前324—前283年在位。③子产：姓公孙，名侨，春秋时郑国政治家，公元前543年执政，在郑国实行改革，并推行法治。

【原文】

王夺之人[①]，霸夺之与，强夺之地。夺之人者臣诸侯，夺之与者友诸侯，夺之地者敌诸侯。臣诸侯者王，友诸侯者霸，敌诸侯者危。

【注释】

①夺之人：指争取人心。夺，争取。

【译文】

王者争夺民心，霸主争夺同盟国，只图逞强的和别国争夺土地。争夺民心的王者可以使诸侯成为自己的臣子，争夺同盟国的霸主可以使诸侯成为自己的朋友，争夺土地的就会使诸侯成为自己的敌人。使诸侯臣服的能称王天下，同诸侯友好的能称霸诸侯，和诸侯为敌的就危险了。

【原文】

用强者，人之城守，人之出战，而我以力胜之也，则伤人之民必甚矣。伤人之民甚，则人之民必恶我甚矣。人之民恶我甚，则日欲与我斗。人之城守，人之出战，而我以力胜之，则伤吾民必甚矣。伤吾民甚，则吾民之恶我必甚矣。吾民之恶我甚，则日不欲为我斗。人之民日欲与我斗，吾民日不欲为我斗，是强者之所以反弱也。地来而民去，累[①]多而

【译文】

使用强力的君主，对方或者据城坚守，或者出城迎战，而自己用武力战胜了他们，那么对方的民众一定会受到严重的伤害。对方的民众受到严重的伤害，那么对方的民众肯定会十分痛恨你。对方的民众十分痛恨你，就会天天想和你战斗。对方或者据城坚守，或者出城迎战，而自己用武力去战胜他们，那么伤害你的民众一定会很厉害。伤害你的民众很厉害，那么你的民众就会对你十分痛恨。你的民众十分痛恨你，那就天天不想为你战斗。别国的民众天天想和你战斗，而你的民众天天不想为你战斗，这就是强国反而变弱的原因。夺来了土地而失去了民心，忧患很多而功效很少，虽然需要守卫的土地增加了，但用来守卫土地的人却减少了，

功少，吕守者益，所以守者损，是以大者之所以反削也。诸侯莫不怀交接怨而不忘其敌，伺强大之间，承强大之敝②，此强大之殆时也。知强大者不务强也，虑以王命，全其力，凝其德。力全则诸侯不能弱也，德凝则诸侯不能削也，天下无王霸主，则常胜矣。是知强道者也。

这就是大国反而被割削的原因。诸侯无不互相结交、连结那些对强国心怀怨恨的国家而不忘记自己的敌人，他们窥伺强国的破绽，趁他们困顿时来进攻，这就是强大国家的危险时刻了。懂得强国之道的君主不会依靠武力强大，而是考虑用天子的命令来保全自己的实力、巩固自己的威望。实力保全了，那么各国诸侯就不能削弱它；威望巩固了，那么各国诸侯就不能损害它；天下不恃强称霸的君主，才能常胜。这是懂得强国之道的君主。

【注释】

①累：此指忧愁劳苦。②敝：疲惫，衰败。

【原文】

彼霸者则不然，辟田野，实仓廪①，便②备用③，案谨募选阅材伎④之士，然后渐⑤庆赏以先之，严刑罚以纠之。存亡继绝，卫弱禁暴，而无兼并之心，则诸侯亲之矣。修友敌之道，以敬接诸侯，则诸侯说之矣。所以亲之者，以不并也；并之见，则诸侯疏矣。所以说之者，以友敌也；臣之见，则诸侯离矣。故明其不并之行，信其友敌之道，天下无王，霸主则常胜矣。是知霸道者也。闵王毁于五国，桓公劫于鲁庄，无它故焉，非其道而虑之以王也。

【译文】

那些奉行霸道的君主就不是这样。他开垦田野荒地，充实粮仓，改进设备器用，严格谨慎地招募、选拔、接纳有才能技艺的士人，然后用重赏来诱导他们，加重刑罚来约束他们；使将要灭亡的国家存下来，使灭亡了的国家的后代能继续祭祀祖先，保护弱小的国家，制止残暴的国家，但却没有兼并他国的野心，那么各国诸侯就会亲附。用友好的原则去恭敬地对待各诸侯国，那么各国诸侯就会悦服。各国诸侯之所以亲附，是因为你不吞并别国，一旦吞并别国的野心暴露出来，那么各国诸侯就会疏远你。各诸侯国之所以悦服，是因为对他们遵行友好平等的原则；如果使诸侯臣服的意图暴露出来，那么各国诸侯就会背离你。所以，表明自己没有吞并别国的念头，信守友好相处的原则，天下如果没有成就王业的君主，这奉行霸道的君主就能常胜了。这是懂得称霸之道的君主。齐闵王被燕、韩、赵、魏、秦五国联军击败，齐桓公被鲁庄公的臣子劫持，这没有其他的原因，就是因为他们实行的不是王道却想靠它来称王。

【注释】

①仓廪:指粮库。②便:使……便于使用,改进。③备用:设备器用。④伎:同“技”,技能。⑤渐:加重。

【原文】

彼王者不然,仁眇[1]天下,义眇天下,威眇天下。仁眇天下,故天下莫不亲也。义眇天下,故天下莫不贵也。威眇天下,故天下莫敢敌也。以不敌之威辅服人之道,故不战而胜,不攻而得,甲兵不劳而天下服,是知王道者也。知此三具[2]者,欲王而王,欲霸而霸,欲强而强矣。

【译文】

那些奉行王道的君主就不是这样。他的仁德高于天下各国,道义高于天下各国,威严高于天下各国。仁德高于天下各国,所以天下没有人不亲近他。道义高于天下各国,所以天下没有人不尊重他。威势高于天下各国,所以天下没有人敢与他为敌。拿不可抵挡的威势去辅助使人心悦诚服的仁义之道,所以不需要战争就可取胜,不需要去攻打就可以得到,不用一兵一甲就可以使天下归服,这是懂得称王之道的君主。懂得了上述称王、称霸、致强的条件的君主,想要称王就能称王,想要称霸就能称霸,想要致强就能致强。

【注释】

①眇(miǎo):高。②三具:指上面所说的或强、或霸、或王的条件。

【原文】

王者之人[1],饰[2]动以礼义,听断以类,明振毫末,举措应变而不穷,夫是之谓有原。是王者之人也。

【译文】

成就王业的君主所拥有的辅佐大臣:能用礼义来约束自己的行为,能按照法度来处理政事,明察得能揭发出毫毛末端般的细微小事,能随各种变化而采取相应的措施不会束手无策。这叫做掌握了根本。这就是成就王业的君主所拥有的辅佐大臣。

【注释】

①人:此指辅佐大臣。②饰:通“饬”,整饬。

【原文】

王者之制:道不过三代,法不贰后王。道过三代谓之荡[1],法贰后

【译文】

奉行王道的君主所实行的制度:奉行的政治原则不超出夏、商、周三代,实行的法度不背

王谓之不雅②。衣服有制，宫室有度，人徒有数，丧祭械用皆有等宜。声，则凡非雅声者举废；色，则凡非旧文者举息；械用，则凡非旧器③者举毁。夫是之谓复古，是王者之制也。

离当代的帝王。政治原则超过了三代就叫做荒诞，法度背离了当代的帝王便叫做不正。不同等级的人衣服各有规格，住房各有标准，随从人员各有一定的数目，丧葬祭祀用的器具各有规定。音乐，凡是不合乎正声雅乐的全部废除；色彩，凡是不合乎原色的全部禁止；器具，凡是不同于原来器具的全部毁掉。这叫做复古。这就是奉行王道的君主所实行的制度。

【注释】

①荡：游荡，这里指荒谬无稽。②不雅：不正。

【原文】

王者之论①：无德不贵，无能不官，无功不赏，无罪不罚。朝无幸位，民无幸生。尚贤使能，而等位不遗；折愿②禁悍，而刑罚不过。百姓晓然皆知夫为善于家而取赏于朝也。为不善于幽而蒙刑于显也。夫是之谓定论，是王者之论也。

【译文】

奉行王道的君主对臣民的审察处理：没有德行的不让他显贵，没有才能的不让他当官，没有功劳的不给奖赏，没有罪过的不对他加以处罚。朝廷上没有没有功德而侥幸获得官位的，百姓中没有游手好闲而侥幸生存的。崇尚贤德，任用才能，授予相应的官位而没有疏失；制裁狡诈，禁止凶暴，施加相应的刑罚而不过分。使老百姓都明白：即使在家里行善修德，也能在朝廷上取得奖赏；即使在暗地里为非作歹，也会在光天化日之下受到惩处。这叫做确定不变的审察处理。这就是奉行王道的君主对臣民的审察处理。

【注释】

①论：审察及处理。②愿(yuàn)：通“傆”，狡诈。

【原文】

王者之法：等①赋，政②事，财③万物，所以养万民也。田野什一，关市几④而不征，山林泽梁⑤，以时禁发而不税。相地而衰⑥政，理道之远近而致贡，通

【译文】

奉行王道的君主的经济政策：规定好赋税等级，处理好民众事务，利用好万物，用来养育亿万民众。对于农田，按收入的十分之一征税；对于关卡和集市，只进行检查而不征税；对于山林湖堤，按时封闭和开放而不收税。考察土地的肥瘠来区别征税数

流财物粟米，无有滞留，使相归⑦移也，四海之内若一家，故近者不隐其能，远者不疾其劳，无幽闲隐僻之国，莫不趋使而安乐之。夫是之谓人师⑧。是王者之法也。

额，区别道路的远近来收取贡品。使财物和粮食及时流通而没有积压；使各地互通有无，彼此供给，四海之内就像一家人一样。所以附近的人不隐藏自己的才能，远处的人不在乎奔走的劳苦，即使是遥远偏僻的国家也无不乐于前来归附并听从役使。这种君主是人们的榜样，是奉行王道的君主所实行的法度。

【注释】

①等：使……有等级。②政：通"正"，治。③财：通"裁"，裁断。④几：检查。⑤泽梁：在水流中用石筑成的拦水捕鱼的堰。⑥衰：等差。⑦归：通"馈"，供给。⑧人师：人们的榜样。

【原文】

北海则有走马吠犬焉，然而中国得而畜使之。南海则有羽翮①、齿革②、曾青③、丹干④焉，然而中国得而财之。东海则有紫紶⑤、鱼盐焉，然而中国得而衣食之。西海则有皮革、文旄⑥焉，然而中国得而用之。故泽人足乎木，山人足乎鱼，农夫不斫削、不陶冶而足械用，工贾不耕田而足菽粟。故虎豹为猛矣，然君子剥而用之。故天之所覆，地之所载，莫不尽其美，致其用，上以饰贤良，下以养百姓而安乐之。夫是之谓大神。《诗》曰："天作高山，大王荒⑦之；彼作矣，文王康⑧之。"此之谓也。

【译文】

北方有善于奔走的马和善于吠叫的狗，而中原各国可以得到并畜养役使它们。南方有羽毛、象牙、犀牛皮、铜精、硃砂，而中原各国可以得到并使用它们。东方有细粗麻布、鱼、盐，而中原各国可以得到并穿着、食用它们。西方有皮革和色彩斑斓的牦牛尾，而中原各国可以得到并使用它们。所以住在湖边的人会有足够的木材，住在山上的人会有足够的鲜鱼；农民不砍削、不烧窑冶炼而有足够的器具，工匠、商人不种地而有足够的粮食。虎、豹算是凶猛的了，但是君子能够剥下它们的皮来使用。所以苍天所覆盖的，大地所承载的，没有什么东西不充分发挥它们的效用。对上可以供给贤良的人以车服来装饰他们，对下用来供养老百姓的衣食足以使他们安居乐业。这就叫做大治。《诗》上说："天生高大的岐山，周太王使它逐渐强盛；周太王已经造此都，文王使它长平安。"说的就是这个意思。

【注释】

①羽翮(hé)：指鸟羽。翮，羽轴下段不生羽瓣而中空的部分。②齿革：上古特指象牙和犀牛皮。③曾青：矿产名。色青，可供绘画及化金属用。道士常用为炼丹的药品。④丹干：指朱砂。

⑤紜(yún):"绤"字之误。绤,粗葛布。⑥文旄(máo):染有文采的旄牛尾。多用以装饰旗帜。⑦荒:大,名望增大。⑧康:安定。

【原文】

以类[①]行[②]杂,以一行万,始则终,终则始,若环之无端也,舍是而天下以衰矣。天地者,生之始也;礼义者,治之始也;君子者,礼义之始也。为之,贯之,积重之,致好之者,君子之始也。故天地生君子,君子理天地;君子者,天地之参[③]也,万物之总也,民之父母也。无君子,则天地不理,礼义无统,上无君师,下无父子,夫是之谓至乱。君臣、父子、兄弟、夫妇,始则终,终则始,与天地同理,与万世同久,夫是之谓大本。故丧祭、朝聘[④]、师旅[⑤]一也。贵贱、杀生、与夺[⑥]一也。君君、臣臣、父父、子子、兄兄、弟弟一也。农农、士士、工工、商商一也。

【译文】

用各类事物所共有的规律去治理纷繁复杂的事物,用统括一切的法则去治理万事万物,从始到终,周而复始,就像圆环没有终端一样。如果舍弃了这个原则,那么天下就要衰败了。天地是生命的本源,礼义是天下大治的本源,君子是礼义的本源。学习研究礼义,熟悉贯通礼义,积累增多礼义方面的知识,达到极其爱好礼义的境界,这是做君子的根本。所以天地生养君子,君子治理天地。君子是天地的参赞,万物的总管,人民的父母。没有君子,那么天地就不能治理,礼义就没有头绪,上没有君主、师长的尊严,下没有父子之间的伦理道德,这叫做大乱。君臣、父子、兄弟、夫妻之间的伦理关系,从始到终,从终到始,与天地有上下之分是同样的道理,与千秋万代同样长久,这叫做最大的根本。所以丧葬祭祀的礼仪、诸侯定期朝见天子的礼仪、军队中的礼仪,其道理是一样的。使人高贵或卑贱、将人处死或赦免、给人奖赏或处罚,其道理是一样的。君主要像个君主、臣子要像个臣子、父亲要像个父亲、儿子要像个儿子、兄长要像个兄长、弟弟要像个弟弟,其道理是一样的。农民要像个农民、读书人要像个读书人、工人要像个工人、商人要像个商人,其道理也是一样的。

【注释】

①类:同一类事物的法则,即同类事物所共有的规律。这里用作复数。②行:做,治理。③参:参赞。④朝聘:古代诸侯亲自或派使臣按期朝见天子。⑤师旅:师、旅为古代军队编制。⑥与夺:给予、剥夺,指赏罚。

【原文】

水火有气[①]而无生,草木有生而

【译文】

水、火有气却没有生命,草木有生命却

无知，禽兽有知而无义，人有气、有生、有知，亦且有义，故最为天下贵也。力不若牛，走不若马，而牛马为用，何也？曰：人能群，彼不能群也。人何以能群？曰：分。分何以能行？曰：义。故义以分则和，和则一，一则多力，多力则强，强则胜物；故宫室可得而居也，故序四时，裁万物，兼利天下，无它故焉，得之分义也。

没有知觉，禽兽有知觉却不讲道义；人有气、有生命、有知觉，而且讲究礼义，所以人是天下万物中最为尊贵的。人的力气没有牛大，奔跑的速度没有马快，但牛、马却被人役使，这是为什么呢？回答说：人能结合成社会群体，而它们不能。人为什么能结合成社会群体？就是因为有等级名分。等级名分为什么能实行？就是因为有道义。所以，根据道义确定了名分，人们就能和睦协调，和睦协调了就能团结一致，团结一致了力量就大，力量大了就强盛，强盛了就能战胜外物；所以人才有可能在房屋中居住。才有可能按照四季顺序管理好万事万物，使天下都得到利益，这并没有其他的缘故，而是依靠名分和道义得来的。

【注释】

①气：古代哲学概念，指构成宇宙万物的元素。

【原文】

故人生不能无群，群而无分则争，争则乱，乱则离，离则弱，弱则不能胜物；故宫室不可得而居也，不可少顷舍礼义之谓也。能以事亲谓之孝，能以事兄谓之弟，能以事上谓之顺，能以使下谓之君。君者，善群也。群道当，则万物皆得其①宜，六畜②皆得其长，群生皆得其命。故养长时，则六畜育；杀生时，则草木殖。政令时，则百姓一，贤良服。

【译文】

所以人要生存就不能没有社会群体，但结合成了社会群体而没有等级名分的限制就会发生争夺，争夺就会产生动乱，动乱就会离散，离散就会使力量削弱，力量削弱了就不能胜过外物，所以也就不能在房屋中安居了。这是说人不能片刻舍弃礼义。能够按礼义来侍奉父母叫做孝，能够按礼义来侍奉兄长叫做悌，能够按礼义来侍奉君主叫做顺，能够按礼义来役使臣民叫做君。所谓君，就是善于把人组织成社会群体的意思。组织社会群体的原则恰当，那么万物都能得到合宜的安排，猪、羊、牛、马、鸡、狗六畜都能得到应有的生长，一切生物都能得到应有的寿命。所以，饲养适时，六畜就能生育兴旺；砍伐种植适时，草木就能繁殖茂盛；政策法令适时，百姓就能被统一，有德才的人就会心悦诚服。

【注释】

①其：指意之所属，即合乎理想的。②六畜：六种家畜，即猪、羊、牛、马、鸡、狗。

【原文】

圣王之制也：草木荣华[1]滋硕[2]之时，则斧斤不入山林，不夭其生，不绝其长也。鼋鼍[3]、鱼鳖、鳅鳣孕别[4]之时，罔罟[5]毒药不入泽，不夭其生，不绝其长也；春耕、夏耘、秋收、冬藏，四者不失时，故五谷不绝，而百姓有余食也；污池[6]渊沼川泽，谨其时禁，故鱼鳖优多，而百姓有余用也；斩伐养长不失其时，故山林不童，而百姓有余材也。

【译文】

圣明帝王的制度是：草木正在开花生长的时候，不准进入山林砍伐，这是为了使它们的生命不夭折，使它们不断生长；鼋、鼍、鱼、鳖、泥鳅、鳝鱼等怀孕产卵时，渔网、毒药不准投入湖泽，这是为了使它们的生命不夭折，使它们不断生长；春天耕种、夏天锄草、秋天收获、冬天储藏，这四件事都不误时节，五谷就会不断地生长，老百姓就会有多余的粮食；池塘、水潭、河流、湖泊，严格禁止在规定时间内捕捞，所以鱼、鳖就会丰饶繁多而老百姓有多余的资财；树木的砍伐与培植不误时节，山林自然就不会光秃秃而老百姓也会有多余的木材。

【注释】

①荣华：草木茂盛，开花。②滋硕：指生长茂盛。③鼋鼍(yuán tuó)：大鳖和猪婆龙。④别：指离别母体，即生育。⑤罔罟(wǎng gǔ)：指渔猎的网具。⑥污池：蓄水的池塘。污，停积不流的水。

【原文】

圣王之用也：上察于天，下错[1]于地，塞备天地之间，加施万物之上；微而明，短而长，狭而广，神明博大以至约。故曰：一与[2]一是为人者，谓之圣人。

【译文】

圣明帝王的作用是：上能明察天时的变化，下能安排好土地的开发；他的作用充满了天地之间，施加到万物之上；隐微而又明显，短暂而又长久，狭窄而又广阔，圣明博大却又极其简要。所以说，用礼义这一原则去统率各种具体事物而又正确地治理国家的人，就叫做圣人。

【注释】

①错：通“措”，采取措施。②与：通“举”，统率。

【原文】

序官[1]：宰爵知[2]宾客祭祀飨食牺牲[3]之牢[4]数。司徒知百宗城郭立器之数。司马知师旅甲兵乘白[5]之数。修宪命，审诗商[6]，禁淫声，以时顺修，使夷俗邪音不敢乱雅，大师[7]之事也。修堤梁，通沟浍[8]，行水潦[9]，安水臧，以时决塞；岁虽凶败水旱，使民有所耘艾，司空之事也。相高下，视肥墝，序五种，省农功，谨蓄藏，以时顺修，使农夫朴力而寡能，治田之事也。修火宪，养山林薮泽草木鱼鳖百索，以时禁发，使国家足用而财物不屈，虞师[10]之事也。顺州里，定廛宅[11]，养六畜，闲树艺，劝教化，趋[12]孝弟，以时顺修，使百姓顺命，安乐处乡，乡师之事也。论百工，审时事，辨功[13]苦，尚完利，便备用，使雕琢文采不敢专造于家，工师之事也。相阴阳，占祲兆[14]，钻龟陈卦，主攘择五卜，知其吉凶妖祥，伛巫跛击之事也。修采清[15]，易道路，谨盗贼，平室律[16]，以时顺修，使宾旅安而货财通，治市之事也。抃急禁悍，防淫除邪，戮之以五刑，使暴悍以变，奸邪

【译文】

论述官吏的职责：宰爵掌管接待宾客和祭祀时供给酒食和祭品的数量。司徒掌管宗族和城郭器械的数量。司马掌管军队、铠甲、兵器、车马、士兵的数量。遵循法令，审查诗歌乐章，禁止淫秽的音乐，根据时令去调整，使蛮夷的风俗和淫秽的音乐不敢扰乱正声雅乐，这是太师的职责。修理堤坝桥梁，疏通沟渠，排除积水，修固水库，根据时令来放水续水，即使是饥荒歉收、旱涝不断的凶年，也使民众能够耕耘而有所收获，这是司空的职责。观察地势的高低，识别土质的肥沃与贫瘠，按照时令来种植黍、稷、豆、麻、麦等五种农作物，检查农事，认真储备，根据时令去调整，使农民朴实勤劳地耕作而不求兼有其他技能，这是农官的职责。制订防火的法令，养护山林、湖泊中的草木、鱼鳖，对于人们的各种需求，根据时令来禁止或开放，使国家有足够用的物资而不匮乏，这是虞师的职责。使乡里人协调顺从，划定各店铺与民居的区域，使百姓饲养六畜，熟习种植，劝导人们接受教育感化，促使人们孝顺父母、敬爱兄长，根据时会去调整，使百姓服从命令，安乐地住在乡里，这是乡师的职责。考查各种工匠手艺，审察各个时节的生产事宜，辨别产品质量的好坏，重视产品的坚固好用，使贮藏设备用具便于使用，雕刻图案的器具与有彩色花纹的礼服不敢私家制造，这是工师的职责。观察阴阳的变化，看云气来预测吉凶，钻灼龟板，排列卦象，掌管五种兆相，预见吉凶祸福，这是驼背的巫婆与瘸腿的男巫的职责。整治厕所，平整道路，严防盗贼，公正地审定贸易债券，根据时令来调整，使商人旅客安全而货物钱财能流通顺畅，这是管理市镇的人的职责。制裁狡猾奸诈的人，禁止凶狠强暴的人，防止淫乱，铲除邪恶，用五种刑罚来惩治罪犯，使强暴凶悍的人因此而转变，使淫乱邪恶的事不再发生，这是司寇的职责。把政治教化作为治国的根本，端正法律准则，多方听取意见并按时对臣民进

不作，司寇之事也。本政教，正法则，兼听而时稽之，度其功劳，论其庆赏，以时慎修，使百吏免[17]尽而众庶不偷，冢宰之事也。论礼乐，正身行，广教化，美风俗，兼覆而调一之，辟公[18]之事也。全道德，致隆高，綦文理，一天下，振毫末，使天下莫不顺比从服，天王之事也。故政事乱，则冢宰之罪也；国家失俗，则辟公之过也；天下不一，诸侯俗反[19]，则天王非其人也。

行考核，衡量他们的功绩，评定对他们的奖赏，根据时势来整顿，使各级官吏都尽心竭力而老百姓都不敢苟且偷生，这是宰相的职责。讲究礼乐，端正行事标准，推广教化，改善风俗，普遍地管理百姓并使他们协调一致，这是诸侯的职责。完善道德，达到崇高的政治境界，崇尚礼义，统一天下，明察得能发现毫毛末端般的细微小事，使天下没有谁不依顺亲近、听从归服，这是天子的职责。所以政事混乱，就是冢宰的罪过；国家风俗败坏，就是诸侯的过错；天下不统一，诸侯想造反，那便是因为天子不是理想的人选。

【注释】

①序官：官吏的等级次第。②宰爵：古官名。掌管接待宾客、祭祀、饮宴时供应酒食祭品等事务。③牺牲：供祭祀用的纯色全体牲畜；供盟誓、宴享用的牲畜。④牢：指祭祀的牲品。古代以猪、牛、羊三牲称作太牢。猪、羊二牲称为少牢。⑤乘白：指战车和军旗。⑥商：通"章"，乐章。⑦大师：乐官之长。⑧浍(kuài)：田间水沟。⑨潦(lǎo)：积水。⑩虞师：掌管山泽的官。⑪廛宅(chán zhái)：城邑百姓的住房。⑫趋：敦促，促使。⑬功：精善。⑭祲兆(jìn zhào)：吉凶的预兆。⑮采清：坟墓与厕所。⑯室：当是"质"之音误。指贸易时买方抵押给卖方的代金券。因为它具有法律效力，所以称"质律"。⑰免：通"勉"，尽力。⑱辟公：指诸侯。⑲俗反：企图反叛。俗，通"欲"。

【原文】

具具而王，具具而霸，具具而存，具具而亡。用万乘之国者，威强之所以立也，名声之所美也，敌人之所以屈也，国之所以安危、臧否[1]也，制與在此，亡乎人。王、霸、安存、危殆、灭亡，制与在我亡乎人。夫威强未足以殆邻敌也，名声未足以县天下也，则是国未能独立也，岂渠[2]得免夫累乎？天下胁于暴国，而党[3]为

【译文】

具备了王者的条件就能够称王，具备了霸者的条件就可以称霸，具备了生存的条件就能生存，具备了灭亡的条件就会灭亡。治理拥有万辆兵车的大国的君主，其威武之所以能够确立，名声之所以美好，敌人之所以屈服，国家之所以能安全存在，关键在于自己而不在别人。是称王、称霸、安全生存，还是危险、灭亡，决定性的关键都在于自己而不在别人。威武还不足以使相邻的敌国灭亡，名声还不足以使天下人挂在嘴边，那么这个国家还不能独立，怎么能够免除忧患呢？天下被强暴的国家所威胁，假如这种情况是我所不想要的，那么即

吾所不欲于是者，日与桀同事同行，无害为尧；是非功名所就也，非存亡安危之所随也。功名之所就，存亡安危之所随，必于愉殷[④]赤心之所。诚以其国为王者之所，亦王；以其国为危殆灭亡之所，亦危殆灭亡。

使天天与桀那样的暴君一同做事、一同行动，也不妨碍自己成为尧那样的贤君，这不是成就功名的关键，也不是导致存亡安危的根本原因。功业名望的建立，长治久安的相随而来，必定取决于事业得志、国家富强时而自己一颗赤诚之心专注在什么地方。如果一心要把自己的国家变成一个实行王道的地方，也就能称王天下；如果要使自己的国家处于危机四伏的境地，也就会危险灭亡。

【注释】

①臧否：好坏。此偏指"臧"，"否"无义。②渠：通"讵"，与"岂"同义。③党：同"倘"，假如。④愉殷(yú yīn)：谓快乐于兴盛之时。愉，快乐。殷，强盛富裕。

【原文】

殷之日，案[①]以中立，无有所偏，而为纵横[②]之事，偃然案兵无动，以观夫暴国之相卒[③]也。案平政教，审节奏[④]，砥砺[⑤]百姓，为是之日，而兵剸[⑥]天下劲矣。案修仁义，伉隆高，正法则，选贤良，养百姓，为是之日，而名声剸天下之美矣。权者重之，兵者劲之，名声者美之。夫尧、舜者一天下也，不能加毫末于是矣。

【译文】

在富强的时候，要保持中立的态度，不要有所偏袒而参与合纵连横的事，要偃旗息鼓，按兵不动，来观看那些残暴的国家相互争斗。要搞好政治教化，审察礼节制度，磨炼鼓励百姓，当做到这一点时，那么军队就是天下最为强劲的了；奉行仁义之道，达到崇高的政治境界，整治法律条令，选拔贤良的人，使百姓休养生息，当做到这一点时，那么名声就是天下最美好的了。权势，使其举足轻重，军队，使其强劲有力；名声，使其美好无比。就是尧、舜那样统一了天下的人，也不能在这三个方面再增加一丝一毫了。

【注释】

①案：语助词，没有实意。②纵横：合纵连横，战国时期策士游说诸侯的政治主张。纵，南北为纵，此指合纵。战国时苏秦主张齐、楚、燕、韩、赵、魏六国结成联盟对抗秦国。由于六国在位置上成南北向，所以称"合纵"。横，东西为横，此指连横。秦国为了对付合纵，采纳张仪的主张，与六国分别结成联盟，以便各个击破。由于秦国在六国的西面，东西联合，所以称"连横"。③卒：通"捽"，冲突，对打。④节奏：指礼节制度。⑤砥砺：本指磨刀石，这里作动词用，在石上磨，即是锻炼之意。⑥剸(zhuān)：通"专"，独占。

【原文】

权谋倾覆之人退，则贤良知圣之士案自进矣。刑政平，百姓和，国俗节，则兵劲城固，敌国案自诎矣。务本事，积财物，而勿忘栖迟①薛越②也，是使群臣百姓皆以制度行，则财物积，国家案自富矣。三者体此而天下服，暴国之君案自不能用其兵矣。何则？彼无与至也。彼其所与至者，必其民也。其民之亲我欢若父母，好我芳如芝兰，反顾其上则若灼黥③，若仇雠；彼人之情性也虽桀、跖，岂有肯为其所恶贼其所好者哉！彼以夺矣。故古之人，有以一国取天下者，非往行之也，修政其所，天下莫不愿，如是而可以诛暴禁悍矣。故周公南征而北国怨，曰：何独不来也？东征而西国怨，曰：何独后我也？孰能有与是斗者与？安以其国为是者王。

【译文】

玩弄权术阴谋、专搞颠覆活动的小人被废黜了，那么贤能善良明智圣哲的君子自然就会得到任用；刑法政令宽严适中，百姓和睦，国家的风俗节约俭朴，那么兵力就会强大、城防就会坚固，敌国自然就屈服了；致力于农业生产，积聚财物，但不要胡乱地挥霍糟蹋，使群臣百姓都按照制度来办事，财物就能积累、国家自然也就富足了。能按照以上所说的三个方面去做，那么天下的人就会归附，强暴之国的君主也就自然不能对我们用兵了。这是为什么呢？因为已经没有人愿意跟随他打仗了。和他一起来打仗的，一定是他统治下的百姓；而他的百姓亲近我们就像见到父母一样，热爱我们就像酷爱芳香的芝兰一样，而回头看他们的国君，就像看到了刺脸涂墨的罪犯一样厌恶，像看到了仇人一样愤怒；一个人的本性即使像夏桀、盗跖那样，也怎么肯为他所憎恶的人去残害他所喜爱的人呢？他们已经被我们争取过来了。所以古代的人，有凭借一个国家来夺取天下的，这并不是前往别国掠夺他们，而是把自己的国家治理好，结果没有人不愿意归附，像这样就可以铲除强暴，制止凶悍了。所以周公向南征伐时，北方的国家都抱怨，说："为什么偏偏不来我们这里呢？"向东征伐时，西面的国家都抱怨，说："为什么单单把我们丢在后面呢？"谁能和这种人争斗呢？能把自己的国家治理成这样的君主就能称王天下。

【注释】

①栖迟（qī chí）：亦作"栖遲"。此指分散遗弃。②薛越：指狼藉遗弃。③灼黥：即墨刑。刺刻面额，再涂上墨。

【原文】

殷之日，安以静兵息民，慈爱百姓，辟田野，实仓廪，便备用，

【译文】

在国家富强时，让士兵停止打仗、使百姓休养生息，爱护百姓，开垦田野，充实粮仓，改进设

安谨募选阅材伎之士；然后渐赏庆以先之，严刑罚以防之，择士之知事者使相率贯也，是以厌然[①]畜[②]积修饰，而物用之足也。兵革器械者，彼将日日暴露毁折之中原；我今将修饰之，拊循[③]之，掩盖之于府库。货财粟米者，彼将日日栖迟薛越之中野，我今将畜积并聚之于仓廪。材技股肱[④]健勇爪牙之士，彼将日日挫顿竭之于仇敌，我今将来致之、并阅之、砥砺之于朝廷。如是，则彼日积敝，我日积完；彼日积贫，我日积富；彼日积劳，我日积佚。君臣上下之间者，彼将厉厉[⑤]焉日日相离疾也，我将顿顿[⑥]焉日日相亲爱也，以是待其敝。安以其国为是者霸。

备器具以备使用，谨慎地招募、选择、接纳有才能技艺的士人，然后以重赏来引导他们，加重刑罚来约束他们，挑选其中明白事理的人率领他们，这样就可以积蓄粮食财物、修理改进兵器用具，这样财物用具也就充足了。武器装备之类，对方天天将它们丢弃毁坏在原野上，而我们则修理、保养它们，并把它们收藏在仓库里；财物粮食之类，对方天天把它们遗弃散落在田野中，而我们则把它们储藏积累在仓库里。有才能技艺的辅佐大臣、健壮勇敢的武士，对方天天让他们在与敌战争时备受挫折、困顿而筋疲力尽，而我们则招募、接纳、在朝廷上勉励他们。像这样，对方就会一天天地破败，我们则一天天地完善；对方一天天地贫困，我们则一天天地富裕；对方一天天地疲惫，我们则一天天地安逸。君臣上下之间，对方是恶狠狠地日渐互相疏远憎恨，我们则诚心诚意地日渐相亲相爱，以此来等待他们的衰败。能把自己的国家治理成这样的君主就能称霸诸侯。

【注释】

①厌然：安然，安定。②畜：通"蓄"。③拊循(fǔ xún)：亦作"拊巡"。安抚；抚慰。④股肱：大腿和上臂。比喻得力助手。股，大腿；肱，手臂。⑤厉厉：嫉恨的样子。⑥顿顿：诚恳敦厚的样子。顿，通"敦"。

【原文】

立身则从佣[①]俗，事行则遵佣故，进退贵贱则举佣士，之所以接下之人百姓者则庸宽惠，如是者则安存。立身则轻楛[②]，事行则蠲疑[③]，进退贵贱则举佞说[④]，之所以接下之人百姓者则好取侵夺，如是者危殆。立身则憍暴，

【译文】

做人要按照平常的风俗习惯，做事要遵循平常的成规旧例，在任用、罢免、提升、贬谪方面则推举普通的人，他用来对待下面百姓的态度则是用宽容和仁爱，像这样的君主就可以安全生存。做人轻佻恶劣，做事肆无忌惮，在任用、罢免、提升、贬谪方面则推举巧言令色的人，他用来对待下面百姓的态度则是热衷于侵占掠夺，像这样的君主就危险了。做人骄傲暴虐，做事反复无常，在

事行则倾覆，进退贵贱则举幽险诈故，之所以接下之人百姓者，则好用其死力矣而慢其功劳，好用其籍敛⑤矣而忘其本务，如是者灭亡。

任用、罢免、提升、贬谪方面则推举阴险狡诈的人，他用来对待下面百姓的态度则是让他们为自己卖命出力而怠慢他们的功劳，一味搜刮聚敛而不扶持农业，像这样的君主就会灭亡。

【注释】

①佣：通“庸”，平庸，平常。②轻楛(kǔ)：轻慢无行。③蠲疑(juān yí)：谓喜明察而好狐疑。蠲，除去。④佞说：(nìng duì)：指谄谀取悦。⑤籍敛：搜刮财税。籍，税。敛，征收。

【原文】

此五等者，不可不善择也，王、霸、安存、危殆、灭亡之具也。善择者制人，不善择者人制之；善择之者王，不善择之者亡。夫王者之与亡者，制人之与人制之也，是其为相县①也亦远矣。

【译文】

以上这五种做法，不能不好好地加以选择，它们是称王、称霸、安存、危险、灭亡的条件。善于选择的人，就能制服别人；不善于选择的人，就会被别人制服；善于选择的人，就能称王天下；不善于选择的人，就会灭亡。那称王和灭亡、制服别人和被人制服之间相差得也太远了。

【注释】

①县：同“悬”，悬殊，差别。

【评析】

本篇论述了荀子理想中的君主制度，从王者为政的原则和方法，王霸、安存、危殆、灭亡的情况和王者、霸者、强者的区分，一直到圣王实行的各种经济与政治制度，都有详细的说明。从中可以了解荀子思想的全部轮廓。全文围绕王者之政、王霸之辨问题，突显爱民、隆礼、尚贤是圣王治国之大节的核心思想，所以以《王制》为名。

文章通过论述王与霸、安存与危亡等政治状况和“王者”“霸者”“强者”的区别，提出了实行王道的主张，并列举了政治纲领、策略措施、用人方面、听政方面、管理制度等各项措施。政治

制度方面，强调“隆礼义”，以等级名分确立统治秩序；用人方面，推崇贤能的人，善于任用各种人才。在经济方面，政府要努力发展农业，加强各地之间的物资交流，积蓄必要的物资，使国家逐渐变得富有起来。

另外，文中还提出了“一天下”的主张，描绘了结束分裂割据、建立统一国家的理想图景，符合历史发展的趋势。在推崇“王道”的同时，对“霸道”也给予了肯定，初步透露了对法家思想的借鉴。此外，荀子还看到了统治者与人民的矛盾关系，提出“水能载舟，亦能覆舟”的启示，希望统治者能从中吸取教训，免蹈覆辙。

王霸

【题解】

本篇论述了要称王天下所必须实行的一系列政治措施，如守要领，立礼法，讲道义，明名分，择贤相，用能人，取民心等，重在表达作者崇尚礼法，贬斥权谋的思想立场。

【原文】

国者，天下之制利[①]用[②]也；人主者，天下之利势也。得道以持之，则大安也，大荣也，积美之源也；不得道以持之，则大危也，大累也，有之不如无之，及其綦[③]也，索为匹夫不可得也，齐湣、宋献是也。故人主天下之利势也，然而不能自安也，安之者必将道也。

【译文】

国家，是天下最有利的工具；君主，处于天下最有利的地位。如果用正确的治理方法去掌握国家和行使君权，就会十分安定，十分荣耀，成为积聚美好功名的源泉；如果不用正确的治理方法去掌握国家和行使君权，就会十分危险，十分烦劳，有了它还不如没有它，等到发展到了极点，想要做个平民百姓也不可能，齐湣王、宋献公就是这样的人。所以，君主虽然处于天下最有利的地位，但却并不能使国家自然地安定，要安定就一定要依靠正确的治理方法。

【注释】

①利：便利，有利。②用：用具，工具。③綦(qí)：极。

【原文】

故用国者，义立而王，信立而霸，权谋立而亡。三者明主之所谨择也，仁人之所务白也。挈国以呼[①]礼义而无以害之，行一不义，杀一无罪，而得天下，仁者不为也，擽[②]然扶持心国，且若是其固也。之所

【译文】

所以，治理国家的人，把礼义确立了就可以称王天下，把信用确立了就可以称霸诸侯，玩弄权术阴谋就会灭亡。这三种情况，是英明的君主应谨慎选择的，是讲究仁德的人一定要弄明白的。治理国家靠提倡礼义而绝不用什么东西来损害礼义，即使做一件不义的事、杀一个无罪的人就能得到天下，讲究仁德的人也不会做，他坚

与为之者，之人则举义士也；之所以为布陈[3]于国家刑法者，则举义法也；主之所极然帅群臣而首乡[4]之者，则举义志也。如是，则下仰上以义矣，是綦定也。綦定而国定，国定而天下定。仲尼无置锥之地，诚义乎志意，加义乎身行，箸之言语，济之日，不隐乎天下，名垂乎后世。今亦以天下之显诸侯，诚义乎志意，加义乎法则度量，箸之以政事，案申重之以贵贱杀生，使袭然[5]终始犹一也。如是，则夫名声之部发于天地之间也，岂不如日月雷霆然矣哉！故曰：以国齐义，一日而白，汤、武是也。汤以亳，武王以镐，皆百里之地也，天下为一，诸侯为臣，通达之属，莫不从服，无它故焉，以济义矣。是所谓义立而王也。

定地用礼义来约束自己的思想和治理国家，就像石头那样坚固！所以，和他一起执政的人，都是奉行礼义的人；他拿来在国内颁布的刑法，都是合乎道义的法律；他急切地率领群臣去追求的，都是合乎道义的志向。像这样，那么臣民景仰君主就都是由于礼义了，这就是政治稳固的基础。政治的基础稳固了，国家就会安定；国家安定了，天下就能太平。孔子没有立锥之地，但他真诚地把礼义贯彻到思想中，落实在立身行事中，表达在言语中，他成功的那一天，就不会被埋没于天下，名声也就流传到后代了。现在如果也让天下那些显赫的诸侯真诚地把礼义贯彻到自己的思想中，落实到法律制度中，体现在政事中，又用提拔、废黜、处死、赦免等手段来反复强调它，使它连续不断地始终如一。像这样，他的名声就会传扬于天地之间，难道还不如日月雷霆那样显赫吗？所以说：使国家统一于礼义，一天就能名声显赫，商汤、周武王就是这样的。商汤凭借亳邑，周武王凭借镐京，都不过是百里见方的国土，而天下被他们统一了，诸侯做了他们的臣子，凡交通能到达的地方，没有不服从的，这没有其他的缘故，而是因为他们完全遵行了礼义。这就是我所说的把礼义确立了就可以称王天下。

【注释】

①呼：呼唤，引申为提倡。②擽(luò)：通“落”，石头的样子，表示坚固稳定。③布陈：颁布，宣示。④首乡：以首相向，此指归向。⑤袭然：重叠的样子。表示连续不断地把义加在思想、法制、政务等各个方面。袭，重叠。

【原文】

德虽未至也，义虽未济也，然而天下之理略[1]奏[2]矣，刑赏已诺信乎天下矣，臣下晓然皆知其可要也。政令已陈，虽睹利败，不欺

【译文】

德行虽然还没有达到尽善尽美，道义虽然还没有完全做到，然而天下的事理大体上掌握了，刑罚、奖赏在天下已取得了信用，臣民们都明白地知道他是可以信赖的。政令已经颁布，即使看到对自己的利益将要有所损害，也不要欺

其民；约结已定，虽睹利败，不欺其与。如是，则兵劲城固，敌国畏之；国一綦明，与国信之。虽在僻陋之国，威动天下，五伯③是也。非本政教也，非致隆高也，非綦文理也，非服人之心也，乡方略，审劳佚，谨畜积，修战备，齺然④上下相信，而天下莫之敢当。故齐桓、晋文、楚庄、吴阖闾⑤、越句践⑥，是皆僻陋之国也，威动天下，强殆中国，无它故焉，略信也。是所谓信立而霸也。

骗民众；盟约已经签订，即使看到对自己的利益将要有所损害，也不要欺骗盟友。像这样，就会军队强劲、城防牢固，而敌国就会害怕他；国家统一，礼义彰明，而同盟国信任他。即使住在偏僻落后的国家，他的威势也可震动天下，五霸就是这样的。他们虽然没有把政治教化作为立国之本，没有达到最崇高的政治境界，没有健全的礼仪制度，没有使人心悦诚服，但他们注重方法策略，强调劳逸结合，认真积蓄，加强战备，全国上下相互信任配合就如同上下牙齿咬合一样密切，那么天下也就没有人敢抵挡他们了。齐桓公、晋文公、楚庄王、吴王阖闾、越王勾践，这些人都处在偏僻落后的国家，他们的威势却震动天下，他们的强盛危及中原各国，这没有其他的缘故，就是因为他们取得了信用。这就是我所说的把信用确立了就可以称霸诸侯。

【注释】

①略：大致。②綦：通“凑”，会聚，引申为综合、全部掌握。③五伯：指五个霸主。古人所指不尽一致，战国时代的人往往是指齐桓公、晋文公、楚庄王、吴王阖闾、越王勾践。④齺(zōu)然：牙齿咬物时上下交切的样子，喻上下相向。⑤阖闾(hé lǘ)：春秋末期吴国国君。名光。吴王诸樊之子。设计杀死吴王僚而自立。即位后重用伍子胥、孙武，整顿内政，灭徐国，攻楚国，一度占领楚都郢(今湖北江陵西北)。因秦军救援及吴国内乱而退兵。后被越王勾践打败，重伤而死。⑥句践：或作“勾践”“鸠浅”，春秋末越国君主，公元前496年—前465年在位。

【原文】

挈国以呼功利，不务张其义，齐其信，唯利之求，内则不惮诈其民而求小利焉；外则不惮诈其与而求大利焉，内不修正①其所以有，然常欲人之有。如是，则臣下百姓莫不以诈心待其上矣。上诈其下，下诈其上，则是上下析也。如是，则敌国轻之，与国疑之，权谋日行，

【译文】

治理国家提倡功利，而不致力于张扬礼义、成就信用，只追求利益，对内则肆无忌惮地欺诈他的百姓来追求小利，对外则毫无顾忌地欺骗他的盟国来追求大利，在内不好好管理自己已拥有的，却常常想取得别人所拥有的。像这样，那么臣子、百姓就没有不用欺诈之心去对待君主了。君主欺诈臣民，臣民欺诈君主，这就是上下离心离德。像这样，那么敌国就会轻视他，盟国就会怀疑他，即使权术谋略天天都在使用，国家也免不了危险、削弱，等到发展到了极点，国家就会灭亡。齐闵王、孟

而国不免危削，綦之而亡，齐闵、薛公是也。故用强齐，非以修礼义也，非以本政教也，非以一天下也，绵绵常以结引驰外为务。故强，南足以破楚，西足以诎秦，北足以败燕，中足以举宋。及以燕赵起而攻之，若振槁[②]然，而身死国亡，为天下大戮，后世言恶，则必稽[③]焉！是无它故焉，唯其不由礼义由权谋也。三者明主之所以谨择也，而仁人之所以务白也。善择者制人，不善择者人制之。

尝君就是这样的。他们在强大的齐国执政，不是用手中的权力去修明礼义，不把政治教化作为立国之本，不凭借它来统一天下，而是接连不断地把结交别国、遣使游说当作要务。所以他们强大时，向南能攻破楚国，向西能使秦国屈服，向北能打败燕国，中间足以能够攻占宋国。但等到燕国、赵国起来进攻他们时，就像拔起枯木一样，闵王便身死国亡了，成为天下最大的耻辱，后代的人谈起恶人，就一定要提到他。这并没有其他的缘故，是因为他们不遵循礼义而玩弄权术阴谋。这三种情况，是英明的君主要谨慎选择的，也是讲究仁德的人一定要弄明白的。善于选择的，就能制服别人；不善于选择的，就会被别人制服。

【注释】

①修正：整治。②振槁：击落枯叶。喻事极易成。③稽：查考。

【原文】

国者，天下之大器也，重任也，不可不善为择所[①]而后错[②]之，错险[③]则危；不可不善为择道[④]然后道[⑤]之，涂[⑥]薉[⑦]则塞；危塞则亡。彼国错者，非封[⑧]焉之谓也，何法之道，谁子之与也。故道王者之法，与王者之人为之，则亦王；道霸者之法，与霸者之人为之，则亦霸；道亡国之法，与亡国之人为之，则亦亡。三者，明主之所以谨择也，而仁人之所以务白也。

【译文】

国家，是天下最大的器具，是最重大的任务，不可不妥善地为它选择治理的人，然后再委任他，如果委任了奸恶之人，国家就危险了；不可不妥善地为它选择治理的原则，然后实施这种原则。如果治国的原则恶劣卑污，国家的发展之路就会被堵塞，危险、堵塞，国家就会灭亡。委任治国之人，并不是指给诸侯分封土地，而是指实行哪一种治国的方法，与什么人一起来治国。所以要遵行王者的办法，与奉行王道的大臣治理国家，也就能称王于天下；遵行霸者的办法，与那奉行霸道的大臣治理国家，也就能称霸于诸侯。如果遵行使国家灭亡的办法，与那奉行亡国之道的大臣去治理国家，国家就会灭亡。这三种情况，是英明的君主要谨慎选择的，也是讲究仁德的人一定要弄明白的。

【注释】

①所：处所，这里指当权执政的大臣。②错：通“措”，放置，这里指委任。③险：险恶的地方，这里指险恶的权奸。④道：道路，这里指原则、办法。⑤道：引导，这里指根据一定的原则办法去领导、治理。⑥涂：通“途”，道路，这里指原则、办法。⑦薉(huì)：同“秽”，荒芜，杂草丛生，这里指政治原则的恶劣卑污。⑧封：封界，垒土作为疆界，分封给诸侯土地。

【原文】

故国者，重任也，不以积①持之则不立。故国者，世所以新者也，是惮②；惮，非变也，改玉改行③也。故一朝之日④也，一日之人也，然而厌焉⑤有千岁之国，何也？曰：援夫千岁之信法以持之也，安与夫千岁之信士⑥为之也。人无百岁之寿，而有千岁之信士，何也？曰：以夫千岁之法自持者，是乃千岁之信士矣。故与积礼义之君子为之则王，与端诚信全之士为之则霸，与权谋倾覆之人为之则亡。三者，明主之所以谨择也，而仁人之所以务白也。善择之者制人，不善择之者人制之。

【译文】

所以，治理国家是最重大的任务，不用长期积累起来的管理办法去扶持它，它就会垮掉。所以，国家虽然是每一代都在更新的，但这不过是一种具有继承性的演变；这种演变，并不是一种根本的改变，它不过是改变了贵族阶层的等级地位。日子短促得就像一个早上，人生短暂得就像一天，然而为什么会有安然地存在了上千年的国家，这是为什么呢？回答说：这是因为采用了那些积累了上千年的确实可靠的办法来治理国家，又有千年来能坚守礼法的真诚之士来共同治理国家。人没有上百年的寿命，却有千年来能坚守礼法的真诚之士，这是为什么呢？回答说：用那些积累了上千年的礼法来约束自己的人，就是上千年的真诚之士了。所以，能同累积礼义的君子共同治理国家，就能称王天下；和正直、忠诚、守信、完美的人士治理国家，就能称霸诸侯；和玩弄权术阴谋、倾轧颠覆的人治理国家，国家就会灭亡。这三种情况，是英明的君主要谨慎选择的，也是讲究仁德的人一定要弄明白的。善于选择的，就能制服别人；不善于选择的，就会被别人制服。

【注释】

①积：积累，指长期积累起来的管理办法，也就是荀子推崇的礼法。②惮：通“禅”，更替，指具有继承性的演变。③改玉改行：同“改步改玉”。古代贵族，不同等级的人佩带的玉不同，在举行各种仪式时走路的间距、快慢也有不同的规定。“改玉改行”指改变了贵族阶层的等级地位从而改变了他们的佩玉和步行要求。④一朝之日：短如一个早上的日子。⑤厌焉：安然。⑥信士：诚实的人，指老老实实地坚守“礼法”的人。

【原文】

彼持国者，必不可以独也；然则强固[①]荣辱在于取相矣！身能相能，如是者王，身不能，知恐惧而求能者，如是者强；身不能，不知恐惧而求能者，安唯便僻[②]左右亲比己者之用，如是者危削，綦之而亡。国者，巨用之则大，小用之则小；綦大而王，綦小而亡，小巨分流者存。巨用之者，先义而后利，安不恤亲疏，不恤贵贱，唯诚能之求，夫是之谓巨用之。小用之者，先利而后义，安不恤是非，不治曲直，唯便僻亲比己者之用，夫是之谓小用之。巨用之者若彼，小用之者若此；小巨分流者，亦一若彼，一若此也。故曰："粹而王，驳[③]而霸，无一焉而亡。"此之谓也。

【译文】

那些掌握着国家政权的人，一定不可以单靠自己，那么国家的强盛和衰弱、荣耀和耻辱就在于选取宰相了。自己有才能，宰相也有才能，像这样的国家就能称王天下；自己没有才能，但知道恐惧而去寻找有才能的人，像这样的国家就能强盛；自己没有才能，又不知道恐惧，不去寻求有才能的人，只任用善于阿谀奉承和身边亲近依附自己的人，像这样的国家就会危险削弱，达到极点就会灭亡。国家，立足于大处治理它就强大，立足于小处治理它就衰弱，强盛到极点就能称王天下，衰弱到极点就会灭亡，立足于小大之间的则能保存。立足于大处治理国家的，就是先考虑道义而后考虑财利，任用人不分亲疏，不分贵贱，只求找到真正有才能的人，这就叫做立足于大处来治理国家；立足于小处治理国家的，就是先考虑财利而后考虑道义，不分是非，不管曲直，只任用善于阿谀奉承和亲近依附自己的人，这就叫做立足于小处来治理国家。立足于大处治理国家的就像前面说的那样，立足于小处治理国家的就像后面说的这样，立足于小大之间治理国家的一部分像前面所说的那样，一部分向后面所说的那样。所以说："纯粹地考虑道义、任用贤人的就能称王天下，驳杂地义利兼顾、贤人亲信并用的就能称霸诸侯，一样也做不到的就会灭亡。"说的就是这个道理。

【注释】

①强固：强大和败亡。②便僻：通"便嬖"，善于逢迎而得到君主宠信的近臣。③驳：杂，指介于"大用"和"小用"之间去治理国家。

【原文】

国无礼则不正。礼之所以正国也，譬之犹衡之于轻重也，犹绳墨之于曲直也，犹规矩之于方圆也，既错之而人莫之能诬也。

【译文】

国家不讲求礼义就不能治理好。礼义之所以能用来治理国家，就像秤能用来分辨轻重，墨线能用来分辨曲直，圆规、曲尺能用来确定方圆一样，已经把它们设置好了，就没有谁再能搞欺骗了。

《诗》云："如霜雪之将将①，如日月之光明，为之则存，不为则亡。"此之谓也。

《诗》上说："像霜雪那样无情，像日月那样光明；实行它就能生存，不实行就会丧命。"说的就是这个意思。

【注释】

①将将：严正肃杀的样子，此指礼制的公正无私。

【原文】

国危则无乐君，国安则无忧民。乱则国危，治则国安。今君人者，急逐乐而缓治国，岂不过甚矣哉！譬之是由①好声色，而恬②无耳目也，岂不哀哉！夫人之情，目欲綦色，耳欲綦声，口欲綦味，鼻欲綦臭③，心欲綦佚。此五綦者，人情之所必不免也。养五綦者有具，无其具，则五綦者不可得而致也。万乘之国可谓广大富厚矣，加有治辨强固之道焉，若是则恬愉无患难矣，然后养五綦之具具也。故百乐者，生于治国者也；忧患者，生于乱国者也。急逐乐而缓治国者，非知乐者也。故明君者，必将先治其国，然后百乐得其中。暗君者，必将急逐乐而缓治国，故忧患不可胜校④也，必至于身死国亡然后止也，岂不哀哉！将以为乐，乃得忧焉；将以为安，乃得危焉；将以为福，乃得死亡焉；岂不哀

【译文】

国家危险就没有快乐的君主，国家安定就没有忧愁的百姓。政事混乱，国家就危险；政事处理得好，国家就安定。现在统治人民的君主，急于追求享乐而放松了对国家的治理，难道不是错得很厉害吗?这就像是爱好音乐美色而不在乎没有耳朵眼睛一样，难道不可悲吗? 人的性情是，眼睛想看到最好的颜色，耳朵想听最好听的音乐，嘴巴想吃最好的美味，鼻子想闻最好的气味，心里追求最大的安逸。这五种极好的享受，是人的性情一定不能避免的。但满足这五种极好的享受是有条件的，没有一定的条件，这五种极好的享受是不可能得到的。拥有万辆兵车的国家可以称得上是辽阔富裕的，再加上一套使它得到治理而强大巩固的办法，像这样，那就会安逸快乐而没有祸患灾难了，而后满足这五种极好享受的条件才具备了。所以各种快乐，都产生于治理得好的国家；忧虑祸患，都产生于混乱的国家。急于追求享乐而放松了对国家治理的人，并不是懂得享乐的人。所以英明的君主，一定要先治理好自己的国家，然后各种快乐也就从中得到了。昏庸愚昧的君主，一定会急于追求享乐而放松对国家的治理，所以忧虑祸患多得数不胜数，必定到了身死国亡的地步以后才会结束，难道不可悲吗?本想用这种办法去求得快乐，却得到了忧虑；本想用这种办法去求得安定，却得到了危险；本想用这种办法去求得幸福，却得到了死亡，难道不可悲吗?唉！统治人民的君主，也应该考察一下这些话。所以治理国家有一定的原则，君主有一定的职责。至

哉！於乎！君人者，亦可以察若言矣。故治国有道，人主有职。若夫贯日而治详，一日而曲列之，是所使夫百吏官人为也，不足以是伤游玩安燕[5]之乐。若夫论一相以兼率之，使臣下百吏莫不宿道乡方而务，是夫人主之职也。若是则一天下，名配尧、禹。之主者，守至约而详，事至佚而功，垂衣裳不下簟席之上，而海内之人莫不愿得以为帝王。夫是之谓至约，乐莫大焉。

于那连续几天才把事情治理得周详完备，一天之内就曲折周到地解决问题，这是让那各级官吏与政府官员去做的事情，不值得因此而妨害了君主游玩安逸的快乐。至于选择一个臣相去全面地领导群臣百官，使臣下百官没有不安守道义向往正道而努力，这才是君主的职责。像这样，就能统一天下，名望可以和尧、禹相匹配。这样的君主，掌管的事情既简要又周详，所做的事情虽然十分安闲却最有成效。他的衣裳下垂着，不离开竹席，而天下的人没有不希望让他做帝王。这叫做极其简约，快乐没有比这个更大的了。

【注释】

①由：通“犹”。②恬：此指惭愧。③臭(xiù)：气味。④校：计数。⑤官人：政府官员。

【原文】

人主者，以官人为能者也；匹夫者，以自能为能者也。人主得使人为之，匹夫则无所移之。百亩一守，事业穷，无所移之也。今以一人兼听天下，日有余而治不足者，使人为之也。大有天下，小有一国，必自为之然后可，则劳苦耗瘁莫甚焉。如是，则臧获[1]不肯与天子易势业。以是县天下，一四海，何故必自为之？为之者，役夫之道也，墨子之说也。论德使能而官施之者，圣王之道也，儒之所谨守也。传曰：农分田而耕，贾分货而

【译文】

君主，以善于任用人为有本事；平民百姓，以自己能干为有能力。君主可以指使别人去做事，平民百姓则不可以将自己的事情交给别人去做。一百亩土地一个农夫来管理，耕种的事情耗尽了他一生的力量，这是因为他无法把这些事情推给别人。现在君主凭一个人的力量来治理天下，反而时间绰绰有余而要治理的事还不够做，这是因为他让别人去做事的缘故。权力大的当了天子而拥有整个天下，权力小的当了诸侯而统治一国，如果所有的事情一定要自己去做才可以的话，那么辛劳艰苦耗损憔悴就没有比这更厉害的了。像这样，那么即使是奴婢也不肯和天子交换地位和职事了。因此，君主在上面掌握天下，统一天下，为什么一定要亲自去做所有的事情呢？亲自去做各种事情，是服役的人所遵行的原则，是墨子的主张。选拔有道德的人、使用有才能的人而任用他们，这是圣王的办法，是儒家所谨

贩，百工分事而劝，士大夫分职而听，建国诸侯之君分土而守，三公总[2]方而议，则天子共己而已矣。出若入若，天下莫不平均[3]，莫不治辨，是百王之所同也，而礼法之大分也。

慎遵守的原则。古书上说："农民分得田地去耕种，商人分取货物去贩卖，各种工匠分配一定的工作去用力，士大夫分任一定的职务去处理，诸侯国的国君分封一定的领土去守卫，三公统管各个方面，那么天子只要让自己拱着手就可以了。"朝廷外内对外都这样，天下就没有不均衡协调的，就没有不治理得很好的，这是历代圣王共同遵守的治理原则，也是礼义法度的要领。

【注释】

①臧获：古代对奴婢的贱称。②总：统领。③平均：齐一，均等，指人与人之间的关系能平衡协调。

【原文】

百里之地可以取天下，是不虚，其难者在人主之知之也。取天下者，非负[1]其土地而从之之谓也，道足以壹人而已矣。彼其人苟壹，则其土地且奚去我而适它！故百里之地，其等位爵服，足以容天下之贤士矣；其官职事业，足以容天下之能士矣；循其旧法，择其善者而明[2]用之，足以顺服好利之人矣。贤士一焉，能士官焉，好利之人服焉，三者具而天下尽，无有是其外矣。故百里之地，足以竭势矣；致忠信，著[3]仁义，足以竭人矣。两者合而天下取，诸侯后同者先危。《诗》曰："自西自东，自南自北，无思不服。"一人之谓也。

【译文】

凭借方圆百里的国土可以取得天下，这并不是假的，它的难处在于君主要懂得凭借小国可以取得天下的道理。取得天下，并不是指其他的国家都带着他们的土地来顺从，而是指你的治国方针足够用来使天下的人和你团结一心罢了。如果天下的人和你团结一心了，那么他们的土地又怎么会离开你而到别的国家去呢？所以，虽然只是方圆百里的国土，但它的等级、官位、品爵、服饰，足够用来容纳天下的贤德之士；它的官职和工作，足够用来容纳天下有才能的人；遵循原有的法度，选择其中好的部分而公布实施，也足够使贪图财利的人顺服了。贤德之士和你团结一致了，能干的人被你任用了，贪图财利的人顺服了，这三种情况都具备了，那么天下就全都归你了，在此之外就没有什么了。所以，凭借方圆百里的国土，足够取得天下全部的权势；做到了忠诚守信，彰明仁义，就完全可以招致所有的人了。这两者合起来就可以取得天下了，诸侯中归附晚的就先有危险了。《诗》上说："从西边到东边，从南边到北边，没有哪个不服从。"说的就是使天下人和君主团结一致的道理。

【注释】

①负：背负，携带。②明：彰明，指公布、宣传。③箸：通"著"，使显明。

【原文】

羿、蜂门[①]者，善服射者也。王良、造父者，善服驭者也。聪明君子者，善服人者也。人服而势从之，人不服而势去之，故王者已[②]于服人矣。故人主欲得善射，射远中微，则莫若羿、蜂门矣；欲得善驭，及速致远，则莫若王良、造父矣。欲得调壹天下，制秦楚，则莫若聪明君子矣。其用知甚简，其为事不劳而功名致大，甚易处而极可乐也。故明君以为宝，而愚者以为难[③]。

【译文】

后羿、逢蒙，善于使射箭的人佩服；王良、造父，善于使驾车的人佩服；聪明的君子，善于使所有的人佩服。人们都敬佩服从他，那么权势也就从属于他；人们不敬佩服从他，那么权势也就离开了他。所以称王天下的君主只要达到了使人敬佩服从的地步就可以了。君主想要得到善于射箭的人，既射得远，又能命中微小的目标，那就没有比后羿、逢蒙更好的了；想要得到善于驾车的人，既能追上快速奔驰的车子，又能到达远方，那就没有比王良、造父更好的了；想要得到治理天下、统一天下的人，制服秦国、楚国，那就没有比聪明的君子更好的了。聪明的君子使用心计非常简少，他们做事不费力而功绩名声极大，很容易地处理各种事情而又极其愉快。所以，英明的君主把他们当作宝贝，而愚昧的君主却把他们看作是祸患。

【注释】

①蜂(páng)门：又作逢蒙、逢蒙、蓬蒙，羿的徒弟，善于射箭。②已：止，完毕。③难(nàn)：灾难，祸患。

【原文】

夫贵为天子，富有天下，名为圣王，兼制人，人莫得而制也，是人情之所同欲也，而王者兼而有是者也。重色而衣之，重味而食之，重财物而制之，合天下而君之，饮食甚厚，声乐甚大，台榭[①]甚高，园囿[②]甚广，臣使诸侯，一天

【译文】

高贵得做了天子，富裕得拥有天下，名声大到称为圣王，能制伏天下所有的人，而别人却不能制伏他，这是人们心中所共同追求的，而称王天下的君主完全拥有这一切。穿五颜六色的衣服，吃品种繁多的食物，控制多种多样的财物，统一了天下而统治它；饮食非常丰富，歌声乐曲十分宏大，台阁非常高大，园林非常宽广，把诸侯当作臣子来使唤，统一天下，这又

下，是又人情之所同欲也，而天子之礼制如是者也。制度以陈，政令以挟；官人失要则死，公侯[③]失礼则幽，四方之国，有侈离[④]之德则必灭；名声若日月，功绩如天地，天下之人应之如景向，是又人情之所同欲也，而王者兼而有是者也。故人之情，口好味而臭味莫美焉；耳好声而声乐莫大焉；目好色而文章致繁妇女莫众焉；形体好佚而安重闲静莫愉焉，心好利而谷禄莫厚焉；合天下之所同愿兼而有之，皋牢[⑤]天下而制之若制子孙，人苟不狂惑戆陋[⑥]者，其谁能睹是而不乐也哉！欲是之主并肩而存；能建是之士不世绝，千岁而不合，何也？曰："人主不公，人臣不忠也。人主则外贤而偏举，人臣则争职而妒贤，是其所以不合之故也。人主胡不广焉，无恤亲疏，无偏贵贱，唯诚能之求？若是，则人臣轻职业让贤，而安随其后。如是，则舜禹还至，王业还起。功壹天下，名配舜、禹，物由有可乐，如是其美焉者乎！呜呼！君人者亦可以察若言矣！杨朱哭衢涂[⑦]曰："此夫过举跬步，而觉跌[⑧]千

是人们心中所共同追求的，而天子的礼仪制度就像这个样子。制度已经公布，政令已经完备；群臣百官违反了政令的规定就处死，公爵、侯爵违背了礼制就囚禁，四方的诸侯国如果有分裂的思想就一定要消灭；名声如日月一样显赫，功绩如天地一样伟大，普天下的人响应他就像影子紧随形体、回响紧随声音一样，这又是人们心中所共同追求的，而称王天下的君主完全拥有这一切。所以人的性情，嘴巴喜欢吃美味的食物，而气味滋味没有比君主吃到的更好的了；耳朵喜欢听悦耳的声音，而歌声乐曲没有比君主听到的更宏大的了；眼睛喜欢看美色，而极其繁富的彩色花纹和少妇美女没有比君主看到的更多的了；身体喜欢安逸，而安稳清闲没有比君主享受到的更愉快的了；心里喜欢财利，而粮食俸禄没有比君主得到的更丰厚的了。综合了天下人所共同企求的东西而完全地拥有了它们，控制天下人而制服他们就像制服子孙一样，人如果不是疯狂、糊涂、愚笨、鄙陋的，那还有谁能看到这些而不高兴呢？想要获得这一切的君主比肩接踵，能够建立起这种事业的贤人世世代代都没有断绝过，但近千年来这样的君主和这样的贤人却没有配合过，这是为什么呢？回答说：是因为君主用人不公正，臣子不忠诚。君主排斥贤能的人而任用自己所偏爱的人，臣子争夺职位而嫉妒贤能的人，这就是他们不能配合的原因。君主为什么不广招人才、不去顾及亲疏、不去考虑贵贱、只寻求真正贤能的人呢？如果能这样，那么臣子就会看轻职位而把它让给贤能的人，并甘心跟随在他们的后面；如果能这样，那么像舜、禹一样的君主就会很快出现，称王天下的大业又能建立起来了。取得统一天下的功绩，名声可以和舜、禹相配，事情还有像这样美好而值得高兴的吗？唉！统治人民的君主可以考察一下这些话了！杨朱在十字路口哭泣说："这是走错半步而体会到走错千里的地方啊！"他为此而悲哀地哭泣。这用人之事也就是通往光荣或耻辱、安定或危险、生存或灭亡的十字路口，在这上面犯了错误所造

里者夫！”哀哭之。此亦荣辱安危存亡之衢已，此其为可哀，甚于衢涂。呜呼！哀哉！君人者，千岁而不觉也。

成的悲哀，要比在十字路口走错路更厉害。唉！可悲啊！统治人民的君主竟然上千年了还没有觉悟。

【注释】

①台榭：台和榭。亦泛指楼台等建筑物。②园囿(yuán yòu)：周以围墙，布置亭榭石木，间或畜有鸟兽的皇家花园。③公侯：公爵和侯爵。④侈离：恣肆乖离。⑤皋牢：牢笼；笼络。⑥戇陋(gàng lòu)：愚昧浅陋。⑦衢涂(qú tú)：歧路。⑧跌：走错，失误。

【原文】

无国而不有治法，无国而不有乱法；无国而不有贤士，无国而不有罢士①；无国而不有愿民，无国而不有悍民；无国而不有美俗，无国而不有恶俗。两者并行而国在，上偏②而国安，下偏而国危；上一而王，下一而亡。故其法治，其佐贤，其民愿，其俗美，而四者齐，夫是之谓上一。如是，则不战而胜，不攻而得，甲兵不劳而天下服。故汤以亳，文王以镐，皆百里之地也，天下为一，诸侯为臣，通达之属，莫不从服，无它故焉，四者齐也。桀、纣即序于有天下之势，索为匹夫而不可得也，是无它故焉，四者并亡也。故百王之法不同，若是所归者一也。

【译文】

没有一个国家没有治理国家的法令制度，没有一个国家没有导致社会动乱的法令制度；没有一个国家没有贤能的士人，没有一个国家没有不贤的士人；没有一个国家没有朴实善良的百姓，没有一个国家没有凶暴强横的百姓；没有一个国家没有美好的习俗，没有一个国家没有恶劣的习俗。以上两种情况同时存在的，国家还存在；偏于上一种情况的，国家就安定；偏于下一种情况的，国家就危险；全属于上一种情况的，就能称王天下；全属于下一种情况的，就会灭亡。所以，国家的法令制度能使社会安定，辅佐大臣贤能，百姓朴实善良，习俗美好，这四者齐备，那就叫做全属于上一种情况。像这样，那么不打仗就能战胜敌人，不进攻就能取得战果，军队不用费力而天下就服从了。商汤凭借亳，周武王凭借镐，都不过是方圆百里的国土，而天下被他们统一了，诸侯做了他们的臣子，凡能交通到达的地方，没有不服从的，这没有其他的缘故，而是因为上述四种条件齐备了。夏桀、商纣王即使实力雄厚得掌握了统治天下的权势，但最后想做个普通老百姓也不可能办到，这没有其他的缘故，而是因为上述四种条件全都丧失了。所以，各代君主治理国家的方法虽不同，但归结起来的道理只有这么一个。

【注释】

①罢士，品行不好的人。罢，通“疲”，不贤，没有德行。②上偏：偏于上者，指治法多而乱法少，贤士多而罢士少，愿民多而悍民少，美俗多而恶俗少。

【原文】

上莫不致爱其下，而制之以礼。上之于下，如保赤子。政令制度，所以接下之人百姓，有不理者如豪末，则虽孤独鳏寡①必不加焉。故下之亲上欢如父母，可杀而不可使不顺。君臣上下，贵贱长幼，至于庶人，莫不以是为隆正②；然后皆内自省以谨于分，是百王之所同也，而礼法之枢要也。然后农分田而耕，贾分货而贩，百工分事而劝，士大夫分职而听，建国诸侯之君分土而守，三公总方而议，则天子共己而止矣。出若入若，天下莫不均平，莫不治辨。是百王之所同，而礼法之大分也。

【译文】

君主没有不尽力爱护他的臣民的，因而用礼制来约束他们；君主对于臣民，就像爱护婴儿一样。政令制度，是用来对待下面的老百姓的。如果它有不合理的地方，哪怕像毫毛的末端一样细微，那么就是对孤儿、孤独老人、鳏夫、寡妇，也一定不会加到他们头上。所以臣民亲近君主，喜欢得就像是自己的父母一样，可以杀死他们而不可能使他们不顺从君主。君主、臣子、上级、下级，高贵的、卑贱的、年长的、年幼的，直到平民百姓，没有谁不把这礼制当作为最高的准则，然后又都在内心自省而谨守本分，这就是历代圣王所相同的治国原则，也是礼制法度的关键。做到了这些，农民就分得田地去耕种，商人就分取货物去贩卖，各种工匠分配一定的工作去用力，士大夫分任一定的政事去处理，诸侯国的国君分封一定的领土去守卫，三公统管各个方面，那么天子只要让自己拱着手就可以了。朝廷对内对外都这样，天下就没有不均衡协调的，就没有不治理得很好的，这是历代圣王共同遵守的治理原则，也是礼制法度的要领。

【注释】

①孤独鳏(guān)寡：泛指无依无靠的人。《孟子·梁惠王下》上解释说：“老而无妻曰鳏，老而无夫曰寡，老而无子曰独，幼而无父曰孤。此四者，天下之穷民而无告者。”②隆正：高的准则。

【原文】

若夫贯日而治平，权物而称用，使衣服有制，宫室有度，人徒有数，丧祭械用皆有等宜，以

【译文】

至于连续地把政事处理妥当，合理地调节万物来使它们适用，使各级官吏穿的衣服有一定的规格，住的房子有一定的标准，役使的仆从有一定

是用挟于万物，尺寸寻丈，莫得不循乎制度数量然后行，则是官人使吏之事也，不足数于大君子之前，故君人者，立隆政本朝而当，所使要百事者诚仁人也，则身佚而国治，功大而名美，上可以王，下可以霸。立隆正本朝而不当，所使要百事者非仁人也，则身劳而国乱，功废而名辱，社稷必危，是人君者之枢机也。故能当一人而天下取，失当一人而社稷危。不能当一人，而能当千人、百人者，说无之有也。既能当一人，则身有何劳而为，垂衣裳而天下定。故汤用伊尹，文王用吕尚①，武王用召公②，成王用周公旦。卑者五伯，齐桓公闺门之内，县乐、奢泰、游抏③之修，于天下不见谓修，然九合诸侯，一匡天下，为五伯长，是亦无它故焉，知一政于管仲也，是君人者之要守④也。知者易为之兴力而功名綦大。舍是而孰足为也。故古之人，有大功名者，必道是者也。丧其国，危其身者，必反是者也。故孔子曰："知者之知，固以多矣，有以守少，能无察乎！愚者之知，固以少矣，有以守多，能无狂乎！"此之谓也。

的数量，丧葬祭祀器械用具都有和等级相适合的规定，把这种做法贯彻到各种事情中去，诸如尺寸寻丈之类的标准，无一不是遵循了法度然后才加以施行，这些都是政府官员和供役使的官吏所做的事，不值得在君主面前诉说。所以，统治人民的君主，如果为本朝所确立的最高准则是正确的，所任用的总管各种事务的人是真正有仁德的，那么他就会自身安逸而国家安定，功绩伟大而名声美好，上可以称王天下，下可以称霸诸侯；如果为本朝所确立的最高准则是错误的，所任用的总管各种事务的人不具有仁德，那么他就会身体劳累而国家混乱，功绩废弛而名声受辱，国家一定会危险。这是做君主的关键。所以，能恰当地任用一个人，那么天下就能取得；如果不恰当地任用一个人，那么国家就会危险。不能恰当地任用一个人而能恰当地任用一千个人、一百个人，这种理论是没有过的。既然能恰当地任用一个人，那么他自身又有什么劳累的事要做呢？只要悠闲自在地而天下就能平定了。所以商汤任用了伊尹，周文王任用了吕尚，周武王任用了召公，周成王任用了周公旦。功德次一等的是五霸，齐桓公在后宫之内悬挂乐器、奢侈放纵、游荡玩耍，但是天下人并没有说他在追求享乐，相反地他还多次与诸侯会盟，使天下归于一统、恢复正道，成为五霸中的第一个，这也没有其他的缘故，而是因为他懂得把政事全部交给管仲，这就是当君主重要的德行操守。聪明的君主容易做到这一点，所以能造成强大的势力而功业名望极大，除这之外还有什么值得去做呢？所以古代的人，凡是有伟大的功业和名望的，一定是遵行了这一点；凡是丧失了自己的国家，危害到其自身的，一定是违反了这一点。所以孔子说："智者的知识，本来就已经很多了，又因为管的事少，怎能不明察呢？愚蠢人的知识，本来就很少，又因为管的事多，怎能不惑乱呢？"说的就是这个道理。

【注释】

①吕尚：姜姓，吕氏，名尚，字子牙，号太公望，俗称姜太公。②召公：姓姬，名奭(shì 市)，因采邑在召(今陕西岐山西南)，所以称召公。③抏(wán)：同"玩"。④要守：重要的德行操守。

【原文】

治国者分已定，则主相臣下百吏，各谨其所闻，不务听其所不闻；各谨其所见，不务视其所不见。所闻所见，诚以齐矣，则虽幽闲[①]隐辟[②]，百姓莫敢不敬分安制，以化[③]其上，是治国之征也。

【译文】

治理国家的人，等级名分已经确定下来了，那么君主、宰相、大臣、百官就各自谨慎地对待自己所听见的东西，不致力于打听自己没有听见的东西；各自谨慎地对待自己所看见的东西，不致力于打听自己没有看见的东西。如果所见所闻，能真正和各自的名分一致了，那么即使是那些幽远闭塞、隐蔽偏僻的地方，百姓中也没有人敢不严守本分、遵守制度，依照礼法来顺服他们的君主，这是治理得好的国家的标志。

【注释】

①幽闲：深隔。闲，阻隔，闭塞。②隐辟：偏远的地方。辟，通"僻"。③化：顺服。

【原文】

主道：治近不治远，治明不治幽，治一不治二。主能治近则远者理，主能治明则幽者化，主能当一则百事正。夫兼听天下，日有余而治不足者，如此也，是治之极也。既能治近，又务治远；既能治明，又务见幽；既能当一，又务正百，是过者也，过犹不及也。辟[①]之是犹立直木而求其景之枉也。不能治近，又务治远；不能察明，又务见幽；不能当一，又

【译文】

君主治理国家的方法：是治理近处的事而不治理远方的事，治理明处的事而不治理暗处的事，治理根本性的一件大事而不治理各种各样的小事。君主能够治理好近处的事，那么远方的事就会因此而得到治理；君主能够治理好明处的事，那么暗处的事就会因此而变化；君主能恰当地治理好根本性的一件大事，那么各种各样的小事就会因此而得到正确处理。同时治理整个天下，时间绰绰有余而要治理的事少得不够做，像这样，就是治理国家的最高境界了。既能治理近处的事，又务求治理远方的事；既能治理明处的事，又务求察见暗处的事；既能恰当地治理好根本性的大事，又务求治理好各种各样的小事，这是过分的做法，根本达不到，这就像是竖起笔直的木头而要求它的影子是弯曲的一样。不能治理近处的事，又务求治理远处的事；不能明察明处的事，又务求察见暗处的事；不能恰当地治理好

务正百，是悖者也。辟之是犹立枉木而求其景之直也。故明主好要，而暗主好详。主好要则百事详，主好详则百事荒。君者，论一相，陈一法，明一指，以兼覆[2]之，兼炤[3]之，以观其盛[4]者也。相者，论列[5]百官之长，要百事之听，以饰[6]朝廷臣下百吏之分，度其功劳，论其庆赏，岁终奉其成功以效于君。当则可，不当则废。故君人劳于索之，而休于使之。

根本性的大事，又务求治理好各种各样的小事，这是昏乱的做法，这就像是竖起弯曲的木头而要求它的影子是笔直的一样。所以，英明的君主喜欢抓住要领，而愚昧的君主喜欢管得周详。君主喜欢抓住要领，那么各种事情就能办得周详；君主喜欢管得周详，那么各种事情就会荒废。君主，只需选择一个贤明的宰相、公布一套法制、阐明一个宗旨，用这种手段来全面地统治一切、普遍地洞察一切，然后坐观自己的成功。宰相，要选拔安排好各部门的长官，总管各种事情的处理，以此来整顿朝廷上的大臣和各级官吏的职分，衡量他们的功劳，评定对他们的奖赏，年终拿他们的成绩功劳呈报给君主，称职的就留用，不称职的就罢免。所以当君主的在寻觅宰相时劳累，在使用他以后就安逸了。

【注释】

①辟：通“譬”，譬如。②覆：覆盖，庇护，指统治。③炤（zhào）：同“照”，察见。④盛：通“成”，成功。⑤论列：一一论述。⑥饰：同“饬”，整治，整顿。

【原文】

用国者，得百姓之力者富，得百姓之死者强，得百姓之誉者荣。三得者具而天下归之，三得者亡而天下去之。天下归之之谓王，天下去之之谓亡。汤、武者，修其道，行其义，兴天下同利，除天下同害，天下归之。故厚德音以先之，明礼义以道之，致忠信以爱之，赏[1]贤使能以次之，爵服赏庆以申重之，时其事，轻其任以调齐之，潢然兼覆之，养长之，如保赤子。生民则致

【译文】

治理国家的君主，得到百姓尽力耕种的就富足，得到百姓拼死作战的就强大，得到百姓称颂的就荣耀。这三种东西都具备了，那么天下人就会归附他；这三种东西都没有，那么天下人就会背弃他。天下人归附他叫做称王，天下人背弃他叫做灭亡。商汤、周武王，遵循他们的治国原则，奉行他们的礼义，兴办对天下人都有利的事，除掉了天下人的共同祸害，因而天下人都归附他们。所以，君主应该用好的声誉来引导人民，彰明礼义来指导他们，尽力做到忠诚守信来爱护他们，然后崇尚贤人、任用能人，用爵位、服饰、奖赏去反复激励他们，根据时节安排他们的劳动、减轻他们的负担来解放他们，广泛普遍地庇护他们，抚养他们长大，就像保护婴儿一样。养育人民极其宽厚，使用人民则极其合理。制

宽，使民则綦理，辩政令制度，所以接天下之人百姓，有非理者如豪末，则虽孤独鳏寡必不加焉。是故百姓贵之如帝，亲之如父母，为之出死断亡而不愉②者，无它故焉，道德诚明，利泽诚厚也。

定政令制度，是用来对待下面的老百姓的，如果它有不合理的地方，哪怕像毫毛的末端一样细微，那么就是对孤儿、孤独老人、鳏夫、寡妇，也一定不会加到他们头上。所以百姓尊重他就像尊重上帝一样，亲近他就像亲近自己的父母一样，为他出生入死也不苟且偷生，这没有其他的缘故，而是因为君主的道德确实贤明，恩泽确实深厚。

【注释】

①贵：当作“尚”，推崇。②不愉：不苟且偷生。愉，通“偷”。

【原文】

乱世不然，污漫突盗以先之，权谋倾覆以示之，俳优①、侏儒、妇女之请谒以悖之，使愚诏知，使不肖临贤，生民则致贫隘②，使民则极劳苦。是故百姓贱之如尪③，恶之如鬼，日欲司间④而相与投藉之，去逐之。卒有寇难⑤之事，又望百姓之为己死，不可得也，说无以取之焉。孔子曰：“审吾所以适人，适人之所以来我也。”此之谓也。

【译文】

混乱的社会就不是这样。君主以污秽卑鄙、侵凌盗窃的行为来引导人民，玩弄权术阴谋、倾轧陷害来给人们作示范，让艺人、侏儒、妇女私下要求来迷惑人民，让愚蠢的人去教导有智慧的人，让不贤的人去领导贤能的人，养育人民则使他们极其贫穷困厄，使用人民则使他们极其疲劳辛苦。所以百姓鄙视他就像鄙视残疾人一样，厌恶他就像厌恶鬼魅一样，每天都想寻找机会而一起来抛弃践踏他，摒除驱逐他。突然发生了敌人侵犯的事，他还指望百姓为他卖命，这是不可能得到的，这种理论学说没有什么可取之处。孔子说：“弄明白自己如何对待别人，别人也会以同样的态度来对待我。”说的就是这个道理。

【注释】

①俳优：以乐舞谐戏为业的艺人。②隘(è)：通“阨”，穷困，窘迫。③尪(wāng)：脊背骨骼弯曲。④司间：等候时机。⑤寇难：谓由内乱外患所造成的灾难。亦指蒙受敌人侵犯之难。

【原文】

伤国者，何也？曰：以小人尚①民而威，以非所取于民而巧，是伤国之

【译文】

危害国家的因素是什么呢？回答说：使小人骑在人民头上作威作福，用非法的手段

大灾也。大国之主也，而好见小利，是伤国；其于声色、台榭、园囿也，愈厌而好新，是伤国；不好修正其所以有，啖啖[2]常欲人之有，是伤国。三邪者在匈中，而又好以权谋倾覆之人，断事其外，若是，则权轻名辱，社稷必危，是伤国者也。大国之主也，不隆本行，不敬旧法，而好诈故。若是，则夫朝廷群臣，亦从而成俗于不隆礼义，而好倾覆也。朝廷群臣之俗若是，则夫众庶百姓亦从而成俗于不隆礼义，而好贪利矣。君臣上下之俗莫不若是，则地虽广，权必轻，人虽众，兵必弱；刑罚虽繁，令不下通。夫是之谓危国，是伤国者也。

向人民搜刮勒索，这是危害国家的重大灾祸。身为大国的君主，却喜欢贪图小利，这就会危害国家；他对于音乐、美色、高台亭阁、园林兽苑，乐此不疲而追求新奇，这就会危害国家；不喜欢好好管理自己已拥有的，却馋涎欲滴地常常想求得别人所拥有的，这就会危害国家。这三种邪恶的想法在胸中，而又喜欢任用那些玩弄权术阴谋倾轧陷害的人在朝廷中决断政事，像这样，那么君主的权势就会削弱、声名就会受辱，国家一定危险，这是危害国家的君主。身为大国的君主，却不尊崇礼法，不谨守原有的法制，而喜欢欺诈，像这样，那么朝廷上的群臣也就跟着养成一种不尊崇礼义，而喜欢倾轧陷害的习俗。朝廷上群臣的习俗像这样，那么广大百姓也就跟着养成一种不尊崇礼义，而喜欢贪图财利的习俗。君臣上下的习俗如果这样，那么领土即使辽阔，权势也一定会削弱；人口即使众多，兵力也一定会衰弱；刑罚即使繁多，政令也不能向下贯彻。这就叫做危险的国家，这是危害国家的君主。

【注释】

①尚：通“上”。②啖啖(dàn dàn)：贪吃的样子，形容贪得。

【原文】

儒者为之不然，必将曲辨。朝廷必将隆礼义而审贵贱，若是，则士大夫莫不敬节死制者矣。百官则将齐其制度，重其官秩，若是，则百吏莫不畏法而遵绳矣。关市几而不征，质律禁止而不偏，如是，则商贾莫不敦悫[1]而无诈矣。百工将时斩伐，佻[2]其期日[3]，

【译文】

儒者的做法就不是这样，他们一定要周详地治理国家。朝廷一定要尊崇礼义而辨明贵贱，像这样，那么士大夫就没有不看重节操、为礼制殉身的了。对于群臣百官，将统一他们的管理制度，重视他们的官职俸禄，像这样，那么群臣百官就没有不畏惧法制而遵守准则条例的了。对于关卡和集市进行检查而不征税，对于平定市价的文书禁止弄虚作假而不偏听一面之词，像这样，那么商人就没有不忠厚老实而不欺诈的了。对于各种工匠将要求他们按照时节砍伐树木，放宽对他们的限期以便利他们发挥技巧，像这

而利其巧任④，如是，则百工莫不忠信而不楛矣。县鄙则将轻田野之税，省刀布之敛，罕举力役，无夺农时，如是，农夫莫不朴力而寡能矣。士大夫务节死制，然而兵劲。百吏畏法循绳，然后国常不乱。商贾敦悫无诈，则商旅安，货通财，而国求给矣。百工忠信而不楛，则器用巧便而财不匮矣。农夫朴力而寡能，则上不失天时，下不失地利，中得人和，而百事不废。是之谓政令行，风俗美，以守则固，以征则强，居则有名，动则有功。此儒之所谓曲辨也。

样，那么各种工匠就没有不忠诚老实而不粗制滥造的了。在农村将减轻对农田的收税，减少钱财的聚敛，尽可能少地分派劳役，不侵占农时，像这样，那么农民就没有不尽力于耕种而很少有其他的技能了。士大夫追求名节而殉身于礼制，这样兵力就会强劲；群臣百官畏惧法制而遵守准则条例，这样国家的法制就不会混乱；商人忠厚老实而不欺诈，那么流动的商人就安全保险，货物钱财就能流通，而国家的各种需求就能得到供应；各种工匠忠诚老实而不粗制滥造，那么器械用具就做得精巧便利而钱财也不会缺乏；农民尽力耕种而很少有其他的技能，那么就能上不会失天时，下不会失地利，中能得人和，而各种事情就不会荒废。这些情况叫做政令畅通，风俗美好。依靠这些来防守就能守得很牢固，去出征就能强劲有力，安居无事就会有声望，采取行动就会有功绩。这就是儒家所说的周详地治理国家。

【注释】

①敦悫：厚道，诚实。②佻(tiáo)：通“迢”，远，延长，放宽。③期日：约定的日数、日期。任，能力。④巧任：技巧，技能。

【评析】

本篇论述了君主要称王天下、治理国家、实现政权的巩固与国家的统一所必须实行的一系列政治措施；同时，篇中兼述了霸道与亡国之道，以与王道相观照。

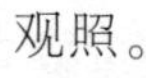

儒家的思想中比较推崇礼、义、仁、智、信这几个方面，特别是把礼仪放在了首位。荀子也非常推崇礼仪。在这篇文章中，荀子首先论述了国家，认为国家是天下最有力的工具，而君主是天下最有权势的人。但是，一个君主若是掌握了正确的治理方法，就会使国家安定下来，反之就会使国家陷于危险的境地中。那么什么是正确的管理办法呢？那就是礼仪和诚

信。所以，荀子说“义立而王，信立而霸，权谋立而亡”。很明显，荀子在这里推崇的就是用礼仪来治理国家的。在接下来的篇幅中，荀子分别论述了什么是“义立而王”，什么是“信立而霸”，什么是“权谋立而亡”。通过对执掌政权、治理国家的截然相反的方法的具体论述中，表达了作者崇尚礼法、贬斥权谋的思想立场。

君 道

【题解】

本篇主张君主要“修身”，要以身作则，“隆礼至法”，“尚贤使能”，善于用人，“慎取相”，这样，就能把国家治理好。篇中所说的“君人者，爱民而安，好士而荣，两者无一焉百亡”，无疑可成为君主的座右铭。除君道外，篇中也涉及臣道、父道、子道、兄道、弟道、夫道、妻道等，而归结到一点，就是要以礼为治。

【原文】

有乱君，无乱国；有治人，无治法。羿之法非亡也，而羿不世中；禹之法犹存，而夏不世王。故法不能独立，类不能自行；得其人则存，失其人则亡。法者，治之端也，君子者，法之原也。故有君子，则法虽省，足以遍矣；无君子，则法虽具，失先后之施，不能应事之变，足以乱矣。不知法之义而正法之数者，虽博①，临事必乱。故明主急得其人，而暗主急得其势。急得其人，则身佚而国治，功大而名美，上可以王，下可以霸；不急得其人，而急得其势，则身劳而国乱，功废而名辱，社稷

【译文】

有使国家混乱的君主，没有必然混乱的国家；有使国家安定的人，没有必然使国家安定的方法。后羿的射箭方法并没有失传，但像后羿一样的射手不是世代都有；大禹的治国方法还存在，但他的后代却不能世代称王天下。所以治国方法不可能单独有所建树，法令不可能自动被实行；得到了使国家安定的人才，那么治国方法就存在；失去了使国家安定的人才，那么治国方法也就灭亡了。治国方法，是治理国家的根本；君子，是治国方法的本源。所以有了君子，法令即使简略，也足以使国家得到普遍治理；如果没有君子，法令即使完备，也会失去先后的实施次序，不能应付事情的各种变化，足以使国家大乱。不懂得治国的根本方法而只是去定法令条文的人，即使了解得很多，碰到具体事情也一定会昏乱。所以贤明的君主急于得到治国的人才，而愚昧的君主急于取得权势。急于得到治国人才的君主，就会自身安逸而国家安定，功绩伟大而名声美好，上可以称王天下，下可以称霸诸侯；不急于得到治国人才的君主，而急于取得权势，就会自身劳苦而国家混乱，功业败坏而声名狼藉，国家政权必然危险。所以统治人民的君主，在寻觅人才时劳累，而在使用他以后就安逸了。《尚

必危。故君人者，劳于索之，而休于使之。《书》曰："惟[2]文王敬忌，一人[3]以择。"此之谓也。

书》中说："想想文王的恭敬戒惧，亲自去选择人才。"说的就是这个道理。

【注释】

①博：多闻。②惟：思。③一人：指代天子。

【原文】

合符节，别契券[1]者，所以为信也；上好权谋，则臣下百吏诞诈之人乘是而后欺。探筹投钩[2]者，所以为公也；上好曲私，则臣下百吏乘是而后偏。衡石[3]称县者，所以为平也；上好倾覆，则臣下百吏乘是而后险。斗斛敦[4]概者，所以为啧[5]也；上好贪利，则臣下百吏乘是而后丰取刻与以无度取于民。故械数者，治之流也，非治之原也；君子者，治之原也。官人守数，君子养原；原清则流清，原浊则流浊。故上好礼义，尚贤使能，无贪利之心，则下亦将綦辞让，致忠信，而谨于臣子矣。如是则虽在小民，不待合符节、别契券而信，不待探筹投钩而公，不待衡石称县而平，不待斗斛敦概而啧。故赏不用而民劝，罚不用而民服，有司不劳而事治，政令不烦而俗美。百姓莫敢不顺上之法，象上

【译文】

验证符节、辨认契券，是为了讲求信用的，但如果君主喜欢玩弄权术阴谋，那么大臣百官中欺骗诡诈的人就会乘机跟着欺诈。抽签、抓阄，是为了表示公正的，但如果君主喜欢偏私，那么大臣百官就会乘机跟着偏私。用衡器来称量，是为了保证公平的，但如果君主喜欢偏私，那么大臣百官就会乘机跟着邪恶不正。各种量器量具，是用来形成统一标准的，但如果君主热衷于贪图财利，那么大臣百官就会乘机变得贪婪，多拿少给，没有限度地搜刮老百姓。所以各种有助于治理的器具与方法，是治理的支流，并不是治理的源头，而君子才是治理的源头。官吏遵守具体的方法条例，君子则保养源头。源头清澈，流水就清澈；源头混浊，流水就混浊。所以君主如果喜爱礼义，崇尚贤者、使用有才能的人，没有贪图财利之心，那么臣下也就会极其谦让，极其忠实诚信，而谨慎地做一个臣子了。像这样，即使是在卑微的老百姓之中，也不用等验证符节、辨认契券就能做到信用，不等抽签、抓阄就能做到公正，不靠衡器来称量就能做到公平，不需要各种量器量具就能做到标准统一。所以不用奖赏而民众就能勤勉，不用刑罚而民众就能服从，官吏不费力而事情就能处理好，政策法令不繁多而习俗就能变好；百姓没有谁敢不顺从君主的法令，依照君主的意志而努力做好君主的事，而且对此感到安乐。所以，民众在纳税时

之志，而劝上之事，而安乐之矣。故藉敛[6]忘费，事业忘劳，寇难忘死，城郭不待饰而固，兵刃不待陵[7]而劲，敌国不待服而诎，四海之民不待令而一，夫是之谓至平。《诗》曰："王犹允塞，徐方既来。"此之谓也。

不觉得是负担，为君主做事时忘掉了疲劳，敌人入侵时能拼死作战；城墙不等修整就坚固，兵器的刀口不用淬炼就锋利，敌国不等去征服就屈从，天下的民众不用命令就能统一行动。这叫做极其太平。《诗经》上说："王道广大充满宇内，因而远方的国家也能来归顺。"说的就是这种情况。

【注释】

①契券：契据，证券。②探筹投钩：指抽签。③衡石：对衡器的通称。衡，秤；石，古代重量单位，一百二十斤为一石。④斁：古代量黍稷的器具，形状似盂，一斁为一斗二升。概：量米粟时刮平斗斛的木板。⑤啧：通"则"，整齐，划一，指标准统一。⑥藉敛：纳税。藉，进贡。敛，赋税。⑦陵：通"凌"，冰，引申为冷却，此指淬火。

【原文】

请问为人君？曰：以礼分施[1]，均遍[2]而不偏。请问为人臣？曰：以礼侍君，忠顺而不懈。请问为人父？曰：宽惠而有礼。请问为人子？曰：敬爱而致文。请问为人兄？曰：慈爱而见友。请问为人弟？曰：敬诎而不苟。请问为人夫？曰：致功而不流，致临而有辨[3]。请问为人妻？曰：夫有礼则柔从听侍，夫无礼则恐惧而自竦也。此道也，偏立而乱，俱立而治，其足以稽矣。请问兼能之奈何？曰：审之礼也。古者先王审礼以方皇[4]周浃[5]于天下，动无不当也。故君子恭而不难，敬而不巩，贫穷而不约，富贵而不骄，并遇变

【译文】

请问如何做君主？回答说：要按照礼义去治理国家，公平而不偏私。请问如何做臣子？回答说：要按照礼义去侍奉君主，忠诚顺从而不懈怠。请问如何做父亲？回答说：要宽厚仁爱而有礼节。请问如何做儿子？回答说：要敬爱父母而极有礼貌。请问如何做哥哥？回答说：要仁慈地爱护弟弟而表现出友爱之情。请问如何做弟弟？回答说：要恭敬顺服而一丝不苟。请问如何做丈夫？回答说：要尽力取得功业而不放荡淫乱，尽力亲近妻子而又保持一定的界限。请问如何做妻子？回答说：丈夫遵行礼义就温柔顺从听命侍候他，丈夫不遵行礼义就担心恐惧而自我警惕。这些原则，只能做到一部分就会混乱，全部做到了国家就会得到治理，这是已经被充分证实了的。请问要全部做到这些该怎么办？回答说：必须弄清楚礼义。古代圣王弄明白了礼义而普遍施行于天下，行动就没有不恰当的。所以君子谦恭但不畏惧，肃敬但不恐惧，贫穷却不卑屈，富贵却不骄纵，同时遇到各种事变、也能应付自如

应而不穷，审之礼也。故君子之于礼，敬而安之；其于事也，径而不失；其于人也，寡怨宽裕而无阿；其为身也，谨修饰而不危；其应变故也，齐给便捷而不惑；其于天地万物也，不务说其所以然，而致善用其材；其于百官之事、技艺之人也，不与之争能而致善用其功；其待上也，忠顺而不懈；其使下也，均遍而不偏；其交游也，缘义而有类；其居乡里也，容而不乱。是故穷则必有名，达则必有功，仁厚兼覆天下而不闵[6]，明达用天地理万变而不疑，血气和平，志意广大，行义塞于天地之间，仁知之极也。夫是之谓圣人审之礼也。

而不会束手无策，这都是因为弄明白了礼义的缘故。所以君子对于礼义，敬重并遵守它；他对于事务，做起来直截了当但不出差错；他对于别人，很少埋怨，能宽厚相处但不阿谀逢迎；他做人的原则，是谨慎地加强修养而不险诈；他应付事变，迅速敏捷而不糊涂；他对于天地万物，不致力于解说它们形成的原因而致力于很好地利用其材；他对于各种官府中的官吏和有技术的人才，不和他们比较能力的高下而能做到很好地利用他们的能力；他侍奉君主，忠诚顺从而不懈怠；他役使下边的人，公平而不偏私；他与人交往，依循道义而以类相聚；他住在家乡，待人宽容而不胡作非为。所以君子处境穷困时一定会享有名望，显达时一定会建立功勋；他的仁爱宽厚之德遍布天下而不强悍，他的明智通达能够治理天地万物，处理各种事变而不疑惑；他心平气和，思想开阔，德行道义充满在天地之间，仁德智慧达到了极点。这种人就叫做圣人，这是因为他弄明白了礼义的缘故。

【注释】

①分施：指施舍。②均遍：公平。③有辨：指夫妻有别，保持一定的界限。④方皇：广大。⑤周浃：周遍。⑥闵：通"暋"。此指强悍。

【原文】

请问为国？曰：闻修身，未尝闻为国也。君者仪[1]也，民者景也，仪正而景正。君者盘也，民者水也，盘圆而水圆。君者盂也，盂方而水方。君射则臣决[2]。楚庄王好细腰，故朝有饿[3]人。故曰：闻修身，未尝闻为国也。

【译文】

请问如何治理国家？回答说：我只听说君主要修养自己的品德，不曾听说过如何去治理国家。君主就像测定时刻的标杆，百姓就像这标杆的影子，标杆正，那么影子也直。君主就像盘子，百姓就像盘里的水，盘子是圆形的，那么盘里的水也成圆形。君主就像盂，百姓就像盂中的水，盂是方形的，那么盂中的水也成方形。君主射箭，那么臣子就会套上板指(也准备射箭。)楚灵王喜欢细腰的人，所以朝廷上有饿得面黄肌瘦的臣子。所以说，我只听说君主要修养身心，不曾听说过怎样治理国家。

【注释】

①仪：日晷，利用日影来测定时刻的仪器。一般是在刻有时刻线的盘的中央立一根垂直的标杆，根据这标杆投出的日影方向和长度来确定时刻。此文“仪”即指此标杆而言。②决：古代射箭时套在右手大拇指上用来钩弦的象骨套子，俗称“扳指”。③饿：古代一般的肚子饿叫“饥”。“饿”是指严重的饥饿，指肚子饿得受到死亡的威胁。

【原文】

君者，民之原也；原清则流清，原浊则流浊。故有社稷者而不能爱民，不能利民，而求民之亲爱己，不可得也。民不亲不爱，而求其为己用，为己死，不可得也。民不为己用，不为己死，而求兵之劲，城之固，不可得也。兵不劲，城不固，而求敌之不至，不可得也。故至而求无危削，不灭亡，不可得也。危削灭亡之情举积此矣，而求安乐，是狂生者也。狂生者，不胥[①]时而落。故人主欲强固安乐，则莫若反之民；欲附下一民，则莫若反之政；欲修政[②]美俗，则莫若求其人。彼或蓄积[③]而得之者不世绝。彼其人者，生乎今之世，而志乎古之道。以天下之王公莫好之也，然而是子独好之；以天下之民莫为之也，然而是子独为之。好之者贫，为之者穷，然而是子犹将为之也，不为少顷辍焉。晓然独明于先王之所以得之、所以失之，知国之安危、臧否，若别白

【译文】

君主，是人民的源头；源头清澈，流水就清澈；源头混浊，流水就混浊。所以掌握了国家政权的人如果不能爱护人民、不能够使人民得利，而要求人民亲近爱戴自己，那是不可能办到的。人民不亲近、不爱戴你，而要求人民为你所用、为你牺牲，那是不可能办到的。人民不为你所用、不为你牺牲，而要求兵力强大、城防坚固，那是不可能办到的。兵力不强大、城防不坚固，而要求敌人不来侵犯，那是不可能办到的。敌人来了而要求自己的国家不危险、不削弱、不灭亡，那是不可能办到的。国家危险、削弱以至灭亡的情况全都积聚在这里了，却还要求安逸快乐，这是狂妄无知的人。狂妄无知的人，不需要等多长时间就会衰败死亡的。所以君主想要强大稳固、安逸快乐，那就不如回过头来依靠自己的人民；想要使臣下归附，使人民与自己一条心，那就不如治理好政事；想要治理好政事、使风俗淳美，那就不如去寻找善于治国的人。那些善于治国的人或许有所积储，因而得到这种人的君主世世代代不会断绝。那些善于治国的人，生在今天的时代却十分了解古代的治国方法。虽然天下的君主没有谁爱好古代的治国方法，但是这种人偏偏爱好它；虽然天下的百姓没有谁想要古代的治国方法，但是这种人偏偏遵行它。爱好古代治国方法的人会贫穷，遵行古代治国方法的人会困厄，但是这种人还是要遵行它，并不因此而停止片刻。唯独这种人清

黑。是其人者也，大用之，则天下为一，诸侯为臣；小用之，则威行邻敌；纵不能用，使无去其疆域，则国终身无故。故君人者，爱民而安，好士而荣，两者无一焉而亡。《诗》曰："介人[④]维藩，大师维垣。"此之谓也。

楚地明了古代帝王取得国家政权的原因、失去国家政权的原因。他们了解国家的安危、政治的好坏就像分辨黑白一样清楚。这种善于治国的人，如果君主重用他，那么天下就能统一，诸侯就会来称臣；如果君主简单地任用他，那么威势也能扩展到邻邦敌国；即使不能任用他，但只要不使他离开国土，那么国家在他活着的时候就不会有祸患。所以，君主爱护人民就会安宁，喜欢士人就会荣耀，这两者一样都不具备的就会灭亡。《诗经》上说："贤士是天下的藩篱，大众是天下的围墙。"说的就是这个道理。

【注释】

①胥：通"须"，等待。②修政：把政事处理好。③蓄积：积聚；储存。④介人：善人。指有才德之士。

【原文】

道者，何也？曰：君之所道也。君者，何也？曰：能群也。能群也者，何也？曰：善生养人者也，善班[①]治人者也，善显[②]设人者也，善藩[③]饰人者也。善生养人者人亲之，善班治人者人安之，善显设人者人乐之，善藩饰人者人荣之。四统者具而天下归之，夫是之谓能群。不能生养人者，人不亲也；不能班治人者，人不安也；不能显设人者，人不乐也；不能藩饰人者，人不荣也。四统者亡而天下去之，夫是之谓匹夫。故曰：道存则国存，道亡则国亡。省工贾，众农夫，禁盗贼，除奸邪，是所以生养之也。天子三公，诸侯一相，大

【译文】

道是什么呢？回答说：道是君主所遵行的原则。君主是什么呢？回答说：君主是能够把人组织成群体的人。能够把人组织成群体又是什么呢？回答说：是指善于养活抚育人，善于统治人，善于任用安置人，善于用不同的服饰来区分人。善于养活抚育人的，人们就亲近他；善于统治人的，人们就安心顺从他；善于任用安置人的，人们就喜欢他；善于用服饰来区分人的，人们就赞美他。这四个要领具备了，天下的人就会归顺他，这就叫做能够把人组织成群体的人。不能养活抚育人的，人们就不会亲近他；不能统治人的，人们就不会安心顺从他；不能任用安置人的，人们就不会喜欢他；不能用服饰区分人的，人们就不会赞扬他。这四个要领都没有做到，天下的人就会背离他，他也就是一个普通人。所以说，正确的治国方法存在，国家就存在；正确的治国方法丧失了，国家就灭亡。减少手工业者和商人的人数，增多农夫的人数，禁止盗贼，铲除奸诈，这就是用来养活抚育人的办法。天子任用三公，诸侯配备一个臣相，大夫独掌某一官职，士谨守自己的职责，无不按照法令制度而

夫擅官，士保职，莫不法度而公，是所以班治之也。论德而定次，量能而授官，皆使其人载其事而各得其所宜，上贤使之为三公，次贤使之为诸侯，下贤使之为士大夫，是所以显设之也。修冠弁④衣裳，黼黻文章，雕琢刻镂皆有等差，是所以藩饰之也。故由天子至于庶人也，莫不骋⑤其能，得其志，安乐其事，是所同也；衣暖而食充，居安而游乐，事时制明而用足，是又所同也；若夫重色而成文章，重味而成珍备，是所衍也。圣王财衍以明辨异，上以饰贤良而明贵贱，下以饰长幼而明亲疏。上在王公之朝，下在百姓之家，天下晓然皆知其所以为异也，将以明分达治而保万世也。故天子诸侯无靡费之用，士大夫无流淫之行，百吏官人无怠慢之事，众庶百姓无奸怪之俗、无盗贼之罪，其能以称义遍矣。故曰：治则衍及百姓，乱则不足及王公。此之谓也。

秉公办事，这就是用来治理人的方法。审察德行来确定等级，衡量才能来授予官职，使每个人都承担他们的工作而各人都能得到和他的才能相适合的职务，上等的贤才使他们担任三公，次一等的贤才使他们做诸侯，下等的贤才使他们当大夫，这就是任用安置人的办法。修饰帽子衣裳、在礼服上绘画各种彩色花纹、在各种器具上雕刻图案等都有一定的等级差别，这就是用来打扮装饰人的方法。从天子一直到普通老百姓，没有谁不想发挥自己的才能、实现自己的志愿、安逸愉快地从事自己的事业，这是每个人都相同的愿望；穿得暖和而吃得饱，住得安适而玩得快乐，事情办得及时、制度明白清楚而财物用度充足，这些又是每个人共同的愿望。至于那重叠使用多种颜色而绘成衣服上的彩色花纹，汇集各种食物而烹制成珍馐美味，这是富饶有余的表现了。圣明的帝王控制好这种富饶有余的东西来彰明等级差别，在上用来装饰贤能善良的人而显示每个人地位的高低，在下用来装饰老少而表明每个人的亲疏关系。这样，上面在君主的朝廷，下面在平民百姓的家庭，天下人都明明白白地知道圣明的帝王并不是要用这些东西故意制造等级差别，而是要用它来明确名分、达到治理的目的，从而保持千秋万代永远太平。所以天子诸侯没有浪费的用度，士大夫没有放荡不拘的行为，群臣百官没有怠慢的政事，群众百姓没有奸诈怪僻的习俗、没有偷盗抢劫的罪行，这样就能够称得上道义普及了。所以说：“国家得到治理，那么富裕就会惠及百姓；国家混乱，财物贫乏就会殃及天子王公。”说的就是这个道理。

【注释】

①班：通“办”，治理。②显：使动用法，提拔任用。③藩饰：遮蔽文饰，指裁制不同的服饰让人穿带以显示出不同的等级。④弁(biàn)：冠名。古代男子穿通常礼服时所戴的冠称弁。⑤骋：指发挥，施展。

【原文】

至道大形①：隆礼至②法则国有常，尚贤使能则民知方，纂论③公察则民不疑，赏克罚偷则民不怠，兼听齐明则天下归之；然后明分职，序事业，材技官能，莫不治理，则公道达而私门塞矣，公义明而私事息矣。如是，则德厚者进而佞说者止，贪利者退而廉节者起。《书》曰："先时者杀无赦，不逮时者杀无赦。"人习其事而固，人之百事，如耳目鼻口之不可以相借官也；故职分而民不慢，次定而序不乱，兼听齐明而百姓不留。如是，则臣下百吏至于庶人，莫不修己而后敢安止，诚能而后敢受职；百姓易俗，小人变心，奸怪之属莫不反悫，夫是之谓政教之极。故天子不视而见，不听而聪，不虑而知，不动而功，块然④独坐而天下从之如一体，如四肢之从心。夫是之谓大形。《诗》曰："温温恭人，维德之基。"此之谓也。

【译文】

最高的治国之道的大致体现的是：推崇礼义并严格遵守法律，那么国家就会有秩序；尊重贤德的人，任用有才能的人，那么人民就会知道努力的方向；集体审查，公正考察，那么人民就不会怀疑了；奖赏勤劳，惩罚偷懒，那么人民就不会懒惰了；听取各方面的意见，明察一切事情，那么天下人就会归顺。然后明确名分职责，根据轻重缓急的次序来安排工作，安排有技术的人做事，任用有才能的人当官，这样，国家大事就没有什么得不到治理的，那么为公效劳的道路就畅通了，而谋私的门径就被堵塞了，为公的原则昌明了而谋私的事情就止息了。像这样，那么品德淳厚的人就得到起用而巧言谄媚的人就受到遏止，贪图财利的人被黜退而廉洁奉公的人被提拔。《尚书》上说："在规定的时刻之前行动的，杀而不赦；没有赶上规定时刻而落后的，杀而不赦。"人们往往因为熟悉了自己的工作而固守本职不改行。人们的各种工作，就像耳朵、眼睛、鼻子、嘴巴等不可以互相替代功能一样。所以，职务划分之后，民众就不会再谋求他职；等级确定之后，秩序就不会混乱；听取各方面的意见，明察一切，那么各种工作就不会积压。像这样，那么大臣百官直到平民百姓就没有不提高了自己的修养以后才敢安居，真正有了才能以后才敢接受官职；百姓改变了习俗，小人转变了思想，奸邪怪僻之流无不转向诚实谨慎，这就叫做政治教化的最高境界。所以天子不用察看就能发现问题，不用打听就能明白真相，不用考虑就能知道事理，不用动手就能功成业就，岿然不动地独自坐着而天下人顺从，这就像长在一个身体上一样、就像四肢顺从思想的支配一样，这就是治国之道的大致体现。《诗经》上说："温柔谦恭的人，是以道德为根本的。"说的就是这种人。

【注释】

①形：表现。②至：极，使……成为最高。③纂论：指考察贤能时集中各方面的人员进行审查。④块然：同"岿然"，独自屹立而不动的样子。

【原文】

为人主者，莫不欲强而恶弱，欲安而恶危，欲荣而恶辱，是禹、桀之所同也。要此三欲，辟此三恶，果何道而便？曰：在慎取相，道莫径是矣。故知而不仁，不可；仁而不知，不可；既知且仁，是人主之宝也，王霸之佐也。不急得，不知；得而不用，不仁。无其人而幸有其功，愚莫大焉。

【译文】

做君主的，没有不希望国家强盛而厌恶衰弱的，没有不希望国家安定而厌恶危险的，没有不想国家荣耀而厌恶耻辱的，这是禹和桀所相同的愿望。要实现这三种愿望，避免这三种厌恶，究竟采取什么办法最便利？回答说：在于慎重地选取臣相，没有比这个办法更简便的了。对于臣相的人选，有智慧而没有仁德，不行；有仁德而没有智慧，也不行；既有智慧又有仁德，这便是君主的宝贵财富，是成就王业霸业的助手。君主不急于求得相才，是不明智；得到了相才而不重用，是不仁爱。没有德才兼备的臣相而希望取得王霸之功，没有比这更愚蠢的了。

【原文】

今人主有六[1]患：使贤者为之，则与不肖者规之；使知者虑之，则与愚者论之；使修士行之，则与污邪之人疑[2]之。虽欲成功，得乎哉！譬之，是犹立直木而恐其景之枉也，惑莫大焉！语曰：好女之色，恶者之孽也。公正之士，众人之痤也。循乎道之人，污邪之贼也。今使污邪之人，论其怨贼，而求其无偏，得乎哉！譬之是犹立枉木而求其景之直也，乱莫大焉。

【译文】

现在的君主有个大毛病：让贤能的人去做事，却同不贤的人去纠正他；让明智的人去考虑问题，却同愚昧的人去评判他；让品德美好的人去干事，却同卑污邪恶的人去评估他。像这样，即使想成功，能办得到吗？打个比方，这就像是竖起一根笔直的木头而怕它的影子弯曲一样，没有比这更糊涂的了。俗话说："美女的姿色，是邪恶之人的灾祸。公正的贤士，是众人都厌恶的痤疮。遵循道义的人，是卑污邪恶的人的祸害。"现在让卑污邪恶的人来评判他们怨恨的人而要求他们没有偏见，能办得到吗？打个比方，这就像竖起一根弯曲的木头而要求它的影子笔直一样，没有比这更昏乱的了。

【注释】

①六：应是为"大"字之误。②疑：通"拟"，揣度，估量。

【原文】

故古之人为之不然。其取人有道，其用人有法。取人之道，参之以礼；用人之法，禁之以等。行义[①]动静，度之以礼；知虑取舍，稽之以成；日月积久，校之以功，故卑不得以临尊，轻不得以县重，愚不得以谋知，是以万举而不过也。故校之以礼，而观其能安敬也；与之举措迁移，而观其能应变也；与之安燕，而观其能无流慆[②]也；接之以声色、权利、忿怒、患险，而观其能无离守也。彼诚有之者与诚无之者，若白黑然，可诎邪哉！故伯乐不可欺以马，而君子不可欺以人，此明王之道也。

【译文】

所以古代的君主做事就不是这样。他选取人有一定的原则，他任用人有一定的法度。选取人的原则，是用礼制去检验他们；任用人的法度，是用等级去约束他们。对他们的品行举止，用礼制来衡量；对他们的智慧以及赞成或反对的意见，用最后的成果来考查；对他们日积月累的长期工作，用取得的功绩来考核。所以，地位卑下的人不准用来监督地位尊贵的人，权势轻微的人不准用来评判掌有大权的人，愚蠢的人不准用来计议明智的人，因此一切举措都不会失误。所以用礼制来考核他们，观察他们会不会安泰恭敬；给他们上下调动来回迁移，观察他们能不能应付各种变化；让他们安逸舒适，观察他们会不会放荡荒淫；让他们接触音乐美色、权势财利、怨恨愤怒、祸患艰险，观察他们会不会擅离职守。这样，那些真正有德才的人与的确没德才的人就像白与黑一样分明，这哪里还能歪曲得了呢？所以伯乐不可能被马的好坏骗了，而君子不可能被人的好坏骗了。以上这些就是贤明的帝王所遵循的原则。

【注释】

①行义：品行，道义。②流慆(tāo)：放荡荒淫。

【原文】

人主欲得善射，射远中微者，县贵爵重赏以招致之。内不可以阿子弟，外不可以隐远人，能致是者取之，是岂不必得之之道也哉！虽圣人不能易也。欲得善驭，及速致远者，一日而千里，县贵爵重赏以招致之。内不可以阿子弟，外不可以隐远人，

【译文】

君主想得到善于射箭的人，射得远又能射中细微之物的人，就悬挂告示以尊贵爵位和厚重奖赏来招引他们。对内不能偏袒自己的子弟，对外不能埋没和自己疏远的人，凡是达到“既射得远又能射中细微之物的人”标准的人就选用，这难道不是一定能得到善于射箭的人的方法吗？即使是圣人也不能改变它。君主想得到善于驾车的人，既跑得快又能到达远方，一天能跑千里，就悬挂告示以尊贵爵位和厚重奖赏来招引他们。对内

能致是者取之，是岂不必得之之道也哉！虽圣人不能易也。欲治国驭民，调壹上下，将内以固城，外以拒难，治则制人，人不能制也；乱则危辱灭亡可立而待也。然而求卿相辅佐，则独不若是其公也，案唯便嬖[①]亲比己者之用也，岂不过甚矣哉！故有社稷者莫不欲强，俄则弱矣；莫不欲安，俄则危矣；莫不欲存，俄则亡矣。古有万国，今有十数焉，是无它故，莫不失之是也。故明主有私人以金石珠玉，无私人以官职事业，是何也？曰：本不利于所私也。彼不能而主使之，则是主暗也；臣不能而诬能，则是臣诈也。主暗于上，臣诈于下，灭亡无日，俱害之道也。夫文王非无贵戚也，非无子弟也，非无便嬖也，倜然[②]乃举太公于州人而用之，岂私之也哉！以为亲邪？则周姬姓也，而彼姜姓也。以为故邪？则未尝相识也。以为好丽邪？则夫人行年七十有二，齳然[③]而齿堕矣。然而用之者，夫文王欲立贵道，欲白贵名，以惠天下，而不可以独也。非于是子莫足以举之，故举是子而用之。

不能偏袒自己的子弟，对外不能埋没和自己疏远的人，凡是达到“既跑得快又能到达远方”标准的人就选用，这难道不是一定能得到善于驾车的人的方法吗？即使是圣人也不能改变它。君主想治理好国家，管理好人民，调整上下从而使之协调，对内巩固城防，对外抵御入侵。国家安定，就能够制服别人，而不被别人所制服；国家混乱，那么危险、耻辱、灭亡的局面不久就会到来。但是君主在求取卿相辅佐时，他却偏偏不像这样公正，而只任用自己宠爱的臣子以及亲近依附自己的人，这难道不是错得很厉害了吗？所以掌握了国家政权的君主没有不希望强盛，但不久就衰弱了；没有不希望安定，但不久就危险了；都希望国家永存，但不久就灭亡了。古代有上万个国家，今天只有十几个了，这没有其他的缘故，都是因为君主用人不公而丢失了政权。所以英明的君主有把金银宝石珍珠玉器私下给人的，但从来没有把官职职务私下给人的。这是为什么呢？回答说：因为私下给人官职根本不利于那些被偏爱的人。那些人没有才能而君主任用他，那么这就是君主的昏庸；臣子无能而冒充有才能，那么这就是臣子的欺诈。君主昏庸于上，臣子欺诈于下，国家灭亡就没有几天了。所以这是对君主以及所宠爱的臣子都有害处的做法。周文王，并不是没有皇亲国戚，并不是没有儿子兄弟，并不是没有宠臣亲信，但他却离世脱俗地在别国人之中提拔了姜太公而重用他，这哪里是偏爱他！认为他们是亲族吧？但周族姓姬，而他姓姜。认为他们是旧相识吧？但他们从来不相识。以为周文王爱漂亮吧？但姜太公已七十二岁，连牙齿都掉光了。但是周文王还是任用了他，那是因为文王想要树立良好的政治秩序，想要显扬尊贵的名声，以此来造福天下，而这些是不能单靠君主自己一个人办到的，但除了这姜太公又没有什么人可以选用，所以提拔了这个人并任用了他。于是，良好的政治秩序果然建立了起来，尊贵的名声果然明显卓著，全面控制了天下，设置了七

于是乎贵道果立，贵名果白，兼制天下，立七十一国，姬姓独居五十三人。周之子孙，苟非狂惑者，莫不为天下之显诸侯，如是者能爱人也。故举天下之大道，立天下之大功，然后隐其所怜所爱，其下犹足以为天下之显诸侯。故曰：唯明主为能爱其所爱，暗主则必危其所爱。此之谓也。

十一个诸侯国，其中姬姓诸侯就独占了五十三个，周族的子孙，只要不是发疯糊涂的人，没有不成为天下显贵的诸侯。像这样，才算是能宠爱人。所以实施了统一天下的重大原则，建立了统一天下的丰功伟绩，然后再偏私自己所疼所爱的人，那么这些被疼爱的人最差的也还能成为天下的显贵诸侯。所以说："只有英明的君主才能爱护他所宠爱的人，昏庸的君主就必然会危害他所宠爱的人。"说的就是这个道理。

【注释】

①便嬖：君主左右受宠幸的小臣。②倜然：远离的样子，此指远离世俗、与众不同的样子。③齳(yǔn)然：亦作"龋然"。没有牙齿的样子。

【原文】

墙之外，目不见也；里[①]之前，耳不闻也；而人主之守司，远者天下，近者境内，不可不略知也。天下之变，境内之事，有弛易[②]齵差[③]者矣，而人主无由知之，则是拘胁蔽塞之端也。耳目之明，如是其狭也；人主之守司，如是其广也；其中不可以不知也，如是其危也。然则人主将何以知之？曰：便嬖左右者，人主之所以窥远收众之门户牖向[④]也，不可不早具也。故人主必将有便嬖左右足信者，然后可。其知惠足使规物，其端诚足使定物，然后可；夫是之谓国具。人主不能不有游观安燕之时，则不得不有疾病物故之变焉。如是，国者，事物之至也如

【译文】

墙壁的外面的东西，眼睛看不到；里门前面的声音，耳朵听不到；但君主所管辖的范围，远的遍及天下，近的在国境之内，不能不大略地知道一些。天下的变化，境内的事情，已经有变动纷乱的了，然而君主却无从知道这种情况，那么这就是被挟制蒙蔽的开端了。耳朵眼睛的辨察力，这样的狭窄；君主的掌管范围，这样的广大，其中的情况不可以不知道；不知道其中的情况，就会有被挟制蒙蔽的危险。既然如此，那么君主要依靠什么来了解情况呢？回答说：君主身边的亲信和侍从，是君主用来观察远处，监督群臣百官的耳目，不能不及早配备好。所以君主一定要有了足可信赖的亲信侍从，然后才行；他们的智慧要足可用来谋划事情，他们的正直诚实要足可用来判定事情，然后才行。这种人叫做治国的工具。君主不能没有游览观光、安逸快乐的时候，也不可能没有疾病、死亡的变故。在这种时候，国家的事情还像源泉一样不断地涌来，一件

泉原，一物不应，乱之端也。故曰：人主不可以独也。卿相辅佐，人主之基杖[5]也，不可不早具也。故人主必将有卿相辅佐足任者然后可。其德音足以镇抚百姓，其知虑足以应待万变然后可；夫是之谓国具。四邻诸侯之相与，不可以不相接也，然而不必相亲也，故人主必将有足使喻志决疑于远方者然后可，其辩说足以解烦，其知虑足以决疑，其齐断足以距难[6]，不还秩[7]，不反君，然而应薄扞[8]患足以持社稷然后可，夫是之谓国具。故人主无便嬖左右足信者，谓之暗，无卿相辅佐足任使者谓之独，所使于四邻诸侯者非其人谓之孤，孤独而晻，谓之危。国虽若存，古之人曰亡矣。《诗》曰："济济多士，文王以宁。"此之谓也。

事情不能应对，就是祸乱的开始。所以说：君主不能一个人来治理国家。卿相辅佐，是君主的依靠，不能不及早配备好。所以君主一定要有了足可任用的卿相辅佐，然后才行；他们的道德声望要足可用来安定百姓，他们的智慧思虑要足可用来应对各种事变，然后才行。这种人叫做治国的工具。四周相邻的诸侯国边境相连，不可能不相互往来，但彼此之间的关系不一定是友好的，所以君主一定要有了足可出使到远方去传达君主旨意、解决疑难问题的人，然后才行；他们的辩说要足可用来消除麻烦，他们的智慧思虑要足可用来解决疑难，他们的敏捷果断要足可用来排除危难，他们不是为了谋取高官厚禄，也不会反叛君主，但足以应对紧急情况、抵御患难，保住国家政权，然后才行。这种人叫做治国的工具。君主没有足可信赖的亲信侍从叫做昏庸，没有足可胜任的卿相辅佐叫做孤独，被派遣到四邻诸侯国的使者不是那称职的人叫做孤立，孤立、孤独而昏庸就叫做危险。这样的国家虽然似乎存在着，但古代的人却说它灭亡了。《诗经》上说："人才众多贤能济济，文王因此得安宁。"说的就是这个道理。

【注释】

①里之前：指里门之前。里，居民区，周代以二十五家为一里，里有里门。②弛易：通"移易"，变动的意思。③齵(óu)差：指参差不齐。④门户牖(yǒu)向：古代双扇的门叫"门"，单扇的门叫"户"，"牖"即窗，"向"即北窗。这里喻指君主的耳目。⑤基杖：古代老人坐着依靠几案，走路依靠手杖，所以此文用来喻指君主的依靠。基：通"几"，一种小桌子，古代设于座侧，用来靠身。⑥距难：拒绝并加以责难。距，通"拒"。⑦还秩：辞职，指不愿干。还，归还。秩，官吏的职位俸禄。⑧扞(hàn)：同"捍"，抵御。

【原文】

材人：愿悫拘录[1]，计数纤啬[2]而无敢遗丧，是官人使吏之材也。修饬端正，尊法敬分，而无倾侧之心，守职修业[3]，不敢损益，可传

【译文】

任用人才的原则：诚实、勤劳，即使细小的事情也能精心计算而不敢遗漏，这种人是管理一般事务的材料。加强修养、端正身心，崇尚法制、尊重名分，而没有偏斜不正的思想，谨守职

世也，而不可使侵夺，是士大夫官师之材也。知隆礼义之为尊君也，知好士之为美名也，知爱民之为安国也，知有常法之为一俗也，知尚贤使能之为长功也，知务本禁末之为多材也，知无与下争小利之为便于事也，知明制度权物称用之为不泥也，是卿相辅佐之材也。未及君道也。能论官此三材者而无失其次，是谓人主之道也。若是则身佚而国治，功大而名美，上可以王，下可以霸，是人主之要守也。人主不能论此三材者，不知道此道，安值将卑势出劳，并耳目之乐，而亲自贯日而治详，一日而曲辨之，虑与臣下争小察而綦偏能，自古及今，未有如此而不乱者也。是所谓视乎不可见，听乎不可闻，为乎不可成。此之谓也。

责、遵循法典，不敢有所增减，使它们世代相传，而不让它们受损被夺，这种人是士大夫和群臣百官的材料。知道崇尚礼义是为了使君主尊贵，知道喜爱士人是为了使名声美好，知道爱护民众是为了使国家安定，知道有了固定的法制是为了统一习俗，知道尊重贤士、使用能人是为了增长功效，知道致力于根本性的农业生产，而限制非根本的工商业是为了增加国家的财富，知道不与下属争夺小利是为了有利于办大事，知道彰明制度、权衡事情要符合实际是为了不拘泥于成规，这种人是做卿相的材料，但他们还没有懂得君主之道。能够选择任用这三种人才而对他们的安排没有失误，这才可以称为君主之道。如果能这样，那么君主自己就能得到安逸，国家就会得到安定，功业伟大而名声美好；上可以称王天下，下可以称霸诸侯，这是君主的主要职责。君主不能择取这三种人才，不知道遵循这个原则，而只是降低自己的地位，亲自去操劳，抛弃声色娱乐，而亲自连续几天把事情治理得周详完备，一天之内就曲折周到地把事情办好，总是想和臣下在细小的方面比精明而使尽自己某一方面的才能，从古到今，还没有像这样而能不使国家混乱的。这就是所谓“去看那些不能看见的，去听那些不能听见的，去做那些不能成功的”。说的就是这个道理。

【注释】

①拘录：勤劳。②啬：节俭、吝啬，此指精打细算。③业：书版，这里指法典图籍。

【评析】

此篇主要阐述了君主的治国之道。荀子在文章中系统地论述了君主在实施礼法，治理国家中的重要作用。在荀子看来，法度是治理国家的根本，君子是法度的本源，而君子则必须要依靠君主被发现，然后才能被任用。所以说，君主在治理国家的过程中，起着决定性的作用。具体说来，荀子主张君主要“修身”要以身作则。

俗话说“上梁不正下梁歪”，若是君主喜欢运用权谋，下面的大臣也都会用阴

谋诡计来欺骗他；若是君主“隆礼至法”、“尚贤使能”，善于用人，任用一些品德高尚的君子，就能把国家治理好。篇中所说的“君人者，爱民而安，好士而荣，两者无一焉百亡”，无疑可成为君主的座右铭了。除君道外，篇中也涉及臣道、父道、子道、兄道、弟道、夫道、妻道等，而归结到一点，就是要以礼为治。

荀子指出，在家庭中，父子之间、兄弟之间、夫妻之间都要按照礼的要求确定自己的家庭地位，按照礼的要求建立和谐的家庭关系，即要以礼齐家。

臣 道

【题解】

本篇主要论述为臣之道，说明态臣、篡臣、功臣、圣臣等各类臣子的特征以及对国家命运的不同影响，并对臣子的德行才能加以规范，指出对待不同君主应该持有不同的原则和方法。

【原文】

人臣之论：有态臣[①]者，有篡臣者，有功臣者，有圣臣[②]者。内不足使一民，外不足使距难[③]；百姓不亲，诸侯不信；然而巧敏佞说，善取宠乎上，是态臣者也。上不忠乎君，下善取誉乎民；不恤公道通义，朋党比周，以环[④]主图私为务，是篡臣者也。内足使以一民，外足使以距难；民亲之，士信之，上忠乎君，下爱百姓而不倦，是功臣者也。上则能尊君，下则能爱民；政令教化，刑[⑤]下如影，应卒遇变，齐给如响；推类接誉，以待无方，曲成制象[⑥]，是圣臣者也。故用圣臣者王，用功臣者强，用篡臣者危，用态臣者亡。态臣用则必死，篡臣用则必危，功臣用则必荣，圣臣用则必

【译文】

臣子的类别：有奸诈的臣子，有篡权夺位的臣子，有建功立业的臣子，有德行智能超群出众的臣子。任用他，对内不能使民众团结，对外不能抗拒祸患，百姓不亲近他，诸侯不信任他，但是却能巧言善变能说会道，善于从君主那里取得宠幸，这就是奸诈的臣子。对上不忠诚于君主，对下善于在百姓中骗取好的名声，不顾及公正道义，结党营私相互勾结，将专门封锁蒙蔽君主来图谋私利作为自己的事务，这是篡权夺位的臣子。对内用他完全能够团结民众，对外用他完全能够抗拒祸患，百姓亲近他，士人信任他，对上忠诚于君主，对下体恤百姓而不知倦怠，这是建功立业的臣子。对上能够尊重君主，对下能够爱护百姓，推行政策法令教化规范百姓，百姓效法如同影之相随，应对突发事件，对待突然变化，反应就像回响呼应声音一样迅速敏捷，能用类推处理的方法应对变化无常的情况，严格遵守法度，使自己的行为成为别人效法的楷模，这就是德行智能超群出众的臣子。因此，任用德行智能超群出众的臣子，就可以称王天下；任用建功立业的臣子，国家就会富足强盛；任用篡权夺位的臣子，国家就会面临危险；任用奸诈的臣子，国家就会走向灭

尊。故齐之苏秦、楚之州侯、秦之张仪，可谓态臣者也。韩之张去疾、赵之奉阳、齐之孟尝，可谓篡臣也。齐之管仲、晋之咎犯、楚之孙叔敖，可谓功臣矣。殷之伊尹、周之太公，可谓圣臣矣。是人臣之论也；吉凶贤不肖之极也，必谨志之而慎自为择取焉，足以稽矣。

亡。奸诈的臣子受到重用，那么君主就一定会丧命；篡权夺位的臣子受到重用，那么君主就一定会身处险境；建功立业的臣子得到重用，那么君主就会倍显荣耀；德行智能超群出众的臣子得到重用，那么君主就会受到敬重。因此，齐国的苏秦、楚国的州侯、秦国的张仪，可以说是奸诈的臣子。韩国的张去疾、赵国的奉阳君、齐国孟尝君，可以说是篡权夺位的臣子。齐国的管仲、晋国的咎犯、楚国的孙叔敖，可以说是建功立业的臣子。殷朝的伊尹、周朝的姜太公，可以说是德行智能超群出众的臣子。以上这些就是臣子的类别，它是预测国家安危和辨别君主贤与不贤的标准，君主一定要小心记住它！并且慎重的亲自选择大臣，这足以作为参考的标准。

【注释】

①态臣：奸诈之臣。态，通“慝”。②圣臣：指德行智能超群出众之臣。③距难：抗拒祸患。距，通“拒”。④环：环绕，引申指封闭、蒙蔽。⑤刑：通“型”，典范，榜样。这里用作动词，作榜样。⑥曲成制象：指他的行为处处成为准则楷模，这是因为他严格遵守法度的结果。制，制度，准则。象，法式，榜样。

【原文】

从命而利君谓之顺，从命而不利君谓之谄；逆命而利君谓之忠，逆命而不利君谓之篡；不恤君之荣辱，不恤国之臧否[1]，偷合苟容以持禄养交而已耳，谓之国贼。君有过谋过事，将危国家、殒社稷之惧也，大臣父兄，有能进言于君，用则可，不用则去，谓之谏；有能进言于君，用则可，不用则死，谓之争[2]；有能比知同力，率群臣百吏而相与强君挢君，君虽不安，不能不听，

【译文】

听从君主的命令而有利于君主的叫做顺从，听从君主的命令而不利于君主的叫做谄媚，违抗君主的命令而有利于君主的叫做忠诚，违抗君主的命令而不利于君主的叫做篡夺。不顾及君主的荣辱，不顾及国家的得失，只是苟且奉迎君主、求取容身，以此来保住俸禄、进而豢养党羽，叫做国家的窃贼。君主有了错误的谋划、不对的行为，快要使国家面临危险、使政权走向灭亡时，大臣、父兄中假如有人能够向君主进呈谏言，谏言被采用就继续辅佐君主，不被采用就离开，这叫做劝谏；假如有人能够向君主进呈谏言，谏言被采用就继续辅佐君主，不被采用就以死抗争，这叫做谏诤；假如有人能够联合有才智的人同心协力，率领群臣百官共同去逼迫君主、矫正君主行为，君主即使不低头，却不能不听

遂以解国之大患，除国之大害，成于尊君安国，谓之辅；有能抗君之命，窃君之重，反君之事，以安国之危，除君之辱，功伐足以成国之大利，谓之拂[③]。故谏、争、辅、拂之人，社稷之臣也，国君之宝也，明君所尊厚也，而暗主惑君以为己贼也。故明君之所赏，暗君之所罚也；暗君之所赏，明君之所杀也。伊尹、箕子可谓谏矣，比干、子胥[④]可谓争矣，平原君[⑤]之于赵可谓辅矣，信陵君[⑥]之于魏可谓拂矣。传曰："从道不从君。"此之谓也。

从，结果解除了国家的大忧患，除掉了国家的大祸害，最后使君主尊贵、国家安定，这叫做辅佐；假如有人能够违抗君主的命令，借用君主的权力，反抗君主的错误行为，而后使国家由危险转为安定，去除了君主蒙受的耻辱，功劳足够用来成就国家的重大利益，这叫做匡正。所以，劝谏、谏诤、辅佐、匡正君主的人，是维护国家政权的重臣，是国家君主的宝贵财富，是英明的君主所应该尊重厚待的，但愚蠢的君主、糊涂的君主却把他们看作自己的敌人。因此，英明的君主所奖赏的人，却是愚蠢的君主所要惩罚的对象；愚蠢的君主所奖赏的人，却是英明的君主所要杀戮的对象。伊尹、箕子可以说是劝谏了；比干、子胥可以说是谏诤了；平原君对于赵国来说，可以说是辅佐了；信陵君对于魏国来说，可以说是匡正了。古书上说："遵从正确的原则而不遵从国君。"说的就是这种人。

【注释】

①臧否：好坏。②争：同"诤，拼命规劝。③拂：通"弼"，匡正，矫正式的辅助。④子胥：姓伍，名员，字子胥，春秋时楚国大夫伍奢的次子，受楚平王迫害而逃到吴国，为吴国大夫。他帮助吴王阖闾攻破楚国，成就霸业。吴王夫差时，他屡次不顾老命极力劝阻夫差，夫差怒，赐剑逼他自杀，他自杀后，吴国被越国所灭。⑤平原君：即赵胜，战国时赵惠文王的弟弟，封于东武城，号平原君。他曾三任赵相。赵孝成王七年，秦围赵都邯郸，他组织力量坚守，后又向楚、魏求救。公元前257年，楚、魏援军至，击败秦军，保存了赵国。⑥信陵君：即魏无忌，战国时魏安釐王的异母弟弟，号信陵君。秦围赵都邯郸，赵来求救，魏王派将军晋鄙救赵，后又畏秦而命晋鄙按兵不动。信陵君数谏魏王无效，便设法窃得兵符，击杀晋鄙，夺取兵权，于公元前257年至邯郸救赵胜秦。后十年，为上将军，曾联合五国击退秦军对魏国的进攻。

【原文】

故正义之臣设，则朝廷不颇；谏、争、辅、拂之人信，则君过不远；爪牙之士施，则仇雠不作；边境之臣处，则疆垂[①]不丧，故

【译文】

所以，如果坚持正义的臣子得到任用，那么朝廷就不会偏颇不正；如果劝谏、谏诤、辅佐、匡正的臣子受到信任，那么君主的错误就很快改正了；如果勇猛有力的武士被使用，那么仇敌就不敢兴风作浪；如果安置好边境上的臣子，那么边

明主好同而暗主好独，明主尚贤使能而飨[2]其盛[3]，暗主妒贤畏能而灭其功。罚其忠，赏其贼，夫是之谓至暗，桀、纣所以灭也。

疆就不会失去。因此英明的君主喜欢团结别人而愚昧的君主却喜欢独处；英明的君主推崇贤人、任用能人而享有他们做出的成果，愚昧的君主妒忌贤人、畏惧能人而埋没他们的功劳。惩罚他的忠臣，奖赏他的奸贼，这样的行为叫做昏庸至极，这就是夏桀、商纣之所以灭亡的原因。

【注释】

①疆垂：边疆，边界。垂，同"陲"，边疆。②飨：通"享"，享受。③盛：通"成"，成果。

【原文】

事圣君者，有听从无谏争；事中君者，有谏争无谄谀；事暴君者，有补削[1]无挢拂[2]。迫胁于乱时，穷居于暴国，而无所避之，则崇其美，扬其善，违[3]其恶，隐其败，言其所长，不称其所短，以为成俗。《诗》曰："国有大命，不可以告人，妨其躬身。"此之谓也。

【译文】

侍奉圣明君主的，有听命顺从而没有劝谏谏诤；侍奉一般君主的，有劝谏谏诤而没有谄媚奉承；侍奉无道暴君的，有补救过错而没有强行纠正。被迫生活在动乱的年代，无路可走地居住在无道暴君统治的国家，却又没有法子躲避这种处境，那就推崇君主的美德，宣扬君主的善行，隐藏君主的罪恶，藏匿君主的失败，称道君主的长处，不提及君主的短处，把这些作为习惯。《诗经》上说："国家有了重大政令，不可把它告诉别人，否则就会危害自身。"说的就是这种情况。

【注释】

①补削：指弥缝其阙。②挢(jiǎo)拂：强行纠正。③违(huí)：通"讳"，避忌，避开不说。

【原文】

恭敬而逊，听从而敏，不敢有以私决择也，不敢有以私取与也，以顺上为志，是事圣君之义也。忠信而不谀，谏争而不谄，挢然[1]刚折，端志而无倾侧之心，是案曰是，非案曰非，是事中君之义也。调而不流，柔而不屈，宽容而不乱，晓然

【译文】

恭恭敬敬而又谦逊，听命顺从而又敏捷地执行命令，不敢根据私利去决断和选择，不敢根据私利去决定取舍，把顺从君主作为自己的志向，这是侍奉圣明君主的适宜原则。忠诚信义而不奉迎，劝谏苦诤而不谄媚，言语行为刚正不阿，思想端正而没有偏斜的心思，对的就说对，错的就说错，这是侍奉一般君主的适宜原则。调协却不合流，柔和却不屈从，宽容却不和君主一起胡作非为，用最正确的思想去启迪君主而没有不协调和顺的，目的是

以至道而无不调和也，而能化易，时关内之，是事暴君之义也。若驭朴马，若养赤子，若食餧人[②]。故因其惧也而改其过，因其忧也而辨其故，因其喜也而入其道，因其怒也而除其怨，曲得所谓焉。《书》曰："从命而不拂，微谏而不倦，为上则明，为下则逊。"此之谓也。

感化改变暴君的本性，把正确的思想灌入到他的心中，这是侍奉暴君的适宜原则。侍奉暴君就像驾驭没有经过训练过的马匹，就像抚养刚刚初生的婴儿，就像给极度饥饿的人食物一样，因此要趁他惧怕的时候使他改正过错，要趁他忧虑的时候使他改变过去的不好行为，要趁他欢喜的时候使他步入正道，要趁他愤怒的时候使他除去仇人，这样就能通过曲折的方法而达到目的。《尚书》上说："服从命令而不违背，暗暗劝谏而不倦怠；做君主就要圣明，做臣子就要谦逊。"说的就是这种情况。

【注释】

①挢(jiǎo)然：刚强的样子。②餧(wèi)人：饥饿的人。

【原文】

事人而不顺[①]者，不疾者也；疾而不顺者，不敬者也；敬而不顺者，不忠者也；忠而不顺者，无功者也；有功而不顺者，无德者也。故无德之为道也，伤疾、堕[②]功、灭苦，故君子不为也。

【译文】

侍奉君主却不合乎君主的心意，是因为不积极；积极了却不合乎君主的心意，是因为不恭敬；恭敬了却不合乎君主的心意，是因为不忠诚；忠诚了却不合乎君主的心意，是因为没有功绩；有了功绩却不合乎君主的心意，是因为没有德行。因此，没有品德如果成为一种德行，就会伤害积极性、毁灭功绩、掩埋苦心，所以君子是不做的。

【注释】

①不顺：指不顺君主的心意。②堕：同"隳"，毁坏。

【原文】

有大忠者，有次忠者，有下忠者，有国贼者。以德覆[①]君而化之，大忠也；以德调君而辅之，次忠也；以是谏非而怒之，下忠也；不恤君之荣辱，不恤国之臧否，偷合苟容以持禄养交而已耳，国贼也。若周公之于成王也，可

【译文】

有上等的忠臣，有次一等的忠臣，有下等的忠臣，有国家的奸贼。用德行来熏陶君主而感化他，是上等的忠诚；用德行来调摄君主而辅助他，是次一等的忠诚；用正确的谏言去规劝君主的错误行为却触怒了他，是下等的忠诚；不顾及君主的荣辱，不顾及国家的得失，只是苟且迎合君主、求取容身，以此来保住俸禄、去豢养党羽

谓大忠矣；若管仲之于桓公，可谓次忠矣；若子胥之于夫差，可谓下忠矣；若曹触龙[2]之于纣者，可谓国贼矣。

罢了，这是国家的奸贼。像周公对于周成王，可以称得上是上等的忠诚了；像管仲对于齐桓公，可以称得上是次一等的忠诚了；像伍子胥对于夫差，可以称得上是下等的忠诚了；像曹触龙对于商纣王，可以称得上是国家的奸贼了。

【注释】

①覆：遮盖，笼罩。治理指熏陶。②曹触龙：商纣王时的大臣，善于谄媚。

【原文】

仁者必敬人。凡人非贤，则案不肖也。人贤而不敬，则是禽兽也；人不肖而不敬，则是狎虎也。禽兽则乱，狎虎则危，灾及其身矣。《诗》曰："不敢暴[1]虎，不敢冯河[2]。人知其一，莫知其他。战战兢兢[3]，如临深渊，如履薄冰。"此之谓也。故仁者必敬人。

【译文】

仁德之人一定尊敬别人。一般来说，如果一个人非难贤能的人，那么他就是小人。别人贤能却不尊敬他，那么他就是禽兽了；别人没有德才而不去尊敬他，那就是在狎侮老虎。人像禽兽就会胡作非为，狎侮老虎就会十分危险，灾祸就会降临到他身上了。《诗经》上说："不敢赤手打老虎，不敢脱鞋把河渡。人们只知这一点，不知其他有害处。要小心谨慎，就像面临深渊，就像脚踩薄冰。"说的就是这个道理。所以讲究仁德的人，一定要尊敬别人。

【注释】

①暴：空手搏击。②冯河：徒步涉水过河。冯，同"凭"，指徒步涉水。

【原文】

敬人有道：贤者则贵而敬之，不肖者则畏而敬之；贤者则亲而敬之，不肖者则疏而敬之。其敬一也，其情二也。若夫忠信端悫而不害伤，则无接而不然，是仁人之质也。忠信以为质，端悫以为统；礼义以为文，伦类以为理，喘而言，臑[1]而动，而一可以

【译文】

尊敬别人要有一定的原则：对于贤能的人就要仰慕地尊敬他，对于没有德才的人就要惧怕地尊敬他；对于贤能的人就要亲近地尊敬他，对于没有德才的人就要疏远地尊敬他。这个尊敬是一样的，内容却是两样的。至于忠诚信义刚直笃厚而不伤害人，那是对待所有的人都一样的，这是仁德之人的本质。以忠诚守义为根本，以刚直笃厚为纲纪，以礼仪正义为规范，以伦理法律为原则，稍微

为法则。《诗》曰："不僭[②]不贼，鲜不为则。"此之谓也。

说一说，稍微动一动，处处都可成为别人效法的榜样。《诗经》上说："不犯错误不害人，很少不成为准则。"说的就是这个道理。

【注释】

①臑：通"蠕"，缓慢，轻微。②僭(jiàn)：过分，过失。

【原文】

恭敬，礼也；调和，乐也；谨慎，利也；斗怒，害也。故君子安礼乐利，谨慎而无斗怒，是以百举而不过也。小人反是。

【译文】

恭恭敬敬，是礼仪的本质；协调和谐，是音乐的效果；谨小慎微，是有益处的；争斗愤怒，是有害处的。因此，君子喜爱礼仪、音乐、益处，谨小慎微，从不与人争斗愤怒，所以做事情从来都没有出现过错。小人却和这相反。

【原文】

通忠之顺，权[①]险之平，祸乱之从声：三者非明主莫之能知也。争然后善，戾然后功，出死无私，致忠而公，夫是之谓通忠之顺，信陵君似之矣。夺然后义，杀然后仁，上下易位然后贞，功参天地，泽被生民，夫是之谓权险之平，汤、武是也。过而通情，和而无经，不恤是非，不论曲直，偷合苟容，迷乱狂生，夫是之谓祸乱之从声，飞廉、恶来是也。传曰："斩而齐，枉而顺，不同而一。"《诗》曰："受小球大球，为下国缀旒[②]。"此之谓也。

【译文】

坚定忠诚而达到国家顺利，改变险境而达到国家平定，祸乱随着奉迎君意的声音而来，这三种情况不是英明的君主是不能懂得的。谏诤君主，然后才能行善；违背君主，然后才能立功；舍弃生命而没有私心，实现忠诚并且公正：这叫坚定忠诚而达到国家顺利，信陵君类似于这种人了。篡夺君权，然后才能实行道义；杀掉君主，然后才能达到仁德；君臣换位，然后才能做到有操守；功绩与天地并齐，恩泽施及到广大民众：这叫做改变险境而达到平定，商汤、周武王就是这样的人。君主有过错却还和他一心，附和君主没有原则，不顾是非，不讲曲直，苟且地迎合君主以求取容身，迷惑昏乱而狂妄地追求享受：这叫做祸乱随着奉迎君主的声音而来，飞廉、恶来就是这种人。古书上说："有了参差才有整齐，有了委曲才有顺从，有了不同才有一致。"《诗经》上说："接受大小法度，成为各国的表率。"说的就是这种情况。

【注释】

①权：变。②缀旒(liú zhuì)：这里指表率。缀，表记；旒，挂在旗帜边缘上的装饰品。

【评析】

在战国乱世，为争雄称霸，各国诸侯急于功利，多用佞媚变诈之人担任臣子。而权臣的举动措置，实乃国家命运攸关的大事。荀子论人臣善恶，要做君主的明察优劣，慎重地选取任用，因而做《臣道》篇。

本篇开头，荀子就把大臣分成了四种，即“有态臣者，有篡臣者，有功臣者，有圣臣者”，也就是说有阿谀奉迎的大臣，有篡夺君权的大臣，有功绩巨大的大臣，有明达圣哲的大臣。并在下文中分别对这四种大臣作了详细的分析。即使同样是忠臣，也有“以德覆君而化之”的“大忠”，就像周公对于成王的忠诚；有“以德调君而辅之”的“次忠”，就像管仲对于齐桓公的忠诚；有“以是谏非而怒之”的“下忠”，就像伍子胥对于夫差的忠诚。后代的君主完全可以根据荀子的这种分析来判断自己身边的大臣是什么样的人，有什么样的“用处”。他的这一思想对以后的韩非子影响颇深。“尺有所短，寸有所长”，每一种大臣都有他的利用价值，君主应该根据自己的需要来安排他们的官职。

对于君臣间的道义荀子并没有死板地遵从，而是讲究权变的。“通忠之顺，权险之平，祸乱之从声”，这三种情况是君主最难以明白的。荀子在文章的最后集中讲述这三种情况的表现形式以及代表人物。后世的君主可以按图索骥，来判断臣子的忠奸。

致　士

【题解】

本篇主要论述了招引贤士的方法和意义。君子,对于国家治乱安危具有重要的意义和作用,君主如能做到“刑政平”、“礼义备”、“明其德”等,天下贤士就会前来归顺。荀子认为人才对于一个国家来说是非常重要的。得到了人才,国家才能富强,人民才能安居乐业;得不到人才,国家就会被削弱,甚至会陷入危险的境地,落得灭亡的下场,因此君主必须致力于招贤纳士。

【原文】

衡听[①]、显幽[②]、重明、退奸、进良之术:朋党比周之誉,君子不听;残贼[③]加累[④]之谮[⑤],君子不用;隐忌雍蔽[⑥]之人,君子不近;货财禽犊之请,君子不许。凡流言、流说、流事、流谋、流誉、流愬[⑦],不官而衡至者,君子慎之,闻听而明誉之,定其当而当,然后士其刑赏而还与之;如是,则奸言、奸说、奸事、奸谋、奸誉、奸愬[⑧]莫之试也。忠言、忠说、忠事、忠谋、忠誉、忠愬莫不明通,方起以尚尽矣。夫是之谓衡听、显幽、重明、退奸、进良之术。

【译文】

广泛地听取意见、发现并起用隐居的贤士、使贤士进一步得到显扬、使奸邪退却、使忠良进用的方法:对结党营私的相互吹捧,君子不听从;残害贤良、横加罪名的诬陷之辞,君子不采用;猜忌、埋没贤才的人,君子不接近;用钱财礼物进行贿赂的请求,君子不答应。凡是没有根据的流言、没有根据的学说、没有根据的事情、没有根据的计谋、没有根据的赞誉,没有根据的谗言等不是通过正当途径而是从四处传来的东西,君子要慎重对待,如果听到了就要公开地列举出来,确定它们是恰当的还是不恰当的,然后对它们作出惩罚或是奖赏的决定并立即实施。像这样,那么奸诈的言论、奸诈的学说、奸诈的事情、奸诈的计谋、奸诈的赞誉、奸诈的谗言就没有敢来试探的了,忠诚的言论、忠诚的学说、忠诚的事情、忠诚的计谋、忠诚的赞誉、忠诚的进言就都公开表达、通行无阻、并起而进献于君主了。以上这些就是广泛地听取意见、发现并起用隐居的贤士、使贤士进一步得到显扬、使奸邪退却、使忠良进用的方法。

【注释】

①衡听：指兼听，不偏听。衡，通“横”，遍，到处。②幽：隐晦，指隐居的贤士。③贼：陷害好人。④累：祸害。⑤谮(zèn)：诬陷。⑥雍蔽：蒙蔽；隔绝。雍，通“壅”。⑦流愬(shuò)：指诬陷。⑧奸愬(shuò)：指进谗言。

【原文】

川渊深而鱼鳖归之，山林茂而禽兽归之，刑政平而百姓归之，礼义备而君子归之。故礼及身而行修，义及国而政明，能以礼挟[①]而贵名白，天下愿，令行禁止，王者之事毕矣。《诗》曰：“惠此中国，以绥四方。”此之谓也。川渊者，鱼龙之居也；山林者，鸟兽之居也；国家者，士民之居也。川渊枯则鱼龙去之，山林险则鸟兽去之，国家失政则士民去之。

【译文】

江河湖泊深了，鱼鳖就归聚到它那里；山上树林茂盛了，禽兽就归聚到它那里；刑罚政令公正平和，百姓就归聚到他那里；礼义制度完备，君子就归聚到他那里。所以，礼制贯彻到自身，品行就美好；道义贯彻到国家，政治就清明；能够将礼制普遍贯彻，那么高贵的名声就会显著，天下的人就会仰慕，发布了命令就能实行，颁布了禁约就能制止，这样，称王天下的大业也就完成了。《诗经》上说：“施恩这个国都中，以此安抚天下民众。”说的就是这个道理。江河湖泊，是龙、鱼居住的地方；高山树林，是鸟、兽栖息的地方；国家，是士人、百姓居住的地方。江河湖泊干涸了，龙、鱼就会离开它；高山树林稀疏了，鸟、兽就会离开它；国家政治混乱，士人、百姓就会离开它。

【注释】

①挟(jiā)：通“浃”，周恰，普遍。

【原文】

无土则人不安居，无人则土不守，无道法则人不至，无君子则道不举。故土之与人也，道之与法也者，国家之本作也；君子也者，道法之总要也，不可少顷旷也。得之则治，失之则乱；得之则安，失

【译文】

没有土地，人民就不能安居；没有人民，土地就不能守住；没有正确的原则和法制，人民就不会来归附；没有君子，正确的原则就不能实行。所以，土地和人民、原则和法制是国家的本源。君子，是正确的原则与法制的总管，不可以有片刻的空缺。得到了他，国家就能治理好；失去了他，国家就会混乱。得到了他，国家就会安定；失去了他，国家就会危险。得到了他，国家就能保存；失去了他，国家就会灭亡。所以，

之则危；得之则存，失之则亡，故有良法而乱者有之矣，有君子而乱者，自古及今，未尝闻也。传曰："治生乎君子，乱生于小人。"此之谓也。

有了良好的法制而国家发生混乱的情况是有的，有君子而政治混乱的，从古到今，还没有听说过。古书上说："国家的安定产生于君子，国家的混乱产生于小人。"说的就是这个道理。

【原文】

得众动天，美意延年①。诚信如神，夸诞逐魂②。

【译文】

得到了民众，就能感动上天；情志舒畅，积极乐观可使人延年益寿。诚实守信，就能精神百倍；浮夸欺诈，就会落魄丧魂。

【注释】

①美意延年：情志舒畅，积极乐观可使人延年益寿。②逐魂：失神。逐，赶走。魂，灵魂，精神。

【原文】

人主之患，不在乎不言用贤，而在乎不诚必用贤。夫言用贤者，口也；却贤者，行也；口行相反，而欲贤者之至、不肖者之退也，不亦难乎！夫耀蝉①者务在明其火，振其树而已；火不明，虽振其树，无益也。今人主有能明其德者，则天下归之若蝉之归明火也。

【译文】

做君主的忧患，不在于不谈论任用贤人，而在于不能真心实意地任用贤人。谈论任用贤人，是口头上说的；屏退贤人，是行动上做的；口头上说的和行动上做的互相违背，却想要贤能的人到来、不贤的人退去，这不是很难吗？那些夜晚以火照明来捕蝉的人，务必做到使火光很明亮，使树身摇动；如果火光不亮，那么即使树身摇动了，也毫无益处。现在君主中如果有人能使自己的德行贤明，那么天下归附他的人就会像蝉扑向明亮的火光一样了。

【注释】

①耀蝉：一种捕蝉方法。夜晚点火，蝉见光后就投火而来。喻明主求贤，天下归附。

【原文】

临事接民而以义变应，宽裕而多容，恭敬以先之，政之始也。然后中和察断以辅之，政之隆也；然后进退诛赏①之，政之终也。故一年与

【译文】

处理政事、接触百姓时，要根据道义来灵活应对，要宽宏豁达而广泛包容，用恭敬的态度去引导他们，这是处理政事的开端；然后用平和公正的态度去观察决断以辅助处理，这是处理政事的中间阶段；然后实行

之始，三年与之终。用其终为始，则政令不行，而上下怨疾，乱所以自作也。《书》曰："义刑义杀，勿庸[②]以即，女惟曰：未有顺事。"言先教也。

进用、黜退，惩罚、奖赏的办法来管理他们，这是处理政事的最后一步。第一年实施开端的环节，第三年实施最后一步。如果把最后一步用作为第一步，那么政策法令就不能实行，而官民上下也会怨恨，这就是动乱从这里产生的原因。《尚书》说："即使是适宜的刑罚、适宜的诛杀，也不要用来立即执行，你只能说：'我还没有处理好政事。'"这就是说应该先进行教育。

【注释】

①诛赏：责罚，奖赏。②庸：用。

【原文】

程[①]者，物之准也；礼者，节之准也。程以立数，礼以定伦，德以叙位，能以授官。凡节奏欲陵，而生民欲宽；节奏陵而文，生民宽而安；上文下安，功名之极也，不可以加矣。

【译文】

度量衡，是测量物品的标准；礼制，是确定礼节礼仪等法度的标准。根据度量衡来确定物品的数量，根据礼制来确定人与人之间的等级关系；根据品德来依次排列级别地位，根据能力来授予官职。凡是礼节礼仪等制度要严格，而抚养人民要宽容。礼节礼仪制度严格就会有条理，抚养人民宽容人民就会安定。上面有条理，下面能安定，这就是立功成名的最高境界，不可能再有所增加了。

【注释】

①程：度量衡的总称。

【原文】

君者，国之隆[①]也；父者，家之隆也。隆一而治，二而乱。自古及今，未有二隆争重而能长久者。

【译文】

君主，是国家中最重要的人；父亲，是家庭中最重要的人。最重要的人只有一个，就安定；如果有两个，就会混乱。从古到今，还没有两个最重要的人互相争夺权力而能长久的。

【注释】

①隆：山中央高起的地方，引申为重要，地位高。

【原文】

师术有四，而博习[①]不与[②]焉。

【译文】

成为老师的条件有四种，而博学不包括在这

尊严而惮，可以为师；耆艾③而信，可以为师；诵说而不陵④不犯，可以为师；知微而论，可以为师。故师术有四，而博习不与焉。水深而回，树落则粪本，弟子通利则思师。《诗》曰："无言不雠，无德不报。"此之谓也。

里面。尊严而使人敬畏，可以成为老师；年老而有威信，可以成为老师；诵读解说经典而在行动上遵守、不违犯，可以成为老师；懂得精微的道理而又能加以论说，可以成为老师。所以说成为老师的条件有四种，而博学并不包括在这里面。水深了就会有漩涡，树叶落下就给树根施了肥，学生通达顺利时就会想到老师。《诗经》上说："没有说话则无反应，没有施德则无回报。"说的就是这个道理。

【注释】

①博习：博学。②与：参与。③耆(qí)：六十岁。艾：五十岁。④陵：超越。不陵：指遵守。

【原文】

赏不欲僭，刑不欲滥。赏僭则利及小人，刑滥则害及君子。若不幸而过，宁僭勿滥；与其害善，不若利淫。

【译文】

奖赏不要过分，刑罚不要滥用。奖赏过分，就会便宜了小人；刑罚滥用，就会伤害到君子。如果不幸发生失误，宁可过分地奖赏也不要滥用刑罚；与其伤害好人，倒不如便宜了恶人。

【评析】

有德行道义的人，称为士。士为士农工商四民之首。士也是受到孔子赞扬的一类人。在记述孔子言论的《论语》中，几次都谈到士的作为。对于士，孔子曾这样说："自身行事要有廉耻心；出使四方，可以不辱君命，就可以算是一个'士'了。""宗族中的人都称赞他的贤孝，乡里中的人都称赞他的友爱。""与人相处要能互相切磋勉励，并且和气以对，这要就可以算是士了。朋友之间应该互相切磋勉励，兄弟之间应该和气以对。""志士和仁人，不会为了保全生命而败坏仁道，只有牺牲生命而完成仁道的。"等。从这些议论中，我们可以看到，所谓的"士"应该是所有的有学识的儒生，最高等级的"士"就是君子了。

"士"对于治理国家有着深刻的见解，对于国家的兴衰有很大

的影响作用。荀子专门作了《致士》来讨论士对于国家作用。荀子认为人才对于一个国家来说是非常重要的。得到了人才,国家才能富强,人民才能安居乐业;得不到人才,国家就会被削弱,甚至会陷入危险的境地,落得灭亡的下场,因此君主必须致力于招贤纳士。对于招贤的方式,荀子强调,“川渊深而鱼鳖归之,山林茂而禽兽归之,刑政平而百姓归之,礼义备而君子归之”,也就是说君主只有具备了一定的道德礼仪,有了向善的心,士人才能归附他,就像鱼鳖归深海、禽兽归山林一样,这样才会使得天下的人都来归附。

议　兵

【题解】

本篇是荀子和临武君、陈嚣等人辩论军事的实录，表达了荀子的军事哲学思想。全文主要论述君主用兵之道，核心思想是以仁义壹民、附民，以礼法治军，注重政治策略，讲求战略战术。

【原文】

临武君①与孙卿子议兵于赵孝成王②前，王曰："请问兵要？"临武君对曰："上得天时，下得地利，观敌之变动，后之发，先之至，此用兵之要术也。"

【译文】

临武君和荀子在赵孝成王面前议论用兵之道。赵孝成王说："请问用兵的要领是什么？"临武君回答说："上取得有利于攻战的自然气候条件，下取得地理上的有利于攻战的形势，观察好敌人的变动情况，比敌人后行动但比敌人先到达，这就是用兵的要领。"

【注释】

①临武君：楚国的将领，姓名不详，当时在赵国。②赵孝成王：嬴姓，赵氏，名丹。惠文王子。公元前266—前245年在位。

【原文】

孙卿子曰："不然！臣所闻古之道，凡用兵攻战之本，在乎壹民。弓矢不调，则羿不能以中微；六马不和，则造父不能以致远；士民不亲附，则汤、武不能以必胜也。故善附民者，是乃善用兵者也。故兵要在乎善附民而已。"

【译文】

荀子说："不对。我所听说的古代的用兵方法，大凡用兵打仗的根本在于使民众团结一致。如果弓和箭不协调，那么后羿就不能用它来射中细微之物；如果驾车用的六匹马不协调，那么造父就不能靠它们到达远方；如果民众不亲近归附君主，那么商汤、周武王就不可能必定取胜。所以善于使民众归附的人，这才是善于用兵的人。所以用兵的要领就在于善于使民众归附自己罢了。"

【原文】

临武君曰："不然。兵之所贵者势利也，所行者变诈也。善用兵者，感忽[1]悠暗[2]，莫知其所从出。孙、吴[3]用之，无敌于天下，岂必待附民哉？"

【译文】

临武君说："不对。用兵所看重的，是有利的形势；所实行的，是机变诡诈。善于用兵的人难以捉摸，神秘莫测，没有人知道他们下一步要采取的行动。孙武、吴起用了这种办法，因而无敌于天下。这哪里一定要依靠使民众归附的办法呢？"

【注释】

①感忽：恍惚，不可捉摸。②悠暗：悠远昏暗，指神秘莫测。③孙、吴：指孙武和吴起。孙，指孙武，春秋时齐国人，著名的军事家。他曾以兵法十三篇见吴王阖闾，被任为将，率吴军西破强楚，北威齐、晋。吴，指吴起，战国初期军事家，卫国左氏人，初任鲁将，继任魏将，屡建战功，曾被魏文侯任为西河守。

【原文】

孙卿子曰："不然。臣之所道，仁者之兵，王者之志也。君之所贵，权谋势利也；所行，攻夺变诈也；诸侯之事也。仁人之兵，不可诈也；彼可诈者，怠慢者也，路亶[1]者也，君臣上下之间，涣然[2]有离德者也。故以桀诈桀，犹巧拙有幸焉。以桀诈尧，譬之若以卵投石、以指挠沸，若赴水火，入焉焦没耳。故仁人上下，百将一心，三军同力；臣之于君也，下之于上也，若子之事父，弟之事兄，若手臂之扞头目而覆胸腹也，诈而袭之，与先惊而后击之，一也。且仁人之用十里之国，则将

【译文】

荀子说："不对。我所说的，是仁德之人的军队、是称王天下的人的意志。您所看重的，是权术谋略、形势便利；所实行的是攻取掠夺、机变诡诈，这些都是诸侯干的事。仁德之人的军队，是不可能被欺诈的。那可以被欺诈的是懈怠散漫的军队、羸弱疲惫的军队、君臣上下之间涣散而离心离德的军队。所以用桀欺骗桀，还有由于巧拙不同而侥幸获胜的；用桀欺骗尧，就好比是用鸡蛋去碰石头、用手指搅开水，就好像投身水火，一进去就会被烧焦淹没。所以仁德之人的军队，上下之间，将军团结一心，三军共同努力，臣子对君主，下级对上级，就像儿子侍奉父亲、弟弟侍奉兄长一样，就像手臂捍卫头和眼睛、保护胸部腹部一样，对这样的军队用欺诈的手段突然袭击，与先惊动对方再攻击他，结果是一样的。况且仁德之人治理方圆十里的国家，就会了解到方圆百里的情况；治理方圆百里的国家，就会了解到方圆千里的情况；治理方圆千里的国家，就会了解到天下的情况；他的军队一定是耳聪目明，警惕戒备，协调一致而团结一心。所以仁德之人的军队，集合起来就成为有组织的队伍，分散开来便成为整齐的行列；伸展开来

有百里之听；用百里之国，则将有千里之听；用千里之国，则将有四海之听，必将聪明警戒和传[③]而一。故仁人之兵，聚则成卒，散则成列，延则若莫邪[④]之长刃，婴[⑤]之者断；兑[⑥]则若莫邪之利锋，当之者溃，圜[⑦]居而方止，则若盘石然，触之者角[⑧]摧，案角鹿埵[⑨]、陇种[⑩]、东笼而退耳。且夫暴国之君，将谁与至哉？彼其所与至者，必其民也，而其民之亲我欢若父母，其好我芬若椒兰，彼反顾其上，则若灼黥，若雠仇；人之情，虽桀、跖，岂又肯为其所恶，贼其所好者哉！是犹使人之子孙自贼其父母也，彼必将来告之，夫又何可诈也！故仁人用国日明，诸侯先顺者安，后顺者危，虑敌之者削，反之者亡。《诗》曰：'武王载发，有虔秉钺；如火烈烈，则莫我敢遏。'"此之谓也。"

就像莫邪剑那长长的刃口，碰到它的就会被截断；向前冲刺就像莫邪宝剑那锐利的锋芒，阻挡它的就会被击溃；摆成圆形的阵势停留或排成方形的队列站住，就像磐石一样岿然不动，触犯它的就会头破血流，跌撞摇晃地败退下来。再说那些强暴之国的君主，将有谁和他一起来呢？那些跟他一起来的人，一定是他的民众。而他的民众亲爱我们就像喜欢父母一样，他们热爱我们就像酷爱芳香的椒、兰一样，而他们回头看到他们的国君，就像见到脸上被烧灼刺字的囚徒，像见到自己的仇敌一样愤怒；这些人的性情即使像夏桀、盗跖那样残暴贪婪，也不愿为他所憎恶的君主去卖命，也不会去残害他所喜爱的人。这就好像让别人的子孙亲自去杀害他们的父母一样，他们一定会来告诉我们，那么我们又怎么可以被欺诈呢？所以仁德之人当政，国家就会日益昌盛，诸侯先去归顺的就会安宁，后去归顺的就会危险，想和他作对的就会削弱，背叛他的就会灭亡。《诗经》上说：'周武王高举大旗，虔诚地手持大斧，气势如熊熊烈火，没有人敢阻挡我。'说的就是这个意思。

【注释】

①路亶：羸弱疲惫。②涣然：离散的样子。③传：通"抟"(tuán)，聚结。④莫邪(yé)：传说中的利剑。⑤婴(yīng)：通"撄"，碰，触犯。⑥兑：通"锐"，尖锐，引申为冲锋。⑦圜(yuán)：通"圆"。⑧角：额角。⑨鹿埵：古方言。败退溃散的样子。⑩陇种：跌撞摇晃的样子。

【原文】

孝成王、临武君曰："善！请问王者之兵设何道、何行而可？"孙卿子曰："凡在大王，将率末

【译文】

赵孝成王、临武君说："说得好。请问称王天下者的军队采用什么办法、采取什么行动才行呢？"荀子说："一切都在于大王，将帅是次要的事。请让我详细说明帝王诸侯强盛、衰弱、存在、

事也。臣请遂道王者诸侯强弱存亡之效、安危之势。君贤者其国治，君不能者其国乱；隆礼、贵义者其国治，简礼、贱义者其国乱；治者强，乱者弱，是强弱之本也。上足卬，则下可用也，上不卬，则下不可用也；下可用则强，下不可用则弱，是强弱之常也。隆礼、效功，上也；重禄、贵节，次也；上功、贱节，下也：是强弱之凡也。好士者强，不好士者弱；爱民者强，不爱民者弱；政令信者强，政令不信者弱；民齐者强，民不齐者弱；赏重者强，赏轻者弱；刑威者强，刑侮者弱；械用兵革攻完便利者强，械用兵革窳楛①不便利者弱；重用兵者强，轻用兵者弱；权出一者强，权出二者弱：是强弱之常也。齐人隆技击，其技也，得一首者，则赐赎锱②金，无本赏矣。是事小敌毳③则偷可用也，事大敌坚则涣然离耳。若飞鸟然，倾侧反复无日，是亡国之兵也。兵莫弱是矣。是其去赁市

灭亡的效应和安定、危险的形势。君主贤能的，他的国家就安定；君主无能的，他的国家就混乱；君主崇尚礼法、崇尚道义的，他的国家就安定；君主怠慢礼法、轻视道义的，他的国家就混乱。安定的国家强盛，混乱的国家衰弱，这是强盛与衰弱的根本原因。君主足以被臣民信赖，那么臣民就能为他所用；君主不足以被臣民信赖，那么臣民就不能为他所用。臣民能为君主所用的，国家就强盛；臣民不能被君主所用，国家就衰弱：这是强盛与衰弱的常理。推崇礼法、考核战功，是上等的办法；看重利禄、推崇气节，是次一等的办法；崇尚战功、鄙视气节，是下等的办法：这些是导致强盛与衰弱的一般情况。君主喜欢贤士的国家就强盛，不喜欢贤士的国家就衰弱；君主爱护人民的国家就强盛，不爱护人民的国家就衰弱；政策法令有信用的就强盛，政策法令没有信用的就衰弱；民众齐心合力的就强盛，民众不齐心的就衰弱；奖赏丰厚的就强盛，奖赏微薄的就衰弱；刑罚威严的就强盛，刑罚轻慢的就衰弱；器械、用具、兵器、盔甲精善坚固便于使用的就强盛，器械、用具、兵器、盔甲粗劣而不便于使用的就衰弱；谨慎用兵的就强盛，轻率用兵的就衰弱；权力高度集中的就强盛，权力分散的就衰弱：这些是强盛与衰弱的常理。齐国人推崇靠个人力量杀敌，它的做法是，取得一个敌人的首级，就赐给他八两黄金来赎买，而没有战争胜利后所应颁发的奖赏。这种办法，如果战役小、敌人弱，那还勉强可以使用；如果战役大、敌人强，那么士兵就会涣散而逃，像那乱飞的鸟一样，覆灭也就没有多久了。这是使国家灭亡的军队，没有比这更弱的军队了，这和雇取佣工去让他们作战也差不多。魏国的武卒，是按照一定的标准来录取的。标准是：让他们穿上三种依次相连的铠甲，拿着拉力为十二石的弩弓，背着装有五十支箭的箭袋，再把戈放在那上面，戴着头盔，佩带宝剑，带上三天的粮食，半天要奔走一百里。考核合格的就免除他家的徭役，使他的田地住宅都处于便利的地方。这些待遇，即使几年以后他体力衰弱了也不可以剥夺，重新选取了武卒也不取消对他们的周济。所以国土虽然广大，但它的税收一定很少，这是使国家陷于危机的军队。秦国的君主，他使民

佣而战之几矣。魏氏之武卒，以度取之，衣三属之甲[④]，操十二石之弩，负服矢五十个，置戈其上，冠胄带剑，赢三日之粮，日中而趋百里，中试则复其户，利其田宅，是数年而衰，而未可夺也，改造则不易周也，是故地虽大，其税必寡，是危国之兵也。秦人其生民也陿阸[⑤]，其使民也酷烈，劫之以势，隐[⑥]之以阸，忸之以庆赏，鳅[⑦]之以刑罚，使天下之民所以要利于上者，非斗无由也；阸而用之，得而后功之，功赏相长也。五甲首而隶五家，是最为众强长久，多地以正，故四世[⑧]有胜，非幸也，数也。故齐之技击不可以遇魏氏之武卒；魏氏之武卒不可以遇秦之锐士；秦之锐士不可以当桓、文之节制，桓、文之节制不可以敌汤、武之仁义，有遇之者，若以焦熬投石[⑨]焉。兼是数国者，皆干赏蹈利之兵也，佣徒鬻卖之道也，未有贵上、安制、綦节之理也。诸侯有能微妙之以节，则作而兼殆之耳。故招近募选，隆势诈，尚功利，是渐之也；礼义教化，是齐之也。故以诈遇诈，犹有巧拙焉；以诈遇齐，辟之犹以锥刀堕太山也，非天下之愚人莫敢试。故王者之兵不试；汤、武之诛桀、纣也，拱挹指麾，而强暴之国莫不趋使，诛桀、纣若诛独夫。故《泰誓》曰："独夫纣。"此

众谋生的道路很狭窄、生活很穷窘，他使用民众残酷严厉，用权势威逼他们作战，用穷困使他们生计艰难而只能去作战，用奖赏使他们习惯于作战，用刑罚强迫他们去作战，使国内的民众向君主求取利禄的办法，除了作战就没有出路了。使民众穷困后再使用他们，得胜后再给他们记功，对功劳的奖赏随着功劳而增长，得到五个敌人士兵的首级就可以役使本乡的五户人家，这样就使秦国兵员最多、战斗力最强，而又最为长久的了，又有很多土地可以征税。所以秦国四代都能保持强盛的局面，这并不是因为侥幸，而是必然的规律。齐国的技击之士不可以用来抵挡魏国的武卒，魏国的武卒不可以用来抵挡秦国的锐士，秦国的锐士不可以用来抵挡齐桓公、晋文公那有纪律约束的军队，齐桓公、晋文公那有纪律约束的军队不可以用来抵挡商汤、周武王的仁义之师。如果有抵抗他们的，就像以至脆之物攻坚石，势在必败。综合齐、魏、秦这几个国家来看，都是些追求奖赏、获取利禄的士兵，这是受雇佣的人出卖气力的办法，并不讲尊重君主、遵守制度、极尽气节的道理。诸侯如果有谁能用仁义节操巧妙地来训导士兵，那么一举兵就能将它们全部歼灭。所以，招请士兵，并从应募的人当中选择适合的人，注重权谋诡诈，崇尚功利，这是在欺骗士兵；讲求用礼制道义教育感化，这才能使士兵齐心合力。用受骗的军队去对付受骗的军队，他们之间还有巧妙与拙劣之别，用受骗的军队去对付齐心合力的军队，就好比用小刀去毁坏泰山一样，如果不是天底下的蠢人，是没有人敢尝试的。所以称王天下者的军队是没有人敢与之为敌的。商汤、周武王讨伐夏桀、商纣时，从容地指挥，而那些强横暴虐的诸侯国也没有不奔走前来供驱使的，除掉夏桀、商纣就

之谓也。故兵大齐则制天下，小齐则治邻敌。若夫招近募选，隆势诈，尚功利之兵，则胜不胜无常，代翕代张，代存代亡，相为雌雄耳矣。夫是之谓盗兵，君子不由也。故齐之田单，楚之庄蹻⑩，秦之卫鞅，燕之缪虮，是皆世俗所谓善用兵者也，是其巧拙强弱，则未有以相君也。若其道一也，未及和齐也；掎契司诈，权谋倾覆，未免盗兵也。齐桓、晋文、楚庄、吴阖闾、越勾践是皆和齐之兵也，可谓入其域矣，然而未有本统也；故可以霸而不可以王；是强弱之效也。"

好象除掉孤独的一个人一样。所以《泰誓》说：'独夫纣。'说的就是这种情况。所以军队高度齐心合力，就能制服天下；比较齐心合力的，就能打败邻近的敌国。至于那种招请士兵，并从应募的人当中选择适合的人，注重权谋诡诈，崇尚功利的军队，那胜负就没有个定准了，时衰时盛，时存时亡，互为高下、互有胜负罢了。这叫做盗贼式的军队，君子是不用这种军队的。所以齐国的田单，楚国的庄蹻，秦国的卫鞅，燕国的缪虮，这些都是一般人所说的善于用兵的人。这些人的巧妙、拙劣、强大、弱小没有什么相似的，至于他们遵行的原则，却是一样的，他们都还没有达到使士兵和衷共济、齐心合力的地步，而只是抓住对方弱点伺机进行欺诈，玩弄权术阴谋进行欺骗，所以仍免不了是些盗贼式的军队。齐桓公、晋文公、楚庄王、吴王阖闾、越王勾践，这些人的军队就都是和衷共济、齐心合力的军队，可说是进入礼义教化的境地了，但还没有抓住那根本的纲领，所以可以称霸诸侯而不可以称王天下。这就是或强或弱的效应。

【注释】

①窳楛(yǔ kǔ)：亦作"窳苦"。粗劣。②锱(zī)：古代重量单位，六铢等于一锱，四锱等于一两。此文指八两。③毳(cuì)：通"脆"。④三属(zhǔ)之甲：三种依次相连的铠甲。一种穿在上身如上衣，一种穿在胯骨上似围裙，一种穿在小腿上似绑腿。⑤阸陿(è xiá)：险隘。陿，同"狭"，狭窄。⑥隐：通"慇"，忧伤，痛苦。隐之以阸：用穷困使他们痛苦。⑦鰌：通"遒"，逼迫。⑧四世：指秦孝公、秦惠文王、秦武王、秦昭王。⑨焦熬投石：谓以至脆之物攻坚石，势在必败。⑩庄蹻：约生活在公元前243年至公元前262年间，一作庄豪，又作庄峤。史载系"楚庄王之苗裔"，楚国将军战国时楚国人。

【原文】

孝成王、临武君曰："善！请问为将？"孙卿子曰："知莫大乎弃疑①，行莫大乎无过，事莫大乎无悔。事至无悔而止矣，成不可必也。故制号政

【译文】

孝成王、临武君说："说得好。请问做将领的原则。"荀子说："智慧没有比明察更高的了，行动没有比不犯错误更好的了，事情没有比毫无悔恨更妥当的了。做事到了不后悔的地步就可以了，成功并不是必不可少的。所以制度、号召、政策、命令，要严肃

令，欲严以威；庆赏刑罚，欲必以信；处舍收藏，欲周以固；徙举进退，欲安以重，欲疾以速；窥敌观变，欲潜以深，欲伍以参；遇敌决战，必道吾所明，无道吾所疑：夫是之谓六术。无欲将而恶废，无急胜而忘败，无威内而轻外，无见其利而不顾其害，凡虑事欲孰[2]而用财欲泰[3]：夫是之谓五权。所以不受命于主有三：可杀而不可使处不完，可杀而不可使击不胜，可杀而不可使欺百姓：夫是之谓三至。凡受命于主而行三军，三军既定，百官得序，群物皆正，则主不能喜，敌不能怒，夫是之谓至臣。虑必先事而申之以敬，慎终如始，终始如一：夫是之谓大吉。凡百事之成也必在敬之，其败也必在慢之，故敬胜怠则吉，怠胜敬则灭，计胜欲则从，欲胜计则凶。战如守，行如战，有功如幸，敬谋无圹[4]，敬事无圹，敬吏无圹，敬众无圹，敬敌无圹，夫是之谓五无圹。慎行此六术、五权、三至，而处之以恭敬无圹，夫是之谓天下之将，则通于神明矣。"

而有威势；奖赏刑罚，要坚决实行而有信用；军队驻扎的营垒和收藏物资的军库，要周密而坚固；转移、发动、进攻、撤退，既要安全而稳重，又要紧张而迅速；侦探敌情、观察其变动，既要隐蔽而深入，又要多方比较而反复检验；遇到敌人，决定战略战术，一定要根据自己已了解清楚的情况去行动，不要根据自己怀疑的情况去行动；以上这些叫做作战的六种战术。不要只想当将军而怕被撤职，不要急于求胜而忘记了有可能失败，不要只以为自己有威力而轻视敌人，不要看见了那有利的一面而不顾那有害的一面，凡是考虑事情要仔细周详而使用财物进行奖赏时要大方，这些叫做五种权术。不从君主那里接受命令的原因有三种：宁可被杀而不可使自己的军队驻扎在守备不完备的地方，宁可被杀而不可使自己的军队去打不能取胜的仗，宁可被杀而不可使自己的军队去欺负老百姓，这叫做三项最高的原则。凡是从君主那里接受了命令统帅三军，就把三军安排妥当，军中各级官吏都各司其职，各种事务都治理好了，那么君主的奖赏不能使他沾沾自喜，敌人的诡诈不能使他愤怒，这叫做最合格的将领。一定在战事之前深思熟虑，并且反复告诫自己要慎重，慎重地对待结束就像战争开始时一样，始终如一，这叫做最大的吉利。大凡各种事情成功一定在于慎重，失败一定在于疏忽，所以慎重胜过疏忽就吉利，疏忽胜过慎重就灭亡，冷静的谋划胜过冲动的欲望就顺利，冲动的欲望胜过冷静的谋划就凶险。攻击要像防守一样不轻率追击，行军要像作战一样毫不松懈，有了战功要像侥幸取得的一样不骄傲自满。慎重地谋划而不要大意，慎重对待战事而不要大意，慎重对待官吏而不要大意，慎重对待士兵而不要大意，慎重对待敌人而不要大意，这叫做五种不大意。谨慎地应用这六种战术、五种权术、三条最高原则，并且用恭敬而不大意的态度来处理事情，这叫做天下无敌的将领，他用起兵来就能如同神明了。"

【注释】

①弃疑：排除疑点。谓善明察。②孰：同“熟”，精审。③泰：宽裕，不吝啬。④圹：通“旷”，疏忽，大意。

【原文】

临武君曰：“善！请问王者之军制。”孙卿子曰：“将死鼓，御死辔，百吏死职，士大夫死行列。闻鼓声而进，闻金[①]声而退，顺命为上，有功次之；令不进而进，犹令不退而退也，其罪惟均。不杀老弱，不猎[②]禾稼，服者不禽，格者不舍，奔命者不获。凡诛，非诛其百姓也，诛其乱百姓者也；百姓有扞其贼，则是亦贼也。以故顺刃者生，苏[③]刃者死，奔命者贡。微子[④]开封于宋，曹触龙断于军，殷之服民，所以养生之者也，无异周人；故近者歌讴而乐之，远者竭蹶而趋之，无幽闲辟陋之国，莫不趋使而安乐之，四海之内若一家，通达之属莫不从服，夫是之谓人师。《诗》曰：‘自西自东，自南自北，无思不服。’此之谓也。王者有诛而无战，城守不攻，兵格不击。上下相喜则庆之，不屠城，不潜军，不留众，师不越时。故乱

【译文】

临武君说：“说得好。请问称王天下者的军令制度是怎样的呢。”荀子说：“将领击鼓进军，奋战到死也不后退；驾驭战车的人直到死在战车上，也不丢掉缰绳；各级官吏至死也不离开职守，军士至死也不离开队列。听见战鼓的声音就前进，听见钲、铙的声音就后退；服从命令是最重要的，取得战功在其次；命令不准前进却前进，就像命令不准后退却后退一样，它们的罪过是相同的。不杀害年老体弱的，不践踏庄稼，对不战而退的敌人不追擒，对抵抗的敌人不放过，对前来投顺的不抓起来当俘虏。凡是讨伐杀戮，不是去讨伐杀戮那百姓，而是去讨伐杀戮那扰乱百姓的人。百姓如果有保护那乱贼的，那么他也就是乱贼了。因此，顺着我们的刀锋转身逃跑的就让他活命，对着我们的刀锋进行抵抗的就把他杀死，前来投顺的就赦免其罪。微子启归顺周朝而被封在宋国；曹触龙负隅顽抗而被斩首于军中；商王朝那些降服周朝的民众用来养身的生活资料，和周朝的人没有什么两样；所以近处的人歌颂周朝而且热爱周朝，远处的人不辞劳苦前来投奔周朝，即使是闭塞偏僻边远的国家，也没有不前来归附而听从役使的，并且安于周朝统治，四海之内就像一个家庭似的，凡是交通能到达的地方，没有谁不服从，这可以称作是人民的君长了。《诗经》上说：‘从西到东，从南到北，没有哪个不服从。’说的就是这种情况。称王天下的君主有讨伐而没有攻战，敌城坚守时不攻打，敌军抵抗时不攻击，敌人官兵上下一同心就为他们庆贺，不摧毁城郭而屠杀百姓，不秘密出兵偷袭，不留兵防守占领的地方，军队出征不超过预先约定的时限。所以政治混乱的国家中的

者乐其政，不安其上，欲其至也。"临武君曰："善！"

人民都喜欢他的这些政策，而不爱自己的君主，都希望他的到来。"临武君说："说得好！"

【注释】

①金：金属之器，指钲、铙之类，似铃而无舌，用槌敲击作响以作为停止进军的号令。②猎：通"躐"，踩，践踏。③苏：通"傃"，向。④微子：名启，商纣的庶兄，归周后周公旦让他统率殷族而封于宋，是宋国的始祖。此文称"开"，可能是刘向避汉景帝刘启讳而改。

【原文】

陈嚣[①]问孙卿子曰："先生议兵，常以仁义为本。仁者爱人，义者循理，然则又何以兵为？凡所为有兵者，为争夺也。"孙卿子曰："非汝所知也！彼仁者爱人，爱人故恶人之害之也；义者循理，循理故恶人之乱之也。彼兵者，所以禁暴除害也，非争夺也。故仁者之兵，所存者神，所过者化，若时雨之降，莫不说喜。是以尧伐驩兜[②]，舜伐有苗[③]，禹伐共工[④]，汤伐有夏[⑤]，文王伐崇，武王伐纣，此四帝两王，皆以仁义之兵，行于天下也。故近者亲其善，远方慕其德；兵不血刃，远迩来服，德盛于此，施[⑦]及四极。《诗》曰："淑人君子，其仪不忒，其仪不忒，正是四国。"此之谓也。"

【译文】

陈嚣问荀子说："先生议论用兵，经常把仁义作为根本。仁者爱人，义者遵循道理，既然这样，那么又为什么要用兵呢？大凡用兵的，都是为了争夺啊！"荀子说："这道理不是你能知道的。那仁者爱人，正因为爱人，所以就憎恶别人危害他们；义者遵循道理，正因为遵循道理，所以就憎恶那些扰乱社会的人。用兵，是为了禁止横暴、消除危害，并不是为了争夺。所以仁者的军队，他们驻守的地方会得到全面治理，他们经过的地方，百姓会受到教育感化，就像及时雨的降落，没有人不欢喜。因此尧讨伐驩兜，舜讨伐三苗，禹讨伐共工，汤讨伐夏桀，周文王讨伐崇国，周武王讨伐商纣，这两帝、四王都是使用仁义的军队驰骋于天下的。所以近处的喜爱他们的善良，远方的仰慕他们的道义；兵器的刀口上还没有沾上鲜血，远近的人就来归附了。德行修养到如此境界，就会影响到四方极远的地方。《诗经》上说：'善良的君子啊，施行仁义没有差错；施行仁义没有差错，可以治理四方各个国家。'说的就是这种情况。

【注释】

①陈嚣：荀子的学生，西汉时期的山阴人。有：用。神：指"尽善浃治"，即尽善尽美通体皆治。说：通"悦"。②驩(huān)兜：古代部落名，此指尧时该部落的首领，传说他被尧流放于崇山。③有苗：也称"三苗"，尧、舜时代的一个部落，居于今湖南、江西交界地带，此当指其首领而言，相传他被流放到三危。④共工：古代部落名，据古书记载，从颛顼帝开始直到周代，都有共工的事迹。此当指舜、禹时该部落的首领，相传他被流放于幽州。⑤有夏：即夏后氏，此指夏朝的末代君主桀。⑥兵不血刃：兵器不待血染刀口，指不流血战斗。⑦施：蔓延，延续。

【原文】

李斯问孙卿子曰："秦四世有胜，兵强海内，威行诸侯，非以仁义为之也，以便从事而已。"孙卿子曰："非汝所知也！汝所谓便者，不便之便也。吾所谓仁义者，大便之便也。彼仁义者，所以修政者也；政修则民亲其上，乐其君，而轻为之死。故曰：凡在于军，将率末事也。秦四世有胜，諰諰然常恐天下之一合而轧[①]己也，此所谓末世之兵，未有本统也。故汤之放桀也，非其逐之鸣条[②]之时也；武王之诛纣也，非以甲子[③]之朝而后胜之也，皆前行素修也，此所谓仁义之兵也。今女不求之于本[④]，而索之于末[⑤]，此世之所以乱也。"

【译文】

李斯问荀子说："秦国四代昌盛，在四海之内兵力最强，威望在诸侯之中传播，但这并不是依靠仁义来实现的，而只是根据便利行事罢了。"荀子说："这道理不是你所知道的那样。你所说的便利，是一种并不便利的便利。我所说的仁义，才是极其便利的便利。仁义，是用来将政事治理好的工具；政事治理好了，百姓就会亲近他们的君主，喜爱他们的君主，而不在乎为君主去牺牲。所以说：'一切都在于君主，将帅是次要的事。'秦国四代昌盛，却还是提心吊胆地经常怕天下各国团结一致来推翻自己，这就叫做乱世的用兵，没有抓住根本的纲领。从前，商汤流放夏桀，并不只是在鸣条追击的时候；武王诛杀商纣，并不是甲子日早晨之后才战胜他的；而都是靠了以前实行的仁义，这就叫做仁义的军队。现在你不从根本上去寻找原因而只是从枝节上去探索缘由，这就是社会混乱的原因。"

【注释】

①轧：倾轧。②鸣条：古地名，又名高侯原，是成汤打败夏桀的地方。其地所在，异说甚多，现已难以确指，通行的说法认为在今山西运城县安邑镇北。③甲子：甲子日，即周武王在牧野(今河南淇县西南)打败商纣王的日子。④本：指实行仁义的政治措施。⑤末：指机变诡诈的战略战术，即李斯所说的"以便从事"。

【原文】

礼者，治辨之极也，强固之本也，威行之道也，功名之总也。王公由之所以得天下也，不由所以陨社稷也。故坚甲利兵不足以为胜，高城深池不足以为固，严令繁刑不足以

【译文】

礼，是治理国家的最高准则，是使国家强大的根本措施，是威势得以推行的有效途径，是功业名声得以成就的要领。天子诸侯遵行了它，所以能取得天下；不遵行它，所以会丢掉国家政权。所以，坚固的铠甲、锋利的兵器不足以用来取胜，高耸的城墙、深深的护城河不足以用来固守，严

为威。由其道则行，不由其道则废。

格的命令、繁多的刑罚不足以用来造成威势。遵行礼义之道就会成功，不遵行礼义之道就会失败。

【原文】

楚人鲛①革、犀兕②以为甲，坚如金石；宛钜③铁釶，惨④如蜂虿⑤；轻利僄遬⑥，卒如飘风⑦；然而兵殆于垂沙⑧，唐蔑死；庄蹻起，楚分而为三四，是岂无坚甲利兵也哉？其所以统之者非其道故也。汝、颍以为险，江、汉以为池，限之以邓林，缘之以方城，然而秦师至而鄢、郢举，若振槁然。是岂无固塞隘阻也哉？其所以统之者非其道故也。纣刳比干，囚箕子，为炮烙刑；杀戮无时，臣下懔然莫必其命，然而周师至而令不行乎下，不能用其民，是岂令不严，刑不繁也哉？其所以统之者，非其道故也。

【译文】

楚国人用鲨鱼皮、犀兕皮做成铠甲，坚硬得就像金属、石头一样；宛地出产的钢铁长矛，尖锐得就像蜂、蝎的毒刺一样；士兵行动轻快敏捷，迅速得就像旋风一样；但是兵败垂沙，唐蔑阵亡；庄蹻起兵造反，楚国被分裂成了三四块。这难道是因为没有坚固的铠甲、锋利的兵器吗？这是因为他们用来统治国家的办法并不是礼义之道的缘故。楚国以汝水、颍水作为天险，以长江、汉水作为护城河，把邓地一带的山林作为它的边界屏障，拿方城来围绕保护自己，但秦军一到，鄢、郢就被攻取了，就像摇动枯木一样容易。这难道是因为没有坚固的关塞和险峻的地势吗？这是因为他们用来统治国家的办法，并不是礼义之道的缘故。商纣王将比干剖腹挖心，囚禁箕子，设置了炮烙的酷刑，随时杀人，臣下心惊胆战，不知能否保全性命。但周武王的军队一到，纣王的命令就不能在下面贯彻执行了，就不能役使他的民众了。这难道是因为法令不严格、刑罚不繁多吗？这是因为他用来统治国家的办法并不是礼义之道的缘故。

【注释】

①鲛革：鲛鱼皮制成的革。②犀兕(xī sì)：指以犀兕皮制的甲或盾。③釶(shī)：古同“鍦”，矛。④惨：狠毒，厉害。⑤蜂虿(chài)：亦作“蠭虿”，蜂和虿都是有毒刺的螫虫。⑥僄遬：轻捷。遬，同“速”。⑦飘风：旋风。⑧垂沙：地名，在今河南唐河县境。

【原文】

古之兵，戈、矛、弓、矢而已矣，然而敌国不待试而诎；城郭不辨，沟池不抇①，固塞不树，机变②不张，然而国晏然不畏外而

【译文】

古代的兵器，不过是戈、矛、弓、箭罢了，但敌国不等他使用这些兵器就屈服了。他的城墙不整修，护城河不挖掘，坚固的关塞不建立，机智变诈不施展，但是他的国家却平安无事而不怕外敌入

固者，无它故焉，明道而钧[3]分之，时使而诚爱之，下之和上也如影响，有不由令者，然后俟之以刑。故刑一人而天下服，罪人不邮[4]其上，知罪之在己也；是故刑罚省而威流，无它故焉，由其道故也。古者帝尧之治天下也，盖杀一人，刑二人而天下治。传曰："威厉[5]而不试，刑错而不用。"此之谓也。

侵，这没有其他的缘故，是由于彰明了礼义之道而用名分来协调臣民，适时使用人民而真诚地爱护他们，因而臣民附和君主就像影子和回响一样。有不遵从命令的，然后再用刑罚来惩处他，所以惩罚了一个人而天下都服了，罪犯也不怨恨自己的君主，知道罪责在自己身上。所以刑罚用得少而威力却广泛传播，这没有其他的缘故，是因为遵行了礼义之道的缘故。古代的帝尧治理天下，只杀了一个人，惩罚了两个人而天下就得到了治理。古书上说："威严凌厉而不使用，刑罚设置而不施行。"说的就是这个意思。

【注释】

①扣：当作"扣"，掘。②机变：机谋，权诈。③钧：通"均"，调节，平衡。④邮：通"尤"，怨恨。⑤威厉：威严。

【原文】

凡人之动也，为赏庆为之，则见害伤焉止矣。故赏庆、刑罚、势诈不足以尽人之力，致人之死。为人主上者也，其所以接下之百姓者，无礼义忠信，焉虑率[1]用赏庆刑罚势诈险阸[2]其下，获其功用而已矣。大寇则至，使之持危城则必畔，遇敌处战则必北，劳苦烦辱[3]则必犇，霍焉[4]离耳，下反制其上。故赏庆刑罚势诈之为道者，佣徒鬻卖之道也，不足以合大众，美国家[5]，故古之人羞而不道也。故厚德音以先之，明礼义以道之，致忠信以爱

【译文】

大凡人们的行动，如果是为了得到奖赏才去做的，那么看见对自己有损害就停下来不干了。所以奖赏、刑罚、权谋诡诈不足以使人们竭尽全部力量、使人们献出生命。作为人民的君主，他们用来对待下面百姓的，没有礼义忠信，而大都是使用奖赏、刑罚、权谋诡诈来控制臣民，以获得他们的功用罢了。如果强大的敌寇到来，让百姓去把守危险的城邑，就一定会叛变；与敌人交战，就一定会败退；担任劳累辛苦、繁杂卑贱的差役，就一定会逃跑，迅速地一哄而散，如此臣民反过来控制了他们的君主。所以奖赏、刑罚、权谋诡诈这些方法，等于是雇人出卖气力的方法，不足以团结广大民众、使国家的风俗淳美，所以古代的圣王认为这些方法是可耻的而不遵行它。因此，古代的圣王将提高道德声誉放在首要地位，彰明礼制道义来引导人民，尽力做到忠诚守信来爱护人民，根据尊崇贤人、任用能人的原则来安排他们的职位，用爵位、服饰来奖赏他们，根据时节安排他们的劳动、减轻他们的负

之，尚贤使能以次之，爵服庆赏以申之，时其事、轻其任以调齐之，长养之，如保赤子。政令以定，风俗以一。有离俗不顺其上，则百姓莫不敦[⑥]恶，莫不毒孽[⑦]，若祓[⑧]不祥；然后刑于是起矣。是大刑之所加也，辱孰大焉？将以为利邪？则大刑加焉。身苟不狂惑戆陋，谁睹是而不改也哉？然后百姓晓然皆知循上之法，像上之志而安乐之。于是有能化善、修身、正行、积礼义、尊道德，百姓莫不贵敬，莫不亲誉；然后赏于是起矣。是高爵丰禄之所加也，荣孰大焉？将以为害邪？则高爵丰禄以持养之；生民之属，孰不愿也！雕雕焉县贵爵重赏于其前，县明刑大辱于其后，虽欲无化，能乎哉？故民归之如流水，所存者神，所为者化。矜纠收缭[⑨]之属为之化而顺，暴悍勇力之属为之化而愿，旁辟曲私之属为之化而公，矜纠收缭之属为之化而调，夫是之谓大化至一。《诗》曰："王犹允塞，徐方既来。"此之谓也。

担来调剂他们，抚养他们，就像保护初生的婴儿一样。政策法令已经确定，风俗已经统一，如果还有违背习俗而不顺从君主的，那么百姓就没有不怨恨厌恶他，就没有不把他当作祸害妖孽，就像要驱除不祥一样要除掉他，然后刑罚就从这里产生了。这种人便是重刑所施加的对象，耻辱还有比这个更大的吗？要把它看作有利的事吗？但是重刑加到了他身上啊！如果不是发疯、糊涂、愚蠢、浅陋的人，谁能看到了这种处罚而不改过呢？这样做了以后，百姓就明明白白地知道要遵从君主的法令、依顺君主的意志而爱戴君主。在这种情况下，就有人能被善道所感化、修养身心、端正品行、不断奉行礼义、崇尚道德，百姓就没有谁不器重尊敬他，就没有谁不亲近赞誉他，然后奖赏就从这里产生了。这种人便是高官厚禄的授予对象，光荣还有比这个更大的呢？要把它看作有害的事吗？可是用高官厚禄来扶养他们的啊！凡是人，哪一个不希望这样呢？明明白白地把高贵的官爵和优厚的奖赏摆在他们的前面，把彰明罪行的刑罚与最大的耻辱放在他们的后面，即使想不被感化，可能吗？所以民众归顺投奔这样的君主就像流水奔向大海一样，君主所在的地方就得到全面的治理，君主采取措施的地方人们都受到教育感化而顺服。那些凶暴强悍、恃勇逞强的人都会被他感化而变得忠厚老实，那些邪恶不正、曲意谋私的人就会被他感化而变得大公无私，那些性情暴躁、不讲道理的人就都会被他感化而变得和气温顺，这就广大深入的教化，使天下归一了。《诗经》上说："王道充塞天地，徐国已经来归顺。"说的就是这种情况。

【注释】

①虑率：指大率，大概。②除阸：使穷困而走投无路，引申指控制。③烦辱：繁杂卑贱。④霍焉：指迅速的样子。⑤美国家：指美化国家的风俗。⑥敦：通"憝"(duì)，怨恨。⑦毒孽：指痛恨。⑧祓(fú)：古代一种除灾驱邪的仪式，此泛指驱除。⑨矜纠收缭：形容骄傲、急躁、暴戾。

【原文】

凡兼人者有三术：有以德兼人者，有以力兼人者，有以富兼人者。彼贵我名声，美我德行，欲为我民，故辟门除涂以迎吾入；因其民，袭其处，而百姓皆安，立法施令莫不顺比；是故得地而权弥重，兼人而兵俞强。是以德兼人者也。非贵我名声也，非美我德行也，彼畏我威，劫我势，故民虽有离心，不敢有畔[①]虑，若是则戎甲俞众，奉养必费；是故得地而权弥轻，兼人而兵俞弱，是以力兼人者也。非贵我名声也，非美我德行也，用贫求富，用饥求饱，虚腹张口来归我食，若是则必发夫掌窌[②]之粟以食之，委之财货以富之，立良有司以接之，已朞三年，然后民可信也；是故得地而权弥轻，兼人而国俞贫，是以富兼人者也。故曰：以德兼人者王，以力兼人者弱，以富兼人者贫，古今一也。

【译文】

大凡兼并别国的方法有三种：有依靠德行兼并别国的，有依靠强力兼并别国的，有依赖财富兼并别国的。别的国家的人民景仰我的名声，赞赏我的德行，想做我的百姓，所以打开国门清除道路来迎接我进城。我沿袭这些国家的习俗，不改变他们的居处，因而百姓都能安宁。对我制订的法律与颁布的命令没有人不顺从。所以得到了别国的土地而权势更大，兼并了别国的人民而兵力更强。这是依靠德行兼并别国的君主。别的国家的人民并不是景仰我的名声，也不是赞赏我的德行，他们只是害怕我的威力，被我的权势所胁迫，所以他们虽然有离开的心思，也不敢有背叛的计划。像这样，那么兵员就会更多，给养也一定耗费很大。所以得到了别国的土地而权势更轻，兼并了别国的人民而兵力越来越弱。这是依靠强力去兼并别国的君主。别的国家的人民并不是景仰我的名声，也不是赞赏我的德行，只是因为贫穷而追求富裕，因为饥饿而想吃饱，所以空着肚子张着嘴来投奔我求食。像这样，就必须发放那米仓地窖中的粮食来供养他们，给他们财物来使他们富足，委任善良的官吏来接待他们，已经过了三年，这些归附的百姓才可以信任。所以得到了别国的土地而权势更轻，兼并了别国的人民而国家越来越贫穷。这是依靠财富兼并别国的君主。所以说：依靠德行兼并别国的君主称王天下，依靠强力兼并别国的君主会走向衰弱，依靠财富兼并别国的君主会走向贫穷。这种情况古今都是一样的。

【注释】

①畔虑：背叛的谋划。畔，通“叛”。②掌窌(jiào)：掌管仓廪的官。

【原文】

兼并易能也，唯坚凝[①]之难焉。齐能并宋，而不能凝也，故魏夺之。燕能并齐，而不能凝也，故田单夺之。韩之上地[②]，方数百里，完全富足而趋赵，赵不能凝也，故秦夺之。故能并之而不能凝，则必夺；不能并之又不能凝其有，则必亡。能凝之则必能并之矣。得之则凝，兼并无强。古者汤以薄，武王以镐，皆百里之地也，天下为一，诸侯为臣，无他故焉，能凝之也。故凝士以礼，凝民以政；礼修而士服，政平而民安；士服民安，夫是之谓大凝。以守则固，以征则强，令行禁止，王者之事毕矣。

【译文】

兼并别的国家容易做到，只是坚守和巩固它就很难了。齐国能够兼并宋国，但不能保持坚守和巩固它，所以魏国夺走了宋国。燕国能兼并齐国，但不能保持坚守和巩固它，所以田单夺了回去。韩国的上党地区，方圆几百里，城池完备、府库充足而归降赵国，赵国不能坚守和巩固它，所以秦国夺取了它。所以，能兼并别国的土地而不能坚守和巩固它，就一定会被夺走；不能兼并别国又不能巩固自己本来拥有的国土的国家，就一定会灭亡。能保持巩固自己国土的国家，就一定能兼并别国。得到别国的土地就能坚守和巩固，那么再去兼并就会天下无敌。古代的商汤凭借亳，周武王凭借镐，都不过是方圆百里的领土，却统一了天下，诸侯做了他们的臣子，这没有其他的缘故，是因为他们能坚守和巩固取得的土地。团结士人要依靠礼义，团结民众要依靠政策。礼义完备，士人就会归服；政治清明，百姓就会安定。士人归服、百姓安定，这叫做最大的凝聚。靠这种统治方法来守卫就牢不可破，靠它来出征就强大无比，靠它就能有令必行，有禁必止，称王天下者的事业也就完成了。

【注释】

①坚凝：牢固。这里是保持、巩固的意思。②上地：指上党地区，在今山西省东南部长治市一带。

【评析】

这是一篇论述军事问题的文章，反映了荀子的军事思想。本篇通过对古代的仁君、暴君的用兵方法的分析对比，通过对秦、齐等国家的军事力量消长、国力强弱的分析比较,荀子得出的结论是:以仁义治军才是唯一正确的治军之术。关于荀子的仁义术,他认为"用兵攻战之本在乎壹民","在乎善附民";要"附民",就必须"隆礼"、"贵义"、"好士"、"爱民"、"政令信"、"赏重"、"刑威"、"权出一"。只有这样,才能"壹民",才能使"三军同力",从而取得战争的胜利。

当然,本篇内容极其丰富,它还涉及各种做将军的原则,如"六术"、"五权"、"三至"、"五无圹"等等。将军只有做到这样,才能达到出神入化的境界。

正　论

【题解】

正论，即纠正不正确的言论。在本篇中荀子通过对世俗观点的驳斥，申明了自己的政治主张。他针对世俗中“人主理政宜于隐密”的说法，指出：人主是人民的表率，应该宣明自己的观念，公开处理政务。只有这样，才能做到下知上、民情安，人主的地位才会稳固。

【原文】

世俗之为说者曰：“主道①利周②。”是不然。主者，民之唱也；上者，下之仪③也。彼将听唱而应，视仪而动。唱默则民无应也，仪隐则下无动也；不应不动，则上下无以相胥也。若是，则与无上同也，不祥莫大焉。故上者下之本也。上宣明则下治辨矣；上端诚则下愿悫矣，上公正则下易④直矣。治辨则易一，愿悫则易使，易直则易知；易一则强，易使则功，易知则明，是治之所由生也。上周密则下疑玄⑤矣，上幽险则下渐诈矣，上偏曲则下比周矣。疑玄则难一，渐诈则难使，比周则难知。难一则不强，难使则不功，难知

【译文】

社会上那些创立庸俗学说的人说：“君主治理国家的方法一定要隐秘而不露实情。”这种说法是不对的。君主，是百姓的倡导者；人君，是百姓的榜样。百姓将跟随着君主的倡导来应和，看着君主的榜样来行动。君主沉默，那么民众就无从应和；榜样隐藏不显露出来，那么百姓就无从行动。百姓不应和、不行动，那么君主和臣民就无法互相交流了。这样就和没有君主是一样的，这是最大的不吉利了。所以君主是臣民的根基。君主的治理原则公开明朗，臣民就会治理好；君主端正诚实，臣民就会老实忠厚；君主公正无私，臣民就会坦荡正直。臣民治理得好就容易团结，老实忠厚就容易役使，坦荡正直就容易了解。臣民容易团结，国家就会强盛；臣民容易役使，君主就能建立功业；臣民容易了解，君主就会明白国情。这是安定得以产生的原因。君主治国的原则隐蔽而不露真情，臣民就会疑惑不明；君主阴险，臣民就会欺诈隐瞒；君主偏私不公正，臣民就会结党营私。臣民疑惑不明就难以团结，欺诈隐瞒就难以役使，结党营私就难以了解。臣民难以团结，那么国家就不会强盛；臣民难以役使，那么君主就不能建立功业；臣民

则不明，是乱之所由作也。故主道利明不利幽，利宣不利周。故主道明则下安，主道幽则下危。故下安则贵上，下危则贱上。故上易知则下亲上矣，上难知则下畏上矣。下亲上则上安，下畏上则上危。故主道莫恶乎难知，莫危乎使下畏己。传曰："恶之者众则危。"《书》曰："克明明德。"《诗》曰："明明在下。"故先王明之，岂特宣之耳哉！

结党营私，那么君主就不了解实际情况。这是祸乱产生的根源。所以君主的统治措施以公开明朗为有利而以隐秘为不利。君主的统治措施公开明朗，臣民就会安定；君主的统治措施疑惑不明，臣民就会不安定。所以臣民安定，就会尊重君主；臣民不安定，就会鄙视君主。君主的治国原则容易了解，臣民就会亲近君主；君主的治国原则难以被了解，臣民就会畏惧君主。臣民亲近君主，君主就会安定；臣民畏惧君主，君主就会不安定。所以君主的统治方法没有比难以被了解更坏的了，没有比使臣民畏惧自己更危险的了。古书上说："憎恨他的人众多，他就危险了。"《尚书》上说："一定要彰明贤明的德行。"《诗经》上说："统治者要让下属了解实情。"所以古代的圣王也彰明自己，这难道只是为了显露自己的德行吗？

【注释】

①主道：君主治国之道。②周：周密，指隐蔽不露。③仪：立木以示人叫做仪，也叫表。这里是表率的意思。④易：公平正直，不险恶。⑤疑玄：亦作"疑眩"。疑惑迷乱。玄，通"眩"，迷惑。

【原文】

世俗之为说者曰："桀、纣有天下，汤、武篡而夺之。"是不然。以桀、纣为常[①]有天下之籍则然，亲有天下之籍则不然，天下谓在桀、纣则不然。古者天子千官，诸侯百官。以是千官也，令行于诸夏之国，谓之王；以是百官也，令行于境内，国虽不安，不至于废易遂亡，谓之君。圣王之子也，有天下之后也，势籍[②]之所在也，天下之宗室也，然而不材不中，内则百姓疾之，外

【译文】

社会上那些创立庸俗学说的人说："夏桀、商纣拥有天下，商汤、周武王把它篡夺了。"这种说法是不对的。认为夏桀、商纣曾经处在拥有天下的位置，那是对的；认为他们亲自占有过天下，那就不对了；以为天下都掌握在夏桀、商纣手中，那也是不对的。古代天子拥有上千个官吏，诸侯拥有上百个官吏。用这上千个官吏，政令就能推行到中原地区的各个诸侯国，就可称为统治天下的帝王；用这上百个官吏，政令就能推行于国内，国家虽然不安定，但还不至于到被废黜撤换垮台灭亡的地步，就可称为诸侯国的国君。圣明帝王的子孙，是拥有天下的天子的后代，是权势地位的占有者，是天下人所尊崇的帝王之家，但是如果没有才能没有德行，国内的百姓怨恨他，外面的诸侯背叛他，近处的国内不统一，远

则诸侯叛之，近者境内不一，遥者诸侯不听，令不行于境内，甚者诸侯侵削之、攻伐之；若是，则虽未亡，吾谓之无天下矣。圣王没，有势籍者罢不足以县天下，天下无君；诸侯有能德明威积，海内之民莫不愿得以为君师。然而暴国独侈，安能诛之，必不伤害无罪之民，诛暴国之君若诛独夫。若是，则可谓能用天下矣。能用天下之谓王。汤、武非取天下也，修其道，行其义，兴天下之同利，除天下之同害，而天下归之也。桀、纣非去天下也，反禹、汤之德，乱礼义之分，禽兽之行，积其凶，全其恶，而天下去之也。天下归之之谓王，天下去之之谓亡。故桀、纣无天下，汤、武不弑君，由此效之也。汤、武者，民之父母也；桀、纣者，民之怨贼也。今世俗之为说者，以桀、纣为君，而以汤、武为弑，然则是诛民之父母，而师民之怨贼[③]也，不祥莫大焉。以天下之合为君，则天下未尝合于桀、纣也，然则以汤、武为弑，则天下未尝有说也，直堕之耳！故天子唯其人，天下者，至重也，非至强莫之能任；至大也，非至辨莫之能分；至众也，非至明莫之能和。此三至者，非圣人莫之能尽。故非圣人莫之能王。圣人备道全美者

处的诸侯不听从，政令不能在国内推行，甚至有的诸侯侵略分割他，攻打讨伐他；这样，他虽然没有灭亡，我也可以说他已经失去天下了。圣明的帝王去世了，那些拥有权势的后代没有德才，不能够治理天下，天下就等于没有了君主。诸侯中如果有德行贤明威信崇高的人，那么天下的百姓就没有不愿意让他做君主的；然而暴君的统治独自奢侈放纵，如果能杀掉暴君，同时一定不去伤害没有罪过的民众，杀掉暴国之君就像杀掉一个孤独无依的人一样。像这样，就可以说是善于治理天下了。善于治理天下的就叫做帝王。商汤、周武王并不是夺取天下，而是遵行正确的政治原则，奉行合宜的礼义，兴办对天下人都有利的事业，除去天下人的共同祸害，所以天下人都归顺他们。夏桀、商纣并不是丢了天下，而是违背了夏禹、商汤的德行，扰乱了礼义的名分，干出了禽兽般的行为，罪恶积累，恶事做尽，所以天下人才背弃了他们。天下人归顺的就叫做王，天下人都背弃的就叫做灭亡。所以夏桀、商纣王根本就没有拥有天下，而商汤、周武王也没有杀掉君主，从这里就可以得到验证。商汤、周武王，是人民的父母；夏桀、商纣王，是人民怨恨的仇敌。现在社会上创立庸俗学说的人，把夏桀、商纣王当作君主，而认为商汤、周武王杀了君王，也就是杀了人民的父母，而推崇人们怨恨的仇敌，没有比这更不吉利的事了。如果认为天下都归附的人才是君主，那么天下人从来没有归附过夏桀、商纣王，这样的话，那些认为商汤、周武王杀君的，就是天下从来没有过的说法了，这只不过是在诽谤他们罢了！所以天子一定要有理想的人选来担任。治理天下是极其繁重的，不是最强劲有力的人是不能够担任的；天下的事务，范围是极其广大的，不是最明智的人是不能够管理它的；天下的人民是极其众多的，不是最圣明的人是不能够使之和睦的。这三个“最”，不是圣人就不能完全具备，

也，是县天下之权称也。桀、纣者、其志虑至险也，其志意至暗也，其行为至乱也；亲者疏之，贤者贱之，生民怨之，禹、汤之后也而不得一人之与。刳比干，囚箕子，身死国亡，为天下之大僇，后世之言恶者必稽焉。是不容妻子之数也。故至贤畴四海[4]，汤、武是也；至罢不容妻子，桀、纣是也。今世俗之为说者，以桀、纣为天下而臣汤、武，岂不过甚矣哉！譬之，是犹伛巫跛匡[5]大自以为有知也。故可以有夺人国，不可以有夺人天下；可以有窃国，不可以有窃天下也。夺之者可以有国，而不可以有天下；窃可以得国，而不可以得天下。是何也？曰：国者，小具也，小人可以有也，可以小道得也，可以小力持也；天下者，大具也，不可以小人有也，不可以小道得也，不可以小力持也。国者，小人可以有之，然而未必不亡也；天下者，至大也，非圣人莫之能有也。

所以不是圣人就不能称王天下。圣人，是道德完备、十全十美的人，他是衡量天下的标准。夏桀、商纣王这样的人，谋虑极其险恶，他们的思想极其阴暗，他们的行为极其混乱。亲近的人疏远他们，贤能的人鄙视他们，人民怨恨他们，他们虽然是夏禹、商汤的后代却得不到一个人的辅佐。商纣王将比干剖腹挖心，囚禁箕子，结果自身被杀、国家灭亡，成为天下最可耻的人，后世的人说到坏人，就一定要拿他作例证。这就是连妻子儿女都保不住的必然道理。所以极有德才的人能保住整个天下，商汤、周武王就是这样的人；极无德才的人不能保全自己的妻子儿女，夏桀、商纣就是这样的人。现在社会上创立庸俗学说的人，认为夏桀、商纣王拥有了天下而把商汤、周武王作为他们的臣子，难道不是错得很厉害吗？打个比方说，这就好像是驼背的巫婆、瘸腿的残疾人狂妄地自以为很高明一样。所以可以有夺取别人国家的事，却不可能有夺取别人天下的事；可以有窃取国家政权的事，却不可能有窃取天下统治权的事。夺取政权的人可能拥有一个国家，却不可能拥有整个天下；窃取政权的人可以得到一个国家，却不可能得到整个天下。这是为什么呢？回答说：国家是个小器具，可以为小人所占有，可以用小手段取得，可以凭借小的力量来维持；天下是个大器具，不可以为小人所占有，不可以用小手段取得，不可以凭借小的力量来维护。国家，小人可以拥有，但不一定就不会灭亡；天下，是极其庞大的，不是圣人就没有谁能拥有它。

【注释】

①常：通“尝”，曾经。②势籍：亦作“势藉”。权势地位。籍，地位，权位。③怨贼：指为人所怨恨的坏人。④畴四海：以四海为疆域，即拥有天下。畴，界。⑤跛匡(bǒ kuāng)：残废的人。

【原文】

世俗之为说者曰："治古无肉刑，而有象刑[①]，墨黥；慅婴[②]；共[③]，艾毕[④]；菲[⑤]，对屦；杀，赭衣[⑥]而不纯[⑦]。治古如是。"是不然。以为治邪？则人固莫触罪，非独不用肉刑，亦不用象刑矣。以为轻刑邪？人或触罪矣，而直轻其刑，然则是杀人者不死，伤人者不刑也。罪至重而刑至轻，庸人不知恶矣，乱莫大焉。凡刑人之本，禁暴恶恶，且征其未也。杀人者不死，而伤人者不刑，是谓惠暴而宽贼也，非恶恶也。故象刑殆非生于治古，并起于乱今也。治古不然，凡爵列官职赏庆刑罚皆报也，以类相从者也。一物失称，乱之端也。夫德不称位，能不称官，赏不当功，罚不当罪，不祥莫大焉。昔者武王伐有商，诛纣，断其首，县之赤旆。夫征暴诛悍，治之盛也。杀人者死，伤人者刑，是百王之所同也，未有知其所由来者也。刑称罪则治；不称罪则乱。故治则刑重，乱则刑轻，犯治之罪固重，犯乱之罪固轻也。《书》曰："刑罚世轻世重。"此之谓也。

【译文】

社会上那些创立庸俗学说的人说："古代安定的时代没有肉刑，而只有象刑。用黑墨画在脸上来代替在脸上刺字的黥刑；让犯人系上草制的帽带来代替劓刑；用割去衣服前的蔽膝来代替宫刑；用穿麻鞋来代替剕刑；用穿上红褐色的衣服而不做衣领来代替杀头的死刑。古代的安定时代就像这样。"这种说法不对。认为社会已经很安定了吗？那么人本来就不会去犯罪，不但不需要肉刑，而且也不用象刑。认为当时的刑罚轻吗？当时的人有的还是犯罪了而只是减轻他们的刑罚，那就是杀人的不会被处死，伤人的不会被惩罚。罪行极重而刑罚极轻，一般人就不知道什么是犯罪了，祸乱没有比这更大的了。一般惩罚人的根本目的，是禁止暴行、反对作恶，而且防患于未然。杀人的人不会被处死，伤害人的人不会受到刑罚，这叫做对暴徒施行恩惠，宽恕强盗，而不是反对作恶。所以象刑恐怕不是产生于古代安定的社会，而是产生于当今的乱世。古代安定的社会并不是这样的。凡是爵位、官职、奖赏、刑罚都是一种回报，与行为是相对应的。一件事情赏罚失当，那就是祸乱的开端。德行和地位不相称，能力和官职不相称，奖赏和功劳不相称，刑罚和罪过不相称，没有比这更不吉利的事了。从前，周武王征讨商王朝，惩罚商纣王，砍下了他的头，把它挂在红色的旗子上。惩罚暴行诛杀凶悍之徒，这种征伐暴君惩治元凶，是国家治理的大事。杀人的人被处死，伤人的人被惩罚，这是历代帝王所相同的法令，没有人知道它的由来。刑罚和罪行相称，国家才能治理好；刑罚和罪行不相称，国家就会混乱。所以国家治理得好是刑罚严肃；国家混乱是刑罚太轻。在安定的时代犯罪，刑罚必定是重的，在混乱的时代犯罪，刑罚必定是轻的。《尚书》上说："刑罚随着时世而有轻有重。"说的就是这种情况。

【注释】

①象刑:相传上古无肉刑,仅用与众不同的服饰加之犯人以示辱,谓之象刑。②慅婴(cǎo yīng):古代在罪犯冠上加草带,以示羞辱。慅,通“草”;婴,通“缨”。③共:通“宫”,破坏生殖器的刑罚。④艾:通“刈”,割。毕:蔽膝,缝于长衣之前,是古代官服上的一种装饰。⑤菲:通“剕”,砍掉脚的刑罚。⑥赭衣:古代囚衣。因以赤土染成赭色,故称。⑦纯:衣服的镶边,这里指衣领。

【原文】

世俗之为说者曰:“汤、武不善禁令。”曰:“是何也?”曰:“楚、越不受制。”是不然。汤、武者,至天下之善禁令者也。汤居亳,武王居镐,皆百里之地也,天下为一,诸侯为臣,通达之属,莫不振[①]动从服以化顺之,曷为楚、越独不受制也!彼王者之制也,视形势而制械用,称远迩而等贡献,岂必齐哉!故鲁人以榶,卫人用柯,齐人用一革,土地刑制不同者,械用备饰不可不异也。故诸夏之国同服同仪,蛮夷戎狄[②]之国同服不同制。封内甸服[③],封外[④]侯服,侯卫[⑤]宾服[⑥],蛮夷要服[⑦],戎狄荒服[⑧]。甸服者祭,侯服者祀,宾服者享,要服者贡,荒服者终王。日祭,月祀,时享,岁贡,终王,夫是之谓视形势而制械用,称远近而等贡

【译文】

社会上那些创立庸俗学说的人说:“商汤、周武王不能实施禁令。”有人问:“这是为什么呢?”回答说:“因为楚国、越国不受他们的制约。”这种说法不对。商汤、周武王,是天下最善于实施禁令的人。商汤居住在亳邑,周武王居住在镐京,都不过是方圆百里的地方,但天下被他们统一了,诸侯做了他们的臣子,凡交通能到达的地方,人们没有不受到震动,听从制约以至于被感化而依顺他们,为什么楚国、越国偏偏不受他们的制约呢?那些王者的制度,根据各地的实际情况来制造器械用具,衡量远近来规定进贡的等级差别,哪里一定要整齐划一呢?所以鲁国人用碗,卫国人用盂,齐国人用皮制的器皿。土地环境风俗习惯不同的地方,器械用具设备服饰不可能没有差别。所以中原各国服侍同一个天子而制度相同,南蛮、东夷、西戎、北狄等国同样服侍天子而制度不同。天子领地之内的地方,以耕种天子田地上交农作物的方式来侍奉天子;领地以外的地方,以侦察敌情、担任警戒的方式来侍奉天子;侯服至卫服之地,以按时进贡的方式来侍奉天子;蛮夷地区的少数民族用礼仪教化进行约束,使之顺服天子;最边缘的异族地区,以不定时进贡的方式来侍奉天子。耕种天子田地的人来供给天子每天祭祀所用的物品;领地以外的地方供给天子每月祭祀所用的物品;按时进贡的人供给天子每个季度祭祀所用的物品;用施行礼义教化约束百姓的方式来侍奉天子的人,每年向天子进贡;以不定期的进贡方式来服侍天子的地区要承认天子的统治地位。这些地区有的供给天子每天祭祀用的物品,有的供给每月祭祀所用的物品,有的向天子进贡每季度所用的祭祀

献，是王者之制也。彼楚、越者，且时享岁贡终王之属也，必齐之日祭月祀之属，然后曰受制邪？是规磨之说也，沟中之瘠也，则未足与及王者之制也。语曰："浅不足与测深，愚不足与谋知，坎井之蛙不可与语东海之乐。"此之谓也。

物品，有的每年向天子进贡，有的崇敬天子，承认天子的统治地位。这就是所谓的根据各地的实际情况来制造器械用具，衡量距离的远近来决定进贡的物品，这就是王者的制度。楚国、越国，不过是供给天子每季祭祀所用的物品、每年向天子进贡、崇敬天子承认天子的统治地位一类的诸侯国，难道一定要使他们与那些供给每天祭祀、每月祭祀的祭品一类的国家一样，然后才叫接受制约吗？这是浅陋的见解，这种人是不值得与他谈及圣王的制度的。俗话说："肤浅的东西是测量不出深刻的东西的，愚蠢的人不值得和他商量智巧的事的，废井中的青蛙不能和它谈论东海中的乐趣。"说的就是这种情况。

【注释】

①振：通"震"，恐惧。②蛮夷戎狄：古代对四方少数民族的统称。东方曰夷，南方曰蛮，西方曰戎，北方曰狄。③甸服：种田而交纳农作物来服事帝王。甸，通"田"，种田。④封外：天子或诸侯的领地之外。亦指国境之外。⑤侯卫：自侯服至卫服之地。⑥宾服：以宾客的身份按时朝见进贡以服事天子。⑦要服：指施行礼义教化以约束百姓归顺天子。⑧荒服：指以不定时进贡的方式来供养天子。

【原文】

世俗之为说者曰："尧、舜擅让①。"是不然。天子者，势位至尊，无敌于天下，夫有谁与让矣！道德纯备，智惠甚明，南面而听天下，生民之属，莫不震动从服以化顺之，天下无隐士，无遗善，同焉者是也，异焉者非也。夫有恶擅天下矣？曰："死而擅之。"是又不然。圣王在上，决德而定次，量能而授官，皆使民载其事而各得其宜；不能以义制利，不能以伪饰性，则兼以为民。圣王已没，天下无圣，则固莫足以擅天下矣。天下有圣而在后子者，

【译文】

社会上那些创立庸俗学说的人说："尧、舜将天子之位禅让给别人。"这种说法不对。天子的权势地位至高无上，在天下无与伦比，又能将帝位让给谁呢？天子的道德美好完备，智慧非常高明，朝南坐着来决断天下大事，所有的百姓，没有不被震动听从归服以至于被感化而依顺他们，天下没有被埋没的人才，没有被遗忘的好人好事，和他们相同的言行才是正确的，和他们不同的言行就是错误的，他们又为什么要把天子之位让给别人呢？有人说："是等他们死了以后再把王位让给别人的。"这又是不对的。圣明的帝王处在君位上，根据人的德行来确定等级，根据人的才能来授予官职，使人们都能担负起自己的职事而各人又都能得到适宜的安排；不能用道义来制约私利，不能通过人为的努力来改造本性，那就统统让他们当老百姓。圣明的帝王去世了，天下已经没有圣人，那么根本就没有人能够接受禅

则天下不离，朝不易位，国不更制，天下厌然与乡无以异也；以尧继尧，夫又何变之有矣？圣不在后子而在三公，则天下如归，犹复而振之矣。天下厌然，与乡无以异也；以尧继尧，夫又何变之有矣？唯其徙朝[2]改制为难。故天子生则天下一隆，致顺而治，论德而定次；死，则能任天下者，必有之矣。夫礼义之分尽矣，擅让恶用矣哉？曰："老衰而擅。"是又不然。血气筋力则有衰，若夫智虑取舍则无衰。曰："老者不堪其劳而休也。"是又畏事者之议也。天子者，势至重而形至佚，心至愉而志无所诎[3]，而形不为劳，尊无上矣。衣被则服五采[4]，杂间色，重文绣，加饰之以珠玉；食饮则重大牢而备珍怪，期[5]臭味，曼[6]而馈，代睪[7]而食，雍而彻乎五祀，执荐者百余人侍西房；居则设张容[8]，负依而坐，诸侯趋走乎堂下；出户而巫觋[9]有事，出门而宗祀有事，乘大路、趋越席以养安，侧载睪芷[10]以养鼻，前有错衡[11]以养目，和鸾之声，步中武、象，趋

让了。天下如果有圣人，而又是圣明帝王的后代，那么天下的人就不会背离他，朝廷上各人的官位就不会改变，国家也不会改变制度，天下人都驯服新王的统治而与过去没有什么不同；用尧一样的人来继承尧，又会有什么改变呢？如果圣人没有出现在圣明帝王的后代之中而出现在三公之中，那么天下人也会归附他，就好像重新振兴一样，天下人都驯服新王的统治而与过去没有什么不同；用尧一样的人来继承尧，又会有什么改变呢？只有改朝换代、变更制度才是最难的。所以天子活着，那么天下人就会专一地尊崇他，极其顺从而有秩序，根据德行来确定各自的等级位次；天子去世了，能够担负起治理天下重任的人一定会有的。只要礼义的名分全部落实了，哪里还用得着禅让呢？有人说："是他们年老体衰了才把王位禅让给别人的。"这又是不对的。人的血脉气色筋骨体力是会衰退的，但智慧、思考能力、判断抉择的能力则是不会衰退的。有人说："年老的人不能忍受劳累才退下来休息的。"这又是怕做事者的议论。做天子的，权势极大而身体极其安逸，心情非常愉快而志向不受挫折，而且身体不会因为当了天子而劳累，而他的尊贵则是至高无上的。穿着方面，则是五色的上衣，再配上杂色的下衣，加上有花纹的刺绣，再用珠玉加以装饰；饮食方面，牛、羊、猪三牲都有，而且珍贵奇异的食物样样具备，各种香气美味应有尽有，人们排着长队送上食物，在击鼓声中进餐，在《雍》的音乐声中撤掉宴席，然后到灶上祭祀灶神，端菜的人有上百个侍候在西厢房；在天子的位置上听政，就设置了帷帐和小屏风，背靠大屏风而坐，诸侯在堂下快步前来朝见；一出宫门，巫觋就要为为天子占卜吉凶并祈祷驱除不祥，一出王城大门，大宗伯、大祝就要为天子祭路神求福；坐上宽阔的大车、坐着柔软的蒲席来保持身体的安稳，旁边放置湖岸上生长的香草来调养鼻子，车前有画着交错花纹的横木来调养眼睛，车铃的声音在车子慢行时合乎《武》、《象》的节奏，在车子奔驰时合乎《韶》、《护》的节奏来调养耳朵，太师、太傅、太保扶着车

中韶护以养耳，三公奉軶持纳诸侯持轮，挟舆、先马，大侯编后，大夫次之，小侯、元士次之，庶士介而夹道，庶人隐窜莫敢视望。居如大神，动如天帝。持老养衰，犹有善于是者与不？老者，休也，休犹有安乐恬愉如是者乎！故曰：诸侯有老，天子无老。有擅国无擅天下，古今一也。夫曰尧、舜擅让，是虚言也，是浅者之传，陋者之说也，不知逆顺之理，小、大，至、不至之变者也，未可与及天下之大理者也。

軶、握着缰绳，诸侯有的扶着车轮、有的护在车厢两侧、有的在马前引路，大国诸侯的车马排列在车后，大夫的车马跟在诸侯的后面，小国诸侯与天子的高级文官再跟在大夫的后面，士兵们穿着铠甲而在道路两旁警卫，百姓们隐藏躲避而没有人敢观望。天子坐着像天神一样尊严，行动像天帝一样自如，扶持老年的生活、保养衰退的身体，还有比这更好的吗？老年人要休息，那休息还有像这样安定快乐宁静愉悦的吗？所以说：诸侯有告老退休的，天子没有告老退休的；有诸侯传让国家的，没有天子禅让天下的。这在古今都是一样的。所谓“尧、舜把王位禅让给别人”，这是不符合事实的假话，是浅薄之人的传闻，愚陋的人的说法。他们不懂得违背和顺从的道理，不懂得大和小，至与不至的差别，这种人是不可以和他们谈论天下的大道理的。

【注释】

①擅让：禅让。擅，通“禅”。②徙朝：指更新换代。③诎：同“屈”，指受挫折。④五采：指青、黄、赤、白、黑五种颜色。⑤期：通“綦”，极，尽。⑥曼：长。⑧张容：帐幕和屏风之类。张，通“帐”。⑨巫觋：古代称女巫为巫，男巫为觋，合称“巫觋”。后亦泛指以装神弄鬼替人祈祷为职业的巫师。⑩睪芷(gāo zhǐ)：亦作“睪茝”。香草名。睪，通“泽”。⑪错衡：以金涂饰成文采的车辕横木。

【原文】

世俗之为说者曰：“尧舜不能教化。”是何也？曰：“朱象①不化。”是不然也。尧、舜者，至天下之善教化者也。南面而听天下，生民之属莫不振动从服以化顺之。然而朱、象独不化，是非尧、舜之过，朱、象之罪也。尧、舜者，天下之英也；朱、象者，天下之嵬，一时之琐也。今世俗之为说

【译文】

社会上那些创立庸俗学说的人说：“尧、舜不能教育、感化人。”这是什么原因呢？他们说：“因为丹朱、象都没有被感化。”这种说法是不对的。尧、舜，是天下最善于进行教育感化的人，他们朝南坐着治理天下，所有的民众无不震动听从归服以至于被感化而依顺他们。但丹朱、象不能被感化，这不是尧、舜的过错，而是丹朱、象的罪过。尧、舜是天下的英杰，丹朱、象是天下最奸诈，行为最卑劣的人。现在社会上那些创立庸俗学说的人，不责怪丹朱、象而非议尧、舜，岂不是错得太厉害了吗？这就叫做奇谈

者，不怪朱、象，而非尧、舜，岂不过甚矣哉？夫是之谓嵬说。羿、逢门者，天下之善射者也，不能以拨弓曲矢中微；王梁、造父者，天下之善驭者也，不能以辟[2]马毁舆[3]致远；尧、舜者，天下之善教化者也，不能使嵬琐化。何世而无嵬，何时而无琐，自太皞[4]、燧人莫不有也。故作者不祥，学者受其殃，非者有庆。《诗》曰："下民之孽，匪降自天；噂沓[5]背憎[6]，职竞由人。"此之谓也。

怪论。后羿、逢蒙，是天下最善于射箭的人，但不能用别扭的弓、弯曲的箭去射中微小的目标；王良、造父，是天下最善于驾车的人，但不能依靠瘸腿的马和坏了的车子到达远方；尧、舜，是天下最善于进行教育感化的人，但不能使险诈奸邪的人受到感化。哪个社会没有奸邪的人？哪个时代没有险诈的人？从伏羲氏、燧人氏以来没有什么时代没有过。所以那些创立庸俗学说的人不善，学习这种学说的人就受到了他们的毒害，反对这种学说的人则是值得祝贺的。《诗经》上说："民众的灾难与不幸，不是从天上降下来的；当面谈笑背后憎恨，灾祸往往都是由人造成的。"说的就是这种情况。

【注释】

①朱象：指尧子丹朱和舜异母弟象。皆为传说中的不肖子弟。朱，尧的儿子，封于丹，故又称丹朱。象，舜的异母弟弟，传说他曾多次谋杀舜。②辟：通"躄"，跛足。③毁舆：破败的车。④太皞：古帝名，传说是远古东夷族首领，风姓，居于陈。一说即伏羲氏（传说中人类的始祖）。⑤噂沓(zǔn tà)：当面谈笑。⑥背憎：背地里憎恨。

【原文】

世俗之为说者曰："太古薄葬[1]，棺厚三寸，衣衾三领[2]，葬田不妨田，故不掘也。乱今厚葬，饰棺，故掘也。"是不及知治道，而不察于扣[3]不扣者之所言也。凡人之盗也，必以有为，不以备不足，则以重有余也。而圣王之生民也，皆使当厚优犹知足，而不得以有余过度。故盗不窃，贼不刺，狗豕吐菽粟，而农贾皆能以货财让。风俗之美，男女自不取于涂，而百姓羞拾

【译文】

社会上那些创立庸俗学说的人说："远古时代实行薄葬，棺材板只有三寸厚，死人的衣服只有三套，被子只有三条，埋在田地中而不妨碍种田，所以没有人去盗墓。混乱的今天葬礼奢侈，用珍宝来装饰棺材，所以才会有人去盗墓。"这是不懂得治理之道，又不去考察盗墓与不盗墓的原因的人所说的话。凡是人们去盗窃，一定是有原因的，不是为了使自己不足的东西能齐备，就是为了使自己绰绰有余的东西进一步富余。而圣明的帝王养育民众，使他们都富足宽裕而懂得满足，而不让他们有多余的财物，不可以超过规定的标准。所以窃贼不会来偷窃，强盗不会杀人抢劫，狗猪都不吃粮食，而农夫、商人都能把财物相互推让。风俗是那

遗。故孔子曰："天下有道，盗其先变乎！"虽珠玉满体，文绣充棺，黄金充椁，加之以丹矸，重之以曾青，犀、象以为树，琅玕④、龙兹、华觐⑤以为实，人犹莫之扣也。是何故也？则求利之诡缓，而犯分之羞大也。

样的美好，男女自然不会私自在路上相会，而百姓都以拾取别人遗失的东西为羞耻。所以孔子说："社会政治清明，盗贼首先会发生改变。"像这样，虽然珍珠宝玉挂满了尸体，绣有彩色花纹的丝织品塞满了棺材，黄金塞满了棺椁，用朱砂涂刷它，用曾青粉饰它，在墓穴中用犀牛角和象牙雕刻成树，用琅玕、龙兹、华觐做成树上的果实，人们也不会去盗墓。这是为什么呢？是因为人们求取私利的诡诈之心不那么急切了，而违犯道义的羞耻感增强了。

【注释】

①薄葬：葬具及丧礼简单、节俭。②三领：三套。单衣复衣合起来一套。③扣(hú)：挖掘，这里指盗墓。④琅玕：似玉的美石。⑤龙兹、华觐：也是珠玉名。

【原文】

夫乱今然后反是：上以无法使，下以无度行；知者不得虑，能者不得治，贤者不得使。若是，则上失天性，下失地利，中失人和；故百事废，财物诎，而祸乱起。王公则病不足于上，庶人则冻馁羸瘠①于下。于是焉桀、纣群居而盗贼击夺以危上矣。安禽兽行，虎狼贪，故脯巨人而炙婴儿矣。若是，则有何尤扣人之墓，抉人之口而求利矣哉？虽此倮②而埋之，犹且必扣也，安得葬埋哉？彼乃将食其肉而龁③其骨也。夫曰：太古薄葬，故不扣也；乱今厚葬，故扣也。是特奸人之误于乱说，欺愚者而淖陷④之，

【译文】

混乱的今天却正好相反。君主不根据法度役使人民，臣民不根据法度去办事，有才智的人不能去谋划国家大事，有能力的人不能去治理国家，有德行的人不能得到重用。像这样，上失有利于攻战的自然气候，下失有利的地理条件，中间就会失去人心；所以各种事情都会废驰，财物紧缺，而祸乱也就产生了。天子和诸侯在上面担心财物不够用，老百姓则在下面受冻挨饿疲弱消瘦；于是桀、纣那样的人就会成群地出现，而盗贼也就到处抢夺以至于危及到统治者。于是人像禽兽一样横行，像虎狼一样贪婪，所以也就出现把大人做成肉干来吃而把婴儿做成烤肉来吃的现象。这样的话，又为什么要指责那些盗掘死人的坟墓、撬开死人的嘴巴来求取利益的行为呢？像这样，即使是赤身裸体来埋葬死人，也一定会被挖掘的，哪里还能够安葬呢？因为他们将会吃死人的肉、啃死人的骨头。所谓"远古时代葬礼节俭，所以不会被挖掘；混乱的今天葬礼奢侈，所以会被盗挖"，这是邪恶诡诈的人故意制造混乱的说法，用来欺骗愚蠢的人而使他们陷入迷惑当中，以便从中得

以偷取利焉，夫是之谓大奸。传曰："危人而自安，害人而自利。"此之谓也。

到利益罢了，这就叫做最大的奸邪。古书上说："危害别人而保全自己，损害别人而让自己得到利益。"说的就是这种人。

【注释】

①羸瘠(léi jí)：瘦弱。②倮：裸。③龁(hé)：咬。④滓陷：陷害。

【原文】

子宋子曰："明见侮之不辱，使人不斗。人皆以见侮为辱，故斗也；知见侮之为不辱，则不斗矣。"应之曰：然则以人之情为不恶侮乎？曰："恶而不辱也。"曰：若是则必不得所求焉。凡人之斗也，必以其恶之为说，非以其辱之为故也。今俳优、侏儒、狎徒①詈侮②而不斗者，是岂巨知见侮之为不辱哉。然而不斗者，不恶故也。今人或入其央渎③窃其猪彘，则援剑戟而逐之，不避死伤，是岂以丧猪为辱也哉？然而不惮斗者，恶之故也。虽以见侮为辱也，不恶则不斗；虽知见侮为不辱，恶之则必斗。然则斗与不斗邪，亡于辱之与不辱也，乃在于恶之与不恶也。夫今子宋子不能解人之恶侮，而务说人以勿辱也，岂不过甚矣哉？金舌弊口④，犹将无益也。不知其无益，则不

【译文】

宋钘先生说："明白了被人欺侮而并不是耻辱的道理，就能使人们不发生争斗。人们都把被欺侮当作耻辱，所以就会发生争斗；如果知道了受到欺侮并不是耻辱的道理，那就不会发生争斗了。"回应他的人说："这样的话，那么先生也以为人之常情是不憎恶被人欺侮的吗？"宋钘先生回答说："虽然憎恶被人欺侮，但并不把被欺侮当作是耻辱。"回应他的人说："如果是这样，那您的目的一定是达不到的。凡是人们之间发生争斗，一定以憎恶对方当作辩解，而不是以受到对方的欺侮为理由。现在那些滑稽艺人和唱戏的优伶、供人取乐的矮子、被人戏弄的奴仆，受到辱骂欺侮却不争斗，这哪里是因为他们懂得了被人欺侮算不上是一种耻辱的道理呀？但他们不争斗，是因为他们不憎恶被人欺侮的缘故。现在如果有人从水沟中进入别人的家，偷走了别人的猪，那么失主就会拿起剑戟去追赶窃贼，甚至不怕死伤，这哪里是因为他把丢失猪看作为耻辱呢？但他不怕争斗，是因为憎恶窃贼的缘故。所以，即使把被欺侮看作为一种耻辱，但如果不相互憎恶就不会发生争斗；即使懂得了被欺侮算不上是一种耻辱的道理，但如果相互憎恶就一定会发生争斗。这样看来，争斗不争斗，不在于感到耻辱还是不感到耻辱，而在于憎恶还是不憎恶。现在宋钘不能消除人们对被人欺侮的憎恶，而致力于劝说人们别把受欺侮看作为耻辱，岂不是错得太厉害了吗？就算

知；知其无益也，直以欺人，则不仁。不仁不知，辱莫大焉。将以为有益于人，则与无益于人也，则得大辱而退耳！说莫病是矣。

怎样能言善辩、说破了嘴都没有用。不知道没有用，那就是不够明智；知道它没有用，却故意要拿它来骗人，那就是不仁慈了。不仁慈不明智，耻辱没有比这更大的了。还会有人认为宋钘的学说有益于人吗？其实全都无益于人，只会遭到极大的耻辱而退场罢了！没有比这种学说更有害的了。"

【注释】

①狎徒：指陪主人嬉戏凑趣的人。②詈侮（lì wǔ）：詈骂侮辱。③央渎（yāng dú）：出水沟。④金舌弊口：用金做的舌头，说破了嘴。比喻说话很多，枉费口舌。金舌，用金子做舌头。弊，破。

【原文】

子宋子曰："见侮不辱。"应之曰：凡议必先立隆正，然后可也。无隆正则是非不分而辨讼不决，故所闻曰："天下之大隆，是非之封界，分职名象[①]之所起，王制是也。"故凡言议期命是非，以圣王为师。而圣王之分，荣辱是也。是有两端矣。有义荣者，有势[②]荣者；有义辱者，有势荣者。志意修，德行厚，知虑明，是荣之由中出者也，夫是之谓义荣。爵列尊，贡禄厚，形势胜，上为天子诸侯，下为卿相士大夫，是荣之从外至者也，夫是之谓势荣。流淫污僈，犯分乱理，骄暴贪利，是辱之由中出者也，夫是之谓义辱。詈侮捽搏[③]，捶笞[④]膑脚[⑤]，斩断枯磔[⑥]，藉靡[⑦]后缚，是辱之由外至者也，夫是之谓势辱。是荣辱之两端也。故君子可以有势辱，而不可以有义辱；小

【译文】

宋钘先生说："被人欺侮并不是耻辱。"回应的人回答说："凡是一种议论，一定要建立一个最高的标准才行，没有一个最高标准，那么是非就不能区分，争辩也就无法解决。过去听到的话说：'天下最高的标准，判断是非的界线，确定等级官员、名物制度的起源，就是古代圣王的治国的总纲领总原则。'所以，凡是发言立论或约定事物的名称，都要以圣王为标准；而圣王的总准则，则是光荣和耻辱。光荣和耻辱各有两个方面，有因为自身的言行获得的光荣，有因为外界的客观条件所获得的光荣，有因为自身的言行所招致的耻辱，有因为外界的客观条件所招致的耻辱，志向美好，德行淳厚，智虑精明，这是从内心产生出来的光荣，这叫做道义方面的光荣。爵位尊贵，贡品俸禄优厚，权势地位优越，高一点的做了天子诸侯，低一点的做了卿相士大夫，这是从外部得到的光荣，这叫做势位方面的光荣。行为放荡、丑恶，违犯道义、扰乱伦理，骄横凶暴、唯利是图，这是从内心产生出来的耻辱，这叫做道义方面的耻辱。受人责骂欺侮、被揪住头发挨打，受杖刑被鞭打、受膑刑被剔去膝盖骨，被砍头断手、五马分尸并弃市，被五花大绑、被反绑吊起，这是从外部得到的耻辱，这叫做势位方

人可以有势荣，而不可以有义荣。有势辱无害为尧，有势荣无害为桀。义荣势荣，唯君子然后兼有之；义辱势辱，唯小人然后兼有之。是荣辱之分也。圣王以为法，士大夫为道，官人以为守，百姓以成俗，万世不能易也。今子宋子则不然，独诎容为己，虑一朝而改之，说必不行矣。譬之，是犹以塼⑧涂塞江海也，以焦侥⑨而戴太山也，蹎⑩跌碎折不待顷矣。二三子之善于子宋子者，殆不若止之，将恐得伤其体也。

面的耻辱。这些就是光荣和耻辱的两个方面。所以君子可以有势位方面的耻辱而不可以有道义方面的耻辱，小人可以有势位方面的光荣却不可以有道义方面的光荣。有势位方面的耻辱不妨碍他成为尧，有势位方面的光荣不妨碍他成为桀。道义方面的光荣、势位方面的光荣，只有君子才能同时拥有它们；道义方面的耻辱、势位方面的耻辱，只有小人才会同时拥有它们。这就是光荣和耻辱的分别。圣王把它当作法度，士大夫把它当作原则，一般官吏把它当作守则，老百姓以此形成习俗，这是万世都不会改变的。现在宋钘却不是这样，他独自用委曲容忍来整饬自己，想很快就改变荣辱的观点，他的学说一定是行不通的。打个比方，这就好像是用砖和泥去填塞江海，让矮人去顶负泰山，顷刻之间，他就会跌倒在地粉身碎骨了。诸位中有赞成宋钘学说的人，如果不尽快放弃这种学说，将来恐怕会伤害到自己。

【注释】

①名象：名物制度。②势：势位。这里指外边加上去的东西。③捽搏(zuó bó)：揪打；捕捉。④捶笞(chuí chī)：杖击；抽打。⑤膑(bìn)脚：古代酷刑之一。削去膝盖骨。⑥枯磔(zhé)：古代的两种重刑。枯，指弃市暴死。磔，指车裂。⑦藉：绳，缚，系。靡：通"縻"，绳，缚。⑧塼："抟"的俗字，揉捏成团。⑨焦侥：古代传说中的矮人。亦指传说中古国名。⑩蹎(diān)跌：指跌倒。

【原文】

子宋子曰："人之情，欲寡，而皆以己之情，为欲多，是过也。"故率其群徒，辨其谈说，明其譬称①，将使人知情之欲寡也。应之曰：然则亦以人之情为目不欲綦色，耳不欲綦声，口不欲綦味，鼻不欲綦臭，形不欲綦佚。此五綦者，亦以人之情为不欲乎？曰："人之情，欲是已。"

【译文】

宋钘说："人的本性，要得很少，但现在的人却都认为自己的本性是想要很多，这是错误的。"所以他率领他的弟子们，传播他的学说，把他的比喻和引证说得明白清楚，想要人们知道人的本性是要求很少的。回应他的人回答说："这样说来也就是认为人的本性是眼睛不想看到各种美丽的颜色、耳朵不想听到各种悦耳的声音、嘴巴不想吃到各种美味佳肴、鼻子不想闻最好的气味、身体不想追求最大的安逸。这五种极好的享受，你也认为是人们的本性不想要的吗？"宋钘回答说："人的本性

曰：若是则说必不行矣。以人之情为欲此五綦者而不欲多，譬之，是犹以人之情为欲富贵而不欲货也，好美而恶西施也。

是想要这些享受的。”回应的人答道：“如果是这样，那么你的说法一定是行不通了。认为人的本性是想要这五种极好的享受而又不想多要，打个比方，这就犹如人的本性想要富贵但又不要钱财、喜爱美色却又讨厌西施一样。

【注释】

①譬称：譬晓说明。

【原文】

古之人为之不然。以人之情为欲多而不欲寡，故赏以富厚①，而罚以杀②损也，是百王之所同也。故上贤禄天下，次贤禄一国，下贤禄田邑，愿悫之民完衣食。今子宋子以是之情为欲寡而不欲多也，然则先王以人之所不欲者赏，而以人之所欲者罚邪？乱莫大焉。今子宋子严然③而好说，聚人徒，立师学④，成文典，然而说不免于以至治为至乱也，岂不过甚矣哉！

【译文】

古代的人就不是这样做的。他们认为人的本性是想要多而不想要少，所以用奖赏来使其财富增加，用处罚来使其财富减少，这是各代帝王所相同的做法。所以德才卓著的人以天下的财富作为俸禄，德才次一等的才以一国的财富作为俸禄，下等的贤才以封地内的财富作为俸禄，忠厚老实的百姓则保证其基本的衣食生活。如今，宋钘认为人的本性是想要少而不想要多，那么古代的圣王是用人们不想要的东西来奖赏而用人们想要的东西来处罚吗？混乱没有比这更大的了。现在宋钘一本正经地珍爱自己的学说，聚集弟子，建立学校，写成文章，但他的学说不免将最大的安定变成了最大的混乱，难道不是错得太厉害了吗？

【注释】

①富厚：指物质财富雄厚。②杀：减少。③严然：庄重的样子。④师学：学校。

【评析】

荀子认为社会上流行着一些谬论，所以他专门写下了《正论》来一一驳斥他们的学说。本篇也正是采用了驳论的形式，对当时诸家世俗之论给予了批评和矫正，集中论述了荀子隆礼重法的思想，提出了以尧舜王制为最高理想的政治主张。

荀子在论述中列举了十种观点,即"桀、纣有天下,汤、武篡而夺之""汤、武不能禁令""主道利周""治古无肉刑,而有象刑""尧、舜禅让""尧、舜不能教化""太古薄葬、乱今厚葬""人之情欲寡""见侮之不辱,使人不斗"等观点,然后对之进行了批判。而荀子批评的标准则是他所谓的"王制"。

本章内容虽然庞杂,但某些篇章可与《非十二相》《王制》《解蔽》等相互联系,能帮助我们更好地理解荀子的一些思想,所论也颇有深刻透彻之处。

礼 论

【题解】

《礼论》是荀子所最重之论，自然也就成了荀子著作中最重要的篇章。文中系统地论述了古代礼制的起源、内容、作用等各个方面。并以浓墨重彩，对先秦礼制做了最为系统全面的阐述，成为后人认识和了解古代礼制的重要文献。

【原文】

礼起于何也？曰：人生而有欲，欲而不得，则不能无求。求而无度量分界，则不能不争；争则乱，乱则穷。先王恶其乱也，故制礼义以分之，以养人之欲，给人之求。使欲必不穷于物，物必不屈于欲。两者相持而长，是礼之所起也。

【译文】

礼的起源是因为什么呢？回答说：人生来就有欲望；如果想要而没有得到，那就不能不去追求；如果一味追求而没有限度，就不能不发生争夺；发生争夺就会引起祸乱，祸乱就会导致贫穷。古代的圣王厌恶祸乱，所以制定了礼义来确定人们的等级地位，以此来调节人们的欲望、满足人们的要求，使人们的欲望不会因为物资的匮乏而得不到满足，物资也一定不会因为人们的欲望而耗尽，使物资和欲望在互相制约中增长。这就是礼的起源。

【原文】

故礼者，养也。刍豢稻粱五味调香，所以养口也；椒兰[①]芬苾[②]，所以养鼻也；雕琢刻镂黼黻[③]文章，所以养目也；钟鼓、管磬、琴瑟、竽笙，所以养耳也；疏房[④]、檖貌越席、床笫、几筵，所以养体也。故礼者，养也。

【译文】

所以，礼是调节人们欲望的。牛羊猪狗等肉类和稻米谷子等细粮，五味调和的佳肴，是用来调养人们的嘴巴的；椒树兰草香气芬芳，是用来调养人们的鼻子的；在器具上雕刻图案，在礼服上绘彩色花纹，是用来调养人们的眼睛的；钟、鼓、管、磬、琴、瑟、竽、笙等乐器，是用来调养人们的耳朵的；宽敞通明的房间、深邃的朝堂、柔软的蒲席、床上的竹铺、矮桌与垫席，是用来调养人们的身体的。所以礼是调节人们欲望的。

【注释】

①椒兰：椒与兰。皆芳香之物，故以并称。②芬苾(bì)：芳香。③黼黻(fǔ fú)：泛指礼服上所绣的华美花纹。④疏房：敞亮的房间。

【原文】

君子既得其养，又好其别。曷谓别？曰：贵贱有等，长幼有差，贫富轻重皆有称者也。故天子大路越席，所以养体也；侧载睾芷，所以养鼻也；前有错衡，所以养目也；和鸾之声，步中武、象，趋中韶、护，所以养耳也；龙旗九斿[①]，所以养信[②]也；寝兕[③]、持虎[④]，蛟韅[⑤]、丝末、弥龙，所以养威也；故大路之马，必信至教顺，然后乘之，所以养安也。孰知夫出死要节之所以养生也！孰知夫出费用之所以养财也！孰知夫恭敬辞让之所以养安也！孰知夫礼义文理之所以养情也！故人苟生之为见，若者必死；苟利之为见，若者必害；苟怠惰偷懦之为安，若者必危；苟情说之为乐，若者必灭。故人一之于礼义，则两得之矣；一之于情性，则两丧之矣。故儒者将使人两得之者也，墨者将使人两丧之者也，是儒、墨之分也。

【译文】

君子既然得到了礼的调养，又喜爱礼的区别。什么叫做区别呢？回答说：就是高贵和卑贱的有不同的等级，年长的和年幼的有一定的差别，贫穷的和富裕的、权势小的和权势大的都各有合适的规定。所以天子乘坐宽阔的大车、铺垫那柔软的蒲席，是用来调养身体的；旁边放置睾芷，是用来调养鼻子的；车前放有以金涂饰成文采的车辕横木，是用来调养眼睛的；车铃的声音，在车子慢行时合乎《武》、《象》的节奏，在车子奔驰时合乎《韶》、《护》的节奏，这是用来调养耳朵的；龙旗下边有九条飘带，是用来彰明天子身份的；车子上画着的卧着的犀牛、蹲着的老虎、马系着鲛鱼皮做的马肚带、车前挂着丝织的车帘、车轭末端的龙头装饰，这是用来显示威严的；所以为天子驾车的马，一定要训练得十分顺服，然后才能乘坐，这是用来保证安全的。谁知道献出生命而求名节是为了养生呢？谁知道花费钱财是用来保养钱财的呢？谁知道恭敬谦让是用来保住安全的呢？谁知道礼义仪式是为了调养情操的呢？所以人如果只看见生，这样的人就一定会死；如果只看见利，这样的人就一定会受到损害；如果只是喜欢懈怠懒惰苟且偷安，这样的人就一定会遇到危险；如果只是纵情作乐，这样的人就一定会灭亡。所以人如果专门把心思放在讲究礼义上，那么礼义情性两方面就都能保全了；如果一个人只是一味追求性情的安逸，那么礼义和性情两方面都将失去。所以儒家要使人两样都得到，墨家则是要使人两样都失去，这就是儒家和墨家的区别。

【注释】

①斿(liú):通"旒",古代旌旗下边悬垂的饰物。②养信:指保持、培养威信。③寝兕:卧着的独角犀。常画于帝王车轮上以壮威。④持虎:以猛兽皮所作的车饰。⑤蛟韅(jiāo xiǎn):鲛鱼皮做的马肚带。蛟,通"鲛"。

【原文】

礼有三本[①]:天地者,生之本也;先祖者,类之本也;君师者,治之本也。无天地,恶生?无先祖,恶出?无君师,恶治?三者偏亡,焉无安人。故礼,上事天,下事地,尊先祖,而隆[②]君师。是礼之三本也。

【译文】

礼有三个根本:天地是生存的根本,祖先是种族的根本,君长是治理的根本。没有天地,怎么生存?没有祖先,种族从哪里产生?没有君长,怎么能使天下太平?三者缺少一个方面,人们就没法得到安宁。所以礼,上是用来祭祀天的,下是用来祭祀地的,也是表示对祖先和君主的尊重。这是礼的三个根本。

【注释】

①本:根本,本源,基础。②隆:推崇。

【原文】

故王者天太祖[①],诸侯不敢坏,大夫士有常宗[②],所以别贵始。贵始,得之本也。郊[③]止乎天子,而社止于诸侯,道及士大夫,所以别尊者事尊,卑者事卑,宜大者巨,宜小者小也。故有天下者事七世,有一国者事五世,有五乘之地[④]者事三世,有三乘之地者事二世,持手而食者不得立宗庙,所以别积厚者流泽广,积薄者流泽狭也。

【译文】

所以,称王天下的天子可以把创建国家的始祖当作天来祭祀,诸侯则不敢有这个想法,大夫和士则有永恒的大宗,这种宗法祭祀制度是用来区别各自所尊奉的始祖的。尊重始祖,是道德的根本。到郊外祭天神仅限于天子,而祭土地神则从天子开始到诸侯为止,祭路神则向下延及到士和大夫,这是用来区别尊贵的人才能侍奉尊贵的、卑贱的人只能侍奉卑贱的、适宜做大事的就做大事、适宜做小事的就做小事。所以拥有天下的天子可以立七代祖先的神庙进行祭祀,拥有一个国家的诸侯可以立五代祖先的神庙进行祭祀,拥有五个六里见方的土地的大夫可以立三代祖先的神庙进行祭祀,有三个六里见方的土地的士可以立两代祖先的神庙进行祭祀,依靠双手来糊口的百姓不可以建立祖庙,这样做就是要有所区别,让功业大的流传广大,功业小的流传狭小。

【注释】

①太祖：开国皇帝的通称。②常宗：永恒的大宗。嫡长子所传之宗，祖庙永不迁，故称。③郊：古代天子每年冬至在南郊祭天的活动。④五乘之地：古代兵赋之法规定，六里见方的土地出兵车一乘，所以以六里见方的土地为一乘之地。

【原文】

大飨[1]尚玄尊[2]，俎[3]生鱼，先大羹[4]，贵食饮之本也。飨，尚玄尊而用酒醴，先黍稷而饭稻粱；祭，齐[5]大羹而饱庶羞[6]，贵本而亲用也。贵本之谓文，亲用之谓理，两者合而成文，以归大一，夫是之谓大隆。故尊之尚玄酒也，俎之尚生鱼也，豆之先大羹也，一也。利爵之不醮也，成事之不俎不尝也，三臭之不食也，一也。大昏之未发齐也，太庙之未入尸也，始卒之未小敛也，一也。大路之素未也，郊之麻絻也，丧服之先散麻也，一也。三年之丧，哭之不反也，清庙之歌，一唱而三叹也，县一钟，尚拊膈，朱弦而通越也，一也。

【译文】

在太庙中合祭历代祖先，供上玄酒，将生鱼放在俎中，先献上不加调味品的肉汁，这是为了表示尊重饮食的本源。四季祭祖时，供上玄酒，然后供上甜酒，先献上黍、稷，再陈供稻粱；每月祭祖时，先供上不加调味品的肉汁，再供上各种美味的食物，这些都是为了尊重饮食的本源而又便于被祭祀者食用。尊重饮食的本源叫做有礼，便于食用叫做合乎常理，两者结合就形成了完备的礼仪制度，而又使它合乎远古的质朴状态，这才叫做最隆重的礼。所以用酒杯供上玄酒为上等祭品，俎中放上生鱼为上等祭品，豆中先盛不加调味品的肉汁，这三种做法与远古的质朴状态状态是一致的。代表死者受祭的人不把所贡的酒喝光，祭祀完毕后不吃俎中的祭品，祭祀者反复劝受祭的人吃肉喝酒，而自己不动筷子，这三种做法与远古的质朴状态是一致的。帝王婚娶时还没有喝交杯酒时，祭祀太庙而尚未使代表死者受祭的人进庙时，人刚死还没有换上寿衣时，这三种情况与远古的质朴状态是一致的。天子祭天的大车用没有染色的丝绸做车帘，在郊外祭天时头戴麻布制成的礼帽，居丧时先系上麻带，这三种车服与远古的质朴状态是一致的。三年期的服丧，痛哭时放声直号而没有曲折的声调；《清庙》的颂歌，一人领唱而三个人随声应和；悬挂一口钟，崇尚使用拊与膈；把琴弦染成红色而打通瑟底的孔；这三种做法是和远古的质朴状态一致的。

【注释】

①大飨(xiǎng)：即大祫，古代天子或诸侯把远近祖先的神主牌位集合在太祖庙而举行的大合祭，一般三年举行一次。②玄尊：亦作“玄樽”。犹言玄酒。③俎(zǔ)：古代祭祀时放祭品的器物。④大羹：祭祀时所用的不加调味品的肉汁。⑤齐：读作“跻”，进献。⑥庶：众。羞：美味的食物。

【原文】

凡礼，始乎棁[①]，成乎文，终乎悦校[②]。故至备，情文俱尽；其次，情文代[③]胜；其下，复情以归大一也。天地以合，日月以明，四时以序，星辰以行，江河以流，万物以昌；好恶以节，喜怒以当，以为下则顺，以为上则明，万变不乱，贰之则丧也。礼岂不至矣哉！立隆以为极，而天下莫之能损益也。本末相顺，终始相应，至文以有别，至察以有说，天下从之者治，不从者乱；从之者安，不从者危；从之者存，不从者亡，小人不能测也。

【注释】

①棁(tuō)：通"脱"，简略。②校：通"恔"，快意，满意。③代：交替，轮流。

【译文】

礼，开始时都是很简略，逐渐形成礼仪仪式，最后达到使人称心如意的程度。所以最完备的礼是将要表达的感情和礼节仪式都发挥得淋漓尽致；次一等的，是所要表达的感情和礼节仪式轮流得到重视；最下等的，就是使所要表达的感情回到原始状态。但无论如何，天地因为有礼而调和，日月因为有礼而更加明亮；四季因为有礼而井然有序，星辰因为有礼而正常运行；江河因为有礼而奔流不息，万物因为有礼而繁荣昌盛；人之好恶因为有礼而有所节制，喜怒因为有礼而恰如其分；用它来治理臣民就可使臣民归顺，用它来整饬君主就可使君主英明；礼使万事万物千变万化而不混乱，但如果违背了礼，就会丧失一切。礼难道不是登峰造极了吗？建立完备的礼制作为最高的准则，那么天下没有谁再能增减改变它。礼的根本原则和具体规则之间互相顺应，开始和结尾相互呼应；最完备的礼仪有明确的等级区别，极其明晰而有详尽的理论说明。天下遵循礼的国家治理得好，不遵循礼的国家就会发生混乱；遵循礼的国家就会安定，不遵循礼的国家就会危险；遵循礼的国家就能存在，不遵循礼的国家就会灭亡。小人是不能了解到礼的这些作用的。

【原文】

礼之理诚深矣，"坚白""同异"之察入焉而溺；其理诚大矣，擅作典制辟陋之说入焉而丧；其理诚高矣，暴慢、恣睢、轻俗以为高之属入焉而队[①]。故绳墨诚陈[②]矣，则不可欺以曲直；衡诚县矣，则不可欺以轻

【译文】

礼的道理很深，"坚白"、"同异"等所谓明察的辨析，一进入礼的道理之中就被淹没了；礼的道理极其广大，擅自编造典章制度、邪僻浅陋的学说，一进入礼的道理之中就消亡了；礼的道理极其高明，那些把粗暴傲慢恣肆放荡轻视习俗作为高尚的人，一进入礼的道理之中就失败了。所以木工的墨线真正拉出来了，就不可能再用曲直来欺骗他

重;规矩诚设矣,则不可欺以方圆;君子审于礼,则不可欺以诈伪。故绳者,直之至;衡者,平之至;规矩者,方圆之至;礼者,人道之极也。然而不法礼,不足礼,谓之无方[③]之民;法礼,足礼,谓之有方之士。礼之中焉能思索,谓之能虑;礼之中焉能勿易,谓之能固。能虑,能固,加好者焉,斯圣人矣。故天者,高之极也;地者,下之极也;无穷者,广之极也;圣人者,人道之极也。故学者,固学为圣人也,非特学为无方之民也。

人;秤真正挂起来了,就不可能再用轻重来搞欺骗他人;规矩设立了,就不可能再用方圆来欺骗他人;君子对礼了解得明白清楚,那么那些奸诈不实的学说就没法来欺骗人了。所以墨线是最直的;秤是最公平的,规矩是方圆的最高标准;礼是社会道德规范的最高标准。既然这样,那么不遵循礼,不重视礼,就叫做不走正道的人;遵循礼,重视礼,就叫做走正道的人。在遵循礼重视礼的过程中能够思考探索,叫做善于谋虑;在遵循礼重视礼的过程中不改变,叫做坚持。善于谋虑,能够坚持,再加上爱好礼,这就是圣人了。天,是高的极点;地,是低的极点;无穷无尽,是广阔的极点;圣人,是道德的极点。所以学习的人,就该学做个圣人,而不是只学做个不走正道的人。

【注释】

①綦慢,恣睢:胡作非为,放荡不羁。队:同"坠",失败。②陈:陈列,指拉出来弹画。③无方:无道,没有原则,没有固定的法度。方,道。

【原文】

礼者,以财物为用,以贵贱为文,以多少为异,以隆杀[①]为要。文理繁,情用省,是礼之隆也。文理省,情用繁,是礼之杀也。文理情用相为内外表里,并行而杂,是礼之中流[②]也。故君子上致其隆,下尽其杀,而中处其中。步骤[③]驰骋厉鹜[④]不外是矣。是君子之坛宇宫廷也。人有是,士君子也;外是,民也;于是其中焉,方皇周挟[⑤],曲得其次序,是圣人也。故厚者,礼之积也;大者,礼之广也;高者,礼之隆也;明者,礼之尽也。《诗》

【译文】

礼,以财物为工具,以尊贵与卑贱的区别作为礼仪制度,以享受的多少作为差别,以隆重和简省作为要领。礼节仪式繁多,但所要表达的感情、所要起到的作用却简约,这是隆重的礼。礼节仪式简约,但所要表达的感情、所要起到的作用却繁多,这是简省的礼。礼节仪式和它所要表达的感情、所要起到的作用之间相称,两者并驾齐驱而交错配合,这是适中的礼。所以君子对隆重的礼仪就极尽它的隆重,对简省的礼仪就极尽它的简省,而对适中的礼仪也就作适中的处置。慢走快跑、驱马驰骋、剧烈奔跑都不越出这个范围,这就像是君子应当住在屋宇、宫廷中一样。人如果把活动限定在礼这个范围之中,就是士君子,如果越出了礼这个范围,就是普通的

曰："礼仪卒度，笑语卒获。"此之谓也。

人；如果在礼这个范围中间，能够随意活动而又能完全符合礼的顺序要求，这就是圣人了。所以圣人的厚道，是靠了礼的积蓄；圣人的大度，是靠了礼的深广；圣人的崇高，是靠了礼的高大；圣人的明察，是靠了礼的透彻。《诗经》上说："礼仪完全合乎法度，言谈笑语就会得当。"说的就是这种情况。

【注释】

①隆杀：指隆重和简省。②中流：中道，正道。③步骤：缓行和疾走。④厉骛（wù）：疾驰。⑤挟：通"浃"。

【原文】

礼者，谨于治生死者也。生，人之始也；死，人之终也。终始俱善，人道毕矣。故君子敬始而慎终，终始如一，是君子之道，礼义之文也。夫厚其生而薄其死，是敬其有知，而慢其无知也，是奸人之道而倍叛[1]之心也。君子以倍叛之心接臧谷[2]，犹且羞之，而况以事其所隆亲[3]乎！故死之为道也，一而不可得再复也，臣之所以致重其君，子之所以致重其亲，于是尽矣。故事生不忠厚，不敬文，谓之野；送死不忠厚，不敬文，谓之瘠。君子贱野而羞瘠，故天子棺椁[4]七重，诸侯五重，大夫三重，士再重，然后皆有衣衾多少厚薄之数，皆有翣蒌[5]文章之等，以敬饰之，使生死终始若一，一足以为人愿，是先王之道，忠臣孝子之极也。天子之丧动四海，属诸侯。诸侯之丧动通国，属

【译文】

礼，要求慎重地处理生与死。生，是人生的开始；死，是人生的终结。生与死都能按照礼处理得十分妥善，那么为人之道也就完备了。所以君子严肃地对待人生的开始而慎重地对待人生的终结。对待终结与开始完全一样，这是君子的原则，是礼义的具体规定。看重人活着的时候而看轻人的死亡，这是看重人有知觉的时候而怠慢其无知觉的时候，这是恶人的做法，背叛了始终如一的原则。君子用背叛之心去对待奴仆、小孩尚且感到羞耻，更何况是用这种心态去对待自己所尊重的君主和父母呢？死这件事，只能有一次而不可能有第二次，生命不可以重生，所以臣对君主特别敬重，儿子对母亲的特别敬重，在死这一点上，最能得到表达。所以侍奉活着的人不忠诚笃厚、不恭敬有礼，就称为粗野；葬送死者不忠诚笃厚、不恭敬有礼，就称为薄情。君子鄙视粗野而把薄情看作为羞耻。所以天子的棺材有七层，诸侯有五层，大夫有三层，士有两层；其次，他们又都有衣服被子方面或多或少、或厚或薄的数目规定，棺材上的装饰物和图案也都有不同的等级差别，以此来表达敬意，使他们在生前与死后完全是一个样子，使这始终如一的愿望得到满足，这是古代圣王的原则，也是忠臣孝子的最高准则。天子的丧事惊动整个天下，诸侯都汇聚而来参加葬礼；诸侯的丧事惊动有友好交往的国家，大夫都聚集而来

大夫。大夫之丧动一国，属修士。修士之丧动一乡，属朋友。庶人之丧合族党，动州里⑥。刑余罪人之丧，不得合族党，独属妻子，棺椁三寸，衣衾三领，不得饰棺，不得昼行，以昏殣⑦，凡缘⑧而往埋之，反无哭泣之节，无衰麻⑨之服，无亲疏月数之等，各反其平，各复其始，已葬埋，若无丧者而止，夫是之谓至辱。

参加葬礼；大夫的丧事惊动一国，修士都聚集而来参加葬礼；修士的丧事惊动一乡，朋友都聚集而来参加葬礼；百姓的丧事，集合同族亲属来送葬，惊动州里。受过刑罚的罪犯的丧事，不准聚集同族亲属来送葬，只有妻子儿女来送葬，棺材三寸厚，衣服被子三套，不准文饰棺材，不准白天送葬，只能在黄昏时埋葬，而且妻子儿女只能穿着平常的服装去埋掉他，回来后，没有哭泣的礼节，没有披麻戴孝的丧服，没有因为亲戚的亲疏关系而形成的服丧日期的等级差别，各人都回到自己平常的生活中，各人都恢复到自己原先的样子，将死者埋葬后，就像没有死过人一样而什么也不做，这便是最大的耻辱。

【注释】

①倍叛：背叛。倍，通“背”。②接，对待。臧：奴仆。谷：小孩。③隆亲：所尊崇的和所亲爱的。指君王与父母。④棺椁(guǒ)：棺材和套棺(古代套于棺外的大棺)，泛指棺材。⑤翣菨(shà jiē)：古代棺饰。⑥州里：古代二千五百家为州，二十五家为里。本为行政建制，后泛指乡里或本土。⑦昏殣(jìn)：黄昏时埋葬。殣，通“墐”，用土掩埋。⑧凡缘：指一如往常。⑨衰麻：丧服，衰衣麻绖。

【原文】

礼者，谨于吉凶不相厌①者也，紸纩②听息之时，则夫忠臣孝子亦知其闵③已，然而殡敛之具，未有求也；垂涕恐惧，然而幸生之心未已，持生之事未辍也；卒矣，然后作具之。故虽备家必逾日然后能殡，三日而成服。然后告远者出矣，备物者作矣。故殡久不过七十日，速不损五十日。是何也？曰：远者可以至矣，百求可以得矣，百事

【译文】

礼，慎重地对待吉利的事与凶险的事，不能让它们相互混淆。将新的棉絮放在快死者的鼻前，观察病者的气息，看其是否断气时，就是那些忠臣孝子也知道其病得很重，但是停放灵柩入殓的用具却还不能去准备；虽然流泪恐惧，但是希望他能侥幸活下去的心思还没有消失，维持他生命的事情还不能停止；等到人死了，才开始准备治丧的物品。所以，即使是治丧物品齐备的人家，也必须过了一天才能入棺停柩，然后到第三天才穿上丧服守丧。然后去远方报丧的人才可以出发，准备治丧物品的人才开始操办。所以停放灵柩的时间，长的不超过七十天，短也不少于五十天。这是为什么呢？回答说：远方来奔丧的亲友可以赶到了，各种需求都可以满足了，各种事情都可以办成了。人们的忠诚尽到了，对长

可以成矣；其忠至矣，其节大至，其文备矣。然后月朝④卜日，月夕卜宅，然后葬也。当是时也，其义止，谁得行之！其义行，谁得止之！故三月之葬，其貌⑤以生设饰死者也，殆非直留死者以安生也，是致隆思慕之义也。

辈的礼节盛大了，仪式也齐备了，然后才在早上占卜确定埋葬的日期，在晚上占卜确定埋葬的地点，然后才去埋葬。在这时，丧礼是按照礼仪的规定办，谁还能要求再做什么呢？丧礼是按照礼仪的规定办，谁还能要求停止不做呢？所以停柩三个月的葬礼，是按照死者活着时的陈设来装饰死者，这不是留下死者来安慰活人，而是为了表达对死者的尊重和思念。

【注释】

①相厌：相互遮掩。厌，掩，侵袭。②絓(zhù)：安放。纩(kuàng)：新棉絮，易动，用来试病者的气息。③闵：病非常重。④月朝：当作"日朝"，早上。下文"月夕"当作"日夕"，晚上。⑤貌：同"貌"，象，效法。

【原文】

丧礼之凡①：变②而饰，动而远③，久而平。故死之为道也，不饰则恶，恶则不哀；迩则玩④，玩则厌，厌则忘，忘则不敬。一朝而丧其严亲，而所以送葬之者不哀不敬，则嫌⑤于禽兽矣。君子耻之。故变而饰，所以灭恶也；动而远，所以遂敬也；久而平，所以优生⑥也。

【译文】

丧礼的一般原则是：人死后尸体逐渐变形，要加以美化，从咽气到下葬，死者放的地方要越来越远，时间久了哀痛的心情要逐渐平复。所以料理死者有一定的规律：即如果对死者不美化就会变得丑恶难看，丑恶难看就不会引起生者的哀痛，太靠近就会狎昵，狎昵就会讨厌，讨厌则会怠慢，怠慢就会产生不敬。如果有朝一日失去了自己尊敬的父母，而送葬的人却不哀痛、不恭敬，那就近似于禽兽了，君子是以此为耻的。所以尸体变形就要进行美化，这是用来消除丑恶难看的；死者放的地方要越来越远，是为了表达对死者的敬意；时间久了哀痛的心情要逐渐平复，是为了对活着的人有好处的。

【注释】

①凡：总括，概要。②变：指尸体变形。③动而远：越动越远。④玩：狎昵。⑤嫌：疑似。⑥优生：有利于生存者。

【原文】

礼者，断长续短，损有

【译文】

礼，是用来取长补短，减损有余、弥补不足的，既要达到爱慕崇敬死者的目的，又能养成按照礼的规

余，益不足，达爱敬之文，而滋成行义之美者也。故文饰、粗恶，声乐、哭泣，恬愉、忧戚，是反也；然而礼兼而用之，时举而代御。故文饰、声乐、恬愉，所以持平奉吉也；粗恶、哭泣、忧戚，所以持险奉凶也。故其立文饰也，不至于窕冶[1]；其立粗恶也，不至于瘠弃[2]；其立声乐恬愉也，不至于流淫惰慢；其立哭泣哀戚也，不至于隘慑[3]伤生，是礼之中流也。故情貌之变，足以别吉凶、明贵贱亲疏之节，期止矣；外是，奸也；虽难，君子贱之。故量食而食之，量要[4]而带之。相高以毁瘠，是奸人之道，非礼义之文也，非孝子之情也，将以有为者也。故说豫[5]娩泽[6]，忧戚萃恶[7]，是吉凶忧愉之情发于颜色者也。歌谣傲笑，哭泣谛号[8]，是吉凶忧愉之情发于声音者也。刍豢稻粱酒醴餰鬻[9]，鱼肉菽藿酒浆，是吉凶忧愉之情发于食饮者也。卑絻[10]、黼黻、文织，资粗、衰绖、菲繐[11]、菅屦[12]，是吉凶忧愉之情发于衣服者也。疏房檖貌[13]越席床笫几筵，属茨[14]倚庐席薪枕块，是吉凶忧愉之情发于居处者也。两情者，人生固有端焉。若夫断之继之，博之浅之，益

则去做的美德。所以仪文修饰和粗略简陋，喜乐和哭泣，安适愉快和忧愁悲伤，这些都是相反的，但是礼对它们一并加以应用，随时变换使用。仪文修饰、喜乐、安适愉快，是用来对待平安和吉祥的事；粗略简陋、哭泣、忧愁悲伤，是用来对待凶恶和不幸的事。所以礼在确立仪文修饰的规范时，要不至于流于妖艳；在确立粗略简陋的规范时，不要陷于刻薄；在确立喜乐、安适愉快的规范时，不至于造成荒淫、懈怠不敬；在确立哭泣、哀痛的规范时，不至于因为过度悲戚而伤害身体。这就是礼的中庸之道。所以，神情容貌的变化，足以用来区别吉利与不幸、表明贵贱亲疏之间的礼节等级，这就可以了，如果超出了这个程度，就是奸邪的行为；虽然做起来很难，君子也看不起它。所以要根据食量大小而吃东西，根据腰的粗细扎带子。用毁坏自己的身体来向别人标榜自己的高尚，这是奸人的行为，不是礼义的规定，也不是孝子的真情，而是要借此另有所图。高兴欢乐时和颜悦色容光焕发，忧愁悲伤时面色憔悴愁眉苦脸，这是碰到吉祥与不幸时不同的心情在脸上的表现。歌唱嬉笑、哭泣啼号，这是碰到吉祥与不幸时不同的心情在声音上的表现。牛羊猪狗等肉食、稻米谷子等细粮、甜酒、鱼肉，稀饭、豆叶、汤水，这是碰到吉祥与不幸时不同的心情在饮食上的表现。礼服礼帽、礼服上的花纹、有彩色花纹的丝织品，丧服粗布衣、麻条麻带、薄麻衣、用茅草编成的鞋，这是碰到吉利与不幸时不同的心情在衣服上的表现。窗户通明的房间、深邃的朝堂、柔软的蒲席、床上的竹铺、短桌与竹席，编结茅草而成的屋顶、靠在墙边上的简陋房屋、把柴草当作垫席、把土块当作枕头，这是碰到吉祥与不幸时不同的心情在居住上的表现。忧愁愉快这两种心情，在人的生性中本来就存在着，至于使这两种心情断绝或持续，使它们深广或浅薄，使它们增强或减损，使它们既合乎法度又能充分地表达出来，使它们既旺盛又美好，使根本原则和具体细节、人生终结的仪式和人

之损之，类之尽之，盛之美之，使本末终始，莫不顺比，足以为万世则，则是礼也。非顺孰修为之君子，莫之能知也。

生开始的仪式没有不和顺的，完全可以用来作为千秋万代的法则，这就是礼。如果不是顺从礼、精通礼、而且努力去做的君子，是不能够明白这些道理的。

【注释】

①窕冶(tiǎo yě)：浮薄；妖艳。②瘠弃：犹毁瘠。谓哀伤过度而消瘦。③隘慑(ài shè)：困忧悲戚。④要：同“腰”。⑤说豫：喜悦欢乐。说，通“悦”。豫，通“娱”，欢乐。⑥娩泽：面色润泽，容光焕发。⑦萃恶(cuì è)：脸色憔悴。萃，通“顇”，面色黄瘦。⑧谛号：啼号。谛，通“啼”。⑨餰鬻(jiān yù)：同“餰粥”。⑩卑絻：卑冕，衮冕以下之通称。絻，通“冕”。⑪菲繐(suì)：薄而稀的布。菲，稀。繐，细疏布，因薄而名菲繐。⑫菅(jiān)屦：草鞋。⑬檖貌：深邃的朝堂。⑭属茨：指编茅盖屋。

【原文】

故曰：性者，本始材朴①也；伪者，文理隆盛也。无性则伪之无所加，无伪则性不能自美。性伪合，然后成圣人之名，一天下之功于是就也。故曰：天地合而万物生，阴阳接而变化起，性伪合而天下治。天能生物，不能辨物也；地能载人，不能治人也；宇中万物、生人之属，待圣人然后分也。《诗》曰：“怀柔②百神，及河乔岳。”此之谓也。

【译文】

所以说，本性是指人天生的朴素资质；后天的人为加工，则表现在礼节仪式的隆重盛大。没有本性，那么人为的加工就没有办法施加；没有人为的加工，那么本性也不能自动趋于完美。本性和人为的加工结合在一起，才能成就圣人的名声，统一天下的功业也才能完成。所以说，天地和谐，万物才能生长，阴阳相接，世界才能变化；本性和人为的加工结合在一起，天下才能治理好。上天能产生万物，但不能治理万物；大地能承载人，但不能治理人；宇宙间的万物和人类，依靠圣人才能安排得当。《诗经》上说：“安抚各种神灵，以及河川高山。”说的就是这种情况。

【注释】

①材朴：资质朴素。朴，未加工过的木材。②怀柔：安抚。

【原文】

丧礼者，以生者饰死者也，大象其生以送其死也。故事死如

【译文】

丧葬的礼仪，就是按照生前的情形来装饰死者，大致地模仿他生前的情形来为他送

生，事亡如存，终始一也。始卒，沐浴、鬠[①]体、饭唅[②]，象生执也。不沐则濡栉[③]三津而止，不浴则濡巾三式而止。充耳而设瑱[④]，饭以生稻，唅以槁骨[⑤]，反生术矣。设亵衣，袭三称，缙绅[⑥]而无钩带矣。设掩面儇目[⑦]，鬠而不冠笄[⑧]矣。书其名，置于其重[⑨]，则名不见而柩独明矣。荐器则冠有鍪[⑩]而毋縰[⑪]，瓮庑虚而不实，有簟席而无床笫[⑫]，木器不成斫，陶器不成物，薄器不成内，笙竽具而不和，琴瑟张而不均，舆藏而马反，告不用也。具生器以适墓，象徙道也，略而不尽，貌而不功，趋舆而藏之，金革辔靷而不入，明不用也。象徙道，又明不用也。是皆所以重哀也。故生器文而不功，明器貌而不用。凡礼，事生，饰欢也；送死，饰哀也；祭祀，饰敬也；师旅，饰威也。是百王之所同，古今之所一也，未有知其所由来者也。故圹垄，其貌象室屋也；棺椁，其貌象版盖斯拂[⑬]也；无帾、丝歶[⑭]、缕翣[⑮]，其貌以象菲、帷、帱、尉

葬。所以对待死亡如同对待出生，侍奉死去的人如同侍奉活着的人，始终如一。刚死时，为他洗澡、将头发束起来、整理四肢、剪指甲、将珠、玉、贝、米等物塞在死者的口中，这是模仿他生前所做的事。如果不洗头，就用沾湿的梳篦将头发梳理三遍就可以了；如果不洗澡，就用沾湿的毛巾将身体擦三遍就可以了。在死者的耳朵中塞上玉，在嘴中放上生米，含上白色的贝壳，这是返生之法。给死者穿好内衣，再穿上三套衣服，把朝板插在腰带上但没有钩紧腰带的钩子。用头巾盖住脸部和眼睛，将头发束起来，但不戴帽子、不插簪子。将死者的名字写在旌旗上，放在神主牌上，那么死者的名字就仅仅出现在柩前。送给死者的随葬器物，头上有帽子而没有包发的丝巾，瓮、庑空着不放东西，有竹席而没有床上的铺盖，木器不作加工，陶器不制成成品，竹子芦苇做成的器物不能用，笙、竽具备但不调和，琴、瑟绷上弦但不能弹奏音乐，装运棺材的车子与遗体一起埋葬而马却牵回去，表示不再需要了。准备好了生前的用具送到墓中，像搬家一样。简略而不完备，只是大体相似，而不求彻底，赶着丧车将伴葬物品运到墓地埋葬，但拉车的马及其设备却不埋进去，表明这些东西死者不再需要了。像搬家一样，又表明死者不再用了，这些都是为了强调哀悼之情的。所以，死者生前的用具只起到礼仪的作用而不具有实际的功用，随葬的器物只具有粗略的外貌而不能实用。凡是礼仪，侍奉出生，是为了表现欢乐之情；葬送死者，是为了更好地表现哀悼之情；祭祀，是为了表现恭敬之情；军队礼仪，是为了表现威武之势。这是历代帝王都相同、古今都一致的，但是没有人知道它的来源。所以，墓穴和坟冢的样子像房屋；棺材的形状像车旁板、车顶盖、车前皮盖、车后革帘构成的车厢，尸体与棺材上的被子、丝织麻织的遮蔽品、棺材的遮蔽物，它们的形状像门帘和各种帷帐；承负坟冢、覆盖墓穴的葬具抗折，它们的形状像墙壁、屋顶、篱笆和门户。所以，丧葬的礼仪，并没有别的意思，只是为了表明生与死的区别，以悲哀恭敬的心情去葬送死者而最终把他周到地埋葬好。所以埋

也；抗折，其貌以象槾茨、番、阏也。故丧礼者，无它焉，明死生之义，送以哀敬，而终周藏也。故葬埋，敬藏其形也；祭祀，敬事其神也；其铭诔系世，敬传其名也。事生，饰始也；送死，饰终也；终始具而孝子之事毕，圣人之道备矣。

葬，是为了恭敬地掩藏死者的躯体；祭祀，是为了恭敬地侍奉死者的灵魂；那些铭文、诔辞、传记家谱，是为了恭敬地传颂死者的名声。侍奉活着的人，是用礼对待生命的开始；葬送死者，是用礼对待生命的终结。养生与送死都做到尽心尽力了，那么孝子的事情也就做完了，圣人的道德也就具备了。

【注释】

①髻(kuò)：古同“髻”，束发。②饭哈：古丧礼。以珠、玉、贝、米等物纳于死者之口。③濡：沾湿。栉(zhì)：梳之类的总称。④充耳：塞耳。瑱(tiàn)：塞耳的玉。⑤槁骨：应为“皓贝”，白色的贝壳。⑥缙绅(jìn shēn)：原意是插笏(古代朝会时官宦所执的手板，有事就写在上面，以备遗忘)于带，旧时官宦的装束，转用为官宦的代称。缙，也写作“搢”，插。绅，束在衣服外面的大带子。⑦儇(xuān)目：以巾覆盖死者面目。亦指覆死者面的缁巾。⑧冠笄(guān jī)：固定冠的簪子。⑨重(chóng)：木做的代以受祭的神主牌。⑩鍪(móu)：古代打仗时戴的盔。⑪縰(xǐ)：古同“纚”，古时用来束发的布帛。⑫床笫(zǐ)：床和垫在床上的竹席。泛指床铺。⑬版：车辆旁挡风沙的厢板。盖：车顶盖。斯：疑为“靳”字之误，即车前革制的车饰。拂：即，车后的遮蔽。⑭鬻(yú)：铜鱼，丧车的装饰。⑮翣(shà)：古代出殡时的棺饰。

【原文】

刻死而附生谓之墨，刻生而附死谓之惑，杀生而送死谓之贼。大象其生以送其死，使死生终始莫不称宜而好善，是礼义之法式也，儒者是矣。

【译文】

削减死者的用度来增加生者的用度叫做刻薄，削减生者的用度来增加死者的用度叫做糊涂，杀掉活着的人来为死者殉葬叫做残害。大致模仿死者的生前状况来为他送终，使逝世和在世、人生终结和人生开始时的仪式无不得当合宜而尽善尽美，这就是礼义的法则仪式，儒家就是这样的。

【原文】

三年之丧，何也？曰：称情而立文，因以饰群，别亲疏贵贱之节，而不可益损也。故曰：无适不易之术也。创巨者其日久，

【译文】

子女为父母服丧三年，这是为什么呢？回答说：这是根据人的感情来制定的礼仪制度，用以区别亲近的人与疏远的人、高贵的人与卑贱的人之间的不同礼节，是不能再增减的了。所以说：这

痛甚者其愈迟，三年之丧，称情而立文，所以为至痛极也。齐衰，苴杖①，居庐，食粥，席薪，枕块，所以为至痛饰也。三年之丧，二十五月而毕，哀痛未尽，思慕未忘，然而礼以是断之者，岂不以送死有已，复生有节也哉？凡生天地之间者，有血气之属必有知，有知之属莫不爱其类。今夫大鸟兽则失亡其群匹，越月逾时，则必反铅②；过故乡，则必徘徊焉，鸣号焉，踯躅③焉，踟蹰④焉，然后能去之也。小者是燕爵⑤，犹有啁啾⑥之顷焉，然后能去之。故有血气之属莫知于人，故人之于其亲也，至死无穷。将由夫愚陋淫邪之人与，则彼朝死而夕忘之；然而纵之，则是曾鸟兽之不若也，彼安能相与群居而无乱乎？将由夫修饰之君子与，则三年之丧，二十五月而毕，若驷之过隙，然而遂之，则是无穷也。故先王圣人安为之立中制节，一使足以成文理，则舍之矣。

是无论到什么地方都不可改变的法则。创伤大的人，愈合时间就长；痛得厉害的人，痊愈就慢。三年的服丧期，是根据人的感情来制定的礼仪制度，是用来给极度悲痛的心情所确立的最高期限。穿着麻布做的孝衣、拄着竹棍、住在简陋的房屋中、吃薄粥、把柴草当作垫席、把土块当作枕头，是用来给极度悲痛的心情所作的外表装饰。三年的服丧期，二十五个月就结束了，但哀痛还没有完，思念还没有忘怀，但礼制却规定在这个时候终止，这难道不是因为送别死者应有个终结、恢复正常的生活要有个期限吗？凡是生长在天地之间的，有血气的必然有智能，有智能的没有不爱自己的同类。现在那些大的飞禽走兽如果失去了它的群体或配偶，那么过了一个月或超过了一定的时间，就一定会返回群体；经过原来住的地方，就一定会在那里徘徊周旋，啼鸣吼叫，驻足踏步，来回走动，然后才离去。小的燕子麻雀之类也还要在那里叽叽喳喳地悲鸣一会儿，然后才离开。有血气的生物中没有比人更聪明的了，所以人对于自己父母的感情，到死都不会忘。要是依从那些愚蠢浅陋放荡邪恶的人，他们的父母亲早上死了，他们到晚上就会忘记；像这种情况如果还放任他们，那么他们连鸟兽也不如，又怎么能相互合群居住而没有动乱呢？要是依从那些注重道德修养的君子，那么三年的服丧，二十五个月就结束了，他们会觉得那时间快得就像四匹马拉的车子经过一个墙缝一样快；像这种情况如果还成全他们，那么他们就会无限期地服丧。所以先王圣人为人们制定了适中的标准加以限制，使人们一旦达到礼的规定，那么就可以除去丧服了。

【注释】

①苴杖：古代居父丧时孝子所用的竹杖。②反铅：沿着原路返回。③踯躅(zhí zhú)：以足击地，顿足。④踟蹰(chí chú)：徘徊，心中犹疑，要走不走的样子。⑤爵：同“雀”。⑥啁噍(zhōu jiū)：小鸟悲叫声。

【原文】

然则何以分之?曰:至亲[1]以期[2]断。是何也?曰:天地则已易矣,四时则已遍矣,其在宇中者莫不更始矣,故先王案以此象之也。然则三年何也?曰:加隆焉,案使倍之,故再期也。由九月以下,何也?曰:案使不及也。故三年以为隆,缌[3]、小功[4]以为杀,期、九月以为间。上取象于天,下取象于地,中取则于人,人所以群居和一之理尽矣。故三年之丧,人道之至文者也,夫是之谓至隆,是百王之所同也,古今之所一也。

【译文】

那么如何区分亲疏不同的丧礼呢?回答说:对于最亲近的父母本来应在去世一周年时终止服丧的。这是为什么呢? 回答说:因为经过一年,天地已经变了,四季也已经循环了一遍,那些在宇宙中的万物没有不重新开始其生长的,所以古代的圣王就用这一周年的丧礼来象征新的开始。那么三年的丧期又是为了什么呢? 回答说:那是为了使丧礼更加隆重,于是就使它在一年的基础上加倍,所以又加上了一年。服丧期从九个月开始递降,又是为什么呢? 回答说:那是为了使其不如父母之丧的隆重。所以三年丧期是最隆重的礼,把服丧三个月、五个月的作为简省的礼,把服丧一周年、九个月的作为中间的礼。这礼的制定,上取法于天,下取法于地,中取法于人,人之所以能共同居住而和谐一致的道理全在这里了。所以三年的服丧期,是为人之道最高的礼仪。这叫做最隆重的礼仪。这是历代帝王都相同、古今都一致遵循的原则。

【注释】

①至亲:最亲近的亲戚。②期:周年。③缌:制作丧服的细麻布,此指细麻布制成的丧服,服期三个月,是古代五种丧服(斩衰、齐衰、大功、小功、缌麻)中最轻的一种。④小功:用较细的熟麻布制成的衣服,服期五个月。

【原文】

君子丧所以取三年,何也?曰:君者,治辨之主也,文理之原也,情貌[1]之尽也,相率而致隆之,不亦可乎?《诗》曰:"恺悌[2]君子,民之父母。"彼君子者,固有为民父母之说焉。父能生之,不能养之;母能食之,不能教诲之;君者,已能食之矣,又善

【译文】

为君主服丧的期限选取三年,这是为什么呢?回答说:君主,是治理国家的主宰,是礼仪制度的本源,是精神和面貌的顶点,共同服丧三年以推崇君主,不也是应该的吗?《诗经》上说:"平易近人的君子,就是人民的父母。"君主本来就有是民之父母的说法。父亲能生育人,但不能喂养人;母亲能喂养人,但不能教诲人;君主是既能养育人,又善于教诲人的人,为君主服丧三年就够了吗? 奶妈是喂养自己的人,因而为她服丧三个月;慈母是为自己料理

教诲之者也。三年毕矣哉？乳母，饮食之者也，而三月；慈母，衣被之者也，而九月；君，曲备[③]之者也，三年毕乎哉？得之则治，失之则乱，文之至也。得之则安，失之则危，情之至也。两至者俱积焉，以三年事之，犹未足也，直无由进之耳。故社，祭社也；稷，祭稷也；郊者，并百王于上天而祭祀之也。

衣着被服的人，因而为她服丧九个月；君主，是各方面都照顾自己的人，为他服丧三年就完毕了吗？照这样做，国家就能治理好；不这样做，国家就会混乱；它是礼仪制度中最重要的礼节啊！照这样做，国家就安定；不这样做，国家就危险；它是忠诚之情的最高体现啊！这最重要的礼节与最高的情感体现都积聚在君主的丧礼上了，所以用三年时间来侍奉君主的神灵仍然是不够的，只是无法再将这丧期增加罢了！所以社祭，只祭土地神；稷祭，只祭谷神；郊祭，就把各代帝王和上天合并在一起而祭祀。

【注释】

①情貌：精神和面貌。②恺悌(kǎi tì)：亦作“恺弟”。和乐平易。③曲备：各方面都具备。

【原文】

三月之殡，何也？曰：大之也，重之也。所致隆也，所致亲也，将举措之，迁徙之，离宫室而归丘陵[①]也，先王恐其不文也，是以繇[②]其期，足之日也。故天子七月，诸侯五月，大夫三月，皆使其须[③]足以容事，事足以容成，成足以容文，文足以容备，曲容备物之谓道矣。

【译文】

三个月的停丧时间，这是为什么呢？回答说：这是要扩大丧礼的规模，加重丧礼的分量。心中最尊重的人，最亲近的人，将要安置他，迁移他，使他离开宫室而埋葬到陵墓中去，古代的圣王怕这些事情不合乎礼仪，因此延长停丧的时间，让办丧事的人有足够的时间。所以天子停丧七个月，诸侯五个月，大夫三个月，这都是为了使停丧的时间足够用来操办各种事情，使各种事情足以保证丧事的成功，使丧事的准备足以适合礼仪制度，使这些礼议制度都达到完备。各个方面都很适宜，各种礼仪都很完备，这就叫做符合丧礼的原则。

【注释】

①丘陵：小土山叫丘，大土山叫陵。此指坟墓。古代帝王诸侯之墓，或称丘，如今苏州的虎丘(吴王阖闾之墓)；或称陵，如今绍兴的禹陵。②繇：通“遥”。③须：等待，停留。

【原文】

祭者，志意思慕之情也。愅诡[①]唈僾[②]而不能无时至焉。

【译文】

祭祀，是为了表达对死者的思慕之情。亲人的死亡会使人变得忧郁痛苦，这种思念之情会在意

故人之欢欣和合之时，则夫忠臣孝子亦悒诡而有所至矣。彼其所至者，甚大动也；案屈然[3]已，则其于志意之情者惆然不嗛，其于礼节者阙然[4]不具。故先王案为之立文，尊尊亲亲之义至矣。故曰：祭者，志意思慕之情也。忠信爱敬之至矣，礼节文貌之盛矣，苟非圣人，莫之能知也。圣人明知之，士君子安行之，官人以为守，百姓以成俗。其在君子，以为人道也；其在百姓，以为鬼事也。故钟鼓、管磬，琴瑟、竽笙，韶、夏、护、武、汋、桓、箾、象，是君子之所以为悒诡其所喜乐之文也。齐衰，苴杖，居庐，食粥，席薪，枕块，是君子之所以为悒诡其所哀痛之文也。师旅有制，刑法有等，莫不称罪，是君子之所以为悒诡其所敦恶之文也。卜筮视日，齐戒修涂，几筵馈荐告祝，如或飨之。物取而皆祭之，如或尝之。毋利举爵，主人有尊，如或觞之。宾出，主人拜送，反易服，即位而哭，如或去之。哀夫！敬夫！事死如事生，事亡如事存，状乎无形影，然而成文。

想不到时候到来。所以人们在欢欣鼓舞和睦相处时，那些忠臣孝子也会思念君主、亲人。他们所要表达的思念之情，是一种很强烈的感情；如果空空地没有祭祀的礼仪，那么他们在表达感情方面就会感到惆怅而不满足，他们在礼节方面会感到欠缺而不完备。所以古代的圣王为此制定了礼仪制度，这样，尊崇君主、亲爱父母的道义就能表达了。所以说，祭祀是为了表达思慕之情，是忠信敬爱的最高表现，是礼节仪式的极点，如果不是圣人，是不能明白这一点的。圣人深入地理解祭祀的意义，有道德的士君子安心地进行祭祀，官吏将它当作为自己的职守，百姓使它成为自己的习俗。对于君子，这是为人之道；对于百姓，则被认为是一种侍奉鬼神的活动。所以钟、鼓、管、磬、琴、瑟、竽、笙等乐器被使用，《韶》、《夏》、《护》、《武》、《汋》、《桓》、《箾》、《象》等乐曲被演奏，这些是君子表示他的喜悦情感变化的礼仪形式。穿麻布丧服、拄着竹棍、住简陋的木屋、吃薄粥、以柴草为垫席、把土块当枕头，这些是君子表示他的喜悦情感变化的礼仪形式。军队有一定的制度，刑法有轻重的等级，没有刑罚不与罪行相当的，这些是君子表示他的憎恶情感变化的礼仪形式。占卜算卦、观察日期时辰是否吉利，整洁身心、修饰清理祠庙，摆好祭祀的席位、献上牺牲黍稷等祭品，好像真的有神来享用祭品。事先积聚的祭品都献给代表死者受祭的人，好像真的有神尝过一样。不让助食的人举杯向受祭者敬酒，主人亲自劝受祭者饮酒，好像真的有神拿酒杯喝了酒一样。祭祀结束后代表死者祭的人退出，主人拜揖送行，然后返回，换掉祭服而穿上丧服，回到座位上哀声痛哭，好像真的有神离开了一样。悲哀啊！恭敬啊！侍奉死亡如同侍奉出生一样，侍奉死了的人如同侍奉活着的人一样，所祭祀者虽无形无影，但这都是合乎礼仪制度的规定的。

【注释】

①愅诡(gé guǐ):变动的样子。②悒僾(yì ài):抑郁不乐的样子。③屈然:空虚的样子。④阙然:缺少的样子,不完备的样子。

【评析】

《礼制》全篇宣讲有关古代礼制的起源、发展及逐渐完备的过程,说明礼制的内容及各种规范。在儒家学派的理论中,礼就是维系世间万物等级、秩序的规定或制度。心底端正,从不产生邪念恶念,时刻想到自己的使命,富有献身精神,仪表举止端正,从不会衣冠不整邋里邋遢,举手投足表情动作都有规范,言必行,行必果,从不搞阴谋诡计。

荀子的礼学以“性恶论”为基础,所以他认为,“人生而有欲”,为了满足欲望,就会发生争夺混乱,因此,为了避免这种局面,人们就制定了礼来加以约束。礼的内容有“养”和“别”两个方面。“养”是指通过对生产资料和生活资料的调整、分配来满足人们各方面的需要。“别”是指确定了等级制度,使上下、贵贱、长幼都各得其所。礼制所规定的各种道德规范和礼节仪式等都有利于等级制度的确立与巩固,所以它是治国的根本,是“人道之极”,关系到国家的安危存亡,因此统治者必须重视实行礼。此篇中关于具体礼制的论述十分丰富,对我们了解古代的礼制具有重要的认识价值。

乐论

【题解】

此篇主要论述了音乐的起源及其社会作用,驳斥了墨子的非乐主张。荀子认为,音乐是人情的一种必然需要,是必不可少的。它不仅可以表现人的感情,而且还具有“入人也深”、“化人也速”的强大感染力,因而可以“移风易俗”。如果对音乐放任自流,那么邪音就会搞乱社会。所以统治者必须制定正声雅乐来加以引导,使它能“感动人之善心”,从而为巩固统治服务。

【原文】

夫乐者,乐也,人情之所必不免也。故人不能无乐,乐则必发于声音,形于动静,而人之道,声音动静,性术之变尽是矣。故人不能不乐,乐则不能无形,形而不为道,则不能无乱。先王恶其乱也,故制雅、颂之声以道之,使其声足以乐而不流,使其文足以辨而不諰①,使其曲直②、繁省③、廉肉④、节奏,足以感动人之善心,使夫邪污之气无由得接焉。是先王立乐之方也,而墨子非之,奈何!

【译文】

音乐,是表现快乐之情的,它是人的情感不可缺少的。所以人不能没有音乐;快乐了就一定会在歌唱吟咏的声音中表现出来,在手舞足蹈的举止中体现出来;而人的所作所为,包括声音、举止、性情及其表现方式的变化,就全都体现在这音乐之中了。所以,人不能不快乐,快乐了就不可能没有表现形式,但这种表现如果不进行引导,就不可能没有祸乱。古代的圣王憎恶这祸乱,所以创作了《雅》、《颂》的音乐来引导他们,使那歌声足够用来表达快乐而不淫荡,使那歌词足够用来阐明正确的道理而不流于花言巧语,使那音律的宛转或舒扬、繁复或简单、清脆利落或圆润丰满、节制停顿或推进加快,都足够用来感动人的行善之心,使那些邪恶肮脏的风气没有途径能和人们接触。这就是古代圣王设置音乐的原则。但是墨子却反对音乐,怎么办呢?

【注释】

①諰(xǐ):边思边说的意思,引申为暗藏心机的花言巧语。②曲直:指歌声的回曲与平缓。③繁省:多与少;繁密与简约。④廉肉:指乐声的高亢激越与婉转圆润。

【原文】

故乐在宗庙之中，君臣上下同听之，则莫不和敬；闺门之内，父子兄弟同听之，则莫不和亲；乡里族长之中，长少同听之，则莫不和顺。故乐者，审一以定和者也，比物以饰节者也，合奏以成文者也；足以率一道，足以治万变。是先王立乐之术也，而墨子非之，奈何！

【译文】

所以，音乐在祖庙中，君臣上下一起听了它，那就没有不和睦相敬的；音乐在家门之内，父子兄弟一起听了它，就没有人不和睦相亲的了；音乐在乡村里弄之中，年长的和年少的一起听了它，就没有人不和睦顺从的了。所以，音乐是审定一个主音来确定其他和音的，是配上各种乐器来调整节奏的，是一起演奏来组成众音和谐的乐曲的；它足以能成为治理社会的总原则，足以能用来整治各种变化。这就是古代圣王设置音乐的原则。可是墨子却反对音乐，怎么办呢？

【原文】

故听其雅、颂之声，而志意得广焉；执其干戚，习其俯仰屈伸，而容貌得庄焉；行其缀兆[①]，要其节奏，而行列得正焉，进退得齐焉。故乐者，出所以征诛也，入所以揖让也；征诛[②]揖让，其义一也。出所以征诛，则莫不听从；入所以揖让，则莫不从服。故乐者，天下之大齐[③]也，中和之纪也，人情之所必不免也。是先王立乐之术也，而墨子非之，奈何！

【译文】

所以，人们听那《雅》《颂》的音乐，志向心胸就能宽广了；拿起那盾牌斧头等舞具，练习那低头、抬头、弯曲、伸展等动作，容貌就可以变得庄重了；排列在适当的位置上，迎合那舞曲的节奏，队列就能不偏不斜了，进退就能整齐一致了。所以，音乐对外可用来征伐，对内可用来相互礼让。对于征伐与礼让，音乐的作用是一样的。对外用音乐作为征伐的工具，那就没有人不听从；对内用音乐作为礼让的手段，那就没有人不服从。所以，音乐是统一天下的工具，是和谐的纲要，是人的情感中不可缺少的。这就是古代圣王设置音乐的方法。可是墨子却反对音乐，怎么办呢？

【注释】

①缀兆：古代乐舞中舞者的行列位置。②征诛：指讨伐。③大齐：指行动完全整齐统一。

【原文】

且乐者，先王之所以饰喜也；军旅鈇钺[①]者，先王之所以

【译文】

况且，音乐是古代的圣王用来表达喜悦之情的；军队和刑具，是古代的圣王用来表现愤怒之

饰怒也。先王喜怒皆得其齐[②]焉。是故喜而天下和之，怒而暴乱畏之。先王之道，礼乐正其盛者也。而墨子非之。故曰：墨子之于道也，犹瞽[③]之于白黑也，犹聋之于清浊也，犹欲之楚而北求之也。

情的。古代圣王的喜悦和愤怒都能通过音乐与军队刑具而表达得恰如其分。所以，圣王喜悦了，天下人就附和他；圣人愤怒了，凶暴作乱的人就害怕他。古代圣王的治国之道，以礼制和音乐最为重要，但墨子却反对它们。所以说：墨子对于正确的治国之道，就好像是瞎子不能分辨白色和黑色，聋子不能分辨音质的清浊，想到南方的楚国却要到北方去寻找它一样。

【注释】

①鈇钺(fū yuè)：斫刀和大斧。腰斩、砍头的刑具。②齐：恰当，适当。③瞽(gǔ)：盲人，瞎子。

【原文】

夫声乐之入人也深，其化人也速，故先王谨为之文。乐中平则民和而不流，乐肃庄则民齐而不乱。民和齐则兵劲城固，敌国不敢婴[①]也。如是，则百姓莫不安其处，乐其乡，以至足其上矣。然后名声于是白，光辉于是大，四海之民莫不愿得以为师，是王者之始也。乐姚冶以险，则民流僈[②]鄙贱矣。流僈则乱，鄙贱则争。乱争则兵弱城犯，敌国危之。如是，则百姓不安其处，不乐其乡，不足其上矣。故礼乐废而邪音起者，危削[③]侮辱之本也。故先王贵礼乐而贱邪音。其在序官也，曰："修宪命[④]，审诗商，禁淫声，以时顺修，使夷俗邪音不敢乱雅，太师之事也。"

【译文】

音乐对人的影响是很深的，它感化人心也是很快的，所以古代的圣王谨慎地制定音乐。音乐中正平和，百姓则和睦而不淫荡；音乐严肃庄重，百姓则会同心同德而不混乱。百姓和睦协调、同心同德，那么兵力就强劲，城防就牢固，敌国就不敢来侵犯。像这样，老百姓没有不满足于自己的住处，喜欢自己的家乡，并且充分地奉养自己的君主。然后，君主的名声就会因此而显著，威信因此而增强，天下的百姓，没有谁不希望得到他让他做自己的君长，这是称王天下的开端。音乐妖冶轻浮而邪恶，百姓则会淫荡轻慢、卑鄙下贱。百姓淫荡轻慢，就会发生混乱；百姓卑鄙下贱，就会发生争夺。混乱又争夺，那么兵力就会衰弱、城池就会被破坏，敌国就会来侵犯。像这样，老百姓就不会安居在自己的住处，就不会喜欢自己的家乡，也不会充分地侍奉君主。所以，礼制雅乐被废弃，靡靡之音兴起来，这是国家危险削弱、遭受侮辱的根源。所以古代的圣王看重礼制雅乐而鄙视靡靡之音。在关于乐官职责的叙述中，先王是这样说的："修订法令文告，审查诗歌乐章，禁止淫荡的音乐，顺应时势的变化去修订，使那些蛮夷的落后风俗和邪恶的音乐不敢扰乱正声雅乐，这是太师的职责。"

【注释】

①婴：通"撄"，侵犯。②流漫：放纵；放荡。③危削：衰危。④宪命：法令文告。

【原文】

墨子曰："乐者，圣王之所非也，而儒者为之过也。"君子以为不然。乐者，圣人之所乐也，而可以善民心，其感人深，其移风易俗。故先王导之以礼乐，而民和睦。夫民有好恶之情而无喜怒之应则乱；先王恶其乱也，故修其行，正其乐，而天下顺焉。故齐衰之服，哭泣之声，使人之心悲；带甲婴[①]胄，歌于行伍[②]，使人之心伤；姚冶之容，郑卫之音，使人之心淫；绅、端[③]、章甫，舞韶歌武，使人之心庄。故君子耳不听淫声，目不视邪色，口不出恶言，此三者，君子慎之。

【译文】

墨子说："音乐，是圣明的帝王所反对的，而儒者却提倡它，那是错误的。"君子认为并不是这样的。音乐是圣人所喜欢的，它可以用来改善民心，它感人至深，它改变风俗，所以古代的圣王用礼制音乐来引导百姓而百姓就和睦了。百姓有了爱憎的感情而没有表达喜悦愤怒的方式来和它相应，就会发生混乱。古代的圣王憎恶这种混乱，所以修养自己的德行，订正国内的音乐，这样天下人就顺从他了。所以，穿上麻布的丧服，哭泣的声音，会使人的内心悲痛；穿上铠甲，系上头盔，在军队中歌唱，会使人的内心忧伤；妖艳的容貌，郑国、卫国的靡靡之音，会使人的内心淫荡；系着宽大的腰带、穿着礼服、戴着礼帽，随着《韶》《武》的乐曲载歌载舞，会使人的心情庄重。所以君子耳朵不聆听淫荡的音乐，目光不注视女子的美貌，嘴巴不说出邪恶的语言。这三件事，君子要慎重地对待。

【注释】

①婴：系，指把帽带系在颈上。②行伍：古代军队的编制，五人为伍，二十五人为行，所以用"行伍"指称军队。③端：古代诸侯、大夫、士在祭祀时穿的式样端正的礼服，举行冠礼、婚礼时也穿此。

【原文】

凡奸声感人而逆气应之，逆气成象而乱生焉。正声感人而顺气应之，顺气成象而治生焉。唱和有应，善恶相象，故君子慎其所去就也。

【译文】

凡是淫邪的音乐感动人心之后就会有歪风邪气来应和它，歪风邪气形成了后混乱的局面就产生了。正派的音乐感动人以后就会有和顺的风气来应和它，和顺的风气成了国家秩序井然的局面就出现了。有唱必有和，善和恶的风气也随之形成，所以君子对于音乐的取舍是特别慎重的。

【原文】

君子以钟鼓道①志，以琴瑟乐心；动以干戚，饰以羽旄，从以箫管。故其清明②象天，其广大象地，其俯仰周旋有似于四时。故乐行而志清，礼修而行成，耳目聪明，血气和平，移风易俗，天下皆宁，美善相乐。故曰：乐者，乐也。君子乐得其道，小人乐得其欲；以道制欲，则乐而不乱；以欲忘道，则惑而不乐。故乐者，所以道乐也，金石丝竹，所以道德也。乐行而民乡方矣。故乐也者，治人之盛者也；而墨子非之。

【译文】

君子用钟、鼓来引导志向，用琴、瑟来愉悦心情。跳舞时手里拿着盾牌、大斧，上面用野鸡毛和牦牛尾做为装饰，用石磬、箫管来伴奏。所以那乐声清脆明朗，像天地一样广博辽远，那舞姿的俯仰旋转又和四季的变化相似。所以，音乐推行后，人们的志向就会高洁，礼仪完备，人们的德行就能养成。要使人们耳聪目明，感情温和平静，改变风俗，天下安宁，没有什么比音乐更好的了。所以说：音乐，就是快乐的表现。君子喜欢音乐是为了提高道德修养，小人喜欢音乐是为了满足个人欲望。用道义来控制欲望，那就会欢乐而不淫乱；为满足欲望而忘记了道义，那就会迷惑而不快乐。所以，音乐是用来引导快乐的。金钟石磬琴瑟管箫等乐器，是用来引导人们修养道德的。音乐推行后人们就会朝着正确的方向走。所以，音乐是治理人民的一种最重要的工具，但墨子却反对它。

【注释】

①道：同“导”，引导。②清明：清脆，明朗，指人声。

【原文】

且乐也者，和之不可变者也；礼也者，理之不可易者也。乐合同，礼别异，礼乐之统，管乎人心矣。穷①本极②变，乐之情也；著诚去伪，礼之经也。墨子非之，几遇刑也。明王已没，莫之正也。愚者学之，危其身也。君子明乐，乃其德也。乱世恶善，不此听也。於乎哀哉！不得成也。弟子勉学，无所营③也。

【译文】

音乐是协调人心时不可变更的手段；礼制是治理社会时不可更换的原则。音乐使人们同心同德，礼制使人们区分上下等级。礼制与音乐的目的，是能约束人心。深入地触动、极大地改变人的心性，是音乐的重要作用；彰明真诚、去掉虚伪，是礼制的永恒原则。墨子反对它，这简直是接近于犯罪了。圣明的帝王去世后，没有人来加以纠正。愚蠢的人学习墨子，会危害自己的生命。君子提倡音乐，这才是仁德。混乱的社会厌恶好的品行，不听这些提倡音乐的话。唉！可悲呀！音乐因此而不能发挥出它的作用。弟子们要努力学习，不要因为墨子的反对而有所迷惑。

【注释】

①穷:穷究,深入到极点。②极:达到最高限度。③营:通“荧”,惑乱。

【原文】

声乐之象:鼓大丽①,钟统②实,磬廉制③,竽、笙、箫、和、筦、籥④发猛,埙篪⑤翁博⑥,瑟易良⑦,琴妇好⑧,歌清尽,舞意天道兼。鼓其乐之君邪!故鼓似天,钟似地,磬似水,竽、笙、和、筦、籥似星辰日月,鞉⑨、柷⑩、拊、鞷、椌、楬似万物。曷以知舞之意?曰:目不自见,耳不自闻也,然而治俯仰诎信进退迟速,莫不廉制,尽筋骨之力以要钟鼓俯会之节,而靡有悖逆者,众积意謘謘乎!

【译文】

音乐的表现形式:鼓声异常激越高亢,钟声洪亮浑厚,磬声清脆,竽、笙、箫、和、管、籥等管乐器的声音昂扬激越,埙、篪的声音浩瀚磅礴,瑟的声音平和温良,琴的声音柔和婉转,歌声清晰而曲尽其情,舞蹈能表达自然界的万事万物。鼓,大概是音乐的主宰吧?所以鼓声像天,钟声像地,磬声像水,竽、笙、和、管、籥等乐器的声音像日月星辰,鞉、柷、拊、鞷、椌、楬的声音像万物。怎么知道舞蹈的含义呢?回答说:跳舞的人眼睛看不能到自己,耳朵听不到自己的声音,但是处理低头、抬头、弯曲、伸直、前进、后退、缓慢、快速的动作时无不干净利落明白清楚,用尽身体的力量去迎合钟、鼓的节奏而没有丝毫的悖乱之处,各种舞蹈姿势的深刻含义,就从这舒缓的动作中体现出来。

【注释】

①丽:通“厉”,形容声音高亢。②统:一说为“充”,指声音洪亮。③廉制:乐声清朗。制,通“晢”,明白。④籥(yuè):古代乐器,形状像笛。⑤埙篪(xūn chí):埙、篪皆古代乐器,二者合奏时声音相应和。⑥翁博:同“滃渤”。盛大宽广。⑦易良:声音平和。⑧妇好:声音柔婉。⑨鞉(táo):古同“鼗”,有柄的小鼓,很像现在的拨浪鼓。⑩柷(zhù):古代打击乐器,像方匣子,用木头做成,奏乐开始时敲打。

【原文】

吾观于乡,而知王道之易易也。主人①亲速宾及介,而众宾皆从之。至于门外,主人拜宾及介,而众宾皆入;贵贱之义别矣。三揖至于阶,三让以宾升。拜至,献酬②,辞让

【译文】

我看到了乡中请人喝酒的礼仪就知道先王的治国方法是很容易实行的。乡大夫亲自去邀请贤德的贵宾和德行稍次的陪客,其他的陪客也就都跟着他们来了;来到门外,乡大夫向贵宾和陪客拱手鞠躬,而一般客人就都进门了;对高贵者和卑贱者的不同礼仪就这样分别开来了。乡大夫拱手作揖三次才与贵宾来到厅堂的台阶下,

之节繁。及介省矣。至于众宾，升受，坐祭，立饮，不酢而降。隆杀之义辨矣。工入，升歌三终，主人献之；笙入三终，主人献之；间歌三终，合乐三终，工告乐备，遂出。二人扬觯[3]，乃立司正。焉知其能和乐而不流也。宾酬主人，主人酬介，介酬众宾，少长以齿，终于沃洗[4]者，焉知其能弟长而无遗也。降、说屦升坐，修爵无数。饮酒之节，朝不废朝，莫不废夕。宾出，主人拜送，节文终遂。焉知其能安燕而不乱也。贵贱明，隆杀辨，和乐而不流，弟长而无遗，安燕而不乱，此五行者，足以正身安国矣。彼国安而天下安。故曰：吾观于乡而知王道之易易也。

再谦让三次而使贵宾登上厅堂，再拜谢贵宾的到来，乡大夫献酒酬宾，推辞谦让的礼节十分繁多；至于陪客，那礼节就简省多了；至于一般客人，登堂受酒，坐着酹酒祭神，站着饮酒，不用回敬就退下堂去了；隆重与简省的礼仪就这样区别开来了。乐工进来，登上厅堂，把《鹿鸣》、《四牡》、《皇皇者华》三首歌各唱一遍，乡大夫敬酒；吹笙的人进来，把《南陔》、《白华》、《华黍》三支乐曲各吹奏一遍，乡大夫敬酒；乐工与吹笙的间隔着轮流歌唱演奏各三曲，再合着歌唱演奏各三曲，乐工报告乐曲已经完备，然后就出去了。乡大夫的两个侍从举起酒杯向众人敬酒，还设置了一个专门监督正确地行使祭酒礼仪的人。从这些礼仪之中可以知道他们能够和睦安乐而不淫荡。贵宾向乡大夫敬酒表示答谢，乡大夫向陪客敬酒表示答谢，陪客向一般客人敬酒表示答谢，宾主对年轻的和年长的都根据年龄依次敬酒，最后轮到向乡大夫手下盥洗酒杯的人敬酒。从这些礼仪之中可以知道他们能够尊重年轻的、尊敬年长的而不遗漏一个人。退下堂去，脱去鞋子，再登上座位，依次不断地敬酒。请人喝酒的限度是，在早上饮酒不耽误早上要做的事，在傍晚喝酒不耽误晚上要做的事。贵宾出门，乡大夫拱手鞠躬送行，礼节仪式就完成了。从这些礼仪中可以看到人们在饮酒时安逸快乐而不乖乱。高贵者和卑贱者被区分清楚，隆重的礼仪和简省的礼仪被分别开来，和睦安乐而不淫荡，尊重年轻的、尊敬年长的而不遗漏一个人，饮酒时安逸快乐而不乖乱，这五种行为，足够用来端正个人的品行和安定国家了。国家安定了，天下也就安定了。所以说：我看到了乡中请人喝酒的礼仪就知道先王的治国方法是很容易实行的。

【注释】

①主人：指诸侯之乡大夫。②献酬：古代主客互相敬酒，主人先向客人敬酒叫“献”，客人用酒回敬主人叫“酢”，主人再次向客人敬酒以表答谢叫“酬”。客人向主人致答谢酒也叫“酬”。③扬觯(yáng zhì)：举起酒器。古时饮酒时的一种礼节。④沃洗：洗涤；沃盥。

【原文】

乱世之征，其服组①，其容妇，其俗淫，其志利，其行杂，其声乐险，其文章匿②而采，其养生无度，其送死瘠墨③，贱礼义而贵勇力，贫则为盗，富则为贼，治世反是也。

【译文】

乱世的特征：穿着华丽的服装，妖里妖气的打扮，风俗淫荡，人们的志向是唯利是图，人们的行为芜杂，音乐邪恶怪僻，文章内容邪恶而华丽，生活奢侈无度，葬送死者却俭省刻薄，轻视礼法道义而崇尚胆量和气力，贫穷的人就沦为盗贼，富裕的人就成为危害别人的人。太平盛世的情况则与此相反。

【注释】

①服组：服装华丽。组，五彩缤纷，华丽。②匿：通"慝"，邪恶。③瘠墨：俭薄。墨家主张薄葬，故称"瘠墨"。瘠，薄，少。

【评析】

先秦诸子中，墨子对于礼乐最为反对，有"非乐"等主张。荀子此文便是从批判墨子出发，阐述了音乐对于维护统治的重要性。

墨子的"非乐"思想认为，凡事应该利国利民，而全国上下都在为生存奔波，制造乐器需要聚敛百姓的钱财，荒废百姓的生产，而且音乐还能使人耽于荒淫。因此，必须要禁止音乐。这是墨子从实用的角度，建议放弃音乐。墨子的这一主张虽然含有一定的合理成分，但在当时"劳心者治人，劳力者治于人"的社会中，是不可能实现的。所以，荀子站在贵族的立场上，对墨子的这个观点进行了批判。

荀子则认为，音乐是人表达感情的一种必然需要，它是必不可少的。它不但可以表现人的感情，从而得到娱乐，而且具有"入人也深"、"化人也速"、"移风易俗"的效用。因此，音乐对于引导人民，治理国家具有重要的作用。荀子还主张"贵礼乐而贱邪音"，以雅正之音陶冶人民，调整君臣上下、父子兄弟，乡里族长之间关系，使民和顺，国安定。

此篇立论精审，阐述清晰，声情并茂，有如动人心弦之乐章，历来被推崇为古代音乐美学的开山之作。

解 蔽

【题解】

此篇论述了怎样解蔽，正确认识事物的问题。荀子认为："凡以知，人之性也；可以知，物之理也。"人有认识客观事物的能力，而客观事物本身又是可以被认识的。但是，人们又往往容易犯片面性的错误，"蔽于一曲而暗于大理"。所以，人们必须以"虚壹而静"的方法去正确地认识自然规律和治国之道，以达到"大清明"的境界。这样，就能"明参日月"而不再被蒙蔽了。

【原文】

凡人之患，蔽[①]于一曲，而暗于大理。治则复经，两疑则惑矣。天下无二道，圣人无两心。今诸侯异术，百家异说，则必或是或非，或治或乱。乱国之君，乱家之人，此其诚心，莫不求正而以自为也。妒缪[②]于道而人诱其所迨[③]也。私其所积，惟恐闻其恶也。倚其所私，以观异术，惟恐闻其美也。是以与治离走而是己不辍也。岂不蔽于一曲而失正求也哉！心不使焉，则白黑在前而目不见，雷鼓在侧而耳不闻，况于使者乎！德道[④]之人，乱国之君非之上，乱家之人非之下，岂不哀哉！

【译文】

人们的通病往往是被片面的事情所蒙蔽而不明白全面正确的道理。纠正这种片面的认识，才能懂得正确的大道理，对正确的大道理三心二意就会产生迷惑。天下不会有两种正确的大道理，圣人不会有两种对立的思想。现在各诸侯采取的政治措施不同，各个学派的学说不同，那么必然有的对有的错，有的使国家安定，有的导致国家混乱。造成国家混乱的国君，局限于某种片面认识的学派，他们的本意并不是不想寻求正道而有所作为，只是由于他们背离了正道，而又有人以他们自己所喜爱的东西来将他们诱入歧途。偏好于自己积累的知识经验，唯恐听到别人说其不好。依靠自己的偏见，来观察他人不同的学说，唯恐听到别人说其好。这样就会与正确的治理原则背道而驰，却还自以为是，不知改正。这难道不是被片面的事物所蒙蔽而失去追求正道的本意吗？自己的心思不在这里，那么即使白色和黑色放在眼前也会分不清，雷鼓在身边敲击耳朵也听不见，更何况心被蒙蔽的人呢？心思用在正道上的人，使国家混乱的君主在上面指责他，局限于某种片面认识的人在下面反对他，这难道不是很可悲吗？

【注释】

①蔽：指认识上的局限性。②妒缪：背离。缪，通“谬”。③迨(dài)：通“绐”，哄骗，欺骗。④德道：得道。德，通“得”。

【原文】

故为蔽？欲为蔽，恶为蔽，始为蔽，终为蔽，远为蔽，近为蔽，博为蔽，浅为蔽，古为蔽，今为蔽。凡万物异则莫不相为蔽，此心术之公患也。

【译文】

蒙蔽是怎么造成的呢？欲望会造成蒙蔽，憎恶会造成蒙蔽，只看到事情的开始会造成蒙蔽，只看到事情的结局会造成蒙蔽，只看到远方的事物会造成蒙蔽，只看到近处的事物会造成蒙蔽，知识广博会造成蒙蔽，见识浅陋会造成蒙蔽，只了解古代的情况会造成蒙蔽，只知道现在的情况会造成蒙蔽。凡是万事万物都有所差异，有差异就会互相形成蒙蔽，这就是人思想方法上的通病。

【原文】

昔人君之蔽者，夏桀、殷纣是也。桀蔽于末喜①、斯观②而不知关龙逢，以惑其心而乱其行；纣蔽于妲己、飞廉而不知微子启，以惑其心而乱其行。故群臣去忠而事私，百姓怨非③而不用，贤良退处而隐逃，此其所以丧九牧④之地，而虚宗庙之国也。桀死于鬲山⑤，纣县于赤旆，身不先知，人又莫之谏，此蔽塞之祸也。成汤监于夏桀，故主其心而慎治之，是以能长用伊尹，而身不失道，此其所以代夏王而受九牧也。文王监于殷纣，故主其心而慎治之，是以能长用吕望，而身不

【译文】

过去的国君被蒙蔽的，就是夏桀、殷纣。夏桀被末喜、斯观所蒙蔽而不赏识关龙逢的忠心，结果导致思想迷茫和行为混乱；商纣被妲己、飞廉所蒙蔽而不赏识微子启的忠心，结果导致思想迷茫和行为混乱。所以群臣都放弃了忠心而去谋求私利，百姓埋怨咒骂不愿意为其卖力，贤良的人退出朝廷而隐居避祸，这就是他们丧失了九州的大好河山而使自己的国家政权遭到毁灭的原因。夏桀死于历山，商纣被杀后头颅悬挂在红色的旗帜上。他们自己并不能预先知道，而又没有人劝谏，这就是被蒙蔽的祸患。

成汤借鉴夏桀的教训，所以独自拿定主意而不被奸臣所迷惑，小心谨慎地治理国家，因此能够长久地任用伊尹而自身又不背离正确的治国之道，这就是他取代夏王赢得天下的原因。文王借鉴殷纣的教训，所以独自拿定主意而不被奸臣所迷惑，小心谨慎地治理国家，因此能够长久地任用吕望而自身又不背离正确的治国之道，这是他能够取代殷王赢得天下的原因。远方的国家没有不献出自己的珍宝物品，

失道，此其所以代殷王而受九牧也。远方莫不致其珍，故目视备色，耳听备声，口食备味，形居备宫，名受备号，生则天下歌，死则四海哭，夫是之谓至盛。《诗》曰："凤凰秋秋，其翼若干[6]，其声若箫。有凤有凰，乐帝之心。"此不蔽之福也。

所以眼睛能够看到所有的美色，耳朵能够听到各种各样的音乐，嘴里能够吃到所有的美味佳肴，身体能够居住在各种华丽的宫殿中，名字能够享受到各种各样美好赞誉，活着的时候天下所有的人都为其歌功颂德，死后四海之内都为其痛哭流涕，这才可以叫做极其昌盛伟大。《诗经》上说："凤凰起舞飞翔，它的翅膀像盾牌一样，它的声音像箫声一样。有凤又有凰，使帝王心情舒畅。"这就是没有被蒙蔽的福气。

【注释】

①末喜：夏桀的妃子。②斯观：人名，是夏桀的臣子。③怨非：怨恨咒骂。非，同"诽"。④九牧：即九州，古代传说全国共有九州。⑤鬲山：山名。相传为夏桀的死地。⑥干：盾牌。

【原文】

昔人臣之蔽者，唐鞅[1]、奚齐[2]是也。唐鞅蔽于欲权而逐载子[3]，奚齐蔽于欲国而罪申生[4]，唐鞅戮于宋，奚齐戮于晋。逐贤相而罪孝兄，身为刑戮，然而不知，此蔽塞之祸也。故以贪鄙、背叛、争权而不危辱灭亡者，自古及今，未尝有之也。鲍叔、宁戚、隰朋仁知且不蔽，故能持管仲而名利福禄与管仲齐。召公[5]、吕望仁知且不蔽，故能持周公而名利福禄与周公齐。传曰："知贤之为明，辅贤之谓能，勉之强之，其福必长。"此之谓也。此不蔽之福也。

【译文】

过去大臣被蒙蔽的，就是唐鞅、奚齐。唐鞅被权力的欲望蒙蔽而驱走了载子，奚齐被自己图谋篡国的欲望所蒙蔽而加罪于申生。唐鞅被杀死在宋国，奚齐被杀于晋国。唐鞅驱逐了有德才的太宰而奚齐加罪于有孝敬美名的哥哥。他们自己被杀了，还不知道是什么原因，这就是被蒙蔽所造成的祸患。所以那些用贪婪、背叛的手段来争夺权力却又不遭到危险屈辱死亡的人，从古至今，还没有过。鲍叔、宁戚、隰朋仁德明智而不被蒙蔽，所以能支持管仲治理齐国，而他们得到的名利福禄也与管仲相等。召公、吕望仁德明智而不被蒙蔽，所以能支持周公治理国家，而他们得到的名利福禄也与周公相等。古书上说："能够识别贤能的人叫做明，能够辅助贤能的人叫做能，努力识别贤人、尽力辅佐贤人，那他的幸福一定会长久。"说的就是这个道理。这就是没有被蒙蔽的福气。

【注释】

①唐鞅:战国时宋康王的臣子,后被康王所杀。②奚齐:春秋时晋献公的宠妃骊姬的儿子。③载子:当作“戴子”,指戴驩,他曾任宋国太宰,后来被唐鞅驱逐而逃往齐国。④申生:战国时晋献公的太子,奚齐的异母兄。⑤召公:又作“邵公”,姓姬,名奭,周文王的儿子,武王的弟弟。因其采邑在召(今陕西岐山西南),所以称召公。

【原文】

昔宾孟[1]之蔽者,乱家是也。墨子蔽于用而不知文,宋子蔽于欲而不知得,慎子蔽于法而不知贤,申子蔽于势而不知知,惠子蔽于辞而不知实,庄子蔽于天而不知人。故由用谓之道,尽利矣;由欲谓之道,尽嗛[2]矣;由法谓之道,尽数矣;由势谓之道,尽便矣;由辞谓之道,尽论矣;由天谓之道,尽因矣。此数具者,皆道之一隅也。夫道者体常而尽变,一隅[3]不足以举之。曲知[4]之人,观于道之一隅而未之能识也。故以为足而饰之,内以自乱,外以惑人,上以蔽下,下以蔽上:此蔽塞之祸也。孔子仁知且不蔽,故学乱术足以为先王者也。一家得周道,举而用之,不蔽于成积也。故德与周公齐,名与三王并,此不蔽之福也。

【译文】

过去游士被蒙蔽的,是因为认识上有片面性。墨子蒙蔽于过分强调实用而轻视礼乐的重要性,宋子蒙蔽于过分强调人类的寡欲而不知道人的贪欲之心,慎子蒙蔽于过分强调法的作用而不明白任用贤良的重要,申子蒙蔽于过分强调权势的重要而不知才智的作用,惠子蒙蔽于过分强调言辞而不知道了解实际的重要,庄子蒙蔽于过分强调顺其自然而不知人的力量。所以从实用的角度来谈论道,那么人追求的全都是利益了;从欲望的角度来谈论道,那么人全都去追求欲望了;从法的角度来谈论道,那么人们就只知道法律条文了;从权势的角度来谈论道,那么人们就只知道权势的便利了;从言辞的角度谈论道,那人们就都去重视不切实际的理论了;从天的角度来谈论道,那么人们就只能听天由命了。这几种说法,都是道的一个方面。道,本身是不会变化的,但却能穷尽一切事物的变化,仅从某一方面是不能说明道的。认识片面的人,只看到道的一个方面而不能全面把握,所以将片面的认识当作全面的认识来来研究,于是对内扰乱了自己学派的思想,对外迷惑了别人,在上面的君主蒙蔽了臣下,在下的臣民蒙蔽了君主,这就是蒙蔽造成的祸患。孔子仁德明智,而且认识上没有片面性,所以他多方学习,全面掌握了治理国家的方法,集其大成而足以成为用来辅佐古代圣王的政治原则。孔子这一派掌握了周备齐全的道,推举并运用它,而不被已有的知识所蒙蔽。所以孔子的德行和周公相齐,声望与三王并存,这就是不被蒙蔽的福气。

【注释】

①宾孟：亦作“宾萌”。战国时对游士的称呼。②嗛(qiè)：通“慊”，满足，指欲望少而知足。③一隅：一角，一个方面。④曲知：认识片面。

【原文】

圣人知心术之患，见蔽塞之祸，故无欲、无恶、无始、无终、无近、无远、无博、无浅、无古、无今，兼陈万物而中县衡[1]焉。是故众异不得相蔽以乱其伦也。

【译文】

圣人知道思想方法偏颇的坏处，看到了蒙蔽的祸患，所以没有什么欲望，没有什么憎恶的事物，不只看到事物的开始，也不只看到事物的结局，不只从近处着眼，也不只从远处着眼，不只看到博大的一面，也不只看到浅近的一面，不是只了解古代，也不是只知道现代，而是同时摆出各种事物并在其中根据一定的标准进行权衡。这样，各种事物的差异就不能相互蒙蔽以致搞乱事物的本身秩序。

【注释】

①县衡：天平。这里指用一定的标准进行权衡。

【原文】

何谓衡？曰：道。故心不可以不知道；心不知道，则不可道而可非道。人孰欲得恣而守其所不可，以禁其所可？以其不可道之心取人，则必合于不道人而不合于道人。以其不可道之心与不道人论道人，乱之本也。夫何以知？曰：心知道，然后可道；可道，然后能守道以禁非道，以其可道之心取人，则合于道人，而不合于不道之人矣。以其可道之心与道人论非道，治之要也。何患不知？故治之要在于知道。

【译文】

什么是衡量事物的标准？回答说：就是道。所以一个人心里不可以不了解道。心里不了解道，就会不认同正确的道而认同错误的道。如果能够随心所欲，有谁愿意去做自己不愿意做的事，而不去做自己愿意做的事呢？用其否定道的思想去选择人，那一定会和不守道的人情投意合，而不会和奉行道的人志同道合。用自己否定道的思想与不守道的人去议论奉行道的人，这就是国家混乱的根源。那怎样去了解奉行道的人呢？回答说：思想上了解道，才能肯定道；肯定道，然后才能坚守道而不做不合乎道的事。用合乎道的思想去选择人，就会选择奉行道的人，而不会选择不奉行道的人。用肯定道的思想和奉行道的人去议论不奉行道的人，这才是治理国家的关键。那又何必去担忧不了解奉行道的人呢？所以说治国的关键在于了解道。

【原文】

人何以知道？曰：心。心何以知？曰：虚壹①而静。心未尝不臧②也，然而有所谓虚；心未尝不两也，然而有所谓壹；心未尝不动也，然而有所谓静。人生而有知，知而有志，志也者，臧也；然而有所谓虚，不以所已臧害所将受谓之虚。心生而有知，知而有异，异也者，同时兼知之；同时兼知之，两也，然而有所谓一，不以夫一害此一谓之壹。心卧则梦，偷则自行，使之则谋。故心未尝不动也，然而有所谓静，不以梦剧乱知谓之静。未得道而求道者，谓之虚壹而静，作之则。将须道者之，虚则入；将事道者之，壹则尽；将思道者，静则察。知道察，知道行，体道者也。虚壹而静，谓之大清明。万物莫形而不见，莫见而不论，莫论而失位。坐于室而见四海，处于今而论久远。疏观万物而知其情，参稽③治乱而通其度，经纬天地而材官万物，制割大理，而宇宙理矣。恢恢广广，孰知其极！睪睪广广，孰知其德！涫涫④纷纷，孰知其形！明参日月，大满八极⑤，夫是之谓大人。夫恶有蔽矣哉！

【译文】

人怎么才能了解道呢？回答说：依靠心。心怎么了解道呢？回答说：依靠虚心、专一、静心。心里不是没有储藏东西，但有所谓的虚心；心里不是没有装两样事的时候，但有所谓的专一；心不是没有动的时候，但是有所谓的静。人生来就有认知，有了认知就有记忆；记忆也就是储藏信息；但又有所谓的虚心，不因为心里已有所藏而妨害将要接受的认识，就叫做虚心。心生来就有认知，有认知就会有差异，有差异，就是同时认知了两种以上事物，就叫做两。但又有所谓专一，不因对彼一事物的认知而妨碍对此一事物的认识，就叫做专一。心在人睡觉的时候就会做梦，松懈的时候就会胡思乱想，在用心的时候才会有所谋划。所以心不是不活动的，但是又有所谓的宁静，是不因为梦的混乱而干扰认知，就叫做宁静。对不认识道而正在追求道的人，就要告诉他要虚心、专一、宁静。将此作为认识道的准则，那么像渴求道的人那样虚心，就能接受道；像实行道的人那样专一，就能全面了解道；像深入研究道的人那样宁静，就能明察道的真义。认识道并明察道，认识道并实践它，这才是体会了道的人。做到了虚心、专一、宁静，就叫做最大的清楚明白。达到了这种境界，那么万物没有显现了形体而看不见的，没有看见了而不能加以论说的，没有论说了而不恰当的。坐在一间屋子里就能看到天下，处在现在而能分析古代的情况。通观万物就能了解它们的实际情况，考察社会的治乱就能通晓它们的法度，治理天地而依靠万物的所长加以利用，掌握自然和社会的全面道理而使整个宇宙得到治理。宽阔广大啊，谁能知道他智慧的尽头？浩瀚广大呀，谁能知道他德行的深厚？千变万化，纷繁复杂，谁能知道他思想的轮廓？他的光明可与日月相当，充满在四面八方，这样的人就叫做伟大的人。这样的人怎么会被蒙蔽呢？

【注释】

①壹：专心一致。②臧，通“藏”，贮藏，这里指记忆。③参稽：检验，考察。稽，考证，考核。④涫涫(guàn guàn)：沸腾的样子。⑤八极：即东、西、南、北、东南、东北、西南、西北八个方向，形容极其广大。

【原文】

心者，形之君也而神明之主也；出令而无所受令。自禁也，自使也，自夺也，自取也，自行也，自止也。故口可劫[①]而使墨[②]云，形可劫而使诎申[③]，心不可劫而使易意，是之则受，非之则辞。故曰：心容，其择也无禁，必自见，其物也杂博，其情之至也不贰。《诗》云：“采采卷耳，不盈倾筐。嗟我怀人，置彼周行。”倾筐易满也，卷耳易得也，然而不可以贰周行。故曰：心枝[④]则无知，倾则不精，贰则疑惑。赞稽[⑤]之，万物可兼知也。身尽其故则美。类不可两也，故知者择一而壹焉。

【译文】

心是身体的支配者，精神的主宰者，是发出命令而不接受命令的。它自主禁止，自主使用，自主争取，自主获得，自主行动，自主停止。所以嘴巴可以被迫沉默或讲话，身体可以被迫弯曲或伸直，心不可以被迫而改变意志。认为对的它就接受，认为错的它就拒绝。所以说，心在选取的时候是不受限制的，必定顺着本心自然地显现，它接纳的事物很繁杂，它精神专注到极点的时候，不会有所旁顾。《诗经》上说：“采呀采呀采卷耳，总是装不满一小筐，怀念心上的人啊，索性将筐放在大路上。”竹筐虽说容易装满，卷耳菜容易采到，但不可以三心二意跑到大路上。所以说，心思分散了就不能学到知识，思想动摇了就不能精深，三心二意了就会产生疑惑。如果专一地来考察，万物都是可以认识的，身体力行了就能达到完美。做任何事情都不能三心二意，所以聪明的人总是选择一种事专一地去做。

【注释】

①劫：胁迫。②墨：同“默”。③诎申：弯曲和伸展。④枝：分散，指思想分散。⑤赞稽：使用某种方法帮助考察事物。

【原文】

农精于田而不可以为田师[①]，贾精于市而不可以为贾师[②]，工精于器而不可以为器师。有人也，不能三技而可使治三官，

【译文】

农民善于种田，但不能做管理农业的官员，商人善于做买卖但不能做管理商业的官，工匠善于制作器件但不能做管理工业的官。有一种人，他不精通这三种技术，但却可以做管理这三种行业的

曰：精于道者也，精于物者也。精于物者以物物[3]，精于道者兼物物。故君子壹于道而以赞稽物。壹于道则正，以赞稽物则察；以正志行察论，则万物官矣。

官。所以说："有精通于道的人，有精通于具体事物的人。"精通于具体事物的人只能支配具体事物，精通于道的人则可以全面地支配各种事物。所以君子专心于道而用它来帮助自己考察万物。专一于道就能思想正确，用它来帮助自己考察万物就能明察；用正直的心奉行道、知晓道、论定道，那么万物就可以得到治理了。

【注释】

①田师：古时掌管农事的官员。②贾师：古时管理市场和平定物价的人。③物物：管理事物。

【原文】

昔者舜之治天下也，不以事诏[1]而万物成。处一危之，其荣满侧；养一之微，荣矣而未知。故《道经》曰："人心之危，道心之微。"危微之几，惟明君子而后能知之。故人心譬如槃水[2]，正错而勿动，则湛浊在下而清明在上，则足以见须眉而察理矣。微风过之，湛浊动乎下，清明乱于上，则不可以得大形之正也。心亦如是矣。故导之以理，养之以清，物莫之倾，则足以定是非决嫌疑矣。小物引之，则其正外易，其心内倾，则不足以决粗理矣。故好书者众矣，而仓颉[3]独传者，壹也；好稼者众矣，而后稷独传者，壹也；好乐者众矣，而夔[4]独传者，壹也；好义者众矣，而舜独传者，壹也；

【译文】

从前，舜治理天下，不亲自管理具体事物而所有的事情都办成了。专心于道而心存戒惧，所以他的荣誉被身边的人异口同声地称道；治理国家专心而至于精微，所以得到了称道而自己甚至还不知道。所以《道经》上说："人的思想在于心存戒惧，道的精要在于专一精微。"戒惧与精微的精妙之处，只有明智的君子才能够知道。所以人心好比一盘水，端正地放着而不摇动，那脏物、泥渣就会沉淀在下面，清澈明净的水就会浮在上面，也就完全能照见人的胡须眉毛，并看清皮肤上的纹理了。微风吹过，脏物、泥渣在下面晃动，清澈明净的水就会在上面被搅乱，也就看不见人的正常形体了。心也是这样。所以用理性来引导它，用高洁的品德来培养它，外物不能使它偏斜，那么心就可以完全判断是非，解决疑难了。如果用小的事物引诱它，就可能使外部正确的认识发生改变，内心也会发生偏向，就连最粗浅的道理也无法判断了。所以喜欢写字的人很多，但是只有仓颉的流传了下来，这是因为他专一；喜欢种庄稼的人很多，但是只有后稷的名声流传了下来，这是因为他专一；喜欢音乐的人很多，但是只有夔的名声流传下来了，这是因为他专一；喜欢仁义的人很多，但是只有舜的名声流传了下来，这是因为他专一；倕制造了弓，浮游创造了箭，而

倕[⑤]作弓，浮游[⑥]作矢，而羿精于射；奚仲[⑦]作车，乘杜[⑧]作乘马，而造父精于御：自古及今，未尝有两而能精者也。曾子曰："是其庭[⑨]可以搏鼠，恶能与我歌矣！"

只有后羿精于射箭；奚仲制造了车，乘杜发明了四匹马驾车，但只有造父精于驾车。从古至今，还从来没有三心二意而能够精通某件事的人。曾子说："看着打拍子的棍子，心里却在想可以用它来打老鼠，这样的人又怎么能和我一起唱歌呢？"

【注释】

①诏：指具体告之。②槃水：盘中之水。指静止的水。槃，同"盘"。③仓颉：相传是黄帝时的史官，汉字的创造者。④夔(kuí)：舜时的乐官。相传他奏乐能使鸟兽起舞。⑤倕(chuí)：人名。相传为上古尧舜时代的一名巧匠，善作弓、耒、耜等。⑥浮游：或作"夷牟"、"牟夷"，传说中箭的创造者。⑦奚仲：夏之车正，传说姓任，黄帝之后，为车的创造者，春秋薛之始祖。⑧乘杜：传说中马车的发明者。⑨庭：同"莛"，草茎。

【原文】

空石之中有人焉，其名曰觙。其为人也，善射以好思。耳目之欲接，则败其思；蚊虻[①]之声闻，则挫其精。是以辟耳目之欲，而远蚊虻之声，闲居静思则通。思仁若是，可谓微乎？孟子恶败而出妻[②]，可谓能自强矣，未及思也。有子[③]恶卧而焠掌[④]，可谓能自忍矣，未及好也。辟耳目之欲，可谓能自强矣，未及思也。蚊虻之声闻则挫其精，可谓危矣，未可谓微也。夫微者至人也。至人也，何忍，何强，何危！故浊明外景，清明内景。圣人纵其欲，兼其情，而制焉者理

【译文】

石洞之中有一个人，叫做觙。他为人喜欢猜测而又喜欢思考。如果耳朵听到声音，眼睛看到颜色，就会扰乱他的思考；听到蚊虫的声音，就会妨碍到他聚精会神。所以他避开影响耳朵眼睛的外物，远离蚊虫的声音，独居一处静坐思考才能想通问题。如果思考仁也像这样，可以说是达到精微的程度了吧？孟子厌恶妻子败坏了自己的名声而将妻子休出家门，可以说能够自我勉励，但不能说考虑得很周到。孔子的学生有子在看书时担心自己睡着了，用火来烧手掌，可以说是能够自我控制，但不能说对读书有足够的爱好。一个人能够避开声色的诱惑，可以称得上是有自控能力的人，但不能算作考虑周详的人。听到蚊虫的声音就心烦意乱，称得上戒惧之心有余，但自控力还称不上达到了精微的境界。能够达到精微的地步的人，就是思想修养最完美的人。最完美的人，何须自我克制，自我勉励，自我戒惧呢？所以那些对道认识肤浅的人，就像火一样只能是外表露出光彩，而完全认识了道的人才能在心灵深处闪发出光芒。圣人能够随心所欲，尽其情性，处理一切事情都

矣。夫何强，何忍！何危！故仁者之行道也，无为[5]也；圣人之行道也，无强也。仁者之思也，恭；圣人之思也，乐，此治心之道也。

很合理，哪还需要自我勉励，自我克制，自我戒惧呢？所以仁者奉行道，不需要刻意去做什么；圣人奉行道，不需要自我勉强。仁者的思索谦恭小心，圣人的思考轻松愉快。这就是治心的方法。

【注释】

①蚊虻(wén méng)：亦作“蟁虻”。一种危害牲畜的虫类。以口尖利器刺入牛马等皮肤，使之流血，并产卵其中。亦指蚊子。②出妻：指休弃妻子。③有子：即有若，孔子的学生。④焠(cuì)掌：指苦学者自灼其掌，以警困睡而废读。⑤无为：不可以去做，不思而得。

【原文】

凡观物有疑，中心不定，则外物不清；吾虑不清，未可定然否也。冥冥而行者，见寝石[1]以为伏虎也，见植林以为立人也，冥冥蔽其明也。醉者越百步之沟，以为跬步之浍[2]也；俯而出城门，以为小之闺[3]也：酒乱其神也。厌目而视者，视一为两；掩耳而听者，听漠漠而以为哅哅[4]，势乱其官也。故从山上望牛者若羊，而求羊者不下牵也，远蔽其大也。从山下望木者，十仞之木若箸，而求箸者不上折也，高蔽其长也。水动而景摇，人不以定美恶，水势玄[5]也。瞽者仰视而不见星，人不以定有无，用精惑也。有人焉，以此时定物，则世之愚者也。彼愚者之定物，以疑决疑，决必不当。夫苟不当，安能无过乎？

【译文】

凡是在观察事物时有疑惑，心中捉摸不定，那么外界的事物就不可能看清楚；自己思考的不清楚，就不可能判断是非。在黑夜中行走的人，看见横卧的石头就以为是卧着的老虎，看见直立的树木就以为是站着的人，这是由于黑暗蒙蔽了他的视野。喝醉了的人横跨百步宽的沟渠，以为是半步宽的田间小坎；低下头过城门，还以为是低矮的小门，这是由于酒迷惑了他的神志。掩住眼睛看东西的人，把一个东西看作两个；掩上耳朵听声音的人，听到很小的声音还以为是很大的喧嚣之声，这是由于外力扰乱了他的感官。所以从山上看牛就像羊，但是找羊的人不会下山去牵它，这是由于距离远而缩小了牛的大小。从山下望山上的树木，几丈高的树木就像筷子一样，但是找筷子的人不会上山去折它，这是由于山势高而缩短了树木的高度。河水晃动时水中的倒影也会跟着晃动，人们不根据这来判定事物的美丑，这是由于水晃动使人眼花缭乱了。盲人抬头看不见星星，但人们不会以此来判定星星的有无，这是由于盲人的眼睛是看不清东西的。有这样的人，如果有人在这样的情况下来判定事物，那就是世界上愚蠢的人。这种愚蠢的人判定事物，是用疑惑的心来判定疑惑不清的事物，那么判定的结果一定是不恰当的。判断如果不恰当，又怎么可能没有错误呢？

【注释】

①寝石：卧石，横躺着的石头。②浍(kuài)：小沟。③闺：上圆下方的小门。④哅哅(xiōng xiōng)：指喧哗声。⑤玄：通“眩”。

【原文】

夏首之南有人焉，曰涓蜀梁[1]，其为人也，愚而善畏。明月而宵行，俯见其影，以为伏鬼也；卬[2]视其发，以为立魅也，背而走，比至其家，失气而死，岂不哀哉！凡人之有鬼也，必以其感忽之间疑玄之时正[3]之。此人之所以无有而有无之时也，而己以定事，故伤于湿而击鼓鼓痹，则必有敝鼓丧豚之费矣，而未有俞疾之福也。故虽不在夏首之南，则无以异矣。

【译文】

夏首的南边有一个人，叫涓蜀梁，他为人愚蠢而且胆小。在有明月的晚上走路，低头看见自己的影子，就以为是趴在地上的鬼；抬头看见自己的头发，就以为是站着的妖怪，转身就跑，等到回到家中，断气而死，这难道不是很可悲吗？凡是人发现有鬼，一定是在恍惚之间、疑惑不定时作出的判断。这正是人们在把无当作有、把有当作无的时候，自己在这个时候判定事物，所以人们得了风湿病，就去打鼓、杀猪，祭祀神鬼，那一定会有打破鼓、损失猪的破费，而没有治好病的福气。所以即使不在夏首的南边居住，也与被鬼吓死的涓蜀梁没有什么区别。

【注释】

①涓蜀梁：人名。②卬：同“仰”，抬头。③正：通“证”，证实。

【原文】

凡以知，人之性也，可以知，物之理也。以可以知人之性，求可以知物之理，而无所疑[1]止之，则没世穷年不能遍也。其所以贯理焉虽亿万，已不足以浃万物之变，与愚者若一。学，老身长子，而与愚者若一，犹不知错，夫是之谓妄人。故学也者，固学止[2]之也。

【译文】

能够认识事物，是人的本性；可以被人认识，这是事物的自然之理。凭借可以认识事物的人的本性，来感知可以被认识事物的道理，但如果对此没有范围的限制，那终其一生也不能穷尽事物的道理。人们学习的道理虽然很多，但如果最终不能用来通晓万事万物的变化，那就和愚蠢的人没有什么两样了。如此学习，直到自己老了，子女长大了，还是和愚蠢的人一样，并且还不知道错在哪里，这就叫做愚妄之人。所以学习本来就是要有学习的范围，有一定的限度和目的。将自己的学习范围限制在哪里呢？回答说：把它限制在

恶乎止之？曰：止诸至足。曷谓至足？曰：圣也。圣也者，尽伦者也；王也者，尽制者也；两尽者，足以为天下极矣。故学者以圣王为师，案以圣王之制为法，法其法以求其统类，以务象效其人。向是而务，士也；类是而几，君子也；知之，圣人也。

合适的范围。什么是合适的范围？回答说：就是通晓圣王之道。圣人，就是完全精通事物道理的人。王，就是完全精通治国制度的人。这两个方面都精通的人，就完全可以成为天下最高的表率了。所以，学习的人以圣王为榜样，以圣王的制度为法则，效法圣王的法则从而寻求他们的纲领，以努力地效仿圣王的为人。向往这种圣王之道而努力追求的，就是士；努力接近圣王之道的，就是君子；通晓圣王之道的，就是圣人。

【注释】

①疑：应该是"凝"。②止：指有一定的限度和目的。

【原文】

故有知非以虑是，则谓之攫；有勇非以持是，则谓之贼；察孰[①]非以分是，则谓之篡；多能非以修荡是，则谓之知；辩利非以言是，则谓之詍[②]。传曰："天下有二：非察是，是察非。"谓合王制与不合王制也。天下有不以是为隆正也，然而犹有能分是非治曲直者邪？若夫非分是非，非治曲直，非辨治乱，非治人道，虽能之无益于人，不能无损于人；案直将治怪说，玩奇辞，以相挠滑[③]也；案强钳[④]而利口，厚颜而忍诟，无正而恣睢，妄辨而几利；不好辞让，不敬礼节，而好相推挤，此乱世奸人之说也，则天下之治说者，方多然矣。传曰："析辞

【译文】

所以，有智慧而不去思考圣王之道，就叫做瞎抓；有勇气而不去维护圣王之道，就叫做盗贼；能详细观察却不能分辨是非，就叫做混淆；有很多才能却不用来学习宣扬圣王之道，就叫做巧诈；能言善辩却不用来宣传圣王之道，就叫做废话多多。古书上说："天下的事情有两个方面：用错误的来考察正确的，用正确的来考察错误的。"这就说的是符合圣王的法度和不符合圣王的法度两种情况。天下有不把圣王的法度作为最高标准的，那么还会有能力分辨是非、判定曲直的人吗？如果不能分辨是非，判定曲直，辨别治乱，规范人的行为准则，那么即使有能力也对人没有什么好处，没有能力也不会对人有什么坏处；这只不过是研究奇谈怪论，玩弄怪癖的词句，用来混淆是非罢了；强迫压制别人而巧妙地为自己辩护，厚着脸皮而忍受辱骂，不守正道而恣意妄为，狂妄诡辩而贪求私利，不喜欢谦虚礼让，不尊重礼节，却喜欢相互排挤，这就是扰乱社会的奸邪学说，而现在天下研究思想学说的人，多数都是这样的。古书上说："玩弄词

而为察，言物而为辨，君子贱之。博闻强志，不合王制，君子贱之。"此之谓也。

句而自认为明察，空谈名物而自认为善辩，君子看不起这种人。见识广博，记忆力强，却不符合圣王的法度，君子看不起这种人。"说的就是这个意思。

【注释】

①察孰：仔细考察、研究。②詍(yì)：多言。③挠滑：扰乱，惑乱。④强钳：强行压制，不让人说话。

【原文】

为之无益于成也，求之无益于得也，忧戚之无益于几[①]也，则广焉能弃之矣，不以自妨也，不少顷干之胸中。不慕往，不闵来，无邑[②]怜之心，当时则动，物至而应，事起而辨，治乱可否，昭然明矣！

【注释】

①几：通"冀"，指实现愿望。②邑怜：指不快和惋惜。邑，通"悒"，愁闷不安。

【译文】

做了却不利于事情的成功，追求了却不利于事情的实效，忧愁烦恼了却不利于愿望的实现，那就把它们远远地抛弃掉，不让它们妨碍自己，不让它们有片刻的时间干扰自己的内心。不羡慕过去，不忧虑未来，没有郁闷不安、怜悯的心情，时机合适就行动，事物来了就应对，事情发生了就处理，这样，是治还是乱，是对还是错，就一清二楚了。

【原文】

周[①]而成，泄而败，明君无之有也。宣而成，隐而败，暗君无之有也。故君人者周则谗言至矣，直言反矣，小人迩而君子远矣。《诗经》上说："墨以为明，狐狸而苍。"此言上幽而下险也。君人者宣则直言至矣，而谗言反矣，君子迩而小人远矣。《诗》曰："明明在下，赫赫在上。"此言上明而下化也。

【译文】

隐瞒真相就会获得成功，公开真相就会招致失败，英明的君主是不会有这种事的。公开真相就会获得成功，隐瞒真相就会招致失败，昏庸的君主是不会有这种事的。所以统治人民的君主如果隐瞒真相，那么谗言就来了，直言就没有了，小人都来亲近而君子却疏远了。《诗经》上说："把墨黑当成白色，把狐狸的黄色说成了青黑色。"说的就是君主昏庸愚昧，那么臣民就会阴险。统治人民的君主如果公开真相，那么直言就会来到，谗言就会离开，君子都来亲近而小人就会远离。《诗经》上说："光明普照在下，因为有赫赫光辉在上。"说的就是君主如果贤明，那么臣民就会被感化。

【注释】

①周：这里指隐瞒真实。

【评析】

本篇论述了有关认识论方面的问题。此篇以篇首"治则复经"，两疑则惑矣"两句作为贯穿全文的总纲，围绕这一总纲，由致蔽之因而及解除蒙蔽之术，中心突出，脉络清晰，列举有趣的事例，穿插生动的寓言，使析理深入而精辟，旨意隽永而细腻。

荀子在论述解除蒙蔽的问题时，首先指出人们容易犯的错误就是主观武断，这个错误的产生是由人"蔽于一曲"而造成的，也就是认识上的片面性而造成的。因此，要想对事物有全面的了解和认识，就必须要解除蒙蔽。荀子认为，解除蒙蔽的方法就是"虚壹而静"，也就是通过心去了解"道"，做到虚心、专一、宁静，进而才能进入大清明的境界，成为"圣人"和"至人"。如此也就可以使天下万物得到治理和利用。

正名

【题解】

本篇主要论述了名称与它所反映的实际之间的关系以及如何制定名称的问题。此篇上承孔子正名说，又吸纳墨家逻辑学成果，批判、总结当时名家学说，提出自己的正名学理论，从而成为先秦只有《墨辩》能与之媲美的逻辑学说和体系。

【原文】

后王之成名：刑名从商，爵名从周，文名从礼。散名①之加于万物者，则从诸夏之成俗曲期②，远方异俗之乡，则因之而为通。散名之在人者：生之所以然者谓之性。性之和所生，精合感应，不事而自然谓之性。性之好、恶、喜、怒、哀、乐谓之情。情然而心为之择谓之虑。心虑而能为之动谓之伪；虑积焉，能习焉，而后成谓之伪。正利而为谓之事，正义而为谓之行。所以知之在人者谓之知，知有所合谓之智。智所以能之在人者谓之能，能有所合谓之能。性伤谓之病。节遇③谓之命。是散名之在人者也，是后王之成名也。

【译文】

当代君主是这样确定名称的：刑法的名称仿效商朝，爵位的名称仿效周朝，礼仪的名称仿效《周礼》。各种具体事物的名称，则仿效中原地区已有的风俗习惯和共同约定的名称，边远地区不同风俗的地方，也按照这样的约定来沟通。人的各种具体名称：人生下来就如此的就叫做天性。天性是由阴阳二气的和合而产生的，人的感官本能接触外物感受的反应，不经过人为的努力而自然反省的东西叫天性。天性中所表现出来的爱好、厌恶、喜悦、愤怒、悲伤、快乐就叫做情感。情感如此，而心对它们加以选择就叫做思虑。内心考虑后，官能照着去做，叫做人为。思虑不断积累，官能反复练习，而后形成一定的规范，这就叫做人为。为了功利而去做的事叫做事业，为了道义去做的事叫做德行。所以人固有的认识客观事物的本能就叫做知。这种本能与客观万物相合就叫智慧。人固有的掌握外物的才能叫做本能。本能与外物相合叫做才能。人的天性受到伤害叫做病，偶然的遭遇叫做命运。这些就是关于人的各种名称，是当代圣王所确定的名称。

【注释】

①散名：散杂的名称。指各种事物的名称。散，分散，零碎。②曲期：共同的约定。期，会合，约定。③节遇：偶然的机遇。

【原文】

故王者之制名，名定而实辨，道行而志通，则慎率民而一焉。故析辞[1]擅作名以乱正名，使民疑惑，人多辨讼[2]，则谓之大奸：其罪犹为符节、度量之罪也。故其民莫敢托为奇辞以乱正名，故其民悫，悫则易使，易使则公。其民莫敢托为奇辞以乱正名，故壹于道法而谨于循令矣。如是则其迹长矣。迹长功成，治之极也，是谨于守名约之功也。

【译文】

所以，圣王制定事物的名称，名称确定了，才能对客观事物分辨清楚，制定名称的原则一旦实行，那么思想意志就互相沟通了，然后就谨慎地率领百姓统一遵守这些名称。所以那些玩弄辞藻、擅自制造名称，用来扰乱正确的名称，使百姓疑惑不定，争论不休的人，就是大奸大恶的人，他们的罪行和伪造符节和度量衡一样大。所以圣王统治下的百姓没有人敢借伪造的奇谈怪论来扰乱正确的名称，因此他们的百姓都是忠厚老实的。忠厚老实就容易役使，容易役使就容易取得功绩。圣王统治下的百姓没有人敢凭借伪造的奇谈怪论来扰乱正确的名称，就会专心于法度而谨慎遵守法令了。这样他的业绩就能长远，业绩长远，功业有成，就是治理天下的极致。这是严格地坚持用共同约定的名称来约束百姓的功效。

【注释】

①析辞：指玩弄词句。②辨讼：辩论，争论。辨，通“辩”。

【原文】

今圣王没，名守慢，奇辞起，名实乱，是非之形不明，则虽守法之吏、诵数[1]之儒，亦皆乱也。若有王者起，必将有循于旧名，有作于新名。然则所为有名，与所缘[2]以同异，与制名之枢要，不可不察也。

【译文】

如今圣王已经去世，遵守统一名称的事也就懈怠了，奇谈怪论产生了，名称和客观事物的关系混乱，是非之间的界限不明确，即使是那些遵守法令的官吏、研究各种学术的儒生，也都混乱不清了。如果有新的圣王出现，一定会沿用一些旧的名称，制定一些新的名称。既然这样，那么对之所以要有名称与制定名称有同有异的依据，以及制定名称的要领，就不能不弄清楚了。

【注释】

①诵数：反复诵读。②缘：依照，根据。

【原文】

异形①离②心交喻，异物名实玄纽③，贵贱不明，同异不别。如是则志必有不喻之患，而事必有困废之祸。故知者为之分别制名以指实，上以明贵贱，下以辨同异。贵贱明，同异别，如是，则志无不喻之患，事无困废之祸，此所为有名也。

【译文】

不同的人有不同的想法，不能够相互理解；不同的事物，名称和实际内容混杂在一起，纠结难知，贵贱不分，相同的和不同的也不能区别。这样的话必然会存在思想上互相不理解的弊病，事情也一定会陷入困境而有被废弃的灾祸。所以明智的人对事物加以区别，制定出各种名称来指代它们，对上可以彰明贵贱，对下用来分辨相同和不同。贵贱分清了，相同和不同区别开了，这样一来，就不会有思想上互相不理解的弊病，事情也就不会有陷入困境而被废弃的灾祸了。这就是事物为什么要有名称的原因。

【注释】

①异形：指不同的人。形，形体，指人。②离：背离。③纽：结。

【原文】

然则何缘而以同异？曰：缘天官①。凡同类同情者，其天官之意物也同；故比方之疑似而通。是所以共其约名以相期也。形体、色理以目异；声音清浊、调竽②奇声以耳异；甘、苦、咸、淡、辛、酸、奇味，以口异；香、臭、芬、郁③、腥、臊、洒④、酸、奇臭，以鼻异；疾、养、沧、热、滑、铍、轻、重，以形体异；说、故、喜、怒、哀、乐、

【译文】

既然这样，那么人们根据什么来区别名称的同异呢？回答说：根据人的天生的感官。凡是同一类别同一性质的事物，人们的感官对它们的认识都是相同的，所以对事物的描摹只要模拟得大体相似就能使别人通晓了，这就是人们能共同使用那些共同约定的名称来相互交往的原因。事物的形状、颜色、纹理，用眼睛来区分；乐音的清浊、调和笙竽杂乱不协调的声音，用耳朵来辨别；甜、苦、咸、淡、辣、酸以及其他特殊的味道，用嘴巴来分别；香、臭、芬芳、腐臭、腥气、臊味、马膻气、牛膻气以及奇怪的气味，用鼻子来区分不同；疾病、瘙痒、冷、热、滑爽、滞涩、轻、重，用身体来区别；愉快、烦闷、欣喜、愤怒、悲哀、快乐、爱好、厌恶以及各种欲望，用心来区别。心能验证五官的感觉。既然心能验

爱、恶、欲以心异。心有征知。征知,则缘耳而知声可也,缘目而知形可也。然而征知必将待天官之当簿其类然后可也。五官簿[⑥]之而不知,心征之而无说,则人莫不然谓之不知。此所缘而以同异也。

证五官的感觉,那么就可以依靠耳朵来了解声音,依靠眼睛来了解形状。但是这种感知一定要等到感官接触事物的形状以后才能发挥作用。如果五官接触了外界事物而不能认知,心能够感知外物而不能说出来,那么人们就会把这种情况说成是无知。这就是人们区别名称的同和不同的根据。

【注释】

①天官:指人天生的感官,指耳、目、鼻、口、身。②调竽:调和笙竽的声音。③郁:鸟身上一种腐臭的气味。④洒:通"蝼",马身上类似蝼蛄一样的臊臭气味。⑤沧(cāng):冷,寒。⑥簿:簿书。治理指分类记录。

【原文】

然后随而命之:同则异之,异则异之;单[①]足以喻则单,单不足以喻则兼;单与兼[②]无所相避则共[③];虽共,不为害矣。知异实者之异名也,故使异实者莫不异名也,不可乱也,犹使同实者莫不同名也。故万物虽众,有时而欲遍举之,故谓之物。物也者,大共名也。推而共之,共则有共,至于无共然后止;有时而欲遍举之,故谓之鸟兽,鸟兽也者,大别名也。推而别之,别则有别,至于无别然后止。名无固宜,约之以命,约定俗成谓之宜,异于约则谓之不宜。名无固实,约之以命实,约定俗成谓之

【译文】

这些道理明确后,就按照它来给事物命名:相同的事物取相同的名称,不同的事物取不同的名称;单音节的名称能够使人明白的就取单音节的名称,单音节不能使人明白的就取多音节的名称;单音节的名称与多音节的名称没有什么相违背的就用一个名称;即使用了同一个名称,也不会有什么妨害。知道不同的事物应有不同的名称,所以就让不同的事物有不同的名称,不可以混淆,这就像同样的事物没有不同的名称一样。所以万物虽多,有时候要把它们全部概括起来,就统称为"物"。"物",就是一个大的共用名称。以此类推,共用的名称上面还有共用的名称,直到不再有共用的名称。有时要把它们全部概括起来,所以就叫鸟兽,鸟兽,是一个大的别名。以此类推,别名之中还有别名,直到不再有别名为止。名称没有本来就合适的,是人们共同约定而命名的,约定变成了习惯,就称之为合适。违犯了约定和习惯,就称为不适宜。名称本来没有固定的表示对象,而是人们约定给实际事物命名的,约定变成了习惯,就成了某种实际事物的名称。名称本来就有起得好的,直接平易

实名。名有固善，径易[4]而不拂，谓之善名。物有同状而异所者，有异状而同所者，可别也。状同而为异所者，虽可合，谓之二实。状变而实无别而为异者，谓之化。有化而无别，谓之一实。此事之所以稽实定数也，此制名之枢要也。后王之成名，不可不察也。

而不违背事理，就叫做好的名称。事物有相同形状而实体不同的，有形状不同而实体相同的，这是可以区别的。形状相同却有不同的实体，虽然可以合用一个名称，但还是说它们是两个实体。性状变了而实际并没有异化为另一个东西的，这叫做变化。有了变化而实质没有变的，仍然是同一个事物。这就是为什么要考察事物的实质来制定众多事物名称的原因。这是制定事物名称的关键。当代君主在确定事物的名称时，不能不对这些情况进行认真的考察。

【注释】

①单：单名，指单音词。②兼：指多音节词。③共：指共用。④径易：直接平易。

【原文】

“见侮不辱[1]”，“圣人不爱己[2]”，“杀盗非杀人也[3]”，此惑于用名以乱名者也。验之所为有名而观其孰行，则能禁之矣。“山渊平[4]”，“情欲寡[5]”，“刍豢不加甘，大钟不加乐”，此惑于用实以乱名者也。验之所缘以同异而观其孰调，则能禁之矣。“非[6]而谒楹”，“有牛马非马也[7]”，此惑于用名以乱实者也。验之名约，以其所受悖其所辞，则能禁之矣。凡邪说辟言[8]之离正道而擅作者，无不类于三惑者矣。故明君知其分而不与辨也。

【译文】

“受到侮辱而不以为是耻辱”、“圣人并不格外地珍爱自己”、“杀死强盗并不是杀人”，这些都是在使用名称方面迷惑了以致搞乱了名称的说法。只要考察一下为什么要有名称，再看看这些说法是否行得通，就能禁止这些说法了。“高山和深渊一样平”、“人的欲望很少”、“吃肉并不比吃普通的事物更甘美，大钟的声音并不能增加更多的快乐”，这些说法的错误在于借用个别事实混淆了反映一般性质的名称。只要考察一下为什么名称有同有异，再看看这些说法是否行得通，就能禁止这些说法了。“飞箭射过柱子后时间长了会停止”、“有牛马，但它不是马”，这些说法的错误在于用名称的不同混淆了事物的实质。只要用名称约定的原则去检验这些说法，以所能接受的正确的名称反驳所不能接受的错误的名称，就能禁止这种说法了。凡是偏离了正道而擅自制造的邪说怪论，无不与上述这三种错误相类似。所以明智的君主知道它们与正常学说的区别而不去和他们争辩。

【注释】

①见侮不辱：受到侮辱而不以为是耻辱。这是宋钘的说法。②圣人不爱己：圣人并不特别珍爱自己，对自己和别人一样。这可能是指《墨子》中的说法。③杀盗非杀人也：杀死强盗并不是杀人。这是墨家的说法。④山渊平：高山和深渊一样平。这是惠施的说法。⑤情欲寡：人的欲望少。这是宋钘的说法。⑥非：通“飞”。⑦有牛马非马也：这是指墨子的“有马非马”的说法。⑧辟言：邪僻的言论；谬论。辟，通“僻”，邪僻。

【原文】

夫民易一以道，而不可与共故。故明君临之以势，道之以道，申之以命，章①之以论，禁之以刑。故其民之化道也如神，辨说恶用矣哉！今圣王没，天下乱，奸言起，君子无势以临之，无刑以禁之，故辨说也。实不喻然后命，命不喻然后期，期不喻然后说，说不喻然后辨。故期、命、辨、说也者，用之大文也，而王业之始也。名闻而实喻，名之用也。累而成文，名之丽也。用丽俱得，谓之知名。名也者，所以期累实也。辞也者，兼异实之名以论一意也。辨说也者，不异实名以喻动静之道也。期命也者，辨说之用也。辨说也者，心之象道也。心也者，道之工宰也。道也者，治之经理也。心合于道，说合于心，辞合于说，正名而期，质请②而喻。辨异而不过，推类而不悖，听则合文，辨则尽故。以

【译文】

老百姓容易用正道来统一他们，但不能同他们共商大事，所以英明的君主用权势来驾驭他们，用正道来引导他们，用命令来告诫他们，用正确的言论来晓谕他们，用严刑来禁止他们。所以百姓顺从教化像有神帮助一样，哪里还用什么辩说呢？如今圣王已经去世，天下混乱，奸邪的言论兴起，君子没有权势来驾驭百姓，没有刑法来制止百姓，所以只好采用辩说了。对于实物不能明白，就给它起个名字；起了名字还不明白，就和众人来约定；约定后还不明白，就要进行解说；解说了还不明白，就要去辩论。所以约定、命名、解说、辩论，是实际运用中的重要形式，是成就称王天下事业的开始。听到名称就知道它所代表的实际事物，这是名称的功用。积累名称就成为了文章，这就是名称的互相配合；名称的功用与配合都掌握了，就叫做懂得名称了。名称，是用来互相约定从而用以表达各种实际事物的。文辞，是将不同事物的名称连缀来表达一个意思的。辩论和解说，是人们用同一个概念和事物来反复说明是非的道理。约定和命名，是供辩论和解说时使用的。辩论和解说，是心对道的认识的表达。心符合于道，解说符合于心，文辞符合于解说，运用正确的名称而符合共同的约定，这样就可以合乎事物的实际情况而达到互相了解了。辨别事物的差异而不说错，推论同类事物而不违背事理，听取意见时要合于礼法，与人辩说要把道理说清楚。用正确的原则来辨别奸言邪说，就像拉出墨线来辨别曲

正道而辨奸，犹引绳以持曲直；是故邪说不能乱，百家无所窜。有兼听之明，而无矜奋之容；有兼覆之厚，而无伐德之色。说行则天下正，说不行则白道而冥穷[3]，是圣人之辨说也。《诗》曰："颙颙卬卬[4]，如珪如璋，令闻令望。岂弟[5]君子，四方为纲。"此之谓也。

直一样，这样邪说就不能扰乱正道，各家的谬论也就无处可藏了。有全面地听取各家意见的明智，而没有骄傲的态度，有兼容并包的胸怀，而没有自夸的神色。这种学说推行到天下，那么天下就会归于正道；这种学说如果不能推行于天下，那就向天下说明自己的理论然后隐退，这就是圣人的辩说。《诗经》上说："外貌恭敬温和志气昂扬，像珪、璋一样，有美好的声誉，美好的名望。这样平易和气的君子，是四方百姓的典范。"说的就是这样的人。

【注释】

①章：同"彰"，使……明白清楚。②质请：根据实际情况。请，通"情"。③冥穷：指退隐。④颙颙卬卬（yóng yóng áng áng）：形容体貌庄重恭敬，气宇轩昂。⑤岂弟：同"恺悌"，和乐平易。

【原文】

辞让之节得矣，长少之理顺矣，忌讳不称，祆[1]辞不出；以仁心说，以学心听，以公心辨。不动乎众人之非誉，不治观者之耳目，不赂贵者之权势，不利便辟者之辞；故能处道而不贰，吐[2]而不夺[3]，利而不流，贵公正而贱鄙争，是士君子之辨说也。《诗》曰："长夜漫兮，永思骞兮。大古之不慢兮，礼义之不愆[4]兮，何恤人之言兮！"此之谓也。

【译文】

谦让的品德具备了，长幼的礼节顺当了，忌讳的话不说，奇谈怪论不出口，用仁慈的心去解说道理，用学习的心去听取意见，用公正的心去辩论是非，不因为众人的诽谤或赞誉而动摇，不用动听的话去迷惑听者的耳目，不讨好于权贵，不偏爱身边花言巧语者的话，所以能坚持正道而不三心二意，敢于发表自己的见解而不受外力的胁迫而改变观点，言辞流利而不至于毫无节制，崇尚公正而鄙视庸俗粗野的争论，这是士君子的辩说。《诗经》上说："在漫漫长夜里，我久久地反省自己的过错。对古人的教诲没有怠慢，对礼义也没有违反，又何必顾虑别人的言论呢？"说的就是这个意思。

【注释】

①祆：同"妖"。②吐：发言。③不夺：不受外力胁迫而改变。④愆（qiān）：过错。

【原文】

君子之言，涉然①而精，俛然②而类，差差然而齐。彼正其名，当其辞，以务白其志义者也。彼名辞也者，志义之使也，足以相通则舍之矣。苟之，奸也。故名足以指实，辞足以见极，则舍之矣。外是者谓之讱③，是君子之所弃，而愚者拾以为己宝。故愚者之言，芴然④而粗，啧然而不类，誻誻然⑤而沸。彼诱其名，眩其辞，而无深于其志义者也。故穷藉而无极，甚劳而无功，贪而无名。故知者之言也，虑之易知也，行之易安也，持之易立也；成则必得其所好而不遇其所恶焉。而愚者反是。《诗》曰："为鬼为蜮，则不可得，有靦面目，视人罔极。作此好歌，以极反侧。"此之谓也。

【译文】

君子的话，浅显而又精辟，贴切中肯而又有条理，具体说法参差错落而大体一致。他运用正确的名称，恰当地使用言辞，以此来阐述自己的思想。名称、言辞，是表达思想的工具，只要做到足以沟通思想就可以了。故意地搬弄名称和言辞，就是奸言。所以，名称能够说明事物的实质，言辞能够表达主要的思想，就可以了。离开这个标准故意说一些难以理解的话，是君子所要抛弃的，而愚蠢的人却拿来当作宝贝。所以，愚蠢的人的言论，没有依据而又粗陋，杂乱没有条理，多嘴多舌无所控制。他们使用各种诱人的名称和华丽的言辞，其实却没有真正深刻的内容。所以他们用尽了名称、言辞却没有主旨，非常疲劳却没有功效，贪求名望却得不到名望。所以智慧的人的言论，思考之后容易理解，实行起来容易妥当，坚持它容易站得住，成功的话就一定会得到自己所喜欢的结果而不会得到自己厌恶的结果；而愚蠢的人正好与此相反。《诗经》上说："是鬼还是蜮，我无法看清楚你的原形；你有脸也有眼睛，在一起看得久了，就一定会看到你。我做这首歌曲，就是为了将你反复无常的面目戳穿。"说的就是这种人。

【注释】

①涉然：深入的样子。②俛然：俯就的样子。俛，同"俯"，俯就，贴近。③讱(rèn)：难，指故意把话讲得难懂。④芴(hū)然：无根本的样子。芴，同"忽"。⑤誻誻(tà tà)然：形容多话的样子。

【原文】

凡语治而待去欲者，无以道欲而困于有欲者也。凡语治而待寡欲①者，无以节欲而困于多欲者也。有欲无欲，异类也，生死也，非治乱也。欲之多寡，

【译文】

凡是谈论治理国家而建议去除人们欲望的人，是没有办法引导人们的欲望反而会被欲望所困扰。凡是谈论治理国家而建议人们减少欲望的人，是没有办法节制欲望反而被太多欲望所困扰。有欲望和没有欲望，是两种不同的类型，是有生命

异类也，情之数也，非治乱也。欲不待可得，而求者从②所可。欲不待可得，所受乎天也；求者从所可，所受乎心也。所受乎天之一欲，制于所受乎心之多，固难类所受乎天也。人之所欲生甚矣；人之所恶死甚矣。然而人有从生成死者，非不欲生而欲死也，不可以生而可以死也。故欲过之而动不及，心止之也。心之所可中理，则欲虽多，奚伤于治！欲不及而动过之，心使之也。心之所可失理，则欲虽寡，奚止于乱！故治乱在于心之所可，亡于情之所欲。不求之其所在而求之其所亡，虽曰我得之，失之矣。

和没生命的区别，与国家的治理和混乱没有关系。欲望的多少，是两种不同的类型，是人的天性中所具有的，与国家的治理和混乱没有关系。人的欲望并不是在可以得到时才产生，而追求欲望的人只是在自己认为可能的时候才去做。人的欲望并不是在可以得到时才产生，是人们天生就有的，而追求欲望的人只是在自己认为可能的时候才去做，这是受了内心的支配。人天生就有单纯的欲望，而受到内心多种需求的制约，所以难以同天生单纯的欲望相比。人最大的愿望是活着，人最厌恶的是死去，但也有人放弃生命选择死亡的，这不是因为他不愿意活着而愿意死，而是因为不可以偷生而只能去死。所以欲望非常强烈时而行动上却没有这样做，是心阻止了这种欲望。心里所想的符合理，那么欲望即使非常多，又对治理国家有什么损害呢？欲望没有那么强烈时而行动上却这样做了，这也是心驱使的。心中所想的不符合理，那么即使欲望非常少，又对祸乱的制止有什么好处呢？所以，治理混乱在于心之所想是否合理，而不在于欲望的有无。不从国家治乱的关键所在找原因，却在与国家治乱没有关系的欲望找答案，虽然自认为找到了，其实并没有。

【注释】

①寡欲：这是孟子、宋钘的观点。②从：通“纵”，放纵，此指放弃。

【原文】

性者，天之就也；情者，性之质也；欲者，情之应也。以所欲为可得而求之，情之所必不免也。以为可而道之，知所必出也。故虽为守门，欲不可去，性之具也。虽为天子，欲不可尽。欲虽不可尽，可以近尽也；欲虽不可去，求可节

【译文】

本性，是上天造就的；感情，是本性的实际内容；欲望，是感情对外界事物的反应。认为自己的欲望可以达到就去追求，这是感情不可避免的。认为欲望是对的而去实现它，这是人的智慧所必然要求的。所以即使是一个守门的人，欲望也是不可能去掉的，这是本性所具有的。即使是天子，欲望也是不可能完全满足的。欲望虽然不可能完全满足，但是可以接近于满足；欲望虽然不能去掉，却可以节制它。欲望虽然不能完全满足，但追求欲望的人有时依然会接近于

也。所欲虽不可尽，求者犹近尽；欲虽不可去，所求不得，虑者欲节求也。道者，进则近尽，退则节求，天下莫之若也。

完全满足；欲望虽然不可以去掉，追求的虽然得不到，用心思考的人就会节制自己的追求。按照道来行事，能够满足欲望的时候就尽量满足，不能满足的时候就节制欲望，天下没有比这更好的了。

【原文】

凡人莫不从其所可而去其所不可。知道之莫之若也，而不从道者，无之有也。假之有人而欲南，无多；而恶北，无寡，岂为夫南之不可尽也，离南行而北走也哉？今人所欲，无多[①]；所恶，无寡[②]。岂为夫所欲之不可尽也，离得欲之道而取所恶也哉？故可道而从之，奚以损之而乱！不可道而离之，奚以益之而治！故知者论道而已矣，小家珍说[③]之所愿者皆衰矣。

【译文】

大凡人没有不顺从自己所认可的而抛弃自己不认可的事物的。明白没有比道更好的了，却不遵从道，这样的人是没有的。如果有个人想向南走，不管路程有多远他都会去；如果不想向北走，不管多近他都不会去。难道他会因为往南走的路程遥远就放弃而往北走吗？现在人们对于所想要的，再多也不嫌多；对于厌恶的，再少也不要。难道会因为想得到的不能完全得到满足就放弃它而选择去追求自己所厌恶的吗？所以，如果内心认同道就要遵从它，哪里会因为欲望增多就使国家陷入混乱呢？如果内心不认同道就要抛弃它，哪里就会因为欲望减少而使国家安定呢？所以聪明的人只是根据道来行事，这样各家异说所追求的一切就都自然消亡了。

【注释】

①无多：无所谓多，指再多也不嫌多。②无寡：无所谓少，指再少也不要。③小家珍说：指前面所说的各家异说。珍，稀奇古怪。

【原文】

凡人之取也，所欲未尝粹而来也；其去也，所恶未尝粹而往也。故人无动而不可以不与权[①]俱。衡[②]不正，则重县于仰，而人以为轻；轻县于俯，而人以为重，此人所以惑于轻重也。权不正，则祸托于欲，而人以为福；福托于恶，

【译文】

大凡人们求取的时候，想要的不一定能够得到；人们舍弃的时候，厌恶的不一定都能去掉。所以，人的行动都不能不用正确的准则来衡量。秤不准确，那么重的东西挂上去反而会翘起来，使人认为是轻的；轻的东西挂上去反而会低下去，使人认为是重物，这就是人们对轻重迷惑的缘故。衡量的标准如果不正确，那么祸患就会依附在欲望之中，

而人以为祸，此亦人所以惑于祸福也。道者，古今之正权也；离道而内自择，则不知祸福之所托。

人们却认为它是福气；福气依附在厌恶的事情中，人们却认为那是祸患，这是人们对祸患和福气迷惑的缘故。道是古今衡量一切事物的最准确的标准，如果背离了道而由自己内心来选择，那就不会知道祸福依附在什么地方了。

【注释】

①权：秤锤，这里引申指衡量行为的准则，即“道”。②衡：秤杆，秤。

【原文】

易者，以一易一，人曰无得亦无丧也。以一易两，人曰无丧而有得也。以两易一，人曰无得而有丧也。计者取所多，谋者从所可。以两易一，人莫之为，明其数也。从道而出，犹以一易两也，奚丧！离道而内自择，是犹以两易一也，奚得！其累百年之欲，易一时之嫌，然且为之，不明其数也。

【译文】

交换，就是拿一个东西来换取另一个东西，人们会说这既没有得到也没有损失。拿一个东西换取两件东西，人们会说这不仅没有损失而且还得到了。拿两个东西换取一件东西，人们会说这不仅没有得到而且还损失了。会算计的人希望换取很多，会谋划的人总是会追求他认为合宜的东西。拿两个东西换一个东西，没有人愿意这样做，因为明白数量有多有少的道理。依照道去做，就好像拿一个东西来换取两个东西，这又有什么损失呢？背离了道而由自己内心来选择，就好像拿两个东西换取一个东西，这又有什么得到呢？积累了多年的愿望，去换取一时的满足，这样的事尚且有人去做，这是不明白数量有多有少的道理。

【原文】

有尝试深观其隐而难察者，志轻理而不重物者，无之有也；外重物而不内忧者，无之有也。行离理而不外危者，无之有也。外危而不内恐者，无之有也。心忧恐，则口衔刍豢而不知其味，耳听钟鼓而不知其声，目视黼黻而不知其状，轻暖平簟①而

【译文】

曾经尝试着深入观察一个隐蔽而难以觉察的道理：内心轻视道而又不重视物质的，是没有的；重视物质而又内心不忧虑的人，是没有的；行为背离道而又不遭受危险的人，是没有的；遭受危险而内心不恐惧的人，是没有的。内心恐惧，就是嘴里吃着牛羊猪狗等肉食，也感觉不到美味；耳朵里听着美妙的音乐，也不会觉得悦耳；眼睛里看着华丽的衣服，也不知道形状；衣被轻暖、竹席平整，也不会觉得身体舒适。所以，享受着万物之美也不能得到满足。即使是

体不知其安。故向万物之美而不能嗛也。假而得间而嗛之则不能离也。故向万物之美而盛忧，兼万物之利而盛害。如此者，其求物也，养生也？粥[②]寿也？故欲养其欲而纵其情，欲养其性而危其形，欲养其乐而攻其心，欲养其名而乱其行。如此者，虽封侯称君，其与夫盗无以异；乘轩[③]戴絻[④]，其与无足无以异。夫是之谓以己为物役矣。

间或得到了满足，忧愁恐惧的心情还是不能离去。所以，享受着万物之美却还忧虑重重，得到万物的利益却隐伏着很大的祸害。像这样的人，他追求物质，是为了保养生命？还是出卖生命？所以，本想满足欲望却放纵了性情；本想保养生命却危害了自己的身体；本想获取快乐却伤害了内心；本想得到声望却败坏了德行。这样的人，即使被封为诸侯或者成了君主，也与盗贼没有什么区别；即使乘坐轩车、戴着官帽，也与衣食不足的人没有什么区别。这就是自己让物质役使了。

【注释】

①簟(diàn)：竹席。②粥：通“鬻”，卖。③轩：一种有篷遮蔽的车，为卿大夫及诸侯等达官贵人所乘。④絻(miǎn)：同“冕”，古代天子、诸侯及达官显宦戴的礼帽。

【原文】

心平愉，则色不及佣[①]而可以养目，声不及佣而可以养耳，蔬食[②]菜羹而可以养口，粗布之衣、粗紃之履而可以养体，局室、芦帘、葭[③]稾蓐、尚机筵[④]而可以养形。故虽无万物之美而可以养乐，无势列之位而可以养名。如是而加天下焉，其为天下多，其和乐少矣，夫是之谓重己役物。无稽之言，不见之行，不闻之谋，君子慎之。

【译文】

内心平静愉快，即使颜色不如平常也可使眼睛舒服，音乐不如平常也可使耳朵愉悦，粗食淡饭也可满足口欲，粗布衣服、粗麻鞋子也可保养身体，狭窄的屋子、芦苇做的窗帘、草做的褥子、破旧的竹席也可满足形体的需要。所以即使没有享受着万物之美也可保持快乐，没有权势地位也可以保持好名声。像这样的人，把天下给他治理，就会为天下的利益想得多，为自己的享受想得少，这就是重视自身而能役使物质。没有根据的话，没有见过的行为，没有听过的谋略，君子都要慎重地对待。

【注释】

①佣：通“庸”，一般，平常。②蔬食：同“疏食”，粗食。③葭(jiā)：初生的芦苇。④机筵：几案和座席。机，通“几”。

【评析】

《正名》篇主要论述了名称与它所反映的实际内容之间的关系以及如何制定名称的问题。它是中国古代逻辑学中的重要篇章之一。

一开始，荀子便首先指出，刑法的名称仿效商朝，爵位的名称仿效周朝，礼仪的名称仿效《周礼》。各种具体事物的名称，则仿效中原地区已有的风俗习惯和共同约定的名称，边远地区不同风俗的地方，则按照这样的约定来沟通。接下来，荀子又指出，给事物命名的原则是根据事物的客观实际来确定它的名称，实际内容相同的事物，就为其确定相同的名称，实际内容不同的事物，就为其确定不同的名称。另外，荀子非常重视"正名"的目的和意义，批判了孔子的"以名正实"的正名思想，还对"杀死强盗并不是杀人"等异端邪说提出了批判。

此篇以正名为中心，把名、辞、辩说招引到正名的旗帜之下，服务于立隆正、明贵贱、行王制，这是一套完整的正名逻辑体系。此篇可以称得上是逻辑专著，对名辞、辩说的探讨全面而系统，后人研读，要透过其伦理内容和思想，细心采撷其宝贵的逻辑学理论和知识。

赋

【题解】

本篇是采用诗赋的形式对《荀子》全书所阐述的政治主张做纲领性的概括。全赋共八章，前五为《礼》、《知》、《云》、《蚕》、《箴》小赋；后二为《佹诗》《小歌》四言诗；末尾为《遗春申君赋》。本篇用充沛的感情赞叹以礼与智为中心的圣人之道、君子之德，塑造圣贤伟大的人格精神，以为后世效法之楷模。

【原文】

爰[①]有大物，非丝非帛，文理[②]成章。非日非月，为天下明。生者以寿，死者以葬。城郭以固，三军以强。粹而王，驳而伯，无一焉而亡。臣愚不识，敢请之王？王曰：此夫文而不采者与！简然易知而致有理者与！君子所敬而小人所不者与！性不得则若禽兽，性得之则甚雅似者与！匹夫隆之则为圣人，诸侯隆之则一四海者与！致明而约，甚顺而体，请归之礼。——礼。

【译文】

这里有一个庞然大物，它不是丝，不是帛，但其文理斐然成章；它不是太阳，不是月亮，却可以给天下带来光明。活着的人遵照它得以长寿，死了的人遵照它得以安葬。城郭依靠它得以稳固，三军依靠它得以强大。完全按照它去做就能称王，不完全按照它来做也能称霸诸侯，两者都做不到就会灭亡。臣愚昧不认得此物，斗胆向君主请教。君主说："这个东西是有文饰而不华丽的吧！是简单易懂而有条理的吧！是被君子所敬重而被小人所轻视的吧！是人的本性没得到它熏陶就会像禽兽，而本性得到它熏陶就很端正善良的吧！是一般人尊崇它就能成为圣人、诸侯尊崇它就能统一天下的吧！它极其明白而又简约，非常有条理而有固定的格式，我请你把它归结为礼。这就是礼赋。

【注释】

①爰(yuán)：于是，在这里。②文理：这里语带双关，字面上承丝帛而言，指丝织品的花纹；实指礼节仪式。

【原文】

皇天隆物[①]，以施下民，或厚或薄，常不齐均。桀、纣以乱，汤、武以贤。湣湣[②]淑淑[③]，皇皇穆穆，周流四海，曾不崇日。君子以修，跖以穿室。大参乎天，精微而无形。行义以正，事业以成。可以禁暴足穷，百姓待之而后泰宁。臣愚不识，愿问其名。曰：此夫安宽平而危险隘者邪？修洁之为亲而杂污之为狄者邪？甚深藏而外胜敌者邪？法禹、舜而能弇[④]迹邪？行为动静待之而后适者邪？血气之精也，志意之荣也。百姓待之而后宁也，天下待之而后平也。明达纯粹而无疵，夫是之谓君子之知。——知。

【译文】

上天降下一件东西，用来施给天下的人们，有的人多有的人少，经常不均等。桀、纣因它而昏乱，汤、武因它而贤明。它使有的人思虑昏乱，有的人头脑清醒，它浩瀚无涯静穆无闻。四海之内，全部流遍，竟然还不到一天时间。君子用它来修身，盗跖用它来入室行劫。它高大得直达云天，细微得没有行迹。举止仪态靠它来端正，事业靠它来成功。它可以禁止暴力，使穷人变得富有，百姓有了它之后，才能太平安宁。臣愚昧不认得此物，愿意知道它的名字。回答：这种东西能是使人安静、平和而远离危险的吧！是使人亲近修身养性的人而疏远污浊的人吧！它是很深地隐藏着而对外战胜敌人的吧？它是使人们效法禹、舜而能沿着他们的足迹继续前进的吧！是人们的行为举止必须依靠它然后才能恰如其分的吧！它是血气的精华，意志的精华。百姓有了它之后，才能太平安宁，天下有了它，才能太平。它明澈、通达、纯粹而无瑕疵，这就叫做君子的智慧。这就是智赋。

【注释】

①隆物：天地赐予智慧。隆，通“降”。②湣湣(hūn hūn)：水混浊的样子，这里指神志不清。③淑淑：水清澈的样子，这里指头脑清醒。④弇(yǎn)：覆盖，遮蔽。

【原文】

有物于此，居则周静致下，动则綦高以巨。圆者中规，方者中矩。大参天地，德厚尧、禹。精微乎毫毛，而充盈乎大宇。忽兮其极之远也，攭[①]兮其相逐而反也，卬卬兮天下之咸蹇[②]也。德厚而不捐，五采备而成文。往来惛惫[③]，通于大神，出

【译文】

这里有一件东西，静止时就会静静地垂下，流动时极其高远而巨大。呈圆形时符合圆规画的形状，呈方形时符合直尺画的模样；它广大得可以和天地相比，德行比尧、禹还敦厚慈善。精细微小得如同毫毛，然而它能充满整个宇宙。它忽然间就飘向了远方，回旋起来又追逐往返，它气宇轩昂的姿态使天下人为之赞叹。它德行敦厚而不

入甚极，莫知其门。天下失之则灭，得之则存。弟子不敏，此之愿陈，君子设辞，请测意之？曰：此夫大而不塞者与？充盈大宇而不窕[4]，入郄[5]穴而不逼者与？行远疾速而不可托讯者与？往来惛憊而不可为固塞者与？暴至杀伤而不亿忌者与？功被天下而不私置者与？托地而游宇，友风而子雨。冬日作寒，夏日作暑。广大精神，请归之云。——云

丢弃任何事物，五彩缤纷而形成美丽的花纹。它来去昏暗隐蔽，变幻莫测，能与天神相通，它出入都很匆忙，没有人知道它进出的地方。天下若是失去它就会灭亡，得到它就能生存。弟子我不聪明，愿意把它陈述给先生。君子善于措辞，请猜测它是什么？回答说：这东西是庞大而又不会被堵塞吧？充满整个宇宙而又不留空隙，进入狭小的穴洞里而不会感到狭窄吧？是走得很远而且迅速但不可托它传信的吧？是昏暗隐蔽，变幻莫测却又不可阻止的吧？是突然猛烈地降临，杀伤万物而毫不迟疑毫无顾忌的吧？是功盖天下而毫不偏私的吧？它依托大地而浮游在天地之间，以风为朋友，以雨为子女。冬天兴起寒流，夏天兴起热浪。它非常广大而又神奇多变，请将它归结为云。这就是云赋。

【注释】

①攭(lì)：通“劙”，云气散漫回旋的样子。②蹇(jiǎn)：困苦。③惛憊(hūn bèi)：昏暗困顿。④不窕：不留空隙。⑤郄(xì)：通“隙”，空隙。

【原文】

有物于此，攭攭[1]兮其状，屡化如神。功被天下，为万世文。礼乐以成，贵贱以分。养老长幼，待之而后存。名号不美，与暴为邻。功立而身废，事成而家败。弃其耆[2]老，收其后世。人属所利，飞鸟所害。臣愚不识，请占之五泰。五泰[3]占之曰：此夫身女好而头马首者与？屡化而不寿者与？善壮而拙老者与？有父母而无牝牡者与？冬伏[4]而夏游，食桑而吐丝，前乱而后治，夏生而恶暑，喜湿而恶雨。蛹以为

【译文】

这里有一件东西，它没有羽毛赤身裸体，屡次变化奇妙如神。它的功德覆盖天下，它为万代修饰文采。礼仪和音乐依靠它才成功，贵贱依靠它才得以分明。奉养老人，抚养小孩，都要依靠它才能完成。它的名字并不好听，读音竟然与残相近。它的功业建立之后而自身就被废弃，事业成功以后家室就被破坏。它的老一代被人们抛弃，只留下它的后一代。它被人类利用，也被飞鸟伤害。臣愚昧不认得此物，想请五帝占验。五帝占验后说：是身体像女人一样柔美而头像马头的吧？是屡次变化而不长寿的吧？是健壮时受到善待而年老时处境不佳的吧？是有父母而没有雄雌之分的吧？是冬天蛰伏而夏天游动，它吃桑叶而吐出细丝，起先纷乱而后来有条不紊，生在夏天却厌恶酷暑，喜欢湿润而讨厌雨水。它把蛹当作母亲，把蛾当作父亲。它三次睡眠而又三

母，蛾以为父。三俯三起，事乃大已。夫是之谓蚕理。——蚕

次苏醒，事业才得大功告成。这就是蚕理。这就是蚕赋。

【注释】

①㒩(luǒ)：鸟类没有羽毛的样子。②耆(qí)老：老年人，指蚕蛾。③五泰：五帝。④俯：蛰伏，指蚕眠。即蚕每次蜕皮前不食不动的现象。

【原文】

有物于此，生于山阜①，处于室堂。无知无巧，善治衣裳。不盗不窃，穿窬②而行。日夜合离，以成文章。以能合从，又善连衡。下覆百姓，上饰帝王。功业甚博，不见贤良。时用则存，不用则亡。臣愚不识，敢请之王。王曰：此夫始生钜，其成功小者邪？长其尾而锐其剽③者邪？头銛达④而尾赵缭⑤者邪？一往一来，结尾以为事。无羽无翼，反复甚极。尾生而事起，尾邅⑥而事已。簪以为父，管以为母。既以缝表，又以连里。夫是之谓针理。——针

【译文】

这里有一件东西，生在山冈，居住在内室厅堂。没有智慧也不灵巧，却善于缝制衣服。不偷盗也不行窃，却能穿洞而行。不分日夜地将分离的东西连在一起，使其能够有花纹式样。既能够按纵的纹路缝合，又能够按横的纹路连缀。下可以供百姓遮掩身体，上可以为君主制作装饰的东西。它的功劳非常大，却不显示自己的才能。用的时候就在身边，不用的时候就不见了。臣愚昧不认得此物，斗胆请教君主。君主说：它开始制作时很大而制成后很小的吧？是尾巴很长而它的头部很尖的吧？是头部尖锐而畅通无阻、尾巴摇曳而缠绕的吧？它穿过来穿过去，尾巴上打个结就开始做事。没有羽毛没有翅膀，来回反复十分迅疾。尾巴一长就开始工作，把线回旋打结后就大功告成了。簪子被看作是它的父亲，管子被看作它的母亲。既用它来缝合衣服的外层，又用它来连缀衣服的里层。这就是针的义理。这就是针赋。

【注释】

①山阜：亦作“山皀”。土山。泛指山岭。②穿窬(yú)：亦作“穿逾”。挖墙洞和爬墙头。窬，洞。③剽(piāo)：末梢，指针尖。④銛(xiān)达：尖利，锐利。⑤赵缭(liáo)：摇曳而缠绕的样子，形容线长。⑥邅(zhān)：转，回旋，这里指打结。

【原文】

天下不治，请陈佹诗①：天地易位，四时易乡。列星殒坠，旦暮

【译文】

天下不安定，请听我陈述奇异反常的诗：天地改变了位置，四时颠倒了次序。星辰坠落，

晦盲；幽暗登昭[②]，日月下藏。公正无私，见谓从横；志爱公利，重楼[③]疏堂；无私罪人，憼[④]革贰兵；道德纯备，谗口将将。仁人绌约[⑤]，敖暴擅强，天下幽险，恐失世英。螭龙[⑥]为蝘蜓，鸱枭[⑦]为凤皇。比干见刳，孔子拘匡。昭昭乎其知之明也，郁郁乎其遇时之不祥也。拂乎其欲礼义之大行也，暗乎天下之晦盲也。皓天不复，忧无疆也。千岁必反，古之常也。弟子勉学，天不忘也。圣人共手，时几将矣。与愚以疑，愿闻反辞。

从早到晚昏暗不明亮。阴险的小人登上了显赫的位置，光明如日月的君子却被埋没。公正无私却被说成是结私党；一心为了公众的利益却被说成是索要私人的高楼宽屋；不愿意因为私怨得罪人，却被说成要兴兵戒备。道德高尚完备的人却被谗言攻击。仁人志士受到废黜和制约，而傲慢残暴的人却横行天下。天下昏暗而凶险，一代英豪恐怕将要失去。蛟龙被当作壁虎，猫头鹰被看成凤凰。比干被剖腹挖心，孔子被困在陈匡。他们的智慧是多么明晰，他们的遭遇却是那么不祥！他们想要实行的礼仪是多么美好，世上的人又是多么的昏暗不明啊！晴朗明亮的天空一去不复返，只剩下忧思无边无垠长。经过千年之后必定会有反复，这是古代的常理。弟子们勤勉地学习，上天是不会忘记的。圣人拱手等待，时机不久就会到来。我愚昧而又疑惑，想听听先生不同的意见。

【注释】

①佹诗：辞意诡异、语调激切的诗。佹，同“诡”，奇异反常。②登昭：升上昭明的高位。③重楼：层楼。④憼(jǐng)：戒备，防备。⑤绌约：绌退穷困。绌，通“黜”。⑥螭(chī)龙：传说中无角的龙。⑦鸱枭(chī xiāo)：猫头鹰。相传猫头鹰食母，所以常用它来比喻凶残邪恶的人。

【原文】

其小歌[①]曰：念彼远方，何其塞[②]矣！仁人绌约，暴人衍矣。忠臣危殆，谗人服矣。琁[③]、玉、瑶、珠，不知佩也。杂布与锦，不知异也。闾娵[④]、子奢，莫之媒也。嫫母[⑤]、力父，是之喜也。以盲为明，以聋为聪，以危为安，以吉为凶。呜呼上天，曷维其同！

【译文】

小诗唱道：想那遥远的地方，是何等地闭塞啊！仁人志士被罢黜和制约，残暴的人却到处横行。忠臣遭到危难，而奸人却得到重用。美石、美玉、珠宝，竟然不知道去佩戴。把粗布和锦帛混放在一起，竟然不知道它们的区别。美如闾娵和子奢，却没有人为他们说媒。丑如嫫母、力父，却得到了人们的喜爱。把盲人作为眼睛明亮的人，把聋子当作听力好的人，把危险当作安全，把吉祥看作凶险。啊，上天啊，怎么能与这样的人苟同呢？

【注释】

①小歌：短歌。古代辞赋篇末总括全篇要旨的部分。②塞：阻塞，指仕途不畅，贤能不被任用。

③琁(xuán)：同"璇"，美玉。④闾娵(lǘ jū)：即闾姝，战国时魏惠王的美女。⑤嫫母：传说中的丑妇，传为黄帝之妻。

【评析】

"赋"的意思是铺叙朗诵，引申而为一种着意铺陈事物、不歌而诵的文体名称。它像诗一样全篇押韵，自古以来就被认为是古诗的一个流别。但它的句式更像散文，没有固定的格式，所以它实际上是一种用韵的散文，介乎于诗歌与散文之间。把赋作为一种文体的名称，就开始于荀子这篇《赋》，所以本篇在中国文学史上具有重要的地位。

赋作为一种文体，有其发展过程。荀子的《赋篇》，与后来的古赋、骈赋、律赋、文赋等相比，具有不同的特点。本篇中的五篇赋，分别描写了五件事物，即礼、知、云、蚕、箴。其中前一半是一种句式较为整练而接近于诗的谜语，后一半则是一种句式较为散文化而接近于《楚辞·卜居》的猜测之辞，末尾则点出谜底。至于本篇篇末的一首诗和一首歌，则与前五篇赋略为不同。它不运用猜谜的形式，而是以较为明晰的词语来铺叙揭露社会上的反常现象，使其更具有政治诗的韵味。

本篇虽然是采用"赋"的形式，运用借物寓意的手法，不仅批判了当时奸人当道，忠诚仁厚的人被废黜的不合理的社会现象，而且表达了对社会这种现象的不满，同时也表达了对社会安定统一的殷切期盼。

宥坐

【题解】

此篇篇名取自守庙者答孔子“此盖为宥坐之器”一语。文章所记，都是孔子及其弟子问答的事。问中通过孔子关于宗庙、器用、礼义的言论，反映了孔子在学习、修身、礼仪等方面的认识，也表达了孔子怀才不遇的失意情绪，其实这也是荀子对当时社会不满的一种委婉的表达。

【原文】

孔子观于鲁桓公之庙，有欹器[①]焉。孔子问于守庙者曰：“此为何器？”守庙者曰：“此盖为宥坐之器[②]。”孔子曰：“吾闻宥坐之器者，虚则欹，中则正，满则覆。”孔子顾谓弟子曰：“注水焉！”弟子挹水而注之，中而正，满而覆，虚而欹。孔子喟然而叹曰：“吁！恶有满而不覆者哉！”子路曰：“敢问持满有道乎？”孔子曰：“聪明圣知，守之以愚；功被天下，守之以让；勇力抚世，守之以怯；富有四海，守之以谦。此所谓挹而损之之道也。”

【译文】

孔子到鲁桓公的庙去参观，看到有一种倾斜而不容易放平的容器。孔子问守庙的人说：“这是什么器物？”守庙的人说：“这是君主放在自己座位的右边用来警戒、勉励自己的器物。”孔子说：“我听说君主放在自己座位的右边用来警戒、勉励自己的器物，空着的时候是倾斜的，装一半水的时候是端正的，装满了水就会翻倒。”孔子回头对弟子说：“向里面灌水。”弟子便舀水灌进去，一半的时候是端正的，装满了就翻倒了，空着的时候是倾斜的。孔子感慨地叹息说：“唉！哪里有满了还不翻倒的呢？”子路说：“请问有保持满的状态的方法吗？”孔子说：“聪明有智慧的，要用笨拙的样子来保持；功劳惠及天下的，要用谦让的态度来保持；勇力盖世的，要用胆怯的样子来保持；富到拥有四海，要用谦逊的态度来保持。这就是所谓的抑制并贬损满的方法。”

【注释】

①欹(yī)器：古代一种倾斜易覆的盛水器。水少则倾，中则正，满则覆。人君可置于座右以为戒。②宥坐之器：即欹器。古时国君置于座右，以为不要过或不及之劝诫。

【原文】

孔子为鲁摄[①]相，朝七日而诛少正卯。门人进问曰："夫少正卯，鲁之闻人也，夫子为政而始诛之，得无失乎？"孔子曰："居！吾语女其故。人有恶者五，而盗窃不与焉：一曰心达而险；二曰行辟而坚；三曰言伪而辩；四曰记丑而博；五曰顺非而泽。此五者，有一于人，则不得免于君子之诛，而少正卯兼有之。故居处足以聚徒成群，言谈足以饰邪营众，强足以反是独立，此小人之桀雄[②]也，不可不诛也。是以汤诛尹谐，文王诛潘止，周公诛管叔，太公诛华仕，管仲诛付里乙，子产诛邓析、史付，此七子者，皆异世同心，不可不诛也。《诗》曰：'忧心悄悄，愠于群小。'小人成群，斯足忧也。"

【译文】

孔子做鲁国的代理宰相，上朝主政七天就诛杀了少正卯。他的弟子前来问道："那少正卯，是鲁国的名人，您刚刚主政就先杀了他，难道不是失误吗？"孔子说："坐下！我来告诉你原因。人有五种恶行，而偷盗不算在内：一是内心通达而行为邪恶；二是行为怪僻而且坚定不移；三是说话虚伪而强词夺理；四是记诵丑恶的事情而又非常广博；五是顺从、赞同错误的东西还竭力粉饰。这五种恶行，只要有其中的一种存在于人身上，就不能逃脱君子的诛杀，而少正卯却同时具有这五种恶行。所以他居住的地方足以聚合门徒成群，他的言论足以掩饰邪恶而蛊惑民众，他的意志刚强足以将正确的东西说成是错误的而又独树一帜，这是小人中的奸雄，不能不诛杀。所以商汤诛杀了尹谐，文王诛杀了潘止，周公诛杀了管叔，姜太公诛杀了华仕，管仲诛杀了付里乙，子产诛杀了邓析、史付。这七个人，虽然处在不同的时代却有相同的品行，不能不诛杀。《诗经》上说：'忧心忡忡啊，是小人们在愤怒。'小人结群成党，就足以令人担忧。"

【注释】

①摄相：代理宰相。摄，扶助，帮助，代理。②桀雄：指枭雄。

【原文】

孔子为鲁司寇，有父子讼者，孔子拘之，三月不别，其父请止，孔子舍之。季孙闻之，不说，曰："是老也欺予，语予曰：为国家必以孝。今杀一人以戮不孝，又舍之。"冉子以告。孔子慨然叹曰："呜呼！上失之，下杀之，其可乎？不教其

【译文】

孔子做鲁国的司寇，有父亲和儿子打官司的，孔子拘留了儿子，三个月还没有判决，他的父亲就请求停止官司，孔子就将他的儿子释放了。季孙听说了，很不高兴地说："这个老头子欺骗我，他曾告诉我说：治理国家一定要遵从孝道。现在只要杀一个不孝的人，就可以警告天下所有不孝的人，却又把他释放了。"冉子把他的

民，而听其狱，杀不辜也。三军大败，不可斩也；狱犴不治[1]，不可刑也，罪不在民故也。嫚[2]令谨诛，贼也；今生也有时，敛也无时，暴也；不教而责成功，虐也。已此三者，然后刑可即也。《书》曰：'义刑义杀，勿庸以即，予维曰未有顺事。'言先教也。"

话告诉了孔子。孔子感慨地叹息说："唉！君主有了过失，百姓就将他杀了，这样做可以吗？不教育自己的百姓，却只是判决他们，这是在杀无辜的人。三军打了败仗，不能全部斩杀；法令不当，就不能施加刑罚，这是因为罪责不在老百姓的身上。法令废弛而又严加惩处，这是残害百姓；人的一生是有限度的，而征收税赋却没有限度，这是残暴的行为；不进行教育却要求成功，这是虐待百姓。禁止了这三种行为，然后刑罚才能施加到百姓的身上。《尚书》上说：'即使是应当判处的刑法和诛杀，也不要立即就执行，就是说恐怕还没有慎重地将事情处理好。'说的就是要先对百姓进行教育。"

【注释】

①狱犴(àn)不治：法令不当的意思。犴，乡间牢狱。②嫚：同"慢"，怠慢，懈怠。

【原文】

故先王既陈之以道，上先服之，若不可，尚贤以綦之；若不可，废不能以单[1]之，綦三年而百姓往矣。邪民不从，然后俟之以刑，则民知罪矣。《诗》曰："尹氏大师，维周之氐，秉国之均，四方是维，天子是庳，卑民不迷。"是以威厉而不试，刑错[2]而不用，此之谓也。

【译文】

所以，古代的圣王已经颁布的治国之道，自己就先遵行它。如果百姓没有顺从教化，就推崇贤能的人来教导百姓；如果仍然没有顺从教化，就惩罚那些不愿顺从教化的人以示警戒。最多不过三年，百姓就会顺从教化了。如果还有奸邪的人不顺从，再用刑法来惩治他们，这样百姓就知道他们的罪过了。《诗经》上说："太师伊尹，是周朝的根基，掌握了国家的政权，四方靠他来维系，天子靠他辅佐，要使百姓不迷失方向。"所以威严虽有但不用，刑具放置而不用，说的就是这个道理。

【注释】

①单：通"惮"。畏惧，害怕。②刑错：亦作"刑措"。亦作"刑厝"。置刑法而不用。

【原文】

今之世则不然。乱其教，繁其刑，其民迷惑而堕

【译文】

现在的社会却不是这样：教化混乱，刑罚繁多，人民迷惑而堕落，于是就用刑罚来进行制裁，因此刑罚

焉，则从而制之，是以刑弥繁而邪不胜。三尺之岸而虚车不能登也，百仞之山任负车登焉，何则？陵迟[1]故也。数仞之墙而民不逾也，百仞之山而竖子[2]冯[3]而游焉，陵迟故也。今之世陵迟已久矣，而能使民勿逾乎！《诗》曰："周道如砥，其直如矢。君子所履，小人所视。眷焉顾之，潸焉出涕。"岂不哀哉！

虽然越来越繁多但邪恶越难被禁止。三尺高的陡坡空车也不能上去，百丈高的山峰重载的车子却可以上去，这是为什么呢？这是因为高山是逐渐从低到高的。几丈高的墙百姓不能越过，百丈高的山峰小孩却可以登上去游玩，这也是因为高山是逐渐从低到高的。现在世上的法度废弛、刑罚繁多的状况由来已久了，能使老百姓不犯法越轨吗？《诗经》上说："大道平坦得像磨刀石，笔直得像箭，这是君子所走过的，也是平民所见过的。眷恋回顾那走过的大道，不觉潸然泪下。"难道不可悲吗？

【注释】

①陵迟：指山丘的缓延斜坡。②竖子：指小孩。③冯：同通"凭"，登。

【原文】

《诗》曰："瞻彼日月，悠悠我思。道之云远，曷云能来。"子曰："伊稽首[1]不？其有来乎？"

【译文】

《诗经》上说："遥望太阳和月亮，思念悠悠天地长。路途漫漫多遥远，何时才能返故乡。"孔子说："如果是人们急切盼望的，即使道路遥远，能不来吗？"

【注释】

①稽首：古时一种跪拜礼，叩头至地，是九拜中最恭敬者。

【原文】

孔子观于东流之水，子贡问于孔子曰："君子之所以见大水必观焉者，是何？"孔子曰："夫水大遍与诸生而无为也，似德。其流也埤[1]下，裾拘[2]必循其理，似义。其洸洸乎不淈尽[3]，似道。若有决行之，其应佚若声响，其赴百仞

【译文】

孔子观看向东流去的水，子贡问孔子说："君子看见浩大的水流必定要观看，这是为什么？"孔子说："水，普遍地施舍给各种生物而没有什么目的，就像德；它向低处流去，迂回曲折而遵循水的流势，就像义；水势浩大深广没有尽头，就像道；水冲决堤岸而湍急奔泻，像回声应和原来的声音一样，奔赴万丈深渊而无所畏惧，就好像勇；水经过坑坎都会灌注均平，就像法；水盛满了，不必用概来刮平，它自然

之谷不惧，似勇。主量必平，似法。盈不求概，似正。淖约微达，似察。以出以入，以就鲜絜[4]，似善化。其万折也必东，似志。是故君子见大水必观焉。”

平，就像正；水纤弱细小而无所不至，就像察；万物从水中进出以后，就会变得新鲜洁净，就像善化；水经过千回万转还是向东流去，就像意志。所以，君子看见浩大的水一定要观看。”

【注释】

①埤：通“卑”，低下，这里指水向低处流。②裾拘(jū jū)：方曲，曲折。形容物体弯曲的形状角度。裾，同“据”，依据。③淈(gǔ)尽：竭尽。淈，通“屈”。④鲜絜：洁净无瑕疵。

【原文】

孔子曰：“吾有耻也，吾有鄙也，吾有殆也。幼不能强学，老无以教之，吾耻之；去其故乡，事君而达，卒遇故人，曾无旧言，吾鄙之；与小人处者，吾殆之也。”

【译文】

孔子说：“我有感到耻辱的事，我有被鄙视的事，我有感到危险的事。幼年时不能勤奋地学习，老了时没有什么东西可以教给别人，对此我感到耻辱；离开故乡，侍奉君主而显达，突然遇到老朋友，连句念旧的话都没有，对此我感到被鄙视；和小人相处，对此我感到危险。”

【原文】

孔子曰：“如垤[1]而进，吾与之；如丘而止，吾已矣。”今学曾未如肬赘[2]，则具然欲为人师。

【译文】

孔子说：“学习就像堆小土堆一样，只要不断地向前进取，我就赞许他；学习如果像小山丘一样大，但只要停止了，我也不赞许他。”现在有的人刚学了很少而且无用的东西，却自满自足地想做别人的老师。

【注释】

①垤(dié)：蚂蚁做窝时堆在洞口的土。②肬赘(yóu zhuì)：肉瘤。比喻多余无用之物。

【原文】

孔子南适[1]楚，厄[2]于陈、蔡之间，七日不火食，藜羹[3]不糂[4]，弟子皆有饥色。子路进而问之曰：“由闻之：为善者天报

【译文】

孔子往南到楚国去，被困在陈国和蔡国之间，七天没有吃到熟食，野菜粥里没有米粒，弟子们都面带饥色。子路上前问孔子说：“我听说：行善的人上天就赐福给他，作恶的人上天就降祸给他。现在

之以福，为不善者天报之以祸。今夫子累德、积义、怀美，行之日久矣，奚居之隐也？”孔子曰：“由不识，吾语女。女以知者为必用邪？王子比干不见剖心乎！女以忠者为必用邪？关龙逢不见刑乎！女以谏者为必用邪？伍子胥不磔姑苏东门外乎！夫遇不遇者，时也；贤不肖者，材也。君子博学深谋不遇时者多矣。由是观之，不遇世者众矣，何独丘也哉！且夫芷兰生于深林，非以无人而不芳。君子之学，非为通也，为穷而不困，忧而意不衰也，知祸福终始而心不惑也。夫贤不肖者，材也；为不为者，人也；遇不遇者，时也；死生者，命也。今有其人不遇其时，虽贤，其能行乎？苟遇其时，何难之有？故君子博学深谋，修身端行，以俟其时。”孔子曰：“由！居！吾语女。昔晋公子重耳霸心生于曹，越王勾践霸心生于会稽，齐桓公小白霸心生于莒。故居不隐者思不远，身不佚者志不广。女庸安知吾不得之桑落之下！”

先生您积累功德、坚持奉行道义、身怀各种美德，而且这样做已经很久了，为什么处境还这么窘迫呢？”孔子说：“仲由你不知道，我来告诉你。你认为有才智的人必定会受到重用吗？王子比干不是被挖心了吗？你认为忠诚的人必定会受到重用吗？关龙逢不是被杀了吗？你认为劝谏的人必定会受到重用吗？伍子胥不是在姑苏城的东门之外被分尸了吗？能否生逢其时而被君主任用，这要靠时机；贤能和不贤能，这要靠资质。君子博学多识而又深谋远虑，却没有生逢其时而得到君主任用的人很多。由此可见，没有受到任用的人太多了，何止我孔丘一个人啊！况且，芷和兰这样的香草即使生长在深山老林里，也不会因为没有人观赏就不散发芳香了。君子学习，不是为了显达，是为了即使处境窘迫而不困窘，遭遇忧患而意志不衰退，懂得祸福生死的道理而心里不迷惑。贤能和不贤能，靠的是资质；做与不做，靠的是人；能否生逢其时而被君主任用，靠的是时机；生和死，就要靠命了。现在有人生不逢时，即使贤能，能有所作为吗？如果遇到了好时机，又有什么困难呢？所以君子要博学多识、深谋远虑，修养身心，端正自己的品行，以此来等待时机。”孔子说：“仲由！坐下！我来告诉你。从前，晋国的公子重耳称霸的野心产生在被困时的曹国，越王勾践称霸的野心产生在战败时的会稽山，齐桓公小白称霸的野心产生在受到无礼待遇的莒国。所以处境不困难的人不会思考长远，没有亲身经历逃亡奔波的人志向就不广大。您怎么知道我现在处在这种窘迫的境况中而以后就不能得志呢？”

【注释】

①适：到，去。②厄：穷困，困难。③藜羹(lí gēng)：用藜菜作的羹。泛指粗劣的食物。④不糂(shēn)：同“不糁”。

【原文】

子贡观于鲁庙之北堂，出而问于孔子曰："乡者，赐观于太庙之北堂，吾亦未辍，还复瞻被九盖皆继，被有说邪？匠过绝邪？"孔子曰："太庙之堂亦尝有说。官致良工，因丽节文，非无良材也，盖曰贵文也。"

【译文】

子贡参观鲁国太庙的北堂，出来后问孔子说："刚才我参观太庙的北堂，没有停止脚步，回头看到那九扇大门，都是由一块块木头拼起来的，这里面有什么讲究吗？还是因为工匠的过失而把木料弄断的呢？"孔子说："太庙的北堂当然是有讲究的。监造的官员把技术高超的工匠都请来，根据木材的纹理来加以修饰美化，这不是因为没有好的木材，大概是因为看重文采的原因吧。"

【评析】

本篇记载的孔子言行事迹，令荀子及其学生颇为向往，故其记述则热情洋溢，评论则观点鲜明。主要涉及孔子法治观念、命运观念和修身观念三个方面的问题。

孔子法治观念的评述。荀子及其学生认为，孔子摄鲁国相位七日就杀了少正卯，符合礼法。所举罪名有五：一曰心达而险；二曰行辟而坚；三曰言伪而辩；四曰记丑而博；五曰顺非而泽。这些罪名，实则属于思想罪和言论罪，现代人不认为这是触犯刑律，判为死罪更是离谱，但代理相位的孔子则因其冒犯礼法而将少正卯处死。鼓吹邪说，以非为是，聚众养徒，蛊惑人心，必将妨碍统一的思想。正如荀子在《王制篇》中所说："才行反时者，死无赦。"少正卯是异端邪说的宣传者，危害社会，不利于儒家学说统一社会，这是荀子及其学生认为理所当然应该诛杀少正卯的原因。

孔子命运观念的论述。荀子对孔子困厄陈、蔡一事的记叙和其他的典籍一样，旨在表现孔子敬畏天命的思想。孔子不讲上天降灾于人的因果报应，也不讲原罪忏悔、地狱责罚之类的恐吓，但一定带着宗教的敬畏感，述说着人生命运的不易捉摸和难以把握。孔子认为，材、为两个要素具备了，如果缺少时、命，仍不足以成就成功的人生命运，因为时、命才是成功的关键。

通过对孔子命运观念的论述，荀子委婉地表达了对当时社会的不满。

修身观念的论述。孔子在宗庙中看到了一个“虚则欹，中则正，满则覆”的欹器，并以此为喻，引申出君主帝王的“持满有道”。孔子持满的方法是“聪明圣知，守之以愚；功被天下，守之以让；勇力抚世，守之以怯；富有四海，守之以谦”，如此就可以促成国家兴盛、天下大治。此篇中，荀子对于孔子欹器之论的评述，是说给君主听的，希望对君主帝王具有劝诫作用。

哀 公

【题解】

此篇选取第一句中的两个字作为篇名，旨在通过辑录鲁哀公和孔子的对话，借以表达荀子善于识别人才和为政治国的思想。

【原文】

鲁哀公问于孔子曰："吾欲论吾国之士与之治国，敢问何如取之邪？"孔子对曰："生今之世，志古之道；居今之俗，服古之服。舍此而为非者，不亦鲜乎？"哀公曰："然则夫章甫①、絇屦②、绅带而搢笏③者此贤乎？"孔子对曰："不必然。夫端衣、玄裳、絻而乘路者，志不在于食荤；斩衰④、菅屦、杖而啜粥者，志不在于酒肉。生今之世，志古之道，居今之俗，服古之服。舍此而为非者，虽有，不亦鲜乎！"哀公曰："善！"

【译文】

鲁哀公问孔子说："我想选取我国有才能的人和他们一起治理国家，请问应该怎么选取呢?"孔子回答说："生在现在的社会，有志于遵从古代的道理；处在现在的习俗之中，穿着古代的衣服。能够处在这种情况中而去为非作歹的人，不是很少吗？"哀公说："既然这样，戴着商代的礼帽，穿着有絇饰的鞋子，系着腰带，把笏插在腰间，这就是贤能的人吗？"孔子回答说："不一定。穿着端衣、玄裳，戴着礼帽，乘坐大车的人，心里不会想着吃荤；穿着麻衣丧服、草鞋，拄着竹杖吃粥的人，心思不在于酒肉。生活在现代社会，立志于古代的道义，生活在现在的习俗之中，穿着古代的衣服。还要为非作歹的人，即使有，不也是很少吗？"哀公说："对。"

【注释】

①章甫：商代的一种礼帽。②絇屦(qú jù)：有絇饰的鞋。③搢笏(jìn hù)：亦作"搢忽"。古代君臣朝见时均执笏，用以记事备忘，不用时插于腰带上。④斩衰：亦作"斩缞"。旧时五种丧服中最重的一种。用粗麻布制成，左右和下边不缝。服制三年。子及未嫁女为父母，媳为公婆，承重孙为祖父母，妻妾为夫，均服斩衰。先秦诸侯为天子、臣为君亦服斩衰。

【原文】

孔子曰："人有五仪：有庸人，有士，有君子，有贤人，有大圣。"哀公曰："敢问何如斯可谓庸人矣？"孔子对曰："所谓庸人者，口不道善言，心不知邑邑[1]；不知选贤人善士托其身焉以为己忧，勤行不知所务，止交不知所定，日选择于物，不知所贵，从物如流，不知所归，五凿[2]为正，心从而坏。如此则可谓庸人矣。"哀公曰："善！敢问何如斯可谓士矣？"孔子对曰："所谓士者，虽不能尽道术，必有率也；虽不能遍美善，必有处也。是故知不务多，务审其所知；言不务多，务审其所谓；行不务多，务审其所由。故知既已知之矣，言既已谓之矣，行既已由之矣，则若性命肌肤之不可易也。故富贵不足以益也，卑贱不足以损也，如此，则可谓士矣。"哀公曰："善！敢问何如斯可谓之君子矣？"孔子对曰："所谓君子者，言忠信而心不德[3]，仁义在身而色不伐[4]，思虑明通而辞不争，故犹然如将可及者，君子也。"哀公曰："善！敢问何如斯可谓贤人矣？"孔子对曰："所谓贤人者，行中规绳而不伤于本，言足法于天下而不伤于身，富有天

【译文】

孔子说："人有五个等级：庸人，士人，君子，贤人，圣人。"哀公说："请问什么样的人可以叫做庸人？"孔子说："所谓庸人，就是嘴里不说好听的话，心里不知道什么叫做忧愁，不知道选择贤能的人作为依靠，来替自己分忧，行动的时候不知道该干什么，静止时不知道以什么为定准，整天在各种事物中东挑西拣，不知道什么东西最贵重，完全跟随外物随波逐流，不知道归宿在哪里，五官本应当端正不邪，却因心的放纵而败坏。这样的人就可以称为庸人。"哀公说："对！请问什么样的人可以称得上士人？"孔子回答说："所谓士人，虽然不能完全精通治国的原则和方法，但一定有所遵从。即使不能尽善尽美，必定有一定的方法。所以知识不必求多，但一定要弄清知道些什么；话语不必求多，但一定要弄清该说些什么；行动不必求多，但一定要弄清该做些什么。所以知识该知道的都已经知道了，该说的话已经说过了，该做的事情已经做过了，那么就要像保护自己的性命肌肤一样，不可以轻易改变。所以富贵不能使他增加什么，卑贱不能使他减少什么，这样的人就可以称为士人。"哀公说："对！请问什么样的人可以称得上君子呢？"孔子说："所谓君子，就是说话忠实诚信而内心不自以为有德行，具有仁义的品质却不自夸，思想通达，而言语间却不与人争辩，所以他态度从容，似乎人人都可以和他接近似的，这就是君子。"哀公说："对！请问什么样的人可以称得上贤人呢？"孔子说："所谓贤人，就是行为符合礼义而不伤害自己的本性，说话值得天下人效法而不伤害自己，富裕得拥有整个天下而不积蓄钱财，把财产施舍给天下人，却不担心自己贫困，这样的人就可以称为贤人。"哀公说："对！请问什么样的人可以称得上圣人呢？"孔子说："所谓圣人，就是他的智

下而无怨财，布施天下而不病[5]贫，如此，则可谓贤人矣。"哀公曰："善！敢问何如斯可谓大圣矣？"孔子对曰："所谓大圣者，知通乎大道，应变而不穷，辨乎万物之情性者也。大道者，所以变化遂成万物也；情性者，所以理然不取舍也。是故其事大辨乎天地，明察乎日月，总要万物于风雨，缪缪肫肫[6]，其事不可循，若天之嗣，其事不可识，百姓浅然不识其邻，若此，则可谓大圣矣。"哀公曰："善！"

慧通晓大道，随时应对事物的变化而不会束手无策，并能区别万物的不同性质。所谓大道，就是一切事物的变化、形成的根本道理；所谓性质，就是判断是非、取舍的根本依据。所以他做的事情像天地那样广大，对事物的了解像日月那样清晰，总括万物的规律就像统率风雨滋润大地一样。他的态度端庄严谨，他做的事没有规律可循，就像上天主宰万物一样。他做的事无从识别，百姓浅薄，连他就在自己身边都不知道。这样的人就可以称为圣人。"哀公说："对！"

【注释】

①邑邑：愁闷不安的样子。②五凿：指五情。指喜、怒、哀、乐、怨。③不德：不自以为有德。④不伐：不自夸。⑤病：提心，害怕。⑥缪缪肫肫(chún chún)：同"穆穆纯纯"，严肃、和睦的样子。

【原文】

鲁哀公问舜冠于孔子，孔子不对。三问，不对。哀公曰："寡人问舜冠于子，何以不言也？"孔子对曰："古之王者有务[1]而拘领者矣，其政好生而恶杀焉。是以凤在列树，麟在郊野，乌鹊之巢可俯而窥也。君不此问而问舜冠，所以不对也。"

【译文】

鲁哀公向孔子问舜戴的什么帽子，孔子不回答。问了三次，都没有回答。哀公说："我问你舜戴什么帽子的事，你为什么不回答？"孔子说："古代的君主头上戴着头盔，穿圆领衣，但他们喜欢施行仁政而厌恶杀戮。所以凤凰栖息在树林，麒麟生活在郊野，乌鸦和喜鹊的巢穴低头可以看见。您不问这些，却问舜戴的什么帽子，所以我不回答。"

【原文】

鲁哀公问于孔子曰："寡人生于深宫之中，长于妇人之手，寡人未尝知哀也，未尝知忧也，未尝知劳也，未尝知惧也，未尝知危也。"

【译文】

鲁哀公问孔子说："我出生在深宫之中，成长在妇女的手中，我从来不知道什么是悲哀，不知道什么是忧愁，不知道什么是劳苦，不知道什么是惧怕，不知道什么是危险。"孔

孔子曰:"君之所问,圣君之问也。丘,小人也,何足以知之?"曰:"非吾子无所闻之也。"孔子曰:"君入庙门而右,登自胙阶①,仰视榱栋②,俯见几筵,其器存,其人亡,君以此思哀,则哀将焉而不至矣!君昧爽③而栉冠,平明而听朝,一物不应,乱之端也,君以此思忧,则忧将焉而不至矣!君平明而听朝,日昃④而退,诸侯之子孙必有在君之末庭⑤者,君以此思劳,则劳将焉而不至矣!君出鲁之四门以望鲁四郊,亡国之虚则必有数盖焉,君以此思惧,则惧将焉而不至矣!且丘闻之,君者,舟也;庶人者,水也。水则载舟,水则覆舟,君以此思危,则危将焉而不至矣!"

子说:"君主您所问的,是圣君所要问的。我孔丘,只是一个卑微的人,怎么能够知道呢?"哀公说:"除了你,没有人能知道了。"孔子说:"君主您进入太庙向右门走,登上大堂前东边的台阶,抬头看见屋顶,低头看见摆供品的小桌子,这些物品仍然存在,使用它的人却去世了,君主您从这里想悲哀,悲哀之情怎么会不产生呢?君主您黎明起床梳洗戴帽,天亮的时候就上朝处理政事,只要一件事处理不当,就会引起祸乱,君主您从这里想忧愁,那么忧愁之情怎么会不产生呢?君主您天亮上朝处理政事,傍晚时退朝,别国诸侯的子孙一定有在您的朝廷中担任最低职务的,君主您从这里想劳苦,那么劳苦之情怎么会不产生呢?君主您走出鲁国四边的城门,瞭望鲁国的四郊,那些已灭亡国家的废墟一定有很多堆,君主您从这里想惧怕,惧怕之情怎么会不产生呢?况且孔丘听说,君主,好比是船;平民,好比是水。水能载船,水也能使船倾覆,君主您从这里想危险,危险之情怎么会不产生呢?"

【注释】

①胙阶(zuò):大堂前东边的台阶。古代天子、诸侯、大夫、士宾主相见,以东阶为主人迎宾登堂之地。胙,通"阼"。②榱栋(cuī dòng):指屋椽及栋梁。③昧爽:拂晓,黎明。④日昃:太阳偏西,约下午二时左右。⑤末庭:亦作"末廷"。谓朝堂下首的末位。

【原文】

鲁哀公问于孔子曰:"绅、委、章甫,有益于仁乎?"孔子蹴然曰:"君号然①也?资衰、苴杖者不听乐,非耳不能闻也,服使然也。黼衣黻裳者不茹荤②,非口不能味也,服使然也。且丘闻之,好

【译文】

鲁哀公问孔子说:"系着腰带,穿着礼服,戴着帽子,这对于仁有什么益处吗?"孔子恭敬地说:"您怎么能这么问呢?身穿麻布孝服,手拿竹杖的人不听音乐,并不是他们的耳朵听不见,而是丧服在他们身上才使他们必须这样。穿着祭祀衣服的人不吃荤,并不是他们的嘴巴不能品尝美味,而是祭服在他们身上才使他们

肆不守折，长者不为市，窃其有益与其无益，君其知之矣。"

必须这样。况且我孔丘听说，会做生意的人不会使自己亏本，有德行的人不会去做生意，考察这两者哪个有益哪个无益，您就明白了。"

【注释】

①号然：犹胡然。意谓何以如此。②茹荤：本指吃葱韭等辛辣的蔬菜。后指吃鱼肉等。

【原文】

鲁哀公问于孔子曰："请问取人？"孔子对曰："无取健，无取詌，无取口啍①。健，贪也；詌，乱也；口啍，诞也。故弓调而后求劲焉，马服而后求良焉，士信悫而后求知能焉。士不信悫而有多知能，譬之其豺狼也，不可以身尒②也。语曰：桓公用其贼，文公用其盗。故明主任计不信怒，暗主信怒不任计。计胜怒则强，怒胜计则亡。"

【译文】

鲁哀公问孔子说："请问怎样选取人才？"孔子回答说："不要选取急于进取的人，不要选取以势压人的人，不要选取能说会道的人。急于进取的人，比较贪婪；以势压人的人，会犯上作乱；能说会道的人，难免浮夸荒诞。所以弓先调试后才能强劲有力；马经过驯服后才能日行千里；士人必须诚信忠厚才能要求有智慧和才能。士人如果不诚信忠厚而有才能，就好像豺狼一样，不可以与他接近。俗话说：'齐桓公任用仇人管仲，晋文公任用盗寇勃鞮。'所以贤明的君主注重计谋而不注重威怒，昏暗的君主注重威怒而不注重计谋。计谋战胜了威怒就会使国家富强，威怒胜过了计谋就会使国家灭亡。"

【注释】

①口啍(tūn)：指心口不一的人。②尒：同"迩"，近。

【原文】

定公问于颜渊曰："东野子①之善驭乎？"颜渊对曰："善则善矣。虽然，其马将失。"定公不悦，入谓左右曰："君子固谗人乎！"三日而校来谒，曰："东野毕之马失。两骖②列，两服入厩。"定公越席而起曰："趋驾召颜渊！"颜渊至，定公曰："前日寡人问吾子，吾子

【译文】

鲁定公问颜渊说："东野毕善于驾车吗？"颜渊回答说："善于倒是善于。可是他的马快要跑掉了。"鲁定公听后很不高兴，回到宫中对左右的人说："君子原来也是会诽谤别人的啊！"三天后，养马的官员前来拜见鲁定公说："东野毕的马跑了。车两旁的套马挣断缰绳跑了，中间驾辕的两匹马回到了马棚。"鲁定公从席子上站起来说："赶快驾车召颜渊来！"颜渊来到后，鲁定公说："前天我问您，您说：'东野毕驾车，善于倒是善于，但他的马快要跑掉了。'不知道您是怎么知道的？"颜渊回答

曰：'东野毕之驭，善则善矣。虽然，其马将失。'不识吾子何以知之？"颜渊对曰："臣以政知之。昔舜巧于使民，而造父巧于使马；舜不穷其民，造父不穷其马；是以舜无失民，造父无失马也。今东野毕之驭，上车执辔，衔体正矣；步骤驰骋，朝礼毕矣；历险致远，马力尽矣。然犹求马不已，是以知之也。"定公曰："善！可得少进乎？"颜渊对曰："臣闻之，鸟穷则啄，兽穷则攫，人穷则诈。自古及今，未有穷其下而能无危者也。"

说："我是根据为政治国的道理知道的。从前舜善于役使百姓，而造父善于驾马；舜不会使他的百姓窘迫，造父不会使他的马疲于奔命；所以舜没有失去他的百姓，造父没有失去他的马。现在东野毕驾车，一上车就手抓缰绳，马嚼子和马辔都安排得合乎规矩；他驱赶着马或快或慢一路奔驰，极尽驯马的礼仪；经历了各种险阻终于到达了远方的目的地，这时马的力气也用尽了。但是他还要求马不停地奔跑，所以我知道他的马一定会跑。"鲁定公说："对！你能不能进一步地说说？"颜渊说："我听说，鸟儿在走投无路时就会乱啄；兽在走投无路时就会乱抓；人在走投无路时就会欺诈。从古至今，还没有人使百姓穷困而能不遭受危险的。"

【注释】

①东野子：当为"东野毕"，鲁定公时善于驯马驾车的人。②两骖：古代四匹马拉车，在外侧的两匹马称"两骖"。

【评析】

《荀子》全书，都是在论述选取人才的原则和方法，但《哀公篇》当属在这方面说得较为具体和详细的一篇。此篇在鲁哀公询问孔子选取人才的方法时，荀子借孔子论"五仪"，从培养人才的视角，阐述了儒家为政治国，应该修身立为、崇礼重法、循道行术、秉仁用智、守志不渝等思想和主张。这是我国古代最早全面论述人才道德标准和智能结构的篇章。

营 销 拍 案

——公司篇

营销拍案

公司篇

MARKETING BIBLE
CORPORATE STRATEGY

华中科技大学出版社
中国·武汉

序

借鉴，是一种智慧

我们都熟知美国西南航空公司的发展历程。这个以 56 万美元起家的航空公司，自 1968 年成立之日起就确立了低价格的营销策略，并在实际运营中将其发挥到了极致。依靠成本领先策略，西南航空公司逐步确立了在短途航班领域的优势地位。西南航空公司进入加利福尼亚州后，几家大型航空公司不约而同地退出了洛杉矶至旧金山航线，因为它们无法与西南航空公司 59 美元的单程票价格展开竞争。在西南航空公司到来之前，这条航线的票价高达 186 美元。1991 年，当发现已经找不到竞争对手时，西南航空公司的 CEO 克莱尔说："我们已经不再与航空公司竞争，而要与行驶在公路上的福特车、克莱斯勒车、丰田车、尼桑车展开价格战，我们要把高速公路上的客流搬到天上去。"

这个案例曾教育和影响了一批又一批的商学院 MBA 和企业的管理者们，为什么 20 世纪 70 年代的案例能够有如此长的生命力、不因时间的流逝而淡化？根本的原因在于它带给我们的启迪是不受时间限制的，它所阐述的是一个公司对营销本质朴素而又深刻的理解，以及如何把简单有效的市场策略同公司定位有机结合起来。律师出身的克莱尔对营销本质的深度理解成就了西南航空公司的辉煌，低价、短途、便捷的市场定位是西南航空公司取胜的前提，围绕这一定位展开的营销策略则是取胜的关键。

管理大师德鲁克有句耳熟能详的名言：“企业有且只有两项职能，营销和创新。”作为企业的经营人员，他们所面临的一个不曾改变的命题就是如何使企业的营销策略更具有效性和时效性。西南航空公司的例子正是以简单有效的营销策略制胜的典范。

他山之石，可以攻玉。我们习惯于在自身的迷宫中寻找突破的方向，却往往被过多的现实束缚我们的手脚；我们习惯于憧憬美好的未来，却往往被过去的成功路径影响我们的现实选择。认识自身通常从认识他人开始，而对历史的回望可以使我们更清晰地认识现实。通过案例，我们看到本企业的影子，通过案例，我们可以摆脱“只在此山中，云深不知处”的迷茫。

这也正是我们出版《营销拍案》一书的初衷。从近两年出版的《销售与市场》杂志中，我们遴选了一批有代表性的案例，既有以病毒营销迅速在网上实现传播的“更懂中文”的百度，也有曾经依靠卓越的价值链管理成为世界第一 PC 厂商而目前面临困境的戴尔；既有依靠价格策略颠覆了行业规则的格兰仕，也有麦当劳、肯德基跨国公司的中国比拼。不管是成功，还是失败，它们曾经的经历、它们的营销策略、它们的决策模式、它们的成长路径都会给我们带来借鉴和启示。

借鉴，也是一种智慧，愿我们的企业能善用这种智慧。

销售与市场杂志社社长、总编

李颖生

目　录

第一章

巨头来袭

他们在做什么？他们为什么这么做？

——他人的位置，你的坐标。

提起Apple，你会想到技术的狂热者；想到佳能，你会联想到摄影家的“大炮”；看到7-11，你知道24小时不打烊；那么，提到戴尔，你会脱口而出“直销”二字。

也许真应了“成也萧何，败也萧何”的古语，曾经被华尔街顶礼膜拜的直销模式如今遭到了越来越多的质疑甚至否定。而事实上，任何一种模式的边际效应[①]都是递减的，也许直销本身没有错，反躬自省可能是戴尔此刻最应该做的事情。

① 边际效应，有时也称为边际贡献，是指消费者在逐次增加一个单位消费品的时候，带来的单位效用是逐渐递减的(虽然带来的总效用仍然是增加的)。

戴尔：中国十年

2006年，戴尔赖以成功发家并得以进入全球市场的直销模式受到了IT界和华尔街金融界的质疑。戴尔在2006年整体表现乏善可陈，不但在第三季度业绩被最强大的竞争对手惠普以16.3%比16.1%的全球市场份额超越，丢掉了个人计算机市场第一的“宝座”，而且销售增长率落后于市场平均水平，尤其是在新兴国家市场的失利导致其整体份额的下降。同时，多个重要市场的高层管理者的决然离职也使得戴尔手忙脚乱，先后有原副总裁威廉·J·阿梅里奥、原中国区总裁符标榜、原中国区总裁麦大伟、原日本家用及商用销售业务总监Sotaro Amano等先后加入了竞争对手的阵营，尤其是在亚太区，从营销到客服的高管层向联想整体迁移。

这一切表明戴尔直销模式的边际效益已经开始下降，连原本曾对戴尔直销模式顶礼膜拜的华尔街金融分析师们也不得不叹息，戴尔的直销在客户服务和低成本方面的优势已经荡然无存。更有行业分析师认为，戴尔在2007年仍将面临低速增长的困境，而其收益率下降是必然的结果。

虽然任何一种销售模式都会存在极限和边际，可是为何戴尔直销模式从1998年正式落户中国到现在，短短10年时间就触到了“瓶颈”？

初露锋芒

1984年，年仅19岁的迈克·戴尔创立了戴尔电脑公司。时至2004年，他已经在戴尔公司担任了20年的首席执行官，也是电脑行业内任期最长的首席执行官。迈克·戴尔奉行一种简单的商业模型，这种商业模式以关注交易效率为核心，具体元素包括：按照客户订单生产、与供应商结成伙伴关系、准时的部件存货管理、直接销售、及时的客户服务和技术支持、发展电子商务技术。

2000年，戴尔电脑被认为是全球计算机行业在采购、制造和分销方面最有效率的公司，业务进入了170多个国家。

其实，戴尔电脑早在1995年就进入中国市场，但此时尚未在中国设立生产基地，主要依靠渠道模式。由于戴尔公司的核心竞争力是直销模式，采取渠道模式是在条件成熟之前不得已而为之的办法。1998年中国已成为全球个人电脑第五大市场，仅居美国、日本、德国和英国之后。1998年底，戴尔在厦门设立了中国客户服务中心，并正式宣布开始实行直销模式。位于厦门机场附近的戴尔（中国）集销售、制造业务和客户服务呼叫中心为一体，提供全方位的产品服务和技术支持。

戴尔将中国市场分为东南西北和香港 5 个大区，以大区为利润中心，各销售人员在大区平台上分行业锁定目标客户。销售人员又分为外部销售员和内部销售员：外部销售员负责开发和维持大客户，内部销售员负责向客户提供咨询服务，以此来为外部销售员提供客户机会，并配合外部销售员处理客户订单在公司内部流程的运作。即使是通过代理商进行的销售，戴尔也要随时了解客户的需求状况。当代理商电话询价时，戴尔的内部销售员往往要问明电脑的最终购买者。当明确知道购买客户时，电话将转给内部销售员，当买卖双方在商讨价格的同时，内部销售员又会通知外部销售员去了解该客户详细的需求状况，以提供更好的产品和服务方式。

一般来说，对于大客户，有 1 个内部销售员支持 1 个外部销售员。对于中型客户，内部销售员与外部销售员的比例约为 3∶1。但是这个比例各地不一样，取决于各地销售经理对当地市场成熟度的认识和判断。通常情况下，戴尔公司会给每个销售组合（一般是外部销售员加内部销售员共 2 个人）按行业分 100 个客户，外部销售员重点开发前 20 个大客户，内部销售员覆盖其他 80 个客户，一旦发现有新的机会，外部销售员立即登门拜访，同时内部销售员还要帮助外部销售员共同维持前 20 个客户的关系，处理订单的内部流程。

戴尔在中国 258 个城市开通了 720 条免费热线，客户可以随时直接联系到戴尔的销售代表。客户可按其配置和软件要求订购个人电脑、笔记本电脑或服务器产品。戴尔公司的产品类别包括面向家庭或小型企业的Dimension个人电脑、Inspiron笔记本电脑、OptiPlex 企业级台式机、Latitude 企业级笔记本电脑、PowerEdge服务器、PowerVault 和 Dell IEMC 存储解决方案、Precision 工作站、PowerConnect 交换机、Axim 掌上电脑以及戴尔品牌投影仪，这些产品都可以通过戴尔的网站购买。戴尔往往通过发布基本配置产品的低价格，来快速吸引客户注意力，然后在引导客户定制产品的销售过程中，不断向客户推荐提升配置和附加配置的产品，使整体价格随之上升。对于小批量采购的客户而言，戴尔产品的价格往往大大高于最初感知的广告价格。

经过 3 年的努力，戴尔（中国）的营业额从 1998 年的每季度 600 万美元上升到 2001 年的 1.5 亿美元，市场份额上升到第 6 位。同时国内越来越多的商用客户，如太平洋保险、宝钢、华为等，开始接受戴尔的高端产品，如服务器等，所有的竞争对手也由开始的质疑态度转向考虑如何应对戴尔的攻击。

然而，任何一个企业在发展中总会遭遇“瓶颈”，戴尔也不例外。戴尔直接模式在中国运营的早期阶段，首先是因为销售人员对高端产品了解程度不深，以致向客户推荐不力，造成高端客户还是认可 IBM 或惠普；其次，由于戴尔（中国）的外部和内部销售人员配合不科学，对于 50 万元以下的高利润率订单没有完全覆盖到；再次，戴尔（中国）没有一套完整的内部管理系统，销售人员人均季度产值为 380 万元，低于戴尔全球甚至亚太区的平均水平；最后，戴尔（中国）没有充分发挥直销优势，许多项目还是要依赖代理商的客户关系。总之，公司的管理系统和员工自身素质没能和戴尔业务保持同步发展，其结果是营业额在 2001 年开始增长缓慢，利润也有所下降。

烦恼的成长

戴尔总部对戴尔（中国）的要求是其销售年增长率要达到行业平均增长率的 3 倍。据不完全统计，中国 IT 业年均增长率为 18%，所以戴尔（中国）的增长率至少要达到 55%才能达到戴尔总部的要求。在戴尔（中国）采用直销模式的早期是达到了总部的要求，这是因为除了商业模式的优势以外，也因为原来的市场份额低。如果后期要继续保持这样高增长速度，就必须要不断提高企业的运营效率和市场渗透力。

1. 数字化管理的“双刃剑”

戴尔衡量业绩的成功有三个指标：成本下降、营业额增长和利润增长。在戴尔，从首席执行官到销售员都对数字显示出极大的热情，他们将年度和季度的目标细化到月、周、甚至日。戴尔（中国）的前任首席执行官符标榜说：“我向我老板汇报不用准备任何报告，他每天都可以通过数据看到我的某个产品或某个市场做得好不好。他也知道他定下的事情我做到什么程度，会在什么时间做完。”用数字说话而不是用报告来汇报，这可能是戴尔与众不同之处。用报告来汇报的时候，好的地方你可以多写，差的地方可以少写或者不写，你的老板只是在听取汇报，你说什么，他就听什么。但这种做法在戴尔是行不通的。“他知道的和我一样多，我要做的准备就是跟他讲为什么做得不好，为什么做得好。”符标榜如是说。

戴尔的数字化管理使每一个员工对数字都有很强的敏感度，于是在工作中，人们只对能够立竿见影的东西感兴趣，任何思考、质疑和创新都会被嗤之以鼻。这让人联想到戴尔虽然是依靠创新成功，但在直销模式发展成熟之后就成为IT界最缺乏创新的企业之一。尽管新产品的推出速度一直被戴尔引以为傲，但是它的产品一直沿用着一成不变的外观，千篇一律采取了美国风格的设计模式。无论从外观设计还是构造性能，戴尔电脑都稳重有余而新鲜不足。

但是，现在IT产品的设计标准已经远远超出了功能性的范畴，时尚化、个性化、生动化、娱乐化的设计元素不断被引入IT产品的外观设计、造型设计之中，一些IT企业还纷纷采取和娱乐界合作的方式将世界广泛流行的动物形象和品牌形象应用在自己的产品之中，戴尔显然没有跟上这一消费趋势。联想集团高级副总裁刘军对此有过犀利的剖析："戴尔的弱点是缺乏创新，在强调创新设计的新时期，必将会遇到发展障碍。"而缺乏创新是戴尔产品一直以来对个人用户和中小企业用户缺乏吸引力的最重要的原因之一。

事实上，戴尔对此也并非完全视而不见。2005年10月19日戴尔决定，在中国销售的多数电脑中将被捆绑上网络游戏，并奉送大量的免费游戏时间，以此来吸引中国超过2000万的网络游戏玩家。这种大规模的合作类型在全球还没有先例，也表明戴尔在中国市场开始尝试具有一定灵活性的本土化营销策略的决心。但可惜的是，这种机会主义式的尝试并没有转化成往后长期坚持的市场策略。

与此同时，对立竿见影客户的执著、过度聚焦短期目标使得戴尔的员工对组织的共同方向不感兴趣。每个人专注自己的事情，部门间的合作与交流显得格外困难，遇到困难人们也不知道应该找谁合作。比如，当客户打电话到销售代表处抱怨预订的机器迟迟未到，电话的另一头则把责任推给物流部同事；当利益发生冲突时，内部抢订单也成为家常便饭。

2. “高压”式销售

戴尔对销售员的顾客管理有非常明确的要求：连续两个季度没能激活的客户将会从现有的销售组合中拆分出来。每对销售组合在不断拆分出客户的同时，必须要实现每季度比前一季度增长15%的销售额。由于公司没能给员工长期的工作计划安排，而过分强调本季度、本月甚至本周的营业额和利润要求，使得员工不愿意花更多的精力开发潜在客户，而宁肯向公司要许多资源去打价格战，寄希望于牺牲公司利润以速战速决来获得一个并不健康的营业额，并且不时发生客户经理“一锤子买卖”的短视行为，让戴尔这个“国际品牌”的成色日趋褪色。联想的一位销售人员说：“以前客户可以接受戴尔的产品价格比我们高几个点，但现在价格差距已经完全不存在了。”

在戴尔，销售压力不仅施加在每一个销售员身上，而且也传递到戴尔（中国）的最高管理层。戴尔（中国）区总裁在业内被戏称为two-quarter-man（意为两个季度的总裁），如果两个季度没有完成销售任务，戴尔总部就考虑他是否合格，并有意放弃他。

高压式的销售目标常常导致戴尔（中国）的总裁在制定战略时容易产生短视行为，这也是戴尔（中国）管理层频繁更换的主要原因之一。

直销模式的质疑

虽然戴尔相信直销在电脑行业有两个好处：一可以绕过批发商和零售商减少中间环节的价差；二是根据订单定制可以减少由于大量储存零部件和制成品带来的成本和风险。但是，围绕直销的销售模式也绝非完美。

1. 戴尔中间商的“爱恨”情怀

戴尔的数字化管理，使得许多销售员不愿意花时间在客户身上而去寻找不必要的系统集成商，他们希望靠公司的利润换取订单。在戴尔 2005 年第一季度销售数据报告中显示，代理商的销售额贡献比例上升到惊人的高度，这严重违背了戴尔公司的直销模式，戴尔在很长时期都不公开承认经销商和系统集成商的采购行为，更谈不上技术支持和销售支持。由于戴尔各个部门没有统一的定价策略，故而导致不同部门可以对同一渠道提供不同价格，这种情况大大影响了销售人员对代理商控制的动力与能力。同时，由于把销售量作为主要的业绩评估，销售人员往往会因为销售量的压力而放弃在合作中为公司争取利润，这使得集成商有机可乘，在不同的部门间玩价格游戏。

事实上，对戴尔而言，系统集成商依然有其存在的价值，与其一味打压，还不如制定合理的游戏规则。尤其是在中国，经销商和系统集成商是非常重要的计算机渠道，传统的商业关系是长期相互信赖的结果，是长期关系投资的结果，尤其是在面对政府、事业机构、大中型企业时。因此，流程监控和绩效评估已不能从根本上改变现状，只有从战略设计的层面上对销售架构进行修改，以尝试是否能达到公司所要求的目标。考虑到系统集成商的营业额占戴尔总销售额的比例，以及对戴尔公司利润的影响水平，如果能够很好地控制，减少这部分额外利润的支出，对戴尔（中国）每季度的损益将是一个巨大的贡献。同时，通过协调与系统集成商的合作，还能最大限度地避免公司不同销售部门之间的冲突，维护公司的利益。

2. 戴尔在开拓新渠道吗？

2006年，IT业界曾经传出戴尔正在与方正（方正集团）谋划收购事宜。消息报道："戴尔计划收购方正计算机事业部以弥补自身渠道的不足。"同时，华尔街分析师和IT界分析师也纷纷认为收购新兴国家中现有的计算机产品销售渠道是戴尔摆脱销售增长缓慢的良方。

对于收购传言，戴尔和方正都加以否认。戴尔（中国）原总裁刘峻岭曾在公开场合向媒体强调：戴尔在中国绝对不会走渠道模式，直销一直是戴尔的核心，在中国市场也不例外，戴尔没必要做渠道，也没必要通过收购获得别家的渠道。

事实上，戴尔模式的成功在于订单化生产使库存成本和销售成本减到最少，而传统的IT经销、分销渠道需要占用大量库存和资金，需要大量的、强有力的销售团队管理。如果戴尔收购现有计算机厂商将面临巨大的整合困难和模式冲突，并且整合之后会面临成本的增加和对直销模式的巨大冲击，造成整体效率下降和收益降低。

另外，戴尔拥有完善高效的执行机制，其内部管理体系远较本土企业先进，而直销和渠道之间在信息管理、客户管理上存在巨大差异，如果收购本土企业，反而会使戴尔背上传统渠道的包袱，降低执行效率。而且，戴尔并不需要本土化品牌来提升销量。

在直销模式走入零边际效益甚至是负边际效益之后，戴尔在一些国家相继开展了展示店的销售模式，这也是戴尔在销售模式上的重大突破。2006 年 8 月 4 日，戴尔（中国）首家产品体验店落户重庆，另外在日本等国家和中国台湾地区也先后设立多家体验店。根据戴尔的说法，“这些店没有存货，仅作为展示店”。据悉，每家店将展示 30 种不同的产品组合，如游戏、家庭影院、数字照相以及家庭办公等。在这里，顾客可以查询戴尔的产品并下订单，但无法直接将产品提走，戴尔会根据顾客的订单在 7—10 天之内将货送给顾客。在此之前，戴尔已在美国一些大型购物中心设了 160 个小型展示台。

从戴尔设立展示店的意图来看，它是为了增加和消费者的接触，使消费者能够增加对产品的亲切感、直观感，从而促进消费者对其产品的信任和好感。回过头来看，戴尔在开店上还存在着一些不确定的因素：其一，戴尔内部并没有下定决心全力以赴实施这个计划，所以开店的速度十分缓慢；其二，戴尔展示店的功能仅停留在展示阶段，用户依旧需要通过电话或互联网下订单，这样做对销售额并不会有很大的促进作用，尤其是在中国。

事实上，很多分析家已经建议开展品牌加盟“店中店”模式，给予代理商和零售店充足支持，以克服消费者缺乏了解和信任的弊端，成为戴尔产品和品牌良好的宣传平台，增加消费者体验机会，然而并非所有人都这样认为。联想集团全球总裁史蒂夫·沃德——一个华人企业聘任的外国CEO，就曾在公开场合宣称：“戴尔以直销模式见长，无法胜任两种模式，戴尔做渠道将会掉入陷阱。”

对成本的苛求

戴尔进入市场的标准一是市场有没有足够的客户，二是有没有利润空间。戴尔认为，市场利润空间过高是一种不合理的情况，因此戴尔会降低产品价格，只赚取合理的利润。若以具有市场竞争力的价格向客户提供产品，必然会压缩戴尔利润空间，为此戴尔公司的一个重要目标就是持续地降低运营成本，戴尔总部要求戴尔（中国）降低每年的运营成本不少于10%。1998年戴尔在厦门建厂的时候，运营成本只有一般IT厂商平均水平的一半左右。戴尔的成本观念在企业中被转化成一种务实的企业作风，即使像符标榜这位戴尔（中国）的最高领导，出差旅行乘坐的也是飞机经济舱。虽然每月都要到厦门几次，可是符标榜却没有正式的办公室，只能借用空闲的会议室，如果会议室满人的话，他就只能站在会议室外办公。

到2003年，在厦门的戴尔生产基地的运营成本仅为1998年的三分之一，其库存不超过7天，一般计算机厂商的库存时间为2个月，而中国IT巨头联想集团是30天。戴尔持续地降低成本给竞争对手带来了巨大的压力，当时几乎所有的竞争对手都在高端产品上保留了很高的利润，而戴尔本身的营运模式使得它很容易在保留自身利润的同时，“拉低”高端产品的价格，这大大压缩了竞争对手的利润空间。

据戴尔2004年公布的数据表明，通过3年业务开拓，戴尔（中国）的营业额从2001年的每季度1.5亿美元上升到2004年的每季度2.2亿美元，服务器出货量全国排名第一，占25%市场份额；商用电脑全国第一，整体出货量全国排名第三，占9%市场份额，仅次于联想和方正，戴尔（中国）的业务从此上了一个新的高度。

然而，对成本的过分苛求，又带来了另外一些麻烦。

1. 服务的桎梏

戴尔的服务经常被用户投诉已经不是新闻了。2005年，戴尔（中国）的直销服务屡遭投诉，其内容包括订单不能如实按时交付、不能及时更换有质量问题的产品、戴尔员工频繁制造假单事件等，其中很多抱怨来自于个人家庭用户和中小型企业。尽管戴尔公司一再强调，在中国现有的设施条件下，戴尔会向中国的直销客户提供和全球其他地区的客户相同品质的服务，即在订货后5—7个工作日内，用户便可收到所订的电脑，一旦所订电脑出现问题，戴尔将在24小时内提供技术支持。

事实上，长期以来，戴尔一直秉承成本效率的核心战略。为了实现全球增长战略，戴尔将重点放在关系型大客户上，在对成本严格控制的前提下，戴尔公司将有限的服务资源也向大客户市场倾斜。当家庭用户和中小型企业向戴尔表述需求和投诉时，往往遇到销售人员高高在上的态度，这使得人们对戴尔品牌产生了质疑。为了削减成本，戴尔甚至停止维修某些主要与软件和病毒有关的故障，并决定由设在美国之外的呼叫中心来处理越来越多的美国客户所遇到的问题，这使得美国本土的用户也对戴尔产生了不满。2005 年，戴尔的美国顾客满意度指数仅为 74%，比上年下降了 6.3%，在整个行业中降幅最大。

直销模式要求戴尔公司对客户提出的要求快速响应，由于缺乏经销商作为缓冲渠道，消费者所获得的感受和体验必然直接指向戴尔公司。一些网络调查显示，个人消费者由于对戴尔服务的不满直接表达为对戴尔品牌的批评，这已严重影响到戴尔在中国的品牌建设。分析师们说，尽管 2005 年戴尔公司的年销售额已高达 560 亿美元，但它在客户服务上却依然不尽如人意，这令它的成长之路变得崎岖复杂。

2. 水土不服

戴尔试图在全世界每一个国家推广应用其直销模式，以占据最大的市场份额。在戴尔眼中，其直销模式是放之四海而皆准的。在这种僵化的思路下，戴尔丧失了对不同国家市场形态、商业文化的认真分析和接受，戴尔简单地认为国际化就是统一的模式、统一的标准、统一的行为，却全然忘记了本土化的重要性。可以说，固执的国际化是造成戴尔失去了异国市场差异化营销的关键。事实证明，再先进的模式也需要本土化适应。

(1) 在网上买电脑？

戴尔刚刚进入中国时，联想集团总裁柳传志曾认为：“中国消费者看到实实在在的东西才会购买。”虽然戴尔几年来的发展出乎当初所有竞争对手的预料，但是戴尔在个人电脑市场的表现仍然欠佳。戴尔的直销模式在关系型客户市场上效果很好，但在交易型客户市场则未必见长。众所周知，家庭个人用户和中小型企业是构成交易型客户市场的主体，但在“直销模式”中，戴尔与这些客户所有的信息交流大都是通过电话或者互联网进行的，对习惯于眼见为实的广大中小城市的家庭个人用户而言，“一手交钱一手提货”或电话“先付费再提货”的方式是相当陌生的，所以它并没有获得这部分市场的增量。并且，在“直销模式”中，产品信息的传播很大程度上依赖于互联网，也使得戴尔很难渗透到中小城市和乡村，在那里互联网还没有普及。三级市场的消费者也同样更倾向于他们熟悉的、感觉亲切的商家购买个人计算机。

在中国，IT 业界认为家庭和中小企业市场是未来市场的一个巨大的增长点。据 2004 年 IDC 发布的《中国 PC 市场 2005—2009 年预测与分析》，家用台式机的出货量在 2004 年达到了 511 万台，其增长率从 2003 年的 7.7%上升到了 13.2%，显示出中国家用台式机市场依然有旺盛的需求。对此，戴尔主要对手联想在其渠道模式的推动下，在这些市场下足了工夫，依赖于自身的渠道优势，甚至已经渗透到五、六级乡镇市场。联想在 2004 年推出 2999 元的低价个人电脑后，中小城市的个人消费能力受到了强大的刺激，这种渠道和价格的配合使这些区域的消费达到了迸发临界点。然而，戴尔公司从企业文化和经营模式上拒绝和渠道正式合作，从成本控制方面又不愿在这些区域进行投资，所以戴尔对这一块业务的期望值并不高，宁可用低价格来消耗竞争对手的利润。

(2) 品牌形象：神秘的贵族

作为跨国IT巨头，戴尔在发达国家的形象是相对亲切的。但在中国，戴尔的品牌形象却是给人一种冷漠的感觉。

戴尔很少进行社会公关活动，也很少参与社会性的公益活动，其广告形式也单一以高科技化的跨国企业形象出现，缺乏与社会大众面对面沟通。这种缺少积极有效的公关与促销策略，使得普通大众对戴尔始终抱着一种敬畏但并不友好的态度，迫使人们更多地认为戴尔只是一家关心产品销售、关心利润的企业，从而很难建立起对戴尔的亲切感和好感。

反观其他一些世界级的企业，纷纷通过各种形式加强对投资国或业务国的社会性公关，赞助文化性、社会性的公益活动，大力传播企业对所在国经济、社会的价值和贡献，从而融入到所在国的文化之中。说到底，戴尔是抱着跨国巨头的优越感进入新兴国家市场，却忘记了尊重不同国家文化和获得所在国社会尊重的重要性。

摆脱成长的烦恼

应该承认，戴尔是IT界的巨人，即使时下面临着成长的烦恼，一旦戴尔对产品、服务、销售、品牌等方面进行完善，将对竞争对手带来极大的压力，重新夺回世界第一的“宝座”。

从2006年的行动看，戴尔在中国的市场上，扮演了一个凶狠型竞争者的形象。它将对向其所拥有的领域发起猛烈的进攻，并对其所在领域的竞争对手作出多种反应。

我们相信戴尔在中国、印度等新兴国家将展开更多的攻势，迅速提高其在这些国家的市场占有率。对于戴尔来说，未来的市场竞争显然是一场“长跑”，究竟其战略如何变化以挽救其遭遇的市场困境，我们拭目以待。

错误的时间、错误的地点、错误的选择，使丰田在中国“起个大早、赶个晚集”，在欧美市场大获全胜的得意，难掩曾经战斗过的土地被欧美车系占据的失意。然而，丰田毕竟是成熟的老牌企业，其在中国腾挪闪躲的二次布局，让全世界的汽车公司感到紧张，并对其资本运作的熟稔、营销手段的老到、对中国市场的深刻把握不敢小觑。

丰田：王者归来

2006年年底丰田公布的一项数据显示：在2006年年底，丰田已经以904万辆的全球汽车产量成为全球汽车市场的第二大制造商，而这一数字与上一年相比增长了10%。2007年丰田预期将在全球提高4%的产量，汽车制造总量达到942万辆。流传已久的预测终于尘埃落地，2007年，日本丰田替代老迈的通用汽车，坐上全球最大汽车制造商的“宝座”。

来自国际三大评级机构惠誉评级的汽车分析师Tatsuya Mizuno说：“从丰田汽车2007年目前的盈利状况和现金流来看，它已经超越了通用汽车成为全球汽车制造业的NO.1。”

从2005年开始，全球汽车行业总体经营情况之黯淡可以用“惨烈”来形容，福特连续8个季度亏损，通用也在持续亏损，全球其他汽车公司多举步维艰。一片惨淡之中，唯有丰田汽车这厢“风景独好”，延续近年来蓬勃之势，2006年首度超越福特，市场份额跃居全美第二，仅次于通用。而这一切的得来，丰田独具特色的本土营销功不可没。

纵 横 欧 美

1. 文化认同

丰田推出针对美国新一代的Scion汽车大获成功，该车的销量由2006年的15.6万辆增至2007年的17.8万辆，其成功很大程度取决于丰田对该品牌的营销战略、广告、销售规划、促销以及网络营销等手段。丰田品牌的营销更大层面是加强与顾客直接沟通的“一对一”营销，以及顾客忠诚度的培养。

Scion品牌营销副总Jim Farley认为：“我们需要从更深层面上了解顾客，就要从文化上了解他们，同他们建立情感上的联系非常重要。”为了从情感上加深顾客对丰田品牌的认同，丰田在美国本土的营销活动，甚至比本土的通用和福特更有美国色彩。

为了寻求载货卡车产品在市场上的突破，考虑到美国卡车或货车司机主要行驶范围多是乡村公路，音乐是他们漫长路途中不可缺少的伴侣，丰田选择“音乐之路”开创新局面，对美国著名乡村音乐二人组合Brooks & Dunn进行为期两年的赞助。通过音乐，让消费者从情感层面和精神层面接受丰田。

为了唤起更多目标客户对丰田品牌的认同，丰田不遗余力地出现在备受美国民众喜爱的橄榄球比赛，甚至巡回钓鱼比赛的现场。

2.“一对一”营销

“一对一”的营销理念在丰田历史上耗资最大的Tundra卡车

推广活动中得到充分的体现。丰田将整个营销活动分散开来，利用大众传媒让消费者知道 Tundra 是最好的货车，尤其让消费者惊喜的是，在众多小社区里 Tundra 派销售代表前往建筑工地、钓鱼和打猎比赛现场等这些目标客户出现的场所，开展各种活动，和意见领袖一起对卡车买主进行“一对一”的营销。为此，丰田培训 24 000 名经销商员工，服务于 Tundra 顾客。“一对一”营销的另一好处是它使整个购车流程十分个性化，顾客可以用自己喜欢的任何方式去设计自己的丰田汽车。

3. 加大投入，提升品牌影响力

日本人的经营之道是严格控制成本，不多花一分钱。因此，单从利润上讲，丰田已获得了无可争锋的地位，但在技术上却无法在那些欧洲企业面前“班门弄斧”，在品牌和文化上也无法与山姆大叔们争锋，这些都大大折损了丰田品牌的附加值。因此，为了改变这种局面，提升自己的品牌价值，丰田不惜成本，加大了在研发上的投资和广告费用的支出。丰田的做法虽与传统的经营理念相悖，但却在一步步实现全球汽车制造业“第一把交椅”的梦想。

2006 年的年报上显示，丰田较之上年度的研发成本增加的数字为 1 849 亿日元（约合人民币 128 亿元）。据了解，雷克萨斯 2007 年在华广告推广的投入从 1 亿元增加到 2 亿元人民币，在日本和欧洲，雷克萨斯同样斥巨资建立网络与品牌，丰田正极力把雷克萨斯打造成世界级的豪华品牌。为了抢占欧洲市场的制高点，丰田毅然投身 F1（国际汽联一级方程式世界锦标赛），每年在 F1 中的投资超过 3 亿欧元，是 10 支车队中最多的。为了在全美向主流汽车用户宣传丰田的混合动力技术从而带动使用混合动力技术车型的销售，丰田于 2006 年 10 月在美国启动了一个涉及资金超过百万美元的混合动力车型推广计划，该计划于2007年在中国开始。

所有这一切不寻常的举动，都是为了提升品牌。让人们忘掉其“简单而可靠，性价比高但技术含量低”的品牌印象。

研发成本的加大是为了实现技术上的领先，在传统汽车技术上，丰田虽然也在不懈努力，但几十年的差距使它几乎没有可能短期内全面赶超欧美汽车厂家。丰田把更多希望寄托于混合动力和氢燃料电池这些新能源的开发上，并在混合动力方面的投资显现成效。丰田花大力气的开发与炒作，致使全球掀起一股混合动力之风，而欧美的前辈们也不得不老老实实地“跟风”，这为丰田带来绿色环保和未来技术领先的企业形象将会回馈到品牌中去。

丰田的中国之旅

丰田在欧美市场上的成功，并不意味着在中国市场上的成功。从 1978 年正式登陆中国到现在，丰田的发展也是在蜿蜒曲折中前行。对中国市场的错误判断使其一度失去了“领土”，而对中国市场的重新定位，重新重视这片占世界 1/4 人口有着巨大消费潜力的土地，并开始一系列收复“失地”的行动。

丰田在中国的大事记：

◆ 1964 年，丰田皇冠轿车首次进口到中国；

◆ 1978 年，丰田在中国打出“车到山前必有路，有路必有丰田车”的广告；

◆ 1998年11月，四川丰田成立；

◆ 2000年6月，天津丰田成立；

◆ 2002年8月29日，丰田与中国第一汽车集团公司签订全面合作协议；

◆ 2002年10月8日，丰田在中国生产的第一辆轿车威驰(VIOS)在天津丰田公司总装车间下线；

◆ 2002年10月21日，成都一汽汽车有限公司在成都正式挂牌成立，四川丰田纳入一汽集团体系；

◆ 2003年4月，丰田宣布要在中国生产花冠、皇冠、霸道、陆地巡洋舰四款车型；

◆ 2003年7月15日，一汽丰越汽车公司正式挂牌，陆地巡洋舰的生产进入实施阶段；

◆ 2003年9月5日，霸道在四川丰田下线；

◆ 2003年10月8日，陆地巡洋舰在长春下线；

◆ 2006年，广州丰田凯美瑞夺取CCTV年度最佳车型的桂冠。它的高性价比和靓丽大方的外形迅速占领了市场，强烈冲击着人们的眼球。

不难看出，从1978年到1998年四川丰田成立的20年间，丰田在中国的发展几乎是空白。在2002年8月29日与中国第一汽车集团公司签订全面合作协议之前，几乎没有任何作为。恰恰是这段空白，导致丰田在中国市场的影响一度萎缩。

1. 失去的20年

一位丰田负责人说："如果在中国市场取得了成功，就意味着丰田公司向全球化走完了最关键的一大步。我们的目标是成为中国市场第一。”

有人用“起了个大早，赶了个晚集”来形容丰田，实在是再恰当不过了。

从进入中国市场到20世纪90年代前期，丰田在中国市场坚持“只卖汽车不卖技术”的原则，只想通过进口的方式来占领中国市场，赚取超额利润，而这一战略也一度非常成功。究其原因，主要和当时的国内情况密切相关。

20个世纪80年代到90年代初期，中国的汽车市场主要是进口车占主导，日本车更是独占鳌头，进口数量达到80万辆。据统计，丰田在进口车的比例中高达40%，皇冠、花冠、佳美作为中高档公务用车源源不断进入中国。但从1994年起，中国加强了宏观调控，进口轿车的规模从以往的每年18万辆迅速压缩到1996年的5.8万辆，并快速下降到1999年的1万多辆。进口规模的缩小，致使日本车首当其冲地销量大减，家喻户晓的皇冠黯然退出了中国“舞台”，而以桑塔纳、捷达为代表的中国产德国品牌车，迅速占据中国市场半壁江山。

“无可奈何花落去”，虽然丰田在20世纪90年代仍然占据着中国市场进口车数量第一的位置，但曾经的辉煌已一去不复返。在进口车战略日渐失效的同时，丰田在中国也失去“人心”。

20世纪80年代中期，中国为了发展汽车工业而寻求合资，触角首先伸向了丰田。当时，正值日本汽车工业腾飞之际，丰田正全力“进攻”北美市场，无暇顾及中国市场，同时，对中国市场的判断失误，导致丰田迟迟不愿意在中国实现本土化生产。当时丰田明确表态，认为中国没条件生产轿车，顽固地坚持“以建立销售代理网络的出口为打入方式”。此外，日本为了保持在亚洲的技术优势地位，一直倡导“雁形”模式，要做亚洲汽车工业的“领头雁”，并表示要在技术上保持平均领先中国 15 年的水平。丰田作为日本汽车工业的“长子”，更是不遗余力地奉行这一政策，这一做法使一心要发展汽车工业的中国人很难接受，对日本企业的不信任感加深，合资的天平向欧洲企业倾斜。

商场竞争如逆水行舟，不进则退。在丰田无所作为的20年间，大众、通用、福特等欧美众多品牌与国内企业纷纷合资建厂。德国大众“双管齐下”，分别与上汽和一汽两家中国最有实力的企业建立了合资公司，生产从桑塔纳、捷达到宝来、高尔夫、帕萨特直到奥迪 A6、A4 的全系列产品，一度占据了中国市场的半壁江山；美国通用虽在 20 世纪 90 年代后期才进入中国，但它采取了“高位入市”战略，一次性投资就达 15 亿美元，雄厚的资金实力保证了上海通用从一开始就确立了其产品技术领先的地位，别克品牌的声誉在中国已相当稳固。合资品牌汽车已渐渐形成气候，而丰田坚守自己“只卖汽车，不卖技术”的理念，更被解读为“只想在中国捞一把而无合作诚意”，逐渐从中国市场上淡出，从人们的视线里消失，并且给中国汽车界人士和普通民众留下不愉快的回忆。

但是，追逐利益是商人永远的信条。就在这种情势下，丰田回过头来重新审视这块曾经战斗过而如今已被欧美品牌所占据的土地，重新开始采用“非常”的方式，进行“绝地反击”。

2. 腾挪闪躲，二次布局

2004 年，鉴于日、欧、美汽车市场逐渐趋向饱和，丰田制定了一个名为 BRICs 的全球发展战略。根据这一战略投资计划，丰田将在未来的几年里集中拓展人口众多、经济发展势头良好的“大象经济体”——巴西（Brazil）、俄罗斯（Russia）、印度（India）和中国（China）四个市场，这 4 个人口大国占世界 15%的巨大的新兴市场，BRICs 计划的目标是 10 年之内将这 4 个国家的产能提高至目前的 10 倍。中国是全球增长最快的汽车市场，自然成为丰田整个 BRICs 计划的重中之重，丰田计划到 2010 年，从当时的 3%的市场份额左右上升到 10%，以赶上其跨国竞争对手德国大众和美国通用。由此，丰田拉开了中国战略调整的序幕。

2005 年，丰田在中国的市场份额仅为 4.3%，位居第十，列国产汽车品牌吉利之后。大众以 15%的市场份额高居榜首，同是日资企业，本田以 9%位列前三甲，尼桑以 5%居第七位。丰田显然不能满意这样的市场表现，随着“北‘牵’一汽丰田、南‘携’广州丰田”战略布局的完成，2006 年开始“绝地反击”，一路高歌猛进。

“三级跳”发展战略

“三级跳”的发展战略是丰田前社长奥田硕为丰田在中国量身制定的。“利用日本大发公司与天汽的技术合作，介入天汽—以天津为中心，建立自己的零部件生产体系，并建立营销服务系统—与天汽合资，拿到轿车项目—以天汽为跳板，伺机谋求更强大的合作伙伴（或实现独资）—与一汽和广汽合作，在中国形成‘南北夹击’之势，确立在中国市场的强势地位，并完成自己全球化过程中的重要一步。”这就是其发展战略的具体思路。

1986年3月18日，天津市汽车工业公司与日本大发工业公司签署《夏利轿车许可证合同》，开始进行技术转让合作，当时丰田持有大发10%的股份，对项目进程了如指掌。“三级跳”战略确定后，丰田加大了在大发的股份，1994年占30%，1998年占51.2%，使之成为丰田的子公司，丰田顺理成章地介入天汽。

在1994年至1996年间，丰田以天津地区为中心，陆续建立19个零部件的合资生产基地来发展零部件，包括了分电器、制动器、离合器、变速器、化油器、发动机等对汽车的基本性能起重要作用的零部件。

2000年7月，丰田与天津夏利成立合资公司，天津丰田成立。

但是丰田认为，天汽是一家在中国国内仅被允许生产小型汽车的准大型企业，与“世界丰田”的形象和战略并非完全吻合。同时，由于中国政府政策限制每个外方只能建立两家合资伙伴，已经有天汽和四川旅行车制造厂两个伙伴的丰田，下一步就是图谋如何从天汽身上跨过，去找寻更强大的伙伴。

在天津丰田成立的同时，丰田对天汽夏利的换型车进行技术援助的计划也获得中国政府的批准，这就是2000年12月15日下线的夏利2000，与夏利2000同时下线的还有上海通用的赛欧。

仅过一个月，夏利2000便抢先入市，而赛欧“面世”却是四个半月后的事情。然后，赛欧热销至今，而夏利2000上市不久就能马上提车，甚至出现库存，此后更是一蹶不振，市场表现十分狼狈。除了外形不被国人喜欢、夏利品牌形象的拖累之外，夏利2000 没能等到建立起完善的零配件销售体系就仓促上市，这才是导致失利的重要原因。夏利 2000 上市之后不久，就有用户出事故后发现维修时零配件很贵也很难买的现象，这是因为在夏利 2000 项目上，天汽与丰田之间仅仅是技术合作的关系，零部件供应和售后服务的衔接让人担忧。

对赛欧与夏利 2000 截然相反的市场表现，有人总结为："通用不仅是在中国造轿车，更是在中国推行先进的经营理念；而在夏利 2000 身上，确实很难看到丰田经营理念的精髓。"

实际上，在许多媒体记者的眼里，夏利 2000 完全可以算作丰田在中国的第一款车，但每当记者一提及此言，丰田便忙不迭地否认。在丰田的 T-1（后定名威驰新风）下线之后，当时的天津丰田公司总经理长谷川俊就严正纠正了人们的这一"错误认识"。他说："T-1 是丰田公司在中国市场上正式生产的第一款国产车……不可否认的是，夏利 2000 的开发采用了丰田技术，原型车的开发也是丰田的车型，但生产、销售过程都是由天津夏利汽车公司负责，因此与丰田公司本身并没有直接的联系。"

用 T-1 来命名丰田的第一辆车，看似顺理成章，但似乎稍嫌草率，因为它并不是个理想的名字。不过，丰田的用意再明显不过，就是向世人宣称，这才是丰田在中国的第一辆车！当通过前期宣传达到这一效果后，T-1 这个名字的使命宣告完成，很快被正式命名为威驰新风。

一个简单的命名小游戏，被丰田聪明地利用来澄清了自己品牌的纯洁性，同以前混淆视听者划清了界线。

在市场策略上，丰田更是与天津夏利界线分明，不愿扯上一点关系。“我们从开始就没有考虑借用天津夏利的销售网络。汽车的品牌意识非常重要，这次我们所生产的 T-1 上面挂的是丰田的标志，说明这是丰田旗下的一个新产品。为了配合这个产品的销售，经销商网络当然也应是丰田全新的销售网络。”长谷川俊说。

由于有夏利 2000 的探路，威驰新风上市后，市场表现还算说得过去，给认定 T-1 只许胜利不许失败的丰田吃了一颗定心丸。

但夏利 2000 的失败对天汽而言，不啻于是个噩梦。由于夏利车型老化，夏利系列轿车在 2001 年全年市场占有率下滑到 1996 年以来的最低点，销售不畅直接导致天津汽车全年亏损 8 800 多万元。并入一汽集团后，根据一汽夏利的公告，2002 年出现 7.9 亿元亏损。同时，天汽集团营销网络的无力、人员的臃肿、管理的不善，也使丰田对这个合作伙伴颇为不满。

同时，四川丰田的柯斯达项目虽然取得了不俗的业绩，2001 年产量达到 2007 辆，2002 年突破 3 000 辆，但它只是个商用车项目，难以做大，无法支撑丰田在中国的战略框架。再者，多年来四川丰田用以主打天下的只有柯斯达客车这个单一车型，未来发展十分渺茫。

寻找更强大的中方伙伴,丰田已到了等不起的关头。

2002 年 6 月 14 日，天汽与一汽的重组协议正式签订。名为重组，实质上是天汽被一汽收购。对丰田而言，一下子从与天汽的合作，转变为与中国最大的汽车集团一汽的合作。

2002 年 8 月 29 日，丰田与一汽在北京人民大会堂签署全面合作协议，丰田全线进入中国。

在一汽与丰田合作的新闻发布会上，当时的一汽集团掌门人竺延风同时宣布“并购四川旅行车制造厂”。据当时相关知情人透露，把四川丰田纳入一汽集团，是丰田对一汽提出的合资条件之一，具有东北人豪爽性格的年轻少帅竺延风也许没有料到，信誓旦旦与一汽全面合作的丰田会在事后背信弃义，另寻新欢。

按照中国现行政策，一个跨国公司只能与两家中国企业合资。过去，丰田的两个中方合作伙伴是天汽集团与四川旅行车制造厂，但天汽和川旅先后被一汽集团收购，这样，丰田就变成只与一汽集团一家中国企业合资。

经过一番腾挪闪躲之后，丰田不但完成与中国最强大汽车企业的“联姻”，而且手中还多出了一张合资“牌照”。很快，业界就传出丰田将与广汽合作，在广州生产佳美的消息，这不能不让一汽感到非常被动。

一位业界人士指出，丰田的这种做法可以说有些违背道义，但对实现其中国战略而言，却是最厉害的一步棋。

更有专家尖锐地指出，一汽和丰田的合作,是没有资金合作的战略合作。说白了，就是丰田拿出几个车型作为与一汽合作的“跑腿费”。根据丰田与一汽对外发布的资料，丰田除了将4款越野车给了一汽之外，恐怕让一汽满意的只有将在天津建立以生产皇冠系列为主的轿车基地。

一汽与丰田合作宣布之后，丰田在中国的战略布局似乎很明朗了：高档豪华轿车在一汽合资厂制造，中低档的经济型轿车在天汽合资厂制造，商用车、特色车（SUV / MPV 等）在四川丰田合资厂制造。这是丰田汽车公司在中国投资生产的最理想的战略构想，也是其继大众之后图谋称霸中国市场的战略地图。

但这并不是丰田的全部想法。丰田更想实现的是“一南一北”两大基地，互相配合，对中国市场形成“夹击”之势。

丰田佳美是出口到中国数量最多的车型，对于丰田来说，在中国市场的主战场——中级车领域，目前还没有能与佳美车型相竞争的产品。广州本田凭借雅阁单一车型在中国市场大获其利的示范效应，让丰田对佳美期望值极高。选择广州，既可以与本田、日产共享资源，降低成本，形成日系车的集群优势，又能够获得比与一汽合作更多的对合资公司的控制权。更重要的是，丰田就可以效仿大众在中国“南北大众”的布局，构筑“南北丰田”，以在中国市场上尽快追赶竞争对手。

“借道”战略：丰田的“棋”还没下完

强化品牌战略和建立丰田独具特色的销售体制是丰田在中国最紧要的两大课题，由于丰田本土化生产的滞后，与大众、通用、本田等较早在中国投资建厂的竞争对手相比，丰田在中国的品牌知名度较低。

“随着中国汽车市场逐渐从卖方转向买方，销售环节越来越成为企业输赢的关键因素。”福特中国总裁程美玮曾经如此分析，但这恰是丰田的强项。

2003 年 10 月 28 日，一汽与丰田合资成立了一汽丰田汽车销售有限公司，主要经营一汽与丰田合资生产的柯斯达、威驰、皇冠、陆地巡洋舰、花冠以及达路·特锐等品牌。除此之外，该公司还将经营上述品牌的汽车零部件及相关用品，并为用户提供售后服务。到 11 月正式开业时，一汽丰田销售公司在中国开设的经销店已达到 68 家。

中国机械工业联合会副会长张小虞说：“丰田一旦正式在中国投资生产，全世界汽车公司都会感到紧张，也可以看成世界汽车工业在中国市场真正的竞争时代的到来，因为丰田的企业文化、管理、销售、零部件、产品开发以及其产品适合于亚洲人和中国人的特点，都是有目共睹的。”

丰田社长张富士夫表示，2010 年，丰田想占中国汽车市场 10% 的份额。他的理由是，届时中国汽车市场的乘用车年销量保守估计是 400 万辆，丰田占到 40 万辆应该不成问题。应该说，10%不过是丰田的一个底线数字，与韩国现代宣称 20% 中国市场占有率相比，丰田报出的这个预期目标很难被怀疑。

虽然“重手”频出，但丰田的“棋”并没有下完，它似乎对独资更感兴趣。“可以看出，丰田在中国就是‘借道’问题，先‘借’大发，然后‘借’天汽，现在‘借’一汽和广州，其最终目的是自己独立行事。”

丰田毕竟在中国市场图谋将近 30 年，虽然一度对中国市场的错误判断导致在生产上滞后了竞争对手一大截，但丰田以它在中国市场早期建立的品牌影响力和人脉资源，步步为营地构建了庞大的销售、服务、零部件供应网络。

根据 2007 年初的统计数据显示，丰田已经精心地构建起了一个遍布全国各省的庞大销售、服务网络，其中 SCTM 认定店（国产车销售）26 家、3S 网点（车辆、零部件销售及维修服务）114 家、TASS（维修服务）62 家（3S 除外）、ADD（零部件销售）13

家。

丰田还花费500亿日元巨资兴建零部件厂，共成立了57家合资和独资零部件企业。这些零部件厂几乎囊括轿车生产的方方面面，遍布东北、华北、华中、华南、西南、西北。

丰田在近一两年内的迅速发展，虽不能算是一个奇迹，但是它却给国产汽车的发展提出了很多警示。从明确的发展战略到战略的一步步实施，这其中都需要注入十分的努力和精力。从目前的汽车发展趋势来看，国产汽车的发展状态良好，势头猛进。我们的自有品牌在学习丰田精神之余，应该多思考一下自己脚下的路如何走，如何能够在国内踏踏实实走好每一步的同时，走出国门。当然，这需要几代汽车人的努力！

不做广告、不打折、不外包，并没有妨碍 Zara 在服装界刮起一道又一道的西班牙旋风。作为时尚界的领袖，Zara 的品牌战略显示了与时代精神和消费者深层需求的高度契合。

Zara：平民的时尚

提起时尚一词，我们往往会想到雍容的 Chanel、高贵的 Dior、奢华的 GUCCI，甚至优雅的 Armani，高档、时尚、奢侈几乎就是它们的代名词，几十年甚至上百年的发展史使它们融入了更多的贵族感。有谁能够想到，名不见经传的 Zara 近年异军突起，带着它的快速时尚模式冲破时装巨头的“垄断”，在时尚界刮起了一道西班牙“旋风”，俨然成了时尚品牌的领导者。

也许对于很多中国消费者来说，2006 年才进驻中国内地的 Zara 仍旧是一个陌生的名字。Zara 创始于 1975 年，它既是服装品牌，也是专营 Zara 品牌服装的连锁店零售品牌。截止 2007 年，Zara 已在全球 50 个国家拥有 700 多家分店，并且每年都以 70 家左右的速度增长。

“以史为鉴，可以知兴替”，不同时代品牌的兴衰史告诉我们，一个伟大品牌的崛起往往与其品牌精神、整体时代精神及消费者深层需求高度契合。Zara 通过品牌的 3V（Valuable customer，Valuable proposition，Valuable network）战略，实现了其急速发展。品牌 3V 战略首先要细分品牌的价值客户，并要求有独特的价值主张来吸引这些价值客户，同时需要独特的价值网来支持品牌战略的实施，传统的品牌战略通过营销组合的改变是不能满足这种需求的，它的盈利模式在全球所向披靡、大获成功正是对此最好的诠释。

Customer：“长尾”市场的赢家

美国《连线》杂志主编 Chris Anderson 通过分析数字音乐点唱统计发现一个规律，叫做长尾理论，即无限小众市场的价值总和，将不逊于那些如日中天的大热门的商品，这意味着商业文化与经济重心正在加速转移，从需求曲线头部的少数大热门（主流产品和市场）转向需求曲线尾部的利基[①]产品和市场。Google 就是一个典型的“长尾”公司，通过瞄准这些数百万的中小网站、个人网站，将他们和与之对应的广告客户联系起来，建立一个由众多合作网站共同维系的广告体系，最终形成巨大的广告价值。

在这一点上，Zara 正是时装界的 Google，它锁定的是非黄金顾客，那些追求时尚又不想花太多钱的年轻人。它把这些千千万万有着同样追求的顾客集合起来，按照这些顾客的需求生产和贩卖产品，当那些前沿流行的服装走马灯似地更换时，唾手可得的价格引人注目，这种诱惑令每一个向往时尚平价的年轻人垂涎欲滴，Zara 通过满足他们的需求成功地实现了“长尾”效应，再一次打破了二八法则的神话，找到了自己的价值客户。谈到 Zara 无

① “利基” 一词是英文“Niche”的音译，意译为“壁龛”，有拾遗补缺或见缝插针的意思。菲利普・科特勒在《营销管理》中给利基下的定义为：利基是更窄地确定某些群体，这是一个小市场并且它的需要没有被服务好，或者说“有获取利益的基础”。利基市场则是通过对市场的细分，企业集中力量于某个特定的目标市场，或严格针对一个细分市场，或重点经营一个产品和服务，创造出产品和服务优势。

法不让我们想到其紧密竞争对手 H&M[②]，如果说 H&M 与 Zara 在走向成功的道路上定位于一致的经营理念，即用快速、标准、流行的方法销售服装，那么在实现方式上却不尽相同。它们同样是驱动市场型的企业，独辟蹊径地开创了“多款、少量”的经营策略，但在响应市场速度上，Zara 灵敏的供应链系统无人能比。此外，Zara 稳固的支持系统保证了持续健康的成长，“三不”的品牌管理模式也与 H&M 大相径庭。

② H&M,全称 Hennes & Mauritz，是一间来自瑞典的时装公司，在世界多个国家，包括欧洲一些国家及美国设有分店，以价廉物美闻名。H&M 由 Erling Persson 在 1947 年成立，在亚洲鲜被提及，但是在欧洲却是名气不小。以销售量为衡量标准，H&M 是欧洲最大的服饰零售商，即使在冷飕飕的景气中，业绩一样持续“发烧”。

Proposition：模仿、多款、少量

按照细分理论，不同的顾客群都有不同的价值需求，正如同开宝马的群体追求张扬的个性和时尚、奔驰客户群体需要尊贵感，不同的价值客户群有不同的价值主张，通过最大程度地满足不同顾客的需求，增强了品牌吸引力和顾客价值，也提升了品牌价值。

在激烈的市场竞争中，依逻辑解决问题的常规不再适用，企业需要把精力聚焦于通过新的创意开辟企业发展的“蓝海”战略，Zara 与大多数企业向现有顾客学习经验相反，它通过对顾客价值的挖掘，教育潜在顾客消费与自身显著不同的价值主张，打破了“品种多、批量大”的传统天条，使“模仿、多款、少量”成为当红的价值主张，让消费者认定了 Zara 就是平价、多款、时尚的代表品牌形象。

在 Zara 店，顾客总是可以找到自己期望的流行服装，省去了奔波之苦，频繁的更新换代和更多的选择造就了 Zara 对顾客的独

手为节省费用以船运输时，Zara 会不惜成本采用空运提高速度，这使得 Zara“一骑绝尘”。

2. 打造协作和信息技术“比翼双飞”

要保证最短的新品上架的时间，强大的支持系统是不可缺少的，对于 Zara 来说，这主要依靠协调的工作配合和卓越的信息技术。

在工作配合方面，Zara 真正做到了协调一致，由于各个部门在工作衔接上不会出现任何问题，这在一定程度上保证了工作效率和工作质量。

从一开始，Zara 的服装款式并不是自行预测，而是直接来源于世界各地的品牌店，真正做到了从顾客的需求出发，及时对顾客需求做出反应。继而根据顾客的需求，Zara 的生产、运营管理者和设计师们会聚在一起共同探讨将来流行的服装款式是什么样子、用什么样的布料、大致成本和售价等问题，并尽快形成共识。之后，设计师们快速绘出服装的样式，给出详细的尺寸和技术要求。因为布料和衣服上的小装饰品在 Zara 的仓库中是现成的，所以制成样品只需要很少的时间。同时，因为整个团队都在同一个地方办公、讨论，审核，批准也是同样地快。一旦款式得到批准，生产指令马上出来，立刻在 Zara 高度自动化的剪裁设备上完成，并被运送到相应的合作厂商组成的制作网络中进行缝合。最后，缝合好的服装送到 Zara 的成衣和包装部门，其高效的分销系统会确保各种款式的服装都不会在总部停留太久，服装在分销中心被快速地分拣，及时送往各个专营店中。

在信息技术方面，Zara 的卓越性主要体现在三个方面：收集顾客需求的信息、服装信息的标准化和产品信息与库存管理。

为了更好地收集顾客需求信息，Zara 每一家专营店的经理都有一部电子账簿，他们既可以为客人实时检查货品以提高服务质量，又可以实时将顾客的品位信息传回到总部。这样，每天关于时尚潮流趋势的信息都从各家 Zara 专营店进入总部办公室的数据库，设计师们可以一边核对当天的发货数量和每天的销售数量，一边利用新信息产生新的想法以改进现有的服装款式，这种实时的顾客需求信息使设计师更能设计出符合顾客口味的时装，当顾客看到 Zara 橱窗上有着他们心仪的款式时，他们会更乐于购买。

品牌“三不”原则

在 Zara 的品牌管理模式中，有着著名的“三不”原则，即不做广告、不打折、不外包。这些形成了 Zara 品牌的独特个性与气质，使得消费者对 Zara 的品牌更加忠诚。

在不做广告方面，Zara 可谓独树一帜，每年 Zara 的广告额只占销售额的 0.3%，远远低于行业 3%～4%的平均水平，Zara 在广告以外的沟通策略主要有以下 3 点。一是通过电子邮件、顾客服务热线等来收集顾客意见，增加顾客的反馈渠道，既节约成本又保证效率。二是 Zara 巧妙地运用商铺的地理位置来宣传自己，它的店址都选在最发达城市的最好地段，如第五大道、香榭丽舍大街、中国的南京路等。因此，Zara 的“邻居”大多是路易威登、迪奥、香奈儿等顶级品牌，这无形之中就在提高自己的品牌水准。三是 Zara 通过门店形象和体验环境来打造自己的品牌，Zara 坚信

"门店是最好的广告"，在全球的700多家专营店，每家都可以称为小型商场，装修豪华宽敞，拥有万余平方米的面积，上万种不同款式的服装，使消费者能够形成一站式购物环境。

在不打折方面，由于Zara每件款式产量少和不停推出新品的策略，顾客的购物欲望得以提升，只有少部分产品会囤积起来，所以大多货品都能以正价卖出。据数据显示，Zara最多只有不超过18%的服装不太符合消费者的口味，需要打折销售的产品，只有行业平均水平35%的一半。而且在一年之中，Zara也只有在两个明确的时段内进行有限的降价销售，与业内普遍采用的连续性降价方法绝不相同，因此它的折扣促销的成本大大降低。而且专卖店每周根据销售情况下两次订单，这就减少了需要打折处理存货的几率。以H&M经营状况最好的2001年为例，H&M为13%，而Zara只有7%。有限的货品加强了顾客对于Zara的新鲜感，每年消费者平均光顾其商店17次，而行业平均水平仅为3～4次。④

在不外包方面，当同行们争先恐后采取外包策略时，Zara却把几乎一半的采购和生产牢牢抓住不放。母公司Inditex在巴塞罗纳有自有的布料公司Comditel，Comditel所生产的89%的布料都供应给Zara，这样不但可以加快Zara的采购速度，还可以配合Zara弹性生产所需要的灵活性。

入乡随俗的本土化策略

从2006年把战略的触角延伸到中国，Zara已经在中国内地上海、北京相继开设了三家专卖店。由于远离中国，在Zara的中国

④ 郎咸平.《模式：零售连锁业战略思维和发展模式》. 北京：东方出版社，2006.

旗舰店刚开业时，很多服装的尺寸都偏大，适合亚洲人身材的 S（小）号往往在进货当天就被抢光。可是一个多月后这种情况得到了迅速的改观，很多款式都提供了充足的 S 号和 XS（加小）号。显然，Zara 总部对中国市场做出了快速的反应。更加值得一提的是，为了贴近市场，Zara 的设计团队是由买手、设计、市场专员所组成，此外，为了更好地设计出符合消费者口味的服装，Zara 的设计师还会经常“飞”到中国，和买手一起参与对供应商的选择和谈判。

中国是服装大国和强国，然而却只能称为“制造中心”，在服装品牌世界版图中显得无足轻重。Zara 的历史不过 30 余年，在众多高档奢侈品牌垄断的时尚服饰行业脱颖而出，其成功的盈利模式在某种程度上预示着服装品牌世界的一场变革，这也为中国企业打造全球服装品牌提供了一个良好的借鉴。

经历了 8 年的谈判，黑莓终于被获准进入中国市场，然而前途依然危机重重，这个在欧美市场创造无数奇迹的 RIM 公司能否再创中国黑莓“神话”，所有的人都在拭目以待。

黑莓：3G“探路者”

黑莓（Black Berry）无疑已成为近来中国电信业的关键词之一。自从黑莓手机于 2007 年年底正式登陆中国以来，全球实力派通信业巨头 Research in Motion 公司（以下简称 RIM 公司）频频在媒体上“露脸”，新动作不断。从推出配备有耀眼粉红色糖块状外观的黑莓 Pearl8310 以迎合零售市场，到透露消息说将推出触摸屏黑莓手机，再到近日滑盖造型设计的新专利技术又被曝光，新黑莓的不断涌现表明，面对众多强有力的竞争对手，即使占据行业绝对领先地位的 RIM 公司也开始进行战略转移，寻找新的突破点。

自 1999 年以来经历 8 年谈判之后，黑莓手机终于获准进入中国市场，但是 RIM 公司能否如其所愿捕获中国商务人士的“芳心”，在欧美市场成功之后能否在中国继续缔造黑莓“神话”，一切还是未知之数。

黑莓的欧美“神话”

1998 年，加拿大 RIM 公司开发出一个采用双向寻呼模式的无线邮件系统，这个系统可以将电子邮件直接送到手持接收器上，而不是通过互联网，这一革命性的应用打破了以往电子邮件通过互联网传播的限制。当时 RIM 公司的品牌战略顾问认为，这种无线电子邮件接收器，小小的标准英文黑色键盘挤在一起，看起来像是草莓表面一粒粒的种子，就起了这么一个有趣的名字——黑莓。

黑莓的出现使得电子邮件的处理摆脱了一定的时空限制，尤其为业务繁忙的商务人士所推崇，占据了美国高端手机市场。在美国，有人调侃地说："如果一家公司的员工中没人配备黑莓，这家公司的业务可能也好不到哪儿去。"无论公司大小，上到 CEO，下到白领，几乎人手一机。可以说在美国市场，黑莓在短短 10 年之间缔造了一个神话，那么它能获得如此巨大成功的奥秘在哪里呢？

1. 把握机会，执著投入

许多大公司都曾经做过无线电子邮件解决方案的尝试，早在 20 世纪 90 年代早期，摩托罗拉公司就尝试了把电子邮件和寻呼结合起来，但是当时 PC 的电子邮件没有发展起来，更不用提无线邮件了，没过多久，摩托罗拉就放弃了。而作为 1984 年成立的小公司，RIM 把握住了生产无线邮件系统的好时机，并且执著地投入。1998 年，黑莓品牌名被正式采纳。1999 年年中，RIM 公司开始提供成熟产品——黑莓企业服务器，并且作为企业邮件无线化的网关。

在产品推出初期，黑莓主要是以企业团体产品形式出现。这是由于概念较新，如果主打个人产品，那么概念和产品的普及工作将耗费大量的广告费用，这是一个小公司承受不起的。1999 年，正是欧美国家大量使用电子邮件的时期，RIM 公司的新产品“黑莓”，通过企业团体产品的形式，向商务人士普及了这种 Push Mail[①]的概念。

① Push Mail 是一项将 Email 直接推送到移动终端(手机)上的服务。

2. 利用终端，传播概念

Push Mail 是一种基于移动终端的邮件收发方式，由于邮件功能依托于互联网，对于账户地址采用 TCP/IP 协议，而移动终端的账户地址是用户的手机号码，因此，在移动终端不实时接通 GPRS 的情况下，移动终端要完成邮件的收发必须建立一种不同协议之间的解析，使收邮件可以像收短信一样，直接显示在用户的手机上。黑莓就是联系两个网络的工具之一。

随着大众对 Push Mail 概念的接受，RIM 公司将提升产品销量作为自己的下一步目标。作为一个财力、人力都较小的公司，RIM 公司采用了一个巧妙的思路。2000 年 6 月，RIM 公司不再自己租运营商服务来卖设备，而是让运营商来卖黑莓，使用 RIM 公司设备的用户每月向无线运营商缴纳 120～130 美元的费用，RIM 公司则每月向运营商索取其中的 8～9 美元。因此数以千计的运营商销售人员成了黑莓终端的销售力量。这一举措非常成功，RIM 公司设备销售数很快从 2002 年的 36 万台增长到了 2004 年的 230 万台。

3. 技术授权，扩大市场

2002 年 11 月，RIM 公司的一个举措让许多观察家大跌眼镜，它把技术授权给诺基亚，允许诺基亚把黑莓邮件接收器集成到诺基亚手机上作为一种软件功能来提供，而不再单一垄断无线电子邮件终端市场。

这一举动在当时引起很多业内人士的非议，认为这种行为将会导致其设备成长受阻，在诺基亚的竞争下，黑莓将很难在终端卖出去。

而事实证明，在这种授权制度下，黑莓通过各大移动电话制造商的授权，被更广泛地传播出去,市场因此扩大。RIM公司自身也从单纯的设备商，转向无线电子邮件的中间系统提供商，掌握核心专利权的同时，触角伸向了更广泛的领域。

关于这个举措，In-Stat[②]中国总经理殷建松有个经典的论述："RIM公司明白如何在这个'大鱼吃小鱼'的环境中发展壮大自己，那就是执著地做好自己的核心事业，不拘一格地去和业界合作，使得整个无线电子邮件市场尽可能地成长，利用自己的先发优势成为小行业里的绝对领导者。"用RIM公司的话来说就是："Enable the Market, Drive it Forward"（创造市场，驾驭其向前），这也是RIM公司企业精神的体现。

② In-Stat (www.in-stat.com) 是全球著名的行业研究机构，专注于融合的互联网产业链，针对电信、消费电子、半导体等领域进行研究、评估与预测，善于针对新兴市场提供可执行的真知灼见。

4. 事件营销，优势尽显

黑莓真正风靡全球的转机是在"9·11"恐怖袭击事件发生之时，当时美国通信设备几乎全线"瘫痪"，但美国副总统切尼的手机有黑莓功能，成功地进行了无线互联，能够随时随地接收关于灾难现场的实时信息。后来美国国会给每位议员都配发黑莓手机，议员们传输涉及国家安全的信息都经过加拿大安大略省滑铁卢的 RIM 公司的网络运营中心。从此黑莓手机成为北美、欧洲的精英们必备品之一。

5. 病毒营销，重视细节

黑莓在推广过程中，还显现出许多智慧。例如，在黑莓发出邮件时，系统会自动加上一句话："Sent From My BlackBerry Wireless Handheld"（从我的无线手持式黑莓传送）。正是这则强制推广的广告语，使得每一个使用黑莓的人，都成为向还在使用 PC 收发邮件人士宣传的"基站"。据说，这正是 Hotmail 等所模仿的病毒营销的"鼻祖"。

同样出色的表现体现在产品体验上。在上千封未读邮件中，利用小小的终端，能够让商务人士迅速搜索到自己想要的信息，这种简洁易用的解决方案可谓是黑莓的核心竞争力。难怪用户特别是高端商务用户对黑莓的依赖已经到了上瘾的程度，在历时几年的 RIM 公司与美国 NTP 公司关于黑莓的专利权之争中，《商业周刊》就曾经撰文《没有"黑莓"的日子怎么过？》

RIM 公司的黑莓正是依靠一次又一次正确的选择与推广手段，在许多无线电子邮件解决方案的残酷竞争中生存下来，现在已经成了无线电子邮件的代名词。截至 2008 年 3 月底的财年内，黑莓产品收入超过了 20 亿美元，纯利润也达到了 3.83 亿美元，全球黑莓用户已突破 500 万之众，而且仍在高速增长，黑莓"神话"依然延续。

6. 黑莓的竞争对手们

时至今日，RIM 公司仍然是全球商务智能手机市场的“王者”，不过这个“王者”却坐得并不安稳，周围充满了很多虎视眈眈的“篡位者”。

微软是做 PC 的，它于 2007 年 10 月公布了手机管理软件，这个软件让系统管理员能够向手机上发送软件、控制软件、简化设备的管理，此举显然瞄准了 RIM 公司。同时，微软也不断对 RIM 公司施压，RIM 公司宣布黑莓操作系统支持.NET，就是在微软 Windows Mobile 操作系统的紧逼之下作出的应对之举。

另一方面，黑莓手机的最大竞争对手 iPhone 宣布，将支持微软的 Exchange 邮件服务器端软件。苹果声称：“从现在开始，iPhone 将可直接实现与 Exchange 服务器上的电子邮件、日历和联系人列表同步。”这样一来，iPhone 把商务手机中不方便接受邮件、不方便进行集中管理最后一个问题也解决了，苹果似乎越来越有实力与 RIM 公司一争高下了。

至于 Google 的 Gphone 手机则更为夸张，传闻 Gphone 手机（也许叫做“平台”更为合适）没有内置存储空间，它运行的一切程序都是在网络上运行和存储的。Gphone 进一步暴露了 Google 的超媒体[③]野心，因为 Gphone 也许完全不需要电信网络了，直接用比 3G 更厉害的 WiMAX。

③ 超媒体，超级媒体的简称，是超文本（hypertext）和多媒体在信息浏览环境下的结合。

相较之下，传统的手机大鳄们动作虽大却也并不夸张：诺基亚在 2006 年 2 月收购了 Intellisync，摩托罗拉在 2007 年 11 月吞并了 Good Technology 公司，希望借助新的力量来增强自己在商务智能手机市场上的筹码。

面对众多的竞争对手，直接避开惨烈战争，采用迂回战术，甚至是“不战而屈人之兵”则成为上上之策。黑莓在中国商务手机市场刚刚起步的时候“入华”，在人们的眼里无疑就成了最佳选择。

黑莓的坎坷中国路

尽管到目前为止，RIM 公司收入的 67%来自北美和欧洲市场，但亚洲仍是黑莓完善全球布局的重要战略地区，无论是从市场规模还是市场需求，亚洲对黑莓的吸引力都非常大。RIM 公司的联合首席执行官吉姆·贝尔斯利（Jim Balsillie）指出：“RIM 公司在中国是长期战略性的投资，旨在中国建立一个长期的发展计划，这对于 RIM 公司来说是重要的投资计划。”

1. 黑莓的中国式路径

黑莓进入中国的这段时间里，采取的路径非常简单：上游核心技术和应用仍由 RIM 公司提供；在中游，阿尔卡特赋予其商标和部分工业流程，并帮助黑莓建立在全国的分销渠道，充当在品牌、政策和渠道等诸多方面的“杠杆”；毫无疑问，作为“杠杆”下游的中国移动仍是整个游戏最终的“操盘者”，它负责黑莓在中国的品牌营销与推广，更重要的是它决定最终的销售模式与计划，包括黑莓手机的定价。

具体而言，黑莓手机邮箱业务主要面向集团客户，并且黑莓邮箱的使用需要企业安装相应的技术终端，这也是 RIM 公司将销售完全交给中国移动去做的主要原因。企业集团有购买需求时不会到手机卖场，而是直接通过网络运营商也就是中国移动“一条龙”的服务。这也许是 RIM 公司市场运作最精髓的地方，把市场交给当地最大的运营商，专心做技术和应用，保持神秘感和文化，虽然需要一段缄默期，但是一旦运营商把黑莓的移动邮件市场培育成功，那就是爆发的时刻。

2. 黑莓的中国式难题

然而，中国市场是一个很奇怪的市场，许多跨国公司在进入中国时无不遭遇了令人尴尬的“搁浅”，那么 RIM 公司能不能避开这个宿命，RIM 公司进入中国初期又会面对哪些困难呢？

(1) 办公习惯不同

欧美的市场网络构建非常完善，人们已经习惯邮件工具的使用，很多商务人士一旦离开邮件和网络根本就没有办法进行正常的工作，于是，能够用手机随时随地处理邮件就有了潜在的市场。

在中国，并不是所有的公司都习惯于用电子邮件来传递信息，而是将邮件定义为辅助办公的一项工具。由于文化、技术等因素导致的人们的办公习惯不同，很难通过一款定位明确的产品来改变，RIM 公司深知这一点，因此在进入中国市场时，并没有复制在欧美市场快速成功的模式。

(2) 手机使用习惯不同

中国人更多习惯于使用有短信彩信功能的手机，而不是将手机看做是处理邮件的工具。也许是汉字与英文的差别，即使是用了全键盘输入，对汉字的处理速度也不会有显著的提高，而手机的短信功能在中国却深入人心，要想改变这种状况，其难度也是可想而知的了。

(3) 强敌林立，“三莓”争艳

在中国，能够提供 Push Mail 服务的并不是 RIM 公司独一家，中国联通推出的红莓邮箱业务，实现了手机 Push Mail 功能在国内的首次商用；用友移动推出的优莓，不需与任何一家移动通信运营商“绑定”，也不需使用专用手机；相比黑莓需要支付 398 元和 598 元的月功能服务费，联通的红莓和用友移动的优莓似乎更能博得国人的青睐，红莓推出的三种套餐服务均没有超过 50 元，优莓每月的服务费在 60 元左右。

(4) 中国移动态度暧昧

早在 2006 年 5 月，中国移动与 RIM 正式合作之时就表示将把重点放在支持跨国公司在华开展业务。然而近两年的时间已经过去，RIM 仍未扩大中国用户群，而中国移动在推广无限立通的手机邮箱时却显得似乎更加“卖力”，再加上中国移动推出黑莓服务的套餐月功能费高达 398 元和 598 元，如此高的定价实在让人感到不解。

在国外，大多国家都同时存在几家势均力敌的通信运营商，RIM 公司可以选择跟哪一家运营商合作，而在中国，中国移动的行业垄断性决定了 RIM 公司与之合作难免落得没有话语权，这也是 RIM 公司在中国面临的最大尴尬。

黑莓的应变之道

很多人认为黑莓在中国市场很难生存，当然困难总是有的，但是只要处理得当，应对有道，黑莓在中国最终将开出“璀璨之花”。目前情况看来，RIM 公司可以从下面几点寻求应变之道。

1. 继续保持高端商务人士市场

高端移动商务市场的特点是用户对服务要求高，忠诚度也高，对资费的承受能力强。在中国手机电子邮件业务市场上，黑莓收取的服务费最贵，但是技术也最成熟，并且是一种身份的象征，无疑是很多商务人士的第一选择。

市场研究公司 Chadwick Martin Bailey 的最新调查数据显示，尽管面临众多其他高端手机品牌的挑战，RIM 公司的黑莓手机仍是“迄今为止众多被调查者的最好选择”。相比之下，红莓和优莓乃至中国移动的手机邮箱业务，面对的都是低端市场，提供的服务与黑莓也无法相提并论。这就为 RIM 公司抢在中国本土产品进入无线电子邮件高端市场之前制定行业标准、培养客户忠诚度创造了机会。

2. 适应中国消费者口味，打开手机零售市场

入乡随俗是每个跨国公司的“必修课”。目前，黑莓的定位主要针对跨国公司的高层商务人士，并且拥有一批为数不少的忠实拥护者，但是如果仅限于此，黑莓在中国的市场总量是不能令人满意的，一味地只抓住一个市场是不明智的。

一方面，中国的手机市场正在一步一步走向成熟，越来越多的消费者不再将手机外表作为购买的第一要素，而开始考虑到手机的品牌、质量、功能等多方面因素，这为RIM公司进军个人消费市场提供了一个大好的机会。在强大的手机功能的技术支持下，只要能够合理设计手机样式，必能俘获中国消费者的“芳心”。

另一方面，当各大手机巨头在高端智能手机市场上杀得难分难解时，对市场进行细分，抢先占领个人消费市场，对于RIM公司也有着非同一般的意义。

3. 整合企业资源，包含更多商务功能

能够极大提高办公效率是黑莓最大的卖点，也是高级白领最心仪的。因此，企业才会不惜千金为公司的高管们置办黑莓手机。

设想一下，如果这个小小的手机不仅能够收发邮件，还可以与公司的ERP系统联网，那会是怎样的一种情况呢？现在RIM公司就在通过合作以及提供各种新的服务，包括增加黑莓设备对一系列无线应用的支持来继续保持自己的优势。这样，黑莓就不单单是一部可以收发电子邮件的手机了，而是成了名副其实的“移动办公解决方案”，那时，统治高端智能手机市场将不再是梦想。

4. 加强合作，制定行业标准

在无线电邮这场“战役”中，RIM公司虽然占据了先发制人的优势，但远远不是最强的一个，微软、诺基亚、Visto、SEVEN等跨国巨头都要比RIM公司财大气粗。正因为如此，RIM公司也是最容易寻找到合适的战略伙伴的，当前RIM公司要做的不是想办法保持自己的技术领先 而是要寻找合适的合作者，共同把“蛋

糕”做大，共同维护已形成的行业标准。只要标准话语权仍在，RIM 公司就有无限可能。

5. 赢得合作伙伴支持，尽显合作优势

中国移动是RIM的合作伙伴，更是黑莓在中国生根发芽的“土壤”。没有中国移动的全力配合，黑莓想在中国成长壮大只能困难重重。当前，RIM 公司应该避开与中国移动推出的几项自有业务形成直接竞争，主动与中国移动探讨市场战略，争取加强合作。毕竟黑莓与中国移动的信箱服务分别面对的是一个高端市场和一个低端市场，不但不会构成竞争，相反还能形成很好的产品线互补，使中国移动的产品线更加完整。

同时，RIM 公司应该小心避免使黑莓手机成为中国移动旗下的一个子品牌，应该多与中国移动进行协商，怎样才能将自己的技术优势与中国移动的市场优势更好地结合在一起，创造一个中国的黑莓“帝国”。

RIM 公司在中国缄默多年才突然崛起，黑莓也姗姗来迟，但是，这并不妨碍其在中国上演一幕幕精彩的市场攻防战。另外，Push Mail 的推广，带来的不仅仅是移动终端的邮件推送功能，而且引发的技术进步将会使整个互联网技术进入下一个时代。RIM 公司急切地进入中国市场，不单纯因为中国人口多、消费潜力大，而是中国正在推行 3G，选对这一时机进入，恰好是要在移动数据业务和互联网业务之间建立一个桥梁，由此进入黑莓的下一个发展时代。

阿基米德撬动地球，需要的是一个支点；SEB 要撬动中国小家电和炊具市场，寻找到的“支点”就是苏泊尔。曾经在国内市场威风八面的苏泊尔，是甘当“支点”还是欲借 SEB 这根“杠杆”发力上行？

SEB：中国战略

2007 年 12 月 20 日，深圳。

在法国 SEB 和苏泊尔（股票代码：002032）战略合作新闻发布会上，SEB 总裁戴乐涛和苏泊尔少帅苏显泽高调出场，向媒体宣布 SEB 集团对苏泊尔股票的部分要约收购终告完成。据悉，为了完成整个收购计划，法方不得不以每股 47 元的价格向二级市场收购 49122948 股的股票，为此比原定计划多付出了 14 亿元的代价。

这场持续了一年多的收购行为终于在距离 2007 年岁末只有 10 天的时间画上了一个句号。

无疑，这是一场漫长而昂贵的收购。

对于 SEB 来说，斥资 3.27 亿欧元收购苏泊尔的控股权，无疑是一个“天价”，但法国人不这样认为。SEB 总裁戴乐涛这样对媒体解释：“由于之前 SEB 收购苏泊尔部分股权的价格是 18 元/股摊薄计算，此番收购的平均价格是 30.5 元/股，这个价格收购苏泊尔是值得的。”仔细研究苏泊尔的基本面，2007 年三季度每股收益 0.54 元，每股净资产 7.11 元，市盈率近 80 倍。按机构投资者的观点，60倍市盈率的股票已经处于泡沫阶段，但SEB却愿意出大价钱来完成要约收购，那么只有两种可能性：要么是法国人头脑发热，一时冲动；要么是国内对于成长性企业的估值太低。

SEB的中国图谋

1. SEB骑在股价的“虎背”上

事实上，从SEB同苏泊尔签署收购协议的那天起，SEB就已经被中国波澜壮阔的大牛市所“绑架”。

根据SEB和苏泊尔签署的《要约收购协议》，SEB收购苏泊尔控股权计划分三步完成。

第一步，SEB以每股18元的价格协议受让苏泊尔集团持有的苏泊尔股份1710.33万股、苏增福持有的苏泊尔股份746.68万股、苏显泽持有的苏泊尔股份75万股，合计约2532.01万股，占苏泊尔现有总股本的14.38%。

第二步，苏泊尔向SEB全资子公司以每股18元的价格定向增发4000万股，增发后SEB持股数将占苏泊尔总股本的30.24%。

第三步，触发要约收购义务，即以协议价收购公众股份，以达到所需要的控股比例。

在前两步已经顺利完成的时候节外生枝，事情发生了变化。一方面，竞争对手担心苏泊尔引进外资后严重压缩自己的生存空间，于是以涉嫌产业垄断为名，一纸诉状将苏泊尔并购案告至证监会；另一方面，并购双方对国内股市的大牛市行情估计不足，股价在利好消息刺激下一飞冲天，要按18元的价格完成收购要约成了“镜中月”、“水中花”，SEB 眼看到手的“馅饼”被“牛”抢跑了。

但是，SEB 也没有更多的退路可以选择。

一方面，此次收购是实现 SEB 全球产业布局战略的一部分，“开弓没有回头箭”。SEB 已经将其在欧洲的两条生产线搬迁至中国，并解雇了法国当地工人。

另一方面，由于 SEB 已经完成了部分收购，如果不完成对公众股东的要约收购，即使成为了第一大股东，但是仍然不能实现控股。

此时，SEB 要完成战略布局已经不能自己说了算，加上法国与中国之间的远距离操控，收购的可控性自然大打折扣。

至此，SEB 已经骑在了股价的“虎背”上，进退两难，而抬高要约收购价格成了唯一选择。

2. 不惜“血本”的收购

多掏 14 亿也要完成收购，SEB 显然是下了“血本”。

在战略合作新闻发布会上，SEB 总裁戴乐涛数次表明此次收购是有价值的，他说：“对于 SEB 来说，斥巨资收购苏泊尔的控股权意味着拥有了整条中国销售渠道、占领了超过 20%的市场份额，还能得到低成本的竞争优势。”

但背景展示的远不止如此。

SEB 是全球最大的小型家用电器和炊具生产商之一，在不粘锅、厨房用电器、电熨斗等家用电器领域拥有世界领先技术与知名产品，拥有 TEFAL、Moulinex、Rowenta、Krups、All-Clad 和

Lagostina 等世界知名电器和炊具品牌，业务遍布全球 50 多个国家和地区。

但是，由于发达国家劳动力成本上升，SEB 集团在欧洲的经营已显露困境。2006 年，SEB 集团在法国的销售额只增长 0.6%，在其全球销售额增长中处于最低水平。一位 SEB 集团高管说："在法国，家庭用品市场的萎缩让我们的处境非常糟糕，产品销量出现了急剧下降。"据 SEB 集团预计，其在法国糟糕的经营情况还会持续 2～3 年。因此，SEB 必须拓展发展中国家市场，以维持公司业务增长，并提升其全球竞争地位。

因此，改变其全球产业布局就成了 SEB 必然的选择。

2007 年年初，SEB 集团的一份研究报告指出：由于全球小厨具主要在中国生产制造，且中国的劳动力成本只有法国的 1/50，所以在欧洲维持现有的产能水平是没有必要的。同时，中国市场正呈现出消费快速升级的态势，面对一个庞大市场的诱惑，通过收购中国企业将产能、销售中心"外迁"至中国，同时借机打入中国市场，就成了 SEB 寻找新的利润增长点的重要手段。

因此，SEB 对于新兴市场品牌的收购有多方面的含义：可以提高其产能水平，占领细分市场，扩大销售额和覆盖全球销售市场。

3. 团队胜过渠道

事实上，SEB 很早就对中国市场虎视眈眈。

理论上，SEB 进入中国的方式有三种：收购苏泊尔；收购苏泊尔的竞争对手；独资经营。从进入中国的战略实践来看，SEB 已经在中国摸索了 10 多年。

早在1996年，SEB与上海红星合资进入中国，后来变成独资经营。目前，SEB在中国境内拥有两家全资子公司：上海赛博电器有限公司及赛博贸易（上海）有限公司。其中上海赛博电器有限公司是全资收购当年以生产电熨斗闻名的红星电器后组成的，随后生产SEB蒸汽熨斗、蒸锅、水壶以及吸尘器。但是这种方式发展的结果不甚理想，2005年SEB在中国市场的销售额约为0.77亿元，与苏泊尔等本土品牌的飞速发展难以相提并论，根本没有分享到中国市场快速增长的机会。而且，SEB对中国市场的运作是委托香港人代为执行，中国市场的个性化和SEB的欧洲血统不相吻合，更让法国人难以理解的是中国渠道的错综复杂和重重“潜规则”，习惯了在一个规范市场中运作的SEB在中国市场处处受制。

这种格局导致SEB就像一位武林高手，空有一身武功却找不到发力的地方，SEB的中国战略一直没有起色。

SEB在中国市场的尴尬处境并非偶然。事实上，跨国集团在中国的发展实践早已表明，在劳动密集型行业里如果完全照搬发达国家的管理思路，肯定是做不好中国市场的。炊具行业是劳动密集型行业，SEB不可能沿用它在欧洲的经验，独资经营必然是要亏损的。

在炊具行业，唯苏泊尔一枝独秀。苏泊尔的团队是在竞争缝隙中打拼出来的“铁军”，在各方力量的围追堵截中能将一口锅做成了全国老大，可想其团队的执行力，并且苏泊尔很早就已经成为SEB的ODM客户，双方有良好合作的基础。保留苏泊尔原有的团队，最大程度地利用现有管理层的行业经验，就成了SEB进入中国小家电和炊具市场的不二选择。

完成收购所设计的三步的关键就在于此。

苏显泽的“帝国”野心

1. 国内市场遭遇“瓶颈”

应该说，一口锅的辉煌属于苏增福。

正是凭借浙江人骨子里的灵活和勤劳，苏增福用了近20年的时间，将一个配件小加工厂做成全国最大的炊具生产基地，一手缔造了苏泊尔这个炊具王国。

从父辈手中接过企业的“权杖”后，少帅苏显泽就面临着如何继续缔造辉煌的压力。显然，炊具行业的特性束缚了苏显泽的雄心。

炊具是一个没有技术壁垒的行业，中国相关企业近1500家，除了苏泊尔、爱仕达、沈阳双喜等企业能在某一细分领域叫出名气外，更多的企业还处于混战中。行业的格局迫使各个企业以争夺市场份额为营销目标，依靠低价策略来寻找发展，而不断上涨的原材料价格，使得许多炊具企业的经营举步维艰。

从2004年开始，在大中城市压力锅市场占有率达40%以上的苏泊尔也出现销售额增长停滞的局面，2004年的销售利润和净利润同比分别下滑14%和17%。2005年，虽然苏泊尔极力推出新产品并积极开拓海外市场，但收效不大，全年销售利润和净利润与2004年基本持平，苏泊尔的发展遇到了“瓶颈”。

为了寻找新的增长点，苏显泽选择走专业领域多元化外向发展的道路，围绕厨房做文章：一方面进入小家电领域；另一方面以贴牌方式积极拓展海外市场。

与炊具完全不同的是，小家电除了利润水平的吸引力之外，其技术壁垒显然也比炊具高很多。因为小家电是一种生活品质的象征，消费者对产品的工业设计和质量都有近乎苛刻的要求。虽经过努力，但苏泊尔仅仅在电饭煲等部分产品上获得差异化竞争优势，难以迅速全面提升竞争力。而且，在市场层面，苏泊尔又要面对美的、灿坤、格兰仕等相关产业巨头的竞争。

实现“两条腿走路”的战略方针，要求苏泊尔将企业能力的焦点集中在技术上。

法国 SEB 拥有不粘锅、厨房用电器、电熨斗、电风扇、移动电热器、脱毛器和吹风机等多个世界领先的知名产品，其强项恰好在于厨房小家电领域。

SEB 的专长和苏泊尔的战略方向形成了完美互补，苏显泽有了引进 SEB 的想法。恰逢 SEB 同爱仕达的谈判破裂，这给了苏显泽一个完美的介入机会。

2. 国际市场“蛋糕”诱人

事实上，之所以愿意以控股权换取与 SEB 的合作，苏显泽显然有更深远的图谋。

与其让 SEB 选择与国内其他企业合作从而变成苏泊尔强大的竞争对手，不如抓住契机在放弃控股权的前提下与 SEB 联手，把苏泊尔发展成炊具和小家电领域的“航母”。因此苏显泽选择了保留苏泊尔 14%多（承诺未来 3 年不低于交割日 11.41%股权）股权比例、继续负责苏泊尔公司的经营管理的合作方式（因为只有放弃控股权，SEB才会输入商标、技术和国际渠道)。

而SEB在此次合作中，也确定了其在全球控股公司中相对较低的52.74%持股比例，并特别承诺保留苏泊尔的管理团队，就是希望苏氏父子及苏泊尔团队可以分享并购后新公司成长带来的价值增长，同时也是保证激励机制的动能。

苏显泽在与法国人的谈判中，已经就厨具产业的世界版图作了一个划分：法国 SEB“借”苏泊尔进入中国，可以成为消费升级引领的领导品牌；苏泊尔除了可以借SEB之力在小家电领域与美的等品牌一比高下外，还可以“借船出海”，将自己在炊具及电饭煲、电磁炉领域的领先优势通过SEB的渠道进行全球布局。双方合作可谓一举两得。

如今，合作已经初见成效。SEB 帮助苏泊尔开发了一条生产线，将生产效率提高了30%，2007年苏泊尔厨房小家电销售量的增长迅速，支持了销售额的继续增长。在借用渠道方面，苏显泽说:“电饭煲、电磁炉都是SEB没有的项目，因此苏泊尔这部分项目还将随着SEB的销售渠道走出国门，走向欧美。”

并购也给苏泊尔打了一针“强心剂”，2007年苏泊尔的净资产已达到15.36亿元，销售额为35亿元，创下历史最高，同时，苏泊尔在越南已有布点。苏显泽，这位儒雅外表下暗含血性的少掌门，正凭借自己执著的梦想、痴醉、直觉，坚定地将自己的国际化战略徐徐展开。

第二章

本土崛起

小企业好做——什么赚钱做什么；

大企业好做——手里有资源了。

但是，把企业从小做大却不好做。我们总是关注成功企业的光芒，而企业真正的价值却在从小做大的过程中。

《蜘蛛侠》的走红不仅使其在欧美家喻户晓，接二连三地续拍使得这个双手吐丝、飞荡在高楼林立的城市上空的红衣帅哥在中国深入人心。然而，就在这位突破民族、疆域之别的银屏“大侠”借助电影的力量大行其道时，另一个版本的“蜘蛛侠”——分众传媒也在上海闪亮登场——用液晶显示器进驻高档写字楼、在商务人士的生活缝隙间插播广告，如同蜘蛛丝一样盘根错节地网住一个城市，又一个城市……继而蔓延全国，一直“网”到美国的纳斯达克。

分众传媒：中国的“蜘蛛侠”

2006年7月13日，国内新媒体领军人物江南春率团队开启了分众传媒上市一周年纪念仪式的香槟酒，引起满堂喝彩。去年这一刻，江南春第一次代表中国企业按响了美国纽约NASDAQ股票交易市场的开市铃声，这是中国第一个在美国上市的纯广告传媒股，也是至今为止中国在纳斯达克市场最大的IPO，融资规模创下近1.8亿美元的全新纪录。

相较于一年前的上市之初，2006年分众传媒的股价已经上涨了200%，市值也从当时的8亿美元增长至32亿美元，创造了300%的增幅。这支中国概念股在纳斯达克登陆以来，它的股价既没有带给人们一路狂飙的大喜，也没有令人沮丧的直线下挫，而是平稳地向上发展，在不经意间轻取纳斯达克市中国概念股的头把“交椅”。分众传媒创造了中国传媒领域的奇迹，而在这一奇迹的背后则是新经济模式下最经典的一系列营销战略组合。

分众传媒：细分时代的新商机

纵观分众传媒的发展历史，从 2003 年 5 月的创立到 2006 年身居国内高科技公司三甲，分众传媒仅用了三年不到的时间。我们不得不感慨这一奇迹，对比黄光裕的“左手倒右手”、马云的“10亿开单”，虽说发展速度也相当快，但是相比分众传媒的发展速度，仍是不可同日而语！

创办分众传媒前，江南春也经历过一次短暂的失败。当时他意识到，在广告产业的价值链中，广告代理公司处于最下游、赚钱最少、付出的劳动最多。在陈天桥的影响下，江南春最初以股东的身份投资了一家小规模的网络游戏公司，但是这笔钱很快就打了“水飘”。“对产业理解不深刻，自己又不能亲自参与管理。”江南春回忆起这段创业历史仍然心有余悸。

这段失败的经历，让江南春更加小心翼翼。他敏锐地意识到绝不能把钱砸在自己不熟悉的领域。一次偶然的逛街机会，江南春突然对徐家汇一个商场门口的张贴广告产生兴趣。为何不把这些广告变活？一个创业计划就此诞生。“如果以受众为本位思考，一个人一周没去过徐家汇很正常，但一个人如果一周没回家、一周没有去写字楼、一周没去卖场和超市就可能会影响到基本生活了。这些众多的生活接触点可能是比徐家汇、外滩等场所更加频繁的接触点，能够在这些地方形成一个有效的广告传播网络结构无疑是有很大价值的。”“这是一个巨大的空白广告市场。在他们每天至少 4 次等候电梯的短暂时间中，形成强制性广告收视，成本却只有传统电视广告的1/10。”有了细分时代的理论认识，江南春将目标锁定在月收入3 000元以上的“三高”(高收入、高学历、高消费）人群，以2 500万元的自有资金创办了分众传媒。

分众传媒成立后马上受到风险投资商的青睐，2003年5月日本软银与维众（中国）向分众传媒注入了4 000万美元风险投资资金。风险投资商的“嗅觉”确实很敏锐，在此之前分众传媒用自有资金在上海100幢顶级商务楼宇安装了400多台液晶电视，形成了一张日覆盖近百万人次的联播网，新媒体的效应也立竿见影。

商务楼宇液晶电视联播网能实现对中高端目标消费者的高度覆盖，具有针对性强和反复刺激性等特点，广告业务接踵而至，网络开播3个月后便实现现金流入，平均每月收入400万元。江南春预测中国商务楼宇视频的广告市场空间在50亿元以上，获得风险投资商资金注入后，分众传媒开始了全国范围的扩张。

精确分众：定义目标人群的“生活圈”理论

据说，江南春曾经就商务楼宇项目咨询万科总裁王石先生，王石当时告诫江南春：“分众不太可能成功，因为乘坐电梯的人根本不会关注广告。”然而，正是这个在国内最有眼光的企业家眼中看起来不太可能的商业计划，却最终带来了几十亿美元的价值。

那么，分众传媒成功背后的主要原因是什么呢？

首先，分众传媒定义了最关注人群，也就是25～50岁的高薪白领阶层。他们任职于国内外知名企业，月收入≥7000元人民币，是社会高收入者，也是最具潜力的消费群体，处于社会“金字塔”的顶端。对于分众传媒而言，只要拥有目标人群所关注的媒体就等于成功了一半。经过研究，分众传媒发现目标人群的商务以及生活习惯（如图 1 所示）。

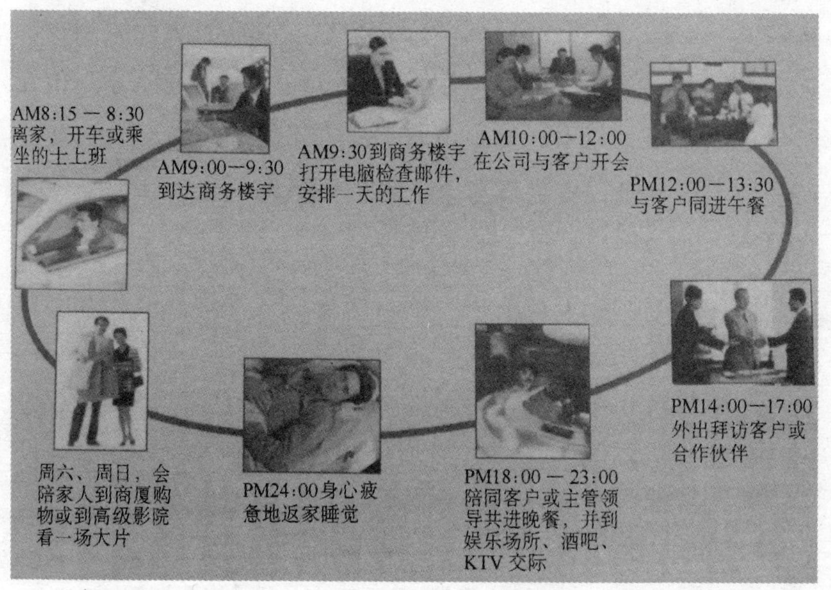

图 1　商业人士 24 小时生活形态

按照图 1 显示的生活模式来看，实际上高端用户在家里看电视的时间很少，他们主要的时间都花在商务以及社交活动方面。如果根据这种生活习惯，目标人群的媒体接触习惯应当符合如图 2 所示的状态。

通过分析，江南春更有理由确信自身媒体的竞争力，于是他开始围绕目标高端人群频繁出入的场所组织自己的媒体“帝国”（如图 3 所示）。

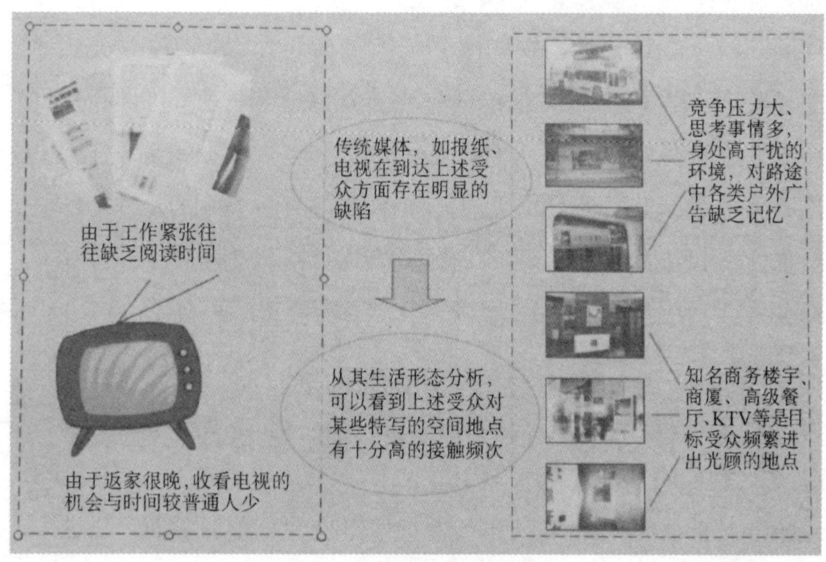

图 2　商业人士媒体接触习惯

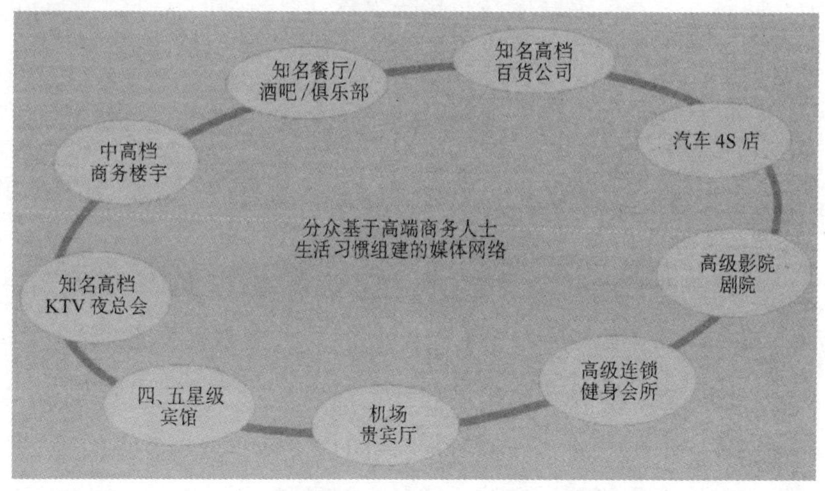

图 3　分众传媒媒体“帝国”布局

一名公司白领离家上班进入电梯时，接触到分众传媒电梯内的平面广告；来到公司楼下等电梯时，遇到分众传媒的 LCD；工作间隙时，看到分众传媒的网络广告；下班后，逛商厦、美容厅，泡酒吧、KTV，那里时刻传播分众传媒的时尚联播、白领联播；周末，在卖场、超市等场合接触到分众传媒的卖场联播；出差工作、外出游玩也会在机场巴士、机场贵宾厅、候机厅、安检处的LCD、飞机上的电视、酒店宾馆联播网，会接触到无所不在的分众传媒；在来往于这些场合的途中，沿街放置的户外LED和时刻不离左右的手机上，也会有分众传媒提供定向资讯来帮助排遣途中的无聊时光……

一个人的生活形态是有一定规律和一定轨迹的，如果能把广告植入他的生活轨迹中，那么广告信息就会和他频繁地“相遇”，这种根植于生活形态与需求的媒体会具有更强大的生命力和影响力。同时，商务楼宇联播网与传统媒体具有很强的互补性，与传统媒体的立体化组合能通过多渠道的形态强化受众品牌的认知与记忆，这就是分众传媒赖以成功的“生活圈”理论。

“鲸吞”聚众：“兔子”与“兔子”的赛跑

“创新才能立业”，受益于此的江南春常把这话挂在嘴边，在外人看来，多少有些居安思危的“味道”。一个创意可能缔造一个产业，同时也面临被另一个创意替代的高度不确定性。事实上，在分众传媒上市前后，人们对其特有的商业模式和户外数字广告环境存在许多争议，所有的质疑最终都指向一点：分众传媒如何确保在未来的高成长性？

分众传媒首要面对的挑战来自诸多竞争对手的模式“拷贝”，甚至连公司名称都与分众传媒相似。在分众传媒成立的几个月后，一家名为聚众的公司在上海成立，这家公司与分众传媒在商务楼宇视频市场上展开了激烈的竞争；随后，具有国资背景的上市公司东方明珠也宣布进军这一领域；此后，一家名为聚众的公司也高调宣布要把液晶屏幕装进家电连锁卖场，铁路、公交车、出租车等众多有类似基础的领域也成为许多手握大笔资金的投资者虎视眈眈的一块“肥肉”。分众传媒面临的是一群随时可能出现在身边的竞争对手，在这种情况下要想领先于所有的对手，只有比别人跑得更快，这是一场“兔子”与“兔子”之间的赛跑！

2005年10月，分众传媒连出两招，新的媒体战略框架跃入人们的视野。10月初，分众传媒联手eBay，将此前快速成长于互联网中的分类广告信息从“线上”延伸至“线下”，实现网络与楼宇联播网的同步播放。业内分析人士对此举的评价是：“‘线上’+‘线下’的复合模式，为中国的分类广告模式提供一种新的探索，进一步拓展了国内分类广告业的内涵，也为国内不同媒介广告企业的合作发展树立了典范。”半个月后，分众传媒又以不超过1.83亿美元的价格创纪录地全资收购了国内最大的电梯海报媒体运营商——框架媒介（Framedia），成功进入社区公寓这一巨大的市场。同时，分众传媒也第一次向媒体透露了其建设中国首个“生活圈媒体群”的战略部署。

有了一系列的兼并后，分众传媒面临的最大竞争对手就是聚众传媒，两者的商业模式几乎完全一样，所不同的就是对楼宇资源的独占性。安装了分众传媒液晶电视的楼宇不能再安装聚众传媒的电视，反之亦然。

竞争使分众传媒和聚众传媒这两只跑得几乎同样快的“兔子”

不得不展开一场不同寻常的比赛，而比赛的最终结果是失败者被胜利者从市场中“删除”。

1. 抢占独有资源，比拼“圈楼”大赛

既然在商务楼宇内安装液晶电视多数采取的是排他协议，那么对于分众传媒与聚众传媒而言就意味着谁能抢占到更多的楼宇资源，谁就能拥有更高的收视率；谁能抢占更多的高端楼宇，谁就能拥有更多的高端用户。在这一思路之下，分众传媒与聚众传媒之间争夺楼宇“地盘”的战斗悄然打响了。

一时间，在北京、上海、广州等一线城市的各大楼宇里迅速架起了数以万计的液晶显示屏，分众传媒与聚众传媒的广告分布表几乎每个月都会大幅刷新一次。经过一年多的争夺，截至 2005 年 9 月，分众传媒在 50 多个城市拥有 55 000 个楼宇网点，聚众传媒在 40 多个城市拥有 25 106 个楼宇网点。

对于这段“圈楼”大赛的经历，江南春原打算赚了钱后去开发北京市场，再把在北京赚来的钱拿去占领广州市场，但竞争使他很快改变战略，着手开拓全国市场。在对比聚众传媒的资源扩张中，分众传媒作出了一次最为冒险的决定，他们在二、三线城市采用代理加盟的形式，只要当地有人愿意自建楼宇液晶电视网络并符合相应条件，便可得到分众传媒的支持，成为分众传媒的加盟代理商并入分众网络。按照江南春的说法，在该加盟商发展壮大后，分众传媒便以溢价收购正式并入分众的传媒网。

尽管分众传媒此举在很大程度上加速了自身网络规模的扩大，但同时也给自己的管理带来了很大的挑战性。加盟商大多都分布在二、三线城市，一旦网络的某一部分出现问题，都将会影响分众传媒的品牌。最终的结果证明：分众传媒的选择是明智的，大量加盟商的介入迅速提升了分众传媒的网络影响力，也对分众传媒的迅速上市起到了很好的支撑作用。

抢占资源的比拼中，聚众传媒落在了分众传媒的后面，于是聚众传媒便在定价方面把压力抛给了对手。根据双方的报价单显示，如果播放规模相当的广告，聚众传媒的价格仅相当于分众传媒的一半。面对这种压力，分众传媒似乎并不以为然，他们高高举起了价值大旗，从自身占有高端用户的广告效果方面入手，征得客户的认可。在双方各大城市 TOP100 的商务楼宇对比中，分众传媒牢牢抢占了先机，最终聚众传媒的低价策略反而成了他们广告效果偏低的证明。

2. 提高市场占有率，双方对决

有了庞大的媒体网络与资本支持，以营业收入为目标的分众传媒与聚众传媒自然把竞争的焦点转移到了争夺客户资源、提高市场占有率方面。双方的销售团队都有非常出色的表现，以 2005 年第三季度为例，分众传媒的营业收入为 1 950 万美元，聚众传媒的营业收入为 2 160 万美元，两者实力表现不相上下。

作为销售支持，在市场数据方面分众传媒与聚众传媒又各自亮出了自己的“王牌”。分众传媒聘请了国内最著名的收视率调查机构央视索夫瑞（CTR），并于 2005 年 5 月公布了针对国内 13 个城市的楼宇广告市场调查数据。数据显示在覆盖楼宇数量上，分众传媒以 70%的份额稳居第一，聚众传媒仅为 28%。该报告一经公布便立即引起了聚众传媒的强烈反应，双方的“口水”战一时间充斥了各大媒体。

作为回应，聚众传媒请出了 AC 尼尔森（ACNielsen），2005 年 10 月 31 日发布了另一份国内楼宇广告市场调查报告。报告称上海、北京、深圳、广州等 12 个国内主要城市，在写字楼、宾馆、商场、商住公寓楼、医院等 7 个楼宇广告市场内，聚众传媒和分众传媒两大行业巨头共占有楼宇广告总量 96.5%的市场份额，其中聚众传媒的楼宇广告占有率为 46.7%，分众传媒楼宇广告占有率为 49.8%。

两份报告差距甚大的结果使得双方各执一词，用户更是难以判断双方在市场中的真实差距。可是，分众传媒在二、三线市场由于加盟商源源不断的介入，因而聚众传媒在市场占有率上被远远地抛在了后面。

3. 智者无敌，分众传媒的人才战略

应该说分众传媒的市场占有率不仅仅表现在楼宇的占有率上，很大程度也依赖于对稀缺性人才的占有。“行业的人挖完了，市场是你的。”江南春曾如此说。对稀缺性人才的占有也是分众传媒的主要竞争优势之一，如何创造良好的激励机制以吸引行业最优秀的人才是一个初创企业持续发展的关键因素，而这也是江南春和分众传媒遇到的最大困难。

“2004 年之后平台将会更广泛，我们必须要引进很多新的业务。”江南春曾如此分析。分众传媒在完成原始积累后，更加着力于收购兼并，并且在研究和广告效果评估等方面“深耕细作”，而

业务的拓展使得分众传媒出现严重的人才饥渴。江南春发现缺少能不断发现新媒体、富有激情，并且具有高度执行力和专业素养的人才，这已经成为公司壮大和行业发展的“瓶颈”。

在江南春看来，他所要做的是“运用从物质到资本的激励机制，将市场上优秀的人聚拢在一起，发展成自己的核心力量”。为此，江南春花“重金”先后从凤凰卫视、实力传媒“挖”来高管，担纲分众传媒的战略发展和市场推广，大量优秀人才的加盟使分众传媒的管理团队空前壮大，进一步加强了其市场竞争力以及对资本市场的吸引力。

4. 打通资本渠道，“分”“聚”的融资竞赛

很多分析人士认为，分众传媒与聚众传媒谁先上市谁就能赢得最终的胜利，因为谁先上市意味着谁能够获得更多的资金用于媒体覆盖面的扩张，就能最终在广告效果上超过对手。于是，无论是分众传媒还是聚众传媒都没有留给对手任何喘息之机，分众传媒首先获取日本软银等知名的风险投资商的信心及支持，聚众传媒紧随其后也拉到了凯雷作为靠山。无论是从投资商实力还是从投资规模看，分众传媒与聚众传媒都难分伯仲。

在成功融得风险投资后，双方展开了公开上市的“赛跑”，并且都把目标瞄准了纳斯达克。为了实现上市目标，公司的成长性、目前收益以及管理团队都成了双方比拼的硬指标，为此分众传媒不惜重金从各个方面完善公司的商业模型，并且请出高盛作为券商，终于在 2005 年 7 月 13 日“登陆”纳斯达克，市值达到约 8 亿美元。上市竞争的失利，使聚众传媒最终落到了后面，这也奠

定了此后分众传媒收购聚众传媒的基础。

果不其然，在收购框架媒介的80天后，分众传媒再一次亲手改写了此前由自己创造的中国传媒业并购纪录。2006年元旦刚过，分众传媒与当时中国的第二大楼宇电视运营商——聚众传媒共同在上海金茂大厦举行新闻发布会，正式宣布双方的联手。至此，分众传媒以3.25亿美元的总价格全资合并聚众传媒，在楼宇视频媒体领域进一步巩固了其领导地位，市场份额达到约98%。有了这次合并，楼宇视频媒体领域将从此远离无休止的恶性竞争，节省更多的社会资源用于行业发展。同时，分众传媒也将依托这次合并后所拥有的强覆盖平台走出“生活圈媒体群”道路上重要的一步——媒体精细分众化。

分众再分，细分市场的二次“角力”

根据分众传媒定义的“生活圈”理论，可以再根据目标人群每天不同时段接触点的不同，将不同的接触点再细分。2006年3月底，分众传媒7条产品线整装“亮相”，此前的视频联播平台依据更强的受众定位细分为：中国商务楼宇联播网，主要针对OFFICE白领人群，覆盖都市中高档写字楼；中国领袖人士联播网，主要针对企业主、社会名流等最高端人群，覆盖高尔夫俱乐部、机场贵宾厅等高档场所；中国商旅人士联播网，主要针对频繁外出的商旅人群，覆盖机场巴士、机场候机厅、机场安检处、酒店、宾馆等场所；中国时尚人士联播网，主要针对时尚、娱乐人群，覆盖酒吧、KTV、Shopping Mall、中高档美容院等场所；中国医药联播网，主要针对医疗消费人群，覆盖药店、医院等场所；此外还有中国大卖场联播网、中国超市/便利店联播网等针对不同消费力、消费习惯的终端 FMCG（快速消费品）采购人群。

7 条新产品线的推出使分众传媒的媒体网络具有更强的分众精准传播能力、更大的组合传播能力，广告主也可以通过精细分众化的媒体得到更有效的投资回报，对分众传媒而言，则获得了更多的利润增长点，广告主的肯定将使这些利润增长点变成现金。

分众传媒的执行力总是令外界叹服，在推出 7 条新产品线的同时，分众传媒还以迅雷不及掩耳之势，同时并购了一家国内知名的手机广告运营商，并启动了名叫“分众无线”的新媒体品牌。

手机是天然的定向媒体，江南春早在分众传媒上市前就表现出对手机媒体的看好，而此次并购给了业界一个隐约的信号——分众准备玩手机了！但是，分众传媒和江南春对此次并购的低调似乎告诉人们，分众传媒还在继续潜心研究这个未来最强大的媒体，不到时机成熟时不会出手。在江南春对媒体所做的回答中，有两点可以看出这个传媒“新贵”眼中的手机媒体将意味着什么：手机媒体具有强大的受众行为记忆能力，这更大程度上贴近于 Focusmedia（分众传媒）所倡导的分受众传播理念。同时，手机是一种 24 小时的贴身媒体，分众传媒之前的网络是覆盖很多类生活接触点的，这种贴身媒体可以使这些“点”真正成为一个“圈”。这个习惯于创新的企业，不知会在什么时候以怎样的独有模式告诉人们其独到的价值。

分众模式，引领中国传媒走向“纵深”

2006 年 5 月 19 日，分众传媒（Nasdaq：FMCN）发布了截至

3月31日的2006年第一季度财务报表。报告显示，分众传媒第一季度总营业收入为3 310万美元，同比增长246.1%，净利润为940万美元，比去年同期的260万美元增长257%。公司创建之初，分众传媒的月营业收入不过以百万计，而如今，每月的广告营业收入平均已经超过一亿元人民币，几十倍的增长给了资本市场足够的信心。

从分众传媒公布的财务报表来看，分众传媒的盈利点仍然集中在商务楼宇联播网、卖场联播网和2005年收购的框架传媒几大主营业务上，但这并不意味着分众传媒在既有的模式上固步自封。事实上，分众传媒这种简洁的商业模式得以让它在竞争激烈的传媒行业轻装上阵。回顾历史，我们惊讶地发现，很少有公司像分众传媒这样，能够在公开上市之后继续精力充沛地保持其创新的活力。上市刚满一年的分众传媒正在用更完善的媒体细分和更灵活的媒体创新策略，在“纵向”和“横向”双管齐下，为保障客户ROI（投资回报率）最大化作出更多的努力，同时为自身创造更深、更广的利润空间。

在这个过程中，中国媒体的分众化传播实践也逐渐走向“纵深”。

从模仿对手到超越对手，百度始终坚持一个简单的商业模式而获得了巨大的成功。为了配合在纳斯达克上市的需要，百度更是重点诉求“百度更懂中文”这一核心竞争优势，从而树立独特的品牌区隔，不仅与对手形成差异，更能在中国市场牢牢压制住对手。专注，往往能成就的一个神话的缔造者。

百度：纳斯达克的“刀客”

美国东部时间 2005 年 8 月 5 日，百度成功登陆纳斯达克股票交易市场，上市目标发行价为 27 美元，当日便直线冲破 150 美元，最后落定于 122.56 美元收盘，成为美国证券历史上 IPO 首日表现最佳的十大股票之一，百度的数百名员工也随之成为“百万富翁”。一时间由百度所创造的财富奇迹成为国内新经济领域甚至传统行业最热门的话题：百度用 5 年的时间创造了可以与中石油这样的巨头比肩的账面财富，互联网的造富奇迹在国内达到顶峰。百度的上市成功再一次代表着互联网的崛起……

“荷花效应”与楔形竞争力

从 20 世纪 90 年代中期开始，随着网景公司的上市，[①]互联网便以一种革命性的商业运作模式以及营销推广方式创造着财富奇迹。很快这股在美国掀起的“飓风”席卷到了中国，第一批网络创业英雄出现在各大媒体面前，其中很大一批人成为互联网“泡沫”当中的牺牲品，而少数几位则成了今天国内商界中最具影响力的人物。百度以及它的创始人李彦宏便是其中最为幸运的一个代表。

在中国搜索引擎起步阶段，三大门户网站（新浪、搜狐、网易）均学习雅虎将搜索作为公司的重点内容之一。当时搜索的主要形式为目录搜索，就是各大网站分别列出各层级的目录，用户根据目录选择要寻找的内容。随着Google 革命性地推出了按关键词搜索的新技术，搜索引擎在互联网领域的地位开始悄悄地发生着变化。

有人曾举过这样一个例子。想象一个巨大的湖，在一个月的时间里，湖面上将长满荷叶。第 1 天，湖面上长出了一片荷叶，以后每天增加一倍。第 2 天 2 片，第 3 天是 4 片，第 4 天是 8 片……在一望无际的湖面上，这几片荷叶实在微不足道。事实上，在以后 20 天的时间里，几乎没有人注意到湖面发生的变化。第 24 天，有荷叶的地方不足整个湖面的 1%。第 25 天，有 1/64 的湖面长上了荷叶。你早已熟悉并习惯了湖面一碧万顷的模样，不会想到湖面会出现巨大的变化。直到第 27 天，你才稍稍意识到湖面上有不少荷叶了，因为有 1/16 的湖面长上了荷叶。而当你刚刚意识到这种变化的时候，就会为这突如其来的变化所震惊，你所习惯和熟悉的格局已经猝不及防地结束了。第 28 天，有 1/8 的湖面长满了荷叶。第 29 天，有 1/4 的湖面长满了荷叶。第 30 天，有 1/2 的湖面长满了荷叶。第 31 天，一碧万顷的湖面格局彻底消失，代之而

① 1993 年，23 岁超级“网虫”安德李森深感网络上信息量浩如烟海，资料查找非常麻烦，于是开发了“马赛克”（Mosaic，又称为“万花筒”）的软件，通过它可以作定向导航，这就是早期的网络浏览器。1994 年 4 月风险投资家克拉克与安德李森一起创办网景公司，把“马赛克”改名为“网景航海家”（NetScape Navigator）。1995 年网景公司股票在华尔街上市，一夜之间，总资产不足 1 700 万美元的小公司变为 20 亿美元的电脑业巨人。

起的是满湖的荷叶。

荷叶的成长与Google和百度的成长历程极其相似。2000年6月，全球最大的门户网站雅虎正在为找到Google这样“物美价廉”的合作伙伴而自豪的时候，Google却开始悄悄地在雅虎这个巨大的“湖”里生长扩散开来。Google的模式不禁让人联想起当年微软仰仗IBM这棵“大树”起家时的情景：微软这家名不见经传的小公司，仅仅凭借一项强大得惊人的功能“吸干”了它所“寄生”的大公司的客户资源，当IBM恍然醒悟时，一切都为时晚矣。

当时还在美国留学的李彦宏从Google上看到了在国内创业的机会，于是带着他的“超链技术”专利和120万美元风险投资回到国内，创立了百度。

在百度初创的日子，也许没有人会想到今天百度的规模。尽管当初的李彦宏已经掌握了顶尖的搜索技术，但当他回到母校北京大学“搜”了一大圈后才发现，居然找不到一个合适的搜索人才。当时国内以新浪、搜狐、网易为代表的互联网公司已经占据了绝大比例的用户，而Google正在以惊人的速度培育国内用户，要在这样一个严密的阵营当中撕开一个裂缝，谈何容易？再看百度的资金，2000年创业初期，李彦宏手中仅有120万美元的“种子”资金，尽管9个月后他又拿到了1 000万美元，但如论如何也不能与财大气粗的竞争对手正面碰撞。

面对这种状况，李彦宏必须找到一条清晰的能够获得用户和市场关注的路线。互联网作为一种新兴的经济模式，拥有与传统商业完全不同的特征，这里没有马太效应，[②]而这恰恰是留给所有有创意的创业者足够的想象空间与发展空间。当时，李彦宏用了一句比尔·盖茨更具危机感的口号加以概括，“百度永远离破产只有30天”，并将这句话写在了第一版的百度网站上。从这一刻开始，百度便在上演技术型公司的营销大戏。

最开始，百度只是一家通过开发搜索技术，为门户网站提供幕后服务的技术提供公司。2000年，百度找到了第一家愿意购买其搜索服务的合作伙伴——硅谷动力（一家IT门户）。一年以后，百度占据了中国80%以上的搜索引擎技术提供的市场份额。在百度，这种以技术为先导的商业模式被称之为“楔形竞争力”③，而技术正是“楔形”的尖顶部位。

所谓“楔形竞争力”不过是企业竞争策略的一个代码，是百度、Google甚至微软这样的企业从小到大的发展历程的一种抽象，充分借助外部力量，发展自身的核心能力使企业最终赢得了市场。这是一种可怕的策略，不仅将自身的推广成本降至最低，更可怕的是由于核心能力的无比强大，拥有超过原有“寄生体”的对用户的吸引力，并且可以充分利用这种对用户的吸引而衍生出更广泛的产品和应用。但这种竞争力的关键是拥有独有的、能够抓住用户需求的核心能力，并基于这种核心能力延伸更丰富的应用。

Google 正是通过占据用户对搜索需求的偏好而获得了发展机

② 马太效应（Matthew Effect），是指好的愈好、坏的愈坏，多的愈多、少的愈少的一种现象。此名字来自于《圣经·马太福音》中的一则寓言，并且1968年，美国科学史研究者罗伯特·莫顿（Robert K. Merton）提出这个术语用以概括一种社会心理现象：“相对于那些不知名的研究者，声名显赫的科学家通常得到更多的声望，即使他们的成就是相似的；同样地，在同一个项目上，声誉通常给予那些已经出名的研究者。例如一个奖项几乎总是授予最资深的研究者，即使所有工作都是一个研究生完成的。”罗伯特·莫顿归纳“马太效应”为：“任何个体、群体或地区，一旦在某一个方面（如金钱、名誉、地位等）获得成功和进步，就会产生一种积累优势，就会有更多的机会取得更大的成功和进步。”此术语后为经济学界所借用，反映贫者愈贫，富者愈富，赢家通吃的经济学中收入分配不公的现象。

会和用户群体，而李彦宏也正是看准了 Google 的这种可怕的成长模式，因此当他携带着 120 万美元回到国内之前便认定这种商业模式将成为百度未来最为核心的内容，也正是由于拥有清晰的模式才使得百度获得了巨大成功。

③ 楔形竞争力是注意力经济时代网络企业的核心竞争力。企业必须首先打破单一而强劲的核心能力，在此基础上完成“独木成林式”的相关多元化。在新一代门户竞争中，同质化、大而无当内容已丧失竞争力。只有凭借楔形竞争力，后端厚实的内容和服务才能拼进注意力“夹缝”中，在用户中打下“根基”并不断深入，实现用户锁定效应和成瘾性消费，从而实现企业的持续成长。

模仿 Google 与“闪电计划”的超越

根据互联网实验室 CNNIC2005 年 9 月所公布的调查数据显示，百度在北京、上海、广州三地的学生市场中占据 51.5% 的份额，在首次使用搜索引擎的用户当中，选择百度的高达 48.2%，选择 Google 的仅为 12.5%。同时根据国际权威统计机构 Elxa 的统计显示，百度已成为国内浏览量最大的网站，总体排名居全球第五位，超过昔日的“领头羊”新浪。今日的辉煌能否持续到明天甚至更久，在日新月异的互联网领域谁都不敢打保票，百度为了巩固今天的成绩也是如履薄冰，他们的第一个目标就是赶超 Google。

互联网企业的竞争与媒体的竞争类似，它的收入更多来自于广告产品以及依赖用户规模的产品，在这种状况下，谁占有的用户最多，谁便拥有更大的主动。对于 2000 年刚刚成立的百度而言，它首先要抢的是门户网站的基础用户。于是它与硅谷动力、新浪等门户网站合作，为其提供技术支持。很快，李彦宏就发现，作为搜索引擎的技术提供商，在将来的搜索引擎的发展过程中，并不能随着它的发展而获得应有的回报，因而百度于 2001 年作出重大决定，从后台走向前台，直接成为用户的搜索引擎网站。

而当时，Google 在中国早已深入人心，同时，Google 在技术上也明显处于领先地位。2002 年年初，李彦宏为自己的团队制定了一个目标：要在中文搜索技术上全面超越 Google，由于时间有限，必须在当年见分晓。李彦宏将这一超越计划命名为“闪电行动”。按照李彦宏的意见，以雷鸣为首的“闪电计划”成员必须在 9 个月内“让百度引擎在技术上全面与 Google 抗衡，部分指标还要领先 Google……”

雷鸣是北京大学计算机系 2000 届硕士毕业生，在学校里就小有名气，按照李彦宏的话说，雷鸣是个搜索引擎方面的天才。雷鸣的“闪电小组”很快行动起来。2002 年 8 月，李彦宏对“闪电计划”的进展仍然感觉不满意，决定自己亲自兼任组长，带领小组成员做研发。由于他在搜索引擎方面的技术积累已经很深，加之对当时世界的前沿技术非常了解，他的加盟确实使“闪电计划”的进展比原来显著加快。到 2002 年 12 月，“闪电计划”终于大功告成，一段忙碌的攻坚岁月尘埃落定。

从创建百度到融资 1 000 万美元；从卖技术给门户网站，到搞自己的独立搜索网站；从 8 个人创业到 20 多人搞 “闪电行动”，2003 年 6 月 4 日，百度总裁李彦宏终于等到了一个结果——让百度超过 Google。

2003 年 5 月 28 日到 6 月 4 日，《中国电脑教育报》主办了声势浩大的“万人公测”活动，总共有 10 015 名普通用户，以“双盲法”参与公测，从用户的角度为百度和 Google 投票。结果约 55%的人选择了“Baidu 比 Google 好”，10%的人选择了“Baidu、Google 差不多”，35%的人选择了“Google 比 Baidu 好”。

可悲的是，或许是有人因为不能接受中国的百度公司会超过Google，指责此次“公测”背后有“公关”的嫌疑。但实际情况是，百度在技术层面的确开始和Google站在了同一个平台上，而百度手中所掌握的最有力的武器就是对中文习惯的了解，因而更贴近于用户。

PPC广告的竞争和独创的竞价排名系统

与其他互联网公司一样，百度首先做的是扩大用户群体，而随后他们需要面对的则是如何将庞大的用户群体转化为收入的问题。

在国外，Overture发明了PPC广告，也就是按点击计算的竞价排名广告，Google紧随其后推出类似服务，这使搜索引擎走出了只能依靠单纯的提供技术获得收入来源的历史。而在国内，另外一家依靠搜索技术占领市场的3721科技有限公司（简称3721）则通过推广其网络实名开辟了一片天地。相比之下，3721最为成功的是它建立了国内最为标准的销售渠道，将国内的互联网领域带入了分销商时代。

国内外几家优秀企业的成功给了百度良好的借鉴，百度迅速推出了自己的竞价排名产品，并铺设自己的分销渠道。

与吸引用户不同，在产品销售方面李彦宏的百度最大的竞争对手并不是Google，而是比百度更早拥有渠道的3721以及同时也在销售搜索引擎排名广告的新浪、搜狐等网站。

2002年，百度在品牌方面已初具影响力，但仍然比不上新浪、搜狐这些门户领域的前辈们；在对中小企业的影响方面又不如

3721 中文网址那样直观，因此传统的搜索引擎竞争对百度而言似乎并不占优势。但竞争对手留给百度的最大机会在于它们对点击数量的信心不足，它们所推广的产品大多属于固定位置、固定价格的排名服务，而百度由于拥有庞大的用户规模，所以率先在国内推行按点击付费的竞价排名系统。在这个系统里，每一个关键词由多个用户通过竞争出价的形式决定位置，并且按实际发生的点击数量计算费用，这种形式无疑给了客户更多的信心。为了巩固这种产品层面的优势，百度于 2002 年 5 月向国家专利局申请了竞价排名服务的专利。

庞大的流量基础与更合理的产品设计使百度迅速占领了市场，时至 2003 年年底，百度已经占据了国内搜索引擎排名推广半数以上的市场份额。

“植入式”营销与搞笑的网络传播

“今天你 Google 了吗”与“今天你百度了吗”虽然只差一个动词，但它却代表着一种品牌认知上的差别。Google 在国内盛行的日子，刘韧、方兴东等著名 IT 评论人士纷纷使用“今天你 Google 了没有”的口头禅，足见大家对 Google 的崇拜。百度所追求的就是把这句口头禅扭转过来，要把百度变成一个动词，在李彦宏眼里，只有将百度做成一种文化或者一种行为习惯才算真正站稳了脚跟。

百度的基本准则是花小钱，办大事，这就需要大量的营销创新，甚至敢用一些之前从未采用过的方法。为此，百度于 2005 年在全国 60 家最主要的报刊，全面铺开“百度一下”大型用户体验活动，包括三大财经报纸，全国除边远省份外所有前两位的地方强势媒体，以及体育、生活、人物类强势媒体，在报刊当日的重点报道或专题下方，提醒读者“有问题，百度一下”。这一工作从2005年年初开始，高峰期在各报刊每天一次，这是“有问题，百度一下”能悄悄流行起来的重要基础工作。同时，百度与三家中国最著名的唱片公司合作，各由其创作一首歌曲，其中将“百度一下”作为关键词嵌入；在招商银行全国的提款机上，皆出现“有问题，百度一下”，将品牌主张在不经意间烙入消费者脑中；植入他人的广告中，例如在京东方的广告中，百度通过合作，将自己的“有问题，百度一下”直接嵌入……

百度不但与麦当劳合作进行“我就喜欢百度一下”的活动，早在“超级女声”流行之初，百度即为粉丝们提供各种便利，百度贴吧成为“超级女声”的网络传播中心，将正式合作伙伴新浪压倒，随着“玉米”、“凉粉”、“盒饭”、“荔枝”等名称在百度贴吧出现并走红，百度迅速与湖南卫视进行互动，在“超级女声”的节目中公开说出“感谢百度贴吧的支持”等宣传话语，结果，百度贴吧借助“超级女声”一举成为中文第一大社区，将传统BBS迅速抛在后面。

为了配合纳斯达克上市的需要和百度上市产生的影响力，在这一阶段，百度重点诉求“百度更懂中文”这一核心竞争优势，从而树立独特的品牌区隔，不仅与Google等对手形成差异，更在中国市场牢牢压制住对手。百度的初衷只是想做一个能到处播放的专题片，但是互联网企业都是变化极快的，很有可能当专题片拍好时，里面介绍的市场数据、产品和服务都已经大变，而且，百度上市纳斯达克的公开招股书会把该说的都已经表述得很清楚了，专题片再重复显然有些多余。再三权衡之后，百度决定做一组不需要花广告费，而让网民自动传播的搞笑短片。受当年移动攻击联通、联通攻击移动的宣传片的启发，经过几次反复，最后百度确定的创意就是借用现在红遍中国的系列短片，即借用《刀客篇》、《唐伯虎篇》、《孟姜女篇》、《名捕篇》。创意元素全部取材于中国传统文化，充分阐释百度作为“第一中文搜索引擎”的中国精神。

《刀客篇》率先登场，画面极其简洁明快，视觉张力极强，内容是一个独坐案卷前的刀客在满天叶絮中闭目用筷子夹住飞刀，然后在百度的大旗下奋起而舞，长刀划破天际。创意既表现百度超凡的搜索抓取能力，又暗喻一种张扬于天地间的个人英雄精神。影片在上市路演时即引来了全球顶尖投资者的赞叹。摩根斯坦利的总裁不由得问李彦宏，是不是请了张艺谋来拍的片。《唐伯虎篇》是全系列的核心，是整个营销传播的重中之重，是表达“百度更懂中文”这一差异化核心竞争优势的广告片，确切地说是网络小电影。短片是模仿周星驰式的风格中展开的，面对一张中文告示，风流才子唐伯虎三度通过对“我知道你不知道我知道你不知道我知道你不知道”的分词断句，分别表达出完全不一样的意思，从而充分展现了中文的奥秘，而在这一过程中，搞笑元素带来戏剧性结果：一个自以为“我知道”的洋人洋相百出，身边的中国“粉丝”情人亦被唐伯虎征服，而投怀抱于唐伯虎，而洋人则被气得吐血。

通过这一短片，充分表达了百度对中文有更深的理解力，以及拥有独到的中文分词技术等。这部宣传片几乎是结合了所有娱乐的、八卦的因素，与市场现状以及与人们心理现状又极为呼应，并成功满足了一种民族自豪感的潜意识心理。

这条短片在网络时空以光速迅速地蔓延传播。百度在2005年9月初推出，当时仅仅是由一百多个百度员工发给各自的朋友，并要求一百多个合作小网站挂出链接。短短一个多月的时间，根据10月14日的搜索情况，单是“百度打击Google”的传播就已经达到77 000个之多，还有其他众多的不同说法难以统计，至少超过10万个。几乎所有网络搞笑交流中心、视频中心及不计其数的个人博客和BBS论坛都出现了这条短片的观赏下载。

随着影响力的增大和不遗余力地扩大用户规模，百度的产品销售最终得以信心百倍。2005年年初，百度与竞争对手雅虎、3721、一搜联盟的竞争进一步升级。但百度似乎并不担心对手的挤压，在同样位置的广告上，百度用户群体支持的浏览量已经达到了竞争对手的两倍以上。除用户群体占有率的基础之外，百度进一步在价格策略上打击对手，在同样位置（火爆地带）的搜索引擎广告位上，3721每个点击收费0.12元，百度每个点击收费0.08元，并且百度承诺每天15万以上的点击部分将不再收取费用。这一手使百度一下子赢得了大客户的注意，通用网址、阿里巴巴、创业指南网这样的电子商务服务商纷纷将自己的广告转向了百度，而3721则于2005年5月取消了相应的位置。

百度IPO后的新起点与新挑战

百度在纳斯达克股票交易所挂牌上市，目标发行价为27美元，三天后百度成为国内第一个市值超过40亿美元的互联网公司。此后，投资者虽然普遍看好百度的成长潜力，但过高的市盈率使更多的投资者望而却步，同时，许多具有投机色彩的浮躁也渐渐消失，百度的股价开始走向人们的认识与再认识的反复过程中。无论百度的股价表现如何，它的IPO已经成为纳斯达克6年来最成功的首发，由上市所筹集的资金也给百度带来了新的增长机遇，但与机会同时并存的更有进一步的竞争压力与挑战，这样看来，上市仅仅是百度一个新的起点。

也许是树大招风，百度上市后，索尼、时代华纳、百代等唱片公司的传票也将为百度贡献近1/5浏览量的MP3搜索告上了法庭。原告们认为，百度为网民提供的MP3搜索侵犯了唱片公司的知识产权，其中最先起诉百度的上海步升音乐文化传播有限公司在2005年9月16日海淀区法院的一审中获胜，百度立即给予回应，提起上诉，至今这起诉讼还没有结果。

在此过程中，百度充当了“领先的受难者”的角色，百度希望以中国互联网搜索引擎“领头羊”角色来与唱片公司进行对话。2005年9月21日，由中国互联网协会牵头，在友谊宾馆召开名为“互联网信息搜索服务与行业发展座谈会”，希望与唱片公司坐下来谈判。

但是，尴尬的情况出现了。百度、中搜、新浪等互联网搜索公司以及中国网通等运营商悉数到场，而对百度提起版权诉讼的唱片公司却没有一家到场。在上海步升案判决之前，百度的态度一直比较强硬，拒绝坐下来与唱片公司谈判，这一次作出180度“大转弯”的大让步却吃到了“闭门羹”。尽管几家唱片公司索赔的金额不高，但这给百度在 MP3 搜索业务以及整个互联网行业带来的影响却极为深远，如果处置不当，甚至可能导致整个中国互联网“崩盘”。

也正因为如此，这一事件给中国法律界也提出了一个严肃而重大的课题，这或许是这一事件至今没有结果的原因。[④]

由于目前百度主要的收入来自在线营销与服务，尤其是按点击付费的 PPC 广告，这一广告形式也由于存在点击欺诈防范的广告服务监控的质量问题，这也是一个潜在风险。同时，以关键词为核心的按效果付费的网络营销模式，表面看来与传统的只是注重形式的网络广告，如门户网站的弹跳窗口、漂移广告能吸引用户的眼球，但是，这种以实效而简约为特征的网络营销，在市场挖掘方面更需要技巧与市场开拓能力。为了打开更大的用户市场与客户市场，百度还需要开发更多的新产品，开拓新的盈利模式，也许这才是未来百度面临的真正挑战。

④ 2006 年 7 月 1 日起正式施行《信息网络传播权条例》（以下简称《条例》）。根据《条例》第十四条、二十三条的规定，权利人认为提供搜索、链接服务的网络服务提供者服务所涉及的作品、表演、录音录像制品，侵犯自己的信息网络传播权或者被删除、改变了自己的权利管理电子信息的，可以向该网络服务提供者提交书面通知，要求网络服务提供者删除该作品、表演、录音录像制品，或者断开与该作品、表演、录音录像制品的链接。在接到权利人的通知书后，依法断开与侵权的作品、表演、录音录像制品的链接的，将不承担赔偿责任。

事物的三点之间，必然有所联系。这个常识性的认知在众多人的眼中只是作为常识罢了，而在创办了携程旅行网的季琦眼中，便成了一种商机。他深刻地洞察出了人的社会属性、网络的现代性，并且挖掘了携程旅行网的“下游”，在人—互联网—酒店之间打造出了一种全新的商业模式。

如家：快捷是快捷者的“通行证”

近年来，在中国这片古老而神秘的圣土上不断诞生着神话，从中国首富国美，到阿里巴巴、腾讯，再到百度、分众，令人目不暇接，这些新贵都与“网”有关，在惯性思维的主导下，我们禁不住要问，下一个神话的创造者是否也会与“网”有关？他会是谁？

截止 2008 年 3 月 31 日，在中国 75 座城市搭建起 299 家连锁酒店网络，现已发展成为中国最大的经济型连锁酒店品牌。当国内一般酒店客房的平均出租率只有 50%左右的时候，其却能一直保持 90%以上的平均出租率，这对传统酒店业来说简直就是个神话。这个神话的创造者就是近几年来异军突起的如家快捷连锁酒店（以下简称如家）。

眼光决定成败

大赢不是赢在起跑线上，一定是赢在对先机的洞察。

2001 年的一天，时任携程旅行网（以下简称携程）总裁的季琦偶尔看到一位网友在网上发帖子抱怨说，携程旅行网上预订的宾馆价格偏贵。本不经意的一句话，却洞开了季琦的“商眼”。

酒店客房的平均出租率一般是与其星级高低相关的，但是季琦发现了一个异常现象：在携程提供客房预订服务的全部酒店中，客房平均出租率为 70%～80%，其中有两家没有经过任何星级评定的连锁式经营酒店——锦江之星和新亚之星，却能够取得 90% 以上的出租率，甚至经常爆满。

经过实地考察，季琦发现锦江之星和新亚之星在经营模式上有很多共同之处：采取连锁式运营；布局在经济发达城市；选址在交通便利、生活设施齐全的地段，不像星级酒店那样附设大量休闲场所和服务设施，而是充分利用酒店附近已经成熟的社区服务网络；酒店硬件环境不追求奢华和排场，但是安全卫生，服务到位；平均客房价在 200 元以内。

季琦深入调研后发现，相当数量的出差人员为企业中、低职位员工，出差补贴有一定额度，通常一天的餐饮食住总额在 200～300 元左右；另外，假日期间，为数众多的游客也偏向于选择价廉物美的酒店，舒适享受退居次要地位，简洁干净成为首要条件。

常人一般有三种思维模式。长期做实业的人已经习惯了理性思维，好比做“2+2=4”算术题；从事知识密集行业的人一般擅长于感性思维，对“1+1=10”的算术结果不会很惊讶（用的是计算机的二进制算法），他们可以化不可能为可能了；投资创业是一门艺术，投资人的思维形同佛家的灵性、悟性，可以创造“0+0=∞”（圈内的“0”加上圈外的“0”恰恰就是无穷大“∞”），能够化不可能为奇迹，实现原始资本的上百倍的倍增效应。

擅长灵性思维的季琦深刻洞悉了经济型连锁酒店这一商机，虽然当时全国的酒店数量几近饱和，80%以上的中低端酒店亏损累累，但是季琦感悟到，连锁业态被引入到经济型酒店业后，业态的变革将带来整个酒店行业的重新“洗牌”，酒店行业将发生“质”的革命性的巨变，尤其值得深思的是国外著名酒店管理公司大多是从经济型酒店起步的。

当众多已经习惯在新经济行业投资的朋友对这个几近饱和的传统产业满腹狐疑的时候，季琦摒弃众议，于2002年6月领衔创办如家快捷连锁酒店。恰如季琦自己所言：“传统行业一样具有潜力可挖，关键要看你是否独具慧眼。我当初创意运作携程旅游网靠的是胆量和运气，而创办如家，主要是靠眼光和智慧。抓住了业态变革的先机，在市场起飞之前的最佳时点切入，天时、地利、人和兼备，想不成功都难。”

机会在边缘交融地带

过去好的东西，并不代表永远是好东西。当时代发生风起云涌的变化时，过去的模式并非总是能随其“脉搏”而动，就像新物种一般出现在两大种群交融混杂的边缘地带，奇迹最有可能发生在两个传统产业之间、新经济与新经济之间、新兴业态与传统经济之间的边缘地带。

今天的中国有点像20世纪50年代的美国，经济消费已经达到一个新的拐点。消费经济所带来的创业机会让人振奋，许多领域蕴含着“帝国”建立的机会，未来的几十年可能会产生中国最大的酒店集团、最大的医疗服务公司、最大的教育机构、最大的餐饮集团等，这些集团、机构最有可能产生在边缘地带。

学者喜欢寻找边缘学科，因为最容易作出成绩。做产业同样如此，如家之所以能够成为下一个神话，就是因为它在传统酒店业和新兴连锁业态之间找到了好的契合点。单体酒店业已经很古老了，但能够形成规模和网络优势的连锁酒店业却属于新兴传统行业。

同时复合、交融的贵族血统也是如家能够出类拔萃的本源。正如我们在街头遇见一个乞丐，脏兮兮的模样令人厌恶和唾弃，但如果有人告诉你这个乞丐过去是阿联酋的王子，拥有无比尊贵的血统，那么，你可能对这个人的认识形成 180 度的“转弯”，觉得他非但不再可恶，而且变得可亲可敬。如家天生就是一个拥有高贵血统的混血儿，在“出生”以前，就已经注定是个大赢家了，“父亲”是北京首旅集团，“母亲”是携程旅行网，可谓珠联璧合、绝代双骄。

如家继承了北京首旅集团的资产，如家第一家店就是北京首旅集团原有的建国客栈改建而成，饭店管理团队相对成熟，无非是按照如家的标准和模式稍加改造，效果就截然不同了。如家的运营团队也出身“贵族世家”，创始人之一的季琦在 IT 技术及应用方面经验丰富，来自北京首旅集团的梁日新则具有 30 多年宾馆酒店的高层管理经验，并且是建国客栈的设计者。由原来的酒店专家加上 IT 精英，形成一个连锁酒店运营的核心团队，形成了如家的核心影响力。

如家也传承了携程的“精华”，携程拥有庞大的订房网络、运营能力和融资能力。携程所搭建起来的客源平台可以帮助如家建立功能强大的中央预订系统和酒店管理系统，携程已经建立起来的全国各地的忠诚用户也成为如家的潜在客户，如家新颖的商业模式被众多投资商看好，更使其具备了较强的融资能力。

10倍速变革升级

具有深远意义的战略行动并不完全是由技术创新引起的，比如携程并没有太多技术含量，而是以互联网为手段，提供传统的订房业务，只不过这种业务比原来的传统业务更快捷，更容易被大家接受。如家虽然属于传统行业，但是通过全面导入连锁经营模式，引发了传统酒店行业的10倍速变革升级。比如，西南航空公司提出低价位、不讲究服务的航空运输战略，被称为“空中巴士”，彻底改变了公众对航空旅行的态度，通过使成本优先于舒适的战略改变了整个航空客运市场的环境，带来了一种10倍的数量级变化。10倍速变革升级无论是否由技术而导致，都会产生巨大的混乱，迫使所有的同行企业去适应，而同行企业通常能够采取的唯一适应方式是彻底改变自身的商业模式。

中国的酒店业市场在需求和供给之间已经出现了严重的错位。中国酒店按星级来分，二、三星级酒店数量最多，良莠不齐；五星级以下的酒店大多处于亏损状态，投入产出比较高，客房空置率高，导致了大量客户和人才流失，最终形成恶性循环。然而一批核心消费群体已经悄然形成，中层白领、商务人士和自助出行的游客对交通便捷、价格经济、干净舒适的酒店有很大的需求。

经济型酒店的发展加剧了整个酒店业的竞争，使中国酒店业的环境发生了巨大变化。如家通过向三星级以上酒店的挑战，正在酝酿一场国内酒店业的“洗牌”大战，引领行业10倍速变革升级，而三星级以下的酒店也会被迫打价格战，同如家等经济型酒店进行顽强“血拼”。

在旧秩序中占主导地位的公司大部分都会消失，取而代之的是按照新规则经营的后起之秀。在这场战役中，最大的赢家无疑是“战争”的发起者和“操盘手”如家。

倾力打造连锁“天网”

俗话说“种豆得豆，种瓜得瓜”，那么，种“网”得什么？种“网”最大好处的就是符合人性的懒惰，可谓一劳永逸。种“网”的前期基本上都在烧钱，几乎没有赢利。

看看中国的几个新锐是如何“网”到钱的。国美“种”连锁终端网，新浪、百度“种”互联网，分众“种”户外视频传播网。当预感到未来是一对一的关系营销时，它们都一致性地编织“天网”。

“网”有四大特性：一是模式简单、清晰可见，这是股神巴菲特选股的第一标准；二是可复制性，单点成功可以迅速复制到更多的区域；三是具有相对的垄断性，为竞争对手设置了较高的进入壁垒；四是IP资产运营，企业的固定资产不是核心资产，品牌、商业模式等无形资产才是其核心竞争力的“源泉”。

如家快捷的创始人季琦一直无法割舍心中的网络情结，其一手打造国内最大的虚体酒店携程网络，现在全力以赴打造另外一张实体酒店如家网络。人们在意的是，当这两大网络紧密结合在一起时，将产生多大的财富空间？携程在纳斯达克的成功上市已经使季琦跻身富豪之列，那么，现在这位虚体网络世界造就的富豪又将把实体的如家带向何方呢？

我国许多省市的旅游集团旗下通常都有庞大的酒店资产，但这些酒店基本上是区域性的，很少进行全国布局，没有形成有效的网络分布，集团化发展困难重重。

如家走出了与传统酒店集团不同的发展模式，从一开始就有非常强烈的突破区域限制、进行全国布局的意识，致力于打造遍布全国的网络，树立更高的品牌认知度，建立更多形象一致的连锁店，并统一所有连锁店的服务标准。现在已初步形成连点成线、连线成网，不仅在单体酒店的软硬件设施上，而且在规模化发展的轨迹上与国际品牌保持一致。

如家现在已进入加速发展时期，成为我国经济型酒店市场拓展的主力。

相对价值战的赢家

有两个比萨饼，同一位厨师做的，配料和口味完全相同，你是否会为尺寸较大的比萨饼付更多的钱呢？显而易见，在同等条件下为量多的多支付金钱是理所当然的。

现在有两杯哈根达斯，左杯的容量为 142 毫升（5 盎司），装满了 198.8 毫升（7 盎司）的冰激凌；右杯的容量为 284 毫升（10 盎司），只装了 227.2 毫升（8 盎司）的冰激凌。同样的问题，你是否会为更多的冰激凌多付钱？通过对市场的实际测验，惊讶地发现更多的消费者愿意为了 198.8 毫升（7 盎司）支付更多的钱。

可见，价值是相对的，不是绝对的，它依赖于消费者的感性判断。消费者需要的，越多越好；消费者不需要的，越少越好。这需要把握一个“度”，也就是孔子提出的中庸之道。只要在消费者最需要的地方，做得更多更好，你就赢了。

商务人士在出差期间，大部分时间都是同客户在一起，而不在酒店内；旅游者大部分时间也是在户外活动。对于他们来说，能有一张干净舒服的大床安睡，能够洗个热水澡就已经足够了。所以，星级酒店的许多附加功能对他们来说形同虚设，根本没有时间和机会用来享用，但是却需要为这些用不着的东西付费。

如家借鉴了欧美成功的经济型酒店管理模式，并“拷贝”到中国，用二星级的价钱打造五星级的床，全国的平均房价控制在200元以内；追求洁净、温馨的精致简约、有限服务，为国内外中小型企业的商务客人和旅游者提供洁净温馨、便捷舒适、实用大方的高性价比住宿设施。同时，如家还提倡适度生活、自然自在的生活方式，没有豪华的大堂、讲究的餐厅和艺术性的陈设，但有国外名家设计的内外装潢布置，客房内有宽大的席梦思床具及现代感十足的配套家具。

如家给人的印象好像是依靠价格来吸引顾客，打的是价格战，其实并非如此，就像沃尔玛的天天低价策略并不仅仅依靠价格优势。如果单从价格上来判断，露天小摊点上的产品价格更低，质量也不一定比沃尔玛的产品差。沃尔玛的成功之处在于大大提升了顾客对同样产品的认知价值，同样地，如家的品牌优势使顾客从价格关注转向价值关注，使顾客对如家的客房产生了较高的感性认知价值。准确地说，如家是在价值“战场”而不是在价格“战场”与竞争对手“死拼”，如家之所以能赢，也是赢在相对价值战上。

大多数酒店都对自己的服务水平和硬件条件很自信，一再地强调非常好，但是在竞争体系里，这些仅仅是个相对优势。对于酒店业来说，服务项目的多少并不是唯一决定标准，只有品牌带来的高附加值才是制胜的核心竞争力，这也是如家能够胜出的关键要素之一。

打破经验曲线

到了 2004 年下半年，如家已经不再是只在京、沪等大城市拥有酒店的一家公司，而是发展为一家全国连锁的公司。此刻的如家就像一辆刚刚驶过颠簸小径的越野车，正在高速公路上畅快地飞驰，而事故也往往最容易出现在这个时候。毕竟经营几家单体酒店与经营数十家连锁酒店的手法不同，对管理人才的需求自然也不同，对人力资源的整合是最高级别的整合，这也是如家能够快速、稳健扩张的关键所在。

如家走连锁业道路，连锁业做得最成功的是零售业。此时的如家非常需要一位有连锁业背景，能利用连锁业的模式将如家快速复制到全国，把公司带到十亿元、百亿元营业额的 CEO。经过多方考察，2005 年 1 月，原百安居中国区副总裁孙坚出任如家的新任 CEO，孙坚是一个名副其实的酒店业的门外汉，但有着近十年的连锁零售业运营及管理经验。季琦之所以放弃在酒店业内寻找接班人，是因为他深知业内人才太专注于酒店的细节管理，而管理型人才未必是经营型人才。如家能够健康地发展到今天的规模，已经证明季琦当时选择孙坚这样一个门外汉来“操盘”是完全正确的。

如家虽然只提供住宿，没有桑拿、KTV、餐饮等配套服务，但是房价却比当地三星级酒店的平均价低 10%～30%，客房出租率在 90%以上，利润率保持在 15%～30%的高水平。经济型酒店之所以能够取得较高的利润率，是建立在低投资、低成本、低费用之上的，为此，如家剔除了传统星级酒店的贵气和奢侈。

酒店业是一个资金密集型产业，按照传统运营模式，没有足够的资金支撑很难在短期内迅速扩张。为此，如家摒弃了传统酒店的购地置产模式，而是采用低投资方式，所有营业用房均是租赁，一般是由租借的普通房产或厂房改造而成，避免过大的固定资产投入。这种运作模式大大降低了如家的经营成本，也有效降低了加盟商的投资风险和资金压力，为更多加盟如家的人提供方便，从而可以快速壮大规模，形成相对垄断优势。反观中高档星级酒店，多是在黄金地段斥巨资买地建楼，开业周期长，占用资金多，运营风险大。

为了减少不必要的硬件投资，降低营运费用，如家前厅门口不设迎宾人员，改为客户自助；将花费不菲的酒店大堂，面积利用率极低的 KTV、桑拿等康乐中心通通舍弃，把能利用的空间全部变成客房；保留下来的餐厅占地也只有 50～100 平方米左右，只提供简单的早餐服务；如果酒店附近有快餐店，索性连餐厅也省掉；如果酒店周边有商场、停车场、洗衣店的话，如家也会充分利用。

速度至上的稳赢扩张

做直营还是做加盟，曾经是经济型酒店经营者们的两难选择，而这样的选择事实上就是对资金压力与管理难度进行权衡的结果。国内的经营者一度认为，直营店模式对流动资金和管理成本的要求都很高，将会直接影响到开店速度；特许加盟，虽然可以提高开店速度，但其对市场环境和管理能力的要求很高，一旦质量的控制出现问题就会拖累企业。因此，发展直营店的做法成为目前国内大多数企业的主要方向。

其实，以特许加盟的方式扩张可以减轻企业迅速膨胀带来的资金压力，在国际上，经济型酒店的扩张就主要依赖于特许加盟。如家在扩张初期主要以直营店为主，只有少量的特许加盟，因此大多数门店都需要如家投入真金白银。对此，如家新任首席执行官孙坚认为，“品牌输出首先需要有一个强势的品牌，而目前国内还没有一个真正强势的品牌。这个行业正处于起步阶段，因此首先要摸索出成熟的运营、管理、服务模式，建立一个行业性的游戏规则，才有机会建立权威的、能得到市场认可的品牌。”

新建经济型酒店的平均成本大约为每间客房13～15万元人民币，略具规模的经济型酒店一般有100～120间客房，则需要建设资金1300万元以上。如家在创业初期，仅有股东的1 000万元投资，还不够建设一家初具规模的酒店。为了迅速上规模，如家发展出一套滚动扩张模式。如家租赁经营北京首旅集团所属的4家建国客栈，经过半年的盘整，每年都为如家带来几百万元现金流，而后用于承租新的酒店，又带来更大的现金流，同时吸引风险投资，再进行融资。如家的直营店全部采取租赁经营的方式，每家店按月付租金，因而收入的现金流可以更多地用于对新店的装修改造。

经过 6 年多的快速发展，如家已经形成了一套比较完善的经营模式和管理模式，逐步发挥出连锁酒店品牌优势。在经济型酒店刚刚“起飞”的今天，如果不能迅速扩张，很有可能错失先机。如家的品牌已经足够强大，管理也科学合适，特许加盟完全可以巩固品牌。同时，随着国内外众多竞争对手的杀入，提升扩张速度成为竞胜的关键驱动要素。如家终于按捺不住，从 2006 年下半年起，开始积极发展特许加盟扩张模式，谋求先机。

在充裕现金流的驱动下，如家以惊人的速度迅猛扩张，以直营店、特许经营、管理合同、市场联盟 4 种方式同步“布点”。2002 年半年之内开设 4 家酒店，2003 年底扩张到 13 家酒店，2004 年扩张到 35 家酒店，2005 年底扩张到 70 家酒店，2006 年扩张到 120 家酒店，2008 年第一季度扩张数量达到了 299 家酒店，目前已经覆盖国内 75 个主要商务城市。有人说：“对于一个成立 6 年多的企业来说，如家的扩张速度太可怕了。”如家的 CEO 孙坚却不以为然，“和国外酒店集团两三千家连锁店的规模相比，我们真的还很小。”

在一些国际和国内连锁酒店品牌继续把网络发展重点放在一级城市的时候，如家发现在一些地级城市的商务区、写字楼、市中心、交通枢纽、地铁、车站等配套设施完善的地方，经济型连锁酒店都具有良好的市场潜力。如家除继续加强一线大城市的中心布局外，开始进一步地精耕细作，把开店的增长潜力放在了二、三线城市。

客源是规模发展的基础，只有增加顾客忠诚度，增加回头客，提高重复入住率，拥有顾客的终身价值才是上上之选。为此，如家实施了客户忠诚度计划，推出家宾俱乐部，实行会员制，逐步建立了完备的客户数据库，针对不同的人群提供个性化服务。这样，如家推出促销活动的时候，只需要通过数据库就能调取满足相关条件的客户资料，直接打印成信封，把优惠券邮寄给相关的客户，实现了“一对一”的精准营销。

如家抓住跨越式发展的契机全速前进，大力拓展特许加盟，将触角向下延伸到中国所有的省会城市和GDP超过千亿元的中心城市，以快捷者的身份拿到市场扩展的“通行证”。

成为世界级的行业巨头是中国企业的梦想，格兰仕做到了。但是，为什么实现了梦想的这家企业却不断遭遇质疑？特别是被贴上价格战的标签，而价格战又不断被“妖魔化”时，我们有必要还原格兰仕实现梦想的发展轨迹，因为赢得了市场领先地位并且具有中国成功特质的“中国本土顶级企业”将为国内更多的企业发展带来“普世”价值。2008 年，正值中国改革开放三十年，格兰仕也将迎来新时期所带来的困惑与挑战，比如产品升级、接班人交替、从“中国制造”成熟过渡到“中国创造”等问题。

所以我们需要回顾——

格兰仕：中国企业做大做强之路

格兰仕，英文名 Galanz，在希腊文里有富丽堂皇的意思。如今格兰仕几乎成了微波炉的代名词，占据中国微波炉市场份额超过 70%、世界微波炉市场份额超过 30%，使其“世界名牌”的称号名至实归。

广东格兰仕企业（集团）公司（以下简称格兰仕）的称谓听上去有些别扭，但它的确是一家既具平民亲和力（对消费者）又具“鲨鱼式”杀伤力（对竞争对手）的强大企业巨头。在注意力经济时代，格兰仕似乎总是能抓住人们的眼球，挥洒 20 亿元人民币进军制冷业的豪情与胆气，由单一的“世界微波炉王国”向“世界微波炉王国”、“世界空调强国”、“全球家电制造中心”的企业定位转变，这些都是世纪交替之时业内外关注的热门话题。

尽管格兰仕实属中国成功企业的特例，但是在中国这片土地上很难再出现第二个格兰仕。格兰仕的成功得益于“四不靠”和“两关键”。

格兰仕一不靠价格战之类的战术手段，所谓的价格战只是一种表象；二不靠技术，尽管格兰仕拥有 100 多项微波炉专利，并在国外建立了技术开发中心，但是严格来讲，微波炉生产制造并没有多少高科技含量，核心技术大多来自国外；三不靠人才，格兰仕没有采用高薪加炒作方法“网罗”顶级人才；四不靠管理，格兰仕的组织构架并不复杂，没有什么值得借鉴的管理模式，一切以简单、合适为最高标准。

格兰仕成功的关键一是战略，正确的战略使其能把握机遇和方向，并在安全的基础上迅速做大做强；关键二是文化，适合企业的文化可以超越管理，并促成战略的实现。

格兰仕的成长战略

1. 集中成长，规模经营

格兰仕以做羽绒、服装等轻纺产品起家的，创业者梁庆德从卖鸡毛掸子起步，一度把企业做到产值达 1.8 亿元人民币、年出口 2 300 万美元的规模。然而，梁庆德却“壮士断臂掉头东”，毅然退出出口前景不佳的行业，转向一个自己不熟悉但成长性更好的行业——微波炉。这一做法有悖“不熟不作”的商规，且经营方向转向成本较高的行业，然而这一决定却为他的最终成功奠定了基础。

据统计，从企业成长领域来看，世界上集中成长（即专业化经营）的企业效益最好，其次是相关多元化，最差的是不相关多元化。当时，长虹集中资源搞彩电，实行“独生子女政策”，这一战略选择奠定了其在彩电行业的地位；河南莲花集团从一个几千吨规模的县办小厂发展成为总产量世界第二、单厂产量世界第一的“味精王国”，同样也得益于集中成长的战略。但在“行业是别人的好，产品是自己的好”、“不能把所有鸡蛋装在一个篮子里”、“东方不亮西方亮、塌了东墙有西墙”、“不能吊死在一棵树上”等思想指导下，盲目多元化是我国企业做不大或大而不强的主要原因。

当然，为抵御市场风险，保证企业安全，集中成长的“点”应该选好：一是产品必须是“长寿型”，较长时期内不会有替代产品出现或替代威胁不大；二是有足够的市场容量；三是市场领导者地位处于相对安全线以下。

格兰仕的战略选择完全符合以上三条，然而集中成长战略面临着成长极限的问题。

其一，规模极限。当产量达到一定规模后，如果继续扩张，原来的规模经济就会转为规模不经济，而这个“量”的界限很难确定，俞尧昌副总当时就对媒体说：“格兰仕做到 1 500 万台微波炉产量就不做了”，如今看来恐怕自有道理。

其二，竞争极限。达到一定产量规模后，如果继续扩大规模，势必挤占竞争对手的市场份额，遇到的抵抗也会更顽强，付出的代价会更高昂，竞争对手剩下的都是最忠诚的顾客，可能你永远也争取不到。军事上“穷寇莫追”，外交上“留足台阶”策略即是注解。

其三，法律极限。国际上一般以占领35%以上市场份额的企业判断其构成市场垄断行为，这时企业将面临法律难题。当然，我国还远没有到需要使用《反垄断法》制约企业市场发展的情形，恰恰相反，我国甚至需要适当鼓励企业通过市场行为形成垄断竞争。如果我国出现几个像格兰仕这样的垄断企业（姑妄称之），那么我国企业的国际竞争力将会得到提高，减少重复投资所带来的资源浪费及行业恶性竞争。

根据以上分析，格兰仕在微波炉领域维持合理的市场份额，适时寻找第二个增长点是理性的。

这几年，国内家电行业盛行多元化经营，既有黑白家电、大小家电之间相关产业的延伸与多元化，也有向手机、PC等不相关行业的延伸与多元化，甚至有些企业在家电领域内的延伸是为了追求产品系列的完整，类似于一家产品样样俱全的家电综合商场。格兰仕的有限多元化则是在一个产品做精、做深、做透、做大、做强之后，再做第二个产品，进而再做第三个产品……这种运作方法与其他家电企业迥然不同，但与优秀的欧美企业做法是一致的。

2. “两条腿行走”：自有品牌与OEM

从世界范围的企业分工体系来看，欧美企业主要是做品牌，几乎垄断了世界上最有价值的品牌，建立了全球生产体系，委托低劳动成本国家进行加工生产或者实施本土化策略，在当地合资或合作建厂。欧美企业由于占有品牌的高附加值及核心产品，因而获取了高利润额，但是在有的国家却出现了国内产业“空洞化”

现象，东亚“四小龙”、“四小虎”主要做 OEM，几乎无品牌可言。

随着改革开放政策的深入推行，我国企业将以“中国制造”形象打入国际市场，进而打造自有品牌。格兰仕一方面以振兴民族工业为己任，打造真正的国际品牌，抢占品牌市场；另一方面全力开拓 OEM 业务，抢占产品市场。

格兰仕的战略会带来三个方面的效应。其一，可以突破格兰仕品牌市场份额增长的法律极限，保持全球市场份额的持续增长。其二，引导微波炉行业从竞争走向竞合，做到“你中有我，我中有你”，化解竞争压力，谋求行业的和谐发展。其三，整合全球资源，发挥比较优势，达到低成本扩张的目的。

格兰仕利用成本上的优势，不断地说服欧美日企业，让他们将生产设备搬迁到广东省顺德，委托格兰仕替其加工，向欧美日厂商提供制造成本较低的产品，然后将剩余的设备生产能力用于生产自己的品牌产品，双方实现共赢。可以说，格兰仕的 OEM 模式较之传统的 OEM 模式（品牌企业提供品牌商标或原材料给生产企业，生产企业为其生产加工，然后将产品交给品牌企业）是一种创新。

北京天则经济研究所执行理事盛洪认为格兰仕的扩张方式是一种资本运作，甚至比在股市市场“圈钱”更高明，它是以不花钱的方式收购他人的资产（生产线）来实现的，格兰仕同时获得了国外“现成”市场（产品市场而非品牌市场），这比自己去开拓市场的风险要小得多。更为重要的是，格兰仕在无形中“收买”了竞争对手，以另一种形式“清理”了市场。这是一种“柔道”

战略，较之“刚性”竞争战略更为奏效。

面对发达国家的劳动密集型产业转移大趋势，如果我国企业不去“接盘”，其他发展中国家就会去“接盘”。此外，过去一般认为做品牌利润率较高，做OEM利润率较低，在家电微利时代，这一利润率的差别正在缩小甚至发生了逆向变化。因此，格兰仕采用“拿来主义”，主动整合全球微波炉资源，同时也接受别人的整合，的确是明智之举。

格兰仕的企业文化

文化是企业最重要的核心竞争力之一，因为企业文化是竞争对手最难模仿的。格兰仕有一本关于企业新文化的小册子，里面共列举了格兰仕的企业理念和世界观共57条。由于格兰仕创业领袖和精英领导们人员相对稳定，使格兰仕的特色文化得以持续积淀并提升、稳固。

一个企业如果没有文化、没有性格，必定不会持久成功，而中国具备个性的企业实在太少，更多的是中性企业。

1. 格兰仕的最高理念

格兰仕集团董事长兼总经理梁庆德有一句非常平实而又深具内涵的话：“我们没有能力使人们富裕起来，但要竭尽全力使广大消费者辛勤劳动的成果富有价值。”这句话可以作为格兰仕的最高理念。事实上，格兰仕在经营实践中也很好地贯彻了这一思想。

格兰仕员工认为，中国并不是是一个富裕的国家，人民没有理由高价消费，作为企业应该努力生产物美价廉的产品提供给消费者，让消费者花钱购买物超所值的商品，这比“为顾客创造价值”等抽象类理念更具说服力。在这一理念指导下，格兰仕坚持提供大众化的产品，薄利多销，“努力，让顾客感动”，做平易近人的品牌。格兰仕不仅坚持微波炉行业如此，在空调、电饭煲、电风扇等行业也如出一辙，这似乎暗合了菲利普·科特勒的名言，“没有便宜2分钱抵销不了的顾客忠诚”。如果格兰仕的低价策略不仅仅是着眼于竞争，如果格兰仕在微波炉行业形成垄断地位后仍然不改初衷，那么，格兰仕的这一理念将大放光彩。

2. 格兰仕的成本文化

格兰仕成本领先战略的有效实施需要与企业文化相适应，姑且称之为成本文化。格兰仕成本文化的精髓在于勤俭办企业，勤俭办一切事情；永远处在创业状态而非分享财富；精打细算、不事铺张、注重细节、讲究纪律、遵守程序；追求简单、合适，减少环节，以提高效率、减少内耗、降低管理成本。

格兰仕降低成本的途径除了因专业化、规模化所带来降低战略成本外，内部成本降低也功不可没。当家电企业纷纷斥巨资“轰炸”全国各大报纸、电视台等媒体时，却很难见到格兰仕的大制作广告，许多消费者对格兰仕微波炉信息的了解主要来自媒介信息及口口相传；格兰仕公务用车也很少，这与同类型大企业的作风完全不同；作为一个年销售额达57亿元人民币的大企业的机构设置却较为简单，人员力求精干，很多部门都采用“一人半”的人员编制，相近的两个部门交叉共享1个人员编制，本部门固定一个人员编制；格兰仕是媒体关注的对象，而与媒体打交道则只有分管企划和宣传的俞尧昌副总一人。

当同行们纷纷用高价甚至“天价”聘请高级管理人员时，格兰仕却不为所动，高级管理人员每年的分红被“滚动”投入到企业中，甚至更多，使之处于负债状态。虽然“果实”越来越多，但却“吃”不到，这是一种典型的创业文化。

格兰仕的文化更多体现为“制造”文化而非“营销”文化。表面上看，格兰仕屡屡发动价格战，好像是在做营销，实际上是格兰仕的低成本基础促成了这一决策。在目前绝大多数企业重营销、轻制造，而营销往往又走上流行性营销和偏向性营销的状态下，格兰仕的运作可谓特立独行。

格兰仕的“制造”文化不是差异文化而是成本文化，这一文化可助格兰仕利用国际产业转移机遇，利用我国劳动力成本低的比较优势，成长为全球微波炉乃至家电制造中心。

成本集中，创造竞争优势

按照美国竞争战略专家迈克尔·波特的理论，企业长期的竞争优势只有两个：一是低成本优势，二是差异化优势。企业可以在广泛的产业范围内谋求竞争优势，也可以只着眼于在某一专业领域寻求竞争优势。

格兰仕过去实施的是成本集中战略，即在微波炉专业领域内集中成长，追求行业内总成本最低。随着格兰仕进军制冷业，其业务领域得以扩张，成本集中战略可以定义为成本领先，即在所涉足的领域内追求行业的总成本最低。由于成本领先战略需要追求行业内的最低成本而非较低成本，因此在一个行业内只能有一家能运用此战略获胜。在微波炉行业，竞争对手只能采用差异化竞争战略，比如在核心技术上的突破，在性能和外观设计、品种、新用途等方面的创新。尽管形成差异化优势的道路千万条，但是成本领先优势的道路只有一条，而这条路却正是一个最佳的突破口。格兰仕在企业整体实力和竞争力不如其他家电巨头的情况下，将微波炉做成国内竞争性行业中市场集中度最高的行业，将格兰仕做成一个全球性的制造品牌，战略选择的成功无疑是最主要的因素。

成本领先优势来源于两个方面。如果同竞争对手产品销售价格相同或相近，成本领先企业将获得更高的利润率，并将成本优势转化为财务优势；如果销售价格低于竞争对手价格，成本领先企业将可以低价冲击市场、渗透市场，获得更高的市场占有率，进而又会扩张生产规模，从而对竞争对手设置规模门槛（也是一种投资门槛），规模的扩大又会降低成本，从而对竞争对手设置成本门槛。格兰仕采用的是后一种。

在定价上，格兰仕的规模每上一个台阶就大幅下调价格。当其规模达到 300 万台时，便将出厂价下调到规模为 200 万台的企业成本线以下，使规模低于 200 万台、且无明显技术或营销差异的企业陷入亏本的泥潭，以此类推。

俞尧昌副总将这种建立行业进入壁垒、打压竞争者和威慑潜在进入者的战略称之为“刚性”营销战略。

成本领先要真正转化为竞争优势还有一个基本前提，就是在差异化方面创造的价值必须与竞争对手相等或相近。如果仅仅成本领先，同时采用低价策略，但产品质量低于竞争对手太多，顾客从低价中得到的利益尚不足以弥补其在质量上损失的价值，那么竞争优势仍然建立不起来。对此，格兰仕有清醒的认识，一是加大研发投入力度。2001 年在技术和新品开发上投入 4 亿元资金，两年之后，研发总投资已超过 10 亿元，并且已经拥有微波炉核心部件的制造能力，第一台光波微波组合炉的出产，更显示了其技术实力。二是针对不同消费层面的消费需求开发适销对路的新品。从微波炉产品生命周期来看，现在已经开始进入产品细分化阶段，单一款式、单一品种、单一功能者已很难在市场上立脚。格兰仕黑白金刚、王者、名门等为代表的一批高新技术产品，工艺款式独特，个性化特征鲜明，不但受到消费者欢迎，而且带动了整个微波炉市场需求层次的升级。

格兰仕营销：简单的成功

在大多数竞争性行业，营销成本在总成本中的比重逐年增大，已经成为主要成本。因此，在很大程度上营销成本的高低决定了企业价格竞争力及利润率的高低。进入微利时代的中国家电企业近年来纷纷进行渠道改革，削减营销成本是其核心内容，奉行成本领先战略的格兰仕自然更加注重降低营销成本。实际上，格兰仕的国内市场营销成本恐怕是同类企业中最低的，因为格兰仕广告投入量相对较小，营销系统（包括企划、调研、推广、销售及后勤人员）人员投入更少，区区 160 人，仅占职工总数的 2%，2000 年却实现了 57 亿元的销售额。查阅有关格兰仕的文献，与营销相关的文章、报道少得可怜。因为除了一个价格战，格兰仕的营销实在太简单了，似乎没有什么可写的。但是，最简单的往往是最有力的，简单并不意味着容易。格兰仕简单化营销的成功既有战略选择的成功，也有管理的成功。

1. 区域多家代理制网络模式

企业营销网络面临着自建分销网乃至终端、与区域经销商或代理商合作及中间道路三种模式的选择。

1996 年前，我国大型家电企业如长虹、科龙、格力、春兰等厂家，采用的是通过掌握各省、区经销大户支配市场的空中运行模式；1996 年后，很多企业由空中运行模式改为直接营销的地面辐射模式，以海尔、TCL 为典型；有的企业则采用所谓的中间模式。

现在看来，耗费巨大的“地面辐射”模式虽然强化了企业对市场的控制，却增大了营销成本，成为了企业的包袱。因此，“自建网络热”开始被迫降温，TCL 开展“瘦身运动”，创维推出“第三营销模式”，美的压低了精耕细作的“嗓门”。

格兰仕根据总体战略考虑，一开始就确定采用区域多家代理制，整合社会资源降低了营销成本和经营风险，少走一段弯路。俞尧昌副总认为，格兰仕的核心能力在于其规模化的制造能力，企业应该集中精力做好自己最擅长的事情，赚取制造业利润而非商业利润，否则就会“种了别人的承包田，荒了自己的责任地”。同时，格兰仕宣称不搞自建分销网及终端，也给经销商吃了一颗“定心丸”，有助于建立一种稳固的利益共同体乃至命运共同体。在这个共同体里面，格兰仕充当市场管理者的角色，坚持按代理商实际“消化”能力签订代理协议，挤掉“泡沫”。此外，格兰仕坚持“刚性”的营销政策，打压低价倾销和窜货现象。

在一系列的执行政策下，尽管格兰仕微波炉返利率低于同类品牌，但由于销量大，品牌认知度高，同时格兰仕给予强大而持久市场拉动力，确保市场畅销，经销商推动成本降低，绝对利益容易得到满足。因此，厂、商之间形成了精心开拓市场，齐心捍卫市场，开心分享市场的共识。

2. 营销队伍实施流水线管理

在个人营销时代，企业的销售业绩往往取决于业务员个体，业务员凭自己的品德、经验和技能去开发客户，企业在一个区域市场的“命运”拴在业务员的个人能力上。个人式营销不但难以优化营销方法与手段，而且有可能产生区域经理个人控制经销商和市场的现象，一旦形成这种局面，企业可能面临内部作弊及财务风险、区域经理要挟风险、市场信息失真风险、客户流失风险、新老区域经理交替时的市场“震荡”风险等。

格兰仕在 1996 年就发生过一起营销骨干集体出走的事件，给企业造成一定的损失。鉴于此，格兰仕采用了一种团队营销模式，重新整合营销体系，变区域经理的“诸侯集权”为“中央集权”，实行流水线管理，充分发挥区域经理的主动性、积极性、创造性，实施组织运作和系统约束，完成权力结构的再分配。在此模式下，各地办事处只负责与当地代理商的日常销售和服务工作，企划、调研、广告、促销、结算等职能集中到总部直接管理，并且按流程分解到不同的部门、不同的岗位、不同的人员去完成。调研、推广、结算部门的人员组成不同的流动工作，在各区域市场上从不同的角度发现问题、汇报问题、解决问题，既互相衔接，又互相监督，实现对市场的反复“轮耕”，并对总部负责，区域代理和区域经理则在严格的市场边际和价格控制下管理与实现销售和服务。这种模式有效地解决了总部与区域经理的信息不对称现象，实现了专业化分工、整体优化和动态监控，其做法似乎是借鉴了生产线的管理模式。

知识营销与市场培育

作为市场领导者，尤其是取得垄断地位的市场领导者，培育市场、扩大市场总需求将作为营销战略的第一要务。

格兰仕很快发现，微波炉购买者对微波炉的使用率严重偏低，有的家庭甚至当作摆设，有的家庭只是用来加热剩饭剩菜。从长期来看，这样的使用状况是不利于微波炉市场总需求扩大的。

俞尧昌副总从客观的角度分析了微波炉使用状况形成的原因。我国食品工业的半成品化比例很低，妨碍了微波炉功能的发挥，从主观上来讲，厂家如何有效地引导“厨房革命”，进行消费者教育，灌输意识和方法，提供更具使用性的产品等举措显得更为重要。

格兰仕在还远没有达到今天的市场地位的时候就已经开始这方面的工作，我们可以将它称之为知识营销，知识营销将成为格兰仕今后培育市场的主要手段。此前，格兰仕已经用低价培育了基础市场，但是，单一的价格战容易造成过度竞争，市场过度“催化”，形成“泡沫需求”，进而出现市场早熟现象。由低价培育市场转向依靠知识营销培育市场，将是格兰仕的一项战略转变，格兰仕的广告宣传策略也将由品牌及产品宣传向消费者教育倾斜。

早在 20 世纪 90 年代中期，格兰仕就以知识普及者的身份在全国各地率先开展大规模的消费者教育活动，在 100 多家媒体上开设“微波炉使用指南”“专家谈微波炉”等栏目，介绍微波炉的功能、选择、使用和保养知识。现在，格兰仕开设了微波美食家网站，推出格兰仕微波美食书作为菜谱操作指南。格兰仕有识之士还建议成立微波美食协会，组织专卖店开展菜谱操作大比赛的演示活动，这些都为格兰仕市场培育奠下了基础。

从无到有，从小到大，奇瑞从一个蹒跚学步的“婴儿”成长为中国汽车自主品牌阵营的领跑者。“他”仅用了7年时间，却完成了别人需要几十年才能走完的路程；“他”犹如一匹“黑马”，凭借成本领先战略和自主创新，在车轮滚滚、强手如林的中国车市以风驰电掣般的速度突出重围，闯出一条成功之路。

奇瑞：“黑马”突围记

2007年8月22日，这一天注定会被载入中国汽车工业的史册。

芜湖，奇瑞公司总部，一辆刚刚完成总装的奇瑞A3轿车缓缓驶下生产线，记录总产量的巨型液晶显示屏上的橘红色数字由999 999悄然变为1 000 000，周围的人群顿时沸腾起来。这辆具有里程碑式意义的奇瑞A3，不仅是奇瑞公司生产的第100万辆汽车，也是中国汽车自主品牌企业迎来的第一个100万辆。

从2000年，奇瑞公司推出第一款汽车风云，当年实现销售2000台为肇始，奇瑞仅用了7年时间就创下了100万辆的业绩。更加难能可贵的是，奇瑞通过自主创新，掌握了汽车发动机、变速器、整车制造三大核心技术，还通过为克莱斯勒公司代工的方式，进入欧美主流市场。此外，奇瑞打破了中国出口汽车的零纪录，并一直位居中国汽车出口第一的宝座。

从无到有，从小到大，奇瑞犹如一匹神奇的“黑马”浩然出世，势不可挡。人们在赞誉奇瑞成功的同时，一直没有停止对奇瑞成功路径的追问。

奇瑞成功是因为资本雄厚吗？不是，奇瑞的前身是芜湖一家村办工厂。

奇瑞成功是因为国家的特别关照吗？不是，奇瑞曾经为了“合法身份”而苦苦奔波，为了保密，曾取名“951 工程”。

奇瑞成功是因为有得天独厚的地理优势吗？不是，奇瑞所在的芜湖并不是先天具有产业优势、经济发达的区域。

奇瑞成功是因为拥有尖端技术和优秀人才吗？不是，奇瑞在创业之初，无论技术还是人才都十分匮乏。

当然，奇瑞已经今非昔比，技术和人才已是行业翘楚。但我们更加关心的是，在强手如云，风云激荡的中国车市，奇瑞如何实现了由小到大的嬗变？为什么“出生”几年的奇瑞比长期受国家保护的大型骨干企业更加敢于利用国际资源出口更多的整车，甚至出口汽车整装厂和CKD散件？奇瑞模式是否为中国汽车产业指明了未来方向？让我们还原奇瑞成功的真相。

大胆“穿插”，闪击敌后

50 多年前，装备落后的中国人民志愿军在朝鲜战场上利用穿插战法，将武装到牙齿的“联合国军”打得溃败逃散，从此成就了“陆战之王”的威名。所谓“穿插”，就是从敌人防守的结合间隙或者空档地方“插入”，将敌人分割包围，从而达到逐个歼灭的目的。穿插战法是弱者对强者的主动进攻。

穿插战法的第一阶段是利用敌人的防守空隙，充分发挥自己机动灵活的特点，避免高强度的对抗，占据敌人的空白战略要点。

麦克·波特在《竞争策略》一书中把三种通用的竞争战略归

纳为：成本领先、别具一格与集中一点。

制定适合企业的竞争战略是为了使企业具有尽可能大的竞争优势。除了三种通用的竞争战略，企业还要选择行业不同发展阶段的竞争战略和处于不同竞争地位的竞争战略。前者要求企业在行业的不同发展阶段制定相应的新兴行业竞争战略、成熟行业竞争战略和衰退行业竞争战略；后者需要探讨处于不同竞争地位的竞争战略，特别是在市场方面的竞争表现。根据企业在目标市场上处于领导、挑战、追随或补缺等不同阶段可以分为四种类型：市场领导者、市场挑战者、市场追随者和市场补缺者。当然，不同的角色定位应有相应的营销策略。

奇瑞汽车在诞生之时，先天不足的条件决定了它充当市场挑战者的身份。当时国内轿车市场为跨国公司和几大合资企业所垄断，呈现出明显的“马太效应”，想做个安全的追随者的可能性几乎为零。奇瑞总裁尹同耀对此有清醒的认识，“跨国汽车公司的实力非常雄厚，如果我们跑得不快就会被拖死。”和国内众多小汽车厂一样，奇瑞如果不能进入市场前 10 名，就很难逃脱被市场淘汰的命运。

这种残酷的竞争格局是由汽车行业的特点所决定的。其一，汽车在中国仍是一种昂贵的耐用消费品，消费者的购买行为呈现出很强的理性特征，这导致了新品牌进入市场后，培养消费者的认同感需要很高的成本。其二，汽车行业最显著的特征是规模经济，这要求新进入者必须以生产大规模进入，否则必然承受高成本的压力。作为新进入者，奇瑞要想在汽车业存活，就必须迅速扩大销量，然而这又谈何容易？

2000年的国内汽车市场为6大跨国巨头和3大合资企业所垄断，这些汽车“豪门”不约而同地遵守着高价格、高利润的游戏规则，致使汽车价格虚高，远远背离实际价值，恰恰是这种游戏规则为奇瑞提供了可乘之机。

最初，奇瑞试图选择正面进攻，正面进攻需要集中全力与竞争对手短兵相接，这是双方优势资源的比拼，实力和持久力占优势的一方将获取胜利。最常用的正面进攻手段是降价策略，这种策略又可以分为两种方式：一种是产品在其他方面与领导者保持一致，但在价格上低于对方；另一种是通过大量投资实现规模经济，从而降低成本，然后主动挑起价格战。

“襁褓”之中的奇瑞显然没有成本优势可言，但汽车行业的虚高价格又为它提供了看似不错的机遇。在这一背景下，奇瑞推出了第一款车型——风云。这款模仿捷达的轿车，售价仅为8.8万元，相当于捷达售价的2/3。

被尹同耀寄予厚望的风云表现不俗，2001年销量达到2.8万台，2002年增长到5万台。尽管风云在价格上具有足够的杀伤力，然而初出茅庐的奇瑞配套管理体系尚未完善，产品质量问题层出不穷，这对风云的品牌美誉度造成了很大的负面影响。

无论从资金、品牌，还是技术层面，当时的奇瑞都与竞争对手存在着相当大的差距。正面进攻的产品模仿＋低价格的作战策略遭遇“瓶颈”，风云也因为质量问题备受大众的诟病，奇瑞该何去何从？

弱者与强者对抗，应避其锋芒，迂回进攻，方能取胜。

外资巨头们初到中国之时，国内汽车市场尚未放开。为了躲避关税壁垒，它们选择了曲线回环——与本土汽车企业合资。在市场定位上，这些合资公司的产品扎堆中高端市场，却忽视了低端市场。

这恰恰是奇瑞的良机。

尹同耀认识到，奇瑞与其在现有轿车车型市场挣扎，不如开拓一个更大的家轿市场。他敏锐地发现，2001 年，中国生产的微型轿车、微型面包车、微型卡车一共 70 万辆，与轿车（不含微轿）的产量相当，说明微型车市场大有可为。

奇瑞决定为中国老百姓生产一种经济耐用、安全节能、美观舒适的微型家轿，让更多收入不高的普通中国老百姓能够享受到汽车文明。

进军微型家轿市场是与奇瑞的企业能力相匹配的。第一，市场竞争强度不大，国际巨头们还没有关注这个市场。第二，生产微轿的技术难度和质量要求要低于其他轿车，奇瑞可以在相当程度上避开自己的“短板”。这样，奇瑞不必在短期内投入更多的资金用于改善产品质量和人员培训。而且，从全球范围来看，即使像大众、菲亚特这样的跨国巨头，最初也是从小排量轿车起家的。

由于我国地区之间经济发展的不平衡及人们收入水平的差距，微型车在汽车市场一向是低端的代名词。因此，把握消费者的心态，突出微型轿车年轻、时尚的特征与高档配置，在众多的消费群体中进行细分，才能更有效地锁定目标客户，以全新的营销方式和优良的性价比吸引客户。

2003 年，奇瑞推出了第一款微型轿车——奇瑞 QQ。它的目标客户是收入不高，但有知识、讲品位的年轻人，同时也兼顾有一定事业基础，心态年轻、追求时尚的中年人。奇瑞 QQ 揭开了轿车高不可攀的神秘面纱，让一些工薪阶层圆了汽车梦。

奇瑞 QQ 上市之后，一路高歌猛进，不论是市场细分，还是产品开发、品牌推广，都做得十分出色。仅在 2003 年，奇瑞 QQ 全年销售 90 367 辆，成为当之无愧的“微轿之王”。

奇瑞 QQ 的推出为奇瑞积累了很好的品牌声誉，吸引了消费者的热切关注，这是普通广告效果无法企及的。在此之后，奇瑞 QQ 一直占据奇瑞销量的半壁江山，其重要性可见一斑。

奇瑞的成功看似缘于人们通常认为的市场细分，其实更确切地说是一种产业细分。产业细分是为了发挥竞争优势而把产业划分为若干次级单元，把消费者的购买行为和企业的成本行为结合起来，这些成本包括生产成本、服务成本等。奇瑞将轿车产业细分，将中国普通大众消费者和企业自身资源的约束条件结合起来，以微型轿车满足消费者需求，从而将生产成本和服务成本降至最低，做到了扬长避短。

奇瑞 QQ 的成功意味着奇瑞成功迂回到对手的后方，但这不过是漫长竞争中的第一个阶段，要想扩大战果，奇瑞必须采取进一步的行动。

全线包围，各个击破

穿插战法的第二阶段是穿插部队锁定各个战略目标进行逐点争夺，最终形成对对手的包围态势。如果说穿插战法第一阶段的实施要点在于发起的突然性，具有运动战的特点，第二阶段则近乎拉锯战，因为这时双方对彼此情况已经相当了解。

“2006 年微型家轿市场并未如预期中爆发，也许市场在酝酿着 2007 年的全面放量。”这是微轿厂商挂在嘴边的一句话。然而，市场的情况并非如此，至今我们也没有看到微轿市场的“井喷”。

在全球能源紧张、油价飞涨的背景下，小排量汽车无疑是未来汽车发展的一个重要趋势。但就目前而言，还有很多因素制约着微轿市场的革命性扩大。

按照奇瑞当时的价格设计，人均月收入 2000 元即可轻松拥有奇瑞 QQ。如果按照此推算，中国微轿市场规模应该是几百万辆，而不是目前的几十万辆。2006 年，奇瑞 QQ 也不过销售了 15 万辆左右，实际销量和潜在的市场规模形成了极大反差。

对于很多中国普通消费者来说，借助消费信贷一次性支付几万元买一辆车并非难事，然而高额的养车费用让人均月收入 2 000 元的人群对汽车望而却步。更重要的是，传统的“轿车是身份和地位的象征”的观念使很多有购买力的人群更关注一些大排量的汽车。

那微轿市场是诱人的“蓝海”，还是潜力有限的“小水洼”？

现在，微轿市场竞争加剧，利润萎缩，已是不争的事实。因此，奇瑞必须实现产品销售结构的转型。

事实上，奇瑞从未陶醉在“微轿之王”的光环里，而是不断推陈出新，希望在更广阔的市场区域里获得进步。尹同耀的逻辑是，市场竞争太激烈了，要多养几个“孩子”去“打架”。为此，奇瑞先后推出了旗云、QQ、东方之子、A5、瑞虎 5 大品牌。

奇瑞采用和通用汽车类似的多品牌战略，各产品品牌同时又是子品牌，企业品牌为母品牌。这样有利于锁定细分市场，并使品牌易于被识别。

优化产品线，全线“飘红”

1. 奔腾的 2006

通过对产品线优化组合和产品生命周期管理，奇瑞在确保新产品成功上市的同时，使得不少老产品重新焕发青春。

2006 年，奇瑞通过对风云和旗云整合，形成全新的品牌新旗云。风云作为奇瑞的处子秀，为奇瑞的发展立下过汗马功劳，但是由于早期质量控制不力，美誉度不高，销售难以继续放量。同时，由于东方之子上市，旗云的价格一再下探，导致两者的定位交错。风云并入旗云形成新旗云，避免了内部子品牌之间的竞争。新旗云不仅整合了风云和旗云两款车型，与其他子品牌的价格区隔空间也更大。

2006 年，新旗云销售良好，为奇瑞贡献了 10.13 万台的年销量，占奇瑞当年销量的 1/3，仅次于奇瑞 QQ，成为奇瑞新的战略车型，同时也是 5 万～10 万元家轿市场的新标杆，与奇瑞 QQ 一起成为 2006 年年度 10 大畅销车型。

同时，奇瑞对东方之子新车型进行了全面升级改进，9 款新车型覆盖了 99 999 元～201 800 元的价格区间，充分满足了各细分市场的需求。作为奇瑞最高端的产品，东方之子承载着提升奇瑞品牌形象的重担。

随着 2006 年市场硝烟散尽，奇瑞很好地解决了产品布局单一的问题，并把战线扩大到各细分市场。5 万元以下市场，奇瑞 QQ 已成为主力产品；5 万～8 万元市场，新旗云销售形势一路看涨，市场份额也在逐渐扩大；8 万～12 万元市场，瑞虎已经占据一席之地。

另外，奇瑞首款混合动力车 A5、首款酷越车 V5 的市场成熟以及新车型的推出，使得奇瑞的产品结构更趋于优化、合理、全面。

2. 稳步扩张的 2007

2007 年，奇瑞继续保持了高速发展的势头。根据 2007 年 3 月全国乘用车各品牌销量数据，奇瑞总共占据单月销量、出口量以及 SUV 销量冠军、自主品牌中级车单品销售冠军、最大的微轿企业五个“第一”。

时至今日，奇瑞 2007 年第一季度全国销量第一的业绩仍令国内汽车自主品牌振奋，它意味着自主品牌汽车已经具备了在局部细分市场与外资品牌分庭抗礼的能力。2007 年 3 月也成为国产乘用车销售的一个重要“分水岭”，它标志着本土乘用车品牌未来很可能会经常“颠覆”合资乘用车品牌所习惯的销售排名。

从各车型的表现来看（如图 4 所示），2006—2007 年，奇瑞 QQ、旗云和 A5 构成了奇瑞的绝对主力。其中，奇瑞 QQ 的销量在 2007 年基本保持了 2006 年的势头，并在 2007 年的最后两个月有明显的向上突破；旗云的销量继续保持稳定，它在奇瑞所承担的“金牛”角色日益显著；作为 2007 年被奇瑞寄予厚望的 A5，虽然在总体销量上差强人意，但仍然稳步提升。

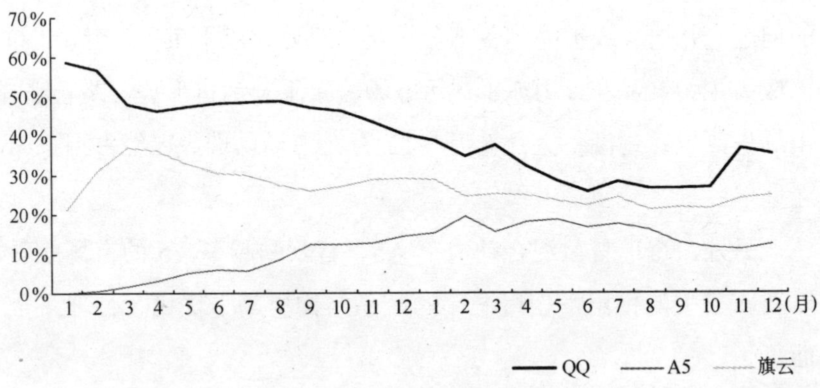

图 4　2006—2007 年车型表现图

从销量（如图 5 所示）看，奇瑞 2006—2007 年不仅实现了销量稳步增长的目标，并且顺利完成了车型结构调整的任务。进入 2008 年，奇瑞将继续加强 A 级车市场，意味着 A5 将承担更为重要的责任。

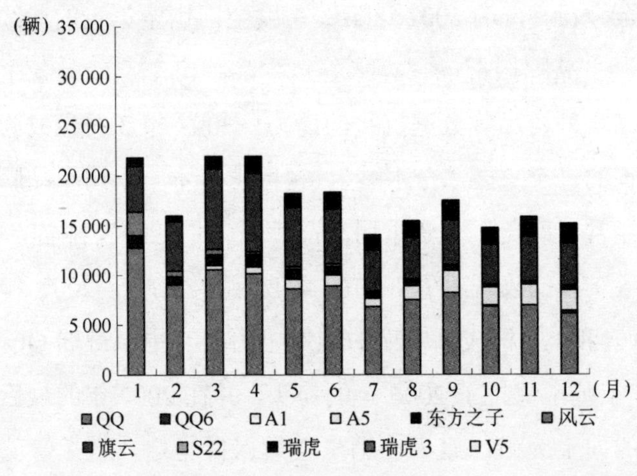

图 5　2006 年奇瑞汽车销量

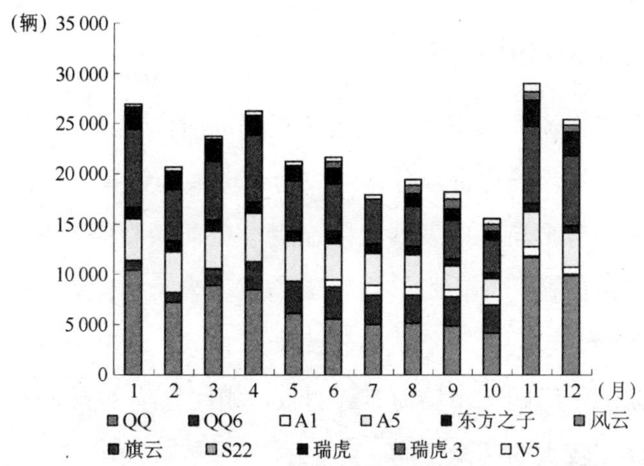

续图5 2007年奇瑞汽车销量

如果用波士顿矩阵对奇瑞目前所有的战略业务单位进行分类的话，奇瑞QQ和新旗云是能够带来比较稳定收益的“现金牛”产品，东方之子是快速发展的“明星”产品，而瑞虎则是前景不明朗的“问题”产品。奇瑞的战略重点是把“问题”产品和“明星”产品向“现金牛”产品转变。

至此，奇瑞的穿插战法已经从最初的穿插阶段过渡到包围阶段，这时的对抗已经从最初的施放冷枪发展到小规模的近距离战斗，接下来的竞争取决于竞争双方的意志和能力。

从突袭到相持

穿插部队除了在战略态势上对对手进行包围，还必须提高兵种间的配合能力。经过了第一阶段近乎游击战、闪电战的突击和第二阶段的包围战，第三阶段进攻战和攻坚战的序幕正式拉开。

1. 掘金新的细分市场

奇瑞在主流轿车市场上周密布局的同时，还根据消费者的个性需求不断对市场进行细分，这成为奇瑞最为锐利的“武器”。

奇瑞没有把自己的发展局限在竞争日益激烈的轿车市场，依然将目光投向商用车市场。在奇瑞高层看来，中国人口分布不均衡和产业分布多元化，低成本物流配送体系尚未建立，这些都为商用车提供了广阔的市场前景。而且，相比竞争激烈的轿车领域，商用车存在较大的利润空间。

为了快速切入商用车市场，奇瑞选择了资本并购。2006 年 4 月，奇瑞收购了一汽扬子汽车制造有限公司（以下称一汽扬子），更名为奇瑞商用车（安徽）有限公司（以下称奇瑞商用车），建设投资 2.6 亿元，年产 8 万辆的奇瑞商用车基地。

并购一汽扬子之后，奇瑞获得商用车领域的准入资格。

从 2006 年 5 月开始，奇瑞汽车工程研究院正式划分为四大板块，商用车研究院便是其中之一，奇瑞对商务车的重视程度可见一斑。

目前，奇瑞的商用车“家族”已具雏形：L8 是一款类似于赛宝的厢式小货车，主要针对农村市场，价格在 2 万～3 万元之间；此外，H13（13 座商用车）、Q21（类似小型依维柯）和 S22（1.3 升 8 座小型商用车）也在研发之中。同时，专为销售商务车而设立的“第四网络”也已在筹建，计划开设 60 家服务中心，奇瑞商用车在 2008 年全面发力。

2. 战略调整，蓄势待发

如果说1997—2004年是奇瑞的第一次创业，那么2005—2010年就是奇瑞的第二次创业。奇瑞第二次创业的目标是到2010年力争实现年产销100万辆。

“变革当趁好时光。”奇瑞汽车在第100万辆汽车下线时就居安思危，主动进行战略转型。这也宣告奇瑞发展驶入新的阶段，即实现了从“通过自主创新打造自主品牌”到“继续坚持开放创新、打造自主国际名牌”的跨越。2007年9月，奇瑞宣布进入以“稳定价格、提升品质、改善服务、建设品牌”为内容的战略调整期，并相应推迟了新车上市计划，为公司的长期发展夯实基础。

2007年，奇瑞汽车良好的市场业绩直接体现了战略调整的结果，同时也为竞争更加激烈的2008年做好了准备。

从总体上看，奇瑞的核心能力包括以弱胜强的穿插战法、系统集成的企业核心能力、“草坪式”成本控制策略以及“保守赌徒”式的领导风格，这些关键元素使得奇瑞在中国汽车行业大放异彩。

第三章

兵溃"滑铁卢"

至少，不能在同一个位置用同一方式跌倒。

——吃别人的“堑”，长自己的“智”

2005年3月，武汉刮起一股掉渣儿烧饼之风。随后，这个小小的“中国式比萨”横扫了包括北京、上海等全国各大城市的大街小巷。进入2006年，掉渣儿烧饼却已风光不再。那么，其兴衰背后的原因何在?

掉渣儿烧饼：“中国式比萨”的流星命途

2005年3月，武汉刮起了一股掉渣儿烧饼之风。随后，这个小小的“中国式比萨”横扫了包括北京、上海等全国各大城市的大街小巷。到了2006年年初，掉渣儿烧饼却已经风光不再。以武汉为例，昔日排长队购买的景象已一去不复返，大多数店面门可罗雀。更具讽刺意味的是，作为特色小吃的掉渣儿烧饼竟沦落到被武汉著名的小吃一条街——户部巷“驱逐”的境地。掉渣儿烧饼曾经像流星一样耀眼，却又像流星一样转瞬即逝。

流星闪耀

烧饼本不是新鲜事物，然而毕业于湖北工学院生物工程专业的晏琳却能把一个小小烧饼迅速做大，香遍全国各大城市。归纳其成功的原因，主要有以下三点。

1. 产品

掉渣儿烧饼首战告捷很大程度归功于有一个好名字，并从视觉、嗅觉和味觉三方面对一个普通的产品进行包装。

(1) 视觉

掉渣儿烧饼与传统烧饼在制作工艺上并没有太大的差别，所不同的是掉渣儿烧饼添加了肉馅，并且将肉馅涂抹在烧饼表层，因此表面的肉料易掉渣，“掉渣儿”之名正缘于此。烧饼与肉料的组合，为掉渣儿烧饼赢得了“中国式比萨”的美誉。在外形上，掉渣儿烧饼直径约 18 厘米，厚度约 1.2 厘米，比传统烧饼稍大，因此大多数消费者认为 2 元的售价比较实在。在外观上，掉渣儿烧饼表面呈金黄或棕黄色，容易引起人们的食欲。其产品包装也独具匠心，醒目的牛皮袋包装吸引了众多消费者的眼球。店面是用竹子、木条和簸箕装修而成，尽管简单朴实，但这种返璞归真的设计成为现代都市设计中的另类，很远就能吸引住消费者的眼球。

(2) 嗅觉

掉渣儿烧饼的“七里香”是吸引顾客最为直接的因素，因为嗅觉最容易引发人们的食欲。

(3) 味觉

掉渣儿烧饼以土家风味著称，经过高温烘烤后，肉馅中的油脂渗出，使面饼吃起来更加酥软爽口，油而不腻、口味浓香。

2. 特许加盟

以武汉为例，短短 3 个月（2005 年 7—9 月）的时间，掉渣儿烧饼的人气一路飙升，门店达到了 39 家（直营店 4 家、加盟店 35 家）。调查发现，其主要动力来自掉渣儿烧饼独创的街头长队+公司承诺的特许加盟模式。街头长队人气旺，行人受好奇心驱使也纷纷加入，于是队伍越排越长，人气也越集越旺。长队效应表面上聚足了消费者的超强人气，实际上也吸引了众多观望的中小投资者的目光。2005 年 3 月，晏琳的第一家店在武汉大学旁边开张，学生和行人大排长队的超强人气把投资者们迎至总部门前，公司承诺则再推了一把——一天可卖出 1 500 个烧饼，35 天收回成本，投资者们纷纷掏出了加盟费。

3. 软文宣传

从掉渣儿烧饼总部的调查中了解到，公司除了 2005 年 9 月做了近 1 个月的车载广告外，并没有投入其他的广告宣传。尽管如此，新闻媒体的软文宣传作用也足以产生轰动效应，为掉渣儿烧饼的兴起推波助澜。调查发现，在不同时期，媒体重点宣传的主题也不相同。2005 年 6—7 月，媒体以宣传“女大学生创业——烧饼梦”为主。随后的 8—9 月，关于“各地刮起烧饼风”的宣传已经铺天盖地。10 月至年底，媒体侧重对仿冒店的曝光，为晏琳打抱不平。最早关于掉渣儿烧饼的报道，大约是在 2005 年 6 月《楚天都市报》刊登的一篇名为《白领丽人的烧饼梦》的文章。自此之后，武汉乃至全国的各大媒体都开始对这一事件进行了跟进报道，尤其是到了 2005 年 9 月份，宣传造势达到了顶峰，《楚天都市报》甚至还开通了热线和短信留言，鼓励市民参与讨论掉渣儿烧饼何以大行其道。

流 星 陨 落

从 2006 年年初开始，掉渣儿烧饼在武汉经历了从首家店的建立（导入期）——22 家加盟店（成长期）——39 家店面的全盛（成熟期）——加盟店开始纷纷退出（衰退期）四个阶段。到 2006 年 5 月份，加盟总部开始转战技术转让市场，这意味着招商加盟已经告一段落。为什么掉渣儿烧饼最终逃脱不了流星宿命呢？

1. 总部：草率扯起加盟大旗

(1) 产品设计缺陷

小小的烧饼并没有多少技术含量，尽管进行了产品概念包装，“土家”也好，“掉渣儿”也好，烧饼终究只是一个烧饼。产品技术含量低，直接导致诸如“掉渣”、“掉渣渣”、“土掉渣”等产品相继模仿，使得“掉渣儿”品牌形象难以脱颖而出，竞争乏力。此外，由于产品过于单一，没有后续升级产品跟进，因此不能适应消费者口味的变化，最终导致消费人群的迅速减少。

(2) 盲目连锁

在连锁加盟的可行性上，根据国家《商业特许经营管理办法》，“掉渣儿”当时并不具备特许经营的资格。晏琳在不熟悉国家政策环境的情况下，盲目加盟连锁，最终导致官司接连缠身。首先从加盟门槛设置上，由于项目的启动资金不高，3 万元加盟费和 1 万元的保证金，一般中小投资者都拿得出来，加上加盟总部对加盟店店主和店员资质、店铺选址要求、营业面积等都没有严格的限制，导致加盟商的素质、能力参差不齐，因此很难保证店面的一致性和规范性。

(3) 自我管理能力不足

加盟总部急速扩张带来了店与店之间的竞争、品牌形象受损等诸多问题，而要维护一个近40家门店的加盟体系的正常运作，健全的管理制度和完善的日常管理与监督非常重要。然而，总部一心只想如何招收加盟商，忽略了对整个加盟体系的运营管理，使原本能力不高的加盟商缺乏总部的支持和统一管理，自然会陷入困境。总部推出了第二代新品——“马打滚”和泡椒软饼，在遭受市场冷遇后就没有了下文。

2. “李鬼”：抢食加盟市场

跟风店多，仿冒的加盟总部也多。上网一搜，就能搜到很多关于掉渣儿烧饼招商加盟或技术转让的热帖和网页。掉渣儿烧饼的秘方曾一度在网上被贱卖到几十元，另外还有技术培训光盘等出售。一时间，眼疾手快的人们纷纷瞅准这一市场，欲“分一杯羹”。然而，市场容量有限，“抢食”掉渣儿烧饼市场的人却越来越多。如此一来，“掉渣儿”的价格劣势限制了其进一步扩张。最为严重的是，消费者被顷刻间出现的众多品牌混淆了视线，甚至到了后来，宫廷桃酥王、江西桃酥王以及一批蛋糕店也开始兼营各种名称的掉渣儿烧饼了。

3. 加盟者：短视的投机者

(1) “捞一桶就走”的加盟商

这一类加盟者一般拥有一定本钱，但往往眼光短浅，只是追求短期利润的快速增长。哪里赚钱且见效快就往哪里投资，先捞得“第一桶金”再说。

(2) 赚一点就行的加盟商

绝大多数加盟者属于这一类，与上一类相比，他们没有太多本钱，投资的目的往往是想赚一点钱，以维持生计。这一类加盟商中最为典型的就是下岗工人，他们的本钱或许是向亲戚朋友七拼八凑来的，希望赚了钱再慢慢还债。因此，除非是完全无利可图，这一类投资者一般会在这个项目上维持比较长的时间。调查发现，由于加盟总部没有把集中采购得到的优惠直接转让给加盟店（总部把在市场上以 2.5 元/斤就可批发购得的肉馅以 5.9 元/斤售给加盟商），为了降低成本，有的加盟商绕过总部自购肉馅。如此一来，既破坏了“游戏规则”，又难以保证产品的质量。更糟糕的是，一旦加盟商纷纷自行采购，总部的规模经济体系将濒临崩溃。

(3) 玩一把“心跳”的加盟商

少数加盟商自己就是老板，投资此行并不纯粹为了赚钱，而是想涉足一个新领域，或者说他们也在模仿，因此出现了诸多加盟店私下进行技术转让的现象。虽然在加盟手册中会有相应的条款限制，但在利益的驱使下，有些加盟商愿意铤而走险。总部发展加盟商，而加盟商又发展自己的下线，从这个有趣的现象中，似乎可以看到传销的影子。

4. 消费者：尝鲜之后的分流

调查发现，消费者的初次购买动机大体相同，“看到很多人排队，也想前去尝尝新鲜。”但是随着新鲜感的退去，市场必然出现衰落势头。

(1) 理智型消费者的流失

大多数消费者新鲜感过后，在选购前会更多地考虑产品的口味、卫生甚至是营养健康，等等。据调查，消费者对掉渣儿烧饼的口味评价并不高，近 60%的受访者认为掉渣儿烧饼味道一般，50%以上的人购买不超过 3 次，且购买时间多集中在 2005 年 9 月。

(2) 情感型消费者的游离

有一部分消费者仍会继续购买，但是他们购买的对象并不固定。也就是说，他们不一定是掉渣儿烧饼的忠实消费者，这是由于市场上泛滥的掉渣儿烧饼品牌冲淡了消费者的品牌意识，使他们并不在意哪一家是正宗，哪一家是仿冒。

反思沦落

1. 小吃连锁的"中国式沦落"现象

纵观国内连锁小吃的发展道路，无外乎是一炮走红——一哄而上——一塌糊涂——一哄而散的发展轨迹。同为武汉发源的小吃蔡林记热干面以及曾经扬言要"挑战麦当劳"的红高粱快餐连锁店，无不是以失败而告终。

武汉蔡林记有着近百年的历史，终究未能幸免遭此一劫。相对于"掉渣儿"这个新兴食品来说，蔡林记已经是一个非常成熟的品牌，它的失败在于品牌透支。2000 年年初，蔡林记将特许经营权授予了一家名不见经传的私营企划公司，盲目扩张的同时忽略了对加盟店的统一管理和支持，最终导致加盟店几乎一夜间从江城消失。

2. 如何不再走向中国式沦落

(1) 从产品策划到品牌培育

对于小吃连锁加盟体系，是否只有设计高技术含量的产品才能防止对手模仿跟风呢？其实未必。有高技术门槛固然好，但加盟体系的核心竞争力主要还在于品牌。简单的商业模式很容易被克隆，而成熟的品牌是不易被模仿的。今天的很多特许企业之所以命不长久，是由于大量同类化的不规范加盟的存在——企业品牌与产品被大量复制，在复制的过程中又走了形，这样势必会降低品牌在消费者心目中的形象，进而导致企业业绩下滑，甚至走向消亡。

因此，企业在建立初期，首先应该培育自己的品牌，再采用加盟形式扩张。到那时，已经拥有一群忠实顾客的企业不必再担心被人仿冒。我们可以借鉴肯德基的经验，刚进入中国时，主要采用直营形式，待在消费者中树立起稳固的品牌形象后，再放手给加盟商经营。

(2) 从加盟招商到网络管理

加盟总部应对其加盟商提供及时有效的后续服务，总部和加盟店之间非隶属关系，而应是一种互利合作、共求发展的关系。如果加盟店经营成功，可以帮助总部提高品牌的知名度和美誉度，并增强品牌的感召力，最终使特许经营体系进一步发展扩大。如果加盟店经营失败，会使特许体系得以生存和发展的品牌贬值。因此，双方需要精诚合作，以共赢为目标。具体来说，总部一方面需要对加盟商提供强有力的技术管理支持，另一方面需要加强对加盟网络体系的有效监督管理。

对于小吃行业，采购和配送的规模经济是特许经营体系的一大优势，也是保证产品质量统一的关键。因此，企业加强对加盟商后续服务的重点表现之一，就是与加盟商分享集体采购所带来的优惠，而不是把低价购入的原料高价卖给加盟店从而赚取价差，这样必然会引起加盟店的强烈不满和抵制。

(3) 从合同管理到法律约束

连锁小吃的创立者应该先备足法律功课，学会使用法律工具。首先，要依法约束他人的行为，保障自身合法权益。比如，在品牌管理方面，宜先申请专利再开店，否则只能像掉渣儿烧饼被跟风者仿冒，眼睁睁地看着大好的市场惨遭蚕食。其次，依法约束自己的行为。比如，在授权经营方面，要注意时机的把握，根据相关法律条款确定自己是否有特许经营的资格，否则像晏琳被告上法庭就得不偿失了。因此，约束自己的行为也是保障自己的权益，两者并不矛盾。

(4) 从“流星”企业到百年老店

如今很多加盟连锁的创建者本身就动机不纯，有的企业甚至只想借特许加盟的运作模式敛财，这样的企业是注定无法长久的。因此，加盟体系的创建者应从长远发展的角度考虑如何做大做强，而不能单纯地追求短期利润的快速增长，轻视了长足的品牌推广和战略发展。否则，类似掉渣儿烧饼这样极具潜力项目的火暴只能是一时的表现，也许成就了几个或十几个招商者，但肯定无法成就像肯德基、麦当劳那样具有世界影响力的准百年老店或者超百年老店。

边缘性产品已经成为很多企业延续企业生命、扩大市场规模的“利器”，比如蒙牛酸酸乳、好记星、乐无烟等产品都在市场销售中业绩斐然。但是，同是边缘性产品的云南白药牙膏，却没有达到类似蒙牛、伊利等企业在边缘性产品上的辉煌，这是什么原因呢？

云南白药牙膏：“边缘”之痛

边缘性产品是企业寻求产品差异化创新的主要手段，中国企业也不乏成功的经典案例，比如，乳饮料作为液态奶与饮料两个品类的边缘性产品，成为了2005年中国乳业和饮料市场的最新“卖点”。通过蒙牛和伊利两大中国乳业巨头的市场发力，成就了继茶饮料、果汁饮料、功能性饮料之后饮料界的又一个新品类市场。

同样是边缘性产品的云南白药牙膏（药品与日化两个品类的边缘性产品），却没有达到蒙牛、伊利在乳饮料上造就的辉煌。即便是与云南白药牙膏相似的采乐（去屑药品与洗发水两个品类的边缘性产品）相比，云南白药牙膏的市场业绩也远远不能与其相比。

云南白药牙膏的营销战术

1. 产品定位：功能型牙膏

从本质上说，云南白药牙膏是一个日化产品、是一个具有护龈固齿功能的健康性牙膏。具体地说，它是一个以牙膏为载体，内含云南白药特殊活性成分，并以防治牙龈出血、牙龈炎、牙周炎以及牙龈萎缩、口腔溃疡的专业性口腔护理保健产品。但是，防治牙龈出血并非牙膏的创新性或唯一性差异，云南白药牙膏真正的优势来自于其产品的品质。

2. 消费者定位：高端的牙龈出血患者

云南白药牙膏上市走的是高端路线，每支牙膏的价格在22～24元之间，与行业的一般定价规则相比，基本上属于牙膏中的奢侈品。结合云南白药牙膏防治牙龈出血的独特功能，其目标群基本锁定在高收入的牙龈出血症状消费者。如此定位，一是由于云南白药牙膏的产品成本是市场高档牙膏的数倍，二是云南白药集团试图借助其品牌药品的专属特性，用产品差异化定位来锁定细分消费人群。

3. 渠道选择：药店与超市双管齐下

云南白药牙膏在渠道选择上以连锁药店为主，并选择性地进入大卖场及相应超市。这样，云南白药牙膏就充分利用了原有药品的主导性渠道资源，并回避了传统强势品牌的直面竞争。同时，有选择性地进入大卖场和超市，还兼顾了日化产品的渠道运作规律，从更大程度上进行市场覆盖。

4. 市场推广：高空无力，地面乏善可陈

一个新品的推出，不仅仅依赖于产品的创新程度，更重要的是要在推广过程中进行概念传播和销售促进。云南白药牙膏在概念传播和销售促进的力度上基本上可以说是乏善可陈。作为云南

白药牙膏最有力的支撑就是产品品质，但是由于云南白药牙膏对产品品质的包装不足，因此难以支撑其高端定价。

边缘性产品创新的核心基础

为了清晰地找到云南白药牙膏创新失败的根源，我们需要先从营销角度探讨一下边缘性产品创新的核心基础。

1. 产品属性决定营销规则

产品是一切营销活动的核心基础，而产品属性最终将决定营销活动的策略及战术组合的具体实施，边缘性产品同样也不例外。由于边缘性产品往往具备两个品类甚至是两个行业产品的特征，因此其营销活动就显得十分复杂。边缘性产品的营销活动有效与否，关键就在于能否正确地定义边缘性产品的产品属性（如图 6 所示）。

实际上，边缘性产品是两个甚至多个行业或品类产品特征的结合。边缘性产品“嫁接”了行业 A 或品类 A 与行业 B 或品类 B 的特征，通过“嫁接”达成边缘性产品创新的目标。但是，边缘性产品必须回答产品属性归类的问题。

产品属性的不同，最终决定了边缘性产品将采用哪些营销规则进行市场运作。如果边缘性产品的产品属性归类在产品属性 A，那么营销规则上更加侧重于遵守行业 A 或品类 A 的营销规则。比如，产品属性归类于日化产品，那么在渠道选择上应该以日化产品的渠道类型为主导，即使做营销运作的创新，也是在充分尊重现有产品属性的行业及品类规律基础上做出的创新。

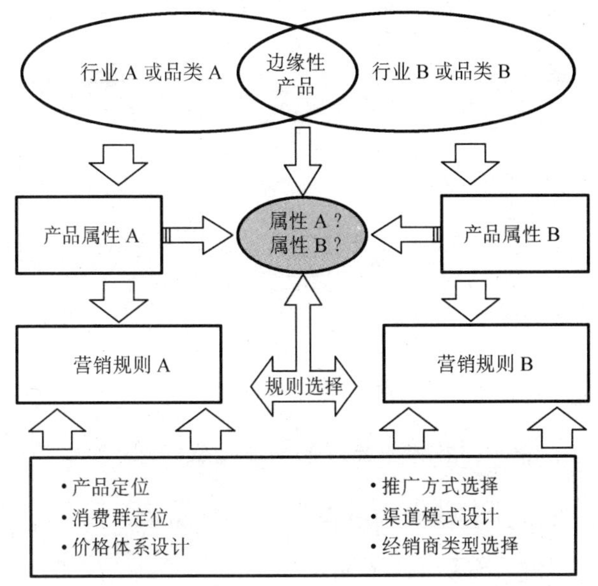

图 6　边缘性产品的营销规则选择

因此，边缘性产品在营销运作过程中，首先要解决边缘性产品的属性归类问题，这也是边缘性产品创新的核心基础。

2. 影响产品属性定义的主要因素

既然产品属性定义是边缘性产品创新的核心基础，那么如何正确定义边缘性产品属性以确保边缘性产品创新呢？影响边缘性产品的产品属性定义的主要因素有哪些呢？

如图 7 所示，有四项因素的综合作用影响了边缘性产品的产品属性定义：行业或品类的市场机会、与原有品牌的关联强度、企业原有可利用的资源状况、消费者购买习惯及消费习惯。

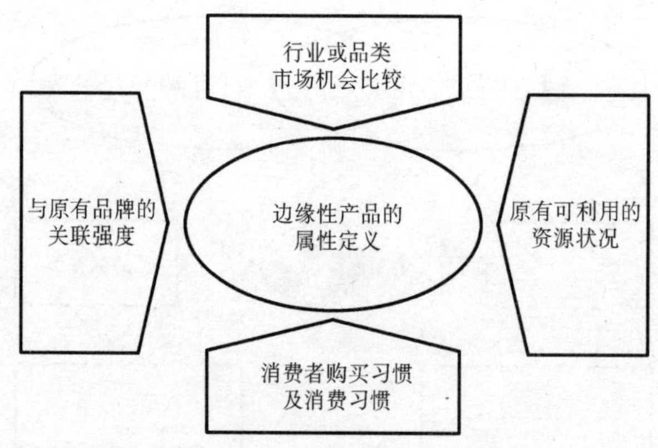

图 7　边缘性产品的产品属性定义的影响因素

(1) 行业或品类的市场机会

由于边缘性产品结合了两个或多个行业与品类的产品特征，因此其产品属性的行业或品类的定义就存在多个可能。如乳饮料，可以定义为乳品，也能定义为饮料。做行业或品类市场机会分析，最终将确定边缘性产品进入的行业或者品类，以及在哪个行业中找到市场机会、参与哪个行业的竞争等。蒙牛、伊利、光明等强势品牌掀起的 2005 年的乳饮料大战，更多地是结合自身乳业特征将产品定位于饮料，通过抢占饮料的市场将乳饮料做大，成为饮料的一个细分品类。

(2) 与原有品牌的关联强度

边缘性产品脱胎于两个或多个行业与品类，这个产品特征决定了边缘性产品与原有企业品牌的关联强度，这就需要解决边缘性产品对原有企业品牌或产品品牌的资产利用问题。不同的边缘性产品所涉及的行业或品类的关联强度也存在一定的差异。比如，乳品与饮料的关联性相对性较强，医药与日化的关联强度较弱。

关联性强的边缘性产品对原有品牌来说就是一个合理的延伸，也更容易让消费者接受这个品牌下的产品。

(3) 企业原有可利用的资源状况

企业原有的可利用资源是边缘性产品属性定义的物质性基础。也就是说，能否充分“嫁接”原有的可利用资源对边缘性产品的市场运作成功与否起着决定性作用。原有的可利用资源包括渠道资源、研发资源、生产资源等多个层面，选择这些资源时，应充分考虑企业原有的核心能力或核心优势。如此“嫁接”后，才能达到对企业核心能力或核心优势最大限度的利用和发挥。

(4) 消费者购买习惯及消费习惯

不同行业或品类的产品，消费者购买习惯及消费习惯存在着非常大的差异。营销的一切行为最终必须尊重消费者购买习惯及消费习惯，因此边缘性产品在尊重消费者购买习惯及消费习惯上就存在着双重或多重的选择。总而言之，边缘性产品的产品属性定义也应该充分考虑消费者的购买习惯及消费习惯，比如，消费者购买药品更习惯在专业药店购买，大卖场、连锁超市就不是最佳的终端选择。同样，在消费习惯上，消费者对日常消费品的消费与药品的消费也存在很大的差异。一旦一个产品具备药理，且又定义为日常消费品的时候，消费者在消费习惯及购买习惯上就存在了迟疑，这就需要边缘性产品在产品属性上给一个明确的定义。

找寻原因：云南白药牙膏为何创新失败

1. 核心基础之败：产品属性偏差

云南白药牙膏的产品定位为高档功能型牙膏，就行业特性及产品品类来说，它属于日化行业的牙膏品类，因此，其产品属性为日化产品的牙膏品类。云南白药牙膏如此定义产品，依据有以下四点。

(1) 行业机会及竞争强度

中国庞大的牙膏市场和众多牙龈出血患者给云南白药牙膏提供了市场进入的机会，同时，云南白药牙膏有白药的添加，突出的疗效让它在防治牙龈出血这个功能细分产品上存在着竞争优势。虽然整个牙膏市场竞争异常激烈，但是在这个细分领域，云南白药集团具有不可替代的优势。

(2) 企业原有可利用的资源状况

云南白药集团最核心的优势是对白药这个稀缺资源的掌控，以及最核心的能力——白药类产品的研发能力。将白药应用于牙膏产品，不但充分利用了稀缺资源，更依赖了云南白药集团的核心能力。因此，云南白药牙膏是企业资源优势与企业核心能力的有力结合。

(3) 与原有企业品牌的关联强度

云南白药牙膏定义为功能型牙膏，产品属性为日化产品的牙膏品类，而云南白药集团的品牌属性却是药品品牌。随着云南白药集团的品牌向日化领域延伸，其品牌内涵严重缺乏，云南白药牙膏的产品属性与云南白药集团的品牌关联强度很弱，因此难以充分利用原有的品牌资产对边缘性产品形成有效拉动。

(4) 消费者购买习惯及消费习惯

云南白药牙膏的产品属性定位于牙膏，消费者一般会去卖场和超市购买牙膏产品，这是消费者最基本的购买习惯。但是云南白药牙膏的主力渠道却是药店，显然与消费者的购买习惯严重冲突。而作为补充性的大卖场和超市，在陈列、生动化、位置等方面皆与强势品牌无法相比。另外，在消费习惯上，云南白药牙膏到底是让消费者治牙龈出血还是防牙龈出血，没有做出十分明确的定义。治牙龈出血的消费者的消费习惯是用药，而防牙龈出血的消费者一般是不会习惯花大价钱的。由此可见，云南白药牙膏在做产品属性定位的时候，并没有充分尊重消费者的消费习惯及购买习惯。

事实上，云南白药牙膏在产品属性定义之初，就缺乏系统地对产品进行产品属性定义。产品属性定义是边缘性产品营销运作的核心基础，而云南白药牙膏的一切营销活动是在产生偏差的产品属性上展开的。

导致云南白药牙膏产品属性定义的失败原因是没有充分考虑到产品属性定义能否与企业原有品牌产生的关联强度，并且没有充分地尊重消费者的购买习惯及消费习惯。

2. 营销运作之败：在两个游戏规则间游移

在具体的营销运作上，云南白药牙膏就一直在医药产品与日化产品之间游移不定，不清晰的产品属性定义是导致营销运作游移的根本原因，甚至面对消费者定位、终端选择、市场操作手法等方面也是患得患失。

(1) 牙膏运作医药产品市场的创新游移

云南白药集团试图用医药保健品的市场运作方式来运作云南白药牙膏。无疑，云南白药集团期望通过市场运作的创新来达成向日化行业延伸的目标。但是，云南白药牙膏的成本根本不能支撑医药保健品运作的差价空间。同样，定义于日化产品的云南白药牙膏，在市场运作创新中，首先应该是在遵守日化产品运作规律上的创新。

(2) 药品与日化产品之间的定位游移

虽然云南白药牙膏定位于日化产品，但是在产品诉求、渠道运作等方面却更加贴近药品。云南白药集团想借自身对医药产品运作的丰富经验和企业积累的优势资源，对云南白药牙膏的市场推广发挥积极的推动作用。然而，正是这样的患得患失，导致了云南白药牙膏看似定位于具备特殊功效的功能型牙膏，但在市场运作上却貌合神离。一个完整的产品定位，并不仅是在产品入市规划时应该注重的问题，更是上市整个过程及产品进入稳定销售后的指导性纲领。

(3) 药店与卖场（超市等）两个渠道类型选择的游移

即使云南白药牙膏制定了以药店为主、超市为辅的终端选择策略，但对于一个资源有限的新品上市活动，集中资源发力显得格外重要。云南白药集团虽然具备了一定的实力，但是要在药店和超市两种终端类型上发力，似乎还是心有余而力不足，这就导致了云南白药牙膏在卖场、超市只能是“面向角落一隅”。任何企业的资源都是相对有限的，随着渠道门槛的越来越高，特别是通过资源的集中发力获得局部优势再做扩张时，企业务必量力而行而非“锅里碗里都要吃”！

(4) 高端与患者两个消费群的定位游移

云南白药牙膏看似清晰地对消费者做了明确的定位，即高端的牙龈出血患者，但是即便是这样的定位，也在药品使用者和日化产品使用者之间游移。患者首先是医药产品领域的消费者定位，但是牙膏却是日化行业的品类细分。云南白药牙膏的定位，在原本较庞大的消费群做了两次细分：高端和患者。这样的定位最终大大缩小了目标消费者群。从本质上说，牙膏是一个大众性消费品，应该有一个较为庞大的消费群落，这样能够保证销售量。大众消费品的产品细分基本是一纬细分，多纬细分的消费者定位应该适用于奢侈消费品而非大众消费品。云南白药牙膏面临“高价—高端”及“药用—患者”的两纬细分方式后，消费者定位不但背离了牙膏的特性，也有过于细分的嫌疑。

创新是尊重规律的激进行为

讨论云南白药牙膏创新的失败缘由，其本身并不重要，重要的是如何在其中得到值得中国企业借鉴的理念启示。

从方法论上谈云南白药牙膏的运作，更多地是在提醒做边缘性产品创新的企业面临类似问题应该注重的方法。

实际上，在创新与规律的辩证思考上，云南白药牙膏有更多值得企业深思的地方，比如，产品属性定义与营销规则的关系、价差空间与行业的适应性等问题。透过云南白药牙膏的边缘性产品创新，更值得中国企业深度思考的是创新与规律的关系。中国 7 000 万营销人每天都在创新，而创新的结果却大相径庭。因此，创新一定是尊重规律的激进行为，任何违反规律的创新都将导致失败。

2007 年 3 月 26 日，曾经风光无限的民族品牌大宝被外资品牌强生收购，中国日化行业又少了一面旗帜，大宝的命运只是中国日化行业的一个缩影。大宝的明天如何，大宝的今天会不会是中国本土日化行业的明天？

大宝：再见！

在外资风潮越刮越盛的日化领域，强势的民族品牌大宝也未能逃脱被外资收购的命运，2007 年 3 月 26 日，大宝被强生收购。

此前，小护士已“外嫁”欧莱雅，失去了小护士后，大宝几乎代表了中国护肤品乃至化妆品市场独立本土品牌的全部阵地。换言之，在大宝投身强生之后，已经没有了成气候的本土同行。

外资品牌利用规模经济和范围经济，直接导致了中国本土日化企业“老汤慢炖”模式的崩溃。强生收购大宝给“外资收购门”又添了一段谈资，相对于达能并购娃哈哈事件、徐工事件、苏泊尔事件等其他外资收购案，国人对强生收购大宝案似乎太过冷漠。或许，国产日化品牌被收购是一种宿命，人们已经麻木了。

什么原因使我国本土日化产业沦落到插标自卖的境地？大宝还能天天见吗？本土日化距离被外资全部吞并还有多远？

遭遇困局

大宝作为中国日化行业的第一民族品牌，曾一度在国内日化市场风光无限，甚至令宝洁、欧莱雅等国际巨头也不敢小觑。

大宝的成功被当作一个奇迹。“拳头”产品 SOD 蜜的推出，成就了大宝的崛起，同时也成为 20 世纪 90 年代国产化妆品的一块招牌，从 1997 年开始，大宝连续 8 年夺得护肤类产品的销售冠军。

大宝的成功离不开符合当时消费者需求的产品定位。在 20 世纪 90 年代的国内化妆品市场，大多数厂商将其消费群体定位于高档消费阶层，而中低收入阶层在化妆品消费者中占了大多数。大宝看准了这个市场契机，将高质量的产品定位于中低价位，一举赢得了巨大的市场份额，树立起了价廉物美的品牌形象。

成功的模式一再被复制，最终就成为发展的羁绊。

2003 年以后，局势开始急转直下。大宝的发展速度明显放慢，销售业绩始终在 7 亿～8 亿元之间徘徊。数据显示，大宝 2003 年的利润为 5 975 万元，而 2006 年下降到 4 784 万元。2003 年大宝在护肤品行业中市场份额为 17.79%，远高于其他竞争对手，但到了 2005 年，大宝在国内化妆品市场 700 亿元的市场容量中份额仅占到 1%。

大宝 20 多年的创业经历就像划过夜空中的一颗流星，如今沦落到了“插标自卖”的地步，也是有其原因的。

1. 新品推广乏力

大宝的增长乏力主要是受低端战略的局限。所谓“成也萧何，败也萧何”，大宝从创建伊始坚持低端战略取得了巨大成功，而当初制胜的法宝变为如今制约发展的瓶颈。大宝的销售量常年排名第一，但销量是按瓶计算的，由于大宝的产品定价都很低，所以销售额并不可观，利润就更显微薄。

大宝的低端战略还严重制约了新品的推出，至今让消费者记住的，仍然是20世纪90年代推出的几款产品。单单依靠一瓶SOD蜜，已不足以应对多元化的市场需求，也不足以支撑企业的进一步成长。

市场的变化日新月异，民营企业在低端市场迅速崛起，SOD类护肤品早已不再为大宝所独有，外资品牌在稳稳占据中高端市场后，也发起了对低端市场的进攻。大宝周围群强环伺，市场份额急剧下降，面对迅速膨胀的市场，大宝失去了先机。

2. 重销量而轻管理

为了维持高销量，大宝采取了一系列激励销售的办法，销售经理可以获得销售回款额的2%作为个人收入。对于销售业绩排在前列的销售经理，会一次性给予高额的现金奖励，同时给予更高额度的促销费用等倾斜政策，对于排名靠后的销售经理，则采取末位淘汰制。

这种激励机制在大宝早期扩大市场占有率的过程中起到了至关重要的作用，为大宝发展成全国性品牌打下了基础。但是，这直接导致了大宝的重销量而轻利润、轻市场培育，同时导致了杀价和窜货现象的出现，大宝各销售片区之间互相杀价，以求把外省的经销商吸引到本省来，从而提升自己的销售业绩，部分省市大宝产品的批发价甚至低于出厂价。大宝管理层虽严令禁止，但杀价和窜货现象屡禁不绝，市场管理混乱。

3. 品牌老化

品牌会老化是一个不争的事实，品牌像产品一样，存在着生命周期。多年来大宝一直固守着低端市场，是一个地地道道的老百姓品牌，没有向高端的突破，更没有新品、高附加值品牌的成功运作。

近20年来，大宝推出的产品种类本来就少，品牌更是屈指可数。尽管有着“价格便宜量又足”的卖点，听多了难免会让人失去兴趣。在突出强调消费个性化、多样化的年代，品牌的单一极容易导致消费疲劳。

近年来，大宝销量徘徊不前，与中国化妆品行业近 20%的发展速度相比，显得上升乏术。大宝的困境是中国日化的缩影：有销量，没利润；有品牌，没成长。

沦为“马前卒”

美国强生公司是目前世界上规模最大、产品多元化的医疗卫生保健品及护理产品公司之一。强生（中国）有限公司主要有四大产品系列：婴儿健康护理品系列、妇女卫生用品系列、成人护肤品系列和创伤护理品系列。

目前，强生婴儿健康护理品系列和邦迪伤口护理品系列在中国取得了市场份额绝对第一的好成绩，但在个人护肤用品方面，除了定位于青年、学生消费群的可伶可俐系列有一定知名度以外，定位于成人用品的露得清品牌则因为进入中国市场较晚，目前还在一线城市拓展。

23亿元的收购价格确实是“天价”，但对于正向低端拓展而无法找到合适的“过河卒”的强生来说，收购大宝正中其下怀。

2006年7月底，关于强生收购大宝51%股权的传闻不胫而走。但是事隔数月，收购事宜没有了下文。直到2007年2月27日，大宝在北交所正式挂牌，原定的51%股权出让也升格为全盘转让，强生、联合利华、雅芳以及国内一家化妆品企业成为潜在的转让对象。3月26日，在约定的一个月挂牌期满后，大宝撤下了在北交所的出售信息，强生成为唯一的中标者。

强生收购大宝丰富了自己的产品线，一是为了进军二、三级（低端）护肤品市场，完成其金字塔式的品牌结构；二是可以形成上海、西安、北京的“铁三角”生产与战略布局。

国家统计局的数据显示，县市级城镇和农村的日化产品消费量占到全国的69%，是中心城市消费量的两倍还多。显然，在完成了一线城市日化领域的深耕细作之后，中国庞大的农村消费群体已经成为跨国公司的下一个目标，农村将成为跨国公司新的战场。

另一方面，从2006年4月1日起，我国税务部门取消护肤护发品税目，日化企业的销售成本有所降低，商家、厂家都开始注重对农村市场的“深耕”。为了抢占市场，外资名牌企业最有可能采用的战略就是生产或收购更多适合农村市场的化妆品品牌。

对于强生来说，不缺资金、研发能力、管理能力，其在中国日化市场最缺的便是面对消费者的渠道终端，这恰恰是大宝最为擅长的，大宝在创业初期便采取避开在一线品牌盘踞的大城市正面竞争的策略，广泛开辟二、三线城市为主要目标市场，大规模、大面积地完成铺货。目前，大宝在全国二、三线城市建立了500多个专柜，铺货率达80%以上，并在各省设立了办事处。强生并购大宝，能够将两者的优势相结合。

强生透露，强生现在的市场开发重点是二、三线城市及农村市场。大宝在二、三级市场拥有的强大营销网络、成熟的通路，尤其是在二、三级批发领域的优势，对强生具有很大的吸引力。

大宝还能天天见吗

"大宝，天天见""要想皮肤好，早晚用大宝"，这些熟悉的广告词会消失吗？强生将怎样给大宝定位？利润微薄的大宝如何重塑品牌将是强生遇到的首要问题。如果维持中端低产品形象，那么如何提高利润？如果提升大宝品牌，投入的研发、广告、人才费用如何消化？任何一个不确定因素都能让这一并购成为强生的一个泥潭。

强生并购大宝看重的是大宝的渠道资源，而大宝的渠道资源对强生来说是把"双刃剑"，并购之后最大的难题就是强生如何整合大宝的渠道资源，毕竟跨国公司和本土公司的管理方式存在差异和冲突。大宝的渠道资源并不是硬资源，如果强生处理不好，也许会引起渠道动荡甚至是经销商流失。

有人乐观地认为，从目前强生在日化领域的地位而言，强生对大宝的依赖性会更强一些，毕竟在日化领域强生现有品牌比较单薄，需要借用大宝扩充自己的品牌力量。大宝将会作为强生旗下的子品牌继续存在，强生将会继续注入更多的资金，扩充大宝的生产线。

在强生的棋盘中，大宝将会被安排在哪个位置？是开拓农村市场的“过河卒”，还是“先锋官”？无论如何，大宝终会成为强生进军农村市场的“炮灰”。

从收购与被收购的先例来看，本土品牌被外资介入后，大多数品牌渐渐消失。有数据显示，小护士被收购之后，每年的销量在逐年下滑。大宝被收购，是否意味着本土知名品牌的又一次淹没？

小护士的“今天”或许就是大宝的“明天”。从 2003 年 12 月 11 日开始，小护士走上了一条不归路。这 3 年来，小护士的市场占有率逐渐下降，在电视上露脸的频率大大降低，在超市柜台的面积也大幅减小。2006 年 2 月，欧莱雅中国区总裁盖保罗发出了向中国二、三级市场进军的号召，小护士成了“下乡运动”的“排头兵”。

这个曾经被城市少女一度追捧的品牌，在欧莱雅中国区总裁盖保罗的精心策动下，开始了浩浩荡荡的“下乡运动”，小护士也许没有想到今天会成为一个农村品牌。“你的孩子养大了交给我，你就放心吧，我会把它推向海外市场。”盖保罗曾经对小护士前掌门人李志达做出的承诺已烟消云散。

当初欧莱雅并购小护士是因为盖保罗对小护士 28 万个销售网点的垂涎。任何一个产品铺满 28 万个网点都能形成强势的品牌效应，对于这个全球最大的化妆品公司来说，对渠道与终端的收编是最终目的。其实，将欧莱雅产品系列中承担中低端市场支撑作用的卡尼尔品牌植入小护士的渠道和终端，才是欧莱雅并购小护士的目的所在。

在进军农村市场的同时，小护士的价格被全线调低。低档化的小护士必将流失相当一部分消费者，而最终的结果可能是，卡尼尔取代小护士成为领导品牌，而小护士这个品牌最终将在前途未卜的农村市场结束它的使命。从这个角度考虑，大宝的结局就可想而知了。

本土日化的宿命

在"中国所有化妆品企业销售额加起来，可能还不如欧莱雅集团的一个品牌"现实咒语之下，大宝只是中国日化品牌的一个缩影。强生并购大宝，让大家很自然地联想到了跨国品牌并购国产品牌的一系列先例。其中，最著名的当属联合利华收购上海家化中华、美加净两个牙膏品牌，宝洁收购熊猫洗衣粉品牌。这应该引起日化行业的集体反思。大宝的售卖被业内人士看作中国日化一面旗帜的倒下，所有人都感觉到本土日化仿佛要全军覆没，感叹中国日化似乎总逃脱不了被外资"吞噬"的命运。

化妆品乃至整个日化行业是中国最早市场化以及对外开放的领域之一。20 世纪 80 年代中期，包括两面针、活力 28、美加净以及白猫等民族日化品牌如雨后春笋般成长起来，迅速占领市场空白点，成为民族品牌的骄傲。

20 世纪 90 年代后期，中国日化行业发生重大变化，外资日化巨头通过并购手段，"屠杀"本土品牌，迅速改变了中外力量平衡的格局。几乎在一夜之间，人们发现天天打交道的化妆品、牙膏牙具、洗涤用品以及其他大量的日化用品，纷纷贴上了有“洋味”的标签。

本土品牌看重的是外资公司的资本实力如技术、资金等，而跨国巨头看重的则是中国企业手中的生产线、劳动力以及大量忠实的消费群体和销售网络。本土品牌在合资时就犯了错误，将自有品牌与设备转让给外资，但在合资公司里占据不到一半的股份，丧失了在企业中的决定权。时至今日，这些本土品牌的命运也大致相同，曾经叱咤风云的历史随着合资而消亡了，即使有部分本土品牌合资后仍然屹立不倒，但与昔日的灿烂辉煌已不可同日而语。

强生并不是通过并购进入国内二、三线城市的先行者。宝洁、联合利华、汉高在进入中国的时候，由于政策的原因，都采取了合资或是并购的方式。所有跨国公司不约而同地选择了“雪藏”的方式来处理并购或租用的本土品牌。从活力28的萎靡不振，到美加净牙膏的命悬一线，及至熊猫洗衣粉的几近消亡，曾经风靡一时的本土品牌逐渐淡出了历史舞台。

除了“雪藏”外，跨国公司更乐意用“软刀子”来消磨中国品牌的锐气，比如，改变价格、变更渠道等。不经意间，这些品牌的定位被悄然颠覆。活力28在并购之前是浓缩洗衣粉的代名词，被美洁时租用后，活力28将精力不再放在浓缩洗衣粉上，这无形中模糊了原有的品牌定位。

回顾这些年来，中国日化企业所上演的合资悲剧，几乎都是刚开始时得到了部分资金，使自己得以暂时渡过难关，但一开始追求的技术没得到，反而将自己的市场和品牌都给丢掉了。

随着强生、欧莱雅、联合利华等国际品牌的强势收购，尤其是国内一线自主品牌不断被"连根拔起"，我们不禁要问，国内一线品牌会否全军覆没？

一般认为，日系手机在中国市场江河日下的结局，与其战略思维僵化、营销体系单一、产品线比较短等“水土不服”的表现息息相关。然而，综观日本手机在中国市场的全体溃败，却发现是一个产业规律和外界干扰的双重悖论。

NEC：“刀锋”上的未来

2006年的“五一”前夕，NEC传出消息，两年前从摩托罗拉跳槽至NEC通讯中国的现任总裁卢雷将加盟苹果，原负责3G业务的常务副总裁鲁敢接过了卢雷的“接力棒”。而在2006年的2月底，NEC通讯中国公司副总裁的王善齐先生加盟了索尼·爱立信公司（以下简称索爱）。

NEC接连不断的人事变动引起了人们的关注，特别是结合松下、东芝、三菱等日本品牌相继离开中国手机市场，人们不禁要问，以技术和管理称雄中国市场的日系品牌到底怎么了？难道是日系电器在中国发展的必然宿命？

管中窥日，NEC的边缘化生存

在全球手机市场品牌架构中，日系手机品牌在本土的出色表现与其在国际市场的表现形成强烈反差。当MOTO、NOKIA、三星等一线品牌纷纷扩充产品线、下沉渠道、细化营销体系的时候，日系手机却表现出完全相反的态势。2006年初，东芝宣布撤出中国市场，随后，三菱、三洋步其后尘。截止到2006年底，基本上只剩下“一个半”品牌了——NEC与“半个”日系血统的索爱。应该说，整合之后的索爱是成功的，但这种成功实际上是由营销策略、产品定位及销售渠道全面转型换来的，严格来说已经不是日系品牌的成功。

就进入中国移动通讯市场时间而言，NEC可以说是日系品牌的先行者。早在1993年12月，NEC就开始在武汉投资移动设备制造基地，为全球市场提供产品。在2G时代，NEC手机在中国市场的年销售量为70万部，打造了包括N8在内的明星机型。2003年，NEC的中国手机研发中心刚成立，NEC副社长杉山峰夫就提出了撇开2G市场，依靠新一代手机挽回在全球市场颓势的战略设想，“2.5G切入，决战3G”被提上了NEC战略日程。其实，就在NEC中国区副总裁杜军放言“3G市场将是NEC在中国翻身之际”的2003年4月，手机研究所成立之后NEC正式切入高端GPRS市场，包括N810、N600、N700、N610、N820等高端机型在2003年年底、2004年年初陆续上市。然而，在白热化的市场竞争态势下，NEC并没有给它的高端产品提供足够多的营销支持，直接导致了NEC在品牌知名度及消费认知度方面弱于NOKIA及MOTO等品牌，刻板的技术形象在日益多元化和个性化的消费需求面前显得缺乏竞争力。2004年从摩托罗拉跳槽到NEC通讯中国的新总裁卢雷从整体战略及营销体系建设角度出发对NEC进行了“大诊断”。

2004年8月之后的一段时期，NEC在新品牌策略引领下的一系列营销动作的确赚足了媒体和业界的“眼球”。从产品层面而言，

NEC告别了单一的高端产品线，迅速推出定价在2 000元以下的多款产品，使得NEC的产品布局及定价状况发生了重大的转变；在营销方面，NEC的本土化步伐更大，邀请张艺谋拍摄广告片，成为中央电视台A特段广告时段[①]，夺得春节联欢晚会首个国际企业“标王”，高调宣布在全国范围内建设2 500多家形象专卖店等。更为重要的是，在产品线更新和产品功能创新方面的市场反应速度大大加快，推出国内首款百万像素手机N830、第一款可看电视的手机N940等引起公众广泛关注。加之卢雷相对频繁的媒体报道，一时间NEC被誉为2005年最有希望的“明星”。然而，NEC并没有迎来预期的销售高潮，“卢雷效应”未能挽回NEC在中国市场竞争的颓势。丰富产品线、自建渠道、功能型新品等一系列动作很快被淹没了，NEC的营销攻势并没有延伸到“眼球”之外。为什么这一系列举动仅仅是NEC赚足了“眼球”，却没有充实NEC的“钱包”？

① 中央电视台A特段广告时段指的是《天气预报》后、《焦点访谈》前的广告时段。

一般认为，日系手机在中国市场“江河日下”的结局，与其战略思维僵化、营销体系单一、产品线比较短等“水土不服”的表现息息相关。然而，综观日本手机在中国市场的全体溃败，却发现是一个产业规律和外界干扰的双重悖论。

日本教训：过度保护带来产业落后

20世纪八九十年代，日本电器在中国曾是高科技与高质量的代表，然而在短短的数年内，不仅是松下、三菱等一两家企业在中国失利，而是电器产业的整体溃败。与此相反的是，略迟于日本进入中国市场的欧美电器却蒸蒸日上，如鱼得水。是内在问题或者大势所趋？一时众说纷纭。

"存在就是合理的。"黑格尔的话用在日本手机产业上也无丝毫不恰当之处。三菱、松下的通讯业务在中国市场由最初的如日中天到现在的集体溃败，是日本国家选择过度保护的"牺牲品"。早在20世纪80年代，日本为了保护本土不成熟的移动通信产业，强制国内市场使用与国际上GSM和CDMA两大2G移动技术标准不兼容的自主研发技术PDC（Personal Digital Cellular，个人数字蜂巢式系统）。后来市场的发展证明，尽管在削弱国外厂商的基础上成就了日本通讯设备商近二十年的国内市场辉煌，但这种与外界"老死不相往来"的市场封闭使日本通信企业很难扩展外部市场。

当时日本主推PDC有一个重要原因，因为日本最大的运营商NTT（相当于目前我国电信市场中国电信、中国网通、中国移动三家合并的实力）是一家日本政府直接控股的企业，在日本一家独大。NTT的研发力量在全球运营商中也是屈指可数，NTT直接参与PDC标准的开发，成为推动日本2G进程的关键"旗手"。

通过行政力量保护自身弱小的产业，在很多国家的产业政策上都十分普遍，但日本采用的自主研发标准对其国内设备厂商与国外厂商都制造了明显的"门槛"。一方面国内设备市场国外厂商难以打进，另一方面国内厂商也未能走出国门。日本本土手机市场是一个封闭的市场，作为强势运营商的DoMoCo，一贯倡导手机定制模式，而国际品牌也很难突破日本这个由特殊销售模式构成的营销壁垒，因此NEC、东芝、三洋、三菱等本土品牌的势力大大超越了NOKIA、MOTO等全球一线品牌。可以毫不夸张地说，日本的手机市场是本土品牌的“天堂”、全球主流品牌的“滑铁卢”。后来，日本具有国际眼光的企业家也意识到了这个问题的严重性，曾经大力向国外拓展其 PDC 标准，但积重难返，最后无功而退。

“政冷”引发的连锁反应

日本前首相曾说：“首相不参拜靖国神社，韩国人也不买我们的产品；首相天天参拜靖国神社，中国人还是照样会买我们的产品。”然而，势利的日本人显然是低估了中国人的爱国情绪，由此诱发了一场又一场的“抵制日货”风潮。

日系手机在中国市场的表现尽管强差人意，但仍有可取之处的 NEC 最后放手一搏，准备在华加大投资。武汉 NEC 是 NEC 在中国最主要的生产基地，此前总投资为 6 900 万美元，注册资本 2 300 万美元，已经拥有 11 条软件个性化生产线、2 条包装生产线以及相关研究、检测设备，手机年产能为 250 万台。为此，NEC 总部又新增资本近 5 亿美元，包括日本电气株式会社以现金投入的 2.025 亿美元和日电（中国）有限公司以现金投入的 2 250 万美元。武汉 NEC 原本的意图是将手机产能扩大 3 倍，并在武汉增设研发中心。

中国国家发改委在核准武汉 NEC 移动通信有限公司新增投资申请报告时明确指出，增资只能用于补充流动资金和完善营销渠道等方面，企业生产规模和产品大纲不变，这意味着武汉 NEC 扩建手机生产线的计划“流产”了，NEC 手机的扩产计划也因国家发改委一纸公文只能暂停。有电信分析师对《第一财经日报》表示，这是政府为了规避手机产能过剩的风险而作出的宏观调控，防止过度扩张，引导手机产业有序竞争。手机牌照发放一方面是控制手机产能过剩的风险，防止恶性竞争；另一方面也是为了扶持一些有潜力的国内品牌。

从理论上分析，这些理由都能站得住脚，但这种限制为何只发生在日本企业，而不是韩国、欧美企业呢？回过头来，日本首相小泉一次又一次地参拜靖国神社在中国乃至东南亚引起的外交风波，日本政府因东海事件、钓鱼岛之争、历史教科书纠纷一再伤害中国人民的感情，国内掀起的一波又一波的抵触日货的浪潮，国家发改委的限制公文不难理解。然而，这种由于政治“矮化”造成的日系品牌在中国市场的集体“失语”，最后不得不由这些品牌代其受过，加速了整个日本电器产业在中国市场的衰败。

NEC 的战略语境与迷惘未来

日系手机只是日系电器在中国市场的一个缩影，唯一不同的是，它的衰败比日企其他品类的电器来得更早、更集中、更迅猛，其根本的原因在于中国手机市场竞争的白热化。

随着 NEC 的“换帅”，不断有媒体爆出 NEC 将在全球范围内实施战略收缩及产业转移的消息。有日本媒体报道，NEC 将放弃约占其在华手机销售额近 40%的中低档机型，专攻 2000 元以上高端产品。NEC 已经开始了在中国全线收缩的战略布局，在 2.5G 市场一直难见起色的情况下，NEC 彻底放弃在中国市场的 2.5G 竞争，专攻具备基础技术和产品技术优势的 3G 市场。业界也公认 3G 时代采用的以运营商为核心的手机定制模式，日本厂商则对该模式轻车熟路。但中国市场并非日本市场的单纯“拷贝”，全球的手机巨头都在精心备战。目前，国内的手机销售渠道——运营商定制模式已经开始，包括 MOTO、NOKIA 在内的国际巨头也非常重视运营商渠道，通过 3G 设备的销售推进定制手机。同时，华为、中兴等本土设备厂商纷纷崛起，将大规模参与到手机定制中，这些都是日系厂商进军中国 3G 不可回避的压力。

中国市场的未来对于 NEC 来说，更多的恐怕不是捷报，而是噩耗。

从蓦然兴起到黯然离去，曾经红极一时的贝塔斯曼书友会在中国似乎一夜间就完成了由兴而衰的转变。目录营销、书友会和实体门店曾经是贝塔斯曼“三条腿走路”的特殊方式，如今这三个业务支柱全部轰然倒塌。贝塔斯曼——全球第四大传媒集团、世界 500 强企业究竟是如何折戟中国，又给跨国企业挺进中国带来了哪些启示?

贝塔斯曼：满身光环的失败者

2008 年 6 月 13 日，贝塔斯曼宣布其旗下分布于中国 18 个城市的 36 家零售门店，于 2008 年 7 月 31 日前全部关闭。贝塔斯曼耕耘多年却未见收获的图书业务在中国画上了一个句号，尽管这是一个并不让人感到意外的结局。针对这一系列事件，许多报刊纷纷用“水土不服”来报道或说明贝塔斯曼（图书业务）全面撤出中国。那么，究竟何谓“水土不服”？水土不服背后真正的根源又是什么呢？概括起来，一个是过时的运营模式，一个是不能紧跟时代的战略方向，历经 13 年的贝塔斯曼从终点又回到了起点。

成功的亢奋导致僵化教条

1995 年，贝塔斯曼集团开始进军中国市场，在此之前它就已经是世界四大传媒巨头之一，旗下不仅有大名鼎鼎的兰登书屋，还有欧洲最大的电视广播集团 RTL。在进入中国市场之初，贝塔斯曼选择了复制横扫欧洲的成功经营模式——贝塔斯曼书友会。

在德国，贝塔斯曼书友会不仅受到爱听德国民乐、持传统思想的单身老人的欢迎，并且对于任何一个年龄层的家庭成员都有足够的吸引力。贝塔斯曼书友会的很多会员大都不愿去实体书店买书，书友会几乎就是他们购书的唯一渠道。德国的贝塔斯曼书友会是世界几大图书企业之一，它进入不同的国家之后，在经营形式上做相应的调整，但这样的调整却一直没有在中国出现，而是照搬了德国书友会的形式。

习惯了免费入会的中国会员对 20 元的入会费、每季度都得买一本书等一系列游戏规则并不满意，认为这些规定带有强迫购物的感觉。如果会员在一个季度内没有买书，贝塔斯曼就会向会员发出“警告”，之后贝塔斯曼会向读者推荐一本书友会“精心挑选”的图书。会员如果坚持不消费，将会被取消会员身份。贝塔斯曼书友会显然忽视了中国会员的经济问题，也没考虑到某个季度内，会员确实没有喜欢的书。这样一种强制消费形式的协议，最终只会导致更多的会员主动消失，尽管后来书友会取消了一些硬性规定，但已为之晚矣。

不仅如此，贝塔斯曼书友会的运作模式还套用了在海外的做法，针对作家买断版权，承诺大发行量（这和国内普遍与作家谈版税、谈起印量的做法迥异），但往往做出承诺后卖不完就以 4.5 折甚至更低的价格、几万册包销的形式，买断某本书在新华书店以外的销售权，然后通过邮册直投和网站推荐，但不一定都能卖出。另一方面，贝塔斯曼高价抢来的书和低价选来的书是否符合读者的意向也存在着问题。

贝塔斯曼的固执还来自于对实体书店的巨额投入，据说这是来自法国的成功经验。贝塔斯曼在中国开设实体书店以经营失败告终，折射出当前国内传统形式的实体书店普遍遭遇的困境。在欧洲，看书已经成为人们的生活习惯，高书价、低房租也成为书店“遍地开花”的有利条件。门店在法国之所以取得成功，是法国的书籍定价高，利润丰厚，而中国却恰恰相反，一本书大多20～30元，但门店租金昂贵。这种“移花接木”的经营方法，显然不适合中国国情。

事实上，用过去成功的方法做未来的事情，是多数企业的自然选择。然而，不能因地制宜进行创新，陷入危机则是必然。在美国本土相对麦当劳处于劣势的肯德基，在中国却遥遥领先于麦当劳，值得中国企业学习和借鉴。肯德基在中国胜出的关键是清晰的客户定位、恰当的营销策略和产品的本地化创新。

麦当劳在美国本土市场占据明显优势，而在中国市场肯德基却占尽风头。形成如此鲜明反差的真正原因是肯德基充分适应了中国市场的客户需求，其核心是准确的客户定位和策略。麦当劳在美国提供的是 5 美元左右的标准快餐，男女老少都当普通快餐对待，消费人群众多。如此直接搬入中国，洋快餐自然“水土不服”：一是各类中式快餐众多、就餐方便；二是麦当劳 20～30 元人民币的消费在中国已超出普通快餐的水平。肯德基却顺应中国国情，提供快乐活泼、青春时尚的餐饮服务和文化（摆脱了快餐的定位），吸引并锁定了孩子及父母、青年学生、年轻恋人等消费力强的人群反复消费，其在中国的成功自然也就不言而喻了。

墨守成规，缺乏前瞻性的眼光

在波特五力竞争模型中，最容易被忽略的竞争力量就是替代技术、产品和服务，而威胁最大的也正是这股力量，这是一种彻底的、颠覆性的力量。在数字时代迷失的不只是贝塔斯曼，还有柯达（胶卷）等众多明星企业。贝塔斯曼（中国）13 年最大的败笔就是没有全力进军网上书店，他们的 BOL（贝塔斯曼在线）很早就建立，但是却并没有全力进军这一业务，造成贝塔斯曼图书业务在中国失败的根本原因正是目前逐渐升温的电子商务热潮，当国外的电子商务稍显颓势的时候，中国的电子商务才刚刚进入高潮。

贝塔斯曼曾经试图在中国建立一个类似亚马逊的网络图书销售商城，但是在 2002 年，贝塔斯曼又改变了市场策略（这似乎与集团高层权力斗争有关，极富先见之明的米德尔霍夫在 2002 年被贝塔斯曼集团创始人摩恩家族掌控的董事会解除了董事长和 CEO 的职务），放缓了本已经具有势头的 BOL 在线商城的建设。贝塔斯曼的迟缓和犹豫使其成了“起大早赶晚集”的追随者。

无论在中国国内，还是在美国图书市场，亚马逊网上书店凭借着互联网的崛起一跃成为全球最大的书店。网上购书平台减少了库存压力，也不受店面限制，随时备有十几万种图书可供挑选，选择余地更大，而且折扣更多。从商业模式上说，互联网以其跨越空间、快捷访问、海量数据的特点，早已覆盖了目录销售的所有优势，却没有书友会招募和维护会员的成本。从那时起，贝塔斯曼书友会目录营销的模式已经埋下了失败的种子。

与此同时，本土的当当网、卓越网等大型网络书店迅速崛起，这些最初国产的网站多少借鉴了贝塔斯曼的经营模式，但很快找准了吸引读者的“命门”，比如种类繁多的产品、快速投递、购书100元以上免运费等措施，使得贝塔斯曼书友会遭到了严峻挑战。由于大手笔的投入导致书籍价格偏高，许多书友会的会员选择了在贝塔斯曼邮册上选书目，然后到便宜的网站上购买的方法，这也令贝塔斯曼书友会难以为继。

不仅如此，贝塔斯曼直接照搬法国直营店模式的做法的弊端也很快显现出来。网络书店迅猛发展，不断“蚕食”着实体书店的市场份额，把实体书店的利润空间挤压得十分厉害。“当亚马逊和当当采取低价策略的时候，贝塔斯曼在干什么？居然在发展门店，一门心思把钱‘砸’给房地产商和租赁商，这还不算人力成本。”有业内人士对贝塔斯曼书友会市场应对缓慢表示不理解。

“依靠目录卖书实际上就是一种赌博。”当当网联合总裁李国庆说。印刷成本、投递成本会随发行量攀升，如果目录里面的图书品种选不好就完全失去了机会。能上目录的图书数目毕竟有限，无法满足广泛读者群的需求，这就限制了整体销量，也无法形成规模效益，而网站上位置资源无限，所有图书都能展示，成本也低。目录营销已无法满足数以万计图书零售的需要，特别是在图书电子商务兴起的当今社会。目录营销比较适合产品种类有限且可反复消费的商品销售，北京红孩子母婴用品公司成功的目录直销也从侧面验证了这一点。

财务失控，营运成本居高不下

图书销售是一个微利行业，“几千万图书销售额居然需要 700

多员工，这在业内遭到耻笑。”曾任贝塔斯曼亚洲出版公司总编辑、贝塔斯曼书友会总编辑的黄育海如是说。外企的名号让它运营成本远远高于本土民营书店，入不敷出也在情理之中。而“空降”的管理层动辄百万的年薪，这在其他图书销售企业是难以想象的。

2001 年，贝塔斯曼书友会业务在华达到顶峰，活跃会员达 150 万之巨，年销售额超过 1.5 亿元人民币，但这些让德国总部心动的数字背后的代价则是高昂的宣传、广告费用。据数据显示，仅会员直销目录每月花费就达 300 万元人民币，仅《读者》单本杂志 10 年间从贝塔斯曼获取的广告费用更是天价。单这两项支出就几乎可以吃掉书友会图书销售所得的微薄利润。这种不计代价的宣传方式，在许多企业看来是“自杀式”的。虽然贝塔斯曼 13 年来“挥金如土”的表现，体现了贝塔斯曼的实力，也看出了贝塔斯曼的耐心与决心，然而，这种执著和挥洒却抵不过名不见经传、以小博大的当当网和卓越网。

13 年从未赢利的长期亏损表现，致使贝塔斯曼（中国）因资金紧张而拖欠书款，最终形成恶性循环。结账慢说明资金周转不灵，拖欠款，进而拿不到出版社的新书、好书，这又致使销售形势进一步恶化。高营运成本又使得留给读者的折扣非常有限，当书友会折扣优势不在，物流体系明显滞后于当当网、卓越网之时，书友会的销售额从 1.5 亿元最高值缩水到几千万元的水平就可以预料了。这时，所谓 150 万会员大部分已经处于“沉睡”状态，仅 30 万会员购书超过 10 次。贝塔斯曼全国图书连锁店及书友会陷入这样的恶性循环，也直接导致了其步入经营困境并最终撤出中国。

淡漠本土化，盲目迷信外籍“高管”

为拓展中国市场，贝塔斯曼曾将在德国、法国和美国取得了巨大成功的管理者们调到中国，希望中国业务有起色。可惜，贝塔斯曼却没有为中国市场找个中国管理者。“虽然贝塔斯曼99%的员工都是中国人，但是CEO从来都是外国人，和当地的文化融合就有冲突。即使招募中国管理人员，贝塔斯曼也更看重员工的海归经历和MBA管理经验，反而忽略了图书本身的文化特点。”13年间，法国老板认为，在法国取得成功的门店模式也一定会在中国取得成功，于是广开门店，但门店与书友会直销又形成了竞争关系；美国老板喜欢把会员再次细分，分成依据爱好不同的书友俱乐部；德国老板喜欢传统的经营方式，不喜欢做改变。对于在中国的宣传推广，历任老板也是各行一套，尝试了各种所谓成功的方法。

“他们一开始到中国都信心百倍，将自己成功经验复制过来，但一年后就发现这些‘法宝’并不适用中国。”一位贝塔斯曼的离职员工这样说道。德国总部始终坚持认为书友会模式没有问题，不肯在中国做出必要的改变，很多员工开始绝望，陆续离开，有的员工直接跳槽到竞争对手公司。

其实，贝塔斯曼体现的是一种盲目的傲慢与自大。“贝塔斯曼最大的问题就在于管理者‘水土不服’。”曾担任贝塔斯曼亚洲出版公司总编辑黄育海也说，“管理者是贝塔斯曼失败的最大原因。事实胜于雄辩，当当和卓越的杰出业绩，充分证明了本土高管人员的才华与能力。”

不仅如此，管理体系的紊乱也影响甚大。依据贝塔斯曼集团传统，各子公司拥有各自的管理系统，中国区也是如此，各行其是、相互矛盾的混乱状态相应产生。比如，市场部会把最好的书拿去招收会员，因为考核的只有会员数量，而销售部的人会抱怨好书都白送了，读者没什么可挑了。

忽视跨国经营政策"藩篱"的作用

贝塔斯曼在中国几乎遭遇了一个跨国公司在开拓新市场所能遇到的各种问题，最直接的影响是来自政策层面的制约。中国政府明文规定禁止外商独资在华开展图书出版业务，中国加入 WTO 以后，政策虽有所松动，但也只有符合法律规定的各种合作形式才可以采用。贝塔斯曼不知道自己什么时候能像在德国或在美国那样成为一个出版公司，而不仅仅是一个在工商局注册的、与国内出版公司合作的上海贝塔斯曼文化实业有限公司，毕竟没有出版权就始终受制于人。尽管在之后的数年间，贝塔斯曼以各种合作方式插手了图书产业链的每个环节，但是它始终受合作伙伴和政策的牵制，无法发力。

2003 年，贝塔斯曼获得民营企业北京 21 世纪图书连锁公司 40%的股份，成立首家中外合资全国性连锁书店，以此突破中国限制外资从事图书零售的规定。当本土图书实体店生存都面临危机之时，"舶来"的贝塔斯曼也没有高妙之举，更何况贝塔斯曼 21 世纪书店所售图书种类不过万余种，仅和小型书店持平。

在关闭了十多家连锁书店之后，在出版业务方面贝塔斯曼也遭遇挫折。拥有兰登书屋的贝塔斯曼一直等待着中国政府开放出版市场，但德国人的耐心已经到了极点，他们也不知道什么时候才能在中国成为一家真正的出版公司。从销售、物流到出版，贝塔斯曼以各种方式渗透进图书产业各个环节，但始终受制于政策。

这些都是跨国企业必须面对且要有效解决的重要问题，需要有打持久战的心理准备并妥善安排财务计划，也许目前就是“黎明前最黑暗的时刻”，度过了就是胜利者，反之，就成了彻底的失败者。贝塔斯曼曾在中国创造了许多“第一”，却也成了带着众多光环的失败者。适度是管理永恒的主题，以快制胜要适度，“跑马圈地”要量力，财务稳健最重要。速度、规模和效益是扩张需要综合考虑的三个要素。

贝塔斯曼在中国业务13年未能盈利，不仅有战略选择和销售模式的问题，也有管理和心态的问题。比如，书友会没有考虑中国读者的消费习惯，它要收取一定的会员费，但中国消费者更习惯免费；最初，每个会员都有每个季度买书的义务，否则半年后取消会员资格，甚至会因为没有履行会员义务而收到律师函，这都让书友会的信誉受到影响；忽视了网上书店的兴起对传统模式的影响和冲击；作为一家外企，它的运营成本居高不下；几年来高管频繁更换，更令公司的经营雪上加霜。贝塔斯曼书友会及连锁书店的倒闭，对国内外企业的最大警示就是要有因地制宜、因时制宜、因人制宜、因己制宜的战略选择和策略安排，做到真正的知己知彼，培育出自己的核心竞争力，在激烈的竞争中形成自己的特色和优势市场。企业制胜不仅需要可靠的盈利模式，更需要有效的管理，适应市场变化、注重成本控制、本土化运行等，这在任何企业都是值得借鉴的。

第四章

战略抉择

在任何场合，企业的资源都不足以利用它所面对的所有机会或回避它所受到的所有威胁。成功的战略必须将主要的资源用于利用最有决定性的机会。

——威廉·科恩

面对传统彩电向液晶电视全面转型这个非合作博弈的市场竞争，TCL 以一次漂亮的“新智猪博弈”，成功地完成了促使液晶电视市场优势向中国本土巨头倾斜的“帕累托累进”①。

① 意大利经济学家帕累托提出，任何形式的资源重新配置都不可能使至少有一个人受益而同时又不使其他人受损害。后来，经济学通常把至少使一个人的状况变好而没有任何人的状况变坏的资源重新配置称为帕累托改进或帕累托累进。

TCL 王牌液晶电视：“新智猪博弈”

“智猪博弈”是非合作博弈论创始人、诺贝尔经济学奖得主纳什提出的经典博弈案例。在这个案例里，研究对象是关在密闭房间里的一头大猪和一头小猪。房间的一边有食槽，另一头是一个控制食物供应的踏板。踩下踏板食槽里会有食物落下。如果大猪去踩，它能够在小猪吃完食物之前赶来抢到一点；如果小猪去踩，大猪在小猪回到食槽之前就已经把食物吃完了，小猪什么也得不到，反而浪费了精力。这样一来，大猪乐此不疲地来回奔跑于食槽和踏板之间，而小猪最好的选择则是静静呆在食槽旁。

同样在这个假设里，对于大猪来说，如何策动小猪去积极按动按钮，从而获取最大收益，成为最需要思考的问题。对这个问题的研究，实质上是对“智猪博弈”的反用，学界称为“新智猪博弈”。

2005 年 10 月，中怡康时代公司发布的液晶电视市场监测报告显示，国内液晶电视市场逐步成熟，当月液晶电视占全部彩电销量的比率首次突破10%的行业拐点。其中，TCL的市场份额提高到13.1%，处于行业榜首，进一步扩大了与竞争对手的优势。

与此同时，TCL-汤姆逊电子公司（TTE）旗下三大核心品牌在欧洲、北美市场“齐头并进”，在市场份额上已经与三星、索尼、LG和飞利浦相“比肩”，进入全球液晶电视第一集团行列。

更加重要的是，TCL逐步建立起在液晶电视领域里的技术优势，在产能规模上也已跨入此前由跨国巨头把持的600万俱乐部。相较于国内一线厂商百万上下的产能规模，TCL已经取得了全球液晶电视领域里重量级的话语权。

在2004—2005年，TCL借以奠定其在国内液晶电视市场地位的重要手段，就是一场“新智猪博弈”。

2004，液晶之“春”

业界回顾起中国液晶电视市场的发展轨迹，通常把2004年的春季看作是一个共同的起点。长期以来已经相对稳定的彩电市场，随着液晶技术的快速兴起，出现了新的变数。

液晶作为平板显示技术的一个分支，受制于高昂的成本，长期以来只是在专业显示领域里占据一定份额，但随着平板电视市场的不断升温，液晶显示领域的各项技术和工艺也得到长足的发展，液晶电视成为一颗被迅速催熟的“樱桃”，日益引起人们的关注。在2004年的初春，业界普遍认为，液晶电视有可能成为整个彩电产业新的重要增长点。

在此之前，作为领军品牌的TCL则于2003年年底与全球彩电巨头汤姆逊全面整合，催生了全球规模最大的彩电企业 TCL-汤姆逊电子公司（TTE）。

液晶电视最早是由洋品牌引入中国市场，典型的如日系品牌夏普，以液晶之夏普的明确定位，在整个液晶电视发展“前史”阶段一直扮演着传道者的角色。表面上看，TCL 所代表的中国液晶力量要想在新兴的液晶电视市场有所作为，洋品牌几乎成为一座翻不过去的大山。

但 TCL 的判断并非如此。

液晶电视是谁的机会

液晶电视之所以被业界看作是可能颠覆彩电行业格局的产品，正是因为在这一领域里上游资源的配置第一次彻底打破了行业原有的经济体门槛，形成了全球化的分散配置格局。

在传统电视的领域里，显像管、玻壳等重要上游资源具有浓厚的经济体背景，而对在同一经济体内完成资源配套的终端厂商来说，进入市场之初，日本货、欧洲货或者中国货的区别几乎就已经决定了自己的市场地位。正因如此，索尼凭借对特丽珑显像管的垄断就能轻而易举地在高端彩电市场上拿下充足的利润，而中国彩电厂商们往往挣扎在价值链的低端。

液晶电视的产业化则打破了这一格局。平板电视的产业布局具有分散化的特点，同样是德国人制造的光学玻璃，同样是美国血统的机芯电路，本土企业完全可以做到洋品牌在高端市场所能做到的一切。因此，任何一个拥有一定规模的液晶电视厂商，在竞争上游资源的领域里都处于平等的地位。从这一意义上说，液晶电视具有真正全球化的产业价值链，这也给了 TCL 凭借整合汤姆逊之后所拥有的规模优势一举进入全球液晶电视第一集团的好机会。

当然，对于 TCL 来说，此刻最为重要的事情，是对液晶电视的发展作出一个清晰的判断，并且迅速采取有针对性的整体策略。

“小猪”的渴望与观望

液晶电视在全球范围内的发展非常不均衡。到 2004 年，欧洲成为全球液晶电视的最大需求市场，北美紧随其后。而向来作为全球三大市场之一的中国市场，此时还刚刚开始启动。作为启动期市场，三大风险人所共知：第一，市场总容量偏低，单款产品难以形成可靠利润空间；第二，液晶电视成本结构不稳定，存在迅速降价风险；第三，消费者对液晶电视认知度不高，需要生产商投入大量资源进行技术普及。

尽管如此，这个市场所孕育着的美好前景，对于整个业界来说，仍然具备强大的吸引力。各种情报都表明，在传统彩电领域长期处于弱势的国内二、三线彩电品牌正在试探大举进入液晶电视领域。他们迫切希望借助液晶这一新兴的产业，至少能够促成国内彩电行业新一轮的洗牌。

这是因为在这样的背景下，谁先“杀”进市场，谁扮演的就是“踩踏板”的角色，而“智猪博弈”的典型环境有一个特点，就是踩踏板的一方在争食中处于劣势。这早已不是新鲜的商业智慧，因此面对即将兴起的液晶电视市场，等待几乎成为所有新来者共同的本能选择。

到底谁在“踩踏板”

2004 年 5 月 18 日，TCL 在广州举行“开启中国大屏幕液晶电视新时代”的发布会，宣布将全面介入国内大屏幕液晶电视市场。两个月后，TCL 在技术领域挥出重拳，与国际著名芯片厂商 Genesis 成立联合实验室，同时发布一款高端彩电专用的 DDHD 控制芯片。在销售终端，TCL 也发布了许多关于液晶电视的宣传资料。

表面上看，TCL 已经出手了。既然“大猪”已经踩动了“踏板”，二、三线品牌也纷纷迅速做出反应，投入巨资进行市场推广，开发大量新机型，并开始囤积面板等关键器件，国内液晶电视市场也出现了大干快上的火热局面。

在这之后的一年里，TCL 的举动却显得非常低调，并没有与二、三线品牌一起积极投身于撬动和启蒙市场。当竞争对手们把 2004 年的国内液晶市场当作是决定命运的生死场时，TCL 却坚持不参加市场炒作。这样的态度，与二、三线品牌完全相左。

其实，TCL 对进入液晶电视市场并非无动于衷，而是采取了与二、三线品牌不同的策略。与其他厂商张扬的举措不同，TCL 依然按照既定的战略，采用了全球竞争的视野和观点，把液晶产业的着力点放在了不易看到的未来竞争力上，也就是技术研发和产能实力。观察力敏锐的评论家能够看出，TCL 液晶电视战略发布会的主题“游龙出海，蓄势待发”，已经折射出了 TCL 的雄图大略。“游龙出海”意味着 TCL 代表的中国液晶力量要全面出击全球市场；“蓄势待发”恰恰反映了 TCL 专注于液晶电视技术和产能实力的储备。

着眼全球布局，技术、产能先行

TCL 当然不打算轻易去“踩”国内市场的“踏板”，因为在他们看来还有更重要的事情要办，那就是构建起 TCL 在全球液晶电视领域里的产业布局，为 TCL 真正参与全球液晶市场的竞争埋下“伏笔”。

这个布局包括三个部分：技术布局，产业链布局，市场布局。其实，此前 TCL 的一些被认为是在“踩踏板”的举措，正是在进行这样的一次全面布局。在整个 2004 年剩余的时间里，TCL 的注意力都集中在全球布局中，投入的资金也大多集中在了液晶产能的积累和研发的提高上。此举意在通过提升技术研发和产品制造实力，使中国的液晶力量在未来的全球竞争中处于主动。

在技术方面，TCL 继续挖掘 TTE 在德国菲林根、美国印第安纳、新加坡以及中国深圳全球四大研发中心的科研潜力。坐落在中国深圳的 TTE 总部大厦里，居然有 90%的楼层为科研人员所占据，令每一位到访的客人都惊诧不已。

在此同时，TCL 更加紧了与芯片厂商的合作步伐。驱动芯片是液晶电视最重要的组件之一，在这个领域里任何一个国际品牌都需要借助专业厂商的力量，来增强自身产品的竞争力。与 Genesis 的合作，使 TCL 在视频芯片应用上的竞争力大大增加，与 Intel 成立的 3C 联合实验室亦使 TCL 在平板电视实现 3C 融合方面走在了全球电视供应商的前列。

而全球产业链的布局，也需要一番内引外联的穿针引线。TCL

尽管不愿囤积液晶面板，却没有放松过对面板厂商的“贴身”紧逼。2005年上半年，TCL总裁李东生曾对台湾各面板商展开一场闪电式访问，收获颇丰。事实上早在一年之前，TCL已经通过各种渠道，与这些未来的战略合作伙伴们建立起了良好的合作关系。

从2004年起，TCL已经开始着手扩大自己的液晶电视产能，于2005年竣工的TCL惠州液晶电视生产基地是在这一阶段埋下的“伏笔”。TCL惠州液晶电视生产基地目前是全国最大的液晶电视生产基地，年产量超过130万台；无锡工业园的建成更令TCL在实现全球液晶产业布局上底气十足。在TCL的产业版图上，中国、泰国、波兰和墨西哥四大生产基地将成为TCL液晶产业链的中轴。TCL的计划是到2006年拥有600万台的液晶电视年产能，这一目标在今天事实上已接近实现。

TCL把精力放在提升自己在全球液晶市场竞争的实力上。而在国内市场，TCL的种种表现不难解析，让更多的二、三线品牌去炒作市场，充分释放市场风险。

两年之后回头来看，这就是TCL整个“新智猪博弈”中最为关键的一招。

残酷角逐中，机遇正在逐步成熟

在二、三线品牌的“热炒”之下，2004年的中国液晶电视市场一片热火朝天。但是细究起来，这里面有太多的“虚火”。

最能反映问题的是市场数据。中怡康时代调查公司提供的数据表明，整个中国液晶电视市场2004年的销量只有不到20万台。如此狭窄的市场里集中了20多个国内外品牌的数百款产品，也就完全无法为任何一个二、三线品牌提供稳定的利润来源。细算一笔账，仅样机一项损失，个别品牌高达上亿元。

更加重要的事实是，为了抢占市场份额，二、三线品牌普遍广泛囤积液晶面板等关键元器件。而随着液晶技术的演进，液晶面板的采购价格却在飞速下降，从而造成了液晶电视产品的迅速降价。高价吃进的液晶面板，突然成为悬在二、三线品牌头顶的“达摩克利斯”之剑，部分二、三线厂商陷入投入越多、亏损越大的困境。重压之下，较早进入市场的洋品牌也开始顶不住了，忍痛大幅调低产品价格，接受中国市场启动期的残酷“洗礼”。

无论如何，液晶市场的风险正在迅速释放，消费者也正在越来越多地展示出对液晶电视的认可。2005 年 3 月开始，国内液晶电视市场开始出现迅猛增长的势头，而直到此时，二、三线品牌们也许才意识到，自己最终还是扮演了“踩踏板”的角色。

这就如同一盘棋局，当二、三线品牌在细部打“生死劫”的同时，TCL 已经布好了外围的“大模样”。现在，接活“大龙”的时机已经来临了。

TCL 全面发力，掌控中国液晶市场格局

2005 年 4 月，TCL 旗舰产品银弧液晶电视正式发售，成为 TCL 在液晶市场突然发力的标志。值得注意的是，银弧的设计来自欧洲，正是 TCL 全球技术布局的产物。在随后的 5 月销售旺季里，TCL 又推出了另一款成功的产品，首创 8 毫秒响应速度的 B66 液晶电视。这款产品针对的是主流市场，立即受到市场的热烈追捧。在 2005 年 5 月之后的相当长的一段时期里，8 毫秒响应速度成为

消费者判断液晶电视性能的重要指标。

银弧和B66的成功，显示出了TCL强大的技术力和产品力。TCL的竞争策略很简单，从高端到中端全面发力，用更高性能的产品“错位打击”相近价位的竞争对手，辅以广告和市场推广的“立体轰炸”。这并不是什么高深莫测的法宝，可是在此前激烈的“肉搏”战中元气大伤的二、三线品牌却已经无力应战。

在进入另一个销售旺季的9月间，TCL又有惊人之举，另一款主攻高端的液晶电视新品薄典被高调推出。薄典上市之后，TCL更是信心十足地向其他国际品牌提出了技术PK的挑战。在之前一年多时间里完成的全球布局，已经成为了TCL执掌行业牛耳的底气所在。

2005年9月，TCL液晶电视国内市场占有率超过12%，位居所有品牌之首。10月，TCL的市场份额更是达到了13.1%，继续保持在液晶电视市场的领跑地位，并且进一步拉开了与追逐者的差距。

在一场长达两年的马拉松竞赛中，雄心勃勃的二、三线品牌开始显露出后劲不足的缺陷，逐渐出现了明显的分化。一部分品牌退出了液晶市场，另一部分也重新回到了边缘化的市场位置。

另一个事实同样值得注意，那就是在削弱二、三线品牌的同时，TCL也建立起了对其他国际品牌的竞争优势。中怡康2005年10月的统计数据表明，洋品牌的市场占有率已经从2004年的32.4%下降到了2005年的19.6%，而TCL的市场份额已经超出了排名最靠前的飞利浦、三星、东芝、松下四家外资企业的总和。

中国品牌如何发挥优势

到2005年年底，中国液晶电视市场的格局划分暂告一段落，而TCL通过耗时两年的“新智猪博弈”，也实现了国内市场资源向自身的高效倾斜。

从这一进程里，我们开始追思一直在烦扰中国企业的若干问题。我们常说建立中国企业的全球优势，可是优势在哪里，又应该如何发挥这一优势？

优势首先在于中国的巨大本土市场。直观地看，TCL在通过“新智猪博弈”掌控了本土市场的规模优势之后，也顺利加入了全球液晶电视领域的群雄逐鹿，跻身于由三星、LG、索尼、飞利浦组成的液晶第一阵营之列。

然而更深层的驱动力，还是来自于中国企业急需进一步拓展的全球视角和全球思维。在“新智猪博弈”的过程中，TCL的深谋远虑和强大的执行力无疑引人注目。TCL自2004年5月起的发布会、建立芯片实验室，以至于终端促销等一系列举动，造足“踩踏板”的假象。当“小猪们”踌躇满志地开始在液晶市场掘金时，TCL却舍末逐本，抓住研发能力和产能实力两大基点，悄悄完成了全球化的产业布局，蓄势待发。待“小猪们”意识到自己最终还是扮演了“踩踏板”的角色时，TCL已经把优势的市场资源进行了高效的集中，避开了“杀敌八百，自损一千”的低水平竞争覆辙，奠定胜局！

“新智猪博弈”是中国制造业第一次从全球化视角进行的国内博弈。在这个进程中，TCL 完成了中国液晶电视产业的一次帕累托累进，而这样的累进正在为中国的产业界建立真正的全球竞争力。

战略家的工作是没有尽头的。——辛西娅·蒙哥马利

万网：取舍之道

几乎所有学者都异口同声地说：在顾客心智中占领第一品牌的地位是营销的最高境界。这当然是真理，因此，所有第一品牌的创建过程都会耐人寻味。

万网，IDC 行业（主机托管）的 No.1，从 1997 年“舍”门户，到 2005 年“取”电子商务，一加一减之间，万网经历了由无战略到战略清晰，由互联网基础服务提供商到企业网络化服务提供商的转变。正如辛西娅·蒙哥马利所说：“战略家的工作是没有尽头的。”优秀企业家的眼光一定会洞穿未来。当万网掌门人张向东看穿无线互联网会是网络发展接下来几年的主要趋势时，万网就有了新的方向。

定　位

完全经过深思熟虑的战略是极为少数的，同样，完全自发的战略也很少，现实中的战略通常是这两种战略思路在某种程度上的融合。

1995 年年底，张氏兄弟经过近一年的摸索，决定在北京创立一家专门从事互联网和信息高速公路技术的开发、应用、推广及服务的公司——这是深思熟虑的。而一年后，一个偶然的机

会——当然是兴趣所致，张向东发现一家香港公司恶意注册了大陆一百余家知名品牌的域名，这引起了他高度的警觉。于是，他开始在《北京青年报》上撰文，介绍了当下的严峻形势，一并写下应对抢注的措施，当然，他没有忘记在文末留下电话号码。之后，前来咨询的电话变得络绎不绝。

20 世纪 90 年代，面对域名这个新鲜的名词，中国企业表现出了前所未有的热情，而面对被抢注的事实，中国企业也感到了前所未有的紧迫感，中国企业域名保护研讨会应运而生，学者、政府人士、律师与企业共同参与了进来，这就是当年轰动一时的域名保护运动。

万网在这场运动中，成功地帮助 200 余个被抢注的企业夺回了域名，这其中包括海尔、同仁堂、小天鹅、春兰等国内一线品牌，毫无悬念地，这些企业都成为万网忠诚的客户。最重要的是，这场运动成功地使消费者将创联（万网前身）与“域名注册”画上了等号，占领了消费者的心智资源。

1998 年，全球互联网络域名系统和国际域名登记注册、以及 IP 地址分配由美国 Network Solutions 公司（NSI）垄断。在 NSI 第一回访问中国期间，张向东参加了当时召开的一个会议，并在会议结束后，在名片后写了两行业务状态，包括曾经服务的大客户。在递上名片后张向东就把这件事情淡忘了，一段时间后的一个夜晚，睡梦中的他被一阵电话铃惊醒，来电显示的是一长串奇怪的号码——越洋电话。原来，那张名片使 NSI 充分认可了万网的实力，并将万网选定为亚洲区首席合作伙伴，一并选中的八家卓越的互联网业者中也包括中国电信。

至此，万网公司无论从资格实力上，还是在消费者心智中，都已发展成为中国互联网业界最大的域名注册和虚拟主机服务提供商。直至今日，回想起20世纪末发生的域名保护运动和NSI亚洲区首席合作伙伴，我们都会由衷地赞叹，这是多么完美的事件营销。命运这个东西太客观了，完全依附于机遇。其实，自己有什么样的思维，就会决定你的取舍。在层出不穷的机会面前，万网既在战略过程中进行学习适应，又对战略加以控制，而万网的定位也在构想规划和执行中逐渐成形：互联网基础服务第一品牌！

舍　弃

1997—2000年，对于中国互联网业来说，是一个以BBS和新闻、免费邮箱、小说论战为关键词的激情时代。网易、四通利方论坛（新浪前身）、chinabyte和搜狐开始崛起，政府对互联网的大规模基建，为网络内容提供商们（ICP）提供了一个施展的平台。与此同时，ISP（网络系统服务商）和ICP通吃的互联网“先烈”瀛海威被收购并出现大面积亏损。

ICP的红红火火，被与瀛海威仅一路之隔的万网看在眼里。对于当时业务风生水起的万网来说，以其互联网业界前辈的资格，完全有能力参与进来。但是在热闹面前，万网最终选择了冷静旁观。

张向东这样解释：“我对门户网站的业务模式没有把握。而且对做媒体和做内容缺少感觉，你知道我是理工科毕业的，我很难想象自己去组织一个编辑部来做内容，内容从哪里来呢？而且，我也‘烧’不起钱。”他接着说：“这牵扯到我的一个理念，不要贸然做自己不熟悉的行业，不会轻易进入，但并不是永远不进去，除非你成为这个行业的专家！”

专注的力量！定位论者艾·里斯一定会为这些话而喝彩。他的一个脍炙人口的论断就是：“品牌的最高境界是成为品类的代表”。由此他对娃哈哈的品牌延伸策略进行了批评，娃哈哈旗下聚集了从纯净水到童装的一系列产品，以至于到现在，已经无人能说出娃哈哈到底代表着什么，而具有讽刺意味的是，一款不使用娃哈哈品牌的营养快线，却把果汁加牛奶的产品做得火热。这又一次验证了专注的力量。

后来证明，万网舍弃与门户网站合作是一个明智的选择，除了当时门户网站的盈利模式确实不够清晰之外，舍弃也使万网坚定了在消费者心目中网络运营专家的地位，成为一个品类的代表。为品牌做加法的确很重要，而有时减法的价值甚至大于加法。剪去了枝蔓，大树才生长得笔直而坚定。

危　机

2000 年，互联网经历了以纳斯达克股市急剧下挫为标志的长达两年的“寒冬”，不少企业惨淡经营甚至倒闭。万网陷入困境是因为竞争对手的增多吗？张向东的答案是：“还是我们自己的问题。”

1999 年，万网与 IDG（国际数据集团）签订协议，接受其风险投资。扩张是风险投资商的天然冲动，于是万网开始疯狂地“跑马圈地”，为了扩张客户规模，甚至不惜免费赠送，对以规模效益为特征的IDC行业来说，这当然无可厚非。可是当“寒冬”袭来，万网同样患了“感冒”。2001年，万网出现亏损。于是张向东开始了“边看账本边经营”的日子，在一群内热外冷的“暖水瓶”式团队的协作下，2001年11月，万网现金流平衡，到2002年开始有了盈利。

再谈张向东和他的团队如何艰难困苦已经没有任何意义，万网在逆境中坚持核心业务模式，不改变不放弃，才是耐人寻味的。有人说：“盈利模式就是那层捅破的窗户纸。”瀛海威“死”在盈利模式即将成熟的前夜，马云说：“今天很残酷，明天更残酷，后天很美好，但大多数人会死在明天的晚上，看不到后天的太阳。”想过转换盈利模式吗？张向东很坚定地摇头说“没有”。万网对其盈利模式有着理性的笃信，这种信仰，渗透着战略家的观察、思考与实践，万网顺利“过冬”又一次显示了专注的力量。

转　折

明茨伯格说：“战略对于组织的作用，就如同眼罩对于马的作用，战略可以使组织前进，也可以使组织对周围的变化视而不见。在当今的竞争态势下，有太多的企业面对挑战而力不从心，那是因为世界在动，而你不动。”

幸运的是，万网深知真正稳定的东西都是处在动态中的。面对以阿里巴巴、淘宝为代表的一批B2B、B2C网站的兴起，面对电子商务元年的到来，张向东认识到中国企业上网就是为了通过网络找到更多的客户就是为了赚钱，那么万网完全可以借助庞大的用户资源和技术实力为客户提供一整套的网络营销解决方案。

2005年，买麦网（www.com.cn）正式成立。相对传统电子商务网站，买麦网的优势显而易见。首先，万网本身就是互联网的缔造者，拥有庞大的客户群，这是天时；其次，万网的客户可以直接获得买麦网的账号，而这些客户都是具有一定盈利能力的企业，比起传统电子商务网站显然加入了品牌背书，这使买麦网更像一个高档的百货商场，这是地利；再次，基于张向东一贯的思维，他对买麦网最大的要求就是“专业化，你必须懂人家的行业”，因此买麦网一个重大特色就是基于万网企业客户群的特定需求而推出针对行业的B2B网站，这是人和。至此，万网成为中国第一家能同时提供IDC和网络营销服务一站式服务的平台，完成了由互联网基础服务提供商到企业网络化服务提供商的转变。在解决方案营销方兴未艾的今天，万网又一次精确地踏上了时代的“鼓点”。

取　舍

尽管目前中国企业对.mobi手机域名的重视程度还不够，市场还需要培育，但不容质疑的是，无线手机网站的市场潜力非常巨大，有望成为传统互联网之后的另一个掘金点，IT业界和众多企业都可以从中找到巨大的商业价值。特别是3G将成为无线互联网爆发式的导火索。对互联网行业高度敏感的万网，怎么会放过这个前景大好的无线网络领域。

自2006年底，全球唯一专为手机及移动终端设备专用的域名.mobi全球公开注册之后，中国万网便成为DotMobi注册局在中国大陆最主要的注册商。在2007年更是举行了声势浩大的".Mobi神州之旅"，活动足迹遍布全国 40 余个一、二级城市，为国内对.mobi域名持有量作出巨大贡献。

在庞大的.mobi域名用户量的基础上，中国万网推出了极具市场前瞻性的手机网站建设工具——魔笔手机网站，这是非常简单易用、功能强大、高效稳定的建站产品，众多用户通过万网的魔笔手机网站建起了属于自己的手机网站，基于鼓励和测评万网用户的手机网站，第一届魔笔手机设计大赛也应运而生。

这一系列活动使.mobi从2006年9月26日登陆中国起，一个月的时间注册量已经占到全球总数的13%，居世界第二位。其中，万网的.mobi域名注册量居中国首位，注册总数占全国总量的1/3。包括中国电信、中国建设银行、中央人民广播电台、金六福、腾讯QQ、摩托罗拉中国电子有限公司、方正集团等各行业领军企业都已通过中国万网完成.mobi域名注册。

面对外界对于自己"为人低调"的评价，张向东这样解释："不同的宣传功能应该由不同的部门和不同的人来完成，我希望公司的对外宣传是有层次的。"好一个"有层次"，这种植根于这位1989届清华大学电子工程系毕业生内心深处的清晰的理性，使我们相信无论时代如何变迁，万网真的能做到与时俱进，真的能做到取舍自如。他会以一种清楚的眼界给自己确定准则，并且以心游万仞的心态保持动态中的平衡。

动态战略，持续掌控。万网用事实诠释了最浅显又最深奥的哲学——取舍之道。

春秋旅行社（以下简称春秋旅游）进入壁垒森严、管控严格的航空运输业，试图通过模仿美国西南航空公司的低价战略成为中国首家低成本航空公司，春秋航空这一模仿战略能否成功？作为市场新进入者，春秋航空又该如何去突破原有行业的成本结构、找到市场机会？

春秋航空：航空梦能否成真

春秋航空作为市场新进入者，注册资本只有 8 000 万元，只有 4 条航线和 3 架租赁的飞机，在资本密集型的航空业中，无疑处于市场弱者角色。限于自身的规模，春秋航空从区域航线起步，以低价为诉求点攫取市场份额。春秋航空试图通过学习和模仿美国西南航空、爱尔兰瑞安航空等国外低成本航空公司的经验，在中国也克隆出中国首家低成本航空公司。那么，春秋航空这一模仿战略能否成功呢？

旅行社的航空梦

1. 春秋旅游的成功与转向

春秋航空的母体是创立于 1981 年的春秋旅游，从 1994 年开始，春秋旅游已经连续十年位居国内旅游市场第一，成为国内连锁分社最多、最具规模的旅游批发商和包机批发商。在成就旅游市场的领导者地位以后，春秋旅游的创始人王正华并没有进一步巩固并做大旅游市场，比如进入主流团体和商务旅游市场，或者拓展海外市场进一步延伸产品线，而是做出了进军航空运输业的决定。也许是为了实现自己的航空梦，也许是为了重新打造一条贯通旅游业和航空运输业新的产业链条，尽管外界质疑颇多，王正华还是毅然在2005年7月以299元的超低价开启了第一条从上海到烟台的航线。媒体广泛的报道与市场的追捧使得春秋航空在瞬间赢得了很高的知名度，春秋航空初战告捷。

2. 时机选择与补缺定位

春秋航空在中国民航向民营资本开放初期就切入市场，虽然中国的航空市场最终是否会完全开放还存在诸多不确定性，但至少有三点可以确定。第一，中国的航空市场虽然是高度管制化、垄断化的行业，但面临着与美国20世纪70年代放开管制前相类似的情况，一方面价格居高不下，老百姓乘不起飞机，另一方面企业缺少活力，运载资源浪费，所以存在市场机会；第二，作为一个有市场感知力的创业型企业家，切入一个行业当然是在市场竞争初期果断切入，奠定市场第一行动者的优势，企业家的魅力就在于在众人不看好之时创造出商业机会，在不可能中寻找出可能；第三，中国航空市场明显存在空当，一直以来以商务旅客为主要市场，而过高的票价却将广大普通消费者拒之门外。西方发达国家一张机票的平均价格占其人均年收入的0.5%，而在中国这一比例高达10%～15%。西南航空的发展历史表明，当你把票价降到原价的一半或者是70%的时候，潜在的顾客数量将会翻番，这将是一个更为巨大的市场“蛋糕”，可以大大提高当前我国民航的低运载率。

以美国西南航空为代表的低价航空公司在全球的兴起与成功证明了低价航空市场的存在。因此，春秋航空以一个市场补缺者的定位，试图挖掘中国航空市场长期以来抛弃的普通百姓与价格敏感群体，从战略判断和市场定位来说都无可厚非，问题的关键是在中国这个特殊的市场能否成功模仿和执行美国西南航空的低成本战略。

3. 低成本的运营策略

为了执行低价战略，春秋航空推出了“两高、两低、两单”的运营策略。

“两高”即高客座率、高飞行时间。每天 11 小时至 12 小时的高飞行时间是国外廉价航空公司惯用的招数，美国西南航空的总裁有句名言：“飞机只有在天上才能产生效益”。春秋航空依靠自己常年包机的经验和遍布全国的代理网点所能接触到的散客资源，力争 85%以上的客座率。

“两低”指低营销费和低管理成本费。春秋航空将利用春秋旅游现有的销售系统销售 70%的机票，剩下的 30%机票通过网上和呼叫中心销售，这样可以把销售成本控制在 2%～3%，比一般航空公司低 6%。

“两单”即单一舱座和单一机型。春秋航空采用单一机型——空客 A320，便于飞行培训及维护；拆掉机舱内的厨房，不设头等舱，使每架飞机座位达 180 个，比一般的空客 A320 座位数多出近 30 个；将人机配比由一般的 120∶1 下调到 60∶1，使管理成本降低到2%，低于一般航空公司的10%。

除了上述策略外，春秋航空还在简化旅客服务方面采取了一些措施，如限制免费行李重量在15公斤以内；除一瓶矿泉水以外，不提供其他免费餐饮；航班延误时，尽快安排旅客恢复旅行，不供应餐饮。另外，还将争取政府优惠政策，如开辟低成本航空公司专用旅客候机区域，不使用廊桥，专门开辟旅客上下飞机通道，塑料登机牌重复使用，支持飞机快速过站，开放北京南苑机场，减少地面不必要的服务等。

在逆风中“起飞”

不可否认，模仿是最为便捷的学习之路。恰巧的是，在春秋航空之前已经有可供模仿的对象，爱尔兰的瑞安航空就是在模仿美国西南航空公司的低成本战略后声名鹊起。那么，中国的春秋航空能否模仿他们的策略就可以成就其低成本战略呢？

1. 战略根植环境的差异

移植低成本战略，首要问题是判断是否存在与之相匹配的市场环境以及相应的机会，西南航空、瑞安航空处在一个倡导自由竞争的航空运输市场，企业可以自由配置资源和设计战略定位，包括航线选择、票价制定、营销策略的实施等，但春秋航空却面临着中国航空市场带有计划体制的产业环境与竞争格局。

首先，中国航线布局受到限制。国内航线的审批制度十分严格，同一航线一般只允许三家航空公司运营，而现有的航空公司（特别是三大国资航空公司）已经占据了绝大多数的热门航线，民营航空公司无法按照其战略定位来选择和布局航线，无法建立一种区域优势。其次，航空运营资源决策受到高度管制，航空公司没有引进飞机的自主权，必须经过民航总局的审批，这就导致航空公司无法按照自己的计划匹配相应的飞行员队伍和基础设施，无法与特定的供应商建立长期合作关系从而获得优惠。再次，社会体制不配套，国外航空公司可以通过社会性外包来降低成本，不但机务维修、飞机租赁，而且连飞行员都可以外包，但中国航空市场的长期计划经济体制使得外包市场各方面配套跟不上，民航总局出台的一系列限制飞行员人才流动的政策，也制约了民营航空公司发展。事实上，春秋航空公司自2004年6月组建以来，就一直面临着严重的飞行员短缺危机。

2. 战略要素的缺失

航空公司低成本战略的成功要素，主要包括选择二、三线机场，网上销售机票，取消顾客不需要的一切服务项目，使用单一型号飞机等，但西南航空与瑞安航空的各种策略要素在中国市场又面临着缺失的可能。

(1) 成本结构不可控

目前国内三大航空公司的成本结构中，不可控成本包括航材、航油等占总成本的 80%，而可控成本如人员费用、办公费用等只占 20%。航空油料价格一直由中航油一家垄断，不但禁止了期货交易，而且不与世界接轨，直接限制了机票价格的下降空间。

(2) 二、三线机场缺乏

低成本航空公司的一个主要节流方向是避开枢纽机场，转向

二、三线机场来降低起降费，但是中国大中城市周围几乎没有二、三线机场可供使用。春秋航空为了获得东航在飞机维护和零部件租赁上的支持，选择上海虹桥机场作为基地，显然未能起到降低成本的作用。

(3) 机票销售受限制

通过网络售票而非旅行代理售票是另外一个主要的节流方向，但春秋航空在将来扩大规模后是否仍能依靠自己的销售渠道或者联盟携程等代理商来生存依然还是个问号。加入中国联网售票需要加入民航销售系统并交巨额的费用，但不入民航的销售系统，就不能与其他航空公司建立充分的联系，今后不仅飞机出现短暂故障时不能利用其他航空公司协调旅客，乘坐国外航空公司来中国再转机的外国旅客也很难知道有春秋航空公司。

(4) 价格制定不自主

春秋航空在打出 299 元机票后，直接遭到国内三大航空公司的联名上诉和封杀，民航总局也拿出机票不得低于 4.5 折的“圣旨”来限制其市场行为，春秋航空不得不重新改变其定价策略，这都给春秋航空今后在营销策略的空间与促销的灵活性方面套了枷锁，春秋航空无疑要在这种受限的环境中“跳舞”。

战略 DNA 难模仿

从春秋航空所处的外部市场环境来看，春秋航空在市场位势上不具有定位优势，那春秋航空的内部资源和能力是否能支撑这一战略。企业竞争优势的来源是其拥有一系列有价值的、稀缺的、不可复制的特殊资产。西南航空成功的关键要素并非是人们事前的主观设计，而是伴随着企业自发的、高度不确定的历史发展过程逐渐积累凝聚而成，后人再加以总结，它是一个系统，而非简单拼凑。

战略能否模仿？可以从两个角度来透视，明茨博格曾指出战略具有向外和向内两个视角，向外看是寻找外部市场，找到产品和消费者需求的结合点；向内看就是企业做事的方式，是存在企业家头脑中的观念。也就是说战略模仿不仅要模仿外部顾客眼中企业产品的市场定位，还要模仿企业内部实际的执行能力。因此，商业模式和战略可以模仿的，是其对外部市场的选择和顾客头脑中的市场定位，而具体商业模式的运营在于企业经营者长年累月积累下来所形成的整个企业知识系统和能力系统，它附着在企业的每一个员工、流程以及部门的信息系统之中，这些隐含在具体运营后面的东西显然是其他企业所难以在短时间内仿制的智力资产，这也就决定了企业必须根据自己的实际情况因地制宜地设计自己的发展模式。

1. 要在模仿中创新

事实上，世界上并不存在两种完全一样的商业模式。从表面上看瑞安航空、捷蓝航空都是效仿西南航空的低成本战略的成功者，但是它们在市场定位、执行细节和业务创新上并不相同。捷蓝航空的目标市场并非完全是对价格敏感的顾客，而是注重体验的年轻群体；瑞安航空对成本的削减方式与辅助收入的模式则完全超越了西南航空，而西南航空内部凝结的来自创始人凯莱赫身上团结幽默的文化也不是任何一个后来者能够学习的。

春秋航空模仿西南航空的低成本策略，不过是低价航空公司都会使用的“招式”，这种独家研创的“秘笈”现已经沦为大家都知道的常识，试图凭借这些常识去构建价格优势是十分危险的。当春秋航空的最高领导头脑中的观念是“模仿西南航空的低成本战略”时，传达给企业内部以及外部市场的信息是，春秋航空是一个效仿者，而不是创新者；它给员工带来的激励只是一份普通工作，而不是为一个伟大的“让中国普通老百姓坐得起飞机”的企业理念去共同奋斗。这样可能给公司战略导向上带来误区，亦步亦趋地模仿和学习西南航空的各种策略要素，而不是全力以赴地创造适合自己的生存与发展模式。

2. 如何才能“飞”得更远

对于春秋航空和王正华来说，也许更重要的不是把目光盯在“师夷之技”，而是应当立足现实来创新，从而创造出中国市场环境下低成本航空的业务模式。这需要春秋航空在以下三个方向去努力挖掘市场，创造出自己独特的解决方案。

(1) 明确市场定位确保初期盈利

从中国航空市场的竞争格局来分析，面对中国如此庞大的潜在市场，坚持短途旅行航线，定位于对价格敏感的顾客，坚持价格战略，从市场角度来分析无可辩驳。但是在战略导向上除了坚持低价格，不断削减成本外，很重要的一点就是确保初期就能够盈利，这样才能有未来的成长。低成本公司由于受价格限制，盈利水平薄弱，一旦处在亏损境地，各种管理问题都将会浮现，这样春秋航空的品牌价值将直线下降。

除了不断寻找削减成本的机会以外，春秋航空还需注意管理运营是个系统工程，如何确保员工的高频率服务、高效率产出，保证顾客的回头率，如何开发其他潜在的商业收入，比如在飞行途中的收入、各种潜在的广告收入、各种服务的收费等是航空运营中所面临的另外一些课题。此外，春秋旅游进入航空领域后，与原先合作的航空公司的竞合关系面临实质性的变化，由原先的合作关系变成竞争关系，因此，如何理顺各方面的关系依然保持春秋旅游的稳健成长与盈利是春秋必须考虑的问题。

(2) 发挥协同效应，创新业务模式

春秋集团管理运营中的一个关键问题就是如何挖掘和发挥旅游和航空两项业务之间的协同关系。春秋航空现在最大的优势是一张遍及全国的销售网，它能够接待散客，销售机票，这是春秋航空自有资产，其稳定的客源把春秋旅游与春秋航空紧密地结合在一起，这是任何一家单体航空公司与旅行社所无法比拟的，也是西南航空和瑞安航空这些“前辈”航空公司所没有尝试过的。春秋航空的自有资产为领导者提供了创办新业务模式的空间，但是，除了顾客资源、产品开发、品牌传播上的协同效应外，春秋航空还必须认识到市场运营与旅游经营完全是两码事，航空市场所面对的产业结构和市场关系要复杂得多，在日常管理、战略规划以及飞行运营等环节都需要专业化的航空管理人才。

(3) 减少行业管制影响降低成本

低价的本质是根据不同顾客的需求对产品的用途、性能、组成等进行分拆和分别定价，只提供基础产品或部分产品。在航空运输市场有些项目，如机场选择、售票方式、机上服务等可以分拆，而安全、快捷则不可以分拆。春秋航空的“两高、两低、两单”只不过是一般目标，春秋航空仍然需要削减一切中国顾客不需要的服务项目，因为顾客需要的只是低价机票和安全准点的运输服务。

虽然模仿战略甚至口号都是脆弱的，虽然春秋航空应该坚持低价的定位和低成本战略并没有错，虽然全球数百家低价航空公司的成功运行也证明这种战略设计是可行的，但是，春秋航空要实现这个战略目标，光靠模仿西南航空的战略定位和外在的几个策略措施是远远不够的，必须进行本土化的适应与自我创新。企业家创新的使命与天然本质就是在各种限制下找出突破限制、创造新价值的途径与模式。所以，对企业而言，真正可怕的不是产业本身的种种结构困境，而是不能通过创新找到解决方案并构建自身的独特的商业模式。

对于春秋航空来说，也许更重要的不是把目光盯在“师夷之技”，而是立足现实来创新，充分了解中国老百姓的消费需求，从而创造出中国市场环境下低成本航空的新业务模式，唯有如此，春秋航空的低价航空之梦才能成真。

如何在看似夕阳的产业中发现朝阳市场，利用企业自身特点建立相对优势，并将相对优势发展到绝对优势，裕人机械这个小品牌的惊艳转身留给观潮者一片华丽的“羽衣”。

裕人机械：从相对优势到绝对领先

2008年4月11日，在2007年度慈溪市“百强”企业颁奖活动中，一家名为宁波裕人针织机械有限公司（以下简称裕人机械）的企业给到场的慈溪百余位见多识广的企业家不小的惊叹，这家曾经名不见经传的企业一跃进入慈溪“百强”企业的前六位。

裕人机械2004年在慈溪建厂，三年实现了销售收入从百万元级到千万元级又到亿元级的“三级跳”，成为区域成长速度最快、区域利税贡献最突出的企业之一，其生产的慈星全电脑横机已经成为中国全电脑横机的第一品牌，占国内横机品牌市场份额的50%，位列世界全电脑横机第三名，慈星商标被认定为行业中唯一中国驰名商标。

发现“相对”市场

横机是生产羊毛衫、T 恤等产品的主要设备，适合棉、毛、麻、丝、羊绒及各种化纤、混纺纱线的编织。1971年，全球第一台电脑横机在意大利普罗蒂公司诞生。由于初期设备价格居高不下，加之电脑技术不断升级换代，电脑横机始终无法获得相应的行业地位。20 世纪 80 年代末，中国内地市场拥有电脑横机不足100 台。一台国外电脑横机的价格相当于 500 台手摇横机，高昂的价格使得国内针织企业望而却步。

1991 年，现任裕人机械董事长的孙平范在浙江台州开办了金星针织机械厂，主要生产销售手摇横机。随着国内外市场的不断变化，手摇横机出现技术、效率的成长“瓶颈”。而此时，国外全电脑横机技术不断完善，同时，全球毛衫生产机械制造的整个产业重心已从欧、美、日等发达国家转向韩国以及中国台湾、香港等地区。当时的中国内地市场，毛衫产能已经占据了全球市场的70%。孙平范分析认为，国产全电脑横机的普及是一种不可逆转的趋势。于是，2004 年孙平范主动放弃了手摇横机行业的稳定业务，在宁波慈溪成立裕人机械，将金星针织机械厂（裕人机械前身）前期积累绝大部分资金投入到全电脑横机的研发、生产与销售中。这个抉择，从今天来看是抓住了市场激增期的大环境。

如何才能突破国外强势品牌的技术壁垒与整体营销的阻隔，如何将原有手摇横机的行业积累转换为发展的资源，如何准确找寻到自己能够把控的目标客户，如何在相对弱小的企业基础之上寻找相对宽松的成长空间？善于捕捉市场商机的浙商本色，使裕人机械从行业客户的调研过程中找到了市场机会。

1. 产品转换的市场规模大

毛衫产业生产地集中度很高，市场对电脑横机的需求量很大，当时中国市场对电脑横机的需求量已达世界总需求量的 70%。

2. 现有产品的转换门槛高

国外进口电脑横机售价昂贵，企业至少需要5～6年才能收回设备投资，很多中小企业根本无法承受过长的投资回报周期。

3. 现有产品功能过剩

由于国内大部分中小企业长期只能在国际产业分工中拿到一些中低端业务订单，所以高额购买的国外设备中有不少功能使用的频次很少或者根本用不到。很多客户其实是在为一些不能产生效益的组件和功能付出高额价格，而且设备的复杂化增加了操作过程中的故障率。

4. 现有客户的服务抱怨

无论是国外品牌还是国产品牌，很多设备使用企业对售后服务埋怨颇多，认为服务不及时、不到位。电脑横机生产企业也是满腹牢骚，毛衫生产厂家几乎都是24小时生产运作，造成设备超负荷运转，而且工人对这些精密设备操作不当也会使机器损坏，结果造成厂家的售后服务每天疲于奔命。

5. 现有客户的服务期望较低

由于很多生产毛衫的中小企业都是家庭作坊起家，几乎都是靠从大品牌、大企业那里拿一些分单业务，价格优势几乎是他们的唯一“武器”。同样规模的企业，别人生产24小时，自己生产18小时，明显就会失去竞争力。很多客户都清楚自己在超限使用设备，因此对于售后服务的期望值其实并不高，甚至愿意自己出费用第一时间解决问题。

根据充分的市场调研，孙平范已经明确地抓住了市场激增期的主要目标客户，并对目标客户的特征做出了如下判断。

第一，今天 20%的客户可能会成为明天的 80%。国外全电脑横机品牌在中国市场选择 20%的重点客户赢得了 80%的市场份额，而裕人机械可以在相对弱势的 80%非重点客户中先行较轻松地获得 20%的生存市场。现阶段 20%的市场绝对值很小，但相对成长性很强。因此市场切入点应从易到难，协助目标客户快速成长，从而不断推动目标市场的增长。

第二，客户真正在乎的不是价格，更多客户关注的是运行的成本是否高、使用维修是否便利、设备投资回收周期是否合理等因素，因此裕人机械不需要以价格竞争作为主要武器，而是以优越的性价比、较快的设备投资回报吸引目标客户。

第三，口碑成为主要传播工具。经过多年的产业发展，毛衫、T 恤等终端产品的生产企业主要集聚在浙江嘉兴、广东东莞、山东青岛等区域。由于目标客户集中度较高，相互之间的口碑传播对企业形象与产品销售有着很大的影响。因此，培养目标客户中的忠诚客户、满意客户远比进行客户数量的开发更有意义，而且更容易产生回头消费及推荐消费。

正是基于对以上问题的分析、机会的把握和方向的判断，裕人机械围绕目标客户关注的焦点——产品，进行了开发策略制定和定位调整，主要围绕实物产品做“减法”、服务产品做“加法”的组合方式，将裕人机械的产品和服务的综合价值提供给目标客户，从而在一定程度上与竞争对手实现了竞争区隔。从这个角度讲，裕人机械是抓住了主要目标客户的重点需求。

构建相对优势

1. 产品做“减法”

基于对目标客户的详细分析，裕人机械选择了国外品牌不关注、看不上眼的中小企业客户，并根据客户的需求、自身的实力以及竞争对手的情况对产品生产策略分阶段进调整。

第一阶段：“减功能”。全电脑横机可以使 2 个操作工人达到传统手摇横机 20 人的生产能力。因此在裕人机械看来，现阶段的市场机会不是产品优秀与卓越的差异，而是能不能在客户可以预测的回收周期内实现手摇横机向电脑横机升级的换机机会。

因此，裕人结合市场的实际需求，将产品研发的重点放在了经济型全电脑横机的开发上。这种产品既能显著提高劳动效率、降低劳动力成本，又能满足中小企业主要业务订单的技术、质量要求。裕人机械的“减功能”举措一下将全电脑横机的购入门槛从 50 余万元调整为 10 余万元，裕人机械也因此成了最大的国产品牌受益者。

第二阶段：“减麻烦”。为确保公司产品的持久竞争力，并在中国市场上打破国际品牌的垄断，裕人机械一直在加大科技投入，技术研发费从 2004—2005 年的近千万元到近两年的 2 000 万元以上，并且始终保持技术研发资金占销售收入的 5%以上。同时，裕人机械还吸引一批业内顶尖专家，与宁波工程学院、浙江大学、东华大学等院校建立了全面科技合作关系，形成核心研发团队，建立了慈星电脑针织横机工程技术创新中心。这些举措的主要目的就是实现全电脑横机的高效率、少故障和使用便捷，其中如何减少客户使用过程中的麻烦，实现电脑横机的“傻瓜化”成为技术研发的重点。

2007 年，裕人机械的技术研发取得了两项重大创新，一是电脑显示屏从按键式升级为触摸式，增加了功能和内存容量；二是开发了国内第一台起底板功能产品。这两项创新不但大大缩小了慈星横机与国外设备的差距，而且实现了更方便的操作性。该技术的推出，不仅丰富了目标客户的选择范围，同时又提升了裕人机械在客户心目中的地位。

2. 服务做“加法”

事实上，在全电脑横机的使用过程中，很多中小企业是设备恶劣工况使用的现实版。这些企业基本上没有专职的技术维修人员、设备 24 小时连轴使用、需要根据订单的变化不断调整编织软件流程，因此设备使用厂家和生产厂家彼此之间的满意度一直存在问题。正是看到这些设备使用中的“疙瘩”，裕人机械意识到潜藏的商机，于是在售前、售中、售后服务过程中进行了一系列大的调整。

(1) 服务项目做“加法”

裕人机械在有限的厂区专门辟出很大场地设立了电脑培训教室、样机操作培训教室，长期免费为客户及有购买意向的客户培训技术人员。在生产旺季来临前夕，裕人机械还在一些重点市场开设流动教室，配备最好的设备技师，对客户进行贴身、近距离的培训。

(2) 服务人员做“加法”

裕人机械提出服务人员就是销售人员的理念，将原先销售部、售后服务部进行合并，成立销售服务部，由董事长亲自主抓。客户满意度的提升带动重点区域的口碑传播，真正实现了售后人员就是一流的销售人员。

(3) 服务时间做“加法”

裕人机械根据自己重点目标客户的特点，又提出“客户需要的时候就是裕人员工工作的时间”等服务口号。裕人机械根据不同的规模客户、不同的设备问题、不同的距离远近，提出了 8 小时内解决模式、24 小时内解决模式、72 小时内解决模式等应急处理措施，基本上做到有求必应、每应必果。

3. 推广差异化

纺织机械这样的设备制造业更多的时候是拼企业的“硬实力”，因此当裕人机械以市场跟随者、挑战者的角色出现时，需要在营销、品牌等“软实力”方面做出一定的差异化，与行业的老牌企业形成一定程度的相对竞争优势。裕人通过四个方面进行了相对的差异化运作。

(1) 行业展会

作为纺织机械行业重要的产品销售与产品信息发布平台，裕人机械不仅积极准备国内外的专业展会，还从展会的设计、新机型的推出等方面屡创新意。2007 年德国慕尼黑 ITMA 展会上，裕人机械是中国大陆唯一参展的电脑横机制造商。

(2) 媒体推广

裕人机械重点选择浙江嘉兴、广东东莞、山东青岛等毛衫市场集聚区投放大型户外广告，并选择行业媒体与专业学术期刊投放广告，实现近距离对目标人群的定点投放。

(3) 客户联谊

裕人机械2007年完成电脑横机销售2 000多台，基本上是在50多个客户中实现的。因此，裕人机械不定期召开客户联谊活动，提供条件让不同区域不直接竞争的客户之间相互参观学习，并邀请客户高层到企业参观考察，安排高层次的培训活动，有时还利用企业内刊对成功客户的发展案例进行总结推广。

(4) 银行信贷

裕人机械借助自身快速发展、稳健经营的良好信誉，与中信银行开展了裕人电脑横机信贷业务，对裕人机械的购机客户提供设备购买贷款、企业流动资金贷款等方面的便利，用自己的商业信誉为目标客户进行信誉背书，提供产品、服务之外的增值效益。

在竞争中成长

在中国目前的市场环境中，很多市场化程度不高或是基础欠佳的行业中依然存在着大量不规范竞争或恶性竞争。裕人机械在销售额迅猛增长的同时，也遭遇了发展史上的多次障碍，国内外的同行不约而同对裕人机械进行挤压。从以下影响的事件中可以窥见一斑。

1. 连环诉讼案

2006 年 7 月 6 日凌晨，裕人机械一名正在上海参加第 11 届国际纺织工业展览会的员工被江苏某地警方抓走。原来该名员工 4 年前曾在竞争对手江苏 H 公司工作，因此 H 公司以该员工“涉嫌商业机密泄露”向警方报警。尽管检察机关以证据不足驳回了当地警方的批捕申请，但 H 公司仍不肯善罢甘休，通过诉讼提起财产保全，裕人机械 1 600 万元的货物被法院封存。

2. 挖角风波

随着裕人机械实力的壮大，尤其是启动服务做“加法”策略以来，浙江 F 企业本土优势不再，于是决定对裕人机械进行釜底抽薪。2006 年年底，F 企业以乡情联络、高薪吸引等手段“挖”走了裕人机械的几名售后技术维护人员，又安排一些社会不良人员在裕人机械附近干扰员工、客户的正常工作。

3. 展会闹剧

随着产品线的完善和海外市场的扩展，裕人机械的一些订单影响了日本 D 企业的利益。于是 D 企业借助其对相关国际市场法规的熟悉，上演了一场展会闹剧。在德国慕尼黑 ITMA 展会上，D 企业以保护知识产权的名义，要求裕人机械拆卸机器展示核心部件以示清白。在遭到裕人机械严词拒绝后，其又通过展会组织方提请当地法院强制拆卸机器，窥看其技术。

营销的精彩往往在于它的不确定性。

最初面对这些突如其来的情况，从公司高层到员工都有一定程度的慌张，但是随着对规则的进一步熟悉，裕人机械的应对也越来越沉着。他们组建危机处理小组，协同法律专家、管理专家，对危机进行分析并出台相关应对措施。裕人机械一直非常注重自主知识产权的保护，至 2007 年年底，共获得专利 12 项，申请发明专利 8 项。针对竞争对手提出的申诉，裕人机械搜集大量证据，并及时组织行业专家进行专利鉴定。同时，裕人机械积极通过正常的媒体途径表达自己的态度，消除客户的顾虑。针对挖角风波，裕人机械利用人力资源培训向员工灌输正确的薪酬理念，同时也结合危机，调整、完善公司员工的职业发展规划与薪酬激励体系。裕人机械还对客户进行了一系列公关活动——增加客户技术人员免费培训的人数；开通重点地区的培训流动教室，成立售后服务突击队；对部分重点客户承诺飞行维修；增加部分易损件的免费配送等，用实际行动迎击竞争对手散布的不实言论。

经历了危机，裕人机械这个年轻的团队比以往更加团结，更加充满激情。同时，裕人机械也感到作为一个有责任感的企业在做大、做强自身的同时，也需要从行业领导者的角度去思考行业的有序竞争与合作。因此，在国家相关部门的邀请下，裕人机械成为国家纺织机械行业标准《电脑针织横机》的主要起草单位。

他山之石

裕人机械度过了一段不平静的发展历程，同时也为整个行业及区域带来了一个快速成长公司的欢乐与苦恼。“他山之石，可以攻玉”，裕人机械的发展从营销的角度给予我们怎样的启示？

1. 哪里都有一片“蓝海”

目前的中国市场充满了太多诱惑，很多企业主都在寻找着自己的“蓝海”。事实上，很多行业的发展证明，只有“夕阳”的企业，没有“夕阳”的行业，裕人机械正印证了这样的规律。手摇横机对于行业来讲是“夕阳产品”，但是电脑横机则又是一个全新的行业机会。如果没有对产业的坚持，如果没有对行业发展趋势的敏感，如果没有“凡事预则立”的超前决策，也许就不会有今天的裕人。

2. 营销的能力是应对

随着中国市场化程度的逐步推进，营销能力也逐步变成了一种同质化的能力，从战略到策略，从 4P 到 4C，从整合营销到各路流派，更多的企业已经从认识和形式上能够做得相对完善。相比于这些企业，电脑横机行业的营销水平还远远没有达到“炉火纯青”的境界。但是，面对国际大品牌的相对垄断、国内竞争同行的相对狼性，裕人机械的应对显示出它特有的价值。也许在不可能完全沙盘推演的现实竞争中，裕人机械的应对更凸显其优秀与卓越！

3. 从相对优势到绝对领先

太多早期成长起来的大企业成为社会各种优势资源疯狂的攫取者，而现实给当前环境中成长的中小企业的却是更多的负重。在这样一个背景下，裕人机械通过一系列的调研、分析、论证、实践，通过不断增大、增多与竞争对手相比的相对优势而取得了今天较为主动的相对领先地位。

事实上，裕人机械通过短短四年冲击行业“冠军”的营销之路更加坚信：要想取得绝对领先，需要持续、长期保持相对优势。这是从市场得来的经验！

恒基伟业，一个高科技的民营企业，为什么会在经历短暂的辉煌之后迅速陷入沉寂，至今未能打造出一个能够替代商务通的主力产品，却偏离主业将自己的未来压在工业地产项目上？

恒基伟业：游弋在“蓝海”与“红海”之间

2006年4月26日，已沉寂三年之久的北京恒基伟业电子产品有限公司（以下简称恒基伟业），推出其新品——隐形手机F8。自从2000年进入微利时期至今，恒基伟业一直没能推出一个能在战略上替代商务通掌上电脑的产品，以保持企业战略竞争力和品牌创新能力，致使这个由博士创业的高科技企业数年来市场萎缩、品牌老化、人才流失。恒基伟业急需通过一个战略行动来激发公司员工的工作热情、激励合作渠道、激活市场，开创出一片高利润的“蓝色海洋”。虽然恒基伟业的领导者们对F8手机寄予厚望，但是现在，无论是企业自身还是外部市场环境都已经发生了翻天覆地的变化，F8手机很难重现昔日商务通的辉煌。

艰难而无奈的战略转型

1. 高科技企业“押宝”商业地产

2002 年，当中国掌上电脑市场经历了连续三年的价格战之后，各个企业均面临新的战略选择，此时的恒基伟业突然转向，从北京进军北海，这个由博士创业的高科技企业开发起工业地产。

2003年年初，北海恒基伟业科技工业园项目（以下简称北海项目）正式启动，整个工程预计在5年内完成，总投资18亿元。2005年12月，恒基伟业又与温州乐清市经济开发区签订了恒基伟业（温州）高科技项目“一期供地协议”，这标志着预计总投资100亿元人民币的恒基伟业“温州科技园”项目，开始进入实质性运作阶段。

作为高科技企业的恒基伟业，继商务通之后为什么在长达五年的时间里，没有打造出一个有战略性竞争力的主力产品，又为什么偏离主业将自己的未来压在科技工业园项目上？

归根结底，必须重新审视恒基伟业的创业历程，通过研究掌上电脑市场上爆发的那场惊心动魄的价格大战，探究恒基伟业在2001—2005年是如何进行其艰难的战略转型的。

2. 风光无限的短暂辉煌

1998年，曾经管理着北京四达电子有限公司的张征宇博士，在两个同事的帮助下完成商务通掌上电脑的研发后，聚集孙陶然、范坤芳和赵明明等几员大将，组成一个知识型创业团队，注册成立北京恒基伟业电子产品有限公司，开始了创业之旅。

事实上，早在商务通进入中国市场十年之前的1988年，作为外资品牌的快译通就以电子词典的形式进入了中国市场。由于受到当时的消费能力和消费水平的制约，快译通这种高端电子产品的目标市场仅限于一些外资与合资企业的高级白领阶层。在随后近十年的时间里，生产此类相关产品的几个南方企业，都没有将其作为企业的主要经营业务。

就是这样一个产品，经过恒基伟业的技术改造后，特别是采用大尺寸显示屏幕、加上拥有自主知识产权的手写输入技术，使商务通以私人电子商务助理的全新产品形象进入市场。

恒基伟业对于商务通产品的市场操作方法与传统电子笔记本产品企业完全不同。从企业营销理念、产品的概念设计、市场定位、品牌传播策略到市场推广方式，均采取的是现代整合营销模式，由当时中国最具男人个性魅力的著名影星濮存晰和著名电视主持人李湘的联袂形象宣传，清新靓丽的大学生陈好进行产品功能推广，1 亿元人民币的广告投入，在数月内就使商务通在目标市场上几乎无人不知、无人不晓，成功塑造出私人电子商务助理的全新概念。“呼机、手机、商务通，一个都不能少”这句至今还令人耳熟能详的产品广告语，使商务通完全与传统的电子笔记本产品拉开了距离。

进入 2000 年，商务通已经成为中国 PDA 产品的第一品牌和 PDA 的代名词，其市场占有率远远超过名人、快译通和诸多跨国公司。

3. 深陷价格战“泥沼”

商务通之所以能够辉煌，产品的核心技术的确起到了很大的作用，但产品技术优势还没有强大到足以左右市场的程度，同样类型的产品——名人也有类似的技术，因此，商务通的成功主要是市场营销和品牌策划的成功。

此时，在市场上辛辛苦苦耕耘了十年的电子笔记本“先驱”们方才如梦方醒，他们岂肯让商务通独霸天下，特别是在商务通之前进行市场推广的名人。一时间，市场上硝烟四起、铁甲奔腾，PDA 产品大战将中国的白领商务市场、学生用品市场和高档礼品市场搅是“巨浪滔天”。面临这样的局面，商务通不得不与竞争对手打起了价格战，产品价格从 1998 年的 2 400 元人民币跌至 600 元以下，行业利润顷刻间化为乌有。

一直为恒基伟业人所津津乐道的 A 计划，使得商务通获得了 50%的年增长率，销售数字从 1998 年的 64 万台跃升至 1999 年的 102 万台，几乎创造了一个商业奇迹。但是，随着竞争对手的反击，商务通的市场份额和利润不断下降。到 2000 年，商务通的市场占有率下降为 32.4%，而其竞争对手名人的同期市场占有率却上升为 17%，名人由亏转盈，而恒基伟业却因为价格战导致企业经营利润变薄，总利润并没有增加。2001 年的市场数据表明，通过降价手段，恒基伟业将商务通由礼品转市场变成个人消费品市场的努力最终以整个市场的萎缩为代价而收场。

在商务通产品拥有良好盈利能力的初期，恒基伟业曾试图对商务通不断投资，开发其升级产品，以延长商务通产品的生命周期。但是，随着手机功能的不断完善，此前 PDA 倡导的关键技术在手机上得到了普遍应用，缺乏新技术、新概念的 PDA 市场已呈现僵而不死的态势。2001 年之后，商务通的产品销售一直呈两位数的下降，销售利润下滑的幅度则更大。

随着产品盈利能力的下降，企业不可避免地面临着研发费用投资不足、产品老化、缺乏市场竞争力等问题，曾经造就恒基伟业辉煌的商务通已经繁殖出大量的产品“病毒”，开始快速“吞噬”企业资源。

屡战屡败的产品转型

从 2001 年开始，中国市场 PDA 产品业务开始向两个方向转型，一个是向纯学习用的有声词典类产品发展，专攻学生和外语消费市场；另一个是随着移动通信市场的快速发展，出现了带有 PDA 功能的高档手机产品。这时，一部分 PDA 生产企业开始放弃已经没有利润的 PDA 业务，转向为部分手机企业提供零部件加工业务，另外一部分企业则转向有声词典产品业务，而恒基伟业当时选择的是前者。

2001 年恒基伟业与微软签订了一份关于在中文无线掌上电脑领域全面合作的框架协议，在下一代的中文无线掌上电脑领域展开全面合作，开发具有无线移动通信功能的掌上电脑，产品将采用微软未来的无线掌上电脑技术，将为用户提供更加强大的无线移动功能，让用户体验到以无线方式连接到 Internet 和公司内部网、收发 E-mail、个人信息管理以及多媒体等功能，为此恒基伟业向中国信息产业部提出无线通信产品生产牌照的申请。2001 年 11 月，恒基伟业作为国内 PDA 厂商中第一个拿到信息产业部颁发的“手持无线信息终端设备”生产牌照，但是，这个牌照显然与移动手机生产牌照不同。

2002 年 12 月，恒基伟业推出第一款具有手机功能的 PDA 产品——商务通 9058，由于政府监管政策的限制，加之其通信模块是与某一跨国通信企业合作，售后服务得不到保证，市场运作受阻，商务通 9058 未能完成恒基伟业的战略使命就中途夭折。

2001 年，与恒基伟业面临同样市场危机的竞争对手们也开始其战略调整，其中名人与托普合作，采取贴牌的方式，自主开发手机产品。而另一竞争对手快译通在手机项目失利后，返身主攻自己的传统优势业务——电子词典，中国庞大的外语学习市场培育出一批数字学习机产品如好记星、e 百分和诺亚舟等。

在开发商务通 9058 的同时，恒基伟业针对数字学习机市场，开发出记易宝，并于 2002 年 10 月推向市场。作为企业战略转型的重要组成部分，恒基伟业对记易宝同样“砸”下重金打广告，希望在短期内使其成为能够与商务通并列的营业额来源。但是，记易宝过于低端的设计，缺乏在品牌、产品和顾客价值等方面的战略创新，使恒基伟业内部的产品经理都对该产品信心不足，半年内仅销售 3 万台，与公司制订的年度 100 万台销售计划差距极大。

以上两次重大战略行动耗费了大量资金，却均未能获得战略回报，恒基伟业的资金链被折磨得发出金属般的响声。这时张征宇博士期待着能通过公司上市获得资金，以帮助恒基伟业度过严冬。但是，受美国“9·11”事件的影响，世界经济陷入低谷，无论是美国纳斯达克还是香港股市均处于低迷时期，张征宇博士的上市之梦破灭。

无形的市场之手将恒基伟业推向生存的边缘，恒基伟业的未来之路在哪里？

正是在这一历史背景下，张征宇博士将公司投资方向进行新的战略调整，第一，集中公司主要资源投资北海项目，打造公司的战略性研究生产基地；第二，继续与各 PDA 行业应用单位合作，实施 2001 年确立的联合开发行业 PDA 产品，主攻高端 PDA 市场的业务策略。由于行业 PDA 产品是长线投资，短期内难以获得利润回报，北海项目对于恒基伟业来讲，就更加凸显其重要性，因此，恒基伟业的地产化基本上成为当时恒基伟业寻求生存的“华山之路”。

以营销创新起家的恒基伟业，其营销能力为什么会在 2001 年之后呈现出江河日下之势？在两次失利的重大战略行动中，除了市场环境“病毒”造成的影响外，是什么因素使恒基伟业丧失了营销优势？

1. 竞争优势的消弥

曾经购买、使用或关注过商务通的人们在进入新千年之际，一定会不由自主地对恒基伟业肃然起敬，因为这个企业在短短两年时间里坐上了中国掌上电脑头把交椅，使商务通成为中国市场掌上电脑的代名词，并拥有近 50%的市场份额，其成功的营销模式和经验被国内外多所著名大学作为 MBA 中国本土教学案例，这充分证明这个企业所拥有的战略营销能力。

根据企业成长的一般规律，一个企业的竞争优势，往往能够维持三到五年的时间，为什么恒基伟业公司的这一战略营销优势，在经历了 2000 年的市场大战后，到 2001 年就出现战略性衰减，这个企业在 2000 年达到创业第一个高峰以后，究竟发生了什么变故？

2. 企业骨干分崩离析

2001年6月，恒基伟业公司创业者之一、公司常务副总裁孙陶然突然以请长假为名离开了工作岗位，以后再未回到这个企业。随后创业者范坤芳和赵明明等其他三位公司级高层管理者，也在这一年陆续离开了恒基伟业。

他们的出走影响到其所领导的下属，直接后果就是大量优秀的专业人才流失。到2002年年底，曾经拥有3 000多名员工的企业，人员锐减到数百人。

一家知识含量颇高的高科技企业，一个精英式的管理团队，何以在短短三年时间里迅速辉煌又迅速跌入低谷，是张征宇本人的问题还是整个团队出了问题，是利益的纷争导致人事分崩还是管理模式存在严重缺陷？

范坤芳认为恒基伟业既不是朋友型企业，也不是家族式企业，而是一个不规范的企业。他坦言自己之所以坚决离开恒基伟业，主要是在管理方法上与张征宇产生了分歧，自己已没有办法在企业里发挥作用。

3. 规范化管理的缺失

事实上，商务通只是取得了半年时间的短暂胜利。创业初期，张征宇把孙陶然、范坤芳、赵明明几个人团结到一起，张征宇全面负责企业管理，孙陶然负责广告品牌宣传，范坤芳负责全国市场，赵明明负责两个分公司和一部分销售，各项工作都井然有序。

但是半年后（1999年3月）这一局面被张征宇打破了，不规范的管理问题越来越严重。张征宇开始不听取别人的建议，管理风格呈强权式，恒基伟业的一切都在随意的状态下发展。张征宇坚持一个管理理论——无序理论。他坚定地认为，有序了就会压制人的创新能力，而其他几位高管坚持例会制规范化，实现企业信息共享与企业有序发展。

由于管理不规范，张征宇获得的信息严重不对称，这使得他经常不能做出正确的判断和决策，这一问题被范坤芳、孙陶然、赵明明看得清清楚楚，但张征宇却熟视无睹。

此外，作为恒基伟业实质上的五位创业者，张征宇持有公司80%的股权，而范坤芳等其他创业者每人持有的公司股权却没有超过5%，这让创业伙伴和骨干员工失去了创业热情，形成离心力。

如果恒基伟业的管理从此时开始进行调整，其发展轨迹一定与今天不同。但是张征宇并没有调整自己的思路或公司的管理，无序的情况愈演愈烈，最终导致公司高管孙陶然等4人先后离开公司，跟在高管后面的是一大批骨干员工陆续辞职。

当年一起打造恒基伟业的5个人，已经走了4人，张征宇成了恒基伟业的“孤家寡人”。2001年的人事变故是恒基伟业战略转型的“导火索”。虽然恒基伟业在后来构建公司系统、引进职业经理人和调整公司战略方向等方面实施了诸多行动，但是此时企业已经是元气大伤，不仅仅失去了一批共同创业的伙伴和优秀员工，更失去了企业连续五年的成长机会和投资人的五年投资回报，并将恒基伟业逼到悬崖边。

反思：企业家创新与公司再造

恒基伟业的发展历程折射出中国企业规范化管理能力的缺

失。企业最初的成功，就是所谓的企业家创新的成功，而其经营失利的根源就是缺乏健全的公司经营系统。一旦出现骨干人才流失，由人才构筑的企业优势迅速崩溃，企业出现“大动脉流血”，伤及核心，连续数年难以恢复。

中国的企业管理者尚缺乏对企业和企业经营系统的深度认识，更缺乏企业创新的基本常识，更多的是依靠机会生存——市场机会、产品机会、政策机会、资源机会、人才机会和社会变革机会等，而能够充分洞察与把握机会的往往成为了成功的企业家。中国的企业中存在着太多的老板个人行为，从而出现老板一人定战略、老板一人决策、老板直接控制资源，甚至老板就是企业唯一的业务员等现象，这就是某些学者所谓的企业家创新，而不是公司理念创新、经营战略创新、企业文化创新、管理模式创新等创新范畴。

恒基伟业现在和未来将面临着如何通过公司再造——即面向全球化竞争，构建企业经营系统和竞争优势，通过企业经营系统的构建，建立起健康的公司治理结构、科学的竞争战略、快捷的业务流程、合理的组织机构和战略绩效管理系统，依靠公司经营系统参与市场竞争，以便从战略上确保自己能够长大，并且是健康地成长。

近五年来，恒基伟业一直在“红海”中游弋，却未能突破血色疆界。

恒基伟业期望通过技术研发建立自己的竞争优势，在高端PDA 市场和商务手机等“蓝海”市场与跨国企业展开较量，尚有很远的曲折之路需要一步一步地跨越。

第五章

企业对决

竞争的本质就是超越，而不是模仿与跟随。

2006年，英特尔第一季度利润下降38%，而AMD净利润达到1.85亿美元时，我们知道：苦苦等待的“死磕”时刻终于到来了！一直以来，英特尔像“大棒总统”罗斯福一样“左手胡萝卜，右手大棒”，牢牢控制着中国的PC厂商。随着两个水土不服的外国人的到来，AMD终于有机会上演了惊天大逆转。尽管如此，英特尔依旧强大。风诡云谲中，执牛耳者将是谁?

英特尔“死磕”AMD

2006年5月16日英特尔宣布：“赖一龙与简安琪正式离开英特尔（中国）联合总经理的位置，英特尔亚太区总经理杨旭接任英特尔中国区总经理。”而就在18个月前，杨旭刚从英特尔中国区总经理的位置升任英特尔亚太区总经理。

事实上，英特尔2006年4月发布的第一季度财报已有预兆，由于面临主要竞争对手AMD的强劲挑战，该公司第一季度净利润为13.5亿美元，比2005年同期的21.8亿美元下滑38%，创下自2002年4年多来的最大跌幅。而与之形成鲜明对比的是，AMD发布的2006年第一季度财报则扭转了去年同期的亏损局面，达到净利润1.85亿美元，市场份额显著增加。

中国是英特尔亚太地区业绩下滑的重灾区，据IDC统计数据显示，2005年前AMD在中国的市场份额可以忽略不计，而到了2005年底就一举达到19.1%，到目前为止国内台式PC有50%以上都采用了AMD的CPU。

“杨旭在英特尔内部有 AMD‘杀手’之称。”一位离开英特尔的员工说，“英特尔在中国全面失守的情况在杨旭时代是不可想象的。”作为杨旭回归的“第一把火”，英特尔首先举起降价大旗。2006 年 5 月 28 日，英特尔大幅调降 3 款 Core Duo 双核心处理器价格，降幅为 13.2%～33.6%；为了防止品牌 PC 的 OEM 厂家继续转投对手 AMD 的怀抱，英特尔再度于 7 月 23 日大幅度降低赛扬 D、奔腾 4 及奔腾 D 处理器的价格，降幅最高达 61.46%，幅度之大，前所未有；同时针对 AMD 的速龙 64FX 推出的 Core Duo Extreme X6800 处理器亦将同时低价登场。在大幅度降价的同时，杨旭对媒体表态：“如果你认为英特尔将由此出局，那可太天真了。AMD 在中国市场确实取得了一点成绩，但是，2006 年英特尔一定会夺回失去的市场。”

“杀手”归来，面对英特尔一浪高过一浪排山倒海式的强势反扑，谁将在这场神州争霸中最终胜出？

“胡萝卜加大棒”——罗斯福的拥趸

众所周知，这么多年来，在与 AMD 马拉松式的长跑竞争中，英特尔之所以始终占据着计算机芯片市场高达 82.9%的份额，并不是因为其在技术上持续超越 AMD，而在于其牢固控制着全球大多数 PC 制造领域的领导者，将他们团结在自己的周围，形成牢不可破的壁垒。

在 PC、服务器，乃至嵌入式 CPU 设备中，除操作系统外，CPU 是其中最关键和影响其他元件的产品，而且 CPU 价格较高，其支出一般占主机成本的 15%～30%。所以 CPU 作为最核心的元件产品，事实上已经成为PC厂商最重要的战略因素，已经不是单纯的采购问题，而多以OEM方式合作。因此，在PC行业中，操作系统和CPU厂商占据着产业链的上游地位，获取产业链创造价值的最大部分，并支配和主导着价值链的下游企业。从国内外厂商的状态看，国际巨头戴尔、惠普等企业，已经能够与上游的英特尔平等合作，但国内企业即使如联想、方正等大企业，仍然要看英特尔的“脸色”。

而在中国，英特尔通过市场、宣传、运营乃至管理等多方面对国内PC厂商进行全方位渗透，并以此获得了中国PC行业的主导权，而其中最为突出的控制手段就是广告费用支持和拒绝供货策略。

1. 金币做“心”的“胡萝卜”

PC厂商只要在其广告中加入英特尔的品牌标志，就可以向英特尔报销50%～60%的广告费用。当然，英特尔对PC厂商的扶持并非采取一碗水端平的态度，而是根据自己的需要把国内PC厂商划分为4个层次，分别给予其不同的支持策略：如联想之类的一线厂商，每年得到英特尔的广告支持费用达到几百万甚至上千万美元，而一般二线品牌则只能得到10万～20万美元。

2004年七喜电脑的深圳上市公告中披露了英特尔广告返款的实情，2003年七喜电脑25%的利润都来自于英特尔的广告返款。在品牌电脑制造利润越来越微薄的今天，英特尔这数十万美元的“银弹”已经像毒品一样，让PC厂商难舍难离！

2. 让人灰头土脸的“大棒”

“胡萝卜可不是白给的！”

在杨旭担任英特尔中国区总经理之前，英特尔对国内PC品牌厂商一直采取“高压”政策。如果使用AMD的CPU，则取消英特尔的广告支持计划，甚至在新款CPU推出时，不予供货。由于英特尔的产品在市场中处于完全强势状态，因此一旦英特尔对于目前市场正在热销的产品中断某一PC厂商或渠道商的供货，其必然遭受竞争对手的重创。因此，通过拒绝或拖延供货策略，英特尔决定了PC价值链下游厂商的市场竞争关系，强化和扩张了自己的地位。而中国区总经理杨旭更是将“胡萝卜加大棒”政策发挥到了极致，使众多PC厂商始终“不敢越雷池一步”采用AMD的CPU。

第一个品尝“触雷”苦头的就是联想。2004年8月3日，联想在北京“乡镇个人电脑普及活动”新闻发布会上宣布同AMD展开合作，采用AMD的闪龙CPU推出低成本2 999元PC，主要面向中国小城镇的普通家庭和学校，目标是争取更多的电脑新用户，扩大自己的市场份额。

面对联想的“叛变”，杨旭盛怒不已，立刻公开指责联想推出2 999元的产品不能满足消费者的基本应用需求，是“对客户不负责任”。

为了打压AMD，英特尔不但开始对联想采取广告费支持打折和拖延供货，并且不再死守高额利润，主动调整了产品价格，在联想2 999元电脑推出后不久，英特尔支持新蓝推出“赛扬D电脑炫点-1060”，这款机器除了应用英特尔 CPU 外，其他配置几乎与联想 2 999 元电脑一模一样，不但售价仅为 2 998 元，更加送一台豪华落地风扇。浪潮电脑则发布了采用英特尔 CPU 的 1 999 元纯主机，把显示器的选择权交给消费者，以灵活的 1 999 元对撼联想的 2 999 元。志得意满的 AMD 和联想，马上在英特尔的“大棒”重击下闹得灰头土脸。

3. “拍”一下“揉”两下

虽然国内 PC 厂商不得不屈从英特尔的压力，但心中却怨气重重。杨旭就任英特尔中国区总经理后，除了面对联想和 AMD 的合作“辣手舞棒”外，大部分时间都是实行“胡萝卜”政策：利用其对中国合作伙伴的熟悉，很多问题都利用朋友私交来解决，给足了合作伙伴面子。

就是在这种“胡萝卜加大棒”的策略下，在杨旭担任英特尔中国区总经理期间，AMD 除了在 DIY 市场有所斩获外，未能在国内任何品牌 PC 厂商处获得订单。

空降兵的“滑铁卢”

2005 年，来自新加坡的赖一龙和来自美国的简安琪接替杨旭成为英特尔中国区总经理。下车伊始，新加坡国立大学理科出身的赖一龙就采取了一系列新的控制手段。

在短短不到两个月时间里跑遍了大半个中国，这位精力充沛的总经理让随行的记者为之叹服，然而其后来的种种表现，并不像他的体力一样值得赞扬。

1. 三把“火”，看起来很美

20 世纪 90 年代初期，英特尔为了在中国市场上制衡 IBM、惠普、戴尔等具有全球性生产和市场能力的跨国 PC 品牌，促使 IBM 等巨头在中国市场上跟随其产品升级计划，选中联想作为其在中国的“筹码”，开始重点扶持。而联想也不负所望，迅速发展成为中国内地销量最大的 PC 厂商，更于 2005 年 5 月 1 日收购了 IBM 的 PC 业务，一跃成为全球第三大 PC 厂商。

随着联想的壮大和谈判能力的增强，英特尔开始对自己培养出来的“棋子”产生了戒心。此时，国内品牌 PC 厂商的同质化竞争越来越激烈，大中城市的 PC 增长开始减速。出于深耕三、四级市场的需要，国内越来越多的品牌 PC 厂商希望获得价格低廉的 CPU，而英特尔却死守高额利润，不愿意降低 CPU 价格，这使得联想、方正、清华同方等品牌 PC 厂商开始对采用 AMD 高性价比的 CPU 跃跃欲试。但对英特尔来说，绝对不允许这种事情发生。为了进一步制衡联想、方正、清华同方这些全国性一、二线 PC 厂商，英特尔开始在原有控制手段的基础上，不断推出如扶植新竞争对手、CBB 计划等一系列新的措施来加强对 PC 厂商控制。

(1) 扶植竞争对手

为了扶植可以和联想、方正等国内强势 PC 品牌抗衡的对手，英特尔开始重点扶植 TCL、海尔、海信等国内家电系 PC 品牌，并且从 2005 年开始不断加大扶植力度。据 IDC 公布的“2005 年中国电脑市场各品牌份额排行榜”数据显示：海尔电脑从 2004 年的第 20 名直接上升了 14 个名次，俨然成为 2005 年度国内外市场份额上升速度最快的电脑品牌。英特尔更是授予海尔电脑2005年年度“最佳成长奖”。海尔PC的迅速增长，除了海尔本身的努力外，是和英特尔的大力扶植分不开的。而英特尔在2006年1月9日推出迅驰III时更是将推广重任交与TCL和海尔，除了力推自家产品外，更是希望扶植他们加速成长以制衡联想等全国性PC品牌。

(2) CBB计划

英特尔自2004年第三季开始推动CBB计划（Common Building Block，共通性建构基础计划），国内媒体称为“白牌笔记本”计划，该计划将促使笔记本电脑配件从非标准化走向标准化，令消费者自己组装、维修笔记本成为可能。2006年，此计划标准化部件的总数达到了7种，参与厂商达28家，基于CBB部件的笔记本已经超过15款。当然，所有这些标准化部件都必须通过英特尔的认证，而英特尔的处理器和芯片组肯定也是这些“白牌笔记本”中不可或缺的。

英特尔表示，CBB计划是遵循市场发展的自然趋势。在过去，笔记本没有统一的配件标准，笔记本厂商需要向关键零配件厂商订制配件的规格，一旦生产其他的型号就得重新订做，这对售后维修是个很大的挑战。如果配件实现了标准化，不但有利于降低生产的成本，还可以推动更多的厂商去进行创新。

事实真如英特尔表态的那样吗？

现今的笔记本电脑市场格局是马太效应的结果。大者恒大，大品牌厂商出货量大，有完善和覆盖面极广的渠道体系，还能拿到中小品牌厂商无法拿到的零部件价格优惠，中小品牌难以逃脱逐渐被边缘化的趋势。很明显，作为笔记本电脑驱动力的英特尔自然不愿意看到这种格局，而CBB计划恰恰是打破这种格局的一颗重要“棋子”。它的施行将使笔记本电脑DIY成为可能，消费者可以自由选择更换笔记本电脑部件，从而摆脱现在笔记本电脑部件无法通用、维修成本过高、必须整台返修的局面，而价格自然比在品牌笔记本电脑“独此一家，别无分店”的垄断环境下要低得多。英特尔想通过CBB计划使笔记本电脑市场呈现百花齐放的格局，从而达到制衡大品牌笔记本电脑厂商的目的。

(3) GAPP计划

2005年4月，英特尔刚上任不久的中国公司总经理赖一龙宣布在国内启动GAPP计划（Government Assisted PC Programs，地方政府电脑普及计划）。计划的内容就是由英特尔与地方省级政府合作，由政府牵头，双方共同努力提高社会对信息技术应用重要性的认识，普及个人电脑使用率。最引人关注的是，英特尔将与当地的一家PC厂商开展紧密合作，保证组装、制造价优质高的计算机，降低信息化建设成本。

在国内，从2005年4月份开始，英特尔先后与黑龙江、湖北、山西、山东、江苏等省政府签署了相关的合作备忘录。同时，英特尔也分别选择了黑龙江的黑大高科、湖北的蓝星电脑、山西的亚日电脑以及山东的海尔电脑，作为该项目实施中的合作 PC 品牌。虽然英特尔宣称该计划的主要目的是为了提高个人电脑在各行业中的应用，提高社会信息化水平，但是英特尔要通过该计划大力扶持地方PC品牌以制衡联想、方正等全国性PC厂商的主要目的也昭然若揭。因为随着 GAPP 计划的进一步推广，更多的地方 PC 品牌成长起来时，市场份额的重新划分是必然的，这对联想、方正等全国性 PC 厂商而言是极具杀伤力的。

2. 水土不服的两个外国人

然而，简安琪和赖一龙这两个外国人的到任，不但没有加强对品牌 PC 厂商的制衡和控制，反而成为 AMD 在中国攻破英特尔固若金汤壁垒的开始。

无论是赖一龙还是简安琦，两位总裁都是直接“空降”到中国，对于中国市场缺乏透彻的理解和把握。在亚洲成功推行 GAPP 计划的英特尔，忽略了中国的特殊国情。中国的三、四级市场的消费者收入不高，高价的英特尔产品，导致中国老百姓无福消受。GAPP 计划成为英特尔进军三、四级市场的“水中花”，扶植地方 PC 品牌成了空想，而且还引起了联想等全国性 PC 厂商的强烈不满，不得不中途停止。

CBB 计划更是搞错了方向，从台式电脑的发展来看，进入品牌电脑时代后，DIY 市场一直处于不断萎缩的状态，越来越多的消费者将品牌 PC 作为首选。与台式 PC 的 DIY 日渐式微相比，笔记本电脑更是铁板一块，在中国市场上笔记本电脑全部是品牌产品销售。英特尔的 CBB 计划一推出，就遭到全球四大 PC 厂商“冷水相泼”，因为 CBB 计划存在着两大致命难题。第一，微星、蓝天等以 CBB 准系统出货的这些厂家都是中小 PC 企业，他们不成规模的订单对代工企业没任何吸引力；第二，笔记本零部件较台式机零部件要贵，且目前需求远不如台式机。在品牌产品挤压下，一般的中小 PC 厂家和小经销商根本没有资金来压货。所以英特尔布局CBB计划近两年时间却收效甚微，而英特尔在中国内地正式宣布推出CBB计划后，更是只有TCL一家跟进。

令英特尔头痛的事情还在后面。其大力扶植的TCL、海尔PC在国内尽管发展迅速，但是据IDC初步统计数据显示，由于大PC品牌的影响不断加深，2005年亚太PC市场集中度越来越高的走势愈发明显，以联想、惠普、戴尔、方正、宏基为首的五大品牌垄断了市场49%的份额，远远超出2004年的38.7%，包括索尼、东芝、华硕、明基在内的二、三线品牌处在迅速萎缩之中，全年出货量较之去年同期减少了2.0%。TCL、海尔PC要增长到能制衡联想等全国性PC品牌的地步仍然是遥遥无期。

英特尔在中国市场推行的多个战略接连败北，充分暴露了赖一龙和简安琪未能透彻理解中国市场的不足，而英特尔不断使出的新招日益让国内品牌PC厂商感到英特尔的"翻手为云，覆手为雨"，这只能导致国内PC厂商的反叛之心越发强烈。

火上浇油的是，简安琪和赖一龙并不理解中国人情文化，这致使他们的处事风格与前任中国区总经理杨旭迥然不同。随之，英特尔同国内品牌PC厂商关系开始不可避免地出现裂缝。简安琪和赖一龙在任期间，鲜有出席过联想的新闻发布会，但AMD却从没闲着。深谙中国国情的AMD中国总经理郭可尊不断加大对中国政府和国内品牌PC厂商的公关力度，并全方位跟进英特尔的渠道策略，其对品牌PC厂商的广告补贴额度甚至超过了英特尔，而AMD的低价战略也在一定程度上满足了国内品牌PC厂商的竞争需要，郭可尊终于在简安琪和赖一龙到任后开始突破英特尔的"封锁"，并不断攻城略地，接连和联想、方正达成战略合作，最后一举和我国前三位 PC 厂商中唯一仅同英特尔合作的清华同方成功达成合作。在战争中，将军们常说，“在敌人涉水最脆弱的时候予以阻止，绝不允许他们深入内陆。”面对新进入者的低价政策，聪明的公司总是立即用低价策略予以还击，他们保持低价的目的就是要最终控制市场并使新竞争者丧失信心。本来简安琪和赖一龙还可以“扳回”败局，趁 AMD 同国内品牌 PC 厂商合作刚刚开始，立足未稳，像杨旭一样“挥舞”降价“大棒”痛击同 AMD 合作的品牌 PC 厂商，但简安琪和赖一龙却迟迟没有行动，终于导致英特尔中国对国内品牌 PC 厂商的控制全线崩溃。

王者归来，花落谁家？

英特尔中国区的业绩大幅度下滑，赖一龙和简安琪的离开自然也是意料之中的事情。而杨旭回来的第一件事情就是开始大幅度降价，并重修与国内品牌 PC 厂商的关系，2006 年 5 月 16 日晚联想天逸系列笔记本电脑“时尚之夜”发布会上，人们重新看到再次“执掌”英特尔中国的杨旭到场助兴。

可以预见，随着杨旭的回归，英特尔和 AMD 两大跨国巨头在中国市场的竞争必将更加精彩纷呈。英特尔依然强大是毋庸置疑的，2001 年英特尔收入 265 亿美元，而 AMD 只有 39 亿美元；2002 年 3 月底，英特尔的市场价值为 2 050 亿美元，AMD 刚好是它的“零头”，仅 50 亿美元。即使面临 AMD 的强劲挑战，根据英特尔公布的 2006 年第一季度业绩报告显示，其收入也高达 89 亿美元，净利润 13 亿美元；而 AMD2006 年第一季度业绩报告显示其收入才 13.3 亿美元，净利润仅 1.85 亿美元，实力悬殊依旧巨大。胜负的关键就在于 AMD 能否继续高歌猛进，AMD 依靠现有的跟进英特尔渠道补贴策略和自身的低价战略是否能继续扩大战果呢？

1. AMD = 制衡工具？

AMD 通过转让 X86 技术的政府公关、加强同 OEM 品牌电脑厂商的联系等措施没在竞争中倒下，反而和英特尔在中国市场的“铁杆”合作者联想、方正、清华同方等品牌达成了全面合作，并抢走了英特尔几个百分点的市场份额，AMD 面对品牌电脑厂商的低价战略赢得了业内专家的纷纷肯定，国内媒体一片赞誉之词，“击中英特尔软肋”、“大破英特尔铁桶阵”等说法不绝于耳，AMD 也开始欣欣然。但是，AMD 真的找到进攻英特尔的正确方向了吗？对媒体而言，弱者挑战强者是最好的新闻题材，但他们为弱者摇旗呐喊的热情并不能为 AMD 在市场上起到任何作用，因为捕捉大众的注意力和占领市场是迥然不同的两码事，AMD 面对国内品牌电脑厂商的低价战略也许给消费者带来了实惠，但是市场竞争的前景远非光明一片。

危机始终是存在的。联想和清华同方不断对媒体强调，“我们跟 AMD 合作只不过是产品线的补充，英特尔才是我们最主要的合作伙伴。”

为什么他们会这样表态？

即使面临 AMD 的强劲挑战，英特尔依然远远强大于 AMD，要不是担心《反垄断法》的限制，凭借雄厚的资金实力和巨大的产能，只要英特尔想降价，扼杀 AMD 就不是一句空话。低价格也许可以使 AMD 获得短期的成功，但是利用低价格战略又是另外一回事，很少有公司能在低价格上持续成功。正如迈克尔·波特所说:“如果其他竞争者也可以像你一样降价，那么降价通常并非明智之举。”

更重要的是，联想和清华同方知道英特尔占领了广大电脑终端消费者的心智。英特尔原本在 IT 产业链中毫无话语权，直到 1991 年发起了一场全新的定位运动，将主目标群转向电脑终端用户——顾客的顾客，逐一打响奔腾、赛扬、迅驰等产品品牌，占领了广大的电脑终端顾客心智，这才越过电脑厂商，从幕后走向台前，成为 IT 产业举足轻重的主角。

营销组合本质上是定位战略战术运用的结果。只有先占领电脑终端顾客的心智，才能捆绑控制电脑厂商获得市场上的成功。如果是相反，那么只要有足够的资金补贴品牌电脑厂商，谁都可以在 CPU 领域占有一席之地。因此，尽管联想和清华同方对 AMD 的渠道政策十分认同，但态度十分明朗，与 AMD 合作只不过是要对英特尔形成一定程度的制衡，从而增加自己的谈判“筹码”，他们要把握的是“度”的问题，绝不会为了 AMD 而太过得罪英特尔，并与之反目。

尽管 AMD 的技术已经没有任何问题，并在中低端机型上的份额增长迅速，但在中高端商用机和笔记本产品中，英特尔仍然占据 83%和 100%的绝对垄断地位。如果 AMD 不甘心只当联想和清华同方的制衡工具，而希望成为行业的领导者，就必须跟英特尔一样将定位战略的主目标群转变为电脑终端消费者，而不是品牌电脑厂商。

2. 顾客心智中的"拦路虎"

在顾客心智中：奔腾——给人一种力量，代表着高端的处理器；赛扬——性价比高的处理器；迅驰——迅速的随意驰骋，代表着无线上网计算平台；至强——绝对的强大，代表着高于 PC 的计算能力。在现在这个极度竞争的世界里，仅仅满足顾客的需求是无法获得市场上的胜利的，营销竞争是公司间的战斗，必须与竞争对手争夺顾客的心智资源。这里涉及一个很重要的定位方法，那就是视强势竞争者为心智坐标，基于强者界定自己的定位认知。每一个成功品牌都有明确的坐标对象，它可以是某个竞争品牌，或者是某个竞争品类。可口可乐创建品牌之时，是以当时的主流饮品——使人麻醉的酒精类饮料为坐标，建立"提神醒脑的饮料"定位。百事可乐作为后进品牌，则针对可口可乐原创、经典的特性，定位于新一代选择的"年轻人可乐"。特劳特在为七喜汽水重新定位时，让七喜重回以可乐品类为坐标对象，从而将自己"非可乐"品类的优点彰显出来——不含咖啡因。因为坐标选择正确，七喜汽水一跃成为美国第三大饮料品牌。

所以不管是 AMD 的速龙、闪龙、皓龙、炫龙，还是威盛的 C7-M，以及中国的龙芯都只有视奔腾、赛扬、至强、迅驰为坐标对象取代它们在顾客心智中的地位才能获得市场上的成功。

3. "攻城"为下，"攻心"为上

1995 年，英特尔宣布奔腾处理器将自己的产品品牌从 X86 中脱离出来，使自己的产品品牌与其他公司的产品品牌在消费者心智中清晰地区分开来，从此开始了他长达 10 年的不败营销神话。

那么，AMD 又该怎么做？既然英特尔想同其他品牌区分开来，那么将自己同英特尔“捆绑”在一起，在所有的传播中将英特尔的产品品牌和自己的产品品牌并列在一起宣传(奔腾——速龙；赛扬——闪龙；迅驰——炫龙；至强——皓龙)是比较明智的。

同消费者心智中的领导品牌并列在一起，可以使消费者知道同档次的CPU还有其他品牌可以选择，迅速地缩短消费者与AMD产品品牌的距离，使消费者感觉到AMD的产品品牌同英特尔的产品品牌是同一个档次的。也许AMD不屑于这样做，认为自己的技术优势早已超过了英特尔。但是市场竞争不是事实之争，在消费者心智中，他们只知道奔腾4就是CPU，奔腾4就是领导品牌！

但仅仅如此是远远不够的，即使顾客认为AMD的产品品牌同英特尔的产品品牌是同一个档次的，也不一定就会选择AMD的产品品牌，AMD还必须将产品品牌与众不同的基因表达出来。

宝洁分别用飘柔、海飞丝、潘婷抢占了柔顺头发、去头屑、营养头发这三块心智资源，导致了宝洁在中国一度占据了近七成的市场份额，主导了洗发水市场。英特尔也用旗下品牌分别占据了不同的心智资源，在双核技术出现以后，又推出酷睿来抢占双核的心智资源。上帝是公平的，机会永远留给有准备的人！奥妮直取宝洁遗漏的“黑发”和“植物洗发”心智资源后，就在当时大获成功。

尽管英特尔抢占了不少心智资源，但并不是全部。AMD只有占领了新的消费者心智资源才能最终在竞争中胜出，雄霸神州乃至全球市场。但是机会转瞬即逝，市场的风雨变幻，会不会使AMD 重蹈奥妮当年丢失“黑发”和“植物洗发”心智资源的覆辙呢？

竞争之路漫漫，AMD 将上下求索，挑战英特尔依然会步履艰难。但是，找到正确的进攻方向，就可能成为行业的领导者！

2007 年，在苏泊尔的并购案中，苏泊尔与爱仕达，一个极力想“外嫁”法国 SEB 集团，另一家则极力呼吁炊具的同行阻止这场购并。你推我挡，精彩无处不在。其实，如果我们深入、理性地剖析这两个炊具巨头在并购案前的竞争环节，将会得到很多并购之外更有益的借鉴。

“食神”争霸：苏泊尔 VS 爱仕达

2006 年 11 月 12 日下午 5 时，在家乐福超市工作的爱仕达促销演示员陈克华用刀连捅苏泊尔的促销演示员张泽数刀，这起严重的流血事件使得因法国 SEB 集团收购苏泊尔案而备受关注的两家国内炊具企业——浙江苏泊尔股份有限公司（以下简称苏泊尔）和浙江台州爱仕达电器有限公司（以下简称爱仕达）再次成为焦点。同时，也把这两家同为台州制造企业的多年“江湖恩怨”推向高潮。

家门口的“江湖恩怨”

苏泊尔成立于 1994 年 8 月 27 日，经过两年的飞速成长，结束了双喜 20 多年行业老大的历史。苏泊尔的诞生可谓生逢其时，由于压力锅爆炸事故频繁出现，在 1993 年 1 月 1 日，压力锅强制性国家新标准正式实施，但直到 1994 年年底，新标准在业内还未见执行。苏显泽一马当先，对制造工艺作了改进，并按照 ISO9000

国际标准建立了质量保证体系，成功地研制生产了安全性能、使用性能等都优于老标准的压力锅。针对压力锅的旧标准，苏泊尔独创“安全到家”的品牌诉求。从此，“安全到家”的产品文化深入人心，苏泊尔几乎成为压力锅产品的代名词。1998 年，苏泊尔进军中国的不粘锅市场，“争食”当时在不粘锅市场风头正健的爱仕达的市场，并在 1999 年抢到美国杜邦公司黑金刚涂料的唯一特许使用权。进入 2000 年，苏泊尔正式闯进小家电市场，当年推出的电火锅产品一炮打响。到了 2005 年，苏泊尔小家电的销售已经突破 5 亿元，并同步进入小家电和厨卫家电。

爱仕达成立较早，它在 1987 年还是一家不起眼的箱包五金制品厂，随着 1990 年中国不粘锅市场开始热起来，爱仕达率先投入先进的不粘锅生产线，在当时大赚一笔。就在中国不粘锅市场进入缓慢增长期后，爱仕达在 20 世纪 90 年代初推出了自己的小家电产品，但是后期由于成本和售后服务问题而中止。1998 年 6 月，爱仕达推出自主品牌和独特技术的六保险压力锅，由于把苏泊尔“安全到家”的卖点诉求做到了完全落地，爱仕达产品开始抢占苏泊尔压力锅的市场份额，两家企业的“恩怨”在 1999 年后开始正式形成。

定位与跨位造就不同

据专业人士分析，2006 年苏泊尔的整体销售达到 25 亿元，其中包括炊具、家电内销和外销的全部产品，而爱仕达连同内销和外销则达到 15 亿元。曾经一度非常接近的两家企业，虽然今日同样优秀，但公司的业绩却不在一条水平线上。经过仔细分析后发现，这是定位与跨位差别造就的结果。

爱仕达的品牌诉求选择了“厨具制造专家”，在产品定位上也没有偏离炊具行业。其结果虽然保持了多年的高速发展，却仍然没有超越行业老大——苏泊尔。另外，爱仕达始终采取跟随战略，并得到了“中国名牌”、“中国驰名商标”、“国家免检”的品牌门面，然而其定位却束缚了爱仕达的成长。实际上，跟随跑的选手有一大好处，那就是做到了知己知彼，这种心理的优势往往能够化为身体的优势，并最终成为获胜的法宝。但是跟随跑也有弱点，如果领跑者实力突出，并能根据自己的情况随时加速和减速，那么被动地跟随往往会“肥的拖瘦，瘦的拖死”。

苏泊尔虽然起步较晚，但是对于品牌跨位却经营得十分精彩。从1994年新标准压力锅而诞生的“安全到家”的品牌诉求，到能用铁铲的不粘锅的“创意厨房好生活”的品牌传播，再到小家电产品和厨卫家电行业的品牌跨位，苏泊尔实现的并不是简单的产品增量，而是品牌从单一产品、单纯卖点诉求到多产品、涵盖面宽泛的品牌跨位——“创意厨房好生活”。这就是跨位的成功。虽然企业的竞争是多层次、多角度的，但不同的品牌定位和品牌跨位的塑造，使得两家实力接近的企业有着截然不同的结果。

1. 发展战略

爱仕达的企业发展沿袭的路径是：最早的五金配件——不粘锅的机遇——六保险压力锅上市——硬魔炒锅——第一、二、三代无油烟锅（同步汽车配件项目上马）——不锈钢制品——成为一家专业厨具制造商。

在2002年，爱仕达在上海成立了自己的汽车配件厂，利用自身在炊具行业的技术优势，进军汽配业。虽然爱仕达在炊具行业积累的技术和产业基础非常丰富，但是爱仕达却没有最大化地去利用，反而进入自己相对陌生的汽配制造业，这不能不说是一个战略失误。于是，最直接后果就是除技术之外，两个产业之间的战略协同效应非常小，这样的战略延伸，更多地被视为战略多元化。对于炊具行业，爱仕达没有更多的产品和业务进行互相支持。另外，爱仕达产品单一，在终端谈判和渠道经营中往往会面临着被动的境地，于是在日益被终端挤压的事实中，爱仕达不得不付出比苏泊尔更大的费用和代价。爱仕达在市场上被动地陷入了孤军作战的局面，无法享受更多的社会资源，从而使得自身的竞争力大为降低。

苏泊尔的战略发展路径为：压力锅代工赚取第一桶金——自主压力锅上市成功——制药、旅游产业多元化——进军不粘锅，不锈钢强化产业基础——小家电、厨卫家电让竞争力延伸——形成具有战略协同效应的厨具专业企业。

苏泊尔从炊具到小家电再到厨卫家电，不是传统意义的战略多元化，这不同于春兰的战略转移，更有别于爱仕达进军汽配业的战略多元化。苏泊尔的多元化是最大化地利用资源的战略延伸，为苏泊尔赢得了整体核心竞争力的提升和强化。

对比爱仕达的战略路径，苏泊尔早期的多元化并没有对它后期的发展产生影响，而且是被严格控制在一定范围内，包括租借的大鹿岛旅游项目，公司并没有盲目地提出盈利的要求，而是能走多远算多远。另外一块业务就是可立思安制药，它本身就具有很强的盈利能力，也不会拖累主业厨具的发展。实际上，在炊具、小家电和厨卫家电行业，由于统属家庭的厨房耐用消费品，在渠道和终端上有很大的重复。这样，不同产品之间的市场协同和产业协同效应就发挥了最大作用，区域的经销商、分销商、终端商之间，以及配套的供应商之间，都能够互相依靠和借势，从而具有了市场费用最小化，资源收益最大化的特点。

两家龙头企业的战略不同，结果自然有差别。

2. 品牌战略

品牌战略是企业战略的核心战略，是战略中的战略。爱仕达虽然处心积虑地跟随着苏泊尔的品牌战略，但是战略的差异，直接导致了市场竞争中的优劣地位。

苏泊尔从最早的、单一的压力锅产品的品牌诉求“安全到家”，到后期始终坚持的“创意厨房好生活”的品牌跨位，从产品跨位到行业跨位再到品牌价值跨位，苏泊尔就像一艘日渐成型的航空母舰，虽然体积越来越庞大，但内在的竞争力却没有丢失，反而让自己的“创意厨房”理念更加明确。在品牌传播方面，苏泊尔通过专业的品牌公司进行规范控制和专业策划，保证了品牌的同一性形象和传播的标准化。产品是品牌生命力的源泉，苏泊尔进军小家电行业，从传统的炊具行业跨入了新兴的小家电行业，让“创意厨房”的品牌价值进行了超越行业的跨位。最终，苏泊尔获得了更多的品牌生长土壤和营养，这是跨位的成功和结果。同时，小家电渠道资源的引入，又对原本存在的炊具渠道资源进行了优化、整合，一部分优秀的小家电经销商转而经营苏泊尔的炊具，为炊具品牌的成长开辟了新的空间和增长点。这种统一品牌在不同行业的跨位，强化了苏泊尔“创意厨房”的品牌价值。

对比爱仕达，虽然定位于“厨具制造专家”，但是能够从单一的压力锅、不粘锅、不锈钢制品上获取品牌成长的营养却少之又少。更严重的一点就是，爱仕达对于连锁卖场的过分关注和投入，让经销商资源不断流失，甚至成为互相竞争的“敌人”，并造成爱仕达品牌在市场中不得不陷入被动“挨打”（针对于苏泊尔的多点进攻）和孤军作战的困境。另外，虽然爱仕达在名牌称号和数量上“青出于蓝胜于蓝”，但对于内在品牌价值的挖掘、传播的统一性、与顾客关系建立等方面始终游离于消费者的认知之外，很多顾客认为爱仕达的产品不错，但是并没有真正通过自己的品牌战略进入消费者的心智，这是爱仕达不曾认识到的品牌缺陷。

3. 人才战略

与苏泊尔诞生在玉环岛上人才有限相对比，爱仕达应该拥有更多的人才资源，但爱仕达的人才战略一直存在着一年现象，这些使得最早积极引进人才战略的爱仕达与苏泊尔相比较，反而处于下风。

在爱仕达的历史上，引进的高管不计其数，从出身 IT 行业的职业经理人、红星的销售老总、外资公司的白领、杉杉的销售总监等，其中不乏硕士、博士。但是，这些空降兵在爱仕达很少有人超越一年现象，最终都会被冠以太空、不适合等理由被束之高阁。空降兵与企业的融合必不可少，但如果企业老板的观念不改变，企业的重点仍然是“皇亲国戚”，即使空降人选是杰克·韦尔奇也回天乏术。

人才的频繁更换，当然也为爱仕达的发展带来很多新理念，但是高层的动荡无常、中层的无力，即使有好的战略和执行力，也只是打折的竞争力，任何一个企业的核心竞争力首先来源于高层的团结和统一，否则就是一句空话。

在苏泊尔的历史上，也曾经引进美的、飞利浦等企业的职业经理人。在历经失败后，苏泊尔坚定了自己培养、依靠当地“子弟兵”的人才战略，但还会适时引进部分岗位的外部优秀职业经理人，作为必要的补充和智力来源。同时，苏泊尔积极地与上海、深圳的咨询管理公司进行合作，建立定期的职业培训，包括不断优化经销商团队等措施，这一切都为苏泊尔的发展提供了源源不断的智力来源，使得苏泊尔真正成就了自己的人才战略。

4. 学习战略

苏泊尔和爱仕达的学习性都非常强，这是两者的共性，但是苏泊尔的总裁苏显泽毕业于浙江大学，对于团队学习能力的提升有着非常深刻的认识，并且通过职业经理人，把这种思想转变成了制度和习惯。

第一，年底由人力资源部统一做好下一年度各个公司和岗位的培训计划和预算，并且对各分公司和部门的成长、提升进行指导，从而做到了科学地建立学习制度。

第二，从2002年开始，针对企业人员财务能力的不足，由财务部制订年度授课计划，员工可以自由倾听，对于能够积极地给员工授课的自愿讲师给予一定的补贴和奖励。

第三，坚持每周的周末例会、月度的通报会，季度和阶段性的总结会，给团队中的每一个人创造积极的互相学习机会。另外，网络视频会议也成为苏泊尔重要的管理工具。

第四，在自己公司的网站上开通网络教育栏目，员工可以自由下载相关的知识和培训资料，从而实现了从公司培训到自我培训的跨越。

第五，领先行业和业界管理工具的培训。比如，早在2003年上半年聘请了美国讲师进行平衡计分卡的战略工具培训和互动，这在当时属于中国第一家敢吃“螃蟹”的人。

爱仕达的董事长陈合林是炊具行业少见的专家型老板，自身学习能力极强，他能够拉住一个刚刚认识的人进行彻夜长谈，但对于企业学习型组织的营造却不够重视。从自我提升到团队的系统性的有计划提升，一直是爱仕达的“短板”。归根结底就是爱仕达没有引进学习型高管，建立起自己学习型的管理团队。在学习型组织日益重要的今天，学习之后的创新机制建立是决定企业兴亡成败的关键。可惜的是，爱仕达在人才这根最短的“木板”上输掉了很多分数。

学习型组织的建立，其实更多的应该是把外部培训和内部培训进行有机结合。外部是启发，内部是动力，最终实现人才不拘一格的成长，并且造就企业管理创新、文化创新和战略创新。

跨行业的借鉴意义

实际上，把一个行业里的第一和第二名做比较，其目的是让结论更具有客观性、真实性和权威性。通过对比会发现，定位成就了很多优秀的企业，但在中国日益激烈的市场竞争环境下，定位后的跨位才是真正的品牌超越之道。因为竞争的本质就是超越，而不是模仿与跟随，这是分析苏泊尔、爱仕达竞争之后，留给爱仕达的启示。同时，也是留给其他一些面临同样问题企业的启迪。

另外，苏泊尔、爱仕达的竞争历史不但是炊具行业的缩影，也是中国很多行业的战略、策略的缩影，而爱仕达的战略成功与不足更是中国成千上万民营企业的特征。所以，本案例的研究已经超越了炊具行业，或者单个企业的成功与失败，具有更大范围的借鉴意义。

在整个娱乐界，华谊兄弟和橙天娱乐是中国民营资本的娱乐兄弟。但是，在利益面前没有情谊可言。从电影竞争到电视剧角逐，从影视打拼到音乐争斗，华谊与橙天之间的对决一直都渗透着“腥风血雨”的味道。

华谊兄弟 VS 橙天娱乐：新娱乐时代的博弈

随着中国娱乐产业的发展，中国娱乐圈不可避免地进入了经纪时代。特别是近 10 年来，中国内地出现了一批完全以市场为目的的经纪公司，它们把明星作为一种产业，既丰富了自己，又陶冶了别人，华谊兄弟和橙天娱乐就是这样的经纪公司。它们亦敌亦友、既合作又对立，给正在茁壮成长的中国娱乐产业带来了真正的现代企业制度的明星效应。同时，它们的合作和竞争，又使得彼此的每一天都充满危机感。在每天都是备战的日子里，它们始终在不断创新、刷新自己。从华谊兄弟和橙天娱乐进入中国娱乐圈的那一刻起，就注定是狭路相逢、刀剑相向了。

华谊兄弟循序渐进 VS 橙天娱乐“快”经营

经营策略的根本就是要做到与众不同，意味着首先要确定企业的竞争性定位，建立一个区别于竞争对手的运营系统以及价值组合，从而形成竞争优势。

1. 华谊兄弟：树立品牌+分散风险

华谊兄弟凭借先入为主的条件，迅速在观众当中形成了自己的品牌效应，每年冯小刚的贺岁大戏是华谊兄弟取得观众口碑和票房保证的根本因素，在观众眼中华谊兄弟是最贴近人民大众的文化品牌。正是多年的亲民色彩，2008 年最好的贺岁大戏《集结号》为华谊兄弟带来了 2.5 亿元的票房收入。

1998 年，华谊兄弟老总王中军怀揣从广告业搏得的第一桶金，开始了他的电影之旅。王中军投资了姜文的《鬼子来了》和冯小刚的《没完没了》。《鬼子来了》凭借姜文名头的带动，使得华谊兄弟在观众的心目中增添了爱心砝码。《没完没了》中市井小民的悲欢人生，更是博得了观众的一致认可，冯小刚携手华谊兄弟也被当作是商业电影的最佳拍档，一个负责投资，一个负责回报，珠联璧合。这一步步的"亲民"战略为华谊兄弟奠定了坚实的品牌基础。

不过，真正让华谊兄弟得到转型机会的是资本运作——分散风险。凭借"亲民"印象，华谊兄弟在拉赞助的过程中拉到了太合集团。2000 年 3 月，华谊兄弟和太合集团各出资 2500 万元，重组华谊兄弟太合影视投资有限公司，华谊兄弟持有 50%的股权。2001 年华谊兄弟又从太合回购了 5%的股份。2004 年前后，华谊兄弟进行了三轮私募，先后引入了 TOM 集团、雅虎中国、分众传媒等传媒集团和金融投资机构。在这三轮融资中，华谊兄弟均采用了国际流行的股权融资+股权回购的操作手法，先从原股东手中溢价回购股权，再向新投资者出售股权融资，由此不仅保全了影片版权的完整性，也强化了外部资金的流动性。由此华谊兄弟也拥有了公司的绝对话语权。

拥有了绝对话语权的华谊兄弟在制片领域迅速完成了扩张脚步。到2003年，其发行的《卡拉是条狗》、《手机》、《天地英雄》3部影片赚得了1亿元票房，在发行领域的市场占有率为11%，2004年这一占有率继续增长到35%，2005年占有率为40%，2006年占有率为49%……

良好的制作口碑为华谊兄弟占有市场赢得了“精神”先机，科学合理地融资募股为华谊兄弟一心打造专业形象奠定了物质基础。也正是这样的经营思维，华谊兄弟的“娱乐蛋糕”从一开始便赢得了满堂喝彩。

2. 橙天娱乐：“快钱”+“快手”

2007年是中国内地娱乐产业的升级年，以娱乐产业链形态展示出来的集团格局逐渐形成。橙天娱乐运用资本整合模式，依托资本力量，确立娱乐江湖大佬地位。

橙天娱乐作为在两年间迅速成为敢于和华谊兄弟叫板的后起之秀，其根本原因在于娱乐经营模式上，它让人们看到了资本突击运作最直观的结果——快。橙天娱乐动辄几千万美金的融资和投资，让诸多娱乐大佬感叹不已。橙天娱乐“突进”娱乐业10多个领域，眼花缭乱的并购事件，快得使人瞠目结舌。

2006年下半年，橙天娱乐成功引进日本娱乐巨头艾公司入股橙天娱乐。当时有报道称，此次股权转让，使橙天娱乐成为民营娱乐公司中股权转让市盈率最高的公司，一跃成为手中资金最多的民营娱乐集团，并开始快速突击收编中国娱乐业的优质资产。

2006年年底，成立一年半的橙天娱乐“吞掉”了成立16年的金英马。作为中国内地成立最早的影视制作公司，16年来金英马制作发行了40多部电视剧共1 000多集，有近100家覆盖全国的电视台作为发行后盾，可以称得上是国内最专业电视剧制作和发行公司之一。橙天合并金英马，意味着两家公司所有的资源都要进行重组分配，每年将联合推出300多集精品连续剧。

2007年10月31日，橙天娱乐与香港嘉禾集团主席邹文怀达成协议，橙天娱乐购入邹先生及其女儿所持有24.78%的全数嘉禾集团股票及可换股债券。自此，橙天娱乐成为嘉禾第一大股东，也因此成为内地第一大娱乐公司。橙天娱乐斥巨资入股嘉禾，双方谈判相当迅速，从最初接洽到签字落笔只有两个月时间，近乎闪电战，也是一次成功的资本“突击”。

这次收购可以使得橙天娱乐依靠嘉禾强大的发行和放映网络扩展市场。嘉禾拥有33家影院260个放映厅，分别占据了香港市场的13%、台湾市场的31%、深圳市场的35%、新加坡市场的47%和马来西亚市场的 28%。对初涉娱乐业的橙天娱乐来说，还可以坐收嘉禾品牌之利。根据嘉禾娱乐2006—2007财年报告，嘉禾商标所带来的公司无形资产为7 942.1万港元，而独立的评估机构认为，嘉禾商标的实际价值远远高于账面值。

橙天娱乐收购嘉禾的最大目的是抢占一个资本市场平台，这对投入大、战线长、现金流压力大的橙天集团来说是步“活棋”。橙天娱乐投资的多项产业盈利回收周期都在三五年以上，这使它面临着巨大的资金链压力和盈利预期压力。嘉禾公司在香港已经上市，借助这个壳进行资产运作，可以采用增发股票、增值扩股、置换资产、联合投资项目、合并收购等方式实现资源配置和资本运作。在华谊兄弟、光线传媒等在资本市场动作呼之欲出的时候，橙天娱乐已抢先了一步。

华谊兄弟“以一返三”PK 橙天娱乐“以线点面”

娱乐传媒业让观众从身上掏钱是渠道，并不是用作品直接抢钱。在没有观众号召力的超级明星的中国娱乐业初级阶段，超级平台自然就有了决定生死的力量，电影院线、音像连锁网络、电视频道、互联网、手机渠道应该就是最基础的战略布局。

华谊兄弟和橙天娱乐都背靠着一个强大的集团，有集团的影视制作、唱片制作公司做后盾。从广告行业起家的华谊兄弟，宣传意识和手腕相比橙天娱乐也更为老辣。无论是超级盛典、音乐盛典、雪碧榜等音乐典礼，还是万众明星慈善夜、孩子的选择、嫣然基金晚宴等慈善活动，华谊艺人的踪影都能看见。

当然，橙天娱乐也不甘落后。2007 年，梅婷与鄢泼的离婚消息也算是娱乐界的经典案例了，随后发生的左小青与陈道明的“爱情故事”也让人记住了左小青这个名字。另外，橙天娱乐有着未来的优势，尤其是港台和国际资源上的优势，不仅在港台地区有着内地其他经纪人难敌的声名，而且它与艾公司的联姻以及一直以来打造的国际化艺人航母，其价值都可能在全球娱乐资源整合中越来越高。

目前，中国的演员还没有具备足够的票房号召力。因此，导演是中国电影业的票房保证和核心资源，制作人是电影营销过程中销售团队的核心角色。

一个真正有整合能力的制作人，他的价值在电影营销决胜于荧屏之外的今天，绝不只是体现在票房上，而更多地表现在运作理念的创新度与营销策略的执行力上。前者关系到发行战略，后者则关系到销售效果，二者缺一不可。

华谊兄弟已经实现了从编剧、导演、制作到市场推广、院线发行等基本完整的生产体系。大制作——大投入、大产出的商业模式是华谊兄弟在国内业界频频取胜的法宝，大制作、大手笔加影视大腕已成为华谊兄弟的投资经验和原则。在运作的每一个环节上，华谊兄弟都力求从三个方面做到专业化：密集资本投入实现生产专业化、分工专业化、技术专业化。

华谊兄弟是中国电影界在海外发行第一个吃“螃蟹”的人，电影《大腕》是中国第一部实现全球票房的影片，这种合作方式给华谊兄弟带来巨大的利益，除了票房收益外，影片发行的海外渠道是华谊兄弟得到的最大硕果。2005 年起成立华谊兄弟电影国际发行公司，直接向世界销售中国电影。

反观橙天娱乐市场运营存在严重缺陷，突出的是在企划宣传和广告销售方面。橙天娱乐最大的渠道保证就是艺人的强大资源，胡军、梅婷、梁家辉、刘嘉玲、袁咏仪、关之琳等，但明星只是家底的资产储备而已，对经营发展并不能起到关键作用。因为，娱乐产品的品牌消费依赖比较大，企划宣传肩负塑造品牌的重任，而橙天娱乐两年来在企划宣传方面，既没有给同行传达好橙天的理念和发展模式，又在娱乐产品企划宣传中缺乏表现。所以，橙天娱乐所谓的资本和艺人资源并不能成为赖以崛起、财源滚滚的核心资源。

华谊兄弟“美国风味”PK 橙天娱乐“日本乡俗”

中国企业借助电影做营销的历史由来已久，早在 1997 年《泰坦尼克号》热映时我们就能看到中国企业赞助的身影。但因为当时大多数公映大片的出品公司、发行方都非本土，所以可供使用的营销资源和运作空间都很有限，营销手段也显得较为单一。

真正具有范例价值的电影营销事件，当属 2003 年冯小刚的贺岁片《手机》。《手机》的出品方华谊兄弟从剧本筹划初期就同步介入电影营销洽谈，最终摩托罗拉、中国移动、宝马、美通通信、国美电器等企业全情参与，拉开了中国电影营销划时代的一幕。

摩托罗拉在影片中的植入行云流水，特制的片头字幕，如 MOTO A760 的一个大广告片，让产品短时间内迅速浸入消费者脑海。中国移动和美通通信合作开通了短信平台，推出与电影同名的短信游戏，电影还没上映，短信的发送量就超过了 2000 万条。对华谊兄弟来说，《手机》高达 263％投资回报率开创了业内盈利先河；对赞助商来说，在如此短时间、以如此小成本迅速实现商业目标也不多见。

相比华谊兄弟，橙天娱乐的营销手法始终在突破中探索。橙天娱乐的探索营销主要看其宣传广度、影响深度，常见的形式有类似电视剧的贴片广告、融于表演中的隐形广告，如道具、场景、人物对话等形式。从创新的角度看，能真正让消费者参与进来，才是橙天娱乐营销的重中之重。

电影是橙天娱乐产业的龙头，橙天娱乐高层非常重视，董事长伍克波亲自挂帅。通过多方努力，橙天娱乐携手众多赞助商，实地参与了电影《苹果》、《云水谣》的投资和运作，特别是巨资参与投入著名导演吴宇森电影《赤壁》和陈可辛电影《投名状》。高起点、大手笔，凸显橙天操纵中国电影业的雄心。橙天娱乐旗下的智鸿影视制作公司专门制作电视节目领导品牌，2007 年《你一定要幸福》和《舞台姐妹》也突破了以往风格。

作为“操盘”新时期的中国娱乐两大经纪高手，它们的电影营销方式可谓异彩纷呈。另外，华谊兄弟老总王中军在美国“取经”多年，橙天娱乐老总伍克波在日本历练已久，美欧和日韩的娱乐经营思路有着明显的不同。

1. 华谊兄弟：美国大兵的“流水线”

电影贴片广告是指在电影播映前播出的企业广告。电影大片在影院播出的同时，企业的广告跟进借势播出，可直接面对观众宣传品牌与促销信息。为提高传播效果，企业还可以同时提供奖金、奖品，开展“看片中奖”短信互动等活动。

隐性植入式广告。电影隐性广告是通过与制片方合作，将产品及企业信息隐藏在电影的情节和画面中，达到潜移默化的宣传效果。电影隐性广告打破了电影广告的场地局限，除了在电影院能看到产品广告外、更能覆盖 DVD、电脑等。

企业主导的地面促销。在获得电影大片授权后，企业还可以自己主导组织各种延展性的公关或促销性活动，以充分利用电影的热度和人气达到迅速提升销售的目的。

2. 橙天娱乐：日本风情“缠绵”市场

首映礼等公关活动。电影首映礼是一部大片最重要的宣传活动，演艺界明星、媒体和社会各界名流云集，也是企业展示自我形象、进行公关宣传的绝佳机会。广告形式有活动冠名、现场广告位、海报、主持人致辞、企业 VIP 顾客参与等。

电影形象使用授权。为了对电影进行宣传推广，片方会将影片的精彩画面、音乐剪辑成片花等影像资料、拍摄电影宣传海报，企业可以协商取得形象授权，利用这些视觉元素结合自身的宣传需要剪辑电视广告、制作平面、网络广告、产品包装等，用于形象宣传和活动促销。

DVD 碟片广告。在影片公映后，电影的碟片将会迅速跟进推出发行，以其低廉的价格满足碟片观众的需求。在碟片封面和碟片中间也可安排广告，由于采用先进制作工艺，贴片广告不能被观看者随意快进略过，从而在最大限度上保证了广告传播的有效到达率。

未来，没有最好只有更好

娱乐营销之于企业的作用既有和媒体广告、促销活动类似的传播时效性，又因其传播周期的相对较长而会在一定时间内，如 2～3 个月持续奏效。而大手笔的娱乐营销，尤其是好产品、好片子、好节目、好方式的结合，则会最大化地延长传播效果。互动式娱乐营销，或许不是借助一场电影，也不是赞助一次活动，但企业让消费者成为娱乐的主角，让他们在参与的互动娱乐中找到快乐和尝试，并在无形中对企业的品牌和产品有了深刻的认知，甚至因此对新产品产生浓厚的兴趣。

如何让娱乐营销的效果持续保鲜，正是忙着娱乐化营销的企业应该考虑的重点。聪明的企业，往往能层层递进，将娱乐营销不断推向高潮。与传统的明星广告相比，随着商业电影市场的升温，依托于电影大片的娱乐营销已经成了一部分品牌企业的新兵法。

电影是一种精神性产品，即对品牌的精神需求大于对产品的物理需求。随着高端消费群体不断扩大和生活品质的不断提升，低品牌价值的产品难以满足消费者的需求，人们需要一些能够跟他们的生活方式、情感相协调一致的娱乐产品来装点生活，沟通情感，建立并维护身份、地位、品位。这样就必须要求企业通过品牌在消费者心理上建立价值与附加值。从过去的极度贫乏到目前的丰富多彩，在近 20 年的时间里，中国的娱乐界经历了从无到有到欣欣向荣的过程。层出不穷、种类繁多的影视歌作品，推陈出新、与时俱进的大腕儿明星与青春偶像，铺天盖地的娱乐新闻、五花八门的噱头，它们带来了以亿元为单位的经济效益。其实，这种效益的产生需要一个合适的“孵化器”和“培养皿”。而这个“孵化器”和“培养皿”在某种程度上又决定着一个时代的发展。在这个发展中，对企业中的先知先觉者来说，这将又是一次击败竞争对手、确立独有品牌优势的难得机会，谁能把握好机会，谁就会成为市场上真正的强者。

出剑讲究快、狠、准、变、奇，一式攻到中途变招突现，看似无心实则有意，直击对手要害。一等一的高手却能在数招之前就预测到对方的几种变数，提前做出各种应对，并在防守的同时进行反击。联合利华与宝洁两家国际顶级企业在激烈的市场竞争中，也是你有来招，我有去式，时时在进行着智慧的较量。

“去屑教父”争锋记

过去40年来，联合利华与宝洁的“拉锯战”是华尔街永远的主题。而在入华21年后，联合利华终于开始对宝洁公司多年来收益最丰的去屑洗发水市场发起了进攻。

2007年3月，联合利华在中国市场强力推出继力士、夏士莲之后的第三大洗发水品牌——清扬。对比过去的风影、采乐等竞争对手，清扬上市的强大营销冲击和联合利华雄厚的背景都给宝洁的海飞丝去屑洗发水带来了从未有过的强大压力。在短短4个月内，面对清扬的咄咄逼人，海飞丝在营销终端也体现出在过去数年来难得一见的新风貌。

在中国上市前，清扬已经是南美及东南亚地区去屑洗发水市场的第一品牌，在泰国，清扬市场占有率甚至超过海飞丝近20%。拥有联合利华的实力、背景，再加上在其他国家的成功案例，清扬在中国顺利上市应不成问题。然而清扬面对的是海飞丝这样一个已垄断了中国去屑洗发水市场近20年的超级品牌，它该如何去进行这一场没有硝烟的战争呢？

商战前传：变与应变的智慧

清扬是要沿用其他国家的发展策略还是重新进行品牌设计，要以什么样的形象出现在消费者面前，如何在第一时间拉动销售，占领市场并顶住海飞丝可以预见的强大反击？这一直是清扬上市前致力解决的问题。

为此，从 2003 年到 2006 年期间，联合利华组织了超过 200 场不同形式的消费者调查与访谈活动。为了防止消息泄露，不少活动是揉合在力士、夏士莲的消费者调查里展开的。最终，清扬从调查中找到了一个重大的突破口——洗发水购买与使用频次最高的是年轻人群，而非成人或中年人群。

1963 年海飞丝首次在加拿大卡加拉市进行产品的试投放，在很短的时间内，海飞丝市场占有率迅速攀升至 15%，这归功于前期充分的市场调查。当时的调查结果显示：有去屑需求的用户大多是成人，通常都是因为头屑的产生影响了其职业与个人形象，从而产生购买需求。基于此，海飞丝从上市初就定位于成人消费者，广告中的人物形象通常也是一些成熟的职场人物。

这个定位自 1963 年以来就从未改变过，即使是在 1988 年进入中国这样的发展中国家，海飞丝的广告也一直在宣称“头屑去无踪，秀发更出众”，这也在暗示购买海飞丝可以让自己显得更出色、更成功。

然而，现实正在发生变化。有调查显示，随着洗发水产品与市场越来越成熟，消费群体开始逐步扩大，到如今，孩子在 12 岁以后就开始使用成人洗发水进行日常头发清洁，而去屑作为洗发水最广泛的功能诉求，已经不再是成人的专利了。

正是这样的突破点，让清扬下定决心将产品塑造为年轻人更喜欢的更个性、更有主张的形象，同时强调品牌的专业性，以争取到家庭购买者的信任，这一形象也与海飞丝的定位针锋相对。海飞丝进入中国市场已近20年时间，在消费者心中，几乎已成为职业人士和成熟人群去屑洗发水的代言者。

围绕这样的定位，清扬开始着手树立产品区分特性。在核心诉求上，为避免陷入与海飞丝功能诉求的纠缠，清扬大胆舍弃诸如维他矿物群等产品诉求，同时首次在国内引入男性洗发水概念，以使清扬的品牌显得更为个性，而男士系列本身所代表的不同细分规则也可以体现产品的专业性。在价格上，清扬大胆定位于中高端产品，以吸引青年中的主力消费人群，高出海飞丝2～3元的单价使清扬在消费者心中的品牌档次迅速提升；在产品形象上，清扬以冷酷的黑色为主基调，并将黑色包装为“拒绝白色头屑的无屑标准色”，既在形象上与海飞丝区分，又冲击着消费者固有的传统审美观。清扬品牌代言人最终敲定了台湾超人气主持人小S，其个性激情的形象与清扬意图打造的品牌形象不谋而合。

面对清扬更年轻的定位，海飞丝其实并没有进行太多的干涉与防守。宝洁相关人士表示：“新品最大的市场武器是新，新就代表了新鲜、新颖、个性，但我们认为海飞丝最大的武器在于长时间积累起来的口碑、20年培养出来的忠诚用户和强大的品牌信任度。对于海飞丝而言，要做的只是在未来的营销中快速反应，并时刻寻找弱点将竞争对手一举击溃。”

广告战:“烟雾弹”与“将计就计”

2007年2月底，海飞丝抢先推出了新版广告，喊出了“7大功效，彻底去屑”的口号。几天以后，清扬才正式在各主流电视台播出了以“6大功效”为核心诉求的广告片。

表面看来，清扬的第一拨广告慢了一小拍，而且完全在海飞丝的算计当中。当圈内人士开始为清扬上市“受挫”感到一丝惋惜时，清扬上市推广小组的人却在暗笑:“太好了，他们中计了。”

惊人的内幕是：清扬正在利用这种假象一步步地诱使海飞丝走上清扬希望的歧途。

两周以后，清扬“6大功效”广告停播，小S版广告上市。在这条广告的画面中，小S斜靠在桌前，以挑衅的眼神面对观众，说:“假如有人一次又一次地对你撒谎，你一定会甩了他，对吗？”同时用手将桌上的洗发水瓶子扫落在地。随后，小S继续说:“在清扬法国技术中心，我找到了说话算数的。”以此暗示清扬的专业性和值得信赖。

广告主题、传达消息的基调完全变了。“现在你还记得住6大功效吗？记不住了？很好！”清扬上市推广小组工作人员说，“那个广告不过是我们抛出来的一个‘烟雾弹’，希望对手接受，并针对这一广告内容展开大批量的广告‘围剿’，而清扬真正想传递给消费者的信息，是从小S代言广告开始的。”

两周时间，足以使对手明知有误，也无法更改了。

其实，联合利华从一开始谋划清扬在中国的上市，上市推广小组内部就组建了两派代表，一派代表清扬，另一派代表竞争对手。竞争对手派策划一切可以想到的方法，攻击清扬，其目的是找到对手无法想到的攻击方式。最终，前一派策划完成了由小 S 代言的清新爽目的广告推广方案，而另一派制作了“烟雾弹”广告。

就在海飞丝还没有做出反应的时候，清扬展开了又一轮次的进攻——推出了以“男性头皮是不同的”为主题的产品广告。这个广告片属于纯粹的产品宣传，以清扬法国技术中心为画面背景，将“男性头皮是不同的”以研究成果的方式表现出来，正式将清扬男士系列推向消费者。

至此，清扬的广告“烟雾”终于散尽。

而面对清扬筹备已久的广告策略，海飞丝很快调整了自己的广告对策，打出“信任牌”，并更换了最新的广告诉求——“从第一次开始就能有效去屑”。这个新的诉求不仅正面应对了清扬“男性头皮是不同的”的宣传，更使海飞丝的广告变得耳目一新，而广告结束语“谁的洗发水能做到？当然海飞丝”更是让消费者对海飞丝再次充满信心。

2007 年 6 月，海飞丝请出梁朝伟拍摄新的广告片，借以弥补前期在明星代言中的劣势。无论是形象还是档次，海飞丝选择梁朝伟作为代言人都无懈可击，而梁朝伟成熟、温和、深邃的眼神和优雅的气质也和海飞丝有着非常一致的一面。

随着时间的推进，双方的广告战逐步脱离了“口水战”阶段，进入了正常的投放。综合来看，清扬与海飞丝的广告较量势均力敌，进攻方全情投入，策略与手段清晰缜密，防守方也做到了滴水不漏，反应迅速。

公关战：制造并利用危机

2007年3月初，中国保健协会公布了《中国居民头皮健康状况调查报告》，报告中指出："20年来，中国消费者受头屑困扰的人群比例由原来的70%上升为83%。"这一数据被清扬在日后的公关媒介发布中广为引用。虽然清扬并未指明这个"20年谎言"的缔造者是海飞丝，但明眼人都能看出来，作为过去20年来中国地区最主要的去屑品牌，海飞丝难逃其咎。同时，清扬还针对调查结果中"重清洗轻滋养"的去屑误区，提出了"头皮护理是去屑关键"的论点，配合小S版广告，意图将自己打造成头皮护理专家形象。海飞丝受到了自进入中国以来前所未有的挑战，尤其是在去屑的专业性上。

借助海飞丝遭遇信任危机，清扬开始大举进攻，策划了一个以"千万人挑战，头屑不再来"为主题的产品体验活动，在全国超过2000个终端向消费者提供免费试用装，并现场为消费者进行头皮检测。试想，在对一个品牌不信任的同时，有一个品牌提出了更新的理论，并且像专家一样在旁边提醒你该如何去屑，为什么不接受呢？

面对这样的情况，海飞丝也充分调动了自己的媒体工具开始反击。进入5月，各大论坛上开始出现一些对清扬不利的论调，包括"清扬是否真的在全球34个国家销售？为什么只有1亿人使用清扬产品？"等等。同时，一些网站上也开始出现了质疑清扬产品功效以及清扬法国技术中心是否存在的话题。在配合这些舆论引导的同时，海飞丝进一步加大了广告的投放力度，并且联合中国皮肤医师协会、中国健康教育协会，于6月22日在桂林召开了“首届全国头部皮肤健康峰会暨去屑技术高级研讨会”，同样也以头皮健康专家的身份对当前国人去屑问题展开讨论。这一专业会议在不少媒体上进行了传播，在一定程度上遏制了媒体对海飞丝专业性的质疑，并使媒体的质疑焦点转向了清扬。而清扬亦步亦趋，在7月4日邀请了全球四大皮肤健康协会之一的国际美容皮肤科学会（IACD），联合召开了2007首届国际去屑及头皮健康研讨会。在会上，清扬公布了最新临床实验报告，报告显示了所有接受临床实验的中国消费者在持续使用清扬四周以后头屑不再出现。这次公关活动看似为化解危机而策划，实则使清扬进一步确立了自己的专业品牌形象。清扬内部人士表示：“如果没有危机，我们也许没有机会将我们的研究报告以专业的方式去向大众展示。”

随着竞争的激发，双方在一段时间内都将焦点引到了自己身上，这无疑也是一种双方默许的竞争钳制态势。在短短几个月内，海飞丝与清扬通过几个回合的进攻与防守赚足了“眼球”，清扬加强了品牌的渗透并初步建立了自己的专业品牌形象，而其他弱小品牌逐步被市场淡忘。对于垄断者海飞丝而言，尽可能地肃清竞争对手，也未尝不是一件好事。

终端战：垄断与联盟

由于价格上比海飞丝定位要高出2～3元，清扬只能依靠超出常规的设计来抢夺消费者。在产品的设计上，清扬推出了黑盒的400ML 清扬男性系列和 200ML 通用系列的组合装，在价格上和

400ML 产品一样；在货面的安排上，清扬的货架产品陈列几乎全部紧挨海飞丝，同时还用蓝瓶男士系列包装与白瓶海飞丝进行色彩上的区隔，形成视觉上冲击。更让海飞丝“抓狂”的是从 2007 年 1 月份开始，清扬在全国大规模招聘促销员，提供比其他品牌促销员高出 2 倍的薪资标准。从 3 月上市到 5 月，清扬全国 300 个大卖场的促销员几乎没有下过终端。庞大的促销团队和紧密的促销排期为清扬带来了迅猛的销售提升，市场占有率在短短 3 个月内上升了 3 个百分点。

为了应对清扬来势汹汹的终端进攻，宝洁首先祭出了“低价”的杀手锏。从 2007 年 3 月开始，宝洁陆续对海飞丝进行促销降价，先是将其 400ML 洗发水价格从原来的 34.9 元调整为 30.5 元，比清扬 400ML 洗发水低了近 8 元，随后又在此基础上增加了买 400ML 赠送 200ML 洗发水的促销手段。再到后来，宝洁甚至将海飞丝促销扩展为全系列洗发水产品促销，在一定程度上抢回了不少对价格敏感的家庭消费者。除此之外，海飞丝也利用自己长久以来对终端的影响力，积极扩大重点零售终端的自然陈列和付费陈列位置，抢订阶段性促销排期，占据重要卖场核心促销堆位，意图将清扬挤出卖场。

面对这样的情况，清扬开始考虑采取联盟的手段，充分调动卖场终端的积极性，以利益联盟的手段化解来自海飞丝的强大压力。卖场对于商家的要求就只有两个：第一，价格要低，给卖场的利润要高；第二，是否可以调动消费者的购买积极性，充分拉动店内的客流。海飞丝无疑是在第一点上打动了终端，而清扬则在如何帮助终端提高人流量上发力，与各卖场合作展开了一系列行动。从2007年4月起，清扬在全国核心城市超过300家店建立去屑体验区，为消费者进行现场去屑检测，吸引了大量人流，终端给予了不少店面资源，如免费堆头、终端POSM陈列等方面的支持。另外，针对屈臣氏等特殊卖场，清扬还推出了2元体验装产品，以满足一些喜欢尝鲜但不愿大投入的消费者试用产品。进入6月，清扬与沃尔玛等核心大卖场开展清扬环保行动，鼓励以旧换新。种种行为都大量提升了商超的人流，促进了商超与清扬的合作兴趣，也让清扬自己的商业联盟逐步成形。

双赢结局：没有失败者

清扬的高调入市无疑在表面平静的洗发水市场掀起了巨大的波澜，尤其是去屑洗发水市场，清扬竞争性的营销策略给海飞丝以很大的压迫感。作为领导品牌，海飞丝主动展开应对和防御，反应之快和应对之从容也略见一斑。所以，我们得以在2007年看到一场很经典的商业攻防战役，对手是两家世界级的日化企业——宝洁和联合利华。

通常来说，竞争者要想向领导者发动进攻，获胜的概率只有20%，而投入的资金还要远多于领导品牌。清扬显然知道海飞丝有多么强大，因此在一系列的战役中都采取了针对性的策略。比如，发布具有挑衅性的电视广告，通过代言人发布具有煽动性的说法，将对手的尴尬置于大众的视野下；同时又为了避开对手的锋芒，推出区隔化的男性去屑产品，和对手避开正面的竞争。不得不说的是清扬的广告，几乎铺天盖地，在电视、网络、户外都大规模进行了投放，尤其是电视广告的投放规模可以说达到了近年来产品广告的一个新高度。在这样强大的攻势下，清扬的势能显得尤其高，竞争者似乎成了领导者。

作为领导品牌的海飞丝并没有一点轻视竞争者，反而显示出强大的应变能力和快速的反应能力。广告上频频接招，抢先发布“7 大功效，彻底去屑”的电视广告，让对手慢半拍；推出梁朝伟版的“信赖”篇广告，应对小 S 的“指责”，这些都很有针对性。面对竞争者的咄咄逼人，最终以大气和温和的姿态化解。在终端的争夺上更是显示出领导者的姿态，率先的降价策略和对终端的抢占都给竞争者带来了很大的压力，使竞争对手不得不改变策略。

在短短的半年时间里，两大竞争对手在去屑洗发水领域展开了一场激烈的厮杀，作为竞争者的清扬显得信心十足，有备而来；作为领导者的海飞丝则是一一应对，游刃有余。两家企业、两个品牌都是胜利者。清扬的加入，对领导品牌构成一定威胁，把更多的二线品牌逼入绝境，从而改变了市场格局。

惠普经过多年的观察认为:“大多数中国企业在经营上是成功的，在战略上是失败的!”事实上，中国缺乏强势品牌、缺少长盛不衰的百年企业，其关键原因是中国企业过于追求短期导向而缺乏长远的战略管理。

双汇 VS 雨润：品牌战略的选择

新中国成立以前，延续了数千年的中国肉食文化一直依赖于自宰自销、手工作坊，“凌晨杀猪，清晨卖肉”的传统个体方式，从来就没有形成大规模的产业加工方式。直到 1958 年前后，新中国接受和引进了苏联的经济和技术援助，在全国各主要区域的核心城市建立了规模化、工业化的屠宰加工厂；但是在计划经济时代，肉类消费是凭票供应，所以肉类加工厂一直在温暖的“襁褓”中舒服地过日子。1984 年，中国进行了经济体制改革后，各肉类加工厂皆被强行“断奶”，投身于市场经济。作为中国乃至亚洲前十大的北京肉联、广州肉联、哈尔滨肉联等企业纷纷衰落，肉类加工产业整体陷入了空前的困境，哀鸿遍野。

在这种背景下，双汇和雨润却坚定不移地在既定的战略下默默耕耘，从而创造了中国肉类行业由本土品牌雄霸市场的局面，并大力推动了中国肉类产业的长足发展。

王者之道：不同战略相同结果

战略左右着企业业绩的短期增长，也决定着企业的最终成败。

双汇采取了企业品牌的经营战略，使高温、低温、速冻、中式、冷鲜等各大类肉制品在企业品牌——双汇的强大担保和品牌背书作用下，取得了消费者的信任和喜爱。

雨润在重点发展低温肉制品的同时，采取产品品牌战略，分别推出了高温肉制品、中式肉制品、冷鲜肉等多个品类产品。

两大企业各就各位，分别取得了各细分目标群体的青睐，抢占了肉类制品的各细分市场。

从销售量和市场份额来看，目前双汇各种肉类制品的综合市场占有率、销售量、销售额等都比第二品牌雨润高出数十个百分点，双汇已经成为中国肉类市场当之无愧的领导品牌。2004 年“中国最有价值品牌 500 强”的排序中，双汇的品牌价值高达 77.12 亿元。

雨润的综合市场占有率、销售额位居第二，但在低温肉制品单一品类市场上的占有率、销售量、销售额自 1998 年以来一直保持第一位，低温肉制品单一品类领域里的王者地位无人能撼。在由世界品牌实验室和世界经济论坛联合主办并发布的 2004 年“中国 500 家最具价值品牌”中，雨润的品牌价值已经达到了 21.76 亿元。

双汇经历了 1997 年高温肉制品的最残酷竞争，依靠主副品牌战略——双汇王中王一举扭转了局面，把春都斩于马下，登上了肉类制品市场占有率、销售额、产值综合指标第一的宝座。双汇的销售额每年以 10 亿～20 亿元的规模递增，2003 年—2004 年更出现了年增长 40 亿元的发展盛况。2004 年，双汇销售额高达 160.5 亿元，首超五粮液，不但雄踞中国食品工业百强之首，还进入了全球肉类工业前三强之列。

2000 年以前，雨润主要集中在低温肉制品品牌——雨润的品牌打造，销售额年增长一直在 2 亿～4 亿元。此后，双汇等高温制品为主导的厂家看到雨润在低温市场取得的快速增长，纷纷加速对低温市场的争夺，雨润则趁机推出多个产品品牌，分别进入了高温、中式、速冻和冷鲜肉市场。2000 年后，雨润每年的销售额增长都在 10 亿元以上，2004 年的销售额达到了 79 亿元。

如果从增长速度和发展潜力的比较指标来看，雨润较之于双汇更加出色。

品牌战略：企业品牌与产品品牌

全球战略大师迈克尔·波特说："战略就是差异化"。

事实上，双汇采取企业品牌战略是有历史渊源的。双汇前身是 1958 年设立的漯河肉联厂，从建厂到 1984 年连续 26 年亏损。经济体制改革断掉了政府的长期补贴，双汇犹如襁褓中的婴儿一下子被"断奶"。此后，双汇的境况一直不乐观：市场遭到春都打压，可用于宣传推广的资金也有限，再加上中国长期计划经济的影响，让老百姓形成了只认规模和实力强大的企业名牌意识，因此集中资金打造企业品牌战略成为双汇唯一的出路。于是，无论是高温、低温、中式肉制品还是速冻制品、冷鲜肉、冻分割肉全部印上了企业品牌双汇的标识，就连内部供应的 PVDC、纸箱、骨素和香精也全部印有双汇的标识。

1997 年，因自然灾害造成玉米减产、生猪收购价格和成本大幅飙升，来自山东的肉类巨头金锣祭起价格战大旗，春都、郑荣在这场恶战中兵败如山倒。此时，双汇却成功地推出了副品牌——双汇王中王，并以添加大瘦肉块作为产品卖点、热播的“狮子王”为吉祥物、双汇企业品牌为强大品质背书，在价格恶战中异军突起，连续多年热销全国，双汇王中王成为中国高档火腿肠的代名词，双汇更成为这场大战中的胜利者，将春都和郑荣的大量市场领地收归囊中。

1998 年，双汇为了加快低温肉制品市场的开发，与意大利著名食品企业——圣福特公司签订了紧密合作协议，向中国市场引进意大利著名品牌——马可波罗，双方共同生产低温火腿。双汇新产品投入市场后，以卓越的品质赢得了消费者的极大好感，成为东北区域市场的著名品牌。随后，双汇利用该品牌进行产品延伸，又成功地推出了高温产品。马可波罗品牌的引进，提升了企业品牌双汇的品质感、档次感和价值感，同时，企业品牌双汇始终占据着传播的主导地位。

雨润的品牌战略选择和其设立时期的行业背景紧密相关。当时双汇、春都和金锣三大巨头垄断了整个高温肉类制品 80%以上的市场份额，如果雨润选择在高温肉制品市场上拼个你死我活，无异于以卵击石。后来，连 1997 年以前的龙头老大春都也惨遭市场淘汰的命运，足以说明高温肉制品市场竞争的惨烈。

1994 年，就在双汇、春都和金锣对低温肉制品市场前景不太看好、犹豫不决之际，雨润以敏锐的战略眼光，明智地选择了低温肉制品这个最具增长潜力的崭新品类，并把企业有限的资源集中投入到低温肉制品的打造上，从而在铜墙铁壁般的、以高温肉制品为主导的肉制品市场中成功的撕开了一个缺口。待双汇、金锣等缓过神来，已经大大落后于雨润，雨润已在消费者心目中占领了低温肉制品的领导品牌位置。尽管1998年以后双汇、得利斯、美国荷美尔等企业在低温肉制品市场上发起了一轮又一轮的猛烈进攻，但雨润这个中国低温肉制品第一品牌的形象已经深深根植在中国老百姓的内心世界。

进入21世纪，雨润低温肉制品实现了单点突破，但其整体市场规模有限，而且消费者对其他类别的肉类制品需求依然非常强劲。为了取得市场份额和企业规模的快速增长，雨润在确保低温肉制品稳健发展的基础上，慎重地选择了多品牌战略，先后上马了高温肉制品、冷鲜肉、中式制品、速冻制品等，不同品类使用不同的品牌，雨润以多个品牌抢占了更多的细分市场份额，增强了企业的综合实力，同时还规避了某一个品牌的危机对其他品牌的不利影响。

雨润针对低温肉制品、高温肉制品、生鲜肉产品、速冻食品、中式传统肉制品和焙烤肉制品这六大类别分别设立了雨润、旺润、福润、雪润、福润得和法香六大品牌。这六大品牌统系着11个系列，共计1 000多种产品，并且每年新增200多种新品上市，由此组成了一个庞大的品牌家族。其中，雨润品牌下有脆皮牛肉肠、澳洲烤肉、腊肉、牛肉方腿等产品；旺润品牌下有鱼肉火腿肠、鸡肉火腿肠等产品；福润品牌下是生鲜肉系列产品，如冷鲜肉、冷冻肉等产品；雪润品牌下有水饺、汉堡、汤圆等产品；福润得品牌下有回卤干、梅菜扣肉等产品；法香品牌下是面包、面点系列，主要有法式面包、面点等产品。这些品牌的品类分别面对多个不同的市场和销售对象，并根据不同的产品进行组合，针对不同的目标市场树立了其风格鲜明的品牌形象。

产业战略：产业聚焦和全国布局

双汇和雨润的成功，还得益于双方在产业战略上的成功。

在产业战略的选择上，两家企业在企业创建时，甚至在相当长的成长期内，无不选择了突出主业的产业聚焦战略。这个战略保证了企业把有限的资源和精力投入到主业上，在确保主业真正成为行业第一品牌以及市场地位极其稳固的前提下，依靠主业的发展带动相关产业，相关产业又反辅主业，支持主业进行市场竞争。产业聚焦战略确保了两家企业把自己的优势资源集中于核心产业的发展上，而不是像春都那样“四面开花”，结果以主业“缺血”而亡。

双汇的产业聚焦战略是在经过方便面产业投资“试水”失败后痛定思痛做出的选择，双汇体会到，如果主业未稳就上马投资其他产业，将会造成两方面的不利影响。一是其他产业的经验成本极其高昂，难以保证成功；二是分散了主业的投入，造成主业地位不保。因此，双汇把肉类制品作为自己的核心产业，一切相关产业都只能为主业的发展服务，而不是让相关产业或者主业单独的面对市场。因此，双汇先后上马了纸箱包装、PVDC 肠衣、骨素、养殖、商业连锁、软件等相关产业，而这些全部是为了支持肉制品加工主业的发展，更好地为参与肉类市场的竞争而服务。

雨润在产业发展战略上选择了集中再集中，主要是考虑到企业快速进行的异地扩张和市场扩张都急需大量资金，民营企业的资金筹措渠道有限，更多地需要靠自身滚动积累。在这种状态下，企业根本拿不出多余的资金用于其他产业的发展，甚至前期连低温肉制品的原材料，也是由全国规模较大的屠宰厂家供应而不是自己建厂生产。

在产业的布局上，二者不约而同地做出了全国性市场布局的战略选择，这样的抉择也是经过三方面的考虑。其一，中国是一个地理分布极广的庞大市场，各区域消费者对肉类的需求呈现出非常大的差异性，单一厂和单一口味的产品必然无法满足全国市场消费者的需求；其二，在各中心区域的中心城市设厂，可以拉近与消费者的距离，更好地满足消费者的需求，还可以大幅度降低运输成本；其三，双方企业都充分考虑到中国国情，中国的生猪养殖是以千家万户的散养养殖为主的，在生猪主产区设立屠宰加工厂，可以解决高昂的运输成本，并保证原料的品质。

双汇的产业布局有两种战略模式。一种是资源主导型，如在四川仁寿、内蒙古集宁、湖北宜昌、河南商丘等生猪主产区建立屠宰基地，确保肉类制品加工原料的来源和供应；另一种是核心市场主导型，如在北京市、上海市、四川绵阳、辽宁阜新等地设立肉制品厂，体现了深入肉制品主销区、占据主要市场份额的战略意图。目前，双汇已通过合资、兼并等形式在四川、辽宁、河北、河南、湖北、湖南、浙江等省和内蒙古自治区建造了18个屠宰和肉类加工基地，年屠宰生猪1 000万头，生产生鲜肉及肉制品180万吨。

雨润的产业布局战略，则与其产品品类本身的特点相适应。因为低温肉制品需要严格的冷链式运输条件，低温产品和冷鲜产品有以 300 公里为销售半径的要求，所以雨润要求加工基地离市场更近、半径更短、布点更密。因此，雨润选择了对传统肉类加工厂兼并、整合的模式。从1996年雨润成功上演了被誉为“蛇吞象”——兼并南京市罐头厂以来，雨润在全国范围内重组、兼并国有肉类加工厂的战略就一发而不可收拾，相继在江苏、安徽、河北、辽宁、四川等省收购了17家国有中型企业，投资近10亿元加以改造，盘活资产6亿元。雨润总裁祝义才一度被业内戏称为国有肉类企业的“收购王”。

从对全国市场资源的占有和控制，以及基点布局的广度和密度来看，雨润的全国战略性产业布局的优势远远超过双汇。因为雨润在黑龙江哈尔滨、辽宁开原、北京通州、河北邯郸、河南开封等地先后设立了36家子（分）公司，也就是说，在中国960万平方公里的版图上，在22个省、市的每一个行政区至少有一家雨润的战略据点。

渠道战略：连锁专卖店的博弈

推动企业快速发展的关键不是口号式的战略目标，而是商业模式的战略创新。

事实上，传统的高温、冻肉制品销售渠道的争夺已经白热化，针对通路的渠道精耕、深度分销已经密不透风，价格大战更是此起彼伏，耗费了肉制品企业大部分的资源和精力。于是，行业领导者双汇引发了中国肉类消费5 000年传统的战略创新，在中国率先引入冷链生产、冷链运输、冷链销售、连锁经营的肉类营销模式，让中国老百姓吃上健康、安全、卫生和放心的冷鲜肉。

实际上，双汇的战略创新绕开了现代零售终端的高昂营运成本，自己创造性地开设了一个崭新的肉类制品销售模式，不仅可以零距离的和消费者沟通、及时了解消费者的需求、大幅度地降低企业的营销成本，还以独特的销售形式进一步扩大了企业品牌的知名度和影响力，更把竞争对手排除在自有渠道之外。从 1998 年开始，双汇把在全国建设 2 000 家冷鲜肉专卖连锁店作为企业发展的重大战略，并通过直营、合资、加盟等方式，在北京、河南、四川、山东、湖北、湖南、河北和安徽开设了 500 多家连锁店，彻底改变了传统、落后的肉类销售模式，所到之处无不受到人们的极大欢迎。

2002 年，双汇把这种新型的肉类连锁店开到了雨润的“家门”前——南京市，给传统销售模式的雨润肉类销售店带来了巨大的冲击。有进攻就有反击，雨润于 2003 年 5 月投资 1 000 万元注册成立了南京雨润商业管理有限公司，开始大力发展特许加盟连锁店。

雨润专卖店较之双汇专卖店有较高条件，同时更具有投资少、店面小、加盟方式灵活等特点。雨润的专卖店要求店面积只需 30～40 平方米（双汇为 100 平米以上），门店装修只需花费 5 000 元，特许品牌使用费也只有 5 000 元，这样只要投资 5 万元就可以设立一家雨润专卖店，这使加盟的速度远远超过双汇。从诞生到 2005 年的两年时间内，雨润已经在全国发展了连锁专卖店 810 家，遍布全国 11 个省、直辖市的 40 多个城市，形成了以宁沪杭为轴心、各冷鲜肉加工公司为中心的连锁网络。在自身资源的基础上进行战略创新，使雨润的渠道战略推进速度更快，对渠道掌控能力的优势也就更加突显。

品牌管理：持续成功的无上法门

战略品牌管理是一门专业的学科，也是企业持续成功的无上法门。从整个体系来看，双汇和雨润都面临着组织体系不健全、管理水平低、管理手段落后等问题。

双汇作为一家传统的国有企业，在品牌管理上仍然保留了强烈的国有企业色彩。品牌管理的职责分散在技术中心、营销公司和宣传部门，而没有专门的品牌管理部门，更缺乏专业的品牌管理人员，这样给品牌资产带来的危害极大。

第一，品牌缺乏科学的战略规划，企业品牌双汇的核心价值、品牌个性、品牌价值和承诺始终缺位。

第二，品牌识别的使用和管理显得混乱。如双汇品牌新旧标识存在着混合使用、双汇王中王的产品标识混乱的现象。

第三，由于没有专门的管理部门和人员对品牌的战略和推广负责，新推出的品牌，如富乐、笨厨等与企业品牌的关系含混不清。这些现象产生的后果是使消费者对双汇企业品牌的识别发生混淆，在一定程度上浪费了其投入的品牌推广资金。

雨润在品牌核心价值与识别体系的规划上较之于双汇略有提升，但由于品牌推广费用的限制，使品牌的传播和沟通更多地限于渠道推动。缺少高端广告拉动的雨润显得品牌沟通的声音小、力量弱，难以占领消费者心目中的高端位置。当企业规模上到一定的层次，品牌的档次感和品质感就需要进一步的提升，缺少了高端媒体的高档形象拉升，仅靠终端的形象展示和推广，必定会使品牌长期的、整体的推广效果大打折扣。

研究结论：适合自我才是关键

从一定程度上说，品牌经营战略就是企业经营战略。

双汇和雨润选择了差异较大的两种不同的战略模式，尽管两种模式互有优劣，但两家企业均取得了极大的成功，关键就在于它们根据自身资源，在所处的生态环境里做出了正确的选择，而不是简单地模仿大企业。

实际上，有效的品牌战略能给企业带来巨大的价值，如帮助企业及管理团队贯彻实施企业的长期远景、为企业及其品牌创造独特的市场地位、最大限度地激发企业员工的领导潜能、大幅度降低企业营销成本等。因此，好的企业品牌战略可以使企业更有效地利用有形资产和无形资产，创造卓越的企业品牌。许多拥有独特市场地位的企业品牌，如微软、英特尔、三星等都是很好的例子。

宝洁靠产品品牌战略独步全球，是全球产品品牌战略的鼻祖。在这种战略模式下也有很多的优势，如各品牌以不同的品牌个性和价值利益点吸引了不同的目标消费者，从而占领了不同的细分市场；多个品牌能够占据更多的陈列位置和空间，增大消费者对企业的实力认同，同时以更多的品牌和品种给消费者提供更多的选择；能够降低企业的经营风险，当一个品牌出现市场危机和不利影响时，其他品牌可以不受影响。但是这种战略模式要求有不同的品牌、不同的规划和巨额的投入，在沟通成本疯涨的今天，高昂的成本和费用已非一般的企业所能够承担。

图书在版编目(CIP)数据

营销拍案——公司篇/销售与市场杂志社　组编.—武汉:华中科技大学出版社,2009年2月

ISBN 978-7-5609-5059-4

Ⅰ.营…　Ⅱ.销…　Ⅲ.公司-市场营销学-案例-分析-中国　Ⅳ.F279.23

中国版本图书馆CIP数据核字(2009)第001565号

营销拍案——公司篇　　销售与市场杂志社　组编

责任编辑:胡　晶　　封面设计:潘　群
责任校对:李　琴　　责任监印:周治超

出版发行:华中科技大学出版社(中国·武汉)
武昌喻家山　邮编:430074　电话:(027)87557437

录　排:华中科技大学惠友文印中心
印　刷:湖北新华印务有限公司

开本:787mm×960mm　1/16　印张:18.5　插页:2　字数:195 000
版次:2009年2月第1版　印次:2009年2月第1次印刷　定价:42.80元
ISBN 978-7-5609-5059-4/F·440